外国语言文学学科核心课程系列教材

总主编
金莉 许钧

翻译学概论

主编
许钧 穆雷

参著者
（以姓氏拼音为序）

胡开宝 蓝红军 李德超 刘云虹
穆 雷 覃江华 屈文生 宋学智
孙会军 王斌华 王洪涛 吴 赟
许 钧 杨镇源

外语教学与研究出版社
北京

图书在版编目 (CIP) 数据

翻译学概论 / 许钧, 穆雷主编；胡开宝等著. —— 北京：外语教学与研究出版社，2023.9（2024.11 重印）
外国语言文学学科核心课程系列教材 / 金莉, 许钧总主编
ISBN 978-7-5213-4819-4

Ⅰ. ①翻… Ⅱ. ①许… ②穆… ③胡… Ⅲ. ①翻译学－高等学校－教材 Ⅳ. ①H059

中国国家版本馆 CIP 数据核字 (2023) 第 179563 号

出版人　王　芳
项目策划　张　阳
责任编辑　屈海燕
责任校对　张　阳
装帧设计　锋尚设计
出版发行　外语教学与研究出版社
社　　址　北京市西三环北路 19 号（100089）
网　　址　https://www.fltrp.com
印　　刷　北京天泽润科贸有限公司
开　　本　787×1092　1/16
印　　张　24
版　　次　2023 年 11 月第 1 版　2024 年 11 月第 4 次印刷
书　　号　ISBN 978-7-5213-4819-4
定　　价　79.90 元

如有图书采购需求，图书内容或印刷装订等问题，侵权、盗版书籍等线索，请拨打以下电话或关注官方服务号：
客服电话：400 898 7008
官方服务号：微信搜索并关注公众号"外研社官方服务号"
外研社购书网址：https://fltrp.tmall.com

物料号：348190001

总主编的话

国务院学位委员会第六、七届外国语言文学学科评议组履职先后十年，在全体成员的积极努力下，做了许多工作，包括：外国语言文学学位授予和人才培养一级学科简介的撰写，外国语言文学学科目录的调整，外国语言文学学科一级硕士点、博士点基本条件的确定，外国语言文学学科发展报告的撰写，外国语言文学学科重要学术期刊的认定，外国语言文学学科核心课程的确定与指南的撰写，以及外国语言文学一级学科博士点的评审等。对于外国语言文学学科的建设而言，这些工作都很重要。其中有几项尤为关键：一是确立了学科发展的五大方向，具有前瞻性，为新时期外国语言文学学科的创新发展指明了方向，同时为外国语言文学学科拓展了广阔的发展空间；二是在外国语言文学一级学科博士点的增补工作中，具有全局观，为全国外语学科的总体布局与重点突破做了战略性的安排；三是确定了外国语言文学学科核心课程，并编写了课程指南，为外国语言文学学科的研究生培养做了具有指导性的基础工作。

为了加强研究生课程建设，提高研究生培养质量，国务院学位委员会第34次会议决定，组织各学科评议组编写《学术学位研究生核心课程指南（试行）》。这项工作是在2018年开始组织落实的。第七届外国语言文学学科评议组在2018年7月与12月，分别在湖南师范大学和对外经贸大学召开会议，商议并部署外国语言文学学科核心课程指南的编写工作。根据外国语言文学学科五大方向的建设与发展的实际情况，评议组决定这项工作要坚持守正与创新的原则，稳妥推进，先行确定外国语言学、外国文学、翻译学三大方向各建设两门核心课程，分别为外国语言学理论、外国语言学研究方法、外国文学理论、外国文学研究方法、翻译学概论和翻译研究方法。比较文学与跨文化研究和国别与区域研究方向将根据各高校外语学科的实际发展状况，适时确定并推出核心课程。

先行确定的六门课程主要包括基础理论课和专业课，体现了外语学科三个方向的基础理论与专门知识。从六门课程的名称，我们就可以清晰地看到，这套教材所聚焦的是理论与方法这两个最为核心的层面。研究生培养需要着力于思维方法与能力的培养，而基本理论的掌握和科学研究方法的使用是其根本的保证。为了有力地促进外国语言文学学科的建设与发展，在外语教学与研究出版社领导的积极建议和大力支持下，第七届外国语言文学学科评议组决定在编写核心课程指南的基础上，把我们的工作再推进一步，组织有关专家编写外国语言文学学科核心课程教材，确立了前沿性、针对性与指导性的编写原则，确定了各课程教材的主编人选和编写框架。

核心课程指南的编写工作，除了学科评议组全体成员的积极参与，还得到了北京外国语大学、湖南师范大学和对外经贸大学部分专家的支持，在此向各位委员和专家表示衷心的感谢。我们还要特别感谢外国语言文学学科核心课程各教材的主编和编写专家，感谢你们积极承担这一具有开创性的工作，并付出艰辛的努力。最后，我们要感谢外语教学与研究出版社的大力支持。

金 莉 许 钧
2023年3月

目 录

绪 论 1

第一章 翻译与翻译理论 9
第一节 翻译的本质维度与价值功能 10
第二节 翻译理论的发展历程与类型功能 18
第三节 翻译理论研究的未来发展 33

第二章 翻译研究与翻译学 38
第一节 翻译研究的对象与方法 39
第二节 翻译研究的发展与翻译学的创立 56
第三节 翻译学学科的未来发展 62

第三章 翻译与哲学 68
第一节 翻译与哲学的关系 68
第二节 翻译研究的哲学途径 74
第三节 翻译哲学研究的未来发展 95

第四章 翻译与语言 101
第一节 翻译与语言的关系 105
第二节 翻译的语言研究与语言学翻译理论 107
第三节 语言学翻译研究的未来发展 115

第五章 翻译与文学 ……124
第一节 翻译与文学的关系 ……124
第二节 文学翻译与文学翻译理论 ……129
第三节 文学翻译研究的未来发展 ……147

第六章 翻译与文化 ……154
第一节 翻译与文化的关系 ……154
第二节 翻译的文化思考与理论探索 ……160
第三节 文化路径翻译研究展望 ……171

第七章 翻译与社会 ……176
第一节 翻译与社会的关系 ……176
第二节 翻译研究的社会学视角 ……180
第三节 社会学视角翻译研究的未来发展 ……195

第八章 翻译与历史 ……204
第一节 翻译与历史的关系 ……204
第二节 翻译史与翻译史研究 ……209
第三节 "新翻译史研究"展望 ……225

第九章 翻译与传播 ……234
第一节 翻译与传播的关系 ……234
第二节 对外译介与翻译传播研究 ……239
第三节 翻译传播研究的未来发展 ……250

第十章 翻译与技术 ……261
第一节 新技术对翻译的影响 ……261
第二节 新技术视域下翻译研究及其发展 ……265
第三节 新技术视域下翻译研究存在的问题与未来发展 ……274

第十一章 翻译与翻译批评·······279
- 第一节 翻译与批评的关系·······280
- 第二节 翻译批评的理论途径与方法·······285
- 第三节 翻译批评的当下特征与未来发展·······298

第十二章 翻译与翻译伦理·······306
- 第一节 翻译与伦理的关系·······306
- 第二节 翻译伦理研究·······308
- 第三节 翻译伦理研究的未来发展·······321

第十三章 翻译与翻译教育·······325
- 第一节 翻译的教育问题·······326
- 第二节 翻译教育与翻译教学研究·······331
- 第三节 翻译教育与师资发展·······341
- 第四节 翻译教育研究展望·······344

第十四章 口译与口译研究·······349
- 第一节 中国和国际口译研究的概况·······349
- 第二节 口译研究的主题和视角·······351
- 第三节 口译研究的当下特征和趋势展望·······372

绪 论

2020年9月,国务院学位委员会第七届学科评议组编写出版了《学术学位研究生核心课程指南(试行)》。该指南明确规定:"翻译学概论为外国语言文学一级学科翻译学方向研究生核心课程。本课程旨在帮助学生系统而全面地认识翻译学,把握翻译学与相关学科的关系,提升翻译研究能力。本课程将通过课堂讲授、研讨等方法,遵循理论与实践结合、描述与解释并重、国外与国内互补等原则,引导学生系统了解翻译学的学科性质与定位、研究领域、程序和规范等基本范畴,把握翻译研究的发展历程、当前热点和未来趋势。"[1]《翻译学概论》严格根据核心课程指南要求编写,原则有四:

1)追求体系的完整性与科学性。翻译活动历史悠久,形态多样,具有丰富性、复杂性与创造性。教材以翻译活动所涉及的人类物质生活与精神生活的方方面面为起点,导出问题,引向对翻译问题的思考与探索,进而梳理对相关问题具有代表性的理论观点,简要评析相关流派或理论,在此基础上就未来需要进一步思考的问题提出探索的方向,把握研究的趋势与要点。简而言之,就是以翻译实践为基点,提出翻译的理论问题,梳理翻译学术线索与发展脉络,简评翻译研究的重要成果,把握翻译研究的未来之方向。

2)编写的语言力求精练、平实,表达深刻。作为教材,在撰写的语言层面具有针对性;表述要具有学术性,表达务求清晰,语言简练易懂,所揭示的问题要深刻。

3)编写目的明确,以《学术学位研究生核心课程指南(试行)》为指导,对接课程目标。按照我们的设想,《翻译学概论》不应只是一个系统的翻译理论的介绍,而是要注重引导学生去探索翻译理论从何而来,思考翻译有何基本问题,不同的研究途径对理解翻译、解决翻译问题有何拓展,当下还存在哪些值得关注的问题,如何扩展研究空间以促进翻译研究的未来发展。因此,教材着力于给学生提供丰富的学术线索,引导学生对翻译实践的关注与思考,让学生学会发现问题、以理论为指导去探索翻译中遇到的问题,提升自身的翻译研究能力。

4)在《翻译学概论》的撰写中,力戒中西翻译研究的相互分离与排斥。以问题为导向,梳理并介绍古今中外学者就翻译基本问题展开的探索,评析其路径、方法与具有

---

[1] 国务院学位委员会第七届学科评议组编《学术学位研究生核心课程指南(试行)》,北京:高等教育出版社,2020年9月,第199页。

突破性的观点或理论，展现中外融合、互补性的翻译学研究的概貌、脉络与重点。

基于以上的四个原则，《翻译学概论》对内容做了结构严密的安排，由绪论和14章构成。

第一章讨论翻译与翻译理论。翻译是一项复杂的、不断发展变化的社会活动，有着丰富的内涵和外延。人类漫长的文明发展史中，每个节点都有翻译活动在参与推动，人们一直在进行着各类翻译实践，也一直在追问着各种有关翻译的问题。该章从翻译的本质维度与价值功能、翻译理论的发展历程与类型功能和翻译理论研究的未来发展三个方面，对翻译和翻译理论展开探讨。第一节认为翻译的本质是多维的，从不同的维度审视，翻译呈现出不同的本质特征，我们由此得到不同的翻译定义。正是由于人们从不同的角度对翻译进行考察，获得了对翻译本质更多维度的认识，翻译研究范围才得以扩展，内容才获得深化。翻译的价值也是多元的，无论是对个体、对国家还是对人类社会，翻译都有着非常重要的价值。第二节梳理了中西方翻译理论的发展历程，对翻译理论的类别进行了分化、细致化认识，还提出可以根据建构特征和理性基础将翻译理论划为规范性翻译理论、哲学性翻译理论、结构性翻译理论和经验性翻译理论等四种。翻译理论具有多种功能，规范着我们在翻译实践中的价值选择，直接或间接影响着我们的翻译实践。第三节提出翻译理论研究的未来发展不仅需要重视"职业化时代"翻译的实践问题，也要拓展理论资源，可从"实""论""史"等方面推动和深化翻译理论研究的发展。

第二章讨论翻译研究与翻译学。该章主要围绕翻译研究和翻译学展开探讨，内容包括翻译研究的对象与方法、翻译研究的发展与翻译学的创立和翻译学学科的未来发展三个部分。第一节从本体论角度论证了翻译学的合法性，并对翻译研究对象的性质展开分析，指出其具有多维性、复杂性和发展性等特征；将翻译研究方法划分为哲学方法、一般方法和具体方法三个层次；总结了翻译研究方法的三大特征，分别为：研究的主题是社会的，研究的方式是经验的，研究的问题是事实性的。第二节梳理了翻译研究的历史发展，并从翻译学知识体系确立历程和翻译学学科环境创设两个方面介绍了翻译学的创立历程。第三节展望翻译学学科的未来发展，从翻译作为一种社会实践活动来考量，通过知识生产和人才培养帮助翻译有效地实现交流文化、认识世界、指导实践、改造世界的社会功能才是翻译学获得长足发展的第一动力。一方面，要认识翻译学，必须认识翻译研究。不了解翻译研究的对象、目标、任务和方法，就不可能了解翻译学知识体系和方法论体系的建构。而另一方面，在当前从事翻译研究，必须具备翻译学学科意识。不了解学科发展的历史和现状，不明白自己的选题在学科学术体系中的位置，就无法找到合适的研究起点，无以判断研究的价值。

第三章讨论翻译与哲学。翻译和哲学都是人类实践的表现形式，具有内在关联性。这种关联可以概括为四个方面：以哲学文本为翻译对象，通过翻译进行哲学思辨，借助哲学资源研究翻译，翻译研究反哺哲学研究。哲学大厦十分宏富，因而翻译研究的哲学路径较多，如阐释学路径、分析哲学路径、解构主义路径、符号学路径、美学路径、心理学路径、伦理学路径、科技哲学路径、马克思主义哲学路径，等等。近年来，基于中国传统哲学资源的翻译研究也取得长足进展，易学、儒学、道家、墨家、名家思想都被纳入翻译研究的视野，服务于新时期的中国翻译理论话语建构。该章主要介绍了阐释学路径、分析哲学路径、解构主义路径和符号学路径的翻译哲学研究，重点分析它们就何为译、为何译、译何为等根本性问题，以及（不）可译性这样的"千年哲学问题"所提供的既有所不同又相互启发的思考和解答。未来，翻译哲学研究可以从以下几个方向进行重点突破：通过哲学翻译和研究推动世界哲学交流对话；开展以哲学家著作、哲学观念、翻译家或文化机构为中心的哲学译介史研究；发掘中西古今哲学资源，为翻译理论建构奠定坚实基础，尤其是要着力开发和利用中国本土哲学资源；构建一门作为学科哲学的翻译哲学，既服务翻译学学科建设，又促进学科交叉融合。

第四章讨论翻译与语言。本章统合古今，钩沉中外相关理论，撷取最有代表性的观点，讲述翻译与语言之间不可分割的关系；同时对语言学翻译研究的成果进行概括、梳理，并且展望语言学翻译研究的未来。第一节主要回顾翻译历史上对各类诸如直译/意译等翻译方法的探讨，对文学可译性和不可译性的争论，由此阐明翻译与语言之间密不可分的关系。第二节则对中西翻译史中出现的以语言为切入点的翻译研究进行梳理，以现代语言学的建立为分界线，分成翻译的语言研究和语言学翻译理论两大部分：第一部分主要总结了道安、马丁·路德及鲁迅等人的翻译思想；第二部分则简要回顾现代语言学理论在翻译研究中的运用，重点介绍语言学翻译理论的两个重要概念：对等和翻译转移，同时也介绍了法国翻译理论家乔治·穆南如何运用语言学理论来廓清翻译活动中的一些基本概念和问题。第三节从较为宏观的角度介绍一些语言学翻译研究的方法及其发展前景，例如语篇分析路径翻译研究、认知语言学路径翻译研究等。基于以上论述和回顾，可以看到语言与翻译、语言学与翻译研究之间联系紧密，翻译这项活动的诞生和人类语言的发展相辅相成，翻译研究的发展与拓展离不开语言学理论的指导与贡献。翻译研究具有多元性和跨学科的特点，这使得翻译研究能够积极借鉴其他学科的理论和知识来促进自身的发展。学界应该高度关注当代语言学的发展为翻译研究提供的新思路、新方法。

第五章讨论翻译与文学。第一节描述了翻译与文学的关系。在人类悠久的翻译历史中，西方有罗塞塔石碑，中国有《越人歌》。中西翻译史发展的阶段虽不等，但大都与文学有直接或间接关联。翻译活动对译入语文学的发展起到了不可低估的作用，它推动了译入语文学语言的成长，从文体、风格到类型、体裁，丰富了译入语文学的艺术形式，也在文艺理论、文艺思潮和作品主题等方面对思想和精神文化的演进产生影响。第二节围绕文学翻译与文学翻译理论，首先探讨了文学翻译的本质，回答了什么是文学、什么是文学翻译两个基本问题；随后，对文学翻译的三对基本矛盾（直译与意译、归化与异化、形似与神似）所涉及的翻译主张、论争与交锋等进行了梳理和客观的分析；继之，在文学翻译的理论思考与探索主题下，主要介绍了"信达雅"说、"神似"与"化境"说、译介学理论、泰特勒的"翻译三原则"、加切奇拉泽的现实主义艺术再现论和奈达的"对等"论等翻译研究成果。第三节探讨了文学翻译研究未来发展的可能向度与空间，提出要关注翻译语言的创造力、文学性与审美性的创造性传递、译者主体性研究及译者行为等方面的探索；同时，可以通过翻译活动的生成性研究，探讨从外国文学经典变成翻译文学经典和世界文学经典过程中翻译活动的建构性力量。

第六章围绕翻译与文化之间的关系展开。首先探讨了翻译的性质，指出翻译看似是语言之间的语码转换活动，本质上却是跨文化交流活动；同时结合案例论证了翻译和文化之间的辩证关系：翻译之所以必要，是因为不同文化之间存在文化差异，而反过来，文化差异又给翻译活动带来诸多挑战，翻译的过程是两种文化之间不断沟通与协商的过程。该章第一节还重点论述了翻译对于目的语文化乃至人类文明的重要意义，指出把出发语文化语境中的文本译介到目的语文化中，有助于丰富目的语文化，促进不同文化的交流与中外文明互鉴，有助于维护世界文化多样性。鉴于翻译与文化之间的关系水乳交融，古今中外对于翻译的思考与研究都离不开对文化因素的考量，该章第二节介绍了"文化转向"之后翻译研究的主要路径，探讨"文化转向"之后学科的交叉融合对于翻译研究的拓展和丰富，同时也分析了当前文化路径翻译研究存在的"泛文化研究倾向"，就解决相关问题提供了参照性的思路。最后呼吁中国翻译研究学者立足当下，在中国文化"走出去"的背景下，积极应对从"翻译世界"到"翻译中国"这一具有历史性的路径变化，勇敢面对翻译研究的新挑战，推动翻译的文化研究与文化翻译史研究向纵深发展。

第七章讨论翻译与社会，深入剖析了翻译与社会之间的共变关系，系统阐释了社会学视角翻译研究的基础理论与主要方法，并对社会学视角翻译研究的未来发展进行了展望。该章首先阐明了翻译与社会之间的密切联系与共变关系。自翻译活动出现以来，翻译就具有鲜明的社会属性。翻译是人类交往和社会发展的产物，既受到各种社会因素的调节与制约，反过来又对社会建构发挥着不容忽视的作用。在此基础上，该章详细介绍了以布迪厄反思性社会学理论、拉图尔行动者网络理论和卢曼社会系统理论为代表的社会学视角翻译学研究的三大基础理论，以及三大理论在翻译研究中的应用情况，并系统阐述了社会学视角翻译研究的方法论原则和问卷调查法、访谈法、观察法、文本分析法、比较研究法、个案研究法、历史文献法等具体的研究方法。最后，该章从理论研究与应用研究两个层面对社会学视角翻译研究的未来发展进行了展望，指出社会学视角的翻译研究未来可发展成为翻译学的一门分支学科——社会翻译学，而社会翻译学对于新时期的中国文学外译以及信息技术时代的翻译技术与应用翻译等翻译领域的新现象都能构成有效观照与支撑。

第八章讨论翻译与历史。翻译是将异质的文明引入本土文明的文化行为，中国延绵不绝的翻译活动留下了丰厚的历史遗产，但西方中心主义给中国翻译史研究留下深刻的方法论烙印。为反思翻译界近年来存在的类似"冲击—回应"模式的研究范式，该章提出了重写翻译史的"新翻译史"研究路径。认真思考翻译与历史的关系，是展望"新翻译史"研究的逻辑起点。为此，该章第一节首先提出翻译与历史的总体关联性在于二者属性的近似，即都是通过叙事建构文本并与文本对话，并都以自身的逻辑、方法，组建或重构客观或主观存在的诸多对象。这直接体现在新历史主义和"翻译主义"的联系上。第二节梳理了中国翻译史的主要构成，即文学翻译、佛教文献翻译、民族翻译和两次西学翻译活动，以及西方翻译史研究的两个主要方面，以便与我国翻译史研究形成对照。基于前两节内容，第三节明确提出，历史地看，翻译是面向中西文明交流互鉴的文化活动。"新翻译史研究"是着眼于中外文化交流互鉴的研究，是转向文化交流史的跨学科乃至超学科研究，是基于文本和档案的研究，是将翻译视作事件，将翻译事件看作历史事件的一种研究。总之，将翻译视作历史事件，就是要将翻译与变局联系起来，在大变局的背景下，思考翻译在中国历史尤其是近代史中的作用。

第九章讨论翻译与传播。该章主要从翻译与传播的关系、对外译介与翻译传播研究、翻译传播研究的未来发展三个方面展开探讨，以期厘清、归纳与总结翻译与传播研究之间的深层关联、互动与发展趋势。第一节翻译与传播的关系主要体现为：翻译与传播具有密切的关联性，但两者之间不能画上等号；新媒体的发展对翻译形成持续而深刻的影响。第二节从国际关系、语言政策与规划以及传播学这三个理论视角分析对外译介研究，回顾了翻译学与传播学各种理论的融合过程与中国对外译介研究的发展现状，引入议程设置理论和框架理论的视角，使外译实践者看到了翻译对于受众意识形态的影响以及受众认知外来信息的过程，为其制订有效的翻译策略提供了参考依据。第三节对翻译传播研究的未来发展趋势作出展望，以期能够进一步推动翻译学与传播学研究之间的学科交叉与融合。该节重点分析并指出未来翻译传播研究尚需深入探索与挖掘的主要方面，还从多个维度展望了翻译传播研究的未来发展。

第十章讨论翻译与技术。基于现代信息技术的飞速发展使得现代社会的翻译实践发生了深刻变革这一历史语境，从新技术对翻译的影响、新技术视域下翻译研究及其发展和新技术视域下翻译研究存在的问题与未来发展三个方面展开论述。第一节指出新技术尤其是信息技术愈来愈广泛地应用于日常生活和工作之中，不仅对翻译实践和翻译行业产生深远影响，而且使得翻译研究发生深刻变化。前者表现为以机器翻译和机器辅助翻译为代表的翻译技术在翻译实践中的应用，后者主要表现为以语料库技术、键盘记录技术和眼动追踪技术为代表的新技术在翻译研究中的应用，不仅使翻译研究方法发生重大变化，还丰富了翻译研究的内涵。第二节描述了新技术视域下的翻译研究现状，翻技术研究涵盖机器翻译和机器辅助翻译等领域的研究，翻译理论研究主要包括翻译文本研究和翻译过程研究等领域。第三节呈现了新技术视域下翻译理论研究取得的可喜进步，也指出该领域研究所面临的问题与挑战：翻译伦理关系、翻译语言特征和译者风格、键盘记录技术和眼动追踪技术在翻译研究中的应用、翻译对意识形态产生反作用的机制等。

第十一章讨论翻译与翻译批评，主要围绕翻译与批评的关系、翻译批评的理论途径与方法以及当下翻译批评的特征与未来发展等问题展开探讨。首先，该章分析了翻译与批评的关系，指出翻译批评兼具实践性与理论性，在实践和理论两个层面同翻译发生密切关联。从实践层面来看，翻译实践呼吁翻译批评；从理论层面来看，推进翻译理论探索并促使翻译理论与翻译实践形成积极互动，离不开翻译批评。其次，该章聚焦翻译批评的理论途径与方法，对语言学模式下的翻译质量评估、以"规范"概念为核心的描述性翻译批评、现代阐释学视角下的建构性翻译批评以及翻译社会学与描写译学框架内的译者行为批评进行了梳理。最后，该章总结了当下翻译批评呈现出的基本特征，认为在新的历史语境下，翻译批评从主要关注翻译自身转为结合国家战略需求对翻译进行考量，同时在理论探索与批判实践中力求不断开拓创新，既有细致深入的文本分析与评价，更有对翻译生成过程的深刻剖析，不仅对翻译活动展开批评，也注重对翻译研究进行积极反思。在此基础上，该章提出翻译批评未来应特别着力于两方面工作：一是以在场姿态，密切关注翻译现实；二是以问题为导向，坚持翻译的科学定位与价值引领。

第十二章讨论翻译与翻译伦理。作为一种处于各种人际关系之中的活动，翻译难以避开伦理问题，也因此往往面对来自伦理的各种约束。然而翻译伦理作为一个学术话题，却是近四十年前才开始得到翻译学界的重视。迄今为止，西方和中国的翻译学界已对翻译和伦理之间的联系有了深刻的认识，并在翻译伦理研究领域呈现出一定的学术成果和学理图景。其中，西方译学界总体偏重于突显异质他者、对抗文化霸权、促成商业合作、构建价值体系等思考，有力地强化了翻译的人本主义关怀和伦理理论建构，却也在一定程度存在缺乏韧性思维、功利主义泛滥的局限；中国译学界立足中国实践拓展翻译伦理研究，则主要着力于强化伦理意识、建构伦理模式、再现伦理史观等，由此，较之西方更多彰显伦理主体之间的和谐性。尽管已有所建树，翻译伦理研究在未来依然还有很大的发展余地和提升空间：研究者有必要在元伦理学层面展开深刻反思，规划人性化的伦理模式，同时基于科技发展现状合理建构人工智能翻译伦理，并结合当前国际背景展开宏大的人类命运共同体思考，以适应新的时代需要，进一步推动翻译学的发展和翻译事业的进步。

第十三章讨论翻译与翻译教育，探讨改革开放以来中国翻译教育实践及研究的缘起、发展现状和未来趋势，内容包括翻译的教育问题、翻译教育与翻译教学研究、翻译教育与师资发展和翻译教育研究的未来展望。译者或译员的培训需求、行业协会/职业团体的形成和资格认证制度的构建，共同推动了中国翻译的职业化发展，翻译教育与翻译的职业化发展密切相关，翻译职业化发展也见证了翻译教育的发展历程。第一节主要梳理了改革开放以来中国翻译教育实践的发展史，比较了该历程中出现的重要概念（翻译培训、教学翻译、翻译教学和翻译教育）的内涵，回顾了中国逐步形成以"学术型和专业型"为横向教学链、以"本科—硕士—博士"为纵向教学链的完整翻译教学体系的发展历程，该历程既呈现了学界对翻译职业认识的演变，也体现了翻译人才培养理念的演变。第二节以两本典型期刊（《中国翻译》和 The Interpreter and Translator Trainer）文章中的翻译教学研究论文为例，从研究领域、研究主题、研究方法、数据类型和研究内容等方面对比分析了近十五年来中外翻译教学研究的特点、差异以及局限。第三节结合现实需求和研究现状梳理了翻译教师发展的新要求、新条件和新目标。第四节从翻译能力及其测评、技术与翻译教育的关系、中外翻译教育研究的比较、翻译教育研究的学术共同体建设、翻译教育与新时期国家战略需求的关系等方面展望了未来翻译教育研究的进路和方向。

第十四章讨论口译与口译研究。第一节扼要综述了中国和国际口译研究的概况。第二节结合代表性研究案例梳理了口译研究的主题和视角，提出口译研究主要关注五大课题。一是"何为口译？"，即如何认识口译现象，也就是对口译行为和活动进行界定和分类，并厘清其相较于其他双语现象如笔译的区别性特征。二是"如何口译？"，即研究口译行为和口译活动是怎样进行的，是对口译过程的描述、解读和解释，主要包括对口译的双语加工过程、认知操作和认知处理过程、信息处理行为、口译话语的理解和产出过程、交际互动行为等的研究。三是"口译如何？"，即研究口译产品是怎样的，是对口译产品的描述、解读和解释，主要包括对口译话语的特点、口译产品的质量评估、口译策略和规范等的研究。四是"口译为何？"，即研究口译活动起着怎样的作用，是对口译效果、影响和功能的描述、解读和解释，主要包括对译员角色和口译的交际、社会和文化功能的研究。五是"何为口译技能？"，即研究口译是怎样的专业技能，是对口译技巧和能力的描述、解读和解释，主要包括口译技巧、口译能力及其发展、口译教学各个方面的研究，这也是口译教学理念和方法的基础。第三节对口译研究的当下特征和发展趋势进行了总结。

根据教材编写的总体要求，每章都针对教学需要和教学目的设计了紧扣主要内容的思考题，同时向学习者推荐了重点阅读书目。

需要特别说明的是，这部《翻译学概论》是翻译学界同心协作的研究成果，作者均是翻译研究各领域具有代表性的优秀学者。具体分工如下：许钧、穆雷负责全书的框架结构与内容安排；许钧与蓝红军负责全书的统稿与修订；绪论由许钧负责撰写；第一章的作者为蓝红军与穆雷；第二章作者为蓝红军；第三章作者为覃江华；第四章作者为李德超；第五章作者为宋学智；第六章作者为孙会军；第七章作者为王洪涛；第八章作者为屈文生；第九章作者为吴赟；第十章作者为胡开宝；第十一章作者为刘云虹；第十二章作者为杨镇源；第十三章作者为穆雷；第十四章由王斌华撰写。刘云虹、王大智与许多教授为本教材的撰写提出过积极建议，并参与了部分章节的修订工作。金莉与王克非教授对本教材的撰写给予了指导。外语教学与研究出版社的领导与有关编辑对本教材的编写给予了大力支持。在此，我们表示衷心的感谢！

第一章
翻译与翻译理论

　　翻译是一项复杂的、不断发展变化的社会活动，有着丰富的内涵和外延。根据所处理的符号关系，翻译可分为语内翻译、语际翻译和符际翻译；[1] 从表现形态来说，翻译可以表现为有声或无声语言符号、有声或无声非语言符号等各类符号系统的选择组合。根据翻译的发生是否通过第三种符号系统，翻译可以分为直接翻译和间接翻译（或称转译）；根据所使用工具与开展方式，翻译可分为笔译、口译、机译，而机译又分为完全机译、人助机译、机助人译；也可以按照其处理的文本体裁特点分为文学翻译和非文学翻译。文学翻译又分为诗歌翻译、散文翻译、小说翻译、戏剧翻译等，而非文学翻译则包括法律翻译、科技翻译、旅游翻译、经贸翻译、政治翻译等。根据目的文本相对于原文本的内容变化，翻译可分为全译和变译，后者又可分为摘译、编译、译述、缩译、综述、述评、译评、改译、阐译、译写、参译和仿作等。[2] 翻译最初以口译的方式存在，通晓双语（多语）者为不同语言的人之间的口头交流提供语言转换服务。人类发明文字之后，又演化出了笔译，突破了口译的即时性、现场性和一次性要求，使得人类的跨语言交流在一定程度上超越了时空限制，极大地推进了人类思想的传播、文化的交流和文明的互鉴。信息化时代以来，翻译的技术工具越来越先进，类型更加丰富，社会参与面扩大，语言转换速度、译作传播范围都在增大，呈现出职业化、专业化和信息化的趋势，翻译的种种变化大大超乎了我们传统的理解。

　　从古至今，人们一直在进行着各类翻译实践，也一直在追问着各种有关翻译的问题：何为译？为何译？如何译？等等。人们试图在哲学的意义上弄清楚翻译的现象、要素、方法、本质和功能，由此生产出了系统性的翻译理论知识。

---

[1] 语言学家雅各布森（Jakobson）1959年作此划分，分别为intralingual translation, interlingual translation和inter-semiotic translation。具体见Jakobson, R. On Linguistic Aspects of Translation, L. Venuti (ed.), *The Translation Studies Reader*, London & New York: Routledge, 2000。

[2] 黄忠廉于1998年提出了"变译"的概念，用以区分"全译"，此后又不断丰富该概念的阐释，将变译划分为八大变通策略和十二种变译方法。具体见黄忠廉《变译理论》，北京：中国对外翻译出版公司，2002年。

第一节　翻译的本质维度与价值功能

探索事物的本质是人类求知本能的体现。所谓本质，即事物的根本性质，指事物区别于其他事物的内在规定性。无论哪个领域，人们都会追问本领域研究对象的本质。翻译的本质是什么？翻译领域中人们一直探索着这一问题，并在各种有关翻译的论述中给出了多种认识和理解。也可以说，人们对于翻译所做的各种探索和研究，都是为了更好地回答这一问题。

一、翻译的多维本质

人们从事翻译实践和翻译研究，或多或少、或清晰或模糊，都会对翻译本质有所认识。给事物下定义往往是表达对事物本质认识的最直接的方法，不过严格的概念界定却并非我们对翻译本质认识的全部，在未使用"属+种差"的方式确定翻译在相关分类系统中的位置和边界之前，人们更多是以比喻的方式来表达对翻译本质的认识。[1] 如北宋僧人赞宁说："翻也者，如翻锦绮，背面俱花，但其花有左右不同耳。"[2] "译之言易也，谓以所有易所无也。譬诸枳橘焉，由易土而殖，橘化为枳。枳橘之呼虽殊，而辛芳干叶无异。"[3] 前者意味着，在中国古代译经大师看来，翻译的本质是一项技艺，在改变文本语言形式（左右不同）的同时，保持文本内容不变（背面俱花）。后者则将翻译的本质表达为有与无的交换（以所有易所无）和在不同的环境中培植事物（易土而殖），虽然更换了环境之后，事物的名称发生了变化，但其结构和特性依然保持不变（辛芳干叶无异）。人们还将翻译比作替人耕作的奴隶，[4] 或者比作与原文作者竞技表达的人。[5] 前者表明，翻译的本质被认为是没有自由、只有义务的语言服务，后者表明，翻译的本质是用不同的语言表达与原作相同思想的活动。人们也将翻译比作跳舞、绘画。德莱

---

[1] 谭载喜曾对中西文献中的翻译比喻进行了梳理和分类，他一共收集了10个类别共计270条有关翻译的比喻，其中西方语言的156条，汉语的114条。他对翻译比喻的分类统计具体参见谭载喜《翻译比喻衍生的译学思索》，载《中国翻译》，2006年第2期，第3-8页。

[2] 赞宁《译经篇总论》，罗新璋、陈应年《翻译论集》（修订本），北京：商务印书馆，2009年，第88页。

[3] 同上，第92页。

[4] 德莱顿还做过这种比喻，他说 "...slaves we are, and labor on another man's plantation; we dress the vineyard, but the wine is the owner's: if the soil be sometimes barren, then we are sure of being scourged; if it be fruitful, and our car succeeds, we are not thanked; for the proud reader will only say, the poor drudge has done his duty..." 具体见Dryden, J. Steering Between Two Extremes, 1697。

[5] 原文为I would not have our paraphrase to be a mere interpretation, but an effort to vie with and rival our original in the expression of the same thoughts. 具体见Quintilian, 96? AD, Institutes of Oratory, excerpted in English translation by John Selby Watson。

顿（John Dryden）曾说翻译就像戴着脚镣在绳索上跳舞。[1] 这表明，他认为翻译的本质是受约束、追求平衡和审美的活动。郑振铎说："译文学书的工作就不同了：他所用的不是与原作同样的颜料，但却要他的画图有与原作同样的力量与效果。"[2] 傅雷也曾说："以效果而论，翻译应当像临画一样，所求的不在形似而在神似。"[3] 这表明，在郑振铎和傅雷看来，翻译的本质在于以不同的语言材料（颜料）来使译作呈现出与原作相同或相似的感染力和美学效果。人们还将翻译比作中间人和媒婆，歌德（Johann Wolfgang von Goethe）认为译者是人类普遍的精神交流中充当调解人的人，以推动交流作为自己的使命。[4] 茅盾曾指出有些译本不免是"说谎的媒婆"，然而"真正精妙的翻译，其可宝贵，实不在创作之下"。[5] 钱锺书也说："……翻译在文化交流里所起的作用。它是个居间者或联络员，介绍大家去认识外国作品，引诱大家去爱好外国作品，仿佛做媒似的，使国与国之间缔结了'文学因缘'。"[6] 这说明，在歌德看来，翻译的本质是居间、调解和推动人们精神交流的活动，而在茅盾和钱锺书看来，翻译的本质是在互不了解的双方之间进行介绍和调谐，使不同文化的人们走向彼此、接纳对方，缔结良好关系。总之，古今中外有关翻译的比喻可谓形形色色，难以胜数，体现出人们对于翻译本质丰富多彩的认识。

除了各种生动的比喻之外，人们还以其他方式来表达对翻译本质的认识。如唐朝贾公彦在《周礼义疏》里提到"译即易，谓换易言语使相解也"。[7] 这一言简意赅的定义表明，在我国古代，人们认为翻译的本质在于转换语言使交际双方达成相互理解。20世纪后半叶以来，中外译学理论工作者对翻译的属性作了更多的探索，学者们分别从语言学、符号学、传播学、社会学、文化研究、文艺美学、系统论、信息论来考察翻译，有的将翻译视为科学，有的将翻译视为艺术，有的强调翻译是一种复制，有的强调翻译是一种改写，有的认为翻译是再创造，有的认为翻译是意义阐释，有的说翻译是文化传播，还有的说翻译是政治操控。有关翻译为何的陈述纷纭芜杂，翻译定义也层出不穷。这些陈述反映出不同阶段不同路向的翻译研究所关注的不同要素，也反映出人们对翻译日渐深入多元的认识。翻译本质的多维属性也越来越多地获得译界学者的认同：高玉提

---

1 原文为[Translating is] much like dancing on rope with fettered legs。具体见Dryden, J. Preface to Ovid's Epistles, 1680。
2 郑振铎《译文学书的方法如何?》，罗新璋、陈应年《翻译论集》（修订本），北京：商务印书馆，2009年，第452页。
3 傅雷《〈高老头〉重译本序》，罗新璋、陈应年《翻译论集》（修订本），北京：商务印书馆，2009年，第623页。
4 原文为That is how we should look upon every translator: he is a man who tries to be a mediator in this general spiritual commerce and who has chosen it as his calling to advance the interchange。具体见Goethe, Extract from Essays on Literature, 1824。
5 茅盾《"媒婆"与"处女"》，罗新璋、陈应年《翻译论集》（修订本），北京：商务印书馆，2009年，第423页。
6 钱锺书等《林纾的翻译》，北京：商务印书馆，1981年，第268页。
7 罗新璋、陈应年《翻译论集》（修订本），北京：商务印书馆，2009年，第1页。

出了"翻译本质'二层次'论",[1]许钧归纳了翻译的五个方面的本质特征：社会性、文化性、符号转换性、创造性、历史性,[2]谭载喜认为翻译是具有绝对和相对双重属性的活动。[3]学界越来越达成共识：翻译的本质是一个由多种维度特性所构成的复杂性存在，它在不同历史阶段以不同的现象或面貌呈现，既有着"一般本质"和"特殊本质"的层次之分，又有着"范畴"与"类属"的多元归属。从某一层面或从某一角度去剖析翻译的本质，它始终呈现出"亦此亦彼"的多维性。

最常见的翻译定义一般是从内容与表现形态对翻译本质进行描写和界定，如："用一种语言（译语）的等值的文本材料去替换另一种语言（原语）的文本材料"[4]"翻译是把一种语言的言语产物（即话语）在保持意义不变的情况下改变为另外一种语言的言语产物"[5]"翻译是从语义到文体，用贴近的自然对等语在接受语中再现源语信息"。[6]上述三种定义关注的核心是翻译活动的具体内容，回答翻译是"做什么的"的问题。从这一角度来看，翻译的属为"语言转换"（上述定义分别为"文本材料替换""改变言语产物"和"再现语义文体信息"），这与传统译论所说的翻译即"易""移"同出一辙。语言转换涉及源语和目的语，因而目的语文本对源语文本的"意义忠实/对等"就成了判断这种活动的标准，上述三种定义中分别以"等值""保持意义不变"和"自然对等"来表达。虽然从内容角度定义翻译有各种不同的表述，但大致可以概括为"翻译是将源语文本转换为意义对等的目的语文本"。此类定义突出原文的第一性，而以译文为第二性，为人们的翻译实践提供了原则指导，对我国翻译学习者和研究者产生了重要的影响。

此外，学者们还从功能维度来认识翻译的本质。如：翻译"是一种跨文化跨语际的信息传播和交际活动"；[7]翻译是"设法将一种语言所传递的信息用另一种语言表达出来的跨文化交际行为"[8]；翻译是语际之间的信息传递和语族之间的文化交流。[9]这三个定义中共同的要素是语际之间的信息传播/传递与文化之间的交际/交流，其关注点不在原文如何转换为译文，也不以"忠实"或"对等"来加限定，而将翻译研究引向翻译所要达到的目的与功能——信息传播与文化交流。和功能定义"语言是人类思维和交际的工

---

[1] 高玉《翻译本质"二层次"论》,《外语学刊》2002年第2期，第81-84页。

[2] 许钧《翻译论》，武汉：湖北教育出版社，2003年，第69-74页。

[3] 谭载喜《翻译本质的绝对与相对属性》,《广东外语外贸大学学报》2007年第1期，第5-9页。

[4] 原文为Translation is the replacement of textual material in one language by equivalent textual material in another language。具体见Catford, J. C. *A Linguistic Theory of Translation*, London: Oxford University Press, 1965, P. 20。

[5] 巴尔胡达罗夫《语言与翻译》，蔡毅等编译，北京：中国对外翻译出版公司，1985年，第4页。

[6] 原文为Translation consists in reproducing in the receptor language the closest natural equivalent of the source language, first in terms of meaning and secondly in terms of style。具体见Nida, E. A. & C. R. Taber, *The Theory and Practice of Translation*, Leiden: E. J. Brill, 1969, P. 12。

[7] 吕俊《英汉翻译教程》，上海：上海外语教育出版社，2001年，第2页。

[8] 杨大亮、张志强《翻译本质再认识》,《上海科技翻译》2001年第3期，第10页。

[9] 萧立明《新译学论稿》，北京：中国对外翻译出版公司，2001年，第5页。

具""螺丝刀是一种用来拧转螺丝钉以迫使其就位的工具"一样，上述三种翻译定义也是从功能维度（即翻译是用来做什么的活动）表述对翻译本质的认识。

不同的定义体现不同的翻译观，从形态维度界定翻译的研究者自然倾向于从原文意义出发，重点考察翻译过程中的语言要素，力图揭示和把握翻译活动中如何忠实于原文意义的语言转换规律。从功能维度界定翻译的研究者则会更多地考虑如何实现翻译的社会文化功能，研究如何针对受众实际情况对翻译全过程进行控制以达成有效的信息传播与文化交际，其研究对象自然会扩大到翻译中语言之外的文化要素。

正是由于从不同角度对翻译进行考察，人们获得了对翻译本质更多维度的认识，翻译研究范围才得以扩展，内容才获得深化。学科理论建设的过程也是学科基本概念发展的过程，翻译学的学科发展无不得益于学界对翻译这一基本概念逐渐深化的探索。译界学者不断改写翻译定义，不仅修改某一维度翻译定义的表述方式，还将不同维度结合起来，取得了创新的理论认识。如许钧给出了翻译的定义："翻译是以符号转换为手段，意义再生为任务的一项跨文化的交际活动。"[1] 该定义将翻译活动的形态维度和功能维度结合在一起，既保持语言符号转换以再现原文意义的内容描述，又不失对跨文化交际的效果考量。同时，该定义以"意义再生"作为翻译活动的任务，并没有设置"忠实"或"对等"等无法操作的标准，增强了该定义对翻译现象的概括力和解释力。将两种维度结合起来考察更是将翻译的诸多要素连接了起来，帮助构建了翻译研究点线面组合的结构。

此外，我们还可以从活动的发生与条件维度来认识翻译的本质。翻译为什么会发生？翻译的发生需要什么样的条件？翻译之发生是因为存在社会需要，以及有可以满足这种需要的主体。当人们在文化信息传播与交际过程中存在因语言符号系统差异而产生的理解障碍时，就产生了翻译的需要。从这个角度可以清晰地看到翻译的性质——为交际参与者解除异语理解障碍而提供的一种劳动。易言之，翻译是以劳动的形式满足他人特殊需要的活动。这种由一方向他方提供的有偿或无偿的活动就是服务，因为服务是能带来有价值的利益或满足的活动，而这些活动是消费者本身难以完成或不愿意去完成的。[2] 因而，从这一维度来看，翻译的本质是一种语言服务，其服务的对象是跨语交际者，服务的目的是帮助达成有效的跨语信息传播或跨文化交际，服务的方式是进行语言符号转换或符号阐释，解决异语符号理解与表达困难。[3]

其实，对于翻译的服务本质，人们早已有认识。译学界所熟知的翻译比喻，如"一仆二主""奴隶""仆人""媒婆"等，都是对译者工作——尽力提供好服务的写照。方

---

[1] 许钧《翻译论》，武汉：湖北教育出版社，2003年，第75页。
[2] 冯俊、张运来《服务管理学》，北京：科学出版社，2010年，第10页。
[3] 蓝红军《何为翻译：定义翻译的第三维思考》，《中国翻译》2015年第3期，第25–30页。

梦之曾给出的定义"翻译是按社会认知需要，在具有不同规则的符号系统之间所作的信息传递过程"[1]也揭示出翻译是为满足社会认知需要而开展的。现实生活中，翻译服务早已不是新词，目前众多翻译企业通过提供翻译服务而创造着巨大的价值与利润，基于翻译形成的语言服务业正蓬勃发展。理解了翻译本质是一种服务，也就不难解释翻译的职业化、产业化和技术化发展现象了。基于翻译的服务本质，可以建立起一组新的概念体系：翻译服务需求、翻译服务行为、翻译服务产品、翻译服务提供者、翻译管理、翻译产业等。其中翻译服务需求是翻译服务行为的起点，翻译服务行为须按照服务对象的需求开始、进行和结束，翻译服务行为不以是否忠实再现原文意义为评判标准，而以特定环境下手段与方法选择的合理性为尺度，翻译服务产品是以翻译劳动成果为主导的产品组合，笔译通常以实物形式（译文文本）呈现，口译通常以非实物形式（口译过程）呈现，对翻译服务产品评价主要考虑满足顾客需求的程度和翻译产品生产的成本。翻译服务提供者可以是译者，但不限于译者，更多是以经营翻译产品为主的组织机构。翻译管理指翻译企业或其他翻译机构为保证翻译服务产品质量，提高翻译服务产品生产效率而对翻译生产过程进行的优化与控制。翻译管理需要集成整个组织翻译产品生产过程中涉及的独立人员、内容系统和语言资产，可以分为内容管理、过程管理和资源管理等。翻译产业是指经营翻译产品的翻译服务提供者的集合。

从"语言符号转换"，到"文化信息传播"，再到"语言服务"，不同的翻译本质观将翻译研究的关注点由原文解码、意义提取、译文编码、意义再现的过程，导向了原作者、译者及译作读者的文化语境、文化地位、文化心理、现代性身份建构、意义阐释、信息丢失与弥补等，再扩大到翻译职业教育、行业规范、译者能力、市场需求、翻译技术开发、翻译管理等方面，翻译的评价标准也由单一的译文忠实通顺，发展到了译文忠实通顺、翻译行为合理和翻译用户满意三者结合。可以预见，随着人们对翻译认识的发展，我们还会揭示出翻译更多维度的本质特征。

二、翻译的多元价值

翻译的价值涉及主客体关系，与译事、译文、译者不能分割。如前所述，翻译的价值和功能就是翻译本质的维度之一。人们除了追问"何为译"之外，还一直追问"译何为"的问题，即翻译在哪些方面发挥了什么样的功能和作用，翻译应该有何作为等。许多中外早期翻译文献中都包含了对翻译之用的朴素认识，将翻译比作"信使""媒婆""桥梁"也无不体现出人们对翻译的价值定位。在诸多翻译史论著和翻译家研究成果中，对译者所做贡献的评述也往往是不可或缺的组成部分。不过，直到20世纪90年代，翻译的

---

[1] 方梦之《翻译新论与实践》，青岛：青岛出版社，2002年，第4页。

历史和文化价值问题才成为重要的译学论题。尼兰贾纳（Tejaswini Niranjana）认为翻译在人类历史进程中所发挥的作用远没有被人们所认识，她在1992年出版的《为翻译定位：历史、后结构主义和殖民语境》（*Siting Translation: History, Post-structuralism and the Colonial Context*）一书中对翻译在殖民语境中所起的实际作用进行了研究。[1] 1995年法国学者德利尔（Jean Delisle）和伍兹沃斯（Judith Woodsworth）联合主编的《历史上的译者》（*Translators through History*）一书"从字母的发明、民族语言的形成、民族文学的发展、知识传播、权力关系、宗教传播、价值观念传播、词典编纂及口译员的历史贡献等角度，描述并探讨了历史上重要译者对人类文明发展的贡献"。[2] 我国学者王克非于1997年出版的《翻译文化史论》也重点研究了翻译对于文化（尤其是译入语文化）的意义和影响。[3] 孟华则指出翻译是民族身份认同的重要影响因素，她认为翻译"可在一国的文化传统中，亦即在一个民族的身份认同中植入相异性因素"，[4] 即翻译通过"归化"策略传递"相异性"，从而渐进性地更新译入语文化传统，积累性地丰富译入语文化。韦努蒂（Lawrence Venuti）也认为，翻译的每一个环节都会打上本土文化的印记，而另一方面也对本土文化和政治产生着形塑性的影响，他在《翻译与文化身份的塑造》一文中通过具体的案例揭示出翻译是如何塑造和维持特定的文化身份的。[5] 他强调翻译的影响和作用可以从民族的层面考察：

> 翻译有助于塑造本土对待异域国度的态度，对特定族裔、种族和国家或尊重或蔑视，能够孕育出对文化差异的尊重或者基于我族中心主义、种族歧视或者爱国主义之上的尊重或者仇恨。从长远来看，通过建立起外交的文化基础，翻译将在地缘政治关系中强化国家间的同盟、对抗和霸权。[6]

许钧是最早对翻译价值进行系统论述的学者。他从翻译的社会价值、文化价值、语言价值、创造价值、历史价值五个方面，详述了翻译的交流、传承、沟通、创造、发展等功能。许钧指出，翻译的社会价值，即翻译对社会交流与发展的强大推动作用，重

1　T. Niranjana, *Siting Translation: History, Post-structuralism and the Colonial Context.* Berkeley: University of California Press, 1992.

2　姚斌、王炎强《〈历史上的译者〉（*Translators through History*）介评》，《翻译界》2018年第1期，第109页。

3　许钧《翻译论》，武汉：湖北教育出版社，2006年，第20页。

4　孟华《翻译中的"相异性"与"相似性"之辩——对翻译与文化交流关系的思考与再思考》，北京大学比较文学与比较文化研究所编《多边文化研究》，北京：新世界出版社，2001年，第101页。

5　L. Venuti, Translation and the Formation of Cultural Identities，in *Cultural Functions of Translation*, eds. Christina Schäffner & Helen Kelly-Homes, Clevedon: Multilingual Matters Ltd., 1999, PP. 9–25.

6　韦努蒂《翻译与文化身份的塑造》，查正坚译，刘健芝校，许宝强、袁伟选编《语言与翻译的政治》，北京：中央编译出版社，2001年，第359-360页。

在交流；文化价值主要体现在翻译在人类文化发展进程中所起的作用，重在传承；语言价值体现在翻译活动对语言产生的作用和影响，重在沟通；创造价值主要体现在翻译于社会、文化、语言等的创新作用，重在创造；历史价值表现在翻译对人类历史发展的贡献，重在发展。[1] 许钧的论述有助于建构我们的翻译价值共识，为我们从功能角度认识翻译本质提供了理论参照。

正如对翻译本质的认识，对翻译价值的认识不可能达至终极。事实上，对这两者的认识总是相辅相成的，对翻译本质的认识是历史的、发展的、多维的，对翻译价值的认识亦然。翻译价值可以从各种角度来考察，按相关主体的类型，可以体现于个体、国家和人类社会等不同的层面。

首先，翻译对于个体有着多重价值。翻译活动所关涉的重要个体有译者、原文作者和读者等。译者可以通过翻译获得报酬收入、知识收获、审美体验和精神享受。余光中曾写出这样的感受："翻译的境界可高可低。高，可以影响一国之文化。低，可以赢得一笔稿费。"[2] "幸福的译者得与一个宏美的灵魂朝夕相对，按其脉搏，听其心跳，亲炙其阔论高谈，真正是一大特权。译者当然不是莎士比亚，可是既然译笔在握，就可见贤思齐，而不断自我提升之际，真正超我之凡，而入原著之圣。……这就是译者在世俗的名利之外至高无上的安慰。"[3] 其中，"稿酬""幸福""与一个宏美的灵魂相对""特权""不断自我提升""世俗的名利之外至高无上的安慰"等，表明译者可能通过翻译获取各种物质利益和精神价值。对原文作者而言，翻译的影响当然不可小觑。翻译使原文获得新的生命，获得更为广泛的传播和关注，不少作者也因此获得更高的报酬、地位和名声。历史上通过翻译从边缘走向经典的作者（作品）并不少见，因翻译成为世界文学的作品也不胜枚举。例如在中国不太为人所知的寒山诗，经翻译之后在美国大受欢迎，反过来在国内也获得了更多的关注。莫言获得了诺贝尔文学奖，人们越来越认识到翻译为其作品带来的世界性的影响。对读者、受众而言，翻译的价值更不容忽视。翻译给读者展现了全新的世界，带来了知识的增长、新异的体验和感受，也带来了精神的提升。当然，读者感受到的翻译价值也因翻译的文本、体裁、视角、策略、译文质量而各异。在不同的读者眼中，典籍文本和普通文本翻译的价值必然存在差异，文学翻译和科技翻译在审美价值和经济价值上有明显的区别。

其次，对于国家而言，翻译有着不可替代的重要价值，这些价值覆盖了政治、经济、文化、教育、宗教、军事、科技等各个领域。语内翻译是一个国家文化实现历史传承的必经途径。比如作为中国文化传统两大支柱的儒家和道家，从开创到后期经历多次

---

[1] 许钧对翻译价值的论述主要参见许钧著《翻译论》（第7章），武汉：湖北教育出版社，2006年。
[2] 余光中《余光中谈翻译》，北京：中国对外翻译出版公司，2002年，第147页。
[3] 同上，第177页。

转型，无论是依照"我注六经"还是"六经注我"，都是凭借不断的语内翻译和阐释得以流传至今。语际翻译，尤其是从外语译为本国本族语言，则是引进新知识、新思想、新技术，丰富、革新现有之物，创造前所未有之物的常用途径。晚清时期的中国，因受鸦片战争重创，一些有志之士意识到必须通过翻译"师夷长技以制夷"，梁启超等人明确提出的我国需要引进翻译的选材有"算学，电学，化学，水学""章程之书""教科书、政法、史书、蓝皮书（类似年鉴）、农学、矿学、工艺及商务等类""各国时政""居官者考订之书，如行政治军、生财交邻等""外洋学馆应读之书，如历史、数学、植物学及矿物学等"。[1] 在文学领域，一个国家的文学处于草创期，或边缘、弱小状态，或者处于危机、转折期时，输入的翻译文学就要起关键的作用。[2] 除了从外语译为本国语言，一个国家在特定的历史时期，也可以通过主动外译营造友好的语言环境，吸引国际客商前来旅游、工作或投资，或通过外译建构自身形象、争取平等对话、维护民族身份和文化多样性。在中国革命的进程中，翻译一直都在扮演着重要的角色：在新民主主义革命时期，翻译是文化启蒙的手段；从社会主义革命开始直到改革开放之前，翻译是为意识形态服务的工具。改革开放以来，翻译是我们向世界开放的窗口；而在当下，翻译则是重绘全球文化和世界文学之版图的方式。[3] 翻译使得中国更接近世界，也使世界更为了解中国。

最后，翻译对于人类社会有着非凡的价值。站在整个人类发展的角度看，翻译对于生产、传播物质文明与精神文明成果，推动人类社会进步，维护世界稳定和持久和平，都发挥了不可估量的作用。[4] 在西方文明史上，希腊人通过翻译从巴比伦文明中学到了数学、物理学和哲学，犹太人学到了神学，阿拉伯人学到了建筑学。[5]《历史上的译者》告诉我们，没有翻译就没有哥特语字母表、亚美尼亚语字母表、格拉哥里字母表、西里尔字母表、克里语字母表的产生。[6] 绵长的中西译经史显示，影响欧洲文化的《圣经》"根本就是一部大译书"，可以说"没有翻译就没有基督教"。[7]

概言之，翻译之用大矣！翻译影响和改造语言和文化，如佛经翻译对于汉语词汇、语法和文学形式都产生了重要的影响。翻译影响社会的政治思想与意识形态，如翻译在马克思主义中国化的过程中发挥了历史规划与主体召唤的巨大作用，从而塑造了现代中

---

1 谢天振、何绍斌《简明中西翻译史》，北京：外语教学与研究出版社，2013年，第117页。
2 Even-Zohar, The Position of Translated Literature within the Literary Polysystem, in *The Translation Studies Reader*, ed. L. Venuti, London & New York: Routledge, 2000, PP. 192–197.
3 王宁《翻译在中国革命进程中的作用》，《北京第二外国语学院学报》2018年第3期，第3–15页。
4 许钧《翻译概论》（修订版），北京：外语教学与研究出版社，2020年，第215–217页。
5 刘军平《西方翻译理论通史》，武汉：武汉大学出版社，2009年，第53页。
6 J. Delisle & J. Woodsworth, *Translators through History* (Revised edition), Amsterdam/Philadelphia: John Benjamins, 2012, PP. 3–22.
7 余光中《余光中谈翻译》，北京：中国对外翻译出版公司，2002年，第148页。

国的主流意识形态。翻译参与建构民族身份，如大英帝国对印度的殖民统治时期，翻译以本土的政治和文化价值为取向，把不利于本土文化的争论和分歧排除，强化了殖民统治的合理性，从而既构建了殖民者的民族身份，也建构了被殖民者的民族身份。当前，翻译之用如何强调都不为过。我们需要翻译，以更全面地了解国际形势和发展趋势，洞察国际竞争和事件的背景，从而及时做出反应。我们需要通过翻译来学习借鉴国外科技领域的先进经验和成果，推动科技产品在国际市场上的接受，提升产品在国际市场上的竞争力。我们需要翻译来丰富和发展本国语言，维护语言安全，也需要翻译来向外宣传本国的传统和当代文化，促进文化交流，提升国家的文化软实力。

第二节　翻译理论的发展历程与类型功能

任何学科都有自身的理论追求，翻译学在当今学科图谱中占据一席之地是与其理论成就密不可分的，正是翻译理论总结和概括了翻译研究所揭示的有关翻译的种种内容，进而深化了人们对翻译的认识。但由于翻译学新生不久，许多人（包括翻译界内人士）对翻译理论的认识还较为模糊，翻译理论和翻译实践互相疏远的情况并不罕见。我们经常面对这样的问题：翻译需要理论吗？翻译理论与翻译实践有什么关系？翻译理论有用吗？翻译理论有何用？等等。这些问题可谓由来已久，为了回答这些问题，《上海翻译》曾于2003年发起了一次有关翻译理论与实践之关系的大讨论，许渊冲、杨自俭、孙致礼、郭建中、王宏印、昌俊、王东风、张经浩、毛荣贵等人参与讨论，共发表论文18篇，该讨论构成了翻译学科发展史上的一个事件。[1] 十多年之后，该刊于2019年再次组织学者对此进行回顾与反思，希望进一步澄清对翻译理论与实践关系的认识。这些讨论取得了很好的效果，大大推进了人们对翻译理论的认识。但究竟什么样的理论或知识才是翻译理论？翻译理论经过了怎样的发展过程？有哪些类别、来源、形式、内容和功能？这些问题依然值得年轻学者们思考和回答。

关于"理论"的定义和表述，正式、权威的几乎数以百计，非正式的更是数不胜数。[2] 我们通常将理论理解为由实际的实践中归纳出，或由观念推演而得到的有系统、有组织的看法或论点。根据《关键词：文化与社会词汇》（*Keywords: A Vocabulary of Culture and Society*）一书收录的词条描述，"理论"一词来自希腊文和后期拉丁文，14世纪英语写法为theorique，16世纪为theory，意为"思考"（contemplation）"景象"

---

[1] 许钧《改革开放以来中国翻译研究概论（1978—2018）》，武汉：湖北教育出版社，2018年，第64页。
[2] 曹伟《理论概念反思与应用性社会科学研究逻辑重构》，《甘肃社会科学》2014年第2期，第13–17页。

（spectacle）和"思想观念"（mental conception），17世纪可意指"景象"（spectacle）"经深思之见"（a contemplated sight）"（观念）谱系"（scheme [of ideas]）和"解释体系"（explanatory scheme）。"理论"与"实践"在17世纪时开始区别开来，但两者并不对立。[1] 皮姆（Anthony Pym）在《翻译理论探索》（Exploring Translation Theories）一书中也提到，"理论"一词可能来自希腊语theā和-horan，theā为"视角"（view），-horan为"看"（to see），即从某个视角去看（to theorize is to look at a view）。[2] 张佩瑶（Martha Cheung）追溯了汉语中"理论"的来源，发现"理论"大约出现于19世纪末20世纪初，译自日文（riron），她认为"理论"最初引入时，主要表达的是"争论"或"论事物之理"的含义，与古代早已有的"理"的解释（道理、理性、义理）较为一致，并没有后来我们熟悉的各大词典对理论的释义。这意味着理论"原本只是代表既存思维模式和观念的术语，突然被赋予代表不同思维模式和观念的新责任"。[3]

译学界对翻译理论也给出了各种各样的定义。黄振定将翻译理论界定为"翻译实践的经验总结和规律化系统化"。[4] 黄忠廉认为翻译理论是"从翻译中概括出来的系统的知识和原理"，[5] 形成于"产生感性认识""确立翻译思想""验证翻译假说"三个步骤之后。[6] 曹明伦则指出翻译理论是从翻译"这项活动中概括出来的对其发生、发展、过程、结果、功能、影响以及活动参与者（包括译者和与这项活动相关的其他行为主体）的系统化的理性认识"。[7] 从各种定义中，我们可以大致归纳出有关翻译理论的共识：1）翻译理论是对翻译的经验概括；2）翻译理论是对翻译认识的表述；3）翻译理论是由概念、范畴和命题组成的系统。

翻译理论的陈述系统可分为事实陈述与价值陈述。首先，翻译理论是对人类社会中存在的翻译相关事实的描述、归纳和概括。作为翻译理论的认识对象，人们的翻译实践活动、各种翻译现象、翻译服务产品等都是外在于研究主体的事实存在，翻译所涉的环境、译者、译作、读者等要素，甚至是译者的翻译认知心理、情感与价值观念等主观性因素一旦成为研究对象也是一种事实存在。如"翻译是艺术性和科学性相统一的活动"就是对作为事实存在的翻译现象的一种描述。但与自然科学不同，翻译理论的对象内容是社会经验事实，而非自然事实，这种事实必定包含观察者的价值因素。因为作为"观

---

[1] R. Williams, *Keywords: A Vocabulary of Culture and Society* (Revised edition), New York: Oxford University Press, 2015, PP. 249–250.

[2] A. Pym, *Exploring Translation Theories*, London & New York: Routledge, 2014, P. 1.

[3] M. Cheung, From "Theory" to "Discourse": The Making of a Translation Anthology, *Bulletin of the School of Oriental and African Studies*, 2003(3), PP. 390–401.

[4] 黄振定《翻译学——艺术论与科学论的统一》，长沙：湖南教育出版社，1998年，第102页。

[5] 黄忠廉《翻译思想≠翻译理论——以傅雷、严复为例》，《解放军外国语学院学报》2010年第5期，第79页。

[6] 同上，第80页。

[7] 曹明伦《翻译理论是从哪里来的？——再论翻译理论与翻译实践的关系》，《上海翻译》2019年第6期，第2页。

看"的理论受限于主体的价值差异,所以"没有一个理论能完全反映所有的真理。一切理论都是由人根据既定的意图去创造和构建的"。[1] 因而从某种意义上来说,翻译理论也是一种价值陈述,只代表观者的视角,并不全然反映现实。

一、中西翻译理论的发展历程

要认识翻译,离不开认识翻译的历史,离不开认识翻译理论的历史。回顾过往,勾勒翻译理论发展的线索,了解不同历史时期翻译理论和翻译实践之间的关系,把握人类翻译知识形成的历史背景,才能更好地认识翻译的本质,让翻译更好地服务社会的需要。

(一)西方翻译理论的历史发展

译学界普遍认同西塞罗(Marcus Tullius Cicero)是西方翻译理论的奠基者,是第一个阐述翻译过程、提供最佳处理方法建议的人,[2] 自他开拓了翻译理论和方法研究的园地之后,西方翻译理论史"被一条延绵不绝的线贯穿起来"。[3] 西塞罗区分了"作为解释员的翻译"和"作为演说家的翻译",前者指注重字词对应的翻译,后者指追求译文对目标读者所产生的效果的翻译。他推崇后者,赞成创造性的自由翻译,反对逐词死译,认为译者在翻译时应像演说家那样,使用符合古罗马语言习惯的语言来表达外来作品的内容,以吸引和打动读者、听众的感情,这一思想对后世影响巨大。[4] 其后,贺拉斯(Quintus Horatius Flaccus)、昆体良(Marcus Fabius Quintilianus)等继承和发展了西塞罗的观点,由此"开创了西方翻译史上文艺派的先河,并在翻译理论以后的发展中形成了一个特色鲜明的传统"。[5]

但早期西方学者并非都主张意译,一些神学家认为,《圣经》的神圣性要求翻译只能恪守原文意旨,不能变通与创造。斐洛(Philo Judaeus)就是其中一位代表。他认为翻译的首要条件是要有"神的感召",只有虔诚的教徒才有资格翻译《圣经》,且只能采用字字对应的直译。斐洛的直译理论在神学领域影响深远,直到三百多年之后哲罗姆(St. Jerome)和奥古斯丁(Aurelius Augustinus)才将之进行了修正。哲罗姆区分了文学

---

[1] 文军《何为"社会学理论"与"社会学理论"为何——兼论中国社会学理论研究的现状及反思》,《湖南师范大学社会科学学报》2007年第1期,第68–74页。

[2] D. Robinson, *Western Translation Theory from Herodotus to Nietzsche* (2nd edition), London & New York: Routledge, 2014, P. 7.

[3] 谭载喜《翻译学》,武汉:湖北教育出版社,2000年,第93页。

[4] 谭载喜《西方翻译简史》(增订版),北京:商务印书馆,2004年,第21页。

[5] 谢天振《中西翻译简史》,北京:外语教学与研究出版社,2009年,第266页。

翻译和宗教翻译，认为两者有不同的使命，有不同的原则和方法，文学翻译应多采用意译，而《圣经》翻译则应以直译为主。奥古斯丁则从"名实之辩"的角度论及翻译，他完全赞成直译，要求翻译立足于作为基本单位的词语，把握符号形式与实际内容的关系，以忠实为根本。[1] 奥古斯丁的翻译理论具有开创性的符号学意蕴，他把概念意义和语言符号区别开来，还注意到了读者需求的差异，强调根据读者需求调整翻译风格，他所论述的主题除了翻译方法之外，还拓展到了翻译单位、译者资质、翻译风格等。

文艺复兴运动兴起之后，西方翻译理论呈现出新的局面，出现了专门论述翻译的文章，理论见解丰富。伊拉斯谟（Desiderius Erasmus）认为翻译必须尊重原作，译者必须具有丰富的语文知识，风格是翻译的重要组成部分，而风格的性质取决于读者的需求。[2] 路德（Martin Luther）也是这一时期卓越的翻译理论家，他最重要的理论贡献在于倡导我们今天所说的读者导向，[3] 认为翻译必须采用人民的语言，必须注重语法和意思的联系。[4] "法国译论之父"[5] 多雷（Etienne Dolet）则提出了要做到出色翻译的具体要求，包括译者的资质条件和翻译中的语言表达方式。他从自身民族语言发展角度来考虑翻译中的语言表达，被认为是西方翻译史上第一个真正建构了翻译理论的人。[6] 查普曼（George Chapman）和富尔克（William Fulke）是这一时期英国翻译理论的代表人物。查普曼坚持以诗译诗，主张译文要有文饰，尽量表明作者的意图，[7] 他对译诗原则的讨论"填补了16世纪特别是后期翻译理论的某些空白"。[8] 富尔克的理论成就主要在于对《圣经》翻译的新见解，他认为译者的力量在于其语言能力，而不在于是否信仰上帝，认为翻译必须采用最易于人们理解的词语和表达。[9]

17至19世纪，英国出现了以翻译理论闻名于世的学者和系统全面的翻译理论专著。德纳姆（John Denham）、考利（Abraham Cowley）、狄龙（Wentworth Dillon）围绕诗歌翻译应忠实于什么和达成忠实需要什么条件的问题，提出了诸多理论见解。德莱顿最早提出翻译是艺术的观点，也最早将翻译按照方法划分为三种类型。他的创见涉及翻译本质、翻译方法、译者伦理和翻译的语言观等，系统化程度超过了以往的学者，可谓"独

---

1 黄振定《翻译学：艺术论与科学论的统一》，长沙：湖南教育出版社，1998年，第57页。
2 谭载喜《西方翻译简史》（增订版），北京：商务印书馆，2004年，第60-63页。
3 D. Robinson, *Western Translation Theory from Herodotus to Nietzsche* (2nd edition), London & New York: Routledge, 2014, P. 84.
4 谭载喜《西方翻译简史》（增订版），北京：商务印书馆，2004年，第64-68页。
5 许钧、袁筱一《当代法国翻译理论》，武汉：湖北教育出版社，2001年，第309页。
6 Eugene A. Nida, *Toward a Science of Translating*, Leiden: E. J. Brill, 1964, P. 15.
7 刘军平《西方翻译理论通史》，武汉：武汉大学出版社，2009年，第100页。
8 谭载喜《西方翻译简史》（增订版），北京：商务印书馆，2004年，第79页。
9 同上，第81-82页。

占当时翻译理论的鳌头"。[1] 后来，坎贝尔（George Campbell）和泰特勒（Alexander Fraser Tytler）又带来了理论突破。坎贝尔将《圣经》翻译分为文学和宗教两种目的，从更广的视角去认识宗教翻译的社会功能，为《圣经》翻译采用不同方法的合理性提供了解释，从而让人们认识到，即使针对相同的文本，也需采用不同的翻译方法以适合不同的翻译目的。泰特勒被认为是世界译学史上划时代的人物，[2] 他于1790年发表的《论翻译的原则》（Essay on the Principles of Translation）被普遍视为西方翻译史上第一部较为系统完善的翻译理论专著，所提的翻译三原则传播甚广，产生了极大的影响。

近代法国翻译理论分为两派，崇古派坚持忠实准确的翻译原则，厚今派认为译者有必要改变和超越原作。阿布朗古尔（Perrot d'Ablancourt）和戈多（Antoine Godeau）是厚今派代表，前者主张为取悦读者美化译文，后者强调翻译要适应时代标准，发挥译语的表现能力，取得效果的忠实。他们的观点与当时法国弘扬民族语言的需要相呼应，有着鲜明的民族立场。梅齐利亚克（Bachet de Meziriac）则反对不忠的翻译，认为译者不得有任何增添删减、歪曲改动。[3] 于埃（Pierre-Daniel Huet）也坚决反对自由翻译，认为译者应专注于展示原作，不能用自己的语言魅力去欺骗读者。[4] 于埃较为全面地探讨了翻译的基本原理，受到了斯坦纳（George Steiner）的高度评价，[5] 他对翻译的广义界定展现出阐释学派翻译理论"翻译即阐释"和"理解也是翻译"的最初形态。他还认识到了翻译所涉语言有着不同的位势，译者在翻译过程中遇到的矛盾与语言之间的地位关系相关。坦德（Gaspard de Tende）和巴特（Charles Batteux）则通过语言分析将抽象的翻译原则落实到了翻译的语言转换过程中应遵循的规则上，他们将翻译中的语序安排、句子结构、衔接手段、句式、篇幅、修辞、谚语、词性转换和词语组合等全都纳入考察，具有明显的应用理论特征。

近代德国的翻译理论也有较大的发展。赫尔德（Johann Gottfried von Herder）、歌德、洪堡特（Wilhelm von Humboldt）、施莱尔马赫（Friedrich Daniel Ernst Schleiermacher）等取得了赫然的理论成就。洪堡特提出了语言决定思维的观点，给两个世纪后的沃尔夫假设理论提供了依据，也给翻译的不确定性和不可译性埋下了伏笔。[6] 赫尔德认为民族文学的发展十分需要翻译的帮助。歌德也十分重视文学翻译的历史作用，认为翻译是

---

[1] 谭载喜《西方翻译简史》（增订版），北京：商务印书馆，2004年，第85页。

[2] 同上，第132页。

[3] 许钧、袁筱一《当代法国翻译理论》，武汉：湖北教育出版社，2001年，第321页。

[4] D. Robinson, *Western Translation Theory from Herodotus to Nietzsche* (2nd edition), London & New York: Routledge, 2014, P. 164.

[5] G. Steiner, *After Babel: Aspects of Language and Translation*, Shanghai: Shanghai Foreign Language Education Press, 2001, P. 248.

[6] 刘军平《西方翻译理论通史》，武汉：武汉大学出版社，2009年，第111页。

最重要、最有价值的活动之一。[1] 他积极肯定翻译对民族文化和文学的影响，提出了"世界文学"的概念，提倡以尊重语言差异的翻译促进世界文学的发展。施莱尔马赫系统地阐述了翻译的本质和翻译理解中的语言和心理问题，总结了异化与归化问题的内涵与关系，修正了相对主义的语言观和翻译观，开创了翻译理论的阐释学派。洪堡特则非常强调语言的民族性、语言与民族精神的联系，认为语言具有不可译性，但人类思维的普遍联系和共同规律使得语言间的翻译得以进行。

20世纪后半叶，西方翻译理论又掀开新的一页，语言学翻译理论逐渐成为主流。奈达（Eugene A. Nida）倡导从语言学角度研究翻译问题，倡导以句法结构分析、语义成分分析和核心句分析等方法，对翻译过程中的语言结构和语言转换程序进行分析，追求译文与原文的功能对等。奈达的翻译科学说、翻译交际说、动态对等说、翻译功能说、四步模式说等[2]在中国乃至世界范围内都产生了重要的影响。雅各布森于1959年在《论翻译的语言学问题》（*On Linguistic Aspects of Translation*）中论述了翻译的语言符号活动本质，以及翻译与语言的关系问题，第一次将符号学引进了翻译研究，[3] 奠定了翻译语言学派的符号学理论基础。[4] 卡特福德（John Cunnison Catford）于1965年出版了经典之作《翻译的语言学理论》（*A Linguistic Theory of Translation*），阐述了翻译所涉的语言成分、类别、对等、限度等方面的问题，提出了较完整的翻译转换理论。穆南（Georges Mounin）讨论了翻译和语义、语法的关系，指出句法关系可以作为翻译理论的基础。[5] 莱斯（Katharina Reiss）提出了以语言的文本功能分类为基础的翻译理论，开创了翻译理论的功能学派。费道罗夫（A. V. Fedorov）、什维采尔（A. D. Schweitzer）、列茨克尔（Recker）、巴尔胡达罗夫（L. Barkhudarov）、切尔尼亚霍夫斯卡娅（Chernjahovskaja）、科米萨罗夫（V. N. Komissarov）等也相继出版了语言学翻译理论著作，苏联的翻译理论由此取得了较快的发展，形成了自身的特色。

20世纪80、90年代是西方翻译研究的学科体系发展时期，翻译理论研究热点频呈，流派纷立，理论思想发生重要变化并实现多元化。翻译理论研究空前繁荣，翻译思想异常活跃，翻译理论著作极为丰富，甚至丰富到任何概括和分类都会显得有些苍白、片面的程度。[6] 功能主义翻译理论继续受到重视，弗米尔（Hans J. Vermeer）和诺德（Christiane Nord）提出了翻译目的论，代表着功能学派翻译理论的关切点由文本内走向文本外。

---

1 谭载喜《西方翻译简史》（增订版），北京：商务印书馆，2004年，第105-106页。

2 同上，第230-240页。

3 潘文国《当代西方的翻译学研究——兼谈"翻译学"的学科性问题》（Ⅰ），《中国翻译》2002年第1期，第31-34页。

4 陈浪《当代语言学途径翻译研究的新发展——语篇·斡旋调解·语境化》，天津：南开大学出版社，2011年，第18-19页。

5 谭载喜《西方翻译简史》（增订版），北京：商务印书馆，2004年，第198页。

6 廖七一《当代西方翻译理论探索》，南京：译林出版社，2000年，第23页。

豪斯（Juliane House）则借用韩礼德的话语分析理论，发展出了一套侧重语用交际效果的翻译质量评估模式。哈蒂姆（Basil Hatim）和梅森（Ian Mason）也从语用交际角度考察翻译，他们将话语分析、社会文化分析和文本功能分析结合起来，提出了语境翻译模式。格特（Ernst-August Gutt）则以关联理论为基础，提出了最佳关联假说，以解释译者在翻译活动中的心理过程。

当西方翻译学者走出结构主义语言学框架，走向功能和交际的理论考量时，文化学派翻译理论也随"文化转向"兴起。巴斯奈特（Susan Bassnett）和勒菲弗尔（André Lefevere）是这一学派的标志性人物，他们或单独或合作发表著作，引领着翻译研究的文化转向。勒菲弗尔在《翻译、改写以及对文学名声的操控》（*Translation, Rewriting, and the Manipulation of Literary Fame*）一书中，强调了意识形态、赞助人和诗学对翻译行为的操控，提出翻译是一种改写活动的观点，学界将之冠以"操控论"和"改写论"。赫曼斯（Theo Hermans）、兰伯特（Jose Lambert）等将操控论发展得更为深入，他们通过实证研究揭示出在某些现实语境下对等翻译的虚幻性和欺骗性，为文化翻译理论增添了重要的理论内涵。[1] 描写翻译研究也在同一时期兴起，图里（Gideon Toury）对描写性研究方法进行了理论化阐释，提出翻译规范概念。切斯特曼（Andrew Chesterman）则从职业和行业角度对翻译规范进行了新的分类阐发。

随着后现代主义思潮的风行，一些学者将解构主义哲学引入翻译研究，开始了对一元中心思维定势和确定性意义观的解构，还有一些学者则从后殖民主义、女性主义角度思考翻译的颠覆性力量。韦努蒂是解构主义翻译思想的积极倡导者，他在《对翻译的再思考》（*Rethinking Translation: Discourse, Subjectivity, Ideology*）、《译者的隐身》（*The Translator's Invisibility: A History of Translation*）、《翻译的丑闻》（*The Scandals of Translation: Towards an Ethics of Difference*）三部著作中批判了以民族中心主义和帝国主义价值观为指导的"归化"翻译原则，提倡以"异化"的翻译策略作为抗阻文化霸权的手段，破除透明翻译的传统。斯皮瓦克（Gayatri C. Spivak）、尼兰贾纳、霍米·巴巴（Homi Bhabha）、罗德恪（Douglas Robinson）等是后殖民主义翻译理论的代表人物，他们把翻译和政治联系在一起，剑指欧洲中心主义，探讨弱小民族以翻译为手段反抗殖民文化的问题。戈达尔德（Barbara Godard）、雪莉·西蒙（Sherry Simon）、弗洛托（Luise von Flotow）则是女性主义翻译理论的代表学者，他们从女性与男性的关系角度认识翻译中译文与原文的关系，反对原文中心主义的翻译观，倡导译文与原文的平等地位，提出了在翻译中颠覆男性话语、彰显女性修辞的主张。

---

[1] 杨镇源《翻译学元理论研究》，北京：中国社会科学出版社，2022年，第45页。

（二）中国翻译理论的历史发展

中国翻译理论源远流长。早在春秋末期，人们对翻译的功能和专名翻译的原则就有了朴素而重要的认识，《大戴礼记·小辨》中的"……传言以象，反舌皆至，可谓简矣"和《春秋谷梁传》中的"孔子曰：名从主人，物从中国"等可视为萌芽状态的译论。前者说明当时的人们已认识到"翻译能够迅速沟通使用不同语言的人们之间的隔阂的作用"；[1]后者表达了"专有名词翻译的完整原则"。[2]

佛经译论是我国传统译论中极具代表性的部分。支谦的《法句经序》是最早的系统性译论，该序首次提出了译事之不易，[3]指出了翻译困难的源头，对前人翻译进行了评点和总结，明确地提出了作为翻译原则的主张，还提出了面对翻译中语言文化差异带来无法解决的困难时可采取的权宜之策。道安的《摩诃钵罗若波罗蜜经钞序》是另一篇译论经典，该序对影响翻译忠实的因素进行了全面的概括。僧睿的《大品经序》论述了翻译中的名实关系，是将中国传统哲学的名实观引入翻译理论的重要尝试。僧祐的《胡汉译经文字音义同异记》对翻译所涉的同音同义异形字、新旧译名不同而意义相同等现象进行了概括。彦琮在《辩正论》中提出了"八备"，[4]对译者应有的能力和素养做出了全面的规定。此外，还有赞宁的《译经篇总论》提出了"六例"说，归纳了译经中的特殊情况及解决各类矛盾的方法。[5]

我国古代除了佛经译论之外，还有着不容忽视的普通译论。在贾公彦和孔颖达等对经典的注疏中，就蕴含了很多有关"何为翻译"的理论认识，包括翻译工作的重要性、翻译工作的目的与功能、翻译的工作内容、翻译的标准、翻译的文化背景、翻译的性质等。明末清初，来华传教士和中国本土学者一起开展了科技翻译活动，也发表了对翻译的重要看法。如徐光启提出了翻译"会通"论，指出翻译是会通中西、为我所用、实现超越的必要举措。另外，清代专事汉满翻译的魏象乾提出了"正"译标准，强调翻译要充分了解原文意义，使译文具有与原文相同的修辞效果，顺应原文的衔接连贯，传达原文的风格神韵等。

鸦片战争之后，学者们积极发表有关翻译目的、功能、组织和人才培养的论述，力图通过翻译寻求救亡图存之路。冯桂芬、马建忠、康有为、梁启超、严复、吴汝纶、林纾、蔡元培、高凤谦、罗振玉、王国维、周桂笙、徐念慈、章士钊、胡以鲁、胡怀琛等

---

[1] 陈福康《中国译学理论史稿》（修订本），上海：上海外语教育出版社，2000年，第5页。
[2] 赵巍《中国传统译论中的"意识形态"——从"名从主人，物从中国"谈起》，《解放军外国语学院学报》2011年第3期，第70页。
[3] 陈福康《中国译学理论史稿》（修订本），上海：上海外语教育出版社，2000年，第8页。
[4] 人们也将"十条"归纳为彦琮的理论贡献。有关"十条说"，陈福康认为是彦琮"引述道安的论点，而非自己的创见"。笔者赞同陈福康的观点，因而此处只讨论"八备"。
[5] 陈福康《中国译学理论史稿》（修订本），上海：上海外语教育出版社，2000年，第41页。

以各类序跋、奏表、杂文等发表意见，或撰写专论翻译的文章，如蔡元培的《译学》、章士钊的《论翻译名义》和胡以鲁的《论译名》等。这些作品主题和观点明确、理据充分、思考深刻。清末学者的译论贡献，以严复的"信达雅"论影响最为深远。虽然该论以译事三难提出，但其蕴意丰富，一直被视为我国传统译论中最突出的代表，受到无数的解读，也经常被拿来与英国翻译理论家泰特勒的三原则相比较。

民国时期，许多著名的文人学者都参与了对翻译的讨论。他们对于翻译作为强国之策有着十分强烈的意识，论述了翻译的语言创新功能、文学创新功能、思想革命功能和社会建构功能，并结合出版和传播来讨论翻译的具体问题，对翻译进行了各种类别的划分。他们讨论的主题除了翻译的价值与功能之外，还有翻译选材、翻译原则、翻译与创作的关系、译者（翻译批评者）的资质条件等，讨论的对象以文学作品的翻译为主，包括诗歌的可译性、文学翻译的策略和方法等。这时已经出现了专门的翻译论著，如蒋振翼的《翻译学通论》、吴曙天的《翻译论》、黄嘉德的《翻译论集》、杨镇华的《翻译研究》、张其春的《翻译之艺术》等。

新中国成立一直到改革开放前，我们还处于传统译论阶段。这一时期代表性翻译学者有董秋斯、焦菊隐、茅盾、傅雷、钱锺书等，最为人称道的译论是傅雷的"神似"论和钱锺书的"化境"论，两者合为"神化说"，[1]被誉为中国传统译论发展的归结点和巅峰。董秋斯的突出贡献在于明确翻译理论建设的重要性，提倡开展翻译批评，提出建设翻译学的主张。茅盾强调了译介世界各国文学作品的重要意义，提出文学翻译工作必须有组织有计划地进行，指出了文学翻译工作者的责任和对翻译工作水平的要求。

新中国成立后，我们十分重视翻译理论的对外交流。改革开放前重点引介苏联翻译理论，1980年代后转向以欧美国家的翻译理论为主，其中以奈达、纽马克（Peter Newmark）和卡特福德为代表的语言学翻译理论在引介中占据了十分重要的位置。1990年代外国翻译理论引介的全面性、多样性、系统性与批判性增强，引介的方式由翻译和转述变为评述和阐释，引介的重点也由语言学翻译理论逐渐转为文化翻译理论和解构主义翻译理论，理论来源地也从英美扩及德国、法国和低地国家，并开始从宏观层次关注西方翻译理论发展的整体脉络，也按国别进行了分类研究。进入21世纪的前十年，引介呈现出更加动态多样的特点，各学科途径、各流派、各具体研究领域的翻译理论纷纷登场，后殖民主义、女性主义、新历史主义、食人主义、权力话语、场域等理论话语在翻译研究中层出不穷。

随着学科建设任务的变化，我国译学界也日渐加强了基础翻译理论的研究。新时期，翻译研究者对翻译的原则和标准进行了大量的探讨，辜正坤的"翻译标准多元互补

---

[1] 朱志瑜《中国传统翻译思想："神化说"（前期）》，《中国翻译》2001年第2期，第3–8页。

论"[1]就是其中代表性的成果。译界也先后就可译性、翻译的科学性和艺术性、翻译中的异化与归化等话题展开争鸣，讨论范围扩大到了翻译本体、翻译客体、翻译主体、翻译受众、翻译的社会和文化功能等，既对翻译的言语转换活动、社会话语实践活动，以及心理思维活动进行了较为详尽的分析，也致力弄清翻译的各种社会文化影响因素及其矛盾所在。以许钧为代表的学者对翻译本体问题进行了哲学层面的探讨，形成了有关翻译基本原理的系统性认识。许钧的代表作《翻译论》把对翻译活动进行内部的、纵向的微观分析引向内外联系的、动态的宏观考察，把对翻译的语言符号层面的研究引向对翻译的社会文化层面的探讨。作为"理论的先锋"，[2]该著论述了翻译的本质、过程、意义、因素、矛盾、主体、价值与批评，"破解译学七大难题"，[3]是对翻译基本问题的一次全方位的论述。

中国翻译学者也一直在进行着跨学科翻译理论建构的努力。谢天振开创的译介学就是翻译学跨域开拓的重要成果。作为翻译学与比较文学的交叉研究，译介学并不以指导翻译实践为目的，而是在接受翻译行为的实然结果、摆脱对译作的好坏判断的基础上展开对文学交流、影响、接受、传播等问题的考察和分析，它关注原文经由翻译之后产生的信息失落、变形、增添、扩伸等现象，力图揭示翻译作为人类一种跨文化交流的实践活动所具有的独特价值和意义。生态翻译学也形成了较大的影响，吸引了众多年轻学者以生态翻译学为理论框架开展研究。该论以生态喻指翻译中主体与环境的关系，以翻译文本生态、翻译群落生态、翻译环境生态为研究对象，致力发掘翻译文本和翻译活动中的生态理性和生态意义。

体现中国学者积极构建自己的理论话语体系的还有变译论、译者行为批评、知识翻译学等。变译理论区分变译与全译，界定了变译概念的内涵和外延，将零星的变译方法范畴化、系统化，旨在描写变译现象的发生动因、变译过程的运作机制、变译主体以及主客体之间的互动关系、变译结果的文本特征，揭示变译的实质、要素、手段、方法、单位及其价值。译者行为批评理论倡导将翻译主体的意志性、翻译活动的社会性、翻译过程的复杂性以及翻译文本的生成性纳入视野，开展对译者行为和译文质量、译者行为和社会服务等互动关系的批评和研究，对翻译文本生成的译内环境和译外环境、译文的译内效果和译外效果、译者的语言性和社会性、译者的语言人身份和社会性角色、翻译和非译以及译者行为合理性进行描写和解释。知识翻译学从知识论角度认识翻译的本质，并在此基础上展开对翻译的跨语知识生产、创新和传播等的研究。作为新生的译学理论，知识翻译学所针对的是知识和翻译之关系问题，它既从知识角度看翻译何以发生

---

1 辜正坤《翻译标准多元互补论》，《中国翻译》1989年第1期，第16–20页。
2 吕俊《一部值得认真研读的译学力作——读许钧教授新作〈翻译论〉》，《外语与外语教学》2004年第4期，第64页。
3 伍小龙、王东风《破解译学七大难题——评许钧教授的新作〈翻译论〉》，《中国翻译》2004年第4期，第52–54页。

和存在，也藉由翻译看知识何以转化、迁移、传播、创新和应用，从而增添了认识翻译本体的一个维度，也为理解人类思想性存在引入了一个新的角度。知识翻译学围绕着"翻译是知识"和"知识的地方性和翻译的世界性"等命题形成了理论场域，吸引和汇集了一批认同者，构成了相关研究的学术共同体。

此外，学者们还在积极开展翻译学分支领域的理论研究。在文学翻译理论建构方面，学者们在继承传统和借鉴外国的基础上不断深化研究，发表了数量众多的论文，出版了不少理论专著。许渊冲就是成就不凡的一位，他提出了极具特色的"三美论""三化论""三之论""翻译艺术""发挥译语优势论""三似论"以及"竞赛论"等，突破了传统译论中的原文中心主义观点，提高了译者作为创造者的身份和地位。随着非文学翻译实践活动的增多，应用翻译理论研究随之在法律、旅游、商贸、科技等许多领域展开。方梦之做出了先驱性的贡献，其译学思想为我们确立了以实践为导向建构应用翻译理论体系的方法论原则：1）按照现实来认识翻译理论的应用性和应用翻译的理论性；2）贴合实践发展应用翻译的理论话语；3）基于实践丰富应用翻译的理论内涵；4）立足本来，坚持整体的、发展的、一分为三的思维方法。[1] 翻译批评也是我国翻译理论学者重点关注的领域之一。自1992年许钧的《文学翻译批评研究》开山面世之后，又有杨晓荣、胡德香、王宏印、文军、温秀颖、吕俊、肖维青、周领顺、刘云虹等的翻译批评理论著作出版，尤其是2015年刘云虹的《翻译批评研究》将我国翻译批评的系统化理论建构又推进了重要一步。在方法论研究方面，黄忠廉、李惠红、穆雷、仲伟合、姜秋霞、蓝红军等的著作将译学方法的元理论研究不断推向深入。

进入新的发展时期，我国的翻译研究取得了显著的理论成就。翻译学者不断拓展理论视野，升华理论目标，坚持进行着理论建构方法的批判性反思，研究中的理论话题逐步多元分化，理论关切点发生过多次转移和变化，理论的现实性、应用性和实践性功能也不断增强，这些都使以翻译理论为核心和主要标志的翻译学知识体系得到了长足的发展。

二、翻译理论的类别与功能

翻译理论，因其观照的对象（翻译实践）本身意指丰富，一直处于不断发展中。加之人们的认识在积累和深化，从双语转换到语内、语际和符际翻译三分，从关注怎么译，到关注何为译、译何为、谁在译、什么影响翻译、如何评价翻译、如何进行翻译教学等，意味着翻译理论是一个不断发展壮大、日渐丰富繁复的知识库。对复杂多样的翻译理论进行类别划分就是翻译学知识体系建构的任务之一。

---

[1] 蓝红军《应用翻译理论体系建构的方法论原则——方梦之译学思想的启示》，《上海翻译》2020年第6期，第12–16页。

(一)翻译理论的类别

有关西方翻译理论，一些学者以范式、学派或流派进行过划分。根茨勒（Edwin Gentzler）将当代西方译论划分为美国翻译培训派、翻译科学派、早期翻译研究派、多元系统派和结构主义派五个流派。[1] 谭载喜1991年将当代西方翻译理论分为布拉格学派、伦敦学派、美国结构主义学派、交际理论学派以及苏联的文艺学派和语言学派，[2] 而后于2004年又按地域将之梳理为中欧、英国、美国、德国、法国、低地国家及以色列等地、苏联文艺学派和语言学派。[3] 提莫志科（Maria Tymoczko）将20世纪50年代之后西方翻译研究的主要流派分为：翻译工作坊方法、哲学和语言学方法、功能主义流派、描述翻译学、后结构主义和后现代主义翻译观、翻译研究中的文化学派等六种。[4] 芒迪（Jeremy Munday）将西方翻译理论分为九种类型：等值和等效理论、翻译转换方法、翻译的功能学派、话语及语域分析方法、系统理论、文化研究的类型、异化翻译、翻译的哲学理论、跨学科的翻译研究。[5] 刘军平将之分为翻译的语言学派、文艺学派、哲学学派、功能学派、多元系统及规范学派、目的论学派、文化学派、女性主义翻译观、后殖民翻译理论等。[6]

而对于整个学科的翻译理论，学者们也做过各种划分。霍姆斯（James Holmes）在其翻译学结构图中，将翻译理论分为一般理论和专门理论。[7] 罗杰·贝尔（Roger Bell）因翻译一词多义的特点，将翻译理论分为有关翻译过程的理论、有关翻译产品的理论以及有关翻译过程和产品的理论。[8] 韦努蒂赞成将翻译理论根据不同的语言用途假设划为两类，一种是"工具性的"（instrumental），一种是"阐释性的"（hermeneutic）。前者视翻译为对原文形式、意义或效果的忠实再现，后者视翻译为一种改变了原文形式、意义和效果的阐释。[9] 王宏印以现代语言学根基为界，区分了传统翻译理论和现代翻译理论，并认为，判断一个翻译理论是传统的还是现代的，主要依据是其理论兴趣、理论问题、理论方法、理论形态。[10] 谭载喜则按照学科来源将翻译理论划分为翻译的语言学理论、文艺学理论、交际学理论、社会符号学理论、心理学理论、机器翻译的理论和综合

1　E. Gentzler, *Contemporary Translation Theories*, London & New York: Routledge, 1993.

2　谭载喜《西方翻译简史》，北京：商务印书馆，1991年。

3　谭载喜《西方翻译简史》（增订版），北京：商务印书馆，2004年。

4　参见马会娟《当代西方翻译研究概况——兼谈Maria Tymoczko的翻译观》，《中国翻译》2001年第2期，第61—65页。

5　J. Munday, *Introducing Translation Studies: Theories and Applications*, London & New York: Routledge, 2001.

6　刘军平《西方翻译理论通史》，武汉：武汉大学出版社，2009年。

7　J. Holmes, The Name and Nature of Translation Studies, in *The Translation Studies Reader*, ed. L. Venuti, London & New York: Routledge, 2000, PP. 172–185.

8　R. Bell, *Translation and Translating: Theory and Practice*, Beijing: Foreign Language Teaching and Research Press, 2001, P. 26.

9　L. Venuti, *The Translation Studies Reader*, London & New York: Routledge, 2000, P. 5.

10　王宏印《中国传统译论经典诠释——从道安到傅雷》，武汉：湖北教育出版社，2003年，第4页。

性理论等；[1] 吕俊、侯向群将翻译理论分为与实践检验相联系的应用性理论和与形式结构相联系的纯理论；[2] 尹铁超则将翻译理论划分为技术层面和认识论层面两类，认为前者是通过对翻译实践（方法）的归纳而得出的，而后者是通过语码转换的可能而建立起来的对人类语言本质的思考。[3]

这些对翻译理论分化、细致化的认识，是人们对翻译认识深化发展的体现，它反映出翻译理论从关注翻译方法到关注翻译本体、翻译主体、翻译功能的范围扩大，以及从关注实践性、规范性到关注形式性、描述性的类型延展。此外，我们还可以根据建构特征和理性基础将翻译理论划分为规范性翻译理论、哲学性翻译理论、结构性翻译理论和经验性翻译理论等四种。

规范性翻译理论并非描写翻译研究中关于翻译规范的理论，而是指有关翻译行为伦理取向的理论，规范性理论研究主要基于价值判断对人的翻译行为和人本身以及社会之间的关系进行思考，回答"翻译应该怎样"的问题。规范性理论不是对现实状态的描写，而是对理想状态的设定，其客观性主要表现为主体间的共识客观性，是人们认同、向往和追求的标准，不具有可重复性或可验证性，如信达雅论、三美论、功能对等理论等。

哲学性翻译理论则产生于对研究对象的哲学存在进行形而上思辨，它看似讨论翻译而实际上与翻译实践不直接相关，主要回答"翻译本质是什么""语言是否可译""译作与原作是什么关系"等问题。和其他哲学性理论一样，哲学性翻译理论不属于科学的范畴，无法证实或证伪。这一类型的理论研究是对翻译所涉主体、客体、主客体间以及主体间关系等问题寻根究底的反思，如改写论、不可译论、女性主义翻译理论等。

结构性或体系性理论是人们用来感知和解释社会实践的一种认知结构。体系性翻译理论研究以其他理论为基础，运用系统思维，关注翻译所涉各系统内部结构的合理性，主要回答翻译学"由什么构成"的问题。这类理论陈述某种翻译存在的结构体系，是一系列构成要素逻辑关系的展现，不受制于可重复性的标准，而受制于合理与否的评价和认同，如翻译能力构成理论、霍姆斯的翻译研究路线图等。

经验性翻译理论是基于对可感知的事实和材料的描写和分析的理论。经验性翻译理论研究强调以切实可靠的经验材料或客观数据来揭示翻译现象和翻译行为的原因和影响，它回答翻译"是怎样"的问题，以规则、规范与规律性特征描写及流程模式构建为目的，并不先入为主地规定翻译应当怎样，而是求证翻译可以怎样和实际是怎样的。这类理论通常以科学程度较高的学科（如语言学、认知心理学等）为背景，以实证主义方

---

1 谭载喜《翻译学》，武汉：湖北教育出版社，2000年，第24页。
2 吕俊、侯向群《翻译学——一个建构主义的视角》，上海：上海外语教育出版社，2006年，第45页。
3 尹铁超《翻译理论的类别与翻译实践相关性研究》，《外语学刊》2012年第3期，第109–112页。

法论为指导来建构，以可验证性、可重复性为标志，不受学派认同与否的影响，如口译场合互动模式、翻译质量评估模式等。

规范性翻译理论和哲学性翻译理论更为主观，方便对事物获得整体认识，经验性翻译理论和结构性翻译理论强调客观，但着力于微观或静态结构，因而不容易体现社会翻译现象和人的翻译行为的复杂性。哲学性翻译理论适合于对普遍翻译现象进行共性解释，经验性翻译理论适合于对具体翻译选择进行个性解释。规范性翻译理论适用于译者群体社会性翻译行为的倾向性解释，而结构性翻译理论适合于对某一系统的内部构成或某一类型行为有影响的多因素解释。这四类理论有不同的功能指向和不同的理性特征，但并非截然相异，而是互相关联，互为基础或互为补充。

（二）翻译理论的功能

理论有其功能，这是一种常识。人们之所以研究理论，就是因为理论能为我们提供世界图景、思维方式和价值规范。[1] 翻译史学者路易斯·凯利（Louis G. Kelly）曾指出，完整的理论应由三个部分构成：1) 功能和目标的说明；2) 操作的描述和分析；3) 对目标和操作之间关系的评论。[2] 格特就对其关联翻译理论进行了功能说明："既非描写性的，也非规定性的，而是解释性的。"[3] 这说明，译学界已将对翻译理论的功能说明视为理论的组成要件之一。实际上，当人们发出"翻译理论有用吗？"的疑问时，质疑的往往不是翻译理论是否有用，而是某个翻译理论是否对翻译实践有用。我们需要认识清楚的是，翻译理论可以或应该发挥怎样的作用。

刘宓庆1999年在其专著《当代翻译理论》中提出要建立翻译理论的功能观，指出翻译理论有认知功能、执行功能和校正功能，[4] 而后又在2005年的《新编当代翻译理论》中将翻译理论的功能扩充为认知功能、执行功能、校正功能和提升功能。[5] 吕俊2003年在参与翻译理论与实践关系的大讨论时专题讨论了翻译理论的功能，他认为翻译理论有六大功能：认识功能、解释功能、预测功能、方法论功能、批判功能和对实践的指导功能，[6] 这一观点后来又得到进一步重申和细微的修改。[7] 何三宁则在吕俊观点的基础上将翻译理论的功能概括为验证功能、解释功能、反哺功能、方法论功能、操作功能等五

---

1 此观点来自哲学学者孙正聿讲座视频《理论及其功能》，具体参见https://www.bilibili.com/video/av11417459，2017年6月18日。
2 L. G. Kelly, *The True Interpreter: A History of Translation Theory and Practice in the West*, Oxford: Blackwell, 1979, P. 1.
3 E-A. Gutt《翻译与关联——认知与语境》，上海：上海外语教育出版社，2004，第200页。
4 刘宓庆《当代翻译理论》，北京：中国对外翻译出版公司，1999年，第2-4页。
5 刘宓庆《新编当代翻译理论》，北京：中国对外翻译出版公司，2005年，第2-5页。
6 吕俊《翻译理论的功能——兼析否认理论的倾向》，《上海科技翻译》2003年第1期，第3-4页。
7 吕俊、侯向群《翻译学——一个建构主义的视角》，上海：上海外语教育出版社，2006年，第46-51页。

种。[1] 可见翻译理论的用处并不仅限于指导实践。如果我们将翻译理论之用仅仅定位于实践之用，实际上是矮化了翻译理论研究的贡献。另外，理论具有多种功能，并不意味着任何理论都是万能的。如果用描写实然现象功能的理论去指导实践，则必然会导致"该理论无用"的误解。目前翻译界还较为普遍地存在着误解、误用、套用理论的现象。

鉴于翻译理论所具有的多种功能，中外学者对于翻译理论研究的重要性无不强调。皮姆指出，开展翻译理论研究，可以在翻译没有现成答案、需要创造时，提供帮助；能引发有益的思考，带来新颖的答案；是翻译实践变化的重要动因；帮助人们意识到翻译的复杂性，提升译者形象地位；为翻译从业者提供论争据和多种翻译可能。[2] 孙艺风也指出，理论探索的过程本身可以带来许多的启迪，可以拓展翻译学的视野和范围，促进学科发展，加深对翻译活动的理解，或是对相关问题做出更合理的解释或提供更好的答案。[3] 许钧一直致力于翻译理论研究，他认为，正是由于我们在翻译理论认识方面取得的进步，为学科建设提供了坚实的基础，深化了外语学科的内涵，促进了翻译人才的培养，加强了人们对中外文化交流史的理解，也有助于提高了中国的文化软实力。[4] 应该说，译学界已经认识到，开展翻译理论研究不仅对于个体译者、翻译机构、翻译行业有着不可或缺的价值，对于翻译学科和相关学科也有着不可替代的价值。它有助于个体突破自身经验局限，提高翻译实践能力，缩短进入职业角色的适应期，塑造译者的身份与形象，改善翻译的社会地位，也是翻译学科进行知识积累、传承和更新的必要途径。它不仅有助于夯实自身的学科基础，还有助于社会认识翻译，提升翻译的社会地位，提升翻译学的学术话语权。

概言之，理论有不同的类型、不同的层次，执行着不同的功能。不同理论的应用对象和方式不一样，理论价值的大小会因时、因地、因人、因学科的不同而有所差别。[5] 指导实践只是理论的功能之一，直接用于指导实践的理论，在学科理论体系中一般居于较低层次，它们与实际操作有更为密切的关系。[6] 居于抽象、宏观层次的翻译理论，离实践距离更远，并不能直接指导翻译实践、提高翻译工作效率。这一类理论需要进一步进行操作化界定之后，才能与翻译实践进行衔接。不同类别的理论，指导实践的方式不同。应用翻译理论可以总结、归纳、提升和修正翻译经验，在更高的层面上形成原则或程序指导翻译实践；而纯翻译理论则能帮助人们形成一定的翻译观，一方面提供认识、解释和预测翻译现象的工具，另一方面提供方法论，用来修正应用翻译理论，进而修正

---

1 何三宁《翻译多元论实证分析研究》，北京：科学出版社，2008年，第225页。
2 A. Pym, *Exploring Translation Theories*, London & New York: Routledge, 2010, PP. 4-5.
3 孙艺风《视角 阐释 文化：文学翻译与翻译理论》，北京：清华大学出版社，2004年，第13-14页。
4 许钧《翻译研究之用及其可能的出路》，《中国翻译》2012年第1期，第5-12页。
5 覃江华《翻译理论的本质、价值与危机》，《外语学刊》2020年第5期，第58-64页。
6 吕俊《翻译理论的功能——兼析否认理论的倾向》，《上海科技翻译》2003年第1期，第3-4页。

翻译经验，从而指导翻译实践。[1] 虽然翻译理论与翻译实践的距离有远有近，但从根本上来说，翻译理论都以某种知识图景和思维方式，规范着我们在翻译实践中的价值选择，直接或间接影响着我们的翻译实践。

第三节 翻译理论研究的未来发展

当前，翻译学进入了新的建设阶段，它将和其他学科一道承担起建设"理论中的中国"的历史使命，翻译学者需和全国广大哲学社会科学工作者一起，以"立足中国、借鉴国外，挖掘历史、把握当代，关怀人类、面向未来的思路"[2] 谋求自身的理论发展。翻译的复杂性和历史性决定了翻译理论研究的开放性和发展性。进入新的阶段，翻译必须承担起促进人类多元文化交流的功能，在弥合观念和立场差异之中发挥独特的价值。翻译理论研究者应该把国家和社会发展的需要作为自身发展的背景，力求生产出为翻译实践发展服务、同时反哺其他学科的翻译理论。

一、翻译理论研究需要重视实践问题

翻译在未取得独立的学科地位之前，整体上是一个重实践而轻理论的时期。有学者认为，我们今天所熟知的翻译理论，在西方的古典时期并不存在。[3] 中国传统译论也被认为是理论意识不强，以实践理性为主导。[4] 20世纪60至80年代是西方理论的黄金时代，雅各布森、罗兰·巴特（Roland Barthes）、德里达（Jacques Derrida）、福柯（Michel Foucault）等一批思想巨人带来了结构主义、解构主义、新历史主义等重大理论成果。理论繁荣显然也影响了翻译领域。在此期间，新的翻译理论频出。西方翻译理论传介至中国，也促成了中国译界人士对翻译理论前所未有的重视，各类期刊中已经难能见到只谈翻译实践（"缺乏理论支撑或理论深度"）的论文，这在一定程度上造成了翻译理论研究对翻译实践的忽视。

当翻译进入"职业化时代"，以往的理论明显不足以解释新时期翻译何以可能的问题。譬如，在既有的翻译理论体系中译者是整个翻译过程的中心，传统的翻译活动是围

---

1 穆雷《也论翻译研究之用》，《中国翻译》2012年第2期，第5–11页。
2 习近平在哲学社会科学工作座谈会上的讲话，参见http://politics.people.com.cn/n1/2016/0519/c1024-28361447.html。
3 L. Venuti, *The Translation Studies Reader*, London & New York: Routledge, 2000, P. 13.
4 王宏印《中国传统译论经典诠释——从道安到傅雷》，武汉：湖北教育出版社，2003年，第6–7页。

绕译者而展开的，翻译学建立起了一系列以译者为中心的理论概念，如翻译目的、翻译选择、译者主体性、译者风格、译者能力、译者惯习、译者行为等，基于对译者的认识建构出目的论、改写论、操控论、译者隐身论、视域融合论、翻译适应选择论、译者行为批评论等理论。但现在的翻译实践活动中有可能难以找到既有理论体系中的"译者"。当一个完全不懂外语的人借助网络或软件进行翻译时，"谁是翻译的主体"这个问题并不容易回答，是软件使用者？软件？软件提供者？还是软件开发者？当机器在互联网的数据"云"中为你抓取与原文匹配的目的语语块时，译者在哪？翻译实实在在发生了，而译者却不在场，既有理论对此似乎无法提供有效的解释话语。

　　翻译主体的变化还带来了翻译伦理的困惑。传统的翻译伦理研究通常关注译者个人的伦理行为，而在当今技术条件下，译者并不一定在场，译者个人伦理行为的影响会相应地发生变化，其他相关人员的伦理行为也会对翻译伦理产生影响。传统的翻译伦理强调译者自律，即依靠译者内在设定的翻译原则和翻译标准的引导，而非凭借某种外部规范的约束。但"职业化时代"翻译的技术性增强，翻译伦理行为变得更加复杂多样，对翻译活动发生作用的伦理规范除了政治规范和语言规范之外，还有技术规范和商业规范，能够约束译者行为的伦理规范不一定对其他翻译伦理行为主体产生作用。翻译伦理体系亟需建立一种负反馈机制，明确各行为主体的责任，使翻译伦理行为成为一种可及时调整的行为。此外，随着翻译对人类社会生活的影响加大，翻译伦理关怀范围的外延也需要调整和扩大。

　　需要改写的远非只有对翻译主体的认识，翻译的客体、翻译的过程和翻译的标准等都需要重新界定。例如，当"狗语翻译机"出现时，我们颇难解释作为人与狗之间交流工具的"翻译"究竟属于语际翻译、语内翻译，还是符际翻译，"狗语翻译"活动所及的客体对象除了人的语言，还有狗的"语言"，问题是语言是作为"人类交流工具"定义的，如果我们藉由翻译实现了物种之间的交流，那么翻译的发生条件除了"跨语言、跨文化"之外，还可以加上"跨物种"，但是跨物种交流是否同时也是跨文化的呢？

　　时代的发展使得既有理论的解释力变得不足，在新的时代背景下，翻译实践的发展对翻译理论研究展现出新的价值诉求，蕴涵着更深层次的理论期望。翻译理论研究进入了一个新的转型期，诉诸一般、远离实践问题的翻译理论研究已不合时宜；真实问题驱动是翻译理论的必然走向。这就要求翻译理论研究主动走近实践问题，关注翻译实践的丰富性与多样性，实现理论的创新发展。当前的翻译本质讨论、多模态翻译研究、口笔译能力构成及评估研究、翻译语料库建设及应用研究、国家翻译实践研究、"走出去"翻译研究、网络翻译批评研究等，都是理论研究对实践问题的部分回应。可以预见，未来的翻译理论研究和翻译实践的关系将更为密切。

二、翻译理论研究需要拓展理论资源

理论发展离不开理论资源。中西会通、古今互鉴、多元融合是翻译理论发展思路，这意味着译学理论发展可以有也应该有多种资源：国外译论、中国传统译论、相关学科的理论、翻译史、当今翻译现实等。过去，我们曾存在太依赖西方译论的情况，现在，翻译理论研究又呈现出发展缓慢的趋势。反思之下，不难发现这都反映出我们在理论资源开发和利用方面的问题，这无疑是新时期译学发展迫切需要解决的问题。

首先，论从"实"出，变化中的翻译现实是翻译基本理论研究的重要理论资源。职业化时代的翻译日新月异，翻译活动所涉的主客体关系不断发生变化，描写和解释新的翻译现象，较为全面和准确地认识和把握翻译的本质和规律，只能依靠翻译学者。探索翻译基本问题，不能寄望于外来的力量，借鉴其他学科的理论只能提供新的认识视角，却不可能替代对翻译现象的描写和对翻译事实的发现，无法从根本上解决翻译自身的问题。令人高兴的是，已有不少学者在新的历史视野中开始了这样的工作，他们从各种角度关注既有理论不能充分解释的问题和现象，如穆雷、滕梅、黄立波等对翻译政策的研究，崔启亮、王少爽、王华树等对翻译技术发展和翻译行业管理的关注等。

其次，论从"论"出，翻译理论研究要充分利用好中国传统译论这一资源。继续学习和借鉴外国理论是译学应有之义，而传承和发展中国传统译论也是译学界的普遍共识。陈福康的《中国译学理论史稿》、王宏印的《中国传统译论经典诠释：从道安到傅雷》、朱志瑜和朱晓晨的《中国佛籍译论选集评注》、张思洁的《中国传统译论范畴及其体系》、张佩瑶的《中国翻译话语英译选集》、吴志杰的《中国传统译论专题研究》、赵巍的《中国传统译论的社会文化阐释》等对传统译论进行过系统的梳理、评注、阐释和体系分析。但相对而言，我们对中国传统译论的研究还十分不足。重视传统译论，是为了使之在现代语境中焕发出新的生命，我们可做的工作有很多，如：1）从传统译论中汲取思想，用现代理论话语重释原来的理论；2）对传统译论进行类别划分，使之对应不同类别和不同层次的翻译基本问题，整合同类、补充缺项，建构原本隐含的体系；3）在传统译论基础上拓展，使其边界延伸向新的领域，扩大其解释范围；4）寻求某种框架将传统译论和现代译论融合在一起，以产生新的理论，解释新的翻译现实。

另外，论从"史"出，我们还需充分发挥好翻译史的理论建构功能。改革开放以来，我们的翻译史研究成果丰富，有数十部翻译史著作问世，其中不乏精品和力作。目前我们已基本了解了历史上有哪些翻译事件、翻译主体、翻译产品以及翻译思想，但对于历史上的翻译是如何存在的，翻译形态经历了什么样的变化，具体翻译事件受到什么因素的影响，具体翻译活动中各要素之间呈现出什么样的关系，具体翻译活动与翻译事件是如何影响相应的历史发展进程，以及历史上翻译为何如此存在，翻译形态、翻译对象、翻译主体、翻译思想的历时变化有何规律，这些规律反映出翻译的何种本质等问题还有待更深入地研究。对这些问题的回答无疑就是为翻译基本理论的建构提供史学资料。这些基础研究做好了，译学基本理论的面目也将变得更为清晰。

思考题

1. 你知道的有关翻译的比喻和翻译定义有哪些？这些比喻和定义蕴含了怎样的翻译观？
2. 探寻翻译本质的意义何在？
3. 找出两种不同类型的翻译作品，试比较其不同的价值。
4. 如何理解翻译的工具价值和人文价值？
5. 中国传统译论是不是翻译理论？为什么？
6. 现代翻译理论一般对理论有怎样的要求？
7. 举例说明翻译理论对你的翻译行为产生的影响。
8. 翻译理论与翻译实践之间出现疏离的原因是什么？
9. 为什么说翻译理论研究必须回归翻译本体？何为翻译本体？
10. 跨学科视角对于翻译理论研究而言具有何种价值？如何确保跨学科视角的翻译研究与翻译本体研究相一致？

推荐阅读书目

Cheung, Martha P. Y. 2006. *An Anthology of Chinese Discourse on Translation: From Earliest Times to the Buddhist Project.* London & New York: Routledge.

Cheung, Martha P. Y. 2016. *An Anthology of Chinese Discourse on Translation: From the Late Twelfth Century to 1800.* London & New York: Routledge.

Delisle, J. & J. Woodsworth. 2012. *Translators through History* (Revised edition). Amsterdam/Philadelphia: John Benjamins.

Gentzler, E. 1993. *Contemporary Translation Theories.* London & New York: Routledge.

Munday, J. 2016. *Introducing Translation Studies: Theories and Applications* (4th edition). London & New York: Routledge.

Newmark, P. 2001. *Approaches to Translation.* Shanghai: Shanghai Foreign Language Education Press.

Pym, A. 2010. *Exploring Translation Theories.* London & New York: Routledge.

Robinson, D. 2014. *Western Translation Theory from Herodotus to Nietzsche* (2nd edition). London & New York: Routledge.

Snell-Hornby, M. 1995. *Translation Studies: An Integrated Approach* (Revised edition). Amsterdam/Philadelphia: John Benjamins.

Steiner, G. 2001. *After Babel: Aspects of Language and Translation*. Shanghai: Shanghai Foreign Language Education Press.

Venuti, L. 1992. *Rethinking Translation: Discourse, Subjectivity, Ideology.* London & New York: Routledge.

Venuti, L. 2000. *The Translation Studies Reader*. London & New York: Routledge.

陈福康,《中国译学理论史稿》(修订本),上海:上海外语教育出版社,2000。

黄振定,《翻译学——艺术论与科学论的统一》,长沙:湖南教育出版社,1998。

黄忠廉,《变译理论》,北京:中国对外翻译出版公司,2002。

刘军平,《西方翻译理论通史》,武汉:武汉大学出版社,2009。

刘宓庆,《新编当代翻译理论》,北京:中国对外翻译出版公司,2005。

罗新璋、陈应年,《翻译论集》(修订本),北京:商务印书馆,2009。

吕俊、侯向群,《翻译学——一个建构主义的视角》,上海:上海外语教育出版社,2006。

谭载喜,《西方翻译简史》(增订版),北京:商务印书馆,2004。

王秉钦,《20世纪中国翻译思想史》,天津:南开大学出版社,2004。

王宏印,《中国传统译论经典诠释——从道安到傅雷》,武汉:湖北教育出版社,2003。

谢天振,《中西翻译简史》,北京:外语教学与研究出版社,2009。

许钧,《翻译论》,武汉:湖北教育出版社,2003。

许钧,《改革开放以来中国翻译研究概论(1978—2018)》,武汉:湖北教育出版社,2018。

杨镇源,《翻译学元理论研究》,北京:中国社会科学出版社,2022。

赵巍,《中国传统译论的社会文化阐释》,天津:天津大学出版社,2019。

第二章
翻译研究与翻译学

　　翻译学和翻译研究，两者联系紧密，也区别明显。翻译学是以翻译命名的一门独立的学科，翻译研究则指以翻译为对象的研究活动。两者看似泾渭分明，实际上交织重叠较多。在某些语境中，翻译研究也用来表示翻译学，[1] 英语中一般采用Translation Studies来指"翻译学"，[2] 用translation studies来表示"翻译研究"，两者之间仅有开头字母大小写的差异。汉语中翻译学即有关翻译之"学"，而"学"除了"学科"之外，还可以理解为"学术"或"学问"。学术活动即研究活动，学问即知识，而学科本就源于人类对知识的分类，因而无论是有关翻译的学术，还是有关翻译的学问，翻译之"学"与翻译"研究"都难分难解。

　　任何学科，都应有一个内涵丰富、结构清晰、逻辑自洽的知识体系，一套层次完备、类别分明的人才培养体系，还需要有相应的社会实践基础，有明确而独特的研究对象，有系统有效的研究方法论；另外，学科还需要获得身份认可，获得科技和教育管理体制的审批认定。无论中外，翻译学都是到了20世纪后半叶才获得名与实的确立。而作为一种主题明确的认识活动，翻译研究自古就已存在，它伴随着人类翻译实践的发展而发展。人类在长期的翻译研究活动中积累了丰富的知识，探索出与自身研究对象相适应的研究方法论，推动着翻译学的建立和发展。一方面，要认识翻译学，必须认识翻译研

---

[1] 例如"翻译研究作为一门独立学科，自20世纪80年代开始形成与发展，到21世纪的今天，已由独立学科逐步过渡到既独立又自主的阶段"，此句中的"翻译研究"指的就是"翻译学"。参见谭载喜《翻译学：作为独立学科的发展回望与本质坚持》，《中国翻译》2017年第1期，第5—10页。

[2] 翻译学是一门新生的学科，关于这门学科的名称有过诸多观点，英语中用来指涉翻译学科的就有Science of Translation, Traductology, Translatology, Translation Theory和Translation Studies等。Holmes在其The Name and Nature of Translation Studies（1972）一文中甚至还提及translatistics和translitics，Holmes认为这些表述均无法涵盖翻译学作为一门学科的真正内蕴，因而提出translation studies来作为翻译学科的名称。Holmes这篇论文被广泛视为翻译学立名之作，虽然学界对翻译学如何命名还有争议，但translation studies作为翻译学科的名称获得了越来越广泛的认可。其时，Holmes并没有区分大小写，后来学界较为固定地采用大写的Translation Studies来指涉"翻译学"，而采用小写的translation studies来指涉"翻译研究"。现在翻译学方面的概念、词典和百科全书基本采用Translation Studies，如 *Routledge Encyclopedia of Translation Studies* (1998/2009/2020), *Dictionary of Translation Studies* (1997), *The Routledge Handbook of Translation Studies* (2013), *A Companion to Translation Studies* (2007/2014), 等等。翻译学的其他分支领域也基本采用Translation Studies来表达，如社会翻译学Socio-Translation Studies、语料库翻译学Corpus-based Translation Studies、认知翻译学Cognitive Translation Studies等。

究。不了解翻译研究的对象、目标、任务和方法，就不可能了解翻译学知识体系和方法论体系的建构。另一方面，在当前从事翻译研究，必须具备翻译学科意识。不了解学科发展的历史和现状，不明白自己的选题在学科学术体系中的位置，我们就无法找到合适的研究起点，无以判断研究的价值。

第一节　翻译研究的对象与方法

翻译是翻译研究的对象，这是有关翻译研究的最基本认识。不过，这一表述显得笼统，不足以系统性地回答翻译学作为一门学科的研究本体问题。和许多学科的元概念一样，"翻译"[1]并不容易界定，它可以表示抽象的现象，也可以表示具体的行为；可以指翻译过程，也可以指翻译文本。在汉语中它可以是动词，也可以是名词，"翻"和"译"可以分开，也可以合而为一。翻译研究的对象包括翻译的哪些方面、层面或维度，这是有关翻译学知识体系建构的基本问题。只有明确了翻译研究对象的性质和边界，我们才能确定翻译学知识体系的构成和构建路径。

一、翻译研究的对象

通常而言，研究者有了研究本体意识，才会反思和追问自己研究的对象是什么这一问题。20世纪后半叶，西方学者开始对翻译研究的对象进行规定和描写。雅各布森1959年在其《论翻译的语言学问题》一文中提出"对广泛的语际交流实践，尤其是翻译行为，必须持续进行语言科学的审视"。[2]虽然雅各布森不是从学科的角度来考察翻译研究对象的，但他对翻译研究对象规定得非常明确——作为语际交流实践的翻译行为。霍姆斯1972年在阐述翻译学设想时，指出翻译研究有两大任务，分别为：1）描写经验世界中所呈现的"翻译过程和翻译"现象（the phenomena of translating and translation[s]）；2）建立一般原则，据以解释和预测翻译现象。[3]这表明，霍姆斯认为翻译研究的对象是有关翻译的现象。奈达是翻译科学的倡导者之一，他曾于1975年提出"翻译科学，更确切

---

[1] 此"翻译"是泛指意义上的，并非与口译（interpreting）相对的笔译。本书对翻译的讨论，若非特别指出，均为广义，包括笔译、口译、手语翻译等不同形态的翻译。

[2] R. Jakobson, On Linguistic Aspects of Translation, in *The Translation Studies Reader*, ed. L. Venuti, London & New York: Routledge, 2000, P. 115.

[3] J. Holmes, The Name and Nature of Translation Studies, in *The Translation Studies Reader*, ed. L. Venuti, London & New York: Routledge, 2000, P. 176.

地说，是对翻译过程的科学的描写"，[1]可见在奈达看来，翻译研究的对象是"翻译过程"。纽伯特（Albrecht Neubert）则把文本作为翻译研究的目标对象，他于1992年提出了"在翻译以及翻译研究中占据中心位置的都是文本"[2]的观点。科勒（Werner Koller）1992年在他的《翻译学导论》（Einführung in die Übersetzungswissenschaft）一书中将翻译学的研究对象分为翻译理论、语言、文本、过程、译评、应用、理论史、实践史、教学等九个部分，具体涉及翻译的要素、条件、困难、方法、语言单位、对比等值成分、具体语对转换的特殊困难、文本风格、翻译技巧、译者心理过程、策略选择、翻译批评的方法与标准、翻译工具书、翻译理论认识的历史、翻译在各时代的意义、译作影响史和接受史、译者成就、翻译教学理念、翻译能力发展等。[3]科勒论述的内容非常丰富，不过这种列举难以穷尽所有研究对象。芒迪在对翻译学进行概述时说，翻译学是研究与各种形态翻译相关之现象的学科，[4]指出翻译的语言转换过程、产品（翻译文本）、主题和现象本身等都是翻译研究的对象。[5]总而言之，西方学者对翻译研究的对象进行过多种讨论，观点各异，翻译行为、翻译过程、翻译现象、翻译产品等，悉数包括在内。

中国学者于20世纪上半叶就出版了以"翻译学"命名的著作（蒋翼振编著《翻译学通论》，1927年上海美利印刷公司印刷，商务印书馆发行），50年代初明确发出建立翻译学的倡议，初步展现出学科意识，80年代展开了一轮有关能否建立翻译学、如何建立翻译学的大讨论，学者们开始明确论述翻译研究的任务和对象。董宗杰1984年撰文指出，翻译研究的任务是在实践的基础上探讨翻译理论、标准、原则，描述实际的翻译过程，揭示语际转换中规律性的东西，通过对译品的评述，指导翻译实践。[6]我们可以从中概括出他所指的翻译研究对象包括翻译实践、翻译过程、翻译作品等三个方面。同年，王德春也对翻译学的研究对象发表了意见，他指出翻译学"研究翻译这种语际转换过程，研究语言单位在话语中的对应规律，研究在语际转换过程中话语信息的传递效果"。[7]这表明王德春认为翻译学的研究对象是翻译的语言转换过程。谭载喜是我国翻译学学科奠基者之一，他曾对翻译学的性质、目的、范围、任务、方法等进行了系统的论述，对

---

[1] 参见郭建中《当代美国翻译理论》，武汉：湖北教育出版社，2000年，第63页。

[2] A. Neubert & Gregory M. Shreve, *Translation as Text*, Kent: Kent State University Press, 1992, P. viii.

[3] W. Koller, *Einführung in die Übersetzungswissenschaft*, Wiebelsheim: Quelle & Meyer Verlag GmbH & Co, 2004, PP. 123–128.

[4] J. Munday, Translation Studies, in *Handbook of Translation Studies*, eds. Yves Gambier & Luc van Doorslaer, Amsterdam/Philadelphia: John Benjamins, 2010, P. 419.

[5] Ibid., P. 421.

[6] 董宗杰《发展翻译学，建立专业队伍》，《翻译通讯》1984年第8期，第37–38页。

[7] 王德春《论翻译学和翻译的实质》，《浙江师范学院学报》1984年第2期，第52页。

翻译学的创立和发展"起到了积极的推进作用"。[1] 谭载喜1988年在《试论翻译学》一文中指出"翻译学……基本任务是对翻译过程和这个过程中出现的一切问题进行客观的描写"。[2] 可见，谭载喜和奈达的观点一致，认为翻译研究的对象是"翻译过程"。文中他还将翻译学的研究对象具体化为：1）翻译的实质，2）翻译的原则和标准，3）翻译的方法和技巧，4）翻译的操作过程和程序，5）翻译过程中出现的各种矛盾。[3] 这一观点一直延续至今，产生了广泛而持久的影响。在谭载喜之后，还有许多学者也发表了对翻译研究对象的看法。1998年，杜建慧等提出翻译学的研究对象包括"翻译活动的全过程及其所涉及的原作作者、原作、原作读者、译者、译作、译作读者及其与之相关的历时和共时的客观世界"。[4] 2000年，杨自俭将翻译学的考察对象概括为客观世界、原文作者、原文、原文读者、译者、翻译过程、译文、译文读者[5]等八大因素。2004年，桂乾元认为翻译学必须研究的内容包括翻译、译文和译者三个方面：1）翻译方面，如译学认识、翻译本质、翻译标准、翻译过程、翻译基本功、翻译要素、翻译种类等问题；2）译文方面，如翻译技巧、翻译困难、翻译错误、翻译帮手、翻译评论、诗歌翻译、机器翻译等问题；3）译者方面，如翻译等值、翻译冒险、翻译创造、翻译超越、翻译界限、翻译未来等问题。[6] 可以看出，桂乾元扬弃了科勒的观点，其分类更为简单明确，所涉内容细致而具体，不过与其说这是关于翻译研究对象的分类，不如说是关于翻译研究主题的分类。此外，吕俊和侯向群从传播学角度将翻译学的研究对象界定为"跨文化、跨语际的信息传播与交流的规律性与原理"。[7] 上述仅是我国翻译学者对翻译研究对象的代表性观点，这些观点堪称视角多样，丰富而全面，与西方学者的大致相应，同时也有所补充和超越。

从上述讨论中，我们可以看到，中外学者对于翻译研究对象是什么的问题，可谓观点纷呈，丰富多样，这些观点从本体论角度为翻译学的合法性提供了充分的证明：1）翻译学有着自身独特而明确的研究对象，翻译研究与其他学科的研究活动之间在研究对象方面有着显著的区别；2）人们对翻译研究对象的认识在不断地发展，从无意识到有意识，从模糊到明晰，从单一、简单到多元、复杂。

---

[1] 许钧《〈翻译学〉序》，谭载喜《翻译学》，武汉：湖北教育出版社，2000年，第2页。
[2] 谭载喜《试论翻译学》，《外国语》1988年第3期，第25页。
[3] 同上，第26页。
[4] 杜建慧、杨金良、雷万忠《翻译学概论》，北京：民族出版社，1998年，第10页。
[5] 杨自俭《译学新探》，青岛：青岛出版社，2000年，第10页。
[6] 桂乾元《翻译学导论》，上海：上海外语教育出版社，2004年，第10-11页。
[7] 吕俊、侯向群《翻译学———一个建构主义的视角》，上海：上海外语教育出版社，2006年，第24页。

（一）翻译研究对象的性质与特征

"学科的性质根本上是由研究对象的性质决定的"。[1] 不同门类的学科有着不同性质的研究对象。自然科学以独立于人的物质世界为研究对象，社会科学以由人所构成的社会关系世界为研究对象，而人文学科则以人内心的精神世界为研究对象。将翻译学归入哪一学科门类，意味着我们对翻译研究对象的性质有着怎样的认定，并据以规划整个翻译学知识体系的建构。

20世纪80、90年代中国译学界在争论翻译是否为"学"的同时，还进行过一场关于"翻译是科学还是艺术"的论辩，[2] 前者关乎翻译学的学科身份，后者则关乎翻译研究对象的性质和学科的性质。对于翻译的科学与艺术之争，当时学界有三种观点：1）翻译是科学，[3] 2）翻译是艺术，[4] 3）翻译既是科学也是艺术，或者说是科学与艺术的统一。[5] 这场论辩并没有将"翻译"和"翻译学"区分开来讨论，讨论者所指各不相同，一定程度上是在各说各话，也没有达成共识性结论。不过，这次论辩在翻译学科史上却有着重要而积极的意义，它丰富了人们对翻译学及翻译研究对象之性质的认识。关于翻译学的学科归类，学者们也一直在发表意见，如"人文社会科学""人文学科""综合学科""边缘学科""交叉学科""跨学科""超学科"等，不一而足，有些学者的观点还时而变化。这些多元的观点表明翻译学定位困难，翻译研究对象的性质并不容易确认。

国际译学界对于翻译是科学还是艺术的认识也并不统一。英国的德莱顿是西方翻译史上最早提出翻译是艺术并加以阐述的学者，[6] 不过他也还没有表现出明确的翻译研究本体意识。实际上，学科前阶段人们对翻译的认识都没有超出"艺"或"技"的范畴，翻译研究因而一直以主观体悟和反思感想为特点。直到20世纪后半叶，西方翻译研究开始走向学科化，"翻译科学"的概念才应运而生。德国翻译理论家威尔斯（Wolfram Wilss）于1977年出版了德语专著《翻译科学：问题与方法》（*Übersetzungswissenschaft:*

---

[1] 韩彩英《关于翻译学研究对象本体论的哲学反思》，《山西大学学报（哲学社会科学版）》2003年第4期，第98页。

[2] 关于这场论辩，已有著述进行过梳理和介绍，具体参见许钧、穆雷（主编）《翻译学概论》（第二章），南京：译林出版社，2009年；穆雷等《翻译学研究的方法与途径》（第一章），上海：上海外语教育出版社，2021年。

[3] 谭载喜最早明确地宣称"翻译是一门科学"，参见谭载喜《翻译是一门科学——评价奈达著〈翻译科学探索〉》，《翻译通讯》1982年第4期，第4页；20世纪90年代还出现了一批以"翻译科学"为题名的文章，如：刘立群《翻译科学术语的单义化趋势》，《中国翻译》1990年第3期；阎德胜《翻译科学是应用逻辑》，《外语教学》1991年第1期；刘军平《现代翻译科学的构筑：从乔姆斯基到奈达》，《外国语》1996年第2期；杨自俭《谈谈翻译科学的学科建设问题》，《现代外语》1996年第3期，等等。

[4] 张经浩和劳陇（实名"许景渊"）是这一观点的代表人物，参看张经浩《翻译不是科学》，《中国翻译》1993年第3期；劳陇《"翻译活动是艺术还是科学？"》，《郑州大学学报（哲学社会科学版）》2001年第1期。

[5] 参见方梦之《科技翻译：科学与艺术同存》，《上海科技翻译》1999年第4期；黄振定《翻译学：艺术论与科学论的统一》，长沙：湖南教育出版社，1998年。

[6] 蓝红军《译学方法论研究》，北京：外语教学与研究出版社，2019年，第26页。

Probleme und Methoden），[1] 保加利亚学者利洛娃（Anna Lilova）在1981年出版的《普通翻译理论概要》（*УВОД В ОБЩАТА ТЕОРИЯ НА ПРЕВОДА*）中主张将语言学派和文艺学派综合起来建立翻译科学。[2] 早于1964年就提出要建立"翻译科学"这一目标[3]的奈达，后来却改变了看法，转而把翻译视为艺术，[4] 指出"不应尝试将翻译构建为一门科学……"。[5] 捷克翻译理论家列维（Jiri Levy）于1963年出版了《翻译的艺术》（*The Art of Translation*）一书，如书名所示，列维强调翻译的艺术属性。由此可见，中外译学界对于翻译是科学还是艺术一直看法不一。显然，将翻译视为科学，强调的是翻译作为研究对象的客观规律性；将翻译视为艺术，重视的则是翻译作为研究对象的审美创造性；而将翻译视为科学与艺术的统一，则意味着承认翻译作为研究对象的多元属性。这些观点无对错之分，多一种观点就多一种对翻译性质的理解。综合各种认识，笔者认为，翻译学的研究对象具有如下几点显著的特征：

1. 多维性

如上所述，翻译的科学和艺术之争，是一场没有结果的争论；但这场论辩表明：人们对翻译属性的认识不是单一的，更无法统一，每一种观点都展现出较充分的合理性，却没能有效地否证其他观点的合理性。这与现代哲学关于事物多维本质的观点相应。人们越来越深刻地认识到，人、语言、社会无一不是多维的存在，"翻译本质多维"的观点也越来越得到认可，高玉曾提出翻译本质二层次论，[6] 谭载喜曾指出翻译"具有绝对和相对双重属性"。[7] 对于翻译本质包括哪些维度，许钧归纳了五个方面：社会性、文化性、符号转换性、创造性、历史性。[8] 这一归纳全面地揭示出翻译的基本特征，为我们建立现代性的翻译研究对象观提供了学理基础。此外，我们还可以从学科门类角度来对翻译的属性做另一番"观看"。

作为人类的一种社会实践活动，翻译与主体外的物质世界、主体间的社会世界、主体内的精神世界这三个世界都密不可分，对翻译学进行学科归类因此不易。我们无法将翻译学划入传统意义上的"科学"行列，也无法将之并入纯粹的"人文"学科队伍（尽

---

1 威尔斯于1982年出版了英文版的修订本，具体参见Wilss, W. *The Science of Translation: Problems and Methods*. Tubingen: Gunter Narr Verlag, 1982.

2 杨仕章《俄罗斯语言翻译学研究》，《外语与外语教学》2005年第5期，第51–55页。

3 Eugene A. Nida, *Toward a Science of Translating*, Leiden: E. J. Brill, 1964.

4 奈达在书中称"It is also a skill, and, in the ultimate analysis, fully satisfactory translation is always an art（翻译也是一项技艺，究其根本而言，理想的翻译是一门艺术）"。具体参见E. A. Nida & C. R. Taber. *The Theory and Practice of Translation*. Leiden: E. J. Brill, 1969.

5 Eugene A. Nida, Translation: Possible and Impossible, in *Translation Horizons: Beyond the Boundaries of Translation Spectrum*, ed. M. G. Rose, Binghamton, NY: State University of New York Press, 1991, P. 10.

6 高玉《翻译本质"二层次"论》，《外语学刊》2002年第2期，第81–84页。

7 谭载喜《翻译本质的绝对与相对属性》，《广东外语外贸大学学报》2007年第1期，第5页。

8 许钧《翻译论》，武汉：湖北教育出版社，2003年，第69–74页。

管现实中高等院校通常将翻译院系归入人文学类），甚至也无法轻易地说它就属于"社会"科学。应该说，物质性、社会性和精神性都是翻译的属性，这三者始终呈现为亦此亦彼的共在，而非排他性的独存。

翻译的物质属性指翻译必然以物质形态存在的这一性质。任何时候，翻译活动都无法脱离其物质载体。当我们以翻译为对象开展研究时，实际考察的是翻译活动中的各种实体要素，翻译文本、翻译工具、翻译主体、翻译受众等。无论是笔译、口译还是手语翻译，它们的介质（文本、声音、符号等）都是物质性的存在。翻译活动的工作内容是进行语言符号转换，索绪尔语言学思想为语言符号的物质性提供了理论基础。索绪尔（Ferdinand de Saussure）指出构成语言符号的不是抽象的事物，而是现实的客体（或称具体的实体），[1] 由此从物质方面考虑语言的价值就成了必然。[2] 当我们将语言符号转换作为研究对象时，无疑无法回避其"物质性"。当翻译研究对象是音频符号时（尤其是口译研究中），考察对象也落实到音频符号的物质介质之上。口译研究考察的音频符号主要是由人的发音器官发出来的、用来表达意义的语音，而语音是语言的物质外壳，具有人的生理特性和社会心理特性。语音的物理特性是声带振动或声腔里空气扰动形成的，[3] 语音音波的形成和传递的过程也都是物质性的过程。作为翻译研究对象的文本更具有不可否认的物质性。对于研究者来说，文本外在于人，是一个客观的、独立的、自足的系统，文本的物质性"不仅体现在文本符号层面，还体现在文本网络层面，更彰显于文本实践层面"。[4] 即使以人脑中进行的翻译认知过程为研究对象，也总是借助相关仪器设备对译员的眼睛、脑电波、神经等实体器官的活动进行追踪描写。由此，皮姆指出翻译是完成了的物质性对象，原因不仅在于翻译产品实现了其与原文的体制化关系，更在于翻译接受所起的关键作用。[5] 正是翻译研究对象的物质性，决定了翻译研究科学化的必然和必要。

翻译的社会属性指翻译是人类社会发展的产物，必然有其存在的社会基础和产生社会功能的性质。社会性是语言的本质特征之一，这是语言学的常识。翻译是一种社会实践活动，这也是译界的共识。语言的社会性决定了翻译的社会性，作为跨语言交际活动的翻译必然涉及使用不同语言的群体和社会之间的关系。所有的翻译主体都是社会人，有各自的社会需求，需要受到社会认可，获得社会资源，受制于社会规范。翻译是社会

---

[1] Ferdinand De Saussure, *Course in General Linguistics*, trans. Wade Baskin, eds. Perry Meisel & Haun Saussy, New York: Columbia University Press, 2011, P. 102.

[2] Ibid., P. 117.

[3] 岑运强《语言学基础理论》，北京：北京师范大学出版社，1994年，第49页。

[4] 华有杰《论文本的物质性》，《山东社会科学》2020年第1期，第159页。

[5] A. Pym, *On Translator Ethics: Principles for Meditation between Cultures*, trans. Heike Walker, Amsterdam/Philadelphia: John Benjamins, 2012, P. 75.

工作岗位之一，译者从事翻译工作的全过程都是社会化的过程，翻译的产生需要一定的社会条件，译者行为影响多种社会关系，译作的传播和接受受制于社会生产水平和社会文化习惯。当前翻译研究的现状表明，翻译的社会性受到了越来越多的关注。许钧特别强调开展翻译与社会的互动关系研究，指出：1）社会的发展呼唤翻译，2）社会发展的不同阶段，译者对翻译有不同的选择和需要，3）社会的开放和封闭程度影响着翻译，4）社会的价值观影响着翻译。[1] 有学者甚至认为，社会性是翻译最显著、最稳定的特征。[2] 译学界对翻译社会性的认识推动翻译研究发生了"社会学转向"，[3] 促使了社会翻译学的出现。翻译的社会性与其物质性并不矛盾，因为翻译作为一种社会存在也必然有其物质性基质和物质性影响，首先表现为翻译需要各种社会物质条件，包括翻译环境、语言资源、人力资源、技术资源、传播媒介等，其次表现为翻译会对社会（物质）生产产生一定的效应或影响。翻译的社会属性决定了以翻译为对象的研究应以揭示活动发生的"盖然性"或"倾向性"为目标，而非对"必然性"或"绝对性"的追求，它意味着翻译研究所寻求的多是关于相关关系的假设，而不是机械的因果关系原理。

翻译的精神属性指翻译作为以语言转换为内容的思维活动具有反映和影响人的精神世界的性质。具体而言，翻译的精神属性表现在翻译是两种语言的交汇和融通，由此演绎出来一系列所涉语言的文化和精神交流，不同语言使用者群体分别拥有的世界观念、思想意蕴、审美理想、人文精神、价值取向、道德风尚等，以及译者和原文作者等个体所秉持的信念、追求、人格力量和审美创造力等。语言是人类交流和思维的工具，也是民族精神的反映，翻译因之具有了塑造人们思维方式和精神世界的力量。洪堡特曾专门论述过人类语言结构的差异及其对人类精神发展的影响，他指出"语言是普遍的人类精神力量不断积极从事活动的领域之一"，"人类精神力量的发展，语言是必不可缺的，对于世界观的形成，语言也是必不可缺的"。[4] 洪堡特的观点奠定了翻译研究关注精神世界的语言哲学基础。翻译作为跨语交流活动，是社会现象，也是文化现象，它不仅是相同内容在不同语言符号系统间的形式转换，更是不同语言文化、不同生产生活模式、不同精神世界的冲突和调谐。翻译让人得以同时跨入两种语言的圈子，获得从原来的圈子里走出来、走入另一个精神世界的机会。翻译的精神性还表现为翻译主体有其精神追求，具体而言，是译者在翻译过程中对翻译之真、翻译之善和翻译之美的追求。译者努力再现原文的真实意义，忠实于原文作者的真实意图，以翻译实现对人、民族、国家、

---

[1] 许钧《翻译论》，武汉：湖北教育出版社，2003年，第199-203页。

[2] 宋以丰《翻译的社会性、人本性和对话性——关于近来"语言性"问题讨论的反思》，《外国语言文学》2019年第2期，第165-177页。

[3] Claudia V. Angelelli, *The Sociological Turn in Translation and Interpreting Studies*, Amsterdam/Philadelphia: John Benjamins, 2014.

[4] 洪堡特《论人类语言结构的差异及其对人类精神发展的影响》，姚小平译，北京：商务印书馆，1999年，第25页。

人类的关怀，对弱小个体的生命尊严、生存价值的关切，对译文读者理想人格的塑造，对受众的精神境界和现实审美力的拓展，对人们心灵家园的维护等，都是译者翻译精神价值的体现。翻译的精神属性决定了翻译研究的人文性，既区别于也相容于翻译研究的科学性。

翻译的物质属性、社会属性与精神属性三者并非对立，而是相互依存。我们不能以其一否定其他，研究对象的多维性决定了翻译研究性质不可能单一，研究路径不可能统一。考察人类翻译研究的历史可以发现，翻译研究范式不是在线性发展中彼此更替，而是在从一向多的发展过程中变得丰富，因此从简单化视角来规定翻译研究的性质是不可取的。

2. 复杂性

作为翻译研究的总体对象，翻译具有极大的复杂性。如果说翻译的多维属性指示了翻译研究的多元范式和路径，那么翻译的复杂性则指示了翻译研究的复杂和困难程度。

翻译研究对象的复杂性首先体现为翻译的自为性。尽管翻译具有物质属性，但整体而言，翻译研究的对象并非自在客观的"物"，而是人为的"事"。"事"离不开具体、实在的"物"，但仅仅有"物"并不能构成"事"。翻译之事所涉的物质实体只有被纳入"人"的社会化语言符号转换实践中，才具有作为翻译研究对象的意义。作为研究对象的翻译不是与主体无关的物自体，而是"人""物"合一、渗透着"人"的意识和目的的对象性活动及其结果。翻译活动的主体——人，既是生物个体，又是社会个体，这决定了导致翻译行为的发生和选择的原因是繁复多样的，它必然涉及个体心理的、社会的、历史的、文化的和其他各种因素。翻译研究对象与研究主体具有很大程度的内在相关性，其研究结果必然带有一定的偶然性和不确定性。再加上译者个体的随意性、翻译选择的偶然性、语言的模糊性和表意的多样性，翻译的复杂性就大大增加了。这种复杂性还随着翻译主体数量的增加而变大。不同的译者面对相同的原文，会有不同的理解和诠释，即使是同一个译者在不同的语境下对同类文本所做的翻译处理也会不同。

其次，复杂性体现为翻译内在结构的复杂性。翻译由诸多要素构成，相对于单纯的语言、文学活动来说，翻译所涉的主体更多，主体间、主客体间的关系因此复杂得多。例如，在文学活动中，作者"我手写我心"，通过作品展现自己对世界的认知和想象，也通过作品与读者展开对话，活动要素之间关系清晰。而在文学翻译活动中，增加了译者和译文读者两个主体，活动要素之间关系复杂程度成倍增加。翻译活动中各主体生存的社会是复杂的不断演化的巨系统，译者的翻译活动所涉及的人脑思维、社会、语言文化等在结构、功能、行为和演化方面都构成了诸多相互关联的复杂系统。

翻译的复杂性除了表现为要素多而杂之外，还表现为翻译活动所构成的对象性关系复杂。在对象性关系中，主体作用于客体才得到自身的确证，主体性是在主体与客体形成对象性关系时才得到显示和发挥。对象性关系不是时间先后关系，而是相互规定、相互解释、相互制约、共生并存的逻辑语义关系。翻译活动所构成的对象性关系总是具体的、变化的，而并非抽象的、恒定的。不同的历史语境下，翻译所构成的对象性关系会呈现出不同的特点。从活动的内容与形态来看，翻译是语言符号转换，在这种对象性关系中，翻译客体是文本意义，翻译主体就是对原文文本进行语符解读获取原文意义并用译入语语符传达所获原文文本意义的人（即译者）。从活动的目的与功能来看，翻译是跨文化交际和跨语际信息传播。在这种对象性关系中，客体是文化信息，主体就是跨文化交际信息的发出者（即原作者）、文化信息载体的转换者（即译者）和转换了载体之后的文化信息的受众（即译文读者）。从活动的发生条件来看，翻译是解除人们跨语跨文化信息传播与交际活动中异语理解与表达障碍的一种语言服务。在这种对象性关系中，客体是需要获得帮助以解决异语理解与表达障碍的跨语交际者（即翻译客户、翻译用户），而主体则是这种语言服务的提供者（即译者或翻译机构）。从活动的社会属性来看，翻译是通过跨文化交流和跨语信息传播来建构社会的活动。在这种对象性关系中，对象性客体是社会，而主体也是社会，具体而言是所有参与翻译建构社会活动的人与机构。人们早已认识到翻译具有民族身份、语言文化、社会结构等方面的建构功能，无论是有意识地推动、策划、执行翻译的人，还是无意识地参与了藉由翻译建构社会的人，均是这种对象性活动的主体，包括翻译研究者、翻译政策制订者、翻译政策执行者、实施翻译行为的译者、发起翻译活动的原文作者或赞助人、对译文进行解读和评价的译文读者，以及翻译作品传播者等。

3．发展性

在多维性和复杂性之外，翻译研究对象还具有一个显著特征——发展性，即翻译在不同历史时期不断发展出新的形态和内涵。

翻译的主流对象、翻译的方法和手段、翻译的形态和功能等一直随着人类社会的发展而发展。有关不同历史时期翻译的主流对象的变化，谢天振在其《中西翻译简史》一书中有过论述。他认为不同的历史时期呈现出翻译主流对象的明显变化，由此他将中西翻译史划分为三个阶段：1）以宗教文献为主要翻译对象的宗教翻译阶段；2）以文学（也包括一定的社科）经典名著为主要翻译对象的文学翻译阶段；3）以实用文献为主要翻译对象的非文学翻译阶段。[1]

进入非文学翻译阶段之后，翻译的发展变化尤为显著。翻译在传统时期主要承担精神启蒙和文化传播的社会功能，翻译的方式主要是作为社会精英的译者个人的文化产品的创造，翻译的工具主要为书房里的纸笔词典。信息技术的快速发展和普及大大地改变了翻译的对象、功能和方式手段，也改变了译者群体的身份构成。翻译的精神启蒙作用逐渐退居次位，服务产品的生产成为了翻译更重要的功能；文学作品、文化典籍的翻译

---

[1] 谢天振《中西翻译简史》，北京：外语教学与研究出版社，2009年，第19页。

所占翻译总量的比例日渐降低，科技经贸等非文学作品和软件网络等虚拟文本的翻译量则越来越大；纸质书籍、电子词典与网络资源并用不悖，翻译工具更为多样化；翻译活动的社会参与面扩大，普罗大众成了翻译的主体，翻译不再是特殊身份的标志，其平民化特征越来越强。对此，谢天振专文指出，翻译的变化已经动摇了传统译学理念的根基，给我们展示出了一个崭新的翻译时代，促使我们必须结合当前时代语境的变化，重新思考翻译的定位及其定义。[1]

目前，翻译的职业化程度正在快速发展。随着国际化进程加剧，跨地域、跨语言、跨文化之间经贸活动的发展催生了社会对翻译工作的迫切需求，基于翻译和本地化的语言服务成为了高速发展的产业。传统翻译方式无法满足日益增长的翻译消费需求，翻译由译者个人化的兴趣活动演变为一种流水线式的团队职业活动。电子词典、搜索引擎、翻译软件、语料库等信息工具的使用极大地提高了翻译工作的效率，译者群体性翻译过程中的实时信息交互得以实现，世界一体化的翻译市场成为了可能。为了实现服务的最佳效果，专业化的大型翻译公司在市场上出现，翻译行业的规范性越来越强，国际翻译服务流程标准被越来越多的企业认可，语言服务对全球经济的发展起到的推进作用日益明显。

在信息技术普及之前，翻译的工作内容通常是以实物的方式呈现，如印刷或书写而就的纸质材料（书籍、杂志、报纸等）和刻录于胶片的影音材料（电影拷贝、录音磁带等），这些非电子化的材料不便于快速生产、修改、传递和传播。信息化时代来临后，不仅传统纸质材料承载的内容得以数字化，而且软件、网站、多媒体等信息产品本身也成为了重要的翻译对象，它们以电子形式得以快速生产、存储、分享、翻译和传播。翻译对象的类型与数量不断增加。近年来，新技术设备不断推陈出新，翻译资源可以在全球范围内得以获取和分享，多语种全天候共时翻译的生产方式成为现实，云翻译、众包翻译等新的翻译现象出现，海量的翻译任务可以通过技术平台迅速碎片化，翻译及翻译产品传播的速度和范围达到惊人的地步。传统的翻译管理是由翻译项目管理人员与客户、译员分别交流沟通，确定翻译资料类型、报价、交付时间和文本要求等，翻译一旦开始则难以对译员工作过程实施实时监控。信息技术的采用优化了翻译管理模式，使翻译项目的过程管理和质量监控变得简单高效。传统的以文学作品为主流翻译对象的时代，"信达雅"一直被奉为翻译的圭臬，信息技术的发展扩大翻译对象范围的同时，也使翻译的标准更具多元性与可量化性。以产品推广为目的的本地化翻译活动中，"忠实"和"文雅"不再是翻译活动最为重要的质量评判因素，术语一致性、文本质量、交付时间、成本支出等客户满意度的参数也成为了翻译工作好坏的考量标准。

---

[1] 谢天振《现行翻译定义已落后于时代的发展——对重新定位和定义翻译的几点反思》，《中国翻译》2015年第3期，第14-15页。

（二）翻译研究对象的界定与分类

谈及翻译研究对象，人们自然会将之与翻译文本或翻译产品联系起来。因为作为主体认识行为所指向的客体，研究对象必须具备哲学意义上的客观存在性，即翻译研究对象需真实存在，可以被感知、认识、界定和研究，而翻译文本就具有显在的实存性。此外，进行翻译研究，我们需要在经验可及的范围内确立各种有关翻译的事实，而有关翻译事实最直接的证据就是翻译文本，这也是纽伯特等学者认定文本在翻译研究中占据中心位置的原因。不过，我们并不能以"翻译文本"清晰地划出翻译研究与其他研究之间的界限。翻译文本也可以是其他学科研究中的实际考察对象。例如，中国佛典文献中有许多是翻译文本，它们是宗教学研究不可或缺的文本对象，也可能是中国古代文学研究、比较文学和世界文学研究的文本对象，还可以是历史研究的考察对象，我们并不能宣称凡是以翻译佛典为对象的研究都是翻译研究。落实到文本，或曰从具体的文本出发，这是许多翻译研究者的实际做法。然而文本只是翻译的要素之一，"翻译文本"显然不等于"翻译"，翻译研究者完全可能将研究视野投诸文本之外。对具体翻译文本的研究，并不能满足翻译研究的全部目标，无法得出对"翻译是什么"这一问题的完整答案，不足以回答翻译研究对象具有何种性质和特点的问题。

有关翻译研究对象是什么的问题，译学界众说纷纭，除了翻译文本之说外，较为普遍的还有翻译行为之说和翻译过程之说，这些观点体现的是学者们在不同的条件下所做的观察和思考，无法规定孰对孰错。和文本一样，译者、语言符号等都是翻译之为翻译的要素，是翻译研究的重要考察对象，或者说是某些翻译研究课题所选取的客体对象；但从学科角度来看，翻译研究不会局限于译者行为研究、翻译过程描写或翻译文本对比，不会满足于只对某一时代某一译者、某一具体译作的分析，而会是"在对象的本质（自身）中（揭露发现）它（这本质）自身所具有的矛盾（本来意义上的辩证法）"。[1]

在翻译学的学科框架内来讨论，研究对象的统一性是学术共同体可以有效对话和交流的基础。认识翻译研究对象，我们需要区分翻译学者共同面对的研究对象和个体学者所选择的研究对象。显然，前者抽象，而后者具体。具体的研究对象不难列举，抽象的研究对象则不宜用列举的方式来展现，也无法从单一研究对象中直接推知，学科总体研究对象需要从理论上加以证明。以学科为语境讨论的翻译研究对象必须超越个体或部分群体一时一地的选择，必须具有跨越时间和空间的相对一致性。从这个角度上来说，翻译的某种单一要素，无论是文本，还是译者，都不具备这种统一性。事实上，有的学者专注于进行文本的研究，有的学者对历史中的翻译事件感兴趣，还有的学者则主要通过对译者的外在行为观测以分析译者的认知过程，他们的具体考察对象有着明显的差异，但他们的研究都指向同一个目标——认识翻译和改进翻译。认识翻译即认识作为一种人

---

[1] 列宁《哲学笔记》，中共中央编译局编译，北京：人民出版社，1974年，第277页。

类社会现象的翻译；改进翻译指解决人们在翻译实践中遇到的问题，提高翻译活动的效率和翻译产品的质量。我们对翻译研究对象的界定和分类可以依据这一目标来认识。由此，翻译研究对象可以界定为"人类社会中的翻译现象和翻译实践中的问题"。

1. 翻译现象

所谓现象，指"事物在发展、变化中所表现的外部形态和联系"，[1] 是客观实存、能被感知和认识的一切情况。以现象作为研究对象来区分学科，这早已是学界的常识。毛泽东曾说："每一种社会形式和思想形式，都有它的特殊矛盾和特殊的本质。科学研究的区分，就是根据科学对象所具有的特殊的矛盾性。因此，对于某一现象的领域所特有的某一种矛盾的研究，就构成某一门科学的对象。"[2] 翻译学以翻译现象为研究对象。这并不难于让人接受和理解。霍姆斯在阐述翻译学结构时，曾明确指出翻译研究的对象是有关翻译的现象。谭载喜在论述翻译学的研究范围时也曾指出，"翻译学研究的，不应仅仅局限于翻译活动本身，而应包括与翻译活动有关的一切"，[3] 其所说的"一切"就是指翻译能被人感知的实存的一切，即翻译现象。这意味着，对于翻译学这一学科来说，人类历史和现实中发生、发展的种种翻译现象，都是其研究对象，系统地描写、发现并解释翻译现象，认识翻译的本质，就是其研究目标之一。

作为跨语言、跨民族、跨文化、跨时空的交际活动，翻译随人类历史进程的发展而不断改变着自身的形态，人们对翻译现象的认识也不断变换着视角，取得的认识日渐丰富。翻译现象可以是语言的、社会的，也可以是思维的、精神的现象。因而以翻译现象为对象开展研究，可以有多种不同的进路。

认识现象的目的是为了揭示现象背后的本质，对某一现象的认识包括对该现象与其他现象之间共性和异性的认识，还包括对该现象的表征和构成的认识。要认识某一种翻译现象，我们需要了解它与其他翻译现象之间的区别所在，也需要认识这一现象的构成要素、要素间关系、各要素发挥作用的方式，既揭示其独特性，也揭示其复杂性。例如，如果我们要认识机构作为主体实施翻译这一现象，就需要了解机构翻译与非机构翻译之间的区别，需要了解翻译机构的类别、内部构成、运行和管理机制，机构内各具体主体的职责和权限，还需要了解个体主体在实施机构翻译和非机构翻译时其翻译主体性、翻译伦理和翻译规范有何异同。此外，我们还需要了解某个国家或地区内机构翻译的发生和发展变化，不同时期、不同地域、不同性质的机构实施翻译的方式、功能有何差异，等等。

---

1 中国社会科学院语言研究所词典编辑室《现代汉语词典》（修订本），北京：商务印书馆，1996年，第1368页。
2 毛泽东《矛盾论》，载《毛泽东选集》第一卷，北京：人民出版社，1991年，第309页。
3 谭载喜《翻译学》，武汉：湖北教育出版社，2000年，第23页；谭载喜《第一章 概论》，载许钧、穆雷（主编）《翻译学概论》，南京：译林出版社，2009年，第26页。

2. 翻译问题

翻译研究除了致力于认识翻译之外，还要致力于发现和解决人们在翻译中存在的问题。所谓问题，指主体对认知对象的一种不了解、不能把握的状态，是需要解决而尚未解决的矛盾。毛泽东1942年在《反对党八股》中曾说："问题就是事物的矛盾。哪里有没有解决的矛盾，哪里就有问题。"[1] 实践是认识的基础，是认识发展的动力，也是认识的最终目的和归宿。对实践问题的解答，即获得对翻译实践中各种矛盾的认识，推动着翻译实践的进步，也促生了对翻译进行理论建构和人才培养的基本需要，继而推动着学科的创立和发展。

翻译研究面向的实践问题分为两类，一类是翻译自身的实践问题，另一类是社会实践中的翻译问题。翻译作为一种社会实践活动，其本身蕴含着矛盾，而其他社会实践活动中也有许多直接涉及翻译、需要通过翻译加以解决的问题。人们常把翻译或译者说成"桥梁""媒婆""信使""摆渡人""调停者""把关人"等，这些比喻揭示的是翻译的工具性，即翻译是人们用以成事之工具。翻译的实践问题就相当于如何打造工具的问题，而社会实践中的翻译问题就相当于如何运用工具以成事的问题。这两者紧密相关，打造工具是为了运用工具，而要运用工具得先打造工具。要打造工具，就要了解工具的材质、结构、形态、性能等。翻译的实践问题表现为翻译活动的构成要素，翻译的过程（包括翻译活动的组织管理过程、主体心理认知过程、语言符号转换过程、文本发生过程、译文传播过程等），翻译成果的形态，翻译主客体之关系等。而要运用好工具，就得了解用此工具以成何事，该事有何具体要求，还要了解工具使用的条件和环境，也就是说，要解决社会实践活动中遇到的翻译问题，必须了解翻译所服务的社会实践活动的目的、类别、性质和语境等问题之后，才能有效地发挥翻译的作用。

时代的发展催生了许多新的翻译现象，如自助翻译、众包翻译、经由翻译管理平台进行任务分配的在线合作翻译等。新的翻译现象也带来了新问题，如众包翻译把过去交由专职译者执行的任务外包给网上志愿译者来完成。这种模式的翻译极大地提高了翻译工作的速度和效率，降低了翻译管理的成本，赋予了翻译新的功能，同时也打破了传统翻译活动中译者的精英地位和话语权力，产生了新的翻译质量问题和翻译伦理问题。

与此同时，全球化和本地化的发展也使得人类的社会实践活动变得更加丰富多样，从而更加彰显了翻译在各种社会实践活动中的重要性。经济全球化发展推动了全球的资源配置和技术进步，带来了资本、金融、人才、教育、军事、政治等方面全球化的巨大影响，国际间经济联系和相互依赖加深，跨境贸易争端增加，资源掠夺加剧，贫富差距扩大，不同文化、不同价值观、不同生活方式、不同信念的冲突增多，各民族的文化特质消长不等。翻译在解决各种社会政治实践、文化交流实践、城市化发展实践、民族

---

[1] 毛泽东《反对党八股》，《毛泽东选集》第三卷，北京：人民出版社，1991年，第839页。

身份建构实践等方面的问题中扮演着越来越重要的角色,人类以前所探索的关于宗教传播、文学革命、社会建构等活动所涉的翻译问题依然需要进一步探索,而新的社会实践活动中的翻译问题更亟需翻译学者的关怀。

二、翻译研究的方法

方法泛指人们为达到某种目的而采取的手段与行为方式。从哲学上讲,方法是主体接近和认识客体的概念性工具和手段。在科学领域,方法指观察现象获取知识所采用的视角或使用的技术。对于任何一门学科而言,方法问题都是关乎学科知识生产和社会实践的最根本的问题,因为"每种学问都运用一定的方法,或遵循特定的方式来答复自己提出的问题"。[1] 翻译研究方法是有关翻译研究的基本原理、深层逻辑、程序步骤、模式范畴、工具手段等的统称。

(一) 翻译研究方法的性质

翻译研究从翻译实践发展而来,翻译研究方法也是人们在具体的翻译实践活动、翻译认识活动中总结而来。不过翻译研究方法不同于人们在翻译实践中所采用的技巧和策略,它专指人们用以认识翻译的方法。作为人们发现和认识翻译现象、揭示和解决翻译问题、构建翻译知识的方式、工具和手段,翻译研究方法随着人们认识翻译的水平提升而发展。

从古至今,人们用来研究翻译的方法一直在演变。如前所述,翻译研究对象具有多维性、复杂性和发展性,这从根本上决定了翻译研究方法的多元性、综合性和动态性。人们实际采用的翻译研究方法中,既有自然科学的研究方法,也有社会科学的研究方法,还有人文科学的研究方法。有些研究主体倾向于认识翻译的艺术创造性,更为强调主体自身的直觉、灵感、体悟和经验,而专注于翻译客观规律性的研究者,则更为强调研究对象外在于己的特性,更多地采用客观、科学、规则性强的研究方法。由于人们认识水平、思维习惯、科学素养、观看翻译现象的角度、研究翻译问题的出发点等各不相同,人们所采用的翻译研究方法有很大的差异,不同类别、不同层次的方法有不同的理论基础、操作步骤、适用对象和使用条件。随着翻译学术交流的深入,各种不同的研究方法在不断地相互影响、相互结合、相互转化,翻译研究方法因之变得更加丰富和复杂。对于翻译学科而言,翻译研究方法是多类别、多层级的。

---

[1] 卡尔·拉伦茨《法学方法论》,陈爱娥译,北京:商务印书馆,2003年,第19页。

（二）翻译研究方法的构成

"三层次"结构已成为各学科进行方法体系建构的一个普遍方式。叶澜在《教育研究方法论初探》中将教育研究方法分为哲学层、横断学科层、专门科学层。[1] 赵吉惠在《历史学方法论》中将史学方法分为普遍方法、一般方法和特殊方法三个层次。其中"普遍方法"即研究一切社会、文学、历史、法律、道德、教育、宗教等社会现象的普遍方法，"一般方法"指适用于一切历史学科的研究方法，而"特殊方法"指适用于各专门史的个别方法。[2] 社会学家风笑天在《社会学研究方法》中将社会研究的方法体系分为三个层次：方法论、研究方式、具体方法及技术。其中"方法论"层次指"社会研究过程的逻辑和研究的哲学基础"，[3] 也就是哲学层次的方法，"研究方式"指"研究所采取的具体形式或研究的具体类型"，[4]"具体方法及技术"指"在研究的过程中所使用的各种资料收集方法、资料分析方法，以及各种特定的操作程序和技术"。[5] 翻译学者姜秋霞在讨论文学翻译的文化研究方法时，将之分为哲学方法、一般科学方法和具体科学方法三个层次，指出哲学方法属于抽象层面，对一般科学方法和具体科学方法具有指导作用；一般科学方法是各门具体学科研究中带有一定普遍意义的方法，介于抽象的哲学思维方法和各种具体科学方法技术之间的中间；而具体科学方法是研究某一具体领域的方法，主要体现为数据收集方法和数据分析方法。[6]

翻译研究方法也可以分为哲学方法、一般方法和具体方法三个层次。

第一层次为哲学方法。哲学方法并非研究中的程序步骤或工具手段，而是为翻译研究提供最根本指导原则的深层逻辑和观念原理。研究者在使用任何具体的研究方法时，既有着其对研究对象是否存在、是否可以被认识、可以如何被认识的基本假设，也有着其对拟采用的研究方法是否契合研究对象的基本认定。这些就是关于翻译研究的本体论、认识论和价值论等哲学性问题的认识。通常而言，研究者需要对自己所采用的具体方法背后的哲学理据有清楚的认识，才能有效地展示选择具体方法的理由，由此说明研究者选择某些研究方法，既有哲学理据的支撑，也有解决问题的针对性。

第二层次是一般研究方法。翻译研究的一般研究方法不仅包括信息论、控制论、系统论、耗散结构论、突变论、博弈论等横断科学方法，还包括了借鉴自自然科学的研究方法（如数学方法、计算机科学方法等），社会科学的研究方法（如经济学方法、心理学方法、社会学方法、政治学方法、管理学方法、传播学方法等）和人文科学的

---

[1] 叶澜《教育研究方法论初探》，上海：上海教育出版社，1999年，第128-301页。
[2] 赵吉惠《历史学方法论》，成都：四川人民出版社，1987年，第10页。
[3] 风笑天《社会学研究方法》，北京：中国人民大学出版社，2001年，第6页。
[4] 同上，第7页。
[5] 同上，第8页。
[6] 姜秋霞《文学翻译与社会文化的相互作用关系研究》，北京：外语教学与研究出版社，2009年，第26-31页。

研究方法（如语言学方法、文学方法、史学方法、哲学方法、伦理学方法等）。一般研究方法主要表现为研究的途径和路向，取决于研究者在一定的哲学观念指导下对具体研究对象的选择。研究对象在很大程度上规定和制约着一般研究方法的性质和特点。翻译研究对象是复杂的、多层次、多元化和动态的，同时又具有系统性和整体性。我们不仅需要对个别翻译问题进行深入细致的微观分析，更需要对所有翻译现象进行整体的、系统的、动态的宏观综合，归纳总结出各种翻译活动规律以及影响翻译的各因素之间的相互关系和相互作用，需要根据研究对象的特点采取与之相适应的一般研究方法。

第三层次是具体研究方法。这一层次的方法属于学科技术方法，包括研究资料的获取、研究数据的收集与整理的方法和程序，也包括研究资料和研究数据的描述、分析和解释等。前者有文献法、比较法、观察法、调查法、实验法、访谈法和其他技术（包括计算机技术）；后者有统计法、关系分析法、因素分析法、数理分析法、科学抽象法、历史法、分类法、归纳法、演绎法、综合法等。

翻译研究方法可以按研究性质分为定性研究方法、定量研究方法；按研究目的分为规定性研究方法、描写性研究方法、解释性研究方法；按研究逻辑分为归纳研究方法、演绎研究方法；按研究视野分为微观研究方法、中观研究方法、宏观研究方法；按研究的时间视角分为历时研究方法、共时研究方法；按研究用途分为基础/理论研究方法、应用研究方法、行动研究方法等。此外，翻译研究方法还可以按翻译研究的类别来划分。翻译学有多个分支领域，如翻译理论、翻译史、翻译教学、翻译批评、口译等，相应地就有翻译理论研究方法、翻译史研究方法、翻译教育和教学研究方法、翻译批评研究方法、口译研究方法等。而各分支领域中的研究方法又可以进一步细分，如翻译史研究方法可以分为分析方法、实证方法和叙述方法等。其中分析方法包括历史分析方法、阶级分析方法、逻辑分析方法、历史比较分析方法、历史系统分析方法、历史计量分析方法、历史心理分析方法等；实证方法包括辨伪方法、校勘方法、辑佚方法、训诂方法等；叙述方法包括纪事本末方法、纪传方法、编年方法、国别方法。[1] 口译研究方法可以分为口译过程研究方法、口译产品研究方法、口译质量评估研究方法、口译职业活动研究方法、口译教学研究方法等。[2]

总体而言，翻译研究的方法有如下三个特征：

第一，研究的主题是社会的，而非自然的。如前所述，翻译研究的对象是翻译现象和翻译问题，翻译现象指翻译作为人类社会现象而存在，所展现出的各种形态和联系。翻译现象都因人而出现，它不可能脱离翻译主体、脱离人类社会而存在。虽然翻译研

---

[1] 穆雷等《翻译学研究的方法与途径》，上海：上海外语教育出版社，2021年，第226–249页。
[2] 仲伟合等《口译研究方法论》，北京：外语教学与研究出版社，2012年。

究的对象可以是作为客观物的存在，如翻译文本、翻译所处的自然环境条件等，但归根结底来说，翻译研究的对象不具有自然生成物的性质，其物质性是与其社会性不可分割的。因而研究主题总是指向翻译作为社会实践的存在问题，包括人们如何翻译，如何藉由翻译进行跨文化交流，翻译主体在翻译过程中如何思考，人们对翻译有何感受，翻译主体之间（个体与个体、个体与群体、个体与社会、群体与群体、群体与社会之间）有何关系等。

第二，研究的方式有经验的，也有思辨的。经验性指研究者必须依据可感知的材料或社会事实进行翻译研究。可观察的译者行为（如变译行为、复译行为、转译行为以及遵从翻译规范的行为或偏离翻译规范的行为），译者所创造的翻译产品，以及译者通过翻译选择所表达的意见、态度和价值判断等，都属于经验上可感知的社会事实。研究者通过观察、收集和分析相关经验材料，可以获得对这些社会事实的局部或整体认识。思辨性指翻译研究者必须运用意象、概念、范畴、逻辑，进行归纳演绎、分析综合、判断推理、类比假设、体系建构等思维活动。无论是进行翻译现象的观察和分析，还是对翻译问题的揭示和解决，研究者都必须从各种变化中确定不变的成分，对现象内部要素进行分类和比较，找到现象与现象之间的联系，给现象一个概念（即下一个定义），借助抽象思维、逻辑思维和操作概念，将概念演绎为基本范畴，从而使对翻译的感性认识，上升为理性认识，进而形成体系性知识。通常理论研究偏重思辨方法，实证研究偏重经验方法，但实际上无论是理论研究还是实证研究，经验性和思辨性方法都渗透于其中。

第三，研究的问题有事实性的，也有价值性的。和其他社会实践活动一样，人类的翻译活动是一种价值活动，是创造价值与衍生价值关系的过程。翻译主体通过翻译活动维护和调整翻译所涉主体间、主客体间的利益与利害关系，其活动结果又导致新的价值关系的生成。以作为价值活动的翻译为认识对象，翻译研究的任务不仅要认识翻译活动发生、发展的客观过程及其规律性特征，还要认识翻译活动对翻译所涉主客体所产生的历史与现实的价值。这就形成了翻译研究中不同的认识形式：事实认识和价值认识。事实认识指主体对外在事物的客观属性和发展规律的认识，价值认识则指主体对客观事物与主体之间的价值关系的认识。翻译研究的问题既有关乎事实认识的问题，即"是"的问题，需要研究者对通过经验感受到的事实做出陈述；也有关乎价值判断的问题，即"应该"的问题，需要研究者对客体之于主体的效应做出判断，即主体对客体是否满足以及在多大程度上满足主体需求的判断。

第二节　翻译研究的发展与翻译学的创立

一、翻译研究的历史发展

作为一种社会存在，人类的翻译活动呈现出极大的复杂性和历史发展性。翻译实践的演化史并不等于翻译研究对象的演化史，人类的社会实践有时代特征，认知能力的发展也与时代相应。进入人们认知范围的翻译现象，所观察到翻译现象的维度及其深度，都受到人类总体认识水平、解决问题的需求程度的限制。不同的时代，人们对翻译的需求不同，所面对的翻译问题不同，解决翻译问题的能力也不同，因而翻译研究中选择的研究对象也各异，对同一研究对象的认识深度和全面程度也不同。

20世纪50年代以前是西方翻译研究的前学科时期。罗马共和晚期学者对翻译的探讨是西方翻译研究的起点。[1] 从译学史文献看，早期首先进入西塞罗、斐洛、贺拉斯、昆体良、哲罗姆、奥古斯丁等翻译学者的思考领域的翻译问题，并不是"翻译是什么"这类有关翻译存在的本体论问题，而是"应该怎么翻译""好的翻译是怎样的"等直接面对翻译实践的方法问题和标准问题，回答这些问题是对何为理想的翻译、翻译何以进行的探究。

14世纪末意大利文艺复兴运动兴起，西方翻译和翻译研究又开辟出新的局面，翻译开始作为专门的研究对象出现了，翻译研究开始形成了自己的问题域。各国译者基于自己民族语言的翻译实践，对翻译问题进行了论述。代表人物如荷兰的伊拉斯谟、德国的路德、法国的多雷、英国的富尔克等，发表的翻译论述涉及翻译方法、翻译原则、译者资质、译语表达、风格、修辞、语法等翻译过程中的具体操作规范。

17世纪到19世纪，西方资本主义迅速发展，各国对翻译的需求显著增加，翻译题材更加广泛，翻译研究出现前所未有的盛况，研究视野更加开阔，主题不断深入，理论更加系统和多样，各国在研究对象、讨论主题和理论形态等方面形成了自己的研究传统。英国以文学翻译研究为特色，德纳姆、考利、狄龙、德莱顿、坎贝尔、泰特勒等对翻译方法进行了类别划分，提出了多层次的翻译原则，研究主题丰富，涉及翻译性质、翻译功能、读者意识、目的与方法、译者资质等话题。法国的阿布朗古尔、戈多、梅齐利亚克等参与的"古今之争"构成了近代法国翻译研究的主要发展脉络。这一时期法国翻译

---

[1] 对此学界也有不同的观点，如Douglas Robinson将比西塞罗早四个世纪的古希腊历史学家Herodotus列为西方翻译理论史的开端，他认为，虽然Herodotus的作品中没有论述过我们习惯上所认为的翻译理论问题，没有讨论过怎么译，也没有描述过翻译的过程，但Herodotus所主要关注的问题之一是跨文化交流问题，即说不同语言的人如何进行思想交流的问题。参见D. Robinson, *Western Translation Theory from Herodotus to Nietzsche* (2nd edition), London & New York: Routledge, 2014, PP. 1–2。

研究日益专门化，出现了于埃、坦德、巴特等专注翻译的学者。他们立足于深入细致的语言对比分析，将翻译原则问题具体化到了操作的层面，将语法结构、句子顺序等应用于翻译操作规则，推进了应用翻译的发展。德国的翻译研究则表现出形而上的特点。歌德、赫尔德、洪堡特、施莱尔马赫等从语言学、哲学的角度对翻译问题进行多层次的探讨，将思考引向了"翻译是否可能""翻译何以可能"等根本问题，进而导向"翻译之于人的根本意义何在"等终极问题。

20世纪后半叶，西方翻译研究从整体上发生了"语言转向"，语言问题成了翻译研究的基本问题。奈达、雅各布森、卡特福德、穆南、莱斯、弗米尔、费道罗夫、威尔斯等为代表的学者，倡导以语言结构和功能分析去考察译文与原文的等值程度，引导译学界关注翻译中的双语语义和信息转换机制。回答翻译是什么，给翻译下定义成了这一时期翻译研究的一大特点。20世纪90年代以来是西方翻译研究全面发展时期。经济全球化发展创造了巨大的翻译需求，信息化翻译技术也取得了日新月异的进步，翻译进入了职业化时代，形成了稳定的翻译专业人才培养体系，对翻译服务、机器翻译、翻译行业管理、翻译教学等实践问题开展研究的需求不断加大。

和西方一样，中国翻译研究的前学科时期历时长久，从公元前5世纪的零星译论到20世纪中期形成学科意识，前学科时期跨越两千多年。最早的译事活动上可推至商周时期，春秋末期对翻译的功能和专名翻译的原则就有了朴素而重要的认识。

通常认为，我国佛经译论以东汉时期支谦的《法句经序》为开篇。该序言讨论的是佛经翻译的文与质的问题，标志着我国翻译论争的开始。东晋道安是中国佛教界第一位建设者，[1]他提出的"五失本、三不易"之说概括了影响翻译忠实的诸多因素。该论虽以个体经验总结的方式呈现，但其内容是对翻译中实然问题的观察，而非对应然的判断，其概括性和条理性均达到了非常高的程度。此外还有鸠摩罗什、僧睿、慧皎、慧远等对佛经翻译发表了重要的论述。他们对翻译所涉语言、文化、译者、读者、原文作者之间的矛盾关系有着深入的观察，不仅讨论翻译的方法和困难，还讨论了翻译名实问题。南朝僧祐讨论了印度诸国文字的异同以及梵文与汉文的异同问题，描写了翻译所涉的同音同义异形字、新旧译名不同而意义相同等现象，指出语言的差异造成了佛经译事之艰。隋代彦琮明确提出了佛经译者的规范要求。唐代玄奘的"五不翻"[2]则将音译视为一种主动选择的策略，为佛经翻译实践提供了具体的指导。

17世纪之后，来华传教士和中国本土学者一起开展了宗教和科技翻译活动，推动了我国历史上第二次翻译高潮的出现。传教士译者讨论得最多的也是"译事之难"的问

---

[1] 梁启超《翻译文学与佛典》，张品兴编《梁启超全集》，北京：北京出版社，1997年，第3793页。
[2] 宋僧法云所编《翻译名义集》中记述了玄奘关于"五不翻"的论述。具体参见乾隆大藏经/此土著述/第1599部宋姑苏景德寺普润大师法云编《翻译名义集》二十卷，https://www.fojingzaixian.com/q1754.html，检索日期：2023-02-02。

题,[1]中国本土译者则主要论述翻译的重要性,徐光启、李之藻、杨廷筠、王徵等提出了译以致用、资心、超越的思想。第一次鸦片战争之后,一部分有识之士开始向西方学习,纷纷转向翻译以寻求超胜之道,蔡元培、章士钊、胡以鲁等人发表了诸多有关翻译目的、功能、组织和人才培养的论述,从翻译政策制定、翻译机构设置、翻译人才培养、译书选择、译风改善、译名确立等方面提出了切实可行的建议和意见。清末翻译学者的理论贡献以严复的"信达雅"论最为显著。除了翻译标准之外,清末学者的讨论主要集中为如何让翻译发挥社会改良与改革的作用,即使章士钊和胡以鲁在"译名之争"中展现出了与其哲学家相应的思维深度,他们所关心的也是引介西方科技学术思想时的概念表达问题,而并非超脱于翻译实践的"名实"关系。

及至民国,翻译研究延续并扩展了清末学者讨论的内容,围绕对翻译的语言文化价值与社会功能的认识衍生有关翻译选材、翻译原则、翻译与创作的关系、译者(翻译批评者)的资质条件等论题,讨论对象以文学作品的翻译为主,包括诗歌翻译的可译性、文学翻译的策略和方法等。这时已经出现了专门的翻译论著,尽管数量并不多,但体现出翻译研究的专门化程度加深,已逐渐成为受人认可的一门学问。

20世纪50到80年代,我国翻译研究还沿袭着过去语文学、文章学和文艺美学的途径,主要以个人感悟的方式围绕翻译原则发表看法,代表性学者有董秋斯、焦菊隐、茅盾、傅雷、钱锺书等。80年代之后,学者们开始转向西方"学艺",西方现代翻译理论的内容和形态让国内学者眼界大开,伴随而来的是现代译学的主题和方法,翻译研究进入一个新的发展阶段。进入新世纪之后,中国翻译研究很快呈现出更新的面貌,在一些领域和主题上形成了自身的特点,与国际译学界的交流增多,学习外国的同时,批判性不断增强,自主理论创新的意识逐渐变得强烈。

二、翻译学的创立历程

(一)翻译学知识体系确立历程

20世纪后半叶,西方翻译研究呈现出明显的学科化倾向。以奈达、卡特福德、纽马克、费道罗夫、威尔斯等为代表的学者明确了"翻译科学"的目标,发出了将翻译研究从哲学、神学、文艺学中分离出来的宣言,提出将翻译理论纳入语言学范畴,探索研究翻译的新工具。语言学的视角、途径、理论和方法赋予了翻译研究科学化的品质,虽然并未赋予翻译研究真正独立学科的身份和地位,却唤醒了翻译研究者的学科意识。

语言转向使翻译研究突破了思辨研究模式,开始形成新的研究传统。语言学者越来越多地关注起翻译,翻译研究者也从语言学中汲取养分,两者都将翻译研究归入语言学

---

[1] 陈福康《中国译学理论史稿》(修订本),上海:上海外语教育出版社,2000年,第49页。

麾下,"描写翻译过程""解决翻译问题""揭示翻译所涉语言间的关系""建构规则体系""探索原文和译文对比中的规律"等都是在语言学的框架内设定翻译研究的任务。奈达的《翻译科学探索》被视为现代译学的起源,[1]该书运用现代语言学的方法对翻译问题进行分析,将翻译学置于应用语言学的附属地位加以讨论。威尔斯的《翻译学:问题与方法》也力主"翻译学"概念,认为翻译学分为一般研究、具体研究和应用研究三部分内容,对每部分研究的任务和方法都做了描述,但没有系统阐述何为翻译学,没有解决将翻译研究作为独立于语言学或文艺学之外的一门学科所需解决的基本理论问题。

随着人们对翻译研究对象的认识越来越深入,语言学无法为解决翻译问题提供更多、更充分的理论依据,将翻译研究发展为一门独立学科的呼声由此越来越高。1972年霍姆斯发表了《翻译学的名与实》一文,提出对翻译学作为一门学科的命名、性质、研究范围以及结构划分的构想,[2]该文被普遍视为"翻译学的创建宣言",[3]成为翻译学的奠基性作品。此外,还有苏联学者别洛鲁切夫(Minyar-Beloruchev)1980年的《翻译通论与口译》也把翻译学视为一门独立的学科,明确了它的研究对象、内容和一整套术语,认为翻译学的研究对象超出了语言学的范围,是语言学、心理学、符号学、社会学交叉点上的一门学科,探讨的主要问题适用于任何两种语言之间的翻译,提出了话语信息论、翻译的主要方法和翻译中的语言手段等。[4]另外,保加利亚学者利洛娃1981年的《普通翻译理论概要》也主张建立一门独立的科学,既不属于语言学范畴,也不属于文艺学范畴,却运用语言学和文艺学以及心理学、社会学、控制论等其他学科的方法。[5]

在我国,早于20世纪上半叶,"翻译学/译学"概念已经出现,1901年蔡元培撰写了《译学》一文,[6]1927年蒋翼振编著出版了《翻译学通论》(商务印书馆,1927年),1933年林语堂在《论翻译》一文中使用了"译学"一词,[7]1951年董秋斯提出了建立"翻译学"的主张,并提出要完成两件具体的工作,写成《中国翻译史》和《中国翻译学》两部大书。[8]

20世纪末学者们再次旗帜鲜明地呼吁建立翻译学,并开展了一次为期多年的关于应否、能否以及如何建立翻译学的大讨论。学者们(金隄、吴明华、徐盛桓、杨自俭、范

---

[1] W. Wilss, *The Science of Translation: Problems and Methods*, Tubingen: Gunter Narr Verlag, 1982. P. 51.
[2] J. S. Holmes, *Translated! Papers on Literary Translation and Translation Studies*, Amsterdam: Rodopi, 1988, PP. 67-80.
[3] E. Gentzler, *Contemporary Translation Theories*, London & New York: Routledge, 1993. P. 92.
[4] 蔡毅、段京华《苏联翻译理论》,武汉:湖北教育出版社,2000年,第12页。
[5] 杨仕章《俄罗斯语言翻译学研究》,《外语与外语教学》2005年第5期,第51-55页。
[6] 蔡元培《译学》,高平叔《蔡元培全集》第1卷(1883—1909),北京:中华书局,1984年,第154-155页。
[7] 林语堂《论翻译》,罗新璋、陈应年《翻译论集》(修订本),北京:商务印书馆,2009年,第491-507页。
[8] 董秋斯《论翻译理论的建设》,《翻译通报》1951年第4期,第3页。

守义、刘重德、许钧、张柏然等）发表文章提出了各具特色的译学设想，黄龙、黄振定、彭卓吾、赵彦春、吕俊、侯向群等出版了以"翻译学"为题名的专著，[1] 讨论翻译学的根本性质及其理论特征，提出学科机体框架构想，指出学科范式的划分等。虽然学者们对翻译学的认识不尽相同，但经过论争和论证，学界对于翻译学是一门学科达成了共识，对翻译学的基本概念、范畴及相互关联，有关翻译的知识层次、结构和来源有了基本的了解。这场学科大讨论有着中西互鉴的视角，但并非是按照西方学者提出的框架进行的，中国学者的观点主张、思维方式和理论来源迥异于西方学者，属于我们自己对翻译学学科理论的构建。

"翻译学"也遭到了劳陇、张经浩等学者的质疑，甚至被认为是"一个未圆且难圆的梦"。[2] 面对质疑，王东风、楚至大、刘重德、穆雷、贺微、韩子满等从各个角度进行了有力的辩护，论辩使得"翻译学"的概念内涵变得更为清晰，学科性质也更加明确。在对"翻译学"进行倡议、论证和辩护的学者中，谭载喜是最具影响力的一位，他先后发表了《必须建立翻译学》《论翻译学的途径》《论翻译学的任务和内容》《试论翻译学》《翻译学与语义》《中西现代翻译学概评》《翻译学必须重视中西译论比较研究》等十多篇论文，并于2000年出版了专著《翻译学》，全面、系统、深入地论述了建立翻译学的重要性以及翻译学的学科性质、学科内容、学科研究目的、范围、任务和方法等问题，对翻译学的创立和发展"起到了积极的推进作用"。[3] 此后许钧、穆雷主编的《翻译学概论》于2009年出版，该著由王克非、许钧、刘军平、刘云虹、林克难、郑海凌、谭载喜、廖七一、穆雷等共同撰写，全面梳理了翻译学的发展轨迹，明确了翻译学的内涵结构和学科特色。

随着学科的发展，翻译研究分化发展的趋势加深，学者们在翻译学各分支领域取得越来越多的系统性成果。各种以"翻译学（译学）"为名的著作如《译介学》《文学翻译学》《文学翻译比较美学》《科学翻译学》《翻译思维学》《翻译美学》《翻译美学导论》《文学翻译批评学》《文化翻译学》《译介学导论》《翻译认知心理学》《翻译批评学引论》《翻译生态学》《翻译地理学》《语料库翻译学概论》《语料库翻译学探索》《生态翻译学》《应用翻译学》《大易翻译学》《翻译经济学》《翻译诗学》《共生翻译学建构》《语料库翻译学》《认知翻译学》《翻译安全学》等接连出版。此外，社会翻译学、国家翻译学、

---

[1] 这些专著分别是：黄龙《翻译学》，江苏教育出版社，1988年；黄振定《翻译学——艺术论与科学论的统一》，湖南教育出版社，1998年；彭卓吾《翻译学：一门新兴科学的创立》，北京图书馆出版社，2000年；赵彦春《翻译学归结论》，上海外语教育出版社，2005年；吕俊、侯向群《翻译学——一个建构主义的视角》，上海外语教育出版社，2006年。

[2] 张经浩《翻译学：一个未圆且难圆的梦》，《外语与外语教学》1999年第10期，第44-48页。

[3] 许钧《翻译学（序）》，载谭载喜著《翻译学》，武汉：湖北教育出版社，2000年，第1-4页。

知识翻译学、体认翻译学等也受到越来越多的关注，翻译学知识体系建构得更为丰富起来。

（二）翻译学科平台创设

一门学科的形成除了要有完备的知识体系之外，还需要有相应的学科平台、环境和条件。"至少包括具有自己的行业协会团体、有自己的专业性杂志、在高等院校和专门研究部门中有自己的系科或研究所、设立专任的教授职位和系统的研究生（硕士、博士和博士后）教育体系等"。[1]

1953年，国际性翻译工作者联合组织"国际翻译家联盟"（International Federation of Translators，简称FIT）成立，目前已经发展成为代表全球66个国家和地区的七万余名翻译工作者利益的大型组织。[2] 同年，全球性专业口译组织"国际会议口译员协会"（International Association of Conference Interpreters，简称AIIC）成立。1982年，中国翻译领域唯一的全国性社会团体"中国翻译协会"（Translators Association of China，简称TAC）成立。改革开放以来，我国各省市自治区均先后成立了自己的翻译协会、学会或工作者协会。1994年中国比较文学学会和中国英汉语比较研究会分别成立了翻译研究会，吸引了众多翻译研究者开展各种学术交流活动。

20世纪后半叶，国际和国内译学界陆续创立了多家致力于刊发翻译研究成果的学术期刊。其中享有较高国际学术声誉的有：1955年于荷兰创办的*Babel*，1955年于加拿大创办的*META*，1987年于加拿大创办的*Traduction, terminologie, rédaction*，1989年于荷兰创办的*Target*，1993年于丹麦创办的*Perspectives*，1995年于英国创办的*The Translator*，1996年于荷兰创办的*Interpreting*，2000年于匈牙利创办的*Across Languages and Cultures*，2004年于英国创办的*The Journal of Specialised Translation*，2008年于英国创办的*Translation Studies*。1950年，中央人民政府出版总署翻译局创办了《翻译通报》；1979年，中国对外翻译出版公司创办了《翻译通讯》，该刊1983年转为中国翻译协会会刊，1986年改名为《中国翻译》。改革开放以来，创办的翻译研究刊物还有《语言与翻译》《上海科技翻译》（后改名为《上海翻译》）《中国科技翻译》《外语与翻译》《民族翻译》《东方翻译》《亚太跨学科翻译研究》《翻译界》《译苑新谭》《翻译论坛》《译界》《中译外研究》《翻译史研究》《翻译史论丛》《复旦谈译录》《翻译教学与研究》《翻译研究与教学》等期刊和集刊，以及各外语类期刊开辟的翻译研究专栏，为翻译研究者提供了广阔而稳定的学术交流平台。

---

[1] 陈跃红《学术的国家意识与国际意识——乐黛云先生的学术视野》，《中国比较文学》1999年第2期，第103页。
[2] 参见https://www.fit-ift.org/about/，检索日期：2023-02-02。

第三节　翻译学学科的未来发展

中西翻译研究都历经长时间的发展，在各自的脉络中呈现出相似的阶段性特征，翻译学于20世纪末获得了"名"与"实"的确立。目前，翻译学科队伍日渐壮大，专业教育开展得如火如荼，学科影响力日益增大。翻译学的发展既得益于全球化市场对翻译服务的需求增长和信息化条件下翻译行业的技术进步，也得益于长久以来人们所累积下来的翻译研究成果。翻译、翻译研究、翻译学都步入了一个新的发展时期。

随着研究的深入和研究视角的多样化发展，翻译学已由初始的实践经验交流，走向学科体系建构，再走向科际融合和学科内部分化，成为一个多学科交叉、跨学科综合的研究领域，已不能将之简单归为理论性学科或实用性学科，甚至"跨学科"一词也难以概括翻译学真正的学科特点。翻译的复杂性决定了翻译知识的丰富性和学科体系的开放性，但左右学科发展的并非学科体系的无限扩张，而是学科功能的有效发挥。从现实的角度来看，一门学科的价值应在于其能否有效回应和满足社会需求，解决某类社会实践问题，促进社会的发展。理论研究是学科发生和发展的条件之一，但决定学科发生与否的则是社会需求。从翻译作为一种社会实践活动来考量，通过知识生产和人才培养帮助翻译有效地实现交流文化、认识世界、指导实践、改造世界的社会功能才是翻译学获得长足发展的第一动力。

一、翻译学的知识生产

学科既是一种体制结构，也是一种知识系统。翻译学知识包括翻译理论知识、翻译技能知识和翻译技术知识三种类型。三者之间相互联系却也有着明显区别，翻译理论知识的生产以满足人类求真为目的，主要回答"是什么"和"为什么"的问题，其评判的标准为真理性（即人们对翻译的认识与客观实际是否相符）。翻译技能知识的生产以提高翻译工作者个体能力为目的，主要回答"做什么"和"怎么做"的问题，其评判标准为可靠性。而翻译技术知识的生产以提高行业整体服务水平为目的，主要回答"用什么做"的问题，其评判标准为实效性。翻译理论知识具有认识、解释、预测、方法论、批判、指导、鉴赏、思辨、反思、检验和评价等功能；[1] 翻译技能知识的主要功能在于规范程序、指导操作、提高速度、减少错误等；而翻译技术的作用在于改善翻译工作条件、减少生产成本、提高生产与服务效能、减轻翻译从业人员的工作负荷等。

现代知识生产论认为，按不同的赋存状态，知识分为存于人脑中的知识，存于社会

---

[1] 穆雷、邹兵《翻译的定义及理论研究：现状、问题与思考》，《中国翻译》2015年第3期，第18–24页。

组织的知识，存于思维的语言"外壳"的知识（包括纸面文件、电子文件、光学阅读文件），物化于有形商品的知识（包括机器设备）等四种。[1] 完整的知识生产包含新增知识的获得和已有知识的传播，知识生产的方式有研究与开发、教育、计算机软件、出版、设计等。由此可见，增加译学新知识的学术研究，增加具有翻译知识的人口数量的翻译教育研究，增加翻译知识赋存状态的种类和数量的翻译技术设备的设计与开发，以及传播翻译知识的翻译出版等，都是翻译学知识生产的重要方面。

未来，翻译学将拥有更强的知识生产能力。翻译知识生产的主体更加多元、数量将不断增大、生产方式将更突出协同性，翻译教育的发展提高了翻译知识生产者的整体素质，信息技术的普及加快了知识传播的速度，翻译从业者群体的身份构成也发生了变化，翻译活动的社会参与面扩大了，其他领域参与翻译知识生产的学者和专业人士也增多了。就翻译研究而言，心理语言学、计算语言学和语料库语言学等学科方法已成为翻译研究之常用方法。平行语料库、翻译语料库、类比语料库等与信息技术紧密结合而兴起的双语或多语语料库为翻译研究提供了跨语信息检索的平台，使得翻译研究所涉的文本资料和语码数据远远超过人工阅读、分析和理解所能处理的范畴，以往"不可研究"或"难以研究"的课题成了新的研究热点。借助机器计算和分析所获得的结论也远非观察、思索、领悟等传统方法可以获得，在增强翻译知识生产可靠性的同时，也将极大地拓展翻译研究的发展空间。

另外，翻译学知识生产主体分工逐步细化，诸多突出问题已无法依赖个体独立工作来解决，因而将越来越重视多元主体间的合作。学术界和产业界之间的联系将愈加紧密，高校内的翻译服务、翻译教学和翻译研究合作，高校与校外语言服务企业的双向合作，政校行企多方联动合作等产学研合作模式将在翻译学知识生产过程中得到越来越多的运用。未来多主体协作进行翻译的情况将越来越多。

翻译学与其他学科之间的沟通合作日益频繁和深入，跨地域的合作也将越来越多。基于大型语料库的翻译研究需要汇集专业领域技能、数据管理技能、数据分析技能和项目协作技能，这类项目往往由学科跨度较大的学者共同完成。通过语料库构建而成的数据集和分析工具可持续加以完善，其可重用性、协作性大大增强，为翻译研究者提供了资源与数据跨地域共享的可能。翻译知识生产中的跨学科协作不仅表现为计算机与翻译领域的合作，将电子存储媒介、处理模式、分析方法和数字资源等引入翻译研究，如软件工程师和翻译工作者合作进行翻译软件设计与开发；还表现在翻译信息化发展本身所推动的翻译研究跨领域合作，如本地化翻译服务涉及翻译项目管理、翻译策略咨询、软件与网页的翻译与测试、文档排版与印刷、技术文档写作、在线语言支持等多方面内容，开展对此类翻译服务的研究必然需要多领域人员的合作才能实现。还有采用

---

[1] 李建华《知识生产论：知识生产的经济分析框架》，北京：中国社会科学出版社，2008年，第72-73页。

EEG（动态脑电图）、ERP（相关事件电位）、fMRI（功能性磁共振成像）、PET（正电子发射计算机断层扫描）等技术对译者/译员翻译过程中脑部活动进行的研究，[1]均要求翻译研究者和神经语言学者以及相关技术人员密切合作才可能完成。

二、翻译学的社会功能

一门学科的学科地位往往与其履行的社会责任相应，随着翻译学学科地位的突显，翻译学将更强调社会责任性。在传统时期，翻译研究主要是在大学或研究机构的纯学术、纯理论的情境中进行，翻译理论研究者与社会保持了一定距离，翻译研究往往出于研究者个人兴趣爱好，为满足研究者的个人需求而进行，研究者的自主性很强，自由度较高。在新时期，翻译研究模式发生变化，学术与社会发展需求联系更为紧密，翻译从业者要更多地遵从相关的职业伦理规范，更多地考虑其他相关主体的利益，学术研究则更为强调以应用为导向，要求解决具有经济和社会价值的翻译行业发展问题，面向国家发展战略和政府公共决策需要的应用研究也将成为更多翻译学者的责任。这将促使译学界更为重视翻译技术发展及其对国家利益、社会伦理和民族文化可能产生的影响，翻译技术开发者不能只关注技术本身而置其工作所产生的社会后果于不顾，翻译学理论探索者在研究课题选择、工作后果预测、研究结果的阐释和传播等方面都需具备更高的社会责任感。

翻译研究的社会效用问题将成为影响学科地位的重要评判标准。翻译研究对于区域经济发展需求的现实语境依赖越来越强，学科在整个国家战略引导下朝着拟设的目标发展成为新趋势。翻译技术和翻译管理方面的研究需要满足经费提供者的质量目标，而面向国家和社会的研究质量标准也必然将受到科学和市场两方面的制约，学术研究既需与世俗保持一定的距离，又要紧密贴合市场需要，因而翻译研究的类别和相应的评价标准将更加多样化。为了贴近迅速变化的市场需求，翻译教育工作者和翻译学者对行业企业的依赖也越来越强，而为了解决复杂的现实问题，行业人士对翻译学术研究的期望也将越来越高，各方的利益诉求将"现实"地反映在翻译学科发展的全过程中。

当学科体系建构的任务已基本完成，如何丰富学科的内涵、发挥翻译学的社会服务功能应该成为学科研究者重点思考的内容。不管如何强调其科学性和客观性，翻译研究都不可能超越特定历史时期和社会环境的影响，必须回应人类多元文化交流的需要，尊重价值观念差异和文化立场差异的事实。我们应该把国家和社会发展的需要作为学科发展的背景，力求生产出为翻译发展服务，同时反哺其他学科的译学成果。

---

[1] A. M. García, Brain Activity during Translation: A Review of the Neuroimaging Evidence as a Testing Ground for Clinically-based Hypotheses, *Journal of Neurolinguistics*, 2013(3), PP. 370–383.

"只有聆听时代的声音,回应时代的呼唤,认真研究解决重大而紧迫的问题,才能真正把握住历史脉络、找到发展规律,推动理论创新。"[1] 当代中国正进行着宏大而独特的实践创新,无论是讲述中国故事还是解决世界问题,阐发中国文化还是建设人类命运共同体,都需要中国声音的表达。打造融通中外的话语体系,提升中国表达的有效性,服务好中国哲学社会科学整体的发展,这就是时代赋予翻译学独特而重要的使命,为完成这一使命而开展的研究和实践也构成了当前翻译研究创新最强劲的动力。

三、翻译学的人才培养

对于任何学科而言,人才培养和学科队伍建设都是一个永恒的话题。对于新生的翻译学科,学科内部与外部对其进行体制转型的要求,加上其快速发展的势头,使得学科队伍建设的重要性显得尤为突出。在寻求学科身份的学科建设初始阶段,我们已经建立了一支专兼结合的翻译学研究队伍,并组建起自己的学术组织机制和学术交流平台,比如协会团体、期刊、丛书出版和国内外学术研讨等,为研究队伍的发展创造了条件。但新时期学科进行体制转型,对研究队伍的素质和知识结构提出了新的要求,也要求研究者更为系统地掌握开展本学科研究的方法论。在整个教育体制改革的大背景下,为顺应社会对应用型人才的需求,翻译学科一方面需要保持和发展理论研究队伍的创造力,另一方面还需要大力建设应用研究队伍。

同时,随着翻译市场在数量和质量上都不断增长的人才需求,翻译学科对翻译教师的需求无疑也将提高和增大,翻译教师队伍建设也日益紧迫起来。在此,我们认为应该将现有翻译教师的培训和发展与翻译师范教育结合起来。然而,目前我们还没有专门培养翻译教师的学校或系科,师范院校中一般都设有外语学科,这固然能作为翻译教师的培养渠道之一,但如果将翻译师范教育等同于外语师范教育的话,本学科的特色将无以突显,翻译学科又将退回到附属地位。翻译学科需要积极探索教师队伍培育和发展的有效途径。当然,这个问题只能靠学界自己解决,短时间内设立专门的翻译师范训练机构也许并不现实,但至少我们应该付出解决问题的努力,在学科内设置师范课程,增强学界开展教学研究的意识也许不失为明智之策。

刘宓庆曾指出,翻译学建设必须做好三项基础建设工程:心理建设、制度建设和教育建设。[2] 其中翻译教育建设最重要、具有决定性的一环是教学建设。翻译教育和教学对于翻译学科建设,具有不可替代的作用。新时期学科建设将面临的诸多问题,其解决的关键也在于翻译教育和教学。做好翻译人才培养工作,既要依靠翻译教学实践,也要

---

1 习近平在哲学社会科学工作座谈会上的讲话,参见http://politics.people.com.cn/n1/2016/0519/c1024-28361447.html。
2 刘宓庆《翻译教学:实务与理论》,北京:中国对外翻译出版公司,2003年,第11–13页。

依靠翻译教学研究，它涉及培养目标、培养模式、专业划分与设置、课程体系与教学内容、教学方法、教学手段、教学组织与管理、教学队伍以及教学评价等方面的研究。翻译教学建设的许多方面，如教师队伍建设、专业建设、课程建设等本身就是学科建设的范围和内容。

另外，学科人才培养目标向应用型方向发展首先要求在教学上得以体现，教学目标、内容、模式、方法、教材等都需要做出调整。学科标准的设置与执行也依赖于翻译教学的研究与实践，明确本学科的教学目标、教学规范、核心课程、教材体系、学术规范、人才培养评价体系等都是当前教学研究需要解决的问题。翻译专业人才培养应按分层次、分类指导的原则。如何建立各层次、各类别人才培养方案之间的对接和融通将是翻译教育研究者亟需解决的现实问题。

思考题

1. "翻译研究"是否可以用来替代"翻译学"？为什么？
2. "翻译科学"和"翻译学科"是否可以互换？为什么？
3. 如何理解"翻译是科学"和"翻译是艺术"的争论？
4. 人类翻译研究的对象域经历了何种变化？
5. 人类翻译研究的对象观经历了何种变化？
6. 人们对于翻译本质的观点和认识分为哪几类？它们对翻译研究有何影响？
7. 如何理解翻译研究方法的多元性、综合性和动态性？
8. 翻译研究应以问题为导向，翻译研究的问题可以分为哪些类别？
9. 试结合实例说明如何发挥翻译学的社会服务功能。
10. 谈谈你对我国翻译研究现状及翻译研究发展前景的看法。

推荐阅读书目

Baker, M. & G. Saldanha, 2008. *Routledge Encyclopedia of Translation Studies* (2nd edition). London & New York: Routledge.

Bassnett, S. 2004. *Translation Studies* (3rd edition). Shanghai: Shanghai Foreign Language Education Press.

Gambier, Y. & L. van Doorslaer. 2016. *Border Crossings: Translation Studies and Other Disciplines.* Amsterdam/Philadelphia: John Benjamins.

Gentzler, E. 2004. *Contemporary Translation Theories* (Revised 2nd edition). Shanghai: Shanghai Foreign Language Education Press.

Munday, J. 2016. *Introducing Translation Studies: Theories and Applications* (4th edition). London & New York: Routledge.

Snell-Hornby, M. 2001. *Translation Studies: An Integrated Approach.* Shanghai: Shanghai Foreign Language Education Press.

Venuti, L. 1994. *The Translator's Invisibility: A History of Translation.* London & New York: Routledge.

陈福康，《中国译学史》，上海：上海人民出版社，2010。
蓝红军，《译学方法论研究》，北京：外语教学与研究出版社，2019。
刘宓庆，《中西翻译思想比较研究》，北京：中译出版社，2019。
罗新璋、陈应年，《翻译论集》（修订本），北京：商务印书馆，2009。
吕俊、侯向群，《翻译学——一个建构主义的视角》，上海：上海外语教育出版社，2006。
穆雷，《翻译研究方法概论》，北京：外语教学与研究出版社，2011。
穆雷等，《翻译学研究的方法与途径》，上海：上海外语教育出版社，2021。
谭载喜，《西方翻译简史》（增订版），北京：商务印书馆，2004。
许钧，《改革开放以来中国翻译研究概论（1978—2018）》，武汉：湖北教育出版社，2018。

第三章

翻译与哲学

翻译与哲学之间存在千丝万缕的联系。翻译历史十分悠久，而哲学是一门古老的学问。哲学实践离不开翻译的参与。"没有人比哲学家书架上的外文书籍和译本更多了。"[1] 相比而言，现代翻译学还是一门新兴学科，哲学途径的翻译研究是其中一个重要分支领域。虽然在霍姆斯的《翻译学的名与实》中没有翻译哲学或哲学翻译学的位置，但是哲学对翻译研究的影响无处不在。哲学不仅为翻译学提供高屋建瓴的指导，也对其基本观点和研究方法提出必要的质疑。许钧认为，译论探讨应该具有哲学思考，"从哲学的角度来认识与把握翻译活动、处理好翻译实践中所面临的各种问题和关系，是一个有待于开拓和探索的领域"。[2] 刘宓庆指出，翻译学与哲学互备互证，相互接轨绝非偶然。这不是由翻译理论家的主观意志决定，而是客观规律使然。"问题只在于我们是否认识到了这种客观存在和客观规律，自觉地因势利导，研究这种存在和规律对译学研究的推动和深化作用。"[3]

第一节　翻译与哲学的关系

皮姆认为，翻译研究与哲学话语主要存在三种关联：1) 众多哲学家以翻译为个案或隐喻来研究更一般的问题；2) 翻译理论家和实践者向哲学话语寻求观点上的支持和权威；3) 哲学家、学者和译者曾评论过哲学话语的翻译。[4] 他对翻译与哲学关系的这一总结简单明了，却过于突出翻译对哲学权威的倚重，忽略了翻译（学）对哲学的贡献。众所周知，关系是交互性的，有来有往、互惠互利才能长久。而且，谈论翻译问题，免不了会涉及实践和理论两个不同层面。因此，我们将二者的关系概括为如下四个方面。

---

[1] J. Rée, The Translation of Philosophy, *New Literary History*, 2001(2), P. 231.

[2] 许钧《译事探索与译学思考》，北京：外语教学与研究出版社，2002年，第260-262页。

[3] 刘宓庆《翻译与语言哲学》（修订本），北京：中国对外翻译出版公司，2007年，第3页。

[4] A. Pym, Philosophy and Translation, in *A Companion to Translation Studies*, eds. P. Kuhiwczak & K. Littau, Clevedon: Multilingual Matters Ltd., 2007, P. 24.

一、以哲学文本为翻译实践对象

哲学翻译历史悠久。众多哲学作品通过翻译的媒介传播到世界各地，被不同语言文化背景的读者阅读和阐释。最初，宗教哲学文本的翻译占据主导地位，在西方是《圣经》的阐释与翻译，在中国则是佛经的译介与传播。如果算上语内翻译，哲学翻译的历史就更加久远。例如，对于《易经》《道德经》的注解和阐释在这些文本诞生之初，即还未成为经典之前就开始了。哲学文本翻译经久不衰，这是因为经典文本召唤翻译，深刻的哲理不断被阐释，常译常新。柏拉图的《理想国》在汉语中有很多不同版本，老子的《道德经》在海外有两千多种译本就是明证。此外，由于哲学文本大多内容艰深晦涩，文体风格类型多样，术语名词意蕴深厚，故翻译难度较高。这从卡森（Barbara Cassin）主编的《不可译词典：哲学词汇》便可见一斑。[1] 福兰（Lisa Foran）指出，"哲学也许比其他任何体裁都更需要将翻译推向极限，以努力传递目标语中并不存在的术语——如différance、Geist、Dasein等。"[2] 这就使得哲学文本翻译特别值得译者、翻译学者和哲学家关注。

更进一步看，哲学和翻译都是人类实践的表现形式，具有内在关联性和一致性。不少哲学家本身就是翻译家，并针对翻译发表过一些意见，如金岳霖、冯友兰、朱光潜、贺麟、陈康、艾思奇等。[3] 许多翻译家也都具有深厚的哲学修养。例如，严复既是一位成就卓著的翻译家，也是一位影响深远的思想家。其哲学译作《天演论》并非对原文句栉字比的翻译，而是在吸收达尔文、赫胥黎、斯宾塞进化论和中国传统天道思想的基础上，对原作进行了增删修改，并融入了自己的理解和阐释。可见，哲学翻译在新的语言、文化、历史语境中重构了原作话语，创造了新的地方性知识。我们甚至可以说，哲学翻译本身就是一种哲学实践。例如，美国汉学家安乐哲（Roger T. Ames）的哲学研究与翻译实践就是相互统一的。他把"君子"翻译成"exemplary persons（junzi君子）"[4] 而非gentleman，旨在从不同角度传递中国文化的真精神，避免落入从西方哲学出发解读中国哲学的窠臼。

哲学翻译会影响一个民族的思维和行事方式。明末，利玛窦（Matteo Ricci）来到中国，认识了南昌府的建安王，承后者询问西方交友之道而撰译《交友论》（1595）。该书采录了柏拉图、亚里士多德、西塞罗等人论友谊的格言百则，并与中国传统"五伦"中

---

1 B. Cassin, *Dictionary of Untranslatables: A Philosophical Lexicon*, trans. Steven Rendall et al. Princeton & Oxford: Princeton University Press, 2014.

2 L. Foran, Introduction: What Is the Relation between Translation and Philosophy? in *Translation and Philosophy*, ed. L. Foran, Bern: Peter Lang, 2012, P. 2.

3 王克非《关于翻译的哲学思考》，许钧主编《翻译思考录》，武汉：湖北教育出版社，1998年，第495页。

4 Confucius, *The Analects of Confucius: A Philosophical Translation*, trans. T. Ames Roger & Henry Rosemont, Jr., New York: Ballantine Books, 1998, P. 71.

的"朋友有信"结合起来，为中国知识分子提供了一种与儒家等级尊卑观念不同的新型伦理关系的参照系。利玛窦还身体力行，以一种不骄不躁、谦卑柔和的方式与徐光启、李之藻等中国知识分子建立新型友谊关系，对明清以来的中国文人产生过非常大的影响。[1] 又如，傅泛际（Francois Furtado）与李之藻合译的《名理探》（原名《亚里士多德辩证法概论》）将西方逻辑学引入中国，提供了一种与传统理学重自觉和顿悟不同的求知致思方法，影响深远。因此，福兰指出，"翻译本质上是哲学的，哲学不仅要求，而且本身也参与了一种翻译"。[2] 柯文礼也认为，"翻译从最广义的角度来说，是一种哲学活动，也属于哲学的范畴"。[3]

二、以翻译为案例进行哲学思辨

"翻译作为一种话语实践，可以为哲学提供大量的研究资料。"[4] 历史上，很多哲学家通过翻译而思，构建和阐发自己的哲学思想，如奥古斯丁、洪堡特、施莱尔马赫、尼采（Friedrich Wilhelm Nietzsche）、皮尔斯（Charles Sanders Peirce）等。20世纪，西方哲学发生"语言学转向"，使得语言与翻译问题成为哲学家颇感兴趣的研究对象。本雅明（Walter Benjamin）、海德格尔（Martin Heidegger）、伽达默尔（Hans-Georg Gadamer）、哈贝马斯（Jürgen Habermas）、奎因（Willard Van Orman Quine）、利科（Paul Ricoeur）、德里达、艾柯（Umberto Eco）等纷纷就翻译发表意见，以翻译为个案探讨诸如语言、思维与现实的关系，人类语言之间的共性与特质，符号的创造与转换，意义的协商与生成，可译性与不可译性，通约性与不可通约性，确定性与不确定性，主体性与主体间性，理解与解释，阅读与误读，文本的阐释与过度阐释等根本性问题。这些都是翻译学与哲学共同关心的话题。

总体来看，欧洲大陆哲学对翻译问题的关注较多，并突显出存在主义、哲学阐释学特色。在海德格尔看来，翻译是研究哲学、理解人类存在的一种方式。正如他在《荷尔德林的赞美诗〈伊斯特〉》中所言，"告诉我你对翻译的看法，我就能告诉你，你是谁"。[5] 伽达默尔指出，"从根本上说，翻译过程包含了人类如何理解世界和相互交流

---

[1] 邹振环《影响中国近代社会的一百种译作》，北京：中国对外翻译出版公司，1996年，第1—2页。

[2] L. Foran, Introduction: What Is the Relation between Translation and Philosophy? in *Translation and Philosophy*, ed. L. Foran, Bern: Peter Lang, 2012, P. 11.

[3] 柯文礼《文学翻译与哲学》，《南开学报》1999年第4期，第77页。

[4] 刘军平《哲学与翻译研究》，许钧、穆雷主编《翻译学概论》，南京：译林出版社，2009年，第162页。

[5] M. Heidegger, *Hölderlin's Hymn "The Ister"*, trans. William McNeill & Julia Davis, Bloomington: Indiana University Press, 1996, P. 63.

的全部秘密"。[1] 德里达则宣称，翻译是哲学的通道，"哲学的起源是翻译，或可译性问题"。[2] 翻译的失败就是哲学的失败。"因此，对翻译的任何讨论本身就是对哲学性质的讨论。"[3] 英美分析哲学对翻译问题的关注也有不少，如奎因有关翻译不确定性的论述被收入鲁本·布劳尔（Reuben A. Brower）主编的《论翻译》[4] 文集中，成为现代翻译学的奠基性文献之一。另外一位对翻译问题有深入论述的分析哲学家是戴维森（Donald Davidson），其彻底阐释概念对翻译研究亦颇有启发。

有些哲学家跨越了欧陆哲学与分析哲学的界限，如维特根斯坦（Ludwig Wittgenstein）前期信奉逻辑实证主义，后期则转向日常语言哲学。在评论《逻辑哲学论》的译文时，维氏曾感慨说，"翻译是件困难的事"。[5] 正因为如此，它才成为众多哲学家反思和再反思的对象。意大利符号学家、阐释学家艾柯会通欧陆哲学和分析哲学。在其学术思想的成熟期，他意识到翻译是重估其哲学立场、维护其核心信念的上佳视角，[6] 从而对翻译问题展开了系统的思考，撰写了十多种译学论著，如《翻译经验谈》《老鼠还是耗子：作为协商的翻译》《说差不多一样的东西：翻译经验》，这在哲学家当中并不多见。可以说，艾柯学术思想的调和折衷性本身便是翻译精神的体现。这正好印证了贝尔曼（Antoine Berman）的那句话——"任何现代哲学都无法真正避免与翻译的相遇"。[7]

三、利用哲学资源研究翻译问题

翻译活动丰富而复杂，研究视角和方法也多种多样。对于译者而言，哲学的价值在于拓展其精神视野，启发他们对问题进行多层次、多角度和多种可能性的思考。[8] 多样化的翻译思考需要哲学来整合，在一与多的张力之间保持一种动态平衡。对于研究者而言，更是离不开哲学指导。黄忠廉指出："对翻译的系统认识是遵循事实性→定律性→

1　H. Gadamer, *Truth and Method*, London & New York: Continuum, 2004, P. 552.

2　J. Derrida, *Positions*, trans. Alan Bass, Chicago: The University of Chicago Press, 1981, P. 72.

3　A. Benjamin, *Translation and the Nature of Philosophy: A New Theory of Words*, London & New York: Routledge, 2014, P. 1.

4　W. V. O. Quine, Meaning and Translation, in *On Translation*, ed. R. A. Brower, Cambridge, MA: Harvard University Press, 1959. 该文集不仅收录了奎因的《意义与翻译》一文，还收录了奈达的《从〈圣经〉翻译看翻译的原则》、雅各布森的《论翻译的语言学方面》、纳博科夫的《顺从之路》以及华裔学者方志彤的《有关翻译困难的一些思考》等论文，对现代翻译学科发展影响深远。

5　P. Wilson, Philosophy, in *Routledge Encyclopedia of Translation Studies* (3rd edition), eds. M. Baker & G. Saldanha, London & New York: Routledge, 2019, P. 405.

6　E. Crisafulli, Nomen Est Omen: Eco's Reflections on Translation, in *The Philosophy of Umberto Eco*, eds. S. G. Beardsworth & R. E. Auxier, Chicago: Open Court, 2017, P. 422.

7　A. Berman, *Toward a Translation Criticism: John Donne*, trans. F. Massardier Kenney, Kent: Kent State University Press, 2009, P. 65.

8　黄忠廉《翻译哲学及其它——读"关于翻译的哲学思考"》，《外语研究》1998年第1期，第56-57页。

原理性的发展过程进行的,这是一种由表及里的深化过程,有助于人们加深对翻译的认识,而原理性→定律性→事实性则是由里及表的过程,它能用普遍性的最基本的规律去剖析各种翻译现象,高屋建瓴地指导翻译实践,这就是翻译哲学的作用过程。翻译哲学的功用不在WHAT和HOW的发现,而在对WHAT和HOW的解释。……哲学无疑应是译学原理总结的科学基础,并为译学研究提供最基本的方法论。"[1]

"于不疑处有疑"(宋代大哲张载语)是哲学的根本精神。哲学这种反思现实、怀疑一切的精神可以帮助翻译学者突破偏见、常识和思维定势的局限,透过现象看本质,实现从个别到一般、从感性认识到理性认识的转换和提升。翻译研究应该有意识地从哲学中汲取营养,使之理论化和系统化。[2] 如此方能解决翻译的本质与价值、原文与译文的关系、译者的身份与地位、翻译方法的正当性、翻译的忠实与背叛、意识形态与权力关系等关键性问题。其中有些问题并非完全依靠翻译理论就能解释清楚。例如,对于"忠实"这样"一个争论了几千年的问题",[3] 或对于"什么是翻译""什么是翻译研究"这样一些超出翻译学边界的元问题,[4] 还需要从伦理学、认识论或科学哲学层面来回答。

从历史上看,译论家常常借助哲学话语来解释翻译行为。黄振定认为,"真正够格的译论家,即不是局限于翻译经验的总结或翻译方法技巧的介绍的论翻译者,无不自觉不自觉、程度不同地涉及哲学的领域,用上哲学的话语"。[5] 在中国,支谦对道家"信言不美,美言不信"思想以及严复对儒家"修辞立诚"思想的倚重就是如此。在西方,斯坦纳、贝尔曼对德国阐释学,韦努蒂对阐释学、解构主义和符号学的综合运用,都是很好的例子。许钧指出,从本体论角度,可以审视译本与原本及客观世界之间的关系;从认识论角度,可以更好地认识可译性问题,探讨主体与客体之间的关系,或运用辩证法处理翻译中的各种矛盾;从实践论角度,可以深刻认识翻译作为人类实践活动的本质;从文化论角度,可以探讨翻译所涉及的各个层面,处理名与实、言与象、体与悟的关系。[6]

需要指出的是,虽然哲学家的讨论对于解决翻译(学)问题帮助很大,但是,其研究兴趣和目的与翻译学者不完全一样,而且对翻译(学)的历史与现状也不一定都非常了解。对有些学者而言,翻译只是语言哲学中的一个问题而已。[7] 甚至有人拒绝使用"翻

---

1 黄忠廉《翻译哲学及其它——读"关于翻译的哲学思考"》,《外语研究》1998年第1期,第57页。
2 刘军平《哲学与翻译研究》,许钧、穆雷主编《翻译学概论》,南京:译林出版社,2009年,第163页。
3 许钧、袁筱一《当代法国翻译理论》,南京:南京大学出版社,1998年,第163页。
4 K. Marais, *Translation Theory and Development Studies: A Complexity Theory Approach*, London & New York: Routledge, 2014, P. 75.
5 黄振定《翻译学的语言哲学基础》,上海:上海交通大学出版社,2007年,第3—4页。
6 许钧《译事探索与译学思考》,北京:外语教学与研究出版社,2002年,第262页。
7 K. Malmkjaer, The Nature, Place and Role of a Philosophy of Translation in Translation Studies, in *Translation: Theory and Practice in Dialogue*, eds. Antoinette Fawcett et al., London & New York: Continuum, 2010, P. 202.

译哲学"或"翻译学"这样的概念术语，认为它们只是一种花边式标签，"这种庸俗的命名方式会从一开始就遮蔽'翻译'与'哲学'的真正问题关联"。[1] 这提醒我们，要将翻译哲学研究引向深入而非浮于表面，而对于具体如何利用哲学资源解决翻译（学）问题，翻译学者需要充分发挥自身的主体能动性。

四、通过翻译研究成果反哺哲学

翻译学反哺哲学，不仅是一种可能性，而且已然成为事实。例如，斯坦纳的翻译学著作就经常被哲学研究者提及和引用。只是长期以来，哲学向翻译学输血较多，翻译学自身造血功能不足，反哺哲学较少，造成一种翻译学单方面依傍哲学的刻板印象。当然，这跟两个学科的历史和特点有关。哲学是众学之母，几乎所有现代意义上的学科，如美学、心理学、伦理学、经济学、社会学等，甚至自然哲学（科学）都是脱胎于哲学。哲学所关心的是更为根本的本体论、认识论、方法论、价值论问题，这些问题往往具有跨越时空和学科界限的特点。翻译学作为新兴学科，其专业知识积淀、学科声誉、地位和影响力等，还很难与哲学相提并论，但这并不意味着翻译学无法为哲学提供智力支持。

提莫志科指出，翻译研究话语和翻译实践案例实际上对哲学家是非常有帮助的。"翻译研究收集了大量经验数据，并对这些数据进行分析和理论化。与此同时，某些评估思想、语言、交流和其他人类活动基本特征的哲学思考的最佳手段，都可以在翻译研究中找到。实证性和理论性翻译研究为检验许多具体哲学命题的持久性提供了有力措施，尤其是那些与语言和文化有关的命题。因此，哲学和翻译研究都可以通过在数据和理论两个层面的交叉而得到深化。"[2] 质言之，翻译与哲学各有所长。翻译涉及不同的语言和文化，能超越某些哲学思考的狭隘性。翻译（学）不仅能为哲学提供数据支持，而且可以检验哲学思考的效度，弥补纯粹思辨性研究的不足，这将帮助翻译学科从输血走向造血，为整个哲学社会科学发展做出自己的独特贡献。

皮姆分析和批判了翻译话语对哲学的过度依赖，但却忽视了翻译和翻译研究对哲学的反哺，也没有涉及非西方哲学与翻译研究的关系，因而是有失偏颇的。此外，其文中还流露出某种"哲学无用论"倾向。他虽然对翻译哲学、一般理论和实践进行了层次上的区分，但在论述中却表示最适宜的理论其实应该来自译者，从而显现出一定的"实践

---

1 李河《巴别塔的重建与解构——解释学视野中的翻译问题》，昆明：云南大学出版社，2005年，第2-3页。

2 M. Tymoczko, Translation Theory and Philosophy, in *The Routledge Handbook of Translation and Philosophy*, eds. P. Rawling & P. Wilson, London & New York: Routledge, 2018, P. 176.

中心论"。[1]由于翻译的实践性较强，持这种立场和态度的学者不在少数。"自20世纪70年代创立以来，翻译学的研究边界尚未完全确定，现在正越来越关注翻译的实践性。众多翻译研究课程都聚焦于本领域的技术进步。很多教师不得不把翻译哲学搁在一边，因为他们必须尽力满足竞争越来越激烈的就业市场的需求。"[2]然而，这并不意味着翻译哲学可有可无。

从表面上看，当今翻译学者热衷于讨论翻译技术和译员培训，与哲学所研究的抽象问题相去甚远。甚至有人认为，哲学提出的问题很多，解决的却很少，因而没有什么实际用处。不学哲学，翻译照样可以做好。这都是一些似是而非的印象式、随感式、情绪化表达。无用即为大用，哲学层面的思考可以避免"埋头拉车不问方向"的盲目实践。翻译哲学可以为翻译实践、翻译研究和翻译教育所面临的现实问题提供解决思路，这对于翻译学和哲学两个学科的发展都是有利的。大变革时代更是亟需高屋建瓴的哲学思考。例如，随着互联网、云计算、人工智能、机器翻译、虚拟现实技术的不断迭代升级，出现了更加多样化的语言服务需求。这时，有关数字化知识社会中翻译的价值、数据的伦理、人与机器的关系等问题就开始突显出来，亟待从哲学层面进行思考。此外，翻译专业教育走到今天，在取得巨大成绩的同时也面临诸多挑战，亟需从教育哲学层面进行一些总结和反思。反过来，这些总结和反思又可以为哲学自身的发展提供源源不断的动力。

第二节　翻译研究的哲学途径

哲学根深叶茂，分枝甚多。可供选择的翻译研究之哲学路径为数众多，仅就大的方面而言，就有阐释学路径、分析哲学路径、解构主义路径、符号学路径、美学路径、心理学路径、伦理学路径、科技哲学路径、马克思主义哲学路径，等等。近年来，基于中国传统哲学智慧的翻译研究也开始取得长足进展，易学、儒学、道家、墨家、名家思想都被纳入翻译研究的视野，甚至有人尝试在此基础上建构全新的翻译理论体系。限于篇幅，本章将主要介绍阐释学、分析哲学、解构主义和符号学途径的翻译研究，重点分析它们就何为译、为何译、译何为等根本性问题，以及（不）可译性这样的"千年哲学问题"所提供的既有所不同又相互启发的思考与解答。

---

[1] 蔡新乐《翻译哲学导论：〈赫尔德林的赞美诗《伊斯特》〉的阴阳之道观》，南京：南京大学出版社，2016年，第56页。

[2] L. Foran, Introduction: What Is the Relation between Translation and Philosophy? in *Translation and Philosophy*, ed. L. Foran, Bern: Peter Lang, 2012, P. 1.

一、阐释学途径

阐释学（Hermeneutics）又叫解释学、诠释学、释义学，是一门研究理解、翻译和解释如何可能、如何进行的学问。西方哲学中的阐释学一词跟古希腊神话中的信使赫尔墨斯（Hermes）有关。赫尔墨斯往来于诸神和人世之间，负责将神的旨意传递到人间。由于神的语言不同于人的语言，在传递的过程中难免要进行翻译。神的旨意有时晦暗不明，还要进行一定的解释说明才能理解。也就是说，在直接理解有困难时，才需要阐释学出场。如果理解毫无障碍，也就不需要解释或翻译了。伽达默尔指出：

赫尔墨斯是神的信使，他把神的旨意传达给凡人——在荷马的描述里，他通常是从字面上转达神告诉他的消息。然而，特别在世俗的使用中，hermēneus（诠释）的任务却恰好在于把一种用陌生的或不可理解的方式表达的东西翻译成可理解的语言。翻译这个职业因而总有某种"自由"。翻译总以完全理解陌生的语言，而且还以对被表达东西本来含义（Sinn-Meinung）的理解为前提。谁想成为一个翻译者，谁就必须把他人意指的东西重新用语言表达出来。"诠释学"的工作就总是这样从一个世界到另一个世界的转换，从神的世界转换到人的世界，从一个陌生的语言世界转换到另一个自己的语言世界。[1]

翻译是一门关乎意义再生且因难见巧的学问。因此，阐释学与翻译学有着天然的联系。在西方历史上，古典阐释学诞生于解经学和语文学之中。前者主要涉及《圣经》等宗教典籍教义的解释，后者兴起于人文主义时期对古希腊、古罗马文献的重新解释。在中国，阐释学传统非常深厚，虽无其名但有其实。"先秦诸子论道辩名，两汉诸儒宗经正纬，魏晋名士谈玄辨理，隋唐高僧译经讲义，两宋文人谈禅说诗，元明才子批诗评文，清代学者探微索隐，各有其标举的阐释理论或阐释方法，体现出鲜明的时代特色。"[2] 总体而言，阐释学经历了从特殊阐释学到普通阐释学，从方法论阐释学到本体论阐释学，再从本体论阐释学到作为实践哲学的阐释学等几次重大转变，现如今已经成为哲学社会科学中的一门显学。在这几次转变中，施莱尔马赫、海德格尔和伽达默尔发挥了重要历史作用。他们的阐释学思想对翻译研究影响深远。

施莱尔马赫是德国浪漫主义时期著名的神学家、哲学家和翻译思想家。他认为，阐释学是理解的技艺学，适应于一切言语交际活动。因为语言与思维紧密相连，充满个性，所以真正的理解并不轻松，尤其是在面对充满创造性的艺术作品时。再加上人们有

---

[1] 伽达默尔《诠释学II：真理与方法——补充和索引》，洪汉鼎译，北京：商务印书馆，2010年，第114-115页。
[2] 周裕锴《中国古代阐释学研究》，上海：上海人民出版社，2003年，第4页。

关语言的知识各不相同，也就无法保证总能准确、完整地了解他人的意思。阐释学的重要性因此突显出来。在施莱尔马赫那里，"理解就是依据精神的同气质（Kongenialität）来再现地复制原来的思想创造过程"。[1] 因此，阐释者需要了解作者使用语言、创作文本的方式，甚至揭示出作者都没有意识到的意义。[2] 为了重构作者的创造过程，避免误解，施莱尔马赫提出了客观重构和主观重构两种方式。客观重构遵循语法阐释规则，而主观重构则信守心理阐释规则。

所谓语法阐释，"即暂时忘记作者，只根据某种文化上共同的语言特征分析作者的语言特点，并通过个体性和整体性相互比较和对照确定语言的真正意义。"[3] 这种阐释规则特别注重某种文化在特定时期的语言情势，即当时的社会文化和风俗习惯等，也体现了阐释学循环的基本原理，即对部分的理解有利于对整体的把握，而对整体的把握也有利于对部分的理解。在这个从部分到整体，再从整体到部分的循环过程中，阐释者对作者意向和创作过程的理解得到了螺旋式提升。所谓心理阐释，就是阐释者通过换位思考，将自己放置到作者的创作过程之中，去把握作者创作时的思想状态和精神感受。这种心理阐释体现出理解的普遍性，同时又赋予阐释者一定的个体创造性。翻译是一种理解和阐释。因此，施莱尔马赫的客观重构与主观重构、语法阐释与心理阐释、阐释学循环等思想也适用于翻译。

1813年，施莱尔马赫在柏林皇家科学院发表题为《论翻译的方法》的演讲。这篇演讲词后来成为西方译论史上的重要标志性文献之一。威尔斯认为，其重要性主要体现在四个方面：其一，首次明确区分了笔译与口译；其二，区分了真正的翻译（适用于艺术和科学文本）与机械的翻译（适用于实用文本），并确立了不同的翻译评价标准；其三，指出人类处于语言自由与语言承诺（束缚）的辩证关系之中；其四，试图从其翻译阐释观出发，回答歌德提出的疑问，即译文应该屈从于原文，还是原文屈从于译文。[4] 施莱尔马赫对于"歌德之问"的回答是："译者要么尽量不去打扰作者，将读者引向作者；要么尽量不去打扰读者，将作者引向读者。这两种方法是绝对不同的，不能相信两者的混合，因为这将增加作者和读者完全错过对方的可能性；因此，重要的是，要尽可能地遵循其中一种。"[5] 施莱尔马赫的阐释学翻译观对现代西方翻译理论影响颇深，正是在此基础上，韦努蒂提出了"异化"和"归化"两种翻译策略。

---

[1] 伽达默尔《诠释学II：真理与方法——补充和索引》，洪汉鼎译，北京：商务印书馆，2010年，第123页。

[2] T. Hermans, Hermeneutics, in *Routledge Encyclopedia of Translation Studies* (3rd edition), eds. M. Baker & G. Saldanha, London & New York: Routledge, 2019, P. 229.

[3] 朱湘军《翻译研究之哲学启示录》，上海：上海交通大学出版社，2012年，第58页。

[4] W. Wilss, *The Science of Translation: Problems and Methods*, Shanghai: Shanghai Foreign Language Education Press, 2001, PP. 31-32.

[5] F. Schleiermacher, On the Different Methods of Translating, in *Western Translation Theory from Herodotus to Nietzsche*, ed. D. Robinson, London & New York: Routledge, 2002, P. 229.

与施莱尔马赫同时代的德国教育家、语言哲学家洪堡特同样具有深刻的翻译思想。他认为,"民族的语言即民族的精神,民族的精神即民族的语言,二者的同一程度超过了人们的任何想象"。[1] 语言是一种世界观,也是联系思想的方式。不同人类语言结构上的差异,导致完全对等的翻译不可能。"甚至可以说,翻译越是追求忠实,就越是偏离原文。"[2] 这一语言相对论成为不可译论的重要源头。然而,需要指出的是,洪堡特的思想充满辩证性。在他看来,人类语言多种多样,但具有统一的内在形式,并在此范围内展现出个体差异性。语言是一也是多。一方面整个人类只有一种语言,另一方面每个人都有自己的个人方言。他还认为,语言不是一种现成的产品,而是一种精神创造活动。这种语言思想深刻影响了海德格尔、伽达默尔、本雅明等后来学者。例如,有关翻译与语言的精神,海德格尔曾有一段精彩描述,从中不难窥见洪堡特的影子:

> 对每一种翻译来说都是如此,因为每一种翻译都必须完成从一种语言的精神到另一种语言的精神的转换。如果我们的意思是,一种语言的一个词可以,甚至应该被用作对等物来替代另一种语言的一个词,那么并不存在这样的翻译。然而,这种不可能性不应误导人们因此贬低翻译,好像它只是一种失败。恰恰相反:翻译甚至可以让人看到确确实实存在于翻译语言之中但没有明确呈现出来的联系。由此我们可以认识到,所有的翻译必须是一种解释。然而,与此同时,相反的情况也是真实的:每一种阐释,以及为其服务的一切,都是一种翻译。在此情况下,翻译不仅在两种不同语言之间进行,而且也存在于同一语言内部。[3]

海德格尔认为,翻译可以呈现不同语言之间的联系。这一思想对本雅明等后来学者产生了重要影响。例如,在本雅明看来,翻译的最终目的是表达语言之间的交互关系。通过翻译可以发现人类语言的亲缘性。[4] 海德格尔指出,语言之间没有完全对等的翻译,但相互阐释总是可能的。翻译即阐释,阐释即翻译。语际翻译如此,语内阐释亦然。这一思想深刻影响了伽达默尔、斯坦纳等。可以说,海德格尔将施莱尔马赫、狄尔泰的方法论阐释学和洪堡特的浪漫主义语言哲学继续往前推进了一步,深刻揭示了语言

---

[1] 威廉·冯·洪堡特《论人类语言结构的差异及其对人类精神发展的影响》,姚小平译,北京:商务印书馆,1997年,第50页。

[2] W. Humboldt, The More Faithful, the More Divergent: From Introduction to Translation of Aeschylus' Agamemnon (1816), in *Western Translation Theory from Herodotus to Nietzsche*, ed. D. Robinson, London & New York: Routledge, 2002, P. 239.

[3] M. Heidegger, *Hölderlin's Hymn "The Ister"*, trans. William McNeill & Julia Davis, Bloomington: Indiana University Press, 1996, P. 62.

[4] W. Benjamin, The Task of the Translator, in *The Translation Studies Reader*, ed. L. Venuti, London & New York: Routledge, 2000, P. 17.

与思维、语言与民族精神的统一性。在海德格尔看来，语言是人类存在的家园。通过翻译可以考察语言与语言、语言与存在、人与世界的关系。

在《阿那克西曼德残篇》（收录于《早期希腊思想》）一文中，海德格尔对前人的两种译文进行了点评，并尝试重新翻译这一箴言残篇。他有意识地抛开所有不当预设，试图摆脱字面联系、先入之见和权威观点的影响，通过对词语进行源流考辨，以恢复语言自身的特征，揭示被遮蔽的思想。海德格尔声称，仅仅字面的翻译不一定是忠实的。只有当其词语是用事物本身的语言说话时，它才是忠实的。[1] 译者一方面受制于原文的语言，另一方面又受到母语的束缚。如果没有体会到这双重的约束，那么翻译就难免失之武断。

在文中，海德格尔还谈到了翻译的暴力问题。他认为，只有与其言说的内容进行深思熟虑的对话，这一思考的残篇才能被翻译。思即诗，对存在的思考就是最初的诗化方式……思考的诗化本质保留了存在真理的影响。因为它在思考中诗化，所以，让最古老的思考残篇本身说话的翻译，必然显得暴力。[2] 海德格尔进一步指出，在把希腊语翻译成德语之前，我们的思维必须首先转换成希腊语所说的内容。"对这个残篇内容的深思熟虑式翻译，就如同跨越一道鸿沟。这鸿沟不仅是2500年的时间或历史距离，它更广、更深。这鸿沟很难跨越，主要是因为我们就站在其边缘上。我们离它如此之近，以至于没有足够的跑道来进行这样大的跨越；我们很容易失败——如果确实缺乏足够坚实的基础，就无法进行任何跨越。"[3] 因此，他坚持认为，必须以希腊方式思考希腊思想，将原文放置到其产生的历史语境中理解和阐释。

海德格尔的哲学阐释学开拓了翻译研究的视野，启发我们重新思考已经命名、尚未命名甚至无法命名的事物，重新认识语言与翻译的本质和价值。在《荷尔德林的赞美诗〈伊斯特〉》一书中，海德格尔指出，翻译之难从来都不仅仅是一个技术问题，而是涉及人类语词本质和语言价值的关系。[4] 下面这段话充分体现了他对于语言（包括外语）的价值、翻译的本质与功能的认识：

> 翻译更多的是通过与外语的接触来唤醒、澄清和展开自己的语言。从技术上讲，翻译意味着用自己的语言替代外语，反之亦然。从历史反思的角度看，翻译是为了占有自己的语言而与外语相遇。因此，一个人是否不再学习任何外语，或者是否为了技术和实

---

[1] M. Heidegger, *Early Greek Thinking*, trans. David Farrell Krell & Frank A. Capuzzi, San Francisco: Harper San Francisco, 1984, P. 14.

[2] Ibid., P. 19.

[3] Ibid., P. 19.

[4] M. Heidegger, *Hölderlin's Hymn "The Ister"*, trans. William McNeill & Julia Davis, Bloomington: Indiana University Press, 1996, P. 63.

际交流的目的只学习英语或美语，或者（这不仅仅是一个例子）是否试图进入希腊语的语言精神，当然就不是一个无所谓的问题了。……与我们选择外语相关的决定，实际上是关于我们自己的语言的决定，即决定是把我们自己的语言仅仅作为一种技术工具来使用，还是把它作为隐藏的圣地来尊重，因为语言属于存在，其中保存着人类的本质。[1]

海德格尔上述思想在今天依然具有重要启示意义。语言不仅是交流的工具，而且是人类赖以生存的家园。每一种历史语言都召唤翻译。事物通过理解和翻译而存在。海氏认为："真正的翻译总是一种相遇，有其自身的可能性和限制性。……每种翻译都是阐释，而所有的阐释都是翻译。就我们需要用自己的语言来解释诗歌和思想作品而言，很明显，每一种历史语言本身都需要翻译，而不仅仅是与外语有关。这反过来表明，一个历史的民族不是自然而然地，即没有自我干预地，就能在自己的语言中安家。"[2] 海德格尔深知翻译的可能性，但也不否认其局限性，并对工具主义语言观和翻译观保持警惕，这些思想在伽达默尔、斯坦纳、韦努蒂、许钧、蔡新乐等后来学者当中产生了许多共鸣。例如，面对数字化时代的各种焦虑和困惑，许钧指出，机器翻译无法解决根本问题，因为翻译是人类存在的一种方式。[3]

伽达默尔继承和发扬了海德格尔的哲学阐释学，并提出了"偏见""理解的历史性""视域融合""效果历史"等重要阐释学概念。在《真理与方法》中，伽达默尔指出，"在理解的过程中，发生了视域的真正融合——这意味着随着历史视域的投射，它同时也被取代了。以一种规范的方式实现这种融合，是我们所说的效果历史意识的任务"。[4] 视域融合主要包括两个方面：一是过去视域与现在视域的融合。我们不断检验自己的前见，现在视域不断形成，并被把握。"这种检验的一个重要部分是与过去相遇，以及对我们由之而来的传统的理解。因此，如果没有过去，现在视域就无法形成。就像没有一个必须要获得的历史视域一样，没有一个孤立的现在视域。理解总是这样一些据称是独立存在的视域的融合。"[5] 二是阐释者视域与文本视域的融合。这一融合的结果是产生一种新的视域，这一视域既不是作者的视域，也不是文本原来的视域，而是对这两者的超越。因此，理解就不可能是一种复制，而是一种创造性行为。

同理，翻译是译者视域与原文视域融合的结果，是一种再创造。这种视域融合是通

---

[1] M. Heidegger, *Hölderlin's Hymn "The Ister"*, trans. William McNeill & Julia Davis, Bloomington: Indiana University Press, 1996, PP. 65–66.

[2] Ibid., P. 65.

[3] 许钧《当下翻译研究的困惑与思考》，《东北师大学报》（哲学社会科学版）2019年第3期，第1–11页。

[4] H. Gadamer, *Truth and Method*, trans. Joel Weinsheimer & Donald G. Marshall, London & New York: Continuum, 2004, P. 306.

[5] Ibid., P. 305.

过自己的概念在自己的视域中来解释相异的视域，并赋予其新的有效性，而不是对原文视域的破坏或重构。[1] 译者要突破自身视域的局限，超越熟悉的、近在咫尺的东西，带着开放态度向外观看，不断拓展和修正自己的视界，以期能够进入原文视域，理解其意义，扩大公共视域。[2] 在伽达默尔看来，翻译是使不同语言之间的对话成为可能的言语过程。"在这里，译者必须把要理解的意义翻译到另一个说话者所处的语境。当然，这并不意味着他可以随意篡改对方所说的意思。相反，意义必须被保留，但由于它必须在一个新的语言世界中被理解，它必须以一种新的方式在其中建立其有效性。因此，每种翻译同时也是一种阐释。我们甚至可以说，翻译是译者对语词阐释的顶点。"[3] 质言之，人们在对话中达成理解，而理解需要语言的媒介，且理解的方式是阐释。这一道理在翻译中体现得最为淋漓尽致。

有别于施莱尔马赫的心理阐释，伽达默尔认为，无论译者与作者产生怎样的移情或共鸣，都无法重新唤醒作者原来的创造过程。译者所能做的，是按照自己的理解方式对原文本进行再创造。这样一来，翻译就只能是阐释而非复制了。对于读者而言，照耀在文本上的是来自另外一种语言的新光芒。他还指出，对翻译的忠实性要求，并不能消除两种语言之间的根本性鸿沟。"如果我们想强调原文中对我们很重要的一个特征，那么我们只能通过淡化或完全压制其他特征来实现，但这恰恰是我们称之为阐释的活动。翻译，像所有的阐释一样，是一种突出重点。"[4] 换言之，译文无法再现原文的所有细节，故译者必须有所取舍。此外，如果原文存在模糊不清、模棱两可的情况，译者也有责任表明自己的理解。因此，译文往往比原文更清晰、更平实。

伽达默尔持有一种辩证的（不）可译论。一方面，翻译是一个特别费力的理解过程，两种相反意见之间的距离终究无法弥合。另一方面，理解又是可能的。为了相互理解，谈话双方会设身处地、换位思考。译者也是如此。然而，仅仅做到这一点还无法保证成功实现意义的再创造。因为相互理解需要一定的前提条件，那就是双方都做好了准备，努力去认识相异甚至相反事物的全部价值。唯有在坚持自身观点的同时也能认真对待他人的不同意见，才有可能实现双方立场不经意但并非任意的一种交互性翻译，即意见交流。在翻译过程中，译者必须固守母语的权利，但也要让外语对自己产生作用，甚至是让原文及其表达方式的那种对立的东西对自己产生作用。"只有当他把文本向他所揭示的事物用语言表达出来，译者才能真正再创造；但这意味着，他要找到一种既属于自己，而且与原文相适合的语言。因此，译者的情况和阐释者的情况在本质上是

---

1 朱健平《翻译：跨文化解释——哲学诠释学与接受美学模式》，长沙：湖南人民出版社，2007年，第151页。

2 徐朝友《阐释学译学研究：反思与建构》，南京：南京大学出版社，2013年，第64页。

3 H. Gadamer, *Truth and Method*, trans. Joel Weinsheimer & Donald G. Marshall, London & New York: Continuum, 2004, P. 386.

4 Ibid., P. 388.

一样的。"[1]

翻译是一种妥协。伽达默尔认为，跟谈话一样，针对翻译问题，需要反复斟酌、协商，以寻求最佳解决方案，而这一方案只能是妥协的结果。[2] 人们生活在自己的语言之中，会感觉其表达方式最贴切、最自然，其他语言无法实现如此完美的命名。"翻译的痛苦根源在于，原文的语词似乎与它们所指的事物密不可分。因此，为了使一个文本能够被理解，人们往往不得不对其进行解释性说明，而不是翻译它。我们的历史意识越敏感，就越意识到陌生事物的不可翻译性。但这就使得词与物的内在统一性成为一种阐释学丑闻。如果我们以这种方式被禁锢在自己的语言中，那怎么可能理解用外语写成的东西呢？"[3] 但反过来，伽达默尔又指出上述论证似是而实非。理解和解释工作始终是有意义的。人类理性具有高度的普遍性，可以超越任何具体语言的限制。"阐释学经验是一种矫正性经验，通过它，思考的理性摆脱了语言的牢笼，尽管理性本身也是由语言构成的。"[4]

斯坦纳也认为，翻译是一种阐释，反之亦然。他同样肯定语内翻译的价值。在他看来，"文学艺术的存在，一个共同体的历史真实感，有赖于持续不断的、不经意间进行的内部翻译行为。我们之所以能够保持我们的文明，就因为学会了翻译过去的东西，这并非夸大其词"。[5] 斯坦纳对阐释学途径翻译研究的独特贡献在于提出了"阐释学运动"的四个步骤。首先是信任（trust），即相信原文言之有物，有被理解、阐释和翻译的价值和意义。接着是侵入（aggression），也就是对翻译对象的侵占、劫掠、榨取，将其宝贵资源据为己有，具有一定的暴力性质。然后是对新引进事物（意义、形式等）的吸收（incorporation），即经过一定的同化或排挤过程；这一过程可能会让本土结构错位或重构，并改变译入语文化，甚至使其陷入任人摆布、丧失个体风格与创造力的境地。因此，补偿（compensation/restitution）必不可少。补偿即交互报偿（reciprocity），是一种翻译的伦理。从建立信任开始，阐释活动就陷入失衡，这种失衡因为侵入、吸收而加剧；因此，必须要有所补偿才能恢复平衡状态，这包括对语言内容与形式的补偿，对原文力量、影响和声誉的提升等。斯坦纳的"阐释学运动"四步骤既有一定的理论高度，也有一定的现实可操作性，但也引发了一些批评。例如，有女性主义翻译学者指出，其中一些术语（如侵入）带有浓厚的男性中心主义色彩。[6]

1　H. Gadamer, *Truth and Method*, trans. Joel Weinsheimer & Donald G. Marshall, London & New York: Continuum, 2004, P. 389.

2　Ibid., P. 388.

3　Ibid., P. 403.

4　Ibid., P. 403.

5　G. Steiner, *After Babel: Aspects of Language and Translation* (3rd edition), Shanghai: Shanghai Foreign Language Education Press, 2001, P. 31.

6　L. Chamberlain, Gender and the Metaphorics of Translation, *Signs*, 1988 (3), PP. 454–472.

其他采取阐释学翻译研究途径的哲学家还有利科、德里达、艾柯等（有关德里达、艾柯的内容将在下文中介绍）。利科的文本阐释学把焦点从作者和读者转移到了文本上。他承认主体间性，也承认完满理解并不存在。理解不是一个我们将有限的理解能力强加给文本的问题，而是一个理解主体将自己暴露给文本，以便更好地揭示自我，进而实现主客体融合的问题。[1] 针对翻译，利科认为主要有两种研究范式：一种是语言学范式，认为翻译是语言间的信息转换，以贝尔曼之"异的考验"为代表；另一种是本体论范式，认为翻译是同一话语共同体内部对整体意义的阐释，以斯坦纳之"理解即翻译"为代表。两种范式各有其存在的道理。因为人类语言多样而独特，翻译从理论上和先验上看是不可能的，但从历史上看又是可能的。所以，传统意义上的可译性与不可译性讨论没有意义。完全对等的翻译并不存在，本雅明、艾柯等人对纯语言、完美语言的追求又不切实际，译者始终难以摆脱"忠实"与"背叛"的困境。

通过重新解读巴别塔传说，利科提出，语言的多样性与翻译的必要性是自然而然的。翻译可以拓展译入语的视域，帮助其发展完善，开发其资源和潜能，发挥其教养功能。语言具有自反性，可以采用不同的方法来表述或翻译同样的事物。翻译批评的唯一方式是提供一个不同的或更好的译本。利科还认为，翻译是一个伦理问题，体现了语言的好客性（linguistic hospitality）。不同语言之间的完整翻译和完全复制是不可能的。因此，需要尊重语言的多样性、主体性与差异性。语言好客性是居住在他者语言之中的快乐与在自己家中接待外来词的快乐的平衡。[2] 也就是说，翻译是一种自我与他者的对话，是对他者的开放，对差异的包容和对多样性的尊重。

二、分析哲学途径

分析哲学是语言哲学的一个重要分支。其宗旨是通过对语言展开研究，使其更精确、更可靠地反映客观世界。意义是分析哲学的核心问题，也是翻译研究的核心问题，所以分析哲学的每一次发展，都推动着翻译研究的进步。[3] 纽马克指出，分析哲学对翻译实践和翻译理论都有重要价值。就实践方面而言，"逻辑和哲学，特别是日常语言哲学，分别对翻译的语法和词汇方面有影响"。就理论方面而言，"哲学是翻译理论的一个基本问题"。[4] 在《翻译问题探讨》中，纽马克简要梳理了分析哲学家，尤其是维特根斯坦、奥斯汀（John Langshaw Austin）、格莱斯（Herbert Paul Grice）的思想对翻译研究的启示。其中，维特根斯坦是一个无法绕开的人物。虽然其哲学论著直接论及翻译的地方

---

[1] 保罗·利科《保罗·利科论翻译》，章文、孙凯译，北京：三联书店，2022年，第7—8页。
[2] P. Ricoeur, *On Translation*, trans. Eileen Brennan, London & New York: Routledge, 2006, P. 10.
[3] 朱湘军《翻译研究之哲学启示录》，上海：上海交通大学出版社，2012年，第148页。
[4] P. Newmark, *Approaches to Translation*, Shanghai: Shanghai Foreign Language Education Press, 2001, P. 6.

不多，但是对翻译研究产生了深远的影响。

维特根斯坦出生于奥地利，具有大陆哲学背景，后来在英国留学和工作，成为英美分析哲学的重要旗手。他前期主攻数理逻辑，后期转向日常语言分析，因此前后期思想风格迥异。前期维特根斯坦的意义理论有两种，即指称论和图像论。指称论认为，名称的意义就是其所指称的对象。如果两种语言的词语所指称的对象是同一的，那么这两个词语的意义就可以实现对等翻译。维特根斯坦指出："假设我知道一个英语单词的意思和一个意思相同的德语单词；那么我就不可能不知道它们的意思是一样的；我一定能够把它们当中的一个翻译成另一个"。[1] 图像论认为，命题的意义就是其所描绘的事实。如果所描绘是事实存在，那么命题为真，否则命题为假。同样的事实可以使用不同语言的命题进行描绘，因而这些命题之间能够实现意义对等的翻译。

维特根斯坦认为："在把一种语言翻译成另一种语言时，我们不是将每一个命题都翻译成另一种语言的命题，而只是把命题的成分翻译出来。"[2] 也就是说，命题经过翻译之后，形式可能会发生变化，但只要命题成分的意义相同，而且配置也正确，翻译之后的新表达式的意义跟之前命题的意义在内容上就没有什么太大的变化。不过，维特根斯坦认为，只有自然科学的命题才是真正的命题。命题描绘的内容必须能够通过某种方法证明，其形式必须符合逻辑/语法。这种命题无论真假，都可以实现忠实性翻译。在他看来，哲学、宗教、伦理学、美学"命题"都不是真正的命题，因为其对象及其所描绘的事情"不可说"。"不可说"的就是"不可译"的。[3]

维特根斯坦前期思想主要体现在《逻辑哲学论》中。写完这部书后，他认为自己解决了所有的哲学问题，就去乡村当教师了。但他后来逐渐认识到，把语言与世界的关系简单地归结为命题与事实的图像之间的关系是有问题的。这是因为，在日常生活中，语言不仅可以用来指称和描绘，还能用来命令、报告、假设、提问、推测、致谢、安慰、祈祷、诅咒、恐吓、翻译、编故事、猜谜语、讲笑话、做算术等。前期维特根斯坦跟很多哲学家一样，认为日常语言不够清晰、准确、可靠，而且结构复杂，歧义丛生，不适合表达哲学命题。后期维特根斯坦则反其道而行之，认为哲学的问题恰恰是因为误用了日常语言的规则。因此，他使用语言游戏、生活形式、家族相似性等一系列概念来说明日常语言的本质及其发挥作用的方式。这些思想对于翻译研究颇有启发。

后期维特根斯坦认为，语言游戏是一种语言形式，也是一种使用语言的方式。语言游戏就好像儿童使用语言一样，在简单的形式上逐步增加新的形式，进而构造出更加复杂的形式。这样一来，语言就是由很多语言游戏构成的。在《哲学研究》中，维特根斯

---

[1] L. Wittgenstein, *Tractatus Logico-Philosophicus*, trans. D. F. Pears & B. F. McGuinness, London & New York: Routledge, 2002, P. 37.

[2] Ibid., P. 25.

[3] 单继刚《翻译的哲学方面》，北京：中国社会科学出版社，2007年，第10页。

坦列举了若干语言游戏的例子，其中也包括"将一种语言翻译成另一种语言"。[1] 这对于理解语言与翻译的本质非常重要。过去，语言被认为是封闭自足的体系，但语言游戏论认为，"一个词的意义是它在语言中的使用"，[2] 不同的用法会导致不同的意义。因此，语言的意义就不再是固定和独立自足的，而是变动不居的。要准确理解原文，仅仅靠逻辑语法分析是不够的，还要考虑交际的意图和语境。维特根斯坦声称，语言游戏是生活形式的一部分，想象一种语言就是想象一种生活形式。这种语言哲学观使得翻译研究突破了文本语言结构的局限，开始关注说话人的意图和情感。与此同时，将翻译放置于一个更加广阔和鲜活的生活世界中。翻译不仅仅是一种语言转换，而且是一种文化交流。这对于翻译学的语用转向、文化转向、社会转向都非常有启发。

维特根斯坦还认为，不同语言之间具有家族相似性。在同一家族中，每个成员都与其他成员共享一个或多个特征，然而，几乎没有哪一个特征是全体成员全都具有的。这个概念的用处在于，有些事物难以通过经典范畴归类，却可以通过家族相似性原则组织起来。它们因为共享一个或多个特征而构成一个类别。家族相似性的概念既能说明人类语言的亲缘性，也能说明其差异性。这与本雅明在《论译者的任务》中所提出的花瓶碎片的隐喻有异曲同工之妙。这些思想影响了后来的解构主义翻译观。[3] 不过，后期维特根斯坦放弃对理想语言的追求，这跟本雅明对纯语言的推崇又有所不同。

最后，维特根斯坦有关可译性的探讨也极具启发性。前期维特根斯坦认为，可译性的依据是符号定义相同。他指出，"定义是将一种语言翻译成另一种语言的规则。任何正确的符号-语言都必须可以按照这样的规则翻译成任何其他语言：这就是它们的共同点。"[4] 后期维特根斯坦则认为，功能相同才是可译性的根据。有时，我们能确定原文语句的功能，而且能在译入语中找到功能相同的语句进行替代。有时，我们虽然能确定原文语句的功能，但是却无法在译入语中找到功能相同的语句。还有的时候，我们无法确定原文语句的功能，只能试着去做一些替代，但难以判断替代正确与否。[5]

后期维特根斯坦哲学影响了美国分析哲学家奎因。后者继承了前者对日常语言的重视及其对词语内涵意义的怀疑精神。他指出，"对于那些熟悉后期维特根斯坦有关意义的评论的读者而言，翻译的不确定性原则或许不是一个悖论。"[6] 翻译的不确定性问题被认为是自康德以来最引人关注的哲学命题之一。在奎因看来，语言是一种复杂的社会现

---

[1] L. Wittgenstein, *Philosophical Investigations*, trans. G. E. M. Anscombe, New York: Macmillan, 1958, Part I, Section 23.

[2] Ibid., Section 43.

[3] 朱湘军《翻译研究之哲学启示录》，上海：上海交通大学出版社，2012年，第121页。

[4] L. Wittgenstein, *Tractatus Logico-Philosophicu*, trans. D. F. Pears & B. F. McGuinness, London & New York: Routledge, 2002, P. 21.

[5] 单继刚《翻译的哲学方面》，北京：中国社会科学出版社，2007年，第166页。

[6] W. V. O. Quine, *Word and Object*, Cambridge, MA: The MIT Press, 1960, P. 77.

象。意义的不确定性在翻译中体现得最明显。为此，他专门设计了一个在极端情况下才会发生的原始翻译或彻底翻译（radical translation）的思想实验。

奎因假设，存在两种迄今为止从未接触过的人类语言，如英语和某一原始森林语言。一位母语为英语的语言学家来到原始森林，试图编写一本适用于英语与该森林语言之间的翻译手册。由于没有任何可资借鉴的资料，语言学家必须跟着原住民从头学起。有一天，一只兔子跑过时，原住民喊了一声"gavagai"。语言学家推测，这个词的意思可能是"rabbit"（兔子）或"Lo, a rabbit"（看！一只兔子）。当另一只兔子跑过时，他马上询问原住民"gavagai?"，并通过其肯定或否定回答来验证推测，从而确定"gavagai"与英语中的"rabbit"是否具有同样的意义。如果是肯定的，语言学家便可以将二者对应起来。如此往复，最终完成翻译手册，并离开原始森林。过了一段时间之后，又来了另一位语言学家，他也完成了自己的翻译手册。两位语言学家都是独立完成其手册编写的。奎因告诉我们，没有理由期待这两本手册完全一样。虽然它们可能都为某一特定原始森林语句规定了英语译文，但是在英语语境中，这两个译文却可能彼此冲突，无法互换。[1] 其经典表述是这样的：

将一种语言翻译成另一种语言的手册，可以采用不同的方式编写，所有这些手册都与言语倾向的总体性保持一致，但彼此之间却互不相容。在很多地方，它们用另一种语言对一种语言的某个句子进行翻译，所得出的不同句子之间却彼此无法实现哪怕十分松散的等值。当然，一个句子与非语言刺激的直接联系越紧密，其译文在手册与手册之间的差异就越小。[2]

从上文可以看出，翻译的不确定性意味着，只要与原文总体倾向保持一致，译文就是可以接受的。但是，这并不意味着译文之间没有优劣之分。在奎因看来，语言是社交的艺术。其意义取决于它在社交活动中所引起的效果，而效果的好坏则取决于集体的感受。虽然翻译的正确与否不存在事实问题，但却存在好坏之分。如果一本翻译手册能够使交流顺利进行，便是好的翻译手册，否则就是差的翻译手册。

奎因指出，不确定性命题告诉我们，即使是正确的翻译，也会存在尖锐分歧。然而，不确定性的存在并不会阻碍翻译实践的进行。这是因为，按照宽容原则（principle of charity），语言学家会假设原住民的态度和思维方式跟自己的一样，除非出现相反的证据。这样，他也会将自己的本体论和语言框架强加到原住民的言语和其他行为上

---

[1] W. V. O. Quine, *Pursuit of Truth* (Revised edition), Cambridge, MA: Harvard University Press, 1992, P. 48.
[2] W. V. O. Quine, *Word and Object*, Cambridge, MA: The MIT Press, 1960, P. 27.

去。"不确定性论题所要指出的是，彻底译者必然会强加于人，就如同他会有所发现一样。"[1] 奎因的彻底翻译和宽容原则启发了其他分析哲学家。例如，戴维森在前者开创的路径上继续向前开拓，提出了彻底阐释（radical interpretation）的概念，并修正了奎因思想的若干不足。

总体看来，奎因设计的彻底翻译思想实验只有一个单词句，无法进行分析假设，也没有涉及主题知识，与真实场景的翻译活动似乎不符，因而在合理性上存在可商榷之处。此外，其实用主义取消了意义的根基，以效果作为判明意义的标准，以集体感受作为判明效果的标准，容易陷入主观主义和相对主义的弊端。[2] 虽则如此，奎因翻译哲学思想的学术价值却不容忽视，因为即便是两种频繁接触的语言之间的翻译，甚至同一语言内部的阐释，也会存在不确定性。奎因强调语言的非同一性和译者行为的社会性，这实际上对传统结构主义意义观进行了颠覆和解构，与解构主义翻译思想有相通之处。

三、解构主义途径

现代意义上的解构主义肇始于20世纪60年代，但解构主义并非无源之水。19世纪末，尼采对西方2000多年以来的形而上学传统进行了彻底的批判。"尼采率先将哲学任务与对语言的彻底批判联系起来"，[3] 他声称"上帝死了"，要求"重估一切价值"，从而成为现代解构主义的先驱。尼采反对传统的主客二分式思维方式，该思维方式将内容与形式、能指与所指、语词与意义分隔开来。语言历来被认为是表达思想的工具：它就像一件外衣，包裹着意义，并将其传递出去。如此一来，意义、真理等就可以不受语言束缚，在任何时间、任何地点和任何语言中被复制出来。尼采对这种本质主义进行了反思，深刻影响了后世语言哲学家和翻译思想家。

在尼采看来，语言是人的创造。意义和概念不是被人发现，而是被人建构起来的。由于建构的语境不可能完全相同，因此，就无法实现意义、概念的完全复制或再现。翻译也是如此。凡是认为翻译可以不经过中介便直达原文本质，并保持意义、价值和功能不变的翻译观就是一种本质主义。阿罗约（Rosemary Arrojo）声称："由于拒绝接受译者活动的生产性，本质主义无视翻译的政治作用，及其对身份和文化关系建构的影响，而且还对长久以来的偏见负有很大责任。这些偏见常常将翻译视为一种次要的、衍生的写

1　W. V. O. Quine, *Pursuit of Truth* (Revised edition), Cambridge, MA: Harvard University Press, 1992, P. 49.

2　单继刚《翻译的哲学方面》，北京：中国社会科学出版社，2007年，第204页。

3　M. Foucault, *The Order of Things: An Archaeology of the Human Sciences*, London & New York: Routledge, 2005, P. 332.

作形式，把译者的任务贬低为一种隐形的不可能的实践。"[1] 韦努蒂将本质主义与工具主义联系起来，认为该模式将文本的生产、接受与其历史文化语境隔断开来，假定原文具有永恒性、普遍性和不变量，因而在理论上是贫乏的。[2] 尼采反本质主义、反工具主义思想的革命性意义由此突显，直接影响了德里达的解构主义和其他后现代主义、后结构主义、后殖民主义和女性主义思潮。

与尼采一样，德里达也对西方形而上学传统发起了挑战。他认为，传统哲学话语的根本问题在于追求一种超验所指，即在任何时空环境下，在任何语言中都能表达同样概念的所指，如存在、本质、真理等，或其他能提供最终意义的东西。围绕着这些超验所指，传统哲学话语建立起了一些具有等级秩序的能指—所指结构（如语音—文字、原文—译文等），并以这种二元对立结构中的一元为本原或中心（如语音、原文等），这就是他所谓的逻各斯中心主义。德里达所要做的，就是从内部瓦解这一中心—边缘结构，破除所指的超验性。他选择的突破口就是语言的多样性和翻译的不确定性。在德里达看来，有一种以上语言的地方就会有解构。语言的多样性、意义的流变性导致译文无法完全复制原文。语际翻译如此，语内翻译亦然。文本（语境）之外别无他物，译文并非原文的复制品或衍生物。原文也是一种译文，并不具有至高无上的权威。他使用了一系列概念来阐明这一思想，如延异、撒播、印记、增补、可重复性等。

延异（différance）是德里达在法语动词différer基础上生造的一个新词，发音跟différence（差异）一样，但将其中一个字母e替换成了a。要正确区分这两个词，仅仅通过语音是不够的，还需要借助文字，这样就在某种程度上消解了语音中心主义（语言优于文字。语言是心灵的符号，文字是语言的符号。语言比文字更直接、更实质性地表达真理）。différance既有differ（相异）的意思，也让人联想到defer（延迟）。延异通过不断产生的差异使得显现不断延迟。按照结构主义语言哲学家索绪尔的观点，一个符号的确立在于它与其他符号的差异性。在此基础上，德里达指出，一种事物或结构的中心不在于它自身，而在于它之外。但作为参考物的他者是无穷无尽的，因此中心的位置是变动不居的。文本的意义也是如此，不仅从其内部相异的成分的功能关系中产生，而且从无限开放的语境网络中产生。

具体到翻译方面，德里达认为，语际翻译就是一种延异。在原文中，能指与所指结合紧密，一个词包含多种意义。但是经过翻译之后，原词的统一体被打破，所指的出场被延迟，差异由此产生。例如，pharmakon这个词，既有良药也有毒药的意思。译文往往只能传达出某一层含义，而且，与原词相关的价值关系，如pharmakon与

---

[1] R. Arrojo, Philosophy and Translation, in *Handbook of Translation Studies*, eds. Y. Gambier & L. van Doorslaer, Amsterdam/Philadelphia: John Benjamins, 2010, P. 248.

[2] L. Venuti, *Contra Instrumentalism: A Translation Polemic*, Lincoln, NE: University of Nebraska Press, 2019.

phamacia、pharmakeus、pharmakos的价值链条就被破坏了。在翻译过程中，某些旧的意义丢失，另有一些新的意义得以生成。质言之，文本一旦产生，便开始了无休止的撒播（dissemination）过程。[1] 德里达论翻译的论文《巴别塔之旅》（*Des Tours De Babel*）的标题及其所探讨的《圣经》里的巴别塔故事都是有关撒播的显例。[2] 法语中的Tours既有高塔的意思，也有旅行、岔道和转向的含义。Babel也是个多义词，既有变乱、父亲的意思，也是上帝之名。作为名词，它既是一个专名，也是一个通名。因此，这篇文章的标题本身既召唤翻译，也拒绝翻译。"这种多义性证明翻译是一种差异行为，上帝创造意义本身，也创造了多义的名词，同时播撒了语言，使得文本陷入多义解释的困境。"[3]

为了强调意义的不确定性，德里达还引入了另外一个概念：印迹（trace）。所有的符号交流都会留下印迹。文本是由各种印迹组成。这就好比在旧的羊皮纸上书写新的文字，既要抹去旧的痕迹，但又无法完全抹除。这些印迹来自其他印迹，同时又向其他印迹开放。它们抹除了其他印迹，后来又被其他印迹抹除。如此这般，在场者变成了符号的符号、印迹的印迹、翻译的翻译。我们无法复制原初的意义，只能谈论印迹。这就消解了原文的中心与权威地位，原文也是一种翻译，译文是翻译的翻译。然而，我们不能因此就认为德里达是一位彻底的虚无主义者。他虽然认为，即便是作者也无法做到对文本意义完全准确、忠实的翻译，因为并不存在一成不变的东西。但他同时指出，翻译受到双重束缚，它既是可能的，又是不可能的；既要忠实于原文，又难免有所背叛；既有意义的传递，又有意义的生成。实际上，解构这一概念本身既包含结构因素，也包含反结构因素。[4] 翻译在解构的同时也在重新建构。

为说明这一问题，德里达提出了一个可重复性（iterability）的概念。可重复性是符号存在的前提。它与文本的结构和存在的历史性有关。文本的意义虽然变动不居，但也具有相对的稳定性。我们能够翻译古代的文本是因为其可重复性。印迹的可重复性保证了理解、阐释和翻译的可能性。戴维斯（Kathleen Davis）指出，通过在常规代码（语言、文学、政治、文化等）中的重复，印迹积累和浓缩了稳定的关系和意义效果，使它们变得可读或可解释。"德里达一贯强调稳定的结构、传统、惯例和代码对于文本或任何东西的可理解性的必要性。文本是可理解的，正是因为它们的痕迹是编码的重复。"[5]

---

1 单继刚《翻译的哲学方面》，北京：中国社会科学出版社，2007年，第74-75页。

2 J. Derrida, Des Tours de Babel, in *Difference in Translation*, ed. J. Graham, Ithaca, NY: Cornell University Press, 1985, PP. 165–207.

3 刘军平《西方翻译理论通史》，武汉：武汉大学出版社，2009年，第267页。

4 J. Derrida, Letter to a Japanese Friend, in *Derrida and Différance*, eds. D. Wood & R. Bernasconi, Evanston, IL: Northwestern University Press, 1988, PP. 2–3.

5 K. Davis, *Deconstruction and Translation*, Manchester: St. Jerome Publishing, 2001, P. 30.

在解读本雅明《论译者的任务》一文时，德里达还使用了另外一个概念：增补。本雅明和德里达都把翻译视为一个文本补充另一个文本的模式。原文与译文的关系，说到底就是两种语言的亲缘关系。不同的亲缘语言在性质上是互补的，它们是一个更大、更完整的语言的组成部分。按照本雅明的说法，这个更大、更完整的普遍性语言就是纯语言。[1]纯语言好比一个花瓶，现实中的不同语言就好比这个花瓶的不同碎片。将这些碎片重新拼接起来，就会恢复纯语言。德里达虽然不太认同普遍语言、绝对价值的提法，但他也认为，译文和原文在拼接的时候，既相互结合也相互补充，在构成一个更大的语言的同时，也改变了它们自身。因为翻译，一种语言赋予另一种语言以新的、第二次的生命，避免其在孤独中萎缩、停滞、僵化。翻译能够使不同语言互通有无、取长补短、和谐共生。

整体观之，德里达的解构主义翻译哲学思想继承和发扬了尼采、胡塞尔、海德格尔和本雅明的翻译哲学思想，但也表现出独树一帜的地方。例如，解构主义对翻译的创造性和译者主体性的重视与哲学阐释学基本一致。德里达把所有的阐释都视为翻译，他明确指出，"我不认为翻译是与原语言或文本有关的次要和衍生事件"。[2]与伽达默尔相比，德里达更加重视语言的差异性，而前者则强调语言的对话性。前者同等看待语内翻译与语际翻译，而后者则更为关注语际翻译。因为在德里达看来，存在语言多样性的地方就存在着解构，不同语言之间的翻译更能揭示语言意义的自我解构过程。

综上所述，德里达解构主义翻译哲学思想对当代翻译研究启示颇多。首先，解构主义翻译观挑战了传统的本质主义翻译观（如忠实、等值），及其中心—边缘等级秩序，提倡异质性、差异性而非同质性、相似性。其次，它颠覆了作者和原文的权威地位，推动译者和译文从边缘走向中心，从隐形走向显身。与此同时，也赋予译者更多的伦理道德责任。[3]此外，解构主义促使翻译研究者开始关注翻译的历史、意识形态与机构性因素，重新思考是否存在真正的翻译、确切的翻译等根本性问题。[4]德里达的翻译哲学思想或许无法直接指导翻译实践和翻译教育，但是有助于解放思想，为译者发挥主体能动性，通过翻译介入社会、发出自己的声音提供理论支撑。

---

1 W. Benjamin, The Task of the Translator, in *The Translation Studies Reader*, ed. L. Venuti, London & New York: Routledge, 2000, P. 18.

2 J. Derrida, Letter to a Japanese Friend, in *Derrida and Différance*, eds. D. Wood & R. Bernasconi, Evanston, IL: Northwestern University Press, 1988, P. 5.

3 D. Dizdar, Deconstruction, in *Handbook of Translation Studies* (Volume 2), eds. Y. Gambier & L. van Doorslaer, Amsterdam/Philadelphia: John Benjamins, 2011, PP. 31–36.

4 J. Derrida, What Is a "Relevant" Translation? trans. L. Venuti, *Critical Inquiry*, 2001(27), PP. 174–200.

四、符号学途径

符号学是关于意义的学问，而意义是翻译学的核心问题之一，因此符号学与翻译学也具有天然的联系。西方符号学有两大传统，一个为索绪尔的结构主义符号学传统，叶姆斯列夫（Louis Hjelmslev）、格雷马斯（Algirdas Greimas）、罗兰·巴特、洛特曼（Juri Lotman）等均受其影响并做出了自己的贡献；另一个为皮尔斯的阐释符号学传统，其支持者和继承者有维尔比夫人（Victoria Lady Welby）、莫里斯（Charles William Morris）、奥格登（Charles K. Ogden）等。还有一些符号学家兼采各家之长，并将其应用到翻译研究之中，在翻译符号学这一交叉领域做出了重要贡献，如雅各布森、艾柯、格雷（Dinda L. Gorlée）、玛莱斯（Kobus Marais）等。其中，雅各布森从语言符号学出发，对翻译进行了语内翻译、语际翻译和符际翻译的划分，[1] 影响十分深远，为翻译学界所熟知。符号学跟翻译学一样，具有明显的跨学科特色，因而符号学途径的翻译研究所涉及的范围极广。限于篇幅，我们仅择其精要略述如下。

首先，符号学十分关注可译性问题。丹麦语符学家叶姆斯列夫曾多次论及这一话题。他首先区分了符号成分与符号。对任何语言而言，符号成分的数量是有限的，而通过不同成分组合起来的符号数量则是无限的。换言之，人们可以在某些熟悉的规则指引下，以符号成分为材料，采用新的组合方法，创造出很多新的符号。用叶氏的话来讲，就是"一旦掌握了少量的成分和组合规则，我们将有取之不尽的合法组合和符号。成分组合系统一建立就是封闭的，但符号系统却是可再生的；成分构成一个封闭的集合，但符号集合却是开放的；在任何语言中，成分是不可变的，但符号的数量可以根据社会和个人（例如，诗人或技术专家）的需要和兴趣而扩大，也可以由于语词停止运用、最终消失而变小。变化着的符号系统不仅可以用作某些情景，还可以无限地用于任何新的情景。这就是为什么任何语言都不会限于任何具体的概念区域，不会限于具体环境，不会限于具体文化。"[2]

语言符号系统的这一特点，使得不同语言都具备同样强大的组合能力。即便是像印第安语这样的语言，虽然缺少表达现代文化（尤其是高新科技概念）的符号，但是，"如有需要，这些语言有能力用完全恰当的方式构造这些符号。每一种语言，除了已经在使用的符号外，还保留着实际上无限的尚未运用的合法符号。"[3] 换言之，每种语言都拥有无限的构造能力。这与洪堡特的观点比较相似。人类语言虽然千差万别，但是其创造新符号、表达新概念的潜力却是一样的。因此，语言符号系统之间的翻译也是可能的。即

---

[1] R. Jakobson, On Linguistic Aspects of Translation, in *On Translation*, ed. R. A. Brower, Cambridge, MA: Harvard University Press, 1959.
[2] 路易斯·叶姆斯列夫《叶姆斯列夫语符学文集》，程琪龙译，长沙：湖南教育出版社，2006年，第38页。
[3] 同上。

便在当下有困难，但是在其他历史时刻未必就不可能；即便缺少翻译的条件，却依然可以创造条件，发明新的符号进行翻译。

叶姆斯列夫认为："在实践中，一种语言是一个符号系统，所有的语言符号系统以及所有其他符号系统，都可以转译为该语言符号系统。这种可转译性的基础是：只有语言才能组织任何混沌体，只有在语言中，我们才可以让'无法表达的表达出来'。就是因为这一特征，语言才成为一种可用的语言，并满足于应对任何情景。"[1] 这段话阐明了不同语言符号系统之间的翻译是如何可能的这一问题。人类语言的混沌体或连续统（continuum）是一致的，但是不同民族语言划分这一混沌体的方式有所不同。因此，翻译是可能的，但又受到某些限制，难以实现完全等值。需要指出的是，叶姆斯列夫所谓的可译性还意味着语言是一种能够翻译它以外的一切符号体系的符号体系，[2] 反之则不尽然。

对于可译性问题，其他符号学家从不同角度进行了思考。例如，赵毅衡认为索绪尔一派的符号学理论实际上是一种系统论。系统的一个重要特点是其"全域性"（wholeness）。就语言系统而言，其符号单元（例如词汇）的意义是任意的。那么，如何实现不同语言符号系统之间的翻译呢？靠的就是"全域性"。因为每种语言覆盖的全域大致上一致，一种语言能覆盖的意义面，另一种语言大致上也能覆盖，只是每个词汇或短语的意义划分不一致。翻译之所以可能，是因为两个系统的全域覆盖，翻译的困难在于两个系统的组分覆盖区域不一样，就像两个拼图游戏，拼出来的全图相同，每一小块覆盖的面不一样。例如中文"桌子"，英文分成desk与table，每个地方要根据上下文和使用语境判断对应方式。例如交通警察的指挥，与红绿灯自动指挥，形式不同，分节也不同，"全域"却一致，系统之所以能互相替代、互相变换，正是基于符号的这种"全域系统性"。[3]

艾柯对于可译性问题也非常关注。他指出，长久以来，很多符号学理论都在追问这样一个问题：翻译在理论上是否可能？概括起来，主要有两种比较"极端"的观点：一种是怀疑论或整体论；另一种是完美语言论。[4] "自然语言结构不同，组织和划分经验世界的方式有异。每种语言（非语言符号系统也是如此）构成了一个整体性的指称框架，不仅在表达平面（语音、词汇系统、句法规则），而且在内容平面（概念组织）。"[5] 怀疑论或整体论者往往夸大语言的不可通约性。例如，奎因的"翻译的不确定性"认为丛林语言无法表达"中微子缺乏质量"这样的现代科学观念，人类学家也难以确定土著人口

1　路易斯·叶姆斯列夫《叶姆斯列夫语符学文集》，程琪龙译，长沙：湖南教育出版社，2005年，第223-224页。
2　王铭玉《语言符号学》，北京：北京大学出版社，2015年，第84页。
3　赵毅衡《符号学：原理与推演》，南京：南京大学出版社，2016年，第66页。
4　U. Eco, *Mouse or Rat? Translation as Negotiation*, London: Weidenfeld & Nicolson, 2003, P. 220.
5　Ibid., P. 220.

中的gavagai到底是指兔子、动物、白色还是其他什么，因而无法完成一部独特的翻译手册。此外，萨丕尔-沃尔夫假说（Sapir-Whorf Hypothesis）宣扬"语言决定论"，过分强调了语言的不可通约性。这都是怀疑论或整体论的典型代表。而在艾柯看来，语言系统看似不可通约，但并非不可比较。[1] 在意大利语中，外甥/侄子与孙子/孙女是同一个词（nipote），虽然在日常使用中（尤其是翻译时）容易引起困惑，但是，这并不意味着意大利人分不清外甥/侄子与孙子/孙女之间的差异。又如，法语词bois在英语中虽然有"木头""木材"和"树林"等几种不同的说法，但结合具体语境的翻译是可能的。

艾柯进一步指出，关于语言之间的可比性，有两种可能的本体论方案：一是人类有通用的连续统分节方式，虽然我们的语言有时候模糊了其边界（这一点跟叶姆斯列夫的观念是一致的）；二是在我们经验的连续统中，有一个"存在的硬核"，通过一点点的努力，将来或可揭示某些阻力线（lines of resistance）的所在。[2] 因为语言的不可通约性，许多哲学家怀疑翻译的可能性。对此，艾柯反复声称，不能将不可通约性与可比较性混为一谈。[3] 更为重要的是，经验证据对语言世界观（尤其是"语言决定论"）的哲学主张提出了严重挑战。如果说，翻译在理论上不可能，但在实践上却一直在进行。"翻译再次向哲学提出一个永恒的问题，即是否存在另外一种事物运转的方式，一种独立于我们语言的掌控的方式。"[4] 艾柯的上述观点与乔治·穆南在《翻译的理论问题》（Les Problèmes Théoriques de la Traduction）中所得出的结论大体一致：翻译是可行的，但也有其限度。"翻译的可行性虽然在理论上受到质疑，但翻译的实践却可以充分地证明自己的合理性。"[5]

寻找完美语言是人类自古以来的梦想。[6] 然而，即便是完美语言也难以纾解翻译之困。艾柯指出，为了从A语完美翻译到B语，就需要借助完美语言X的中介，后者或许能将前两种语言中的概念都完整、清楚、无误地传达出来，但问题是，在从A语到完美语言X的过程中，还需要另外一种完美语言作为中介，如此往复，不一而足。从完美语言X到B语的情况也是一样。这就导致一种类似于"芝诺悖论"的完美语言之"完美翻译悖论"。艾柯进一步提出，从经验层面，完美语言还面临两大挑战：其一，人类从未发现过或创立过所谓的完美语言，这是一个不容置疑的事实；其二，简单的语言表达确实可以稍加调整就能完美地翻译，但是，富含文化信息和模糊性的语言表达就很难实现完美翻译。在南美，有一种近乎完美的艾马拉语（Aymara），能够轻松翻译外来概念术语，

---

[1] U. Eco, *Experiences in Translation*, trans. Alastair McEwen, Toronto: University of Toronto Press, 2001, P. 12.

[2] U. Eco, *Mouse or Rat? Translation as Negotiation*, London: Weidenfeld & Nicolson, 2003, P. 181.

[3] Ibid., P. 178.

[4] Ibid., PP. 181–182.

[5] 许钧、袁筱一《当代法国翻译理论》，南京：南京大学出版社，1998年，第43页。

[6] U. Eco, *The Search for the Perfect Language*, trans. James Fentress, Hoboken, NJ: Wiley-Blackwell. 1995.

却无法将相关信息再完美回译到源语中去。可见，即便有困难，翻译还将继续。有关翻译的争论也将持续下去。

长期以来，哲学、符号学和文化人类学学者围绕（不）可译性这一理论问题聚讼不已，但对译者而言，这是每天都必须面对的现实挑战。其做法是回避本体论难题，转而依靠自己的语言直觉。就像多语人一样，译者本能地就知道对应说法是什么。他们试着通过比较不同语言的异同，找到一些符合常识的解决方案。这正是艾柯提出翻译协商论的内在原因，也是其翻译哲学思想的特别之处，既从学理或逻辑上探讨翻译，也从经验和常识的角度来看待包括可译性在内的翻译问题。正如他所言，"每个明智和严谨的语言学理论都显示，完美翻译是一个不可能实现的梦想。尽管如此，人们依然翻译。这就好比阿喀琉斯与乌龟赛跑。理论上，他追不上乌龟，但实际上他可以。"[1] 可见，艾柯的翻译思想既有理论思辨性，也有现实针对性；既挑战常识，又尊重常识。

就目前而言，皮尔斯符号学在翻译学领域的影响越来越大，韦努蒂、罗德恰等当代翻译理论家都对其倍加推崇。这可能有多方面的原因：其一是皮尔斯的三元符号模式在意义的阐释方面更具有开放性，与后现代主义所提倡的文本的开放性一拍即合；而索绪尔的二元符号模式因为其封闭自足性受到解构主义的挑战和批判。其二，皮尔斯提出试推法在某种程度上又可以限制阐释的任意性，与艾柯等人所倡导的为阐释设限、反对过度阐释不谋而合。其三，皮尔斯的符号翻译观具有很强的现实意义。例如，符号过程会产生一定的性情倾向，而性情倾向会形成习惯，并最终影响人类行为。这对"以言行事"的翻译非常有启发，因而越来越受到重视。

皮尔斯的三元符号模式包括符号、对象和解释项（interpretant）三个要素。其中，解释项是一个非常巧妙的概念，内涵十分丰富。有人认为是意义，有人认为是解释者，还有人认为两者皆有可能。按照皮尔斯本人的说法，一个符号或表现体，是对于某个人而言，在某些方面或能力上替代其他东西的东西。该符号作用于某人，在心目中创造出另外一个等值的或更发达的符号。由该符号创造的这个符号就是其解释项。[2] 换言之，解释项就是用来解释或"翻译"另外一个符号的符号。在此基础上，艾柯明确指出，解释项不是解释者，即便解释者不在场，解释项依然能保障符号的有效性。其论述如下：

解释项是指涉同一"对象"的另外一种表现形式。换言之，为了确定一个符号的解释项，就必须用另外一个符号对其进行命名，而后者又有一个解释项，还需要用另外一个符号对其进行命名，以此类推。如此便开始了一个无限符号过程（unlimited semiosis）。

---

[1] U. Eco, *Experiences in Translation*, trans. Alastair McEwen, Toronto: University of Toronto Press, 2001, P. ix.

[2] C. S. Peirce, *Collected Papers* (Volume 2), Cambridge, MA.: Harvard University Press, P. 228.

虽然看似矛盾，但这却是一个符号系统基础的唯一保障，这一符号系统能完全依靠自身手段进行自我检测。语言就是一个自我阐明系统，或者说是通过相互解释的连续规约系统加以阐明的东西。[1]

在艾柯看来，皮尔斯的解释项摆脱了指称的形而上学，使得符号意指理论成为一门擅长解释文化现象的科学。这为文本阐释奠定了坚实的理论基础。一方面，因为符号过程的无限衍义，使得文本的意义具有动态性和开放性，理论上可以不断阐释下去。另一方面，因为符号具有通过自身手段解释自身的能力，因此，在文本阅读过程中，除了作者意图和读者意图之外，还存在着一个文本意图。这对翻译研究启示颇多。合理的阐释有赖于厘清作品的文本意图。翻译需要建立在文本/事实与阐释、文本权利与读者权利的辩证关系之上。

在文本意图的基础上，艾柯又提出了模范读者的概念。他指出，"文本是产生其模范读者的手段"。[2] 何为模范读者？简单来讲，就是与作者共享代码，能够按照文本提供的线索做出合理阐释的理想读者。艾柯声称："作者在组织文本时，需要依赖一系列代码将指定内容分配给表达。要使其文本具有交际性，作者需要假定自己所使用的一整套代码与其可能的读者所使用的代码是一样的。因此，作者需要预见一个可能读者的模范（下文将称之为模范读者），能够以作者生成文本的方式来阐释这些文本。"[3] 译者既是原文的读者，又是译文的作者。如此看来，理想的译者既是模范读者，也是模范作者。

翻译符号学的另外一个重要概念是无限符号过程。[4] 符号过程是一种行动，也是一种影响，符号、对象和解释项在其中共同发挥作用。[5] "符号过程以自身解释自身"，[6] 翻译就是一种符号过程。但艾柯提醒说，如果将二者完全等同起来，就会将阐释与翻译也等同起来。[7] 这样就无法厘清翻译所独有的特征，甚至会使其迷失自我。此外，这也会导致理论的狂欢与人们的常识之间出现严重偏差。翻译是符号过程，但符号过程并不全是翻译。虽然包括皮尔斯在内的很多符号学家都把符号过程视为翻译，但艾柯对此有所保留。同理，艾柯认为翻译是阐释的一种，反之则不然。二者是种属关系，翻译是种（species），阐释是属（genus）。这跟海德格尔、伽达默尔、斯坦纳和德里达的相关论述都有所不同。

1　U. Eco, *A Theory of Semiotics*, Bloomington: Indiana University Press, 1979, PP. 68–69.

2　U. Eco, *The Limits of Interpretation*, Bloomington: Indiana University Press, 1990, P. 58.

3　U. Eco, *The Role of the Reader: Explorations in the Semiotics of Texts*, Bloomington: Indiana University Press, 1979, P. 7.

4　对于unlimited semiosis这一概念，汉语中有"无限符号过程""无限符指过程""无限符号化""无限衍义"等多种不同的译法。此处采用使用频率较高的"无限符号过程"。

5　U. Eco, *Semiotics and the Philosophy of Language*, Bloomington: Indiana University Press, 1988, P. 2.

6　U. Eco, *A Theory of Semiotics*, Bloomington: Indiana University Press, 1979, P. 71.

7　U. Eco, *Experiences in Translation*, trans. Alastair McEwen, Toronto: University of Toronto Press, 2001, P. 68.

总之，艾柯阐释符号学的一大贡献，就是挑战了传统的代码观和语言能力观，并重新界定了翻译。他认为，翻译不是从词典中找到同义词、对等项就算完成任务，而是要根据文本生产的语境、接受的情境与互文性等信息来进行综合判断和推理，最终得出一种最合理、最具解释效度的译文。艾柯所倡导的百科全书式符号观更加重视符义学和符用学途径的意义观，对翻译研究中的"等值"概念也是一种重估。[1]

第三节　翻译哲学研究的未来发展

长期以来，受知识是普遍的这一思维定势影响，语言和翻译问题在哲学研究中被忽视、边缘化和工具化。随着全球学术交流与对话的增加，人们对知识的地方性和语境性有了更深刻的认识，加上哲学研究的语言学转向，翻译问题逐渐走入哲学家的视野，成为其思考的对象和哲学实践的方式。翻译界在获得丰富哲学文本翻译经验的同时，也着力发掘中西古今的哲学资源为其理论建构奠定基础，并试图建立一门作为学科哲学的翻译哲学。因此，未来这几个领域的实践和研究非常值得期待。

一、通过翻译推动世界哲学交流

翻译对于文明的交流与互鉴、思想观念的革新、哲学流派的产生、新兴学科的开创至关重要。历史上如此，在当下亦然。因此，哲学文本的译介、传播与接受研究无疑将继续吸引哲学界与翻译界的关注。未来，可以重点开展如下几个方面的工作。

（一）开展以哲学家著作与思想为中心的翻译与研究

可以从三个方向同时发力：一是深入推进外国哲学著作与思想的汉译及研究。我们不仅要继续译介和研究柏拉图、亚里士多德、阿奎那（Thomas Aquinas）、康德（Immanuel Kant）、黑格尔（Georg Wilhelm Friedrich Hegel）、霍布斯（Thomas Hobbes）、斯宾诺莎（Baruch Spinoza）、海德格尔、福柯、德里达、拉康（Jacques Lacan）、杜威（John Dewey）等广为人知的哲学大家，而且还要关注斐洛、尼撒的格列高利（Gregory of Nyssa）、布伦塔诺（Franz Brentano）、耶可比（Friedrich Heinrich

---

[1] U. Eco & S. Nergaard, Semiotic Approaches, in *Routledge Encyclopedia of Translation Studies*, ed. M. Baker, London & New York: Routledge, 1998, P. 219.

Jacobi)、施韦泽（Albert Schweitzer）等译介和研究相对较少的哲学家，以及阿多诺（Theodor W. Adorno）、阿尔都塞（Louis Althusser）、霍洛威（John Holloway）、罗莎·卢森堡（Rosa Luxemburg）等西方马克思主义哲学家。二是做好中国哲学思想的对外译介与传播，这不仅包括儒、道、墨、名、法、农等先秦哲学经典文本的对外译介，也包括佛学、宋明理学（如朱子学和阳明学等）、现当代哲学思想的对外译介。三是要重视国内少数民族哲学的译介，如藏族哲学思想的翻译、整理与研究。

（二）开展以哲学译者（群体）和文化机构为中心的研究

历史上曾涌现出大量成绩卓著的哲学翻译家，其中既有主要从事外国哲学汉译的翻译家，如鸠摩罗什、玄奘、徐光启、严复、王国维、蔡元培、马君武、艾思奇、贺麟、金岳霖、陈康、冯友兰、朱光潜、陈修斋、杨祖陶、涂纪亮等，也有主要从事中国哲学外译的汉学家，如殷铎泽（Prospero Intorcetta）、卫礼贤（Richard Wilhelm）、理雅各（James Legge）、华兹生（Burton Watson）、葛瑞汉（Angus C. Graham）、安乐哲、艾文贺（Philip J. Ivanhoe）、何艾克（Eric Hutton）等，还有一批优秀的华裔翻译家，如陈荣捷、刘殿爵、秦家懿等。以这些翻译家为中心，可以探讨中外哲学的交流与对话，及译者所发挥的中介性、协商性、能动性作用。

哲学思想的译介和传播必须依赖一定的媒介，因此，还可以报纸、期刊、出版社、新式学堂等为中心，探讨其哲学翻译活动对思想解放、观念更新、学科创建、文化发展、社会变革的推动作用。例如，可以考察创办于20世纪初的《教育世界》《译书汇编》《游学译编》《新译界》和创办于1956年的《哲学译丛》在不同时期的哲学翻译对中国思想界的影响。也可以探讨"哲学编译会"及其西方哲学著作翻译、商务印书馆的"汉译世界学术名著丛书"等哲学翻译机构及丛书对现当代中国思想嬗变的影响。此外，还可以分析数字化时代的新媒体技术为哲学著作译介和传播所带来的机遇和挑战。

（三）开展以哲学概念为中心的译介史研究

运用观念史、发生学批评、知识社会学的理论观点、分析框架和研究方法对哲学概念的译介与传播进行考察。例如，系统梳理菩提、本觉、涅槃、般若、进化、存在、知觉、自由、民主、延异、道、诚、仁、忠恕、中庸、太极、有为、无为、虚静、玄览、养气、体用、格物等核心概念的跨语言、跨文化传播与接受，甚至可以对于"哲学"这一名词术语本身在日语和汉语中的译介与接受过程进行一番考察，进而管窥东西方哲学传统的交流与对话过程。每一种哲学思想都深深植根于其所诞生的具体环境之中，并因此带上地方性特色。当它穿越时空，旅行到另外一个语言、文化和社会环境时，必然会经历一个去语境化和再语境化的过程。它会与本土知识体系发生冲突、碰撞、交流、融合，并在新的语言、文化、知识共同体中生成新的共享性知识，开拓新的公共话语空间。因此，可以从知识生产和传播的角度对哲学概念的理论旅行进行考察，深刻理解翻译这一包含知识迁移、话语重构和价值创造的活动。

二、开发和利用中国哲学资源

曾几何时，一提到翻译研究的哲学途径，人们想到的几乎都是西方哲学。例如，谈到翻译研究的语文学派，人们会想到其背后的西方阐释学；而论及语言学派时，则往往无法绕开结构主义哲学/符号学。20世纪80至90年代以来，解构主义、后殖民主义、女性主义、新历史主义等各种西方流派被接连引入翻译研究，导致西方翻译理论的大爆炸。这些理论被译介到国内学界，极大丰富了我国翻译研究的主题，拓展了翻译研究的空间。然而，西方理论话语的大量涌入，也在一定程度上导致本土知识话语患上了失语症。

中国哲学源远流长、流派众多，可以为哲学途径的翻译研究提供学术滋养。但在很长一段时期内，国内翻译学界被西方话语主导，言必称奈达、纽马克、勒菲弗尔、韦努蒂等西方翻译理论家，以及他们提出的动态对等、功能对等、语义翻译、交际翻译、操纵、改写、归化、异化、意识形态、译者主体性等概念术语。接踵而至的外来理论话语拓展了国内学界的视野，但也导致了一些不良后果，如有些研究仅仅停留于对西方翻译理论的盲目套用，满足于为其提供注脚或验证。与此同时，中国哲学、美学和文论的一整套思想体系和概念范畴，如文、质、道、气、言、象、意、名、实、形、神、意境、风骨等，被西方话语的巨大光环所遮蔽，处于一种隐身和失语状态。此外，比较、整合、交汇贯通中西翻译理论的工作也显得势单力薄。在西方话语强权的压力下，中国立场被纷纷置换为西方立场。这一现象引发不少学者的担忧和反思。[1]

可喜的是，近来形势正在发生变化，一批具有中国特色、中国气派、中国风格的翻译理论话语先后被建构起来。其中有一些是具有深厚哲学根基但并未贴上"某某理论"标签的思想体系，如许钧的《翻译论》所建构的翻译理论体系；另一些是具有明确理论标签和学派意识的翻译理论体系，如许渊冲的优势竞赛论、谢天振的译介学、黄忠廉的变译理论、胡庚申的生态翻译学；还有近几年如雨后春笋般涌现出来的翻译推手论、译者行为批评、和合翻译学、文章翻译学、国家翻译实践、大易翻译学、翻译境界论、中庸翻译论、知识翻译学等。这些理论话语大多具有深厚的哲学背景，而且重视中国本土哲学资源的开发与利用。因此，有必要对其哲学基础进行深入考察，如许渊冲、孙致礼翻译理论中的实践论、矛盾论，变译理论中的运动观、变易观，生态翻译学中的进化论、生成论和生态伦理观，译者行为批评对结构主义和解构主义的扬弃及其"求真–

---

[1] 刘军平《从哲学的名实、言意之辨看中国翻译》，《人文论丛》2003年刊，第254–266页。

务实"连续统对一元论思维模式的突破等。与此同时，也要充分利用哲学概念和方法反思、批判、丰富和完善这些翻译理论话语。

三、构建作为学科哲学的翻译哲学

随着翻译学与哲学的对话、交叉和融合的深入发展，必将产生一门新兴学科——翻译哲学。首先，翻译哲学的产生是哲学发展的必然。正如《劳特利奇翻译与哲学手册》编者所言，"哲学已经产生了许多分支学科，如历史哲学、法哲学和科学哲学，没有理由不产生翻译哲学"。[1] 对于翻译哲学这一术语，可以从两个方面来理解：一方面，"作为一种分析活动，哲学工具被用来讨论翻译问题，例如，道德哲学家的思想可以照亮翻译伦理的辩论"；另一方面，"作为一种实质性活动，旨在形成一种整体概观。……不仅是翻译学者，实践中的译者也可以用哲学来审视甚至推动他们的翻译方式"。[2] 由此看来，翻译哲学为自身正名并非哲学研究的庸俗化。翻译哲学的产生不仅是必要的，而且是必然的。

其次，翻译研究的健康可持续发展离不开翻译哲学。在马尔姆凯尔（Kirsten Malmkjaer）看来，翻译哲学的必要性主要体现在两个方面：一方面，对于"翻译是什么"有一个最基本的理解才能令人安心，这种理解是不同途径的翻译研究的基础，它能将各种翻译理论及其构成性概念和描述性观念联系起来；另一方面，如果要应对翻译学科所面临的诸多内外部的挑战，就必须建立一门翻译哲学。[3] 杨自俭指出，翻译哲学是关于翻译学的本体论、认识论、方法论和价值论的学问。[4] 它有助于我们理解翻译和翻译研究的本质、价值与历史，廓清与翻译和翻译研究相关的一系列疑惑。

最后，翻译哲学对于翻译学科建设至关重要。潘文国指出，每门学科都可以分成四个层面：学科哲学、学科理论、应用理论、应用实践。"这四个层面不是彼此孤立的，其间有相承的关系：应用理论是应用实践的基础，对实践有着指导作用；学科理论是应用理论的基础，对应用理论的形成有着指导作用；而学科哲学是学科理论发展的原动力，是学科理论保持生气勃勃的关键。"[5] 翻译学科的四个层面包括：翻译哲学、翻译理论、翻译技巧、翻译实践。其中，作为学科哲学的翻译哲学是翻译理论建构的基础，

---

[1] P. Rawling & P. Wilson, *The Routledge Handbook of Translation and Philosophy*, London & New York: Routledge, 2018, P. 2.

[2] Ibid., P. 2.

[3] K. Malmkjaer, The Nature, Place and Role of a Philosophy of Translation in Translation Studies, in *Translation: Theory and Practice in Dialogue*, eds. A. Fawcett et al., London & New York: Continuum, 2010, P. 204.

[4] 任东升《学步集——杨自俭文存》，青岛：中国海洋大学出版社，2010年，第536页。从其定义和英文译名来看，杨自俭的"翻译哲学"更像是"哲学翻译学"，即哲学途径的翻译学研究。

[5] 潘文国《语言哲学与哲学语言学》，《华东师范大学学报》（哲学社会科学版）2004年第3期，第100页。

也是翻译研究蓬勃发展的源头活水。这样一门翻译哲学不仅是翻译学不可或缺的组成部分，而且是哲学的一个分支；不仅服务于翻译学科建设，而且能促进学科交叉融合。

总之，无论是从翻译出发研究哲学，还是从哲学出发研究翻译，都将有助于最终建立一门翻译哲学。这一艰巨任务需要哲学家、翻译家和翻译研究者齐心合力，共同完成。翻译哲学研究的天地十分宽广，未来一片光明。

思考题

1. 如何理解"翻译就是哲学，哲学就是翻译"？
2. 如何理解可译性与不可译性之间的张力？
3. 所有的阐释都是翻译吗？
4. 如何区分阐释与过度阐释？
5. 如何理解"阐释循环"？
6. 翻译中的"视域融合"如何体现？
7. 翻译的不确定性具体指什么？
8. 哲学途径的翻译研究主要有哪些？
9. 你能说出几种流行的翻译理论背后的哲学观念吗？
10. 中国哲学在翻译理论创新方面可以有哪些作为？

推荐阅读书目

Benjamin, A. 2014. *Translation and the Nature of Philosophy: A New Theory of Words*. London & New York: Routledge.

Cassin, B. 2014. *Dictionary of Untranslatables: A Philosophical Lexicon*. trans. Steven Rendall et al. Princeton & Oxford: Princeton University Press.

Davis, K. 2001. *Deconstruction and Translation*. Manchester: St. Jerome Publishing.

Derrida, J. 1985. Des Tours de Babel. J. Graham (ed.). *Difference in Translation*. Ithaca, NY.: Cornell University Press.

Eco, U. 2003. *Mouse or Rat? Translation as Negotiation*. London: Weidenfeld & Nicolson.

Foran, L. 2012. *Translation and Philosophy*. Bern: Peter Lang.

Gadamer, H. 2004. *Truth and Method*. trans. Joel Weinsheimer & Donald G. Marshall. London & New York: Continuum.

Heidegger, M. 1996. *Hölderlin's Hymn "The Ister"*. trans. William McNeill & Julia Davis.

Bloomington: Indiana University Press.

Jakobson, R. 1959. On Linguistic Aspects of Translation. R. A. Brower (ed.). *On Translation*. Cambridge, MA: Harvard University Press.

Pym, A. 2007. Philosophy and Translation. P. Kuhiwczak & K. Littau (eds.). *A Companion to Translation Studies*. Clevedon: Multilingual Matters Ltd.

Quine, W. V. O. 1960. *Word and Object*. Cambridge, MA: The MIT Press.

Ricoeur, P. 2006. *On Translation*. trans. Eileen Brennan. London & New York: Routledge.

Rawling, P. & P. Wilson. 2018. *The Routledge Handbook of Translation and Philosophy*. London & New York: Routledge.

Steiner, G. 2001. *After Babel: Aspects of Language and Translation* (3rd edition). Shanghai: Shanghai Foreign Language Education Press.

Wilson, P. 2016. *Translation after Wittgenstein*. London & New York: Routledge.

蔡新乐,《翻译哲学导论:〈赫尔德林的赞美诗《伊斯特》〉的阴阳之道观》,南京:南京大学出版社,2016。

李河,《巴别塔的重建与解构——解释学视野中的翻译问题》,昆明:云南大学出版社,2005。

刘军平,《西方翻译理论通史》,武汉:武汉大学出版社,2009。

刘宓庆,《翻译与语言哲学》(修订本),北京:中国对外翻译出版公司,2007。

单继刚,《翻译的哲学方面》,北京:中国社会科学出版社,2007。

朱健平,《翻译:跨文化阐释——哲学诠释学与接受美学模式》,长沙:湖南人民出版社,2007。

朱湘军,《翻译研究之哲学启示录》,上海:上海交通大学出版社,2012。

第四章

翻译与语言

在人类发展史上,翻译与语言紧密相关。纵观历史,无论是在中国还是世界其他地方,都能找到早期不同语言之间翻译以达至交流、传通的记载。据陈福康研究,中国早在公元前11世纪,也就是西周时期,就已经有对翻译活动的描述。宋代编撰的"类书"(相当于今天的百科全书)《册府元龟》卷996《外臣部·鞮译》篇中记载,"周公居摄三年,越裳以三象胥重译而献白雉,曰:'道路悠远,山川阻深,音使不通,故重译而朝。'"这段话描写了当时南方古国越裳向周公进贡白雉,因言语不通,只能依靠当时负责接待及充当翻译的官员(称为"象胥")从中协助沟通。这次沟通中的翻译活动被认为是世界上最早的3000年前的口译记录。[1] 在公元前20世纪的西亚地区,属于美索不达米亚文明的苏美尔人,用楔形文字创作了关于乌鲁克国王吉尔伽美什(Gilgamesh)的诗歌,之后该史诗译成同属西亚文明的阿卡德语和胡瑞安语等古老的亚洲语言,才让吉尔伽美什的英雄形象广为流传至今,这可谓是世界上对翻译活动最早的记载。西方文明对于翻译活动的记录也同样源远流长,至少可以追溯到2000年前。[2] 例如,我们可以在希伯来《圣经》的第一卷《创世记》中,发现不同地区的人们互相交流(例如亚伯拉罕的曾孙约瑟三十岁被法老任命为埃及的高级长官)、国家与国家之间签订和约等的记载。[3] 除了这些书籍中对翻译及口译活动的记录之外,我们有理由相信,人类翻译活动的产生,应该紧密伴随着人类语言的形成,即便不是同时出现,间隔的时间也应是相当短。这是因为,人类从诞生伊始"从本质上而言就是社会性动物",[4] 必定要与自己族群、其他部落和其他地区的人类交流,以建立人类赖以生存的社会集体模式。古代交通不便,不同部落之间的语言存在着很大的地域差异,即俗语所说的"十里不同音",这令语言与翻译的关系愈加紧密。从这个意义上说,"语言的翻译几乎同语言本身一样

---

[1] 陈福康《中国译学理论史稿》(修订本),上海:上海外语教育出版社,2000年版,第2页。

[2] R. T. Bell, *Translation and Translating: Theory and Practice*. Longman, 1991, P. 3.

[3] 参见谭载喜《西方翻译简史》(增订版),北京:商务印书馆,2004年版,第1–2页。

[4] 参见Aristotle, *Politics*, c. 328 BC。原文为:Man is by nature a social animal; an individual who is unsocial naturally and not accidentally is either beneath our notice or more than human. Society is something in nature that precedes the individual. Anyone who either cannot lead the common life or is so self-sufficient as not to need to, and therefore does not partake of society, is either a beast or a god.

古老",[1] 亦是在远古时期，就形成了翻译是对不同语言意义的转换这个最初的定义。

在人类的历史长河中，翻译一直被认为是将一种语言的口头表达或书面文字转化为另一种语言，这个定义的影响一直持续到20世纪中期。直至当时的语言学家雅各布森在讨论语言所指的意义时，引入了符号学的视角，把人类所说的语言从广义上视为人类所使用符号的一种。[2] 他进而把语言的翻译分为三种：一是用语言符号来阐释同种语言的其他符号的语内翻译，或是语内重组，例如我们把方言转述为普通话，把古代文言文改用现代汉语表达等即是这种翻译的表现形式之一；二是把一种语言符号用其他语言的符号来阐释的语际翻译，也称为"翻译本身"（translation proper），[3] 这是当今世界绝大多数翻译活动的内容；三是把语言符号用其他非语言符号来阐释的符际翻译，也称为"符号转换"（transmutation），例如把口头语言译为手语，把剧本改编为舞台剧或电影等即涉及符际翻译过程。雅各布森对翻译的三种分类出现在其为后人广为引用的《论翻译的语言学问题》这篇文章中。该文主要论述词的意义纯粹为语言现象，且语言的意义主要来自于语言的形式，即索绪尔所说的能指，进而提出上述转换语言的意义的三种形式。虽然雅各布森文章的重点是探讨在传达语言词汇意思时，不同文化、不同语言的语法差异所带来的"语码单元通常没有全面等值"的问题，[4] 但客观而言，他对翻译的分类不再把翻译活动视为单纯的语言之间的转换，而将其扩展至语言符号与人类所用的其他符号之间的变换，从而首次扩大了翻译定义的内涵。虽然雅各布森早在1959年就提出了上述三种新的翻译类别，但之后的几十年间，学界对翻译的探索基本上还是研究"翻译本身"，即以探讨不同语言之间转换的关系为主。学界真正开始跳出语言研究的窠臼并系统地针对翻译本质进行多样性探索，则是与最近三十年来，翻译研究作为一门独立学科的建立紧密相关。

20世纪70年代初，霍姆斯在哥本哈根举办的第三次国际应用语言学大会上，宣读了《翻译学的名与实》一文，提出了翻译研究作为一门新兴学科的学科蓝图，包括这门学科的研究范畴和框架。该文在1988年正式发表后，因其前瞻性、严谨性及全面性，在学界引起了很大的反响，被普遍认为是翻译学科的创立宣言。[5] 时至今日，翻译研究已经取得了长足的进展，其中一个重要的贡献就是加深并扩展了对翻译概念的认识。具体而言，对翻译活动的理解不再囿于不同语言之间的转换，翻译的目的也不仅以源语及译

---

1 谭载喜《西方翻译简史》（增订版），北京：商务印书馆，2004年版，第1页。

2 R. Jakobson, On Linguistic Aspects of Translation, in *The Translation Studies Reader*, ed. L. Venuti, London & New York: Routledge, 2012, PP. 126–131.

3 "翻译本身"也就是在严格意义上翻译本来的意思，可以视为雅各布森对翻译的狭窄定义。

4 R. Jakobson, On Linguistic Aspects of Translation, in *The Translation Studies Reader*, ed. L. Venuti, London & New York: Routledge, 2012, P. 127.

5 E. Gentzler, *Contemporary Translation Theories*, Clevedon: Multilingual Matters, 2001, P. 93.

语是否等值为唯一考虑，翻译如今是一项与目标语中的"语境、历史和习俗"[1]等文化因素联系紧密的社会行为。美国翻译学者提莫志科进而指出，之前把翻译单纯看作两种语言之间的语码转换的定义其实主要是受到西方文化语境和西方文学、语言学和宗教等理论根源的影响，这其实是"欧洲中心主义"[2]及实证主义[3]在翻译定义上的体现。她继而采用后实证主义视角，强调在翻译的定义上需"自我觉醒"，突出翻译学科的多元性和开放性，把之前习以为常的看法或观点"问题化"，来探讨翻译的"复杂、开放和通常是不确定的问题"。[4]众所周知，翻译涉及不同语言之间的转换，这也可以说是当今语言研究或翻译研究中最广为接受的定义核心之一。但她认为，这种观点体现的只是英语世界对翻译概念的看法，对翻译即语言转换这一阐释，其实与"西方的历史、意识形态、宗教内涵及宗教活动"紧密相关。[5]她继而通过考察除西方之外的世界主要文化，包括中国、印度、日本、阿拉伯等国家和地区对翻译活动的描述，得出如下结论：翻译概念的定义，远比坊间认为的"寻求不同语言之间意义的对等关系"复杂得多。[6]

诚然，翻译概念的外延和内涵因文化而异，在不同历史时期与地域都代表着不同的实践或事物。若放眼西方文化以外的世界各地，我们很快会发现许多有别于源于西方的且不执着于语言对等观念的翻译定义。正如西方对翻译的概念根植于西方的历史文化一样，其他国家对翻译的定义，也深受该国文学传统、宗教信仰和传播习惯等因素的影响，突显出翻译活动的特定方面。各国文化对翻译的描述各异，对翻译内涵的诠释各色，将翻译从一个之前只限于语言之间转换的封闭性、规定性概念，转换成一个开放性、描述性概念，令其能容纳世界不同文明在不同历史时段对该活动带有其鲜明的本国文化特点的描述。这无疑会令我们对翻译活动的本质和内涵有更深刻的了解，也更有助于建立一个真正去中心化，但同时亦具备国际视野的翻译学科。

除了上述地域视角外，时间维度也被引入了翻译概念的定义，翻译不再是一成不变的、固定的概念，而是一个动态的、开放性的"集群概念"，[7]即在定义概念时采用构成该概念范畴的所有条件，而非单一条件。这种视角的转变，摒弃了传统上理解翻译时所

1　S. Bassnett & A. Lefevere, *Translation, History and Culture*, London & New York: Pinter, 1990, P. 11.

2　M. Tymoczko, *Enlarging Translation, Empowering Translators*, London & New York: Routledge, 2010, P. 6.

3　提莫志科这里所说的实证主义是指一种西方最常见的哲学思想，该思想认为对现实的认识只能依靠可观察到的事物或经验才能确定，而一切先验或形而上学的思辨都是无意义的。这种实证主义的思想植根于西方的各种学科（如数学、化学、医学、物理学等）之中，并随着西方势力在全球范围的扩展，变成了当今世界上这些学科的哲学理论和认识论根源。其造成的结果就是其他源自非西方的、关于这些学科的知识和定义不被当今所谓的现代学科所承认。所以，实证主义的思想往往又与西方的殖民主义密不可分。

4　M. Tymoczko, *Enlarging Translation, Empowering Translators*, London & New York: Routledge, 2010, P. 17.

5　Ibid., P. 57.

6　Ibid., PP. 68–77.

7　L. Wittgenstein, *Philosophical Investigations*, trans. G. E. M. Anscombe, Oxford: Blackwell, 1953, P. 66.

常用的"原型概念",[1] 不再以最普遍和被认为最重要的共有特征（即语言转换）来界定翻译，从而赋予"翻译"这个亘古至今的人类社会现象以历久弥新的生命力。

事实上，随着时代和科技的进步，加之对翻译起到沟通作用认识的加深，翻译如今指涉的内涵，已经超出了之前纯属于语言的范畴。以下一些之前根本不属于翻译版图之内、更遑论与"翻译本身"相关的现象或行为，在后实证翻译研究视角下，现都已经被认为是翻译的一种表现形式。譬如，在语言治疗中，帮助具有吞咽困难以及由于中风或有沟通障碍的老人进行沟通；用人类的语言来描述和解释鸟发出的鸣叫；在播放影视节目时，给具有听力障碍的观众和具有视力障碍的听众提供从口语至书面语的转写（除字幕外，提供更多的关于背景音乐、场景、情节或氛围的描述），让他们能够与普通观众一样更好地理解影音内容等。这些与人类语言转换无关的行为，现也成为翻译研究的范围。[2]

科技的进步给翻译的传统领域，尤其是口译的冲击更甚。如今，各种在计算机行业出现的与沟通相关的新技术，与翻译活动紧密相连，对业界影响之大，甚至有学者将其称之为翻译中的"科技转向"。[3] 例如，在口译过程中，有机器翻译系统可以自动将部分说话内容转换为译语，供口译员随时参照选用，把口译转换过程由之前纯粹发生于讲者和口译员两者之间的活动，改为与笔译活动一样，加入了人机互动环节，将口译行为转变为机器辅助翻译与人类译员口头转换相结合的"译说"（transpeaking）模式，[4] 由此，长久以来口译活动与笔译活动泾渭分明的界限也在逐渐消失。

自20世纪70年代成长为一门独立学科以来，翻译研究在翻译产品、影响翻译活动的情境因素、翻译活动涉及的人的因素和翻译过程这四大领域中[5]均取得了长足的进展。由于篇幅所限，我们只能对过去几十年间，针对翻译这一活动概念和本质的认识所取得的进展和成就做简单梳理。但即使如此，我们亦能从这段时间内对翻译概念理解的演变过程中，清晰地看到最近十年的翻译研究，其实就是试图摆脱几千年来"翻译就等于两种语言之间的文字转换"这种根深蒂固的观念，把对翻译活动的讨论从语言平面或语言学角度的单一维度的探索，引导至令翻译何以可能的所有一切潜在语言外因素（包括人为

1　G. Murphy, *The Big Book of Concepts*, Cambridge, MA: The MIT Press, 2002, P. 235.

2　Ö. B. Albachten, Challenging the Boundaries of Translation and Filling the Gaps in Translation History: Two Cases of Intralingual Translation from the 19th-century Ottoman Literary Scene, in *Moving Boundaries in Translation Studies*, eds. Helle V. Dam et al., London & New York: Routledge, 2019, P. 168.

3　M. O'Hagan, The Impact of New Technologies on Translation Studies: A Technological Turn? in *The Routledge Handbook of Translation Studies*, eds. Carmen Millán & Francesca Bartrina, London & New York: Routledge, 2013, P. 513.

4　F. Pochhacker, Moving Boundaries in Interpreting, in *Moving Boundaries in Translation Studies*, eds. Helle V. Dam et al., London & New York: Routledge, 2019, P. 65.

5　G. Saldanha & S. O'Brien, *Research Methodologies in Translation Studies*, London & New York: Routledge, 2013, P. 5.

因素及非人为因素）的多维度、全方位的讨论。毋庸置疑，这种对翻译本质多元化的讨论定能充分反映除了语言因素之外，翻译活动及其产品所具备的"跨民族、跨文化、跨语言"[1]以及跨时空的特征，促进我们对翻译这种"可能是宇宙进化过程中，所产生的最为复杂的行为"[2]的全面了解。但从另一角度来看，这其实也证明了语言与翻译活动联系之紧密。事实上，翻译就等于语言的翻译这一概念是如此深入人心，以至于在现代翻译学建立之前的几千年历史长河里，都没有对这一看法产生动摇。从某种程度而言，一部人类翻译史在相当大程度上就是讨论翻译与语言载体之间的各种关系的历史。相比从语言外因素探讨翻译，无论中外，人类历史上从语言角度来论述翻译的种种著作可谓汗牛充栋。在下一小节里，我们将统合古今，钩沉中外相关理论，撷取最有代表性的观点，来论述翻译与语言之间不可分割的关系。

第一节　翻译与语言的关系

纵观中外翻译史，我们可以发现，无论是中国还是西方，随着译作出现，亦会伴随着译者本人或其他学者对译文采取的翻译策略或是译文语言质量的评价。虽然这些看法通常都是一家之言，往往会受到评论者的教育和政治背景、个人文学修养和文风喜好等主观因素的影响，而且这些论述也缺乏像当今翻译理论著作般的系统性和完整性，但它们却从历史的维度再现了人类对翻译活动作用的认识及其不断深化的演变过程，至今仍然不乏借鉴作用。

在西方，早期在论及翻译与语言关系时，往往都离不开对翻译策略，也即直译与意译[3]对译文造成的效果的描述。早期翻译理论家一个最常见的结论就是直译往往会导致译文不自然、不地道，不仅没有文采，还可能带有语法上的错误，让目标语读者难以理解。

例如，西塞罗是历史上第一个正式提出"字对字"（word for word，即直译）翻译策略及不同翻译方法会对译文造成不同影响的学者。自他之后几百年间，西方对翻译方法

---

[1] M. Tymoczko, *Enlarging Translation, Empowering Translators*, London & New York: Routledge, 2010, P. 93.

[2] I. A. Richards, Toward a Theory of Translating, in *Studies in Chinese Thought*, ed. Arthur F. Wright, Chicago: The University of Chicago Press, 1953, P. 250.

[3] 彻斯特曼把对直译及意译——这一翻译最常见两分法（dichotomy）——的探讨，称为翻译史研究中的五大超级模因（supermemes）之一。简略而言，模因是指在特定文化或学科中反复出现和讨论的话题。其他四大超级模因包括"原文—译文""对等""不可译性"和"所有写作均为翻译"。参见Chesterman, A. *Memes of Translation: The Spread of Ideas in Translation Theory*. Amsterdam/Philadelphia: John Benjamins, 1997, PP. 8-13。

与译文语言质量的看法基本与西塞罗大同小异：较自由的翻译策略往往等同于译者使用具有美感和创造性的译语；而直译则通常被视为译者死板、不识变通、缺乏创作力和没有文采的代名词。例如，哲罗姆，西塞罗之后"西方最著名的翻译家"，[1] 也持有类似的观点。当时，哲罗姆翻译了一封由塞浦路斯主教伊皮法纽（Epiphanius）写给耶路撒冷主教约翰的信函，不料这封仅供私人传阅的翻译信函流传到民间，不少民众阅读之后都指责哲罗姆对信的翻译不忠实、不准确。[2] 哲罗姆为此写了一封公开信作为回应，为他在信中的翻译手法辩护。

信中哲罗姆表明，他把希腊文译成拉丁文时，所采用的是"意对意"（即"意译"），而非"字对字"（即"直译"）的手法。有趣的是，他还提到这种意译手法不适用于翻译《圣经》，因为《圣经》里面的一切内容，甚至是其句子结构都包含着奥秘。从这句话中可以看出哲罗姆潜意识里把文本类型分为宗教与非宗教两大类，其意译策略适用于所有非宗教类的体裁。肇始于哲罗姆的"意译"与"直译"之分虽然在西方源远流长，但对于这两个概念究竟在寻求译文的哪种效果，其操作层面是在词、句、段落抑或篇章展开，这些具体的问题却鲜有准确定义。早期西方翻译家或是理论家通常将这两种手法用作概括性的术语，使用时带有明显的个人喜恶倾向，对于词藻华丽、文辞优美，但与原文意思并不完全吻合的译文，通常认为是"意译"之作，评论时往往带有嘉许的态度；而比较贴近原文信息、遣词造句受到原文语法结构影响的作品则冠以"直译"的称号，通常与佶屈聱牙、不通顺与没有文采的译文画等号。认为翻译必须避免使用直译手法，翻译语言必须优美的观点，在17世纪英国诗人和作家亚伯拉罕·考利身上更是得到了淋漓尽致的体现。考利在1656年出版的诗集《品达颂》（*Pindarique Odes*）的前言中，态度明确地反对诗歌翻译的直译行为。他认为，如果有译员在翻译古希腊诗人品达的抒情诗时，采用"字对字翻译"方法，那么，当不谙原文的读者读这种译文时，就会觉得是"疯子所译"和"胡说八道"。[3] 这种推崇诗歌不可直译、只可意会及再创作的观点至今在西方文化学术界仍有相当的影响。如20世纪的美国诗人罗伯特·弗罗斯特就曾说过诗即翻译中失去的内容，雅各布森也曾明确提出诗歌根据其定义就是不可译的。[4] 换言之，就是原文中诗意、诗境和诗中传递的美感在译文语言中是无法表现的。另有学者把这种看法推而广之至所有文学作品的翻译，例如德国学者弗里德里希（Hugo Friedrich）认为

---

1 J. Munday, *Introducing Translation Studies: Theories and Applications* (4th edition), London & New York: Routledge, 2016, P. 31.

2 Ibid., P. 32.

3 D. Robinson, *Western Translation Theory from Herodotus to Nietzsche*, Manchester: St. Jerome Publishing, 1997, P. 161.

4 R. Jakobson, On Linguistic Aspects of Translation, in *The Translation Studies Reader*, ed. L. Venuti, London & New York: Routledge, 2012, P. 131.

两种语言之间的转换，不可译才是常态，尤其是文学翻译。[1]

事实上，诗歌抑或文学不可译的观点，可以从语言的本质及其使用习惯的角度来找到理据。对于持不可译论点者，其理论的出发点在于世界上的语言之间的不同之处，胜过相同之处，这是因为人类语言本质上就是"不严密"并具有"模糊性"。[2] 人类表达或书写语言时所处的场景千变万化，难以枚举，而每种语境对所表达的意思都会产生不同的影响；如果再考虑到语言所指向的受众或读者的因素，则交际情景对语言意义的作用就更为变化多端了。这种模糊性的特点让人类交流沟通时也无需如自然科学（比如数学、物理学等）般精密，反而提供了一种理解的弹性，让人类可以进行有效的沟通。

亦有学者对这种不可译性的理论基础持否定看法。例如当代翻译理论家切斯特曼就明确指出，这种观点忽视了翻译其实是"一种语言使用形式"[3] 的事实。在人类文明发展史上，翻译一直发挥着重要功能。来自不同国家和文化，操不同语言的人相互沟通和学习之所以成为可能，均是拜翻译之功。从这个角度看，"世上是没有不可译的事物……因为每个事物都可能用某种方式在某种程度上翻译出来"。[4] 跳出上述争论我们可以发现，不可译论者与可译论者的最大区别只是在于双方对不同语言之间最大公约数的看法不一致而已：前者强调的是语言之间表达信息时无法一一对应的地方，而后者着重的是信息重叠之处。这两种表面上看似水火不容的翻译观其实不过是看待语言的两个不同角度而已。

第二节　翻译的语言研究与语言学翻译理论

从上一节可以看出，翻译与语言存在着千丝万缕、密不可分的联系。在人类翻译史上，对翻译策略即直译或意译的探讨一直浓墨重彩，称其为译界永恒的话题也不为过。只要提及翻译策略的两分法，无一例外都会涉及该策略对译文的意义、风格等种种语言层面的直接影响。对此，许多所处历史背景不同、对翻译立场和目的所持观点不同的翻译理论家均对翻译语言特点做了不少通常是带有价值评判的论述。

人类对翻译活动的探讨，除了从翻译策略这个角度来看其对译文语言特点的直接影

---

[1] H. Friedrich, On the Art of Translation, in *Theories of Translation: An Anthology of Essays from Dryden to Derrida*, eds. Rainer Schulte & John Biguenet, Chicago: The University of Chicago Press, 1992, PP. 11–16.

[2] E. Keenan, Some Logical Problems in Translation, in *Meaning and Translation: Philosophical and Linguistic Approaches*, eds. Franz Guenthner & M. Guenthner-Reutter, New York: New York University Press, PP. 157–189.

[3] A. Chesterman, *Memes of Translation: The Spread of Ideas in Translation Theory* (Revised edition), Amsterdam/Philadelphia: John Benjamins, 2016, P. 7.

[4] Ibid., P. 7.

响之外，亦有从语言其他角度来对比原文和译文的特点，从中总结出翻译中信息、语言特点或风格的得失；或者讨论译文语言异于本国原有语言的特点，以及这些不同之处对塑造一国之新语言、新文风的作用。在中西方翻译史上，均有不少翻译家或学者做过相关的论述。对于这些论述，我们可以以现代语言学的成立为分界线，大致分为翻译的语言研究和语言学翻译理论这两大部分。前者的特点是多阐发译者本人在翻译中朴素的心得体会，往往针对某一类体裁（特别是宗教、文学文本）的翻译特点有感而发，带有浓郁的规定性；而后者则往往以某一或多个现代语言学理论为框架，或是受到某个语言学角度的启发，对翻译语言及源语的特点做系统的描写和比较。囿于篇幅，本节只能选择性介绍中外翻译史上几位代表性翻译家的观点和几种现代翻译研究中比较有影响力的语言学翻译理论。如要全面了解这两部分相关的论述，可阅读本章最后列出的推荐书目。

一、翻译的语言研究

在本章开头我们提到，西方早期翻译活动，包括对翻译的定义以及对翻译手法的论述等，均或多或少与宗教著作尤其是《圣经》的翻译与传播相关。无独有偶，若我们放眼世界其他地区，就会发现为数不少的文明对翻译的讨论亦肇始于对宗教经典的翻译或阐释。例如阿拉伯世界对翻译的认识与古兰经的诠释和翻译有莫大的联系，而中国古代对翻译的讨论亦是围绕着佛经的翻译展开。中国历史上不少佛经翻译家，如号称四大译经师的鸠摩罗什、真谛、玄奘和不空都曾对佛经翻译的策略和手段做过讨论。东晋时期的道安，对比了梵文佛经和中文译经在语言结构和文体表现上的不同特点，根据自己大量的佛经翻译经验，提出了佛经翻译中的"五失本、三不易"[1]观点，对后世中国的佛经翻译乃至对翻译原则和翻译策略的探讨都具有深远的影响。从翻译与语言的关系来看，道安提出的"五失本"观点至今仍有相当的启发意义。

具体而言，道安观察到在佛经翻译中有五种丧失了原文本真的形式，概括起来分别是：1）佛经原文的句序与中文不同，在译文中不得不迁就中文的习惯而改动（"胡语尽倒，而使从秦"）；2）佛经原文语言质朴、平实，但中文佛经为了迎合当时大众的阅读习惯，都改用较优美、文雅的辞藻（"胡经尚质，秦人好文，传可众心，非文不合"）；3）佛经原文用了很多重复的表现手法，反复咏叹叮咛，但译文为了避免行文累赘，将其悉数删除（"胡经委悉，至于叹咏，叮咛反覆，或三或四，不嫌其烦，而今裁斥"）；4）佛经原文中夹有颇长的解释、说明或评论的文字，但不易理解，看似胡言乱语，译

---

[1] 道安《摩诃钵罗若波罗蜜经钞序》，罗新璋、陈应年《翻译论集》（修订本），北京：商务印书馆，2009年，第25–26页。

文中亦全部删除（"胡有义说，正似乱辞，寻说向语，文无以异，或千五百，刈而不存"）；5）佛经原文讨论完毕某个主题之后，又会用回之前同样的句子，由于这部分内容是在主题结束后再加的，译文将其全数删除（"事已全成，将更傍及，反腾前辞，已乃后说，而悉除"）。后人在论述道安上述言论意义时多会从翻译策略的角度评述，认为这反映了道安虽然主张直译，但却要求译文符合汉语习惯，不致令人费解，[1] 从某个角度上印证了鲁迅在总结中国古代翻译理论时提出的"汉末质直"的观点。

如果从当今语言研究的角度来看，道安可谓是中国古代译经家中少有的具备语篇大局观、文体特征和语言信息结构意识的译者。第一个"失本"其实讨论的就是原文句子的信息结构，包括新旧信息的呈现方式如何在译文中再现的问题。从信息编排的角度来看，原文句中词汇的先后顺序，其实早已预设了相关信息先后重要程度及信息焦点所在。[2] 姑且以英语为例，以下为教师评论学生论文时可用的两个句子：1）Although you have made many good points, your preferred ways of reasoning are not always clear. 及 2）Although your preferred ways of reasoning are not always clear, you have made many good points. 从表面上看，两句的信息内容都差不多，只是主句和从句的位置有所调换而已。但事实上，这两句话所带出的褒贬意思却有天壤之别：第一句话将描述学生优点的信息放在句子开头位置，再以从句方式体现，以削弱其重要性，而突出后半段以主句且以"尾重原则"来呈现的学生作文之中做得不好之处，教师的整体态度不言而喻；第二句话则恰恰相反，教师把学生做得不好之处放在句首，并以从句方式展示，把最关键的正面评价放在句尾的主句，在衡量优劣时，给人的总体印象就是瑕不掩瑜，一锤定音。纵观中国古代译经史，在众多译经家中，唯一注意到句序亦具有信息意义——这个现代语言学中才出现的话题，道安可谓先驱了。

在这篇论述翻译语言与原文特点的重要文献中，道安除涉及语篇意识外，第二点还提到了佛经原文和中文译文的风格问题，也就是原文朴实、通俗的文字，转换成华丽、书面的中文。要把原文朴素的文字，译成花团锦簇的美文，对于有一定文学修养的译者而言并非难事。事实上，追求译文的语言文字美，这也是相当多的译者（包括当今不少翻译家[3]）追求的目标。但是道安敏锐地发现了梵文佛经使用朴素语言能够与佛法内容相得益彰，为了迁就当时中文读者的阅读习惯，不得不改用文雅的辞采表达，这非但不值

---

[1] 马祖毅《中国翻译简史：五四以前部分》（增订版），北京：中国对外翻译出版公司，1998年，第38页。

[2] Greenbaum and Quirk就认为语言的信息排列通常都遵守"尾重原则"（end-focus），让信息按"从低至高价值的顺序线性方式排列"，以让听众或读者较易处理信息。参见Greenbaum & Quirk, *A Student's Grammar of the English Language*, Longman, 1990, P. 395。

[3] 在被问及何为成功的翻译时，我国翻译家许渊冲的观点是："不管是把中文翻译成英文、还是把英文翻译成中文，只有一个标准——美和不美。"谭华《百岁翻译家许渊冲：追求语言文字的美和翻译表现的美》，《光明日报》2021年04月18日，参见https://www.chinanews.com.cn/cul/2021/04-18/9457339.shtml。

得称颂，反而被认为是一种缺陷。这在传统上普遍认为译经需要有文采的风气中实属难得。

至于道安提及"失本"的第三至第五点，除第三点本质上属于由于原作版本众多造成的理解问题之外，[1] 其余两点从语篇结构的角度，论述了重复语句的作用。重复，尤其是没有意义的重复，通常都被视为作文的大忌，应该尽量避免。佛经语句精简，意义博大精深，其重复之语句必有其深意，其作用可能是突出主题、增加连贯、增强气势等。对于重复手法的修辞和衔接等作用，一直到了20世纪70年代末兴起的语篇语言学中，[2] 才有比较深入的探讨。而早在1600多年前，道安在译经时，就已经认识到了重复作为一种语篇结构的手段有其特殊意义，而译文无法呈现此语言特点实为一大损失。他这种从翻译中领悟到的对语言结构特点及其相应作用的前瞻意识，放眼整个世界，在早期译论家中也是非常罕见的。

众所周知，无论是中国还是西方，在学术界传统里都有这样的看法：与创作或原作相比，翻译往往被认为是一种副作品，无论是在原创性、内容还是文字的质量上都次于原文，译者无论如何努力，最多也只能是尽可能再现原文的风姿而已，而无法享有和原作者同样的重要地位。像哲罗姆那样，明确认为译者应该"像征服者般迈向原文"，"把原文作为自己本国语言的俘虏"这种译文至上论的学者还是少数。[3] 美国翻译理论家韦努蒂把这种根深蒂固的偏见归咎于"原作者至上的观念"。[4] 早期对翻译与语言的探讨，除了像道安一样，对比原文与译文的语言和文体特征之外，亦有学者另辟蹊径，探讨译文作为一种特殊的语言现象，对本国语言起到更新、改造甚至塑造新的语言的作用。他们力排众议，认为翻译通过引入新词汇、新句式，能够丰富目的语语言表达形式，增加其表现力和生命力。15世纪德意志神学家、哲学家马丁·路德和中国近代著名作家鲁迅就是其中两位代表人物。

路德1522年出版了由其主导翻译的德文版《新约》，随后在1534年翻译出版了《旧约》。这两部基督教经典译作的出版，让德国当时的普通民众能够直接阅读、使用和引用《圣经》的文字与段落，而无需教会人员援引其他语言版本（尤其是拉丁文版本）的解读，从而打击了罗马教会的特权，促进了德国的宗教改革运动。在德语版的《圣经》中，路德以当时广为平民百姓所使用的一种方言为基础，令译文通俗易懂；同时，他又

---

[1] 梵文佛经在草创之时，均是靠众多僧人口口相传的形式继续，而非用书面形式。在口述过程中，由于众人记忆的偏差，在经文中出现增添、删减或误释的现象实属正常。参见释印顺《初期大乘佛教之起源与开展》，北京：中华书局，2011年。

[2] 经典的代表作有Halliday & Hasan, *Cohesion in English*, Routledge, 1976 及Werlich, *A Text Grammar of English*, Quelle und Meyer, 1976。

[3] D. Robinson, *Western Translation Theory from Herodotus to Nietzsche*, Manchester: St. Jerome Publishing, 1997, P. 26.

[4] L. Venuti, *The Scandals of Translation: Towards an Ethics of Difference*, London & New York: Routledge, 1998, P. 31.

大胆采纳新的词汇和表现形式，为该方言注入新的生命力，最终促进了译文的语言广为普罗大众接受，成为现代标准德语的基础。与之前的哲罗姆一样，路德亦反对"字对字"的直译，认为直译的译文不易传达原文意思，且不忍卒读。但与之前《圣经》译家提倡要用阳春白雪的译文风格不一样，他强调译文一定要用群众耳熟能详的语言，也就是平时使用的浅白、活生生的语言，对此，他提出了西方翻译史上著名的观点："译文必须接近群众，向他们学习语言表达方式"。[1]

路德明确提出翻译所用的语言应该遵循以读者为导向的翻译策略，也就是应该使用大众喜闻乐见的语言。为了让译文不脱离真实的语言使用环境，译员必须亲自去了解包括家里的母亲、街头的儿童及市场里平民的语言表达，"并按照他们所说的方法翻译"。[2] 事实也证明，路德在德译本《圣经》中使用的普罗大众语言，是最生动、长久的语言，正是民众喜闻乐见的语言表现形式，还"创造了现代德国散文"，[3] 在现代德语的形成和发展中写下了浓墨重彩的一笔。

中国文坛巨匠鲁迅亦注意到了翻译在革新和塑造中文中发挥的积极作用。除创作大量的文学作品之外，鲁迅还翻译了相当多的外国文艺作品。他在翻译中一直坚持运用直译甚至所谓的硬译手法，不仅力求保留原文的词汇（包括直接用音译来处理关键概念），甚至对原文中的语法结构也亦步亦趋，结果部分译文艰涩难懂，翻译腔浓郁，为此，他还受到不少人的攻讦。但他认为，他这种译法，对塑造一种新的中文很有裨益，因为"中国的文或话，法子实在太不精密了"。他愿意以自己的译文作为尝试，"装进异样的句法去，古的，外省外府的，外国的，后来便可以据为己有"。[4]

难道是鲁迅缺乏足够的翻译能力，不能有效地把原文转化成为地道的中文吗？答案显然是否定的。鲁迅还早期的译作，包括《月界旅行》《地底旅行》和《域外小说集》中，语言表达均相当凝练、优美，使用浅白文言文，读之音韵合适，情文并茂。例如，在翻译《月界旅行》的目录时，鲁迅还用了双句回目，对仗工整、辞藻不俗，深得传统章回小说之精髓。可见，鲁迅后期的"直译"及"硬译"作品，并非是他不能译为典雅、符合传统文学表达形式的文字，而是有意为之的结果，其目的与路德一样，均是为了改良本国文字，只不过鲁迅用的手法要激进得多。

1　Quote in D. Robinson, *Western Translation Theory from Herodotus to Nietzsche*, Manchester: St. Jerome Publishing, 1997, P. 87.

2　Ibid, P. 87.

3　恩格斯《自然辩证法·导言》，《马克思恩格斯选集》第三卷，北京：人民出版社，1972年，第446页。

4　鲁迅、瞿秋白《鲁迅和瞿秋白关于翻译的通信》，罗新璋、陈应年《翻译论集》（修订本），北京：商务印书馆，2009年，第346页。

二、语言学翻译理论

一般认为，作为一门研究人类语言的本质、功能、结构、运用、历史等与语言问题相关的学科，现代语言学的创立应该肇始于瑞士语言学家索绪尔。他对人类的言语活动，包括研究范围、符号构成、时间的维度和句子语言成分呈现方式采用了一系列两分法，也就是"语言"（langue）和"言语"（parole）、"能指"（signifier）和"所指"（signified）、"共时"（synchronic）和"历时"（diachronic）以及"组合关系"（syntagmatic relation）和"聚合关系"（paradigmatic relation）等。[1] 这些概念在描述语言现象时，具有之前术语不具备的概括性和深刻性，奠定了语言学这门学科的理论基础，对20世纪以来这门学科的发展产生了深远的影响。

语言学诞生之后，其部分理论直到20世纪50年代才比较系统地应用到了翻译研究中，正式开启了翻译研究的"语言学时代"。[2] 自此，语言学与翻译研究难分难解，在之后长达四十年间，语言学一直都是翻译研究借鉴理论来源的主要学科之一，为准确、系统描写各种翻译语言现象提供了坚实的理论基础。但语言学理论在翻译研究中的过多借用，也引起了一些学者的批评。他们认为，翻译不只是两种不同语言之间的意义转移或是寻求它们之间的对等关系，而是一项与"语境、历史和惯例"[3] 等文化因素联系紧密的活动。这种认为翻译关乎文化和政治而非单纯文字或文本的思想是20世纪90年代促使翻译研究"文化转向"[4] 的主要原因。正因语言学与翻译有如此复杂的关系，有学者用"爱恨交织"来形容翻译与语言学之间的关系。[5] 但事实上，语言学给翻译研究带来的影响利远大于弊。翻译研究自从有了语言学方法论的指导，描写翻译的角度变得更为科学、客观，讨论翻译问题的深度和广度亦大大加强，也令翻译研究逐渐摆脱了以往经验式、印象式的学术及批评话语，而改用更为精确、系统的理论体系来描述原文与译文之间的种种关系和其他与语言相关的翻译现象（如语境、语篇、语用等），促进了翻译学科的独立和发展。

现代语言学在翻译研究中的运用如此之广，成果如此之多，凭本小节难以一一涉及，这里只能管中窥豹，介绍语言学翻译理论中的两个重要概念：对等和翻译转移。

在语言学翻译理论引进的众多重要概念之中，对等或等值（equivalence）无疑是最早亦是影响最深远的概念之一。毫不夸张地说，对对等的定义及条件的探讨，几乎贯穿

1　F. De Saussure, *Course in General Linguistics*, translated and annotated by Roy Harris, Richmond: Duckworth, 1983.

2　Newmark把翻译研究的历史简单分为"前语言学时代"及"语言学时代"这两种。参见Newmark, *Approaches to Translation*, Oxford: Pergamon Press, 1981, P. 4。

3　S. Bassnett & A. Lefevere, *Translation, History and Culture*, London & New York: Pinter, 1990, P. 11.

4　M. Snell-Hornby, Linguistic Transcoding or Cultural Transfer: A Critique of Translation Theory in Germany, in *Translation, History and Culture*, eds. S. Bassnett & A. Lefevere, London & New York: Pinter, 1990, PP. 79–86.

5　A. Rojo & I. Ibarretxe-Antuñano, Cognitive Linguistics and Translation Studies: Past, Present and Future, in *Cognitive Linguistics and Translation: Advances in Some Theoretical Models and Applications*, De Gruyter Mouton, 2013, P. 3.

了翻译研究这门学科发展的每个主要阶段。在当代不同的翻译思想及流派背后，都可以看到这个概念的影子，无论对该概念是支持或是反对。我们知道，翻译一直都被认为是两种语言之间意义的转换。翻译的目的，如用通俗的语言来说，就是译文的意义要与原文保持一致。但是，与原文保持一致和相同只是一种大概的、印象式的说法，至于译文达到什么程度才可以称之为一致，这种一致性可以从哪几个角度讨论，这些关键问题在早期的讨论中各翻译论者都语焉不详，其中一个重要的原因是当时没有一个大家公开认可的、可用来描述翻译中所追求的原文与译文的这种相同关系的术语。这个局面直到20世纪60年代才有所转变，雅各布森在《论翻译的语言学问题》中首次提出对等这个术语，对翻译所要追求的相同性、一致性关系，才终于有了一个比较一致认可的说法。虽然雅各布森在文章中提出在不同语言之间，"符号单位层面上通常没有完全的对等"，[1] 他认为等值存在于信息层面，但这并不阻碍以后的学者从语言不同层次（如词、句、段落、语法、功能等）探索翻译中的对等问题。例如，科勒提出了翻译中有五种层次的对等，包括词汇转换层面的外延对等及内涵对等、语篇功能层面的文本规范对等、根据不同读者群的语用对等和用译语中的类似文体翻译原文文本的形式对等。[2] 随后，亦有学者以对等概念为核心，提出了关于翻译的语言学定义或基于对等的种种翻译标准，前者有卡特福德把翻译定义为"用目的语的对等文本材料替换一种源语的文本材料"，[3] 后者则有始于奈达的"形式对等"和"动态对等"，[4] 正式开始了翻译学研究中"言必称对等"的时期。直到20世纪90年代中期，随着翻译研究文化学派的兴起，有学者开始认识到对等概念的局限性，[5] 开始尝试跳出语言研究的框架讨论原文与译文的关系，走向更为广阔的社会文化语境。

与对等紧密相关的另一个语言学翻译概念为翻译转移（translation shifts）。20世纪50年代至90年代，有相当多的翻译学者使用此概念来详细描写和归类在译文出现的与原文有出入的种种语言差异。卡特福德是最早提出翻译转移的学者，他把这个概念定义为"在由源语至译语的形式对应转换过程中出现的偏离"。[6] 形式对应是卡特福德主要用来

---

[1] R. Jakobson, On Linguistic Aspects of Translation, in *The Translation Studies Reader*, ed. L. Venuti, London & New York: Routledge, 2012, P. 127.

[2] W. Koller, Equivalence in Translation Theory, trans. Andrew Chesterman, in *Readings in Translation Theory*, ed. Andrew Chesterman, Helsinki: Finn Lectura, 1989, PP. 99–104.

[3] J. C. Catford, *A Linguistic Theory of Translation: An Essay in Applied Linguistics*, Oxford: Oxford University Press, 1965, P. 20.

[4] 形式对等强调译文要保留原文的形式及信息；动态对等则是强调译文读者的接受和反应是否与原文读者一致。参见Nida, *Toward a Science of Translating*, E. J. Brill, 1964。

[5] 如Gentzler（1993）就认为翻译中的对等概念就是一种幻想；Hermans（1995）也认为它是一个"有问题的概念"（a troubled notion）。

[6] J. C. Catford, *A Linguistic Theory of Translation: An Essay in Applied Linguistics*, Oxford: Oxford University Press, 1965, P. 27.

描述原文与译文语法关系互相对应的概念，主要建立在不同的语法层级（包括句子、小句、词组、词和词素）的一一对应之上。之后翻译转移这个术语被用于描述"在原文翻译为译文过程中出现的种种语言变化"，[1]这些变化可以发生在语法、语音、语意、文体等一切可以用语言学理论来做出客观系统描述的语言层面。例如，卡特福德提出"层级转移"和"范畴转移"两个概念来比较原文与译文中所用的语言要素所属的不同的语法平面。层级转移指的是原文用语法来表达的语言成分，在译文中用词汇方式来表达（比如英语的完成时态在中文只能通过添加动态助词"了"来表达）；范畴转移则涵盖多种语法层面的转换，包括发生在句法顺序上的结构转换（如原文的主谓宾顺序变成了宾主谓顺序）；原文与译文涉及不同词性的词类转换（如Joan is a good singer译成"琼歌唱得好"，英文名词singer译为了动词"唱"，由于译文宾语位置与原文不同，所以译文还同时涉及结构转换）；涉及不同语法单位之间的层级转换（例如英文名词ingratitude译成中文的动词词组"忘恩负义"）；发生在两种相近的语言体系（如英语与法语）中的系统内转换（如英语单数形式advice译成法语的复数形式des conseils）。

显而易见，虽然卡特福德提出的翻译转移的理论基础是原文与译文所用语法的异同，但在译文中所体现的翻译转移还是可以分为语法和词汇两大部分，这种归纳译文与原文在语言层面差别的方式也受到了其他采用语言学导向的翻译学者，如苏联的巴尔胡达罗夫等人的模仿。之后，越来越多的学者拓展了翻译转移概念的描写范围，不仅限于描写翻译中出现的与原文不一样的语法及词汇的特点，而且根据不同的文体或是扩大比较的语言单位，提出了可能出现的翻译转移类型。例如，捷克翻译学者列维描写了文学翻译，尤其是诗歌翻译在文体层面上发生的翻译转移；荷兰学者鲁文-兹瓦特（Leuven-Zwart）提出了小说翻译在叙事内容和叙事结构上出现的翻译转移模式；英国学者莫娜·贝克（Mona Baker）把比较的语言单位从之前的句子扩展到语篇，从而提出篇章层面的翻译转移的描写模式等。这些不同的翻译转移比较模式，凭借相应的语言学理论，运用细致的描写方法及系统的描写概念，对译文中出现的种种与原文结构、内容、运用和功能等不同的地方做了深入和科学的刻画，极大丰富了我们对译文语言特点的认识。更为重要的是，翻译转移概念的引进，极大提高了对译文语言特点描写的客观性、科学性和可操作性，间接令翻译学科摆脱早期常用的带模糊性、具个人强烈主观倾向的译文描写模式，令其描写过程有理论可依，分析方法具备可重复性，也让之后描写译学研究能够深挖译文语言选择背后的各种规范以及促使译文形成的各种社会、政治、文学和文化因素成为可能。

在引进新的分析工具来描写翻译过程的同时，亦有西方翻译家运用语言学理论来

---

[1] J. Munday, *Introducing Translation Studies: Theories and Applications* (4th edition), London & New York: Routledge, 2016, P. 95.

厘清翻译过程中涉及的一些基本观点和概念，包括翻译是科学还是艺术、原文的意义是否可以确定和转换至译文、翻译的限度等，为这些长期困惑着不少翻译学者的问题提供了崭新的科学视角。其中，法国翻译理论家乔治·穆南在回顾之前的语言学家，例如索绪尔、叶斯柏森（Otto Jespersen）、萨丕尔（Edward Sapir）、布龙菲尔德（Leonard Bloomfield）的相关理论后，提出自己就语言学理论与翻译本质、翻译转换以至翻译研究整个学科的思考，至今仍然值得我们借鉴。早期翻译研究大致可以分为科学派和艺术派两大阵营。前者包括提出对等翻译理论的美国学者奈达、强调运用语言学理论来揭示翻译规律和本质的苏联学者费道罗夫；后者通常包括翻译实践经验丰富的翻译家，如英国翻译家西奥多·萨瓦里（Theodore Savory）、法国文学翻译家爱德蒙·加里（Edmond Cary）等。对于这两种迥然相异的观点，乔治·穆南指出："这是两个极端，双方都仅仅看到一项至少包括两个方面的活动的一个方面。加里和苏联同行主要说的是翻译（小说、诗歌、戏剧、电影等等）不仅仅是一项凭词汇、形态、句法问题的科学分析便可以解决其一切问题的语言活动。费道罗夫则强调了另一方面：翻译首先是且始终是一项语言活动；语言学是所有翻译活动的共同点和基础。"[1] 乔治·穆南反对在翻译科学论抑或艺术论中采取非此即彼的极端做法，认为文学作品的翻译的确有其特殊性，但翻译活动还是隶属于语言学分析和研究的范围，语言学理论于翻译活动而言，比任何技巧性的经验之谈都更准确、更可靠地给予启示。[2] 对于不同语言的意义能否互相转换的问题，乔治·穆南也是持折中看法，认为语言的意义并非普通人所想的那样容易确定，但也不至于如语言学家所说的那样难以捉摸。对翻译活动和操作的启示是：一方面译者要意识到，翻译不仅仅是转换语言表面上的意义，词的意义的简单转换，而涉及整个语言系统；[3] 但另一方面，这并不能否定翻译活动的可行性，因为不同语言本质上表达的人类经验和概念具有普适性，也就是从语言理论上证明翻译是完全可为的。

第三节　语言学翻译研究的未来发展

经过前面两小节的梳理和回顾，可以看到语言与翻译、语言学与翻译研究之间关系紧密：翻译这项活动的诞生和人类语言的发展相辅相成；翻译研究的发展与拓展离不开语言学理论的指导。早期的语言学翻译研究可以追溯到20世纪中叶，包括奈达、卡特福

1　许钧《当代法国翻译理论》，武汉：湖北教育出版社，2004年，第26页。
2　同上，第27页。
3　同上，第30页。

德、维奈（Jean-Paul Vinay）和达贝尔内（Jean Darbelnet）在内的学者开始将语言学的理论运用于翻译研究当中，将"翻译作为应用语言学的一种形式"进行分析和探讨。[1]但这一时期运用语言学理论对翻译研究进行理论化的观点饱受诟病和质疑，比如过于依赖、强调"对等"这一概念，将翻译简化为单纯的语言转换；或者试图将翻译简单直接地并为语言学的一个分支。[2]不可否认的是，正是因为这些早期语言学翻译研究的勇敢尝试，翻译研究才得以初见雏形，经过一代又一代翻译学者的不断努力和创新最终成为一门受到认可的独立学科。但语言学也不是解决翻译研究中各种问题的唯一途径，任何试图把翻译研究全盘并入一个学科的做法都是不正确的。[3]经过数十年的磨合和发展，翻译研究和语言学似乎也找到了一条互利共赢的道路。和早期学者如奈达和卡特福德那样发展出"翻译的语言学理论"[4]并将翻译完全纳入语言学的范畴不同，如今更被翻译学者和语言学家认可的模式是两门学科互相交流，选择合适、有利的概念和理论进行应用。正如斯内尔-霍恩比（Mary Snell-Hornby）所说，对于语言学的相关理论和概念，翻译研究并不能全盘吸收，而是应该有选择性地运用好语言学的相关优势来进一步发展作为一门独立学科的翻译研究，避免其长期生活在语言学的阴影之下。[5]

如今，翻译的概念早就跳出了单纯语言转换的限制，现代的翻译研究关注点已经扩展到了多个维度，开始对诸多语言外因素进行讨论和分析。继翻译研究的文化转向之后，基于对等的语言学范式翻译研究受到了很多的批评和质疑，主要集中在其过于强调原文的意义而忽略了翻译过程中涉及的社会文化等因素；翻译不仅仅是跨越语言的简单转换，更涉及文本、语境、译者等因素的影响、制约。[6]这一关注语言外因素的发展趋势在语言学中也有迹可循，对于语言的研究也逐渐扩展到多个维度，包括"语言与社会、语言与心理、语言与生理等方面"。[7]两门学科对于语言外因素的考虑，也帮助语言学翻译研究找到了更多得以拓展的空间。当代语言学发展出了诸多分支，包括语音学、语义学、语用学等理论语言学，也有语篇语言学、社会语言学、认知语言学、心理语言学等应用语言学分支，每个分支关注点各有不同。如今的语言学翻译研究能够从各

---

[1] P. Newmark, The Linguistic and Communicative Stages in Translation Theory, in *The Routledge Companion to Translation Studies*, ed. J. Munday, London & New York: Routledge, 2009, P. 21.

[2] K. Malmkjaer, Linguistics and Translation, in *Handbook of Translation Studies: Volume 2*, eds. Yves Gambier & Luc van Doorslaer, Amsterdam/Philadelphia: John Benjamins, 2011,

[3] 李运兴《语篇翻译引论》，北京：中国对外翻译出版公司，2001年，第5页。

[4] G. Anderman, Linguistics and Translation, in *A Companion to Translation Studies*, eds. Piotr Kuhiwczak & Karin Littau, Bristol, UK: Multilingual Matters, 2007, P. 54.

[5] M. Snell-Hornby, *Translation Studies: An Integrated Approach* (Revised edition), Amsterdam/Philadelphia: John Benjamins, 1995.

[6] Y. Gambier & R. Kaspere, Changing Translation Practices and Moving Boundaries in Translation Studies, *Babel*, 2021(1), P. 36–53.

[7] 张柏然《试析翻译的语言学研究》，《外语与外语教学》2008年第6期，第60页。

类语言学分支找寻到新的切入点，打破单纯关注语言的限制，从翻译产品、翻译过程、翻译语境甚至翻译活动参与者等多个方面进行研究，进一步加深我们对翻译的了解。本节将根据萨尔达尼亚（Gabriela Saldanha）和奥布莱恩（Sharon O'Brien）对于翻译研究方法的分类，[1] 从产品导向（product-oriented）、过程导向（process-oriented）、语境导向（context-oriented）这三个与语言学联系最紧密的研究类别，对语言学翻译研究的成果进行概括、梳理，并且展望语言学翻译研究的未来发展方向。

一、产品导向的翻译研究

产品导向的翻译研究，顾名思义研究重点放在翻译文本上，但其最终目的还是通过文本分析进一步探究社会文化等语言外因素。语篇分析很好地契合了产品导向翻译研究的目标和特点，不仅能够用来分析具体的翻译问题，考察翻译策略的使用、译者的选择，还能将文本分析进一步与社会文化语境联系起来，探讨翻译文本背后的成因。[2] 基于韩礼德（M. A. K. Halliday）系统功能语言学的语篇分析途径翻译研究兴起于20世纪90年代，主要研究"原文和译文的交际功能及其体现形式"，而这些都与语境息息相关。[3] 语篇分析途径的代表作包括哈蒂姆和梅森合著的《语篇与译者》（Discourse and the Translator）以及《译者即交际者》（The Translator as Communicator），他们提出的"语境的三个层面"[4] 包括交际层面、语用层面和符号层面，拓宽了翻译研究的视野；豪斯的《翻译质量评估：修订的模式》（Translation Quality Assessment: A Model Revisited）和《翻译质量评估：过去与现在》（Translation Quality Assessment: Past and Present）结合了韩礼德语域分析理论，提出了用于分析和比较原文及译文的翻译质量评估模式；莫娜·贝克极具影响力的翻译教科书《换言之：翻译教程》（In Other Words: A Coursebook on Translation），运用了各类功能语法和语篇分析的理论和概念探讨多个层面的对等，通过语言学理论来指导翻译实践。[5] 同时语料库的兴起也进一步推动了语篇分析途径翻译研究的发展：传统的产品导向翻译研究大多属于个案分析，有了语料库的帮助，研究的文本数量大大增加，相应地，研究发现也会更具科学性和客观性。[6]

---

1 G. Saldanha & S. O'Brien, *Research Methodologies in Translation Studies*, London & New York: Routledge, 2014.

2 Binhua Wang, Discourse Analysis in Chinese Interpreting and Translation Studies, in *The Routledge Handbook of Chinese Discourse Analysis*, ed. Chris Shei, London & New York: Routledge, 2019, PP. 613–614.

3 张美芳、钱宏《翻译研究领域的"功能"概念》，王东风主编《功能语言学与翻译研究》，广州：中山大学出版社，2006年，第81页。

4 B. Hatim & I. Mason, *Discourse and the Translator*, Longman, 1990, P. 58.

5 J. Munday, *Introducing Translation Studies: Theories and Applications* (4th edition), London & New York: Routledge, 2016, P. 142.

6 张美芳《后霍姆斯时期翻译研究的发展：范畴与途径》，《中国翻译》2017年第3期，第18–24页。

近年来翻译学者也在不断开拓创新，结合诸如评价理论、多模态语篇分析、批评语篇分析、语料库语言学等语言学理论进一步探究新的语篇分析途径翻译研究方法。评价理论是马丁（J. R. Martin）和怀特（P. R. R. White）基于系统功能语言学发展出来的对语言人际功能进行具体分析的框架，其特点在于将评价意义的甄别细化到具体的字词当中，为语篇分析提供了一个细致、方便的框架。不少翻译学者将评价理论运用在分析政治文本、新闻文本的翻译当中，通过对比原文和译文评价意义的差别，探究译者的选择及其所处的社会文化背景、意识形态等特点。在实际应用当中，翻译学者常常会将评价理论与其他学科的概念、理论相结合，提出创新的语篇分析途径翻译研究模式：比如潘莉等对于政治新闻翻译的分析就结合了评价理论、叙事学理论以及费尔克拉夫（Norman Fairclough）提出的批评语篇分析三维模型，结合语料库手段研究新闻翻译中的立场转换。[1] 李涛和潘峰则将评价理论与范·迪克（Teun van Dijk）提出的意识形态矩阵（ideological square）相结合，探讨政治文本翻译背后折射出的意识形态的影响。[2] 伴随着数字媒体的迅速发展，翻译概念本身的不断扩大和延伸，翻译研究不再仅仅关注语言这一单一模态，而开始将图像、声音等其他媒介也纳入分析范围——正如陈曦等学者指出的那样，大环境下，多模态翻译研究将是未来翻译研究的一个新热点。[3] 多模态语篇分析强调语言只能表述一部分的意义，而其他诸如图像、声音、排版等模态也组成了意义的一部分，因此探究"文本"意义必须将所有模态都纳入考虑范围。[4] 起源于系统功能语言学和社会符号学的系统功能多模态语篇分析是多模态翻译研究中最常使用的研究方法，其"将概念功能、人际功能和语篇功能这三大元功能延伸到视觉层面，从多模态语篇分析的视觉语法这一视角，赋予多模态资源再现意义、互动意义和构图意义"。[5] 多模态翻译研究一开始主要集中于影视翻译和儿童文学翻译的范畴，鲜少对例如广告、商业文本等应用文本进行研究。在对语篇分析途径翻译研究进行文献梳理的过程中，张美芳等学者也发现多模态翻译研究主要集中于影视翻译，多模态途径还有很大的发展空间和潜力。[6] 近年来，翻译学界也逐渐将研究目光转移到例如公告语翻译、新闻翻译、口译等其他翻译场景，探究图片、视频、音乐、字体、排版等模态资源如何相互作用、构

---

[1] Li Pan & Sixin Liao, News Translation of Reported Conflicts: A Corpus-based Account of Positioning, *Perspectives*, 2021(5), PP. 722–739.

[2] Tao Li & Feng Pan, Reshaping China's Image: A Corpus-based Analysis of the English Translation of Chinese Political Discourse, *Perspectives*, 2021(3), PP. 354–370.

[3] 陈曦、潘韩婷、潘莉《翻译研究的多模态转向：现状与展望》，《外语学刊》2020年第2期，第80–87页。

[4] G. Kress, Multimodal Discourse Analysis, in *The Routledge Handbook of Discourse Analysis*, eds. James Gee & Michael Handford, London & New York: Routledge, 2013, PP. 61–76.

[5] 吴赟《媒介转向下的多模态翻译研究》，《外国语》2021年第1期，第119页。

[6] Meifang Zhang et al., Mapping Discourse Analysis in Translation Studies via Bibliometrics: A Survey of Journal Publications, *Perspectives*, 2015(2), PP. 223–239.

成文本意义。各类新媒体、社交平台的崛起也催生了一系列新的交际模式和翻译活动，例如字幕组翻译、弹幕翻译等，这些新型的翻译文本也给翻译研究带来了新的挑战和机遇。运用语篇分析途径对这些翻译文本进行研究，不仅能够探寻这些新兴翻译活动、平台的特点，也能更新我们对于翻译这一动态、开放的"集群概念"的认识和理解。另外，在当今国际形势异常复杂的情况下，讲好中国故事，传播中国声音的重要性显而易见，而我们也可以通过对于各类翻译文本的研究，尤其是政治、文学、新媒体翻译的研究，进一步探索增强对外传播影响力的途径和方法。

二、过程导向的翻译研究

尽管产品导向的翻译研究一直占据了翻译研究的半壁江山，但近年来翻译研究也逐渐转向对于翻译过程的探索，注重翻译当中"人"的因素，试图了解译者脑中"黑匣子"的运作机制。这一类研究能够进一步验证文本分析的发现，加深我们对文化语境的了解。[1] 想要窥探翻译过程中的认知活动并不容易，翻译涉及两种语言之间的解码、转码，这也要求过程导向翻译研究借助各类理论方法，尤其是语言学理论来进一步探寻、解释翻译过程的复杂性。[2] 诸如心理语言学、认知语言学、神经语言学等领域都关注大脑这个"黑匣子"的运作机制，它们对翻译过程研究的相关性和重要性不言而喻。这三大当代语言学的重要分支能够帮助翻译研究者"探索翻译过程的心理机制、认知模式和脑区功能"。[3] 早期的过程导向翻译研究最常使用的方法是来源于心理语言学的有声思维法（think-aloud protocols），通过译者口头报告翻译时的种种决策，来探究译者的思维过程。[4] 但是运用有声思维法进行翻译过程研究也有不少问题，例如实验对象的口头报告可能与实际情况不符，实验环境对实验者心理的影响，翻译过程和口头报告两者同时进行也可能会影响翻译的加工和生产。随着科学技术的不断发展，各种实验仪器和分析软件的出现，例如"键盘记录、屏幕记录、眼动跟踪和各式各样的成像和扫描技术"，[5] 也为翻译过程研究带来了新气象。

心理语言学作为一门跨学科的研究领域，致力于了解语言的习得、理解、生产以及

1　J. Munday, Issues in Translation Studies, in *The Routledge Companion to Translation Studies*, ed. Jeremy Munday, London & New York Routledge, 2009, P. 12.

2　B. E. Dimitrova, Translation Process, in *Handbook of Translation Studies* (Volume 1), eds. Yves Gambier & Luc van Doorslaer, Amsterdam/Philadelphia: John Benjamins, 2010, P. 406.

3　邹兵、穆雷《语言学对翻译学的方法论贡献——特征、问题与前景》，《中国外语》2020年第3期，第80页。

4　李德超、王巍巍《关于有声思维法口译研究》，《外语教学与研究》2011年第6期，第900-910页。

5　G. Hansen, The Translation Process as Object of Research, in *The Routledge Handbook of Translation Studies*, eds. Carmen Millán & Francesca Bartrina, London & New York: Routledge, 2013, P. 88, PP. 106–119.

语言在大脑中表征和处理的机制。[1] 心理语言学途径的翻译研究主要关注以下几个核心话题：翻译过程中译者对于词汇、句法的处理，口译过程中如流利度、耳口差等与时间相关的问题，记忆力分配和认知控制，翻译的语言方向性以及译者在翻译过程中的阅读模式。[2] 认知语言学主要探究"人类语言、大脑和社会—物理经验之间的关系"，[3] 它包含了各式各样的理论和方法，例如"主要研究语义问题的概念隐喻理论、转喻理论、框架语义学、概念整合理论，以及主要研究形态句法问题的认知语法框架和结构语法框架"。[4] 认知语言学给翻译研究带来了新的翻译语言观以及理论模型和研究方法。[5] 神经语言学是一门结合了神经/神经生理学理论和语言学理论的学科，主要探究大脑各方面的结构和功能与语言交流之间的关系。[6] 翻译的过程中涉及了"一系列与大脑和语言有关的认知活动"，[7] 例如语言的解码、转码、词汇、句法的选择等；基于两个学科对于大脑和语言的关注，神经语言学无疑能为翻译过程研究带来一些跨学科的启示。早期的神经语言学主要研究诸如失语症等语言障碍问题，但近年来随着脑电图、功能性近红外光谱、功能磁共振成像、正电子发射断层扫描等神经影像技术的出现和发展，我们得以进一步了解人们在使用语言时大脑的运作机制。[8] 这些技术"通过大脑中的脑电波，或者大脑中血红蛋白的变化情况，或者神经元活动所引发的血液动力的变化"，[9] 也能帮助我们探寻翻译过程中译者大脑的各类活动和运作机制。用实证—实验路径探究翻译过程的研究往往会结合多种方法来获取不同角度的数据，比如眼动跟踪分析、脑电图或功能磁共振成像辅以访谈法、对于翻译产品语料库的分析等，以便获得更加综合、客观的发现。认知、心理、神经语言学路径的翻译过程研究要注重完善实验设计，保持和相邻学科的交流。另外，我们也需要注重从社会学和文化性的角度阐释翻译作品背后的政治、社会和历史、文化等因素，将这些发现"与基于实验和实证的研究路径形成有益的互补，比较全面地研究翻译的认知过程"。[10]

1　E. M. Fernández & H. S. Cairns, *Fundamentals of Psycholinguistics*, John Wiley & Sons, 2010, P. 1.

2　A. Chmiel, Translation, Psycholinguistics and Cognition. in *The Routledge Handbook of Translation and Cognition*, eds. Fabio Alves & Arnt Lykke Jakobsen, London & New York: Routledge, 2020, PP. 219–238.

3　V. Evans, B. Bergen & J. Zinken, The Cognitive Linguistics Enterprise: An Overview, in *The Cognitive Linguistics Reader*, eds. V. Evans et al., Equinox Publishing Ltd., 2007, P. 2.

4　A. Rojo & I. Ibarretxe-Antuñano, Cognitive Linguistics and Translation Studies: Past, Present and Future, in *Cognitive Linguistics and Translation: Advances in Some Theoretical Models and Applications*, eds. A. Rojo & Iraide Ibarretxe-Antuñano, De Gruyter Mouton, 2013, P. 10.

5　文旭、肖开容《认知翻译学》，北京：北京大学出版社，2019年。

6　E. Ahlsén, *Introduction to Neurolinguistics*, Amsterdam/Philadelphia: John Benjamins, 2006, P. 3.

7　徐莉娜、王娟《翻译失语的神经语言学解释——以笔译期末考试的检测分析为例》，《翻译界》2021年第2期，第80页。

8　徐海铭、郑雨轩《神经语言学视角下的口译实证研究综述》，《外国语》2021年第5期，第115–125页。

9　李德凤《翻译认知过程研究之沿革与方法述要》，《中国外语》2017年第4期，第12页。

10　同上，第12页。

三、语境导向翻译研究

语境导向翻译研究主要关注对译者或者翻译活动产生影响的各类外部因素，例如对意识形态、经济、政治环境等方面的分析和探究。[1] 说起对意识形态、语境的关注，我们首先能想到的语言学理论或许就是批评语言学了。批评语言学，又叫批评语篇分析，这一门跨学科的领域从语用学、社会语言学、语篇语言学等学科获得启发，发展出了各类不同的理论模型、分析方法，但这些途径都有着共同的目标：从符号学的维度探究"社会中的权力、不公正以及政治经济和社会、文化的变化"。[2] 在批评语篇分析中，语境是个极为重要的概念，另外，语言与权力之间的关系也是其重点分析的对象；批评语篇分析常常被用来分析各类涉及权力博弈、冲突的话语，比如政治话语、媒体话语等。翻译这项复杂的活动也受到了各种社会文化因素的影响。从批评语言学的角度探究翻译，能够帮助我们挖掘翻译背后的权力关系，尤其是对意识形态的讨论和探究。基于两者的共同点，不少翻译学者开始运用批评语篇分析的方法来分析翻译文本，并且解读对翻译活动产生影响的各类因素。例如张美芳等学者结合费尔克拉夫提出的批评语篇分析三维模型对中国政治文本的英译进行探究，着重关注"同志"这一词在不同时期政治文本中的翻译，从社会、政治环境的变化探索其不同翻译策略的成因。[3]

批评语篇分析途径也受到了一些质疑，包括分析时使用的数据量太少，分析过程中可能掺杂过多主观因素，研究中使用的例子可能是精心挑选的，并不具备代表性；这些缺点在语料库的辅助下被一一破解。因此，越来越多的翻译研究开始将语料库和批评话语分析结合起来，探索翻译文本或者翻译过程背后的种种影响因素。基于语料库的批评翻译研究，一方面引入新的研究方法：传统的批评话语分析通常只是数据量非常小的质性研究，而语料库的出现使得量化研究成为可能；另一方面这一类研究也拓宽了批评话语分析途径翻译研究的视野，语料库工具中可以分析的语言特征，例如词频、搭配、语义韵等都可以反映语言与权力之间的关系。[4] 当然，除了以上提到的研究目标，语料库翻译学研究这样定性与定量结合的方法还可以从语料库语言学以及统计学中吸收经验，使用更加多样和科学的方法，例如因子分析、多变量分析等手段，以期获得更加科学、客观的研究发现和结论。[5]

---

[1] G. Saldanha & S. O'Brien, *Research Methodologies in Translation Studies*, London & New York: Routledge, 2013, P. 205.

[2] R. Wodak, Critical Discourse Analysis, in *The Routledge Companion to English Studies*, eds. Constant Leung & Brian V. Street, London & New York: Routledge, 2014, P. 302.

[3] Meifang Zhang et al., Changes of Strategies in Political Discourse Translation: A Case Study of the Translation of "Tong Zhi", *Translation Quarterly*, 2021, PP. 1–12.

[4] Kaibao Hu & Xiaoqian Li, Corpus-based Critical Translation Studies: Research Areas and Approaches, *Meta*, 2018(3), PP. 583–603.

[5] 胡开宝、朱一凡、李晓倩《语料库翻译学》，上海：上海交通大学出版社，2018年，第215页。

因为篇幅有限，我们没办法细致介绍和回顾各类语言学翻译研究的方法，需要强调的一点是翻译研究越来越注重多重检核，例如通过翻译过程研究来进一步验证对于翻译产品研究得到的发现，使得出的结论更具说服力。翻译研究具有多元性和跨学科的特点，这使得翻译研究能够积极借鉴其他学科的理论和知识来促进自身的发展。语言学毫无疑问为翻译研究的建立、成长做了非常多的贡献，当代语言学的发展和繁荣也为翻译研究提供了新思路、新方法。前文简要概述的诸如语篇分析、认知语言学、神经语言学等语言学的分支都为翻译研究注入了新鲜的血液。语言学和翻译研究应该保持互相交流和学习的关系，密切关注对方的学科发展。语言学能够为翻译研究带来启示，同样的，我们也期待翻译研究能反哺语言学，就像有学者所说的那样，"翻译本质上是难以捉摸、难以定义的，它也总是试图从我们想要固定住它的框架里跳脱出来"。[1] 翻译研究需要语言学，但不能仅仅限制在语言学的框架当中，我们要做的是充分利用语言学的优势，同时也与其他相关学科交叉，发展出翻译研究的独特范式。

思考题

1. 请结合本章内容简述语言与翻译之间的关系。
2. 如何理解翻译具有语言创新的功能？翻译是如何推动汉语发展的？
3. 早期的语言学翻译研究具有怎样的特点？
4. 现代的语言学翻译研究和早期相比有哪些不同？
5. 文化翻译研究兴起之后，语言学翻译研究是否失去了存在的价值？为什么？
6. 心理语言学为翻译研究带来了哪些方法论突破？
7. 有人说，对比语言学是翻译的认识工具，你赞成这种说法吗？
8. 请结合实例谈一谈语言学还能从哪些方面给翻译研究带来启示。
9. 翻译研究能给语言学领域的探索带来怎样的启迪？
10. 谈一谈在中国语境下，语言学翻译研究有哪些值得关注的发展前景。

---

[1] A. Şerban, Linguistic Approaches in Translation Studies, in *The Routledge Handbook of Translation Studies*, eds. Carmen Millan-Varela & Francesca Bartrina, London & New York: Routledge, 2013, P. 223.

推荐阅读书目

Hatim, B. & I. Mason. 1990. *Discourse and the Translator*. New York: Longman.

Hatim, B. & I. Mason. 1997. *The Translator as Communicator*. London & New York: Routledge.

Malmkjaer, K. 2018. *The Routledge Handbook of Translation Studies and Linguistics*. London & New York: Routledge.

Steiner, G. 1998. *After Babel: Aspects of Language and Translation*. Oxford: Oxford University Press.

陈福康,《中国译学理论史稿》(修订本),上海:上海外语教育出版社,2000。

胡开宝、朱一凡、李晓倩,《语料库翻译学》,上海:上海交通大学出版社,2018。

李运兴,《语篇翻译引论》,北京:中国对外翻译出版公司,2001。

谭载喜,《西方翻译简史》(增订版),北京:商务印书馆,2004。

王东风,《功能语言学与翻译研究》,广州:中山大学出版社,2006。

文旭、肖开容,《认知翻译学》,北京:北京大学出版社,2019。

第五章
翻译与文学

第一节 翻译与文学的关系

一、翻译与文学的不解之缘

美国当代学者达姆罗什（David Damrosch）在《导言：理论与实践中的世界文学》中，曾引入卡尔维诺（Italo Calvino）《看不见的城市》里的艺术描述：远古时代的小亚细亚有一个"贸易之城"欧菲米亚，每年的春分、秋分、夏至和冬至，来自七个国家的商旅驼队和船舶都会聚集那里。到欧菲米亚来绝非只为做买卖，也为了入夜后围着集市四周点起的篝火堆，聆听别人所说的诸如"狼""妹妹""隐蔽的宝藏""战斗""情人"等词语以及他们自身经历的这类故事。你知道在归程的漫漫旅途上，为了在驼峰间或平底帆船舱内的摇摇晃晃中保持清醒，你会再度翻出所有的记忆，那时你的狼会变成另一只狼，你的妹妹会变成另一个妹妹，你的战斗也变成另一场战斗。[1] 我们不否认卡尔维诺说的"到欧菲米亚来绝非只为做买卖，也为了入夜后围着集市四周点起的篝火堆"，聆听你我相传的故事。但我们倾向于说，远古人类之间的往来交流首先应是一种商贸行为，因为对于那时的人类，生存还是第一要务。不过我们更想说的是，远古人类之间的往来交流必有语言之间的翻译活动介入并伴随。重点在于，哪怕初衷是为了商品贸易的翻译活动，最终留下来的却是一个个文学的传说。翻译因商贸往来而开始，但贸易的结束只结束了贸易，附带的文学故事却留传下来，这或许就是翻译与文学的不解之缘吧。

达姆罗什想要说明，世界上最早的两种文字体系通过美索不达米亚和埃及的商贸往来相互影响，"世界文学最初的形式很可能就是在这种贸易路线上互相讲述的故事"。[2] 我们认为，这里的"世界文学"也可以说是口头的"翻译文学"。当然，这种引入文学

---

[1] 参见达姆罗什等《世界文学理论读本》，北京：北京大学出版社，2013年，第4页。
[2] 同上，第4页。

片段来进行客观论证的方式，是否可靠？谢天振等著的《简明中西翻译史》给出了肯定的答案："公元前3000年左右，埃及人完成了'象形文字'的创制，两河流域的苏美尔人也创制了一种'楔形文字'，由此可见这些地方的文化已发展到相当高的程度。"[1] 甚至，不仅两种文明之间通过商贸往来相得益彰，而且，作为西方文化源头的古希腊文明的形成，也"受惠于古埃及和近东地区的灿烂文化，其中翻译无疑是不同文明之间相互学习的最主要手段。"[2] 所以可以说，翻译促进了文字体系的发展，促进了文学的土壤与环境即文化与文明的发展。

在中西翻译史上，都出现过与文学密切相关的翻译高潮。据谭载喜研究，西方翻译史上"曾出现过六次高潮"：第一次是公元前3世纪中叶罗马对希腊作品的拉丁文翻译；第二次是罗马帝国后期至中世纪初期对《圣经》的拉丁文翻译；第三次是中世纪中期对希腊典籍从阿拉伯语到拉丁文的转译；第四次是文艺复兴时期深入到思想、文学、政治、哲学、宗教等领域的多民族语言的翻译；第五次是17世纪下半叶至20世纪上半叶对古典作品和近现代西方文学巨匠的多民族语言的翻译；第六次是二战结束以来在翻译范围、规模、作用和形式上发生巨大变化的翻译活动，[3] 虽然其范围扩大到科学、技术、政治、经济等方方面面，但文学翻译仍令人刮目相看。我们注意到，西方六次翻译高潮中，只有第二次关乎《圣经》的翻译，余下的五次或者专涉文学翻译，或者文学翻译分量不轻。

据马祖毅研究，"从周到清这一漫长的历史阶段内，我国出现了三次翻译高潮，即从东汉到宋的佛经翻译，明末清初和从鸦片战争到清末的两次西学翻译"。[4] 许钧尤其指出："第三次翻译高潮开启了伟大的文学翻译时代。""从某种意义上来说，文学翻译时代的到来，标志着人类灵魂交流的进一步深入，中西文化对话跨上了一个新的台阶。"[5] 虽然第一次翻译高潮关乎佛经的翻译，第二次翻译高潮主要涉及古希腊哲学和科学、17世纪自然科学以及基督教教义的翻译，但是，早在这两次高潮之前的大约公元前528年，就有了《越人歌》这样完整的诗歌翻译，记录了当时一越人对泛舟江上的楚王胞弟鄂君子晢的倾慕之情，这是我国有文字记载以来最早的文学翻译作品，标志着翻译活动在其滥觞期就与文学结缘了。

---

[1] 谢天振、何绍斌《简明中西翻译史》，北京：外语教学与研究出版社，2013年，第4页。

[2] 同上，第4页。

[3] 谭载喜《西方翻译简史》（增订版），北京：商务印书馆，2004年，第2-4页。

[4] 参见许钧《翻译概论》，北京：外语教学与研究出版社，2009年，第18页。

[5] 许钧《翻译概论》，北京：外语教学与研究出版社，2009年，第18页。

二、翻译活动对译入语文学的影响

古今中外，翻译活动对译入语文学的形成与发展，起到了不可低估的作用，甚至产生了重要影响。

表现之一在文学语言上。文学是语言的艺术，只有语言文字的丰富多彩，才能表达情感世界的丰富多彩，语言的贫瘠无法描绘一个气象万千的客观世界，也无法创造一个斑斓多姿的精神世界。我国的佛经翻译从东汉至宋代，构成中国翻译史上的第一次高潮。上千年的佛经翻译使得印度佛教文化渐渐融入中华传统文化，也给中国传统语言文学的形成与发展带来新的元素，"显绩"之一就是汉语词汇有了大量新的"容纳"和新的"增展"。梁启超在《翻译文学与佛典》中谈到"翻译文学之影响于一般文学"时，指出的第一点就是"国语实质之扩大"，主要有两个渠道：一是"缀华语而别赋新义"，即通常所说之意译；二是"存梵音而变为熟语"，即通常所说之音译。梁启超又指出："近日本人所编《佛教大辞典》，所收乃至三万五千余语。此诸语……实汉晋迄唐八百年间诸师所创造，加入吾国语系统中而变为新成分者也。"[1]

翻译在推动中国文学语言发展方面又一例证，就是促成传统白话文向现代白话文的过渡，使现代白话文走向成熟。在五四新文化运动之前，传统白话文既缺少丰富的字汇和严谨的句法，也缺少对情感和美感的细微表现力。鲁迅曾说"中国的文或话，法子实在太不精密了，……讲话的时候，也时时要辞不达意，这就是话不够用"。[2] 傅雷在谈到白话文时也深有感触："我们现在所用的，即是一种非南非北、亦南亦北的杂种语言。凡是南北语言中的特点统统要拿掉，所剩的仅仅是一些轮廓，只能达意，不能传情。故生动、灵秀、隽永等等，一概谈不上。"[3] 针对这样的语体文情况，鲁迅提出：翻译"不但在输入新的内容，也在输入新的表现法"。总之，要"一面尽量的输入，一面尽量的消化，吸收，可用的传下去了，渣滓就听他剩落在过去里"。[4] 傅雷则认为在翻译过程中，"为创造中国语言，加多句法变化等等，必要在这一方面去实验，我一向认为这个工作尤其是翻译的人的工作"。[5] 也正因为梁启超、胡适、钱玄同、刘半农、鲁迅、傅雷、朱生豪、查良铮等有识之士和优秀翻译家的倡导和实践，现代白话文才慢慢走向成熟与丰满。如今，像"幸福""社会""团体""阶级""自由""贸易""幽默"等因翻译而出现的名词，已经成为现代汉语中的常用词了。同样的例子也出现在西方。马

---

[1] 梁启超《翻译文学与佛典》，罗新璋《翻译论集》，北京：商务印书馆，1984年，第63页。
[2] 鲁迅《鲁迅和瞿秋白关于翻译的通信》，罗新璋《翻译论集》，北京：商务印书馆，1984年，第276页。
[3] 傅雷《傅雷文集·书信卷》，合肥：安徽文艺出版社，1998年，第147页。
[4] 鲁迅《鲁迅和瞿秋白关于翻译的通信》，罗新璋《翻译论集》，北京：商务印书馆，1984年，第276–277页。
[5] 傅雷《傅雷文集·书信卷》，合肥：安徽文艺出版社，1998年，第148页。

丁·路德通过《圣经》的翻译与传播，最终使大众德语"从俗语言逐渐提升成为了规范语言"。[1] 此外，王克非也曾从被动式使用频率和范围的扩大、句式趋向复杂多样、句序变灵活三方面，论证了翻译对汉语句法的影响。[2]

表现之二在艺术形式上。小而言之，艺术形式可指语言的表达方式。从文学作品看，艺术形式首先是一种语言形式，所以在此有必要谈及一种翻译的"文体"。梁启超认为，"翻译文学之影响一般文学"表现有三点，第一点前面已说，第二点就是"语法及文体之变化"。他说："吾辈读佛典，无论何人，初展卷必生一异感，觉其文体与他书迥然殊异"。翻译中出现的"白话新文体""为我国文学界开一新天地"。[3] 胡适认为佛经翻译给中国文学史"创了不少新文体"，"在中国文学最浮靡又最不自然的时期，……佛教的译经起来，……造成一种文学新体……，留下无数文学种子在唐以后生根发芽，开花结果"。[4] 王小波也曾谈到过"文体"："我认为最好的文体都是翻译家创造出来的。傅雷先生的文体很好，汝龙先生的文体更好。查良铮先生的译诗，王道乾先生翻译的小说——这两种文体是我终生学习的榜样。"[5] 上述三人所说的文体，都是指目的语在翻译过程中的言说方式、表现形式。梁晓声从"翻译文体"的角度做过这样的阐释："所谓'翻译文体'……是一种人类文学语言的再创造，必自成美学品格。它既有别于原著的母语文字，也不同于译者所运用的客体文字，它必是二者的结合。它在语音的抑扬顿挫、句式的节奏、通篇整体的气韵等等方面，必是十分讲究的。它必不至于忽视母语文字风格的优长，也须着意于发挥客体文字表述的特点。一部上乘的翻译作品，如同两类美果成功杂交后的果子。若精当如此，当然便是创造！"[6] 所以，有文字追求的中国作家几乎都爱读这样的文字，因为它糅合了两种文字的表达方式和风格特色，格外别致。

大而言之，艺术形式可指文学类型上的种种划分。梁启超认为"我国近代之纯文学——若小说，若歌曲，皆与佛典之翻译文学有密切关系"。"想象力不期而增进，诠写法不期而革新，其影响乃直接表见于一般文艺。"他认为近代巨制《水浒传》《红楼梦》"受《华严》《涅槃》之影响者实甚多"；"宋元明以降，杂剧传奇弹词等长篇歌曲，亦间接汲《佛本行赞》等书之流焉"。[7] 据胡适考证，印度文学中的小说体、半小说体和半戏剧体的作品，在形式上的布局和"悬空结构"，与我国后来的"小说、戏剧的发达都

---

[1] 许钧《翻译概论》，北京：外语教学与研究出版社，2009年，第204页。
[2] 王克非《近代翻译对汉语的影响》，《外语教学与研究》2002年第6期，第458-463页。
[3] 梁启超《翻译文学与佛典》，罗新璋《翻译论集》，北京：商务印书馆，1984年，第65页。
[4] 胡适《佛教的翻译文学》，罗新璋《翻译论集》，北京：商务印书馆，1984年，第68页，第76页。
[5] 王小波《王小波文集》第四卷，北京：中国青年出版社，1997年，第345页。
[6] 参见上海译文出版社《作家谈译文》，上海：上海译文出版社，1997年，第275-276页。
[7] 梁启超《翻译文学与佛典》，罗新璋《翻译论集》，北京：商务印书馆，1984年，第66-67页。

有直接或间接的关系""印度人的幻想文学之输入确有绝大的解放力",《西游记》就受到印度幻想文学的影响。[1] 施蛰存则认为近代外国文学译本改变了小说的创作方法,提高了小说在文学上的地位,中国传统小说章回体的叙述方式渐渐被取代。[2]

表现之三在艺术思想上。翻译活动在带来新的词汇的同时,也随之带来新的思想和观念,正如梁启超所言"夫语也者所以表观念也"。[3] 我们还是从以下三个方面展开论述:在文艺理论方面,据孟昭毅等考,《文心雕龙》中强调"心"在创作中的作用与佛学的心性理论不无关系;中国文学思想史上的"形神"论里可发现佛教、佛典影响的痕迹,"佛理与中国文艺思想的密切关系在中国已形成传统";[4] 中国"诗文评"的招牌概念"意境"可以说是"中华民族和佛学思想两种基因"的"混血"。[5] 在文艺思潮方面,如果说,鲁迅、巴金、茅盾、郭沫若等作家通过外国原著的阅读和翻译"以作借镜",促进和鼓励创作,[6] 那么大多数作家还是通过他者的翻译得到启示、引发灵感。文学研究会"有目的、有计划、有重点地翻译介绍外国现实主义文学";[7] 创造社通过对西方浪漫主义文学的译介、践行和推广,也为"建设新文学,传播新思想"和发展中国浪漫主义文学做出努力;此外,新小说对于中国先锋小说作家马原、洪峰等的影响,魔幻现实主义对于莫言等的影响,均离不开翻译的渠道。在作品主题方面,从中外文化交流层面说,灵魂的交流首先是思想的传递。以五四新文化运动为例,当时通过翻译来"创造新文学"成为文坛热切的追求。胡适说"创造新文学,……只有一条法子:就是赶紧多多的翻译西洋的文学名著做我们的模范"。[8] 鲁迅喊出了"别求新声于异邦"。

新文学的思想和精神包括:反对封建文化思想的资产阶级新文化和民主主义思想,改造旧中国所需要的"德先生"和"赛先生",追求个性解放、妇女解放的进步思想,追求民族独立和解放的爱国主义思想和反抗剥削和压迫的人道主义精神。许钧在论及杨义的《文学翻译与百年中国精神谱系》时说:"文学翻译一直贯穿在中国思想和精神文化的演进轨迹中。"[9] 这也从一个侧面论证了斯达尔夫人(Madame de Staël)的话:翻译"对文学最大的贡献就是把人类精神的巨著从一种语言搬到另一种语言"。[10] 五四新文学

1　胡适《佛教的翻译文学》,罗新璋《翻译论集》,北京:商务印书馆,1984年,第75–77页。
2　参见王向远《翻译文学导论》,北京:北京师范大学出版社,2004年,第68页。
3　梁启超《翻译文学与佛典》,罗新璋《翻译论集》,北京:商务印书馆,1984年,第63页。
4　孟昭毅、李载道《中国翻译文学史》,北京:北京大学出版社,2005年,第5页。
5　杜书瀛《文学是什么:文学原理简易读本》,北京:中国社会科学出版社,2018年,第235页。
6　鲁迅《关于翻译》,罗新璋《翻译论集》,北京:商务印书馆,1984年,第289页。
7　孟昭毅、李载道《中国翻译文学史》,北京:北京大学出版社,2005年,第96页。
8　参见王向远《翻译文学导论》,北京:北京师范大学出版社,2004年,第62页。
9　许钧《翻译概论》,北京:外语教学与研究出版社,2009年,第213页。
10　参见许钧《翻译概论》,北京:外语教学与研究出版社,2009年,第213页。

正是借"西方来的水"发展成长起来，正如李大钊所说，"宏深的思想、学理、坚信的主义，优美的文艺，博爱的精神，就是新文学新运动的土壤、根基"。[1]

第二节　文学翻译与文学翻译理论

一、文学翻译的本质思考

"文学"一词在中国古籍中早已有之。从先秦到唐宋，"文学"所指不一，内涵有分有合。据杜书瀛考，"文学作为专指语言艺术的美学术语，在中国是20世纪初特别是五四新文学运动以后才被确定下来，并被广泛使用……而成为艺术的一种样式的名称"。[2] 据方维规考：在古拉丁语和中古拉丁语中，"文学"（litteratura）一词源于"字母"（littera），多半指书写技巧、作文知识及其运用。文学作为"'纯粹的'、'排他的'现代文学概念，只有一百多年历史"；而根据19世纪欧洲对"文学"概念的宽泛界定，"它是体现人类精神活动之所有文本的总称"。[3]

中西"文学"都经历了与相邻学科、相关知识分分合合的过程，在"文学"的边界时而收缩时而扩展中，几乎同时演化成现代的文学概念。那么现代关于"文学"该如何定义呢？《现代汉语词典》（第7版）解释为：文学是"以语言文字为工具形象化地反映客观现实的艺术，包括戏剧、诗歌、小说、散文等"；《辞海》解释为：文学"……现代专指用语言塑造形象以反映社会生活，表达作者思想感情的艺术，所以又称为'语言艺术'……"。结合我们的认识，粗略地说：文学就是各时代、各地域的人们的想法、看法、做法、活法的一种艺术写照，是某时某地的物质文明和精神文明的反映。从文学性的角度出发，我们可以具体一点说：文学是以语言符号为塑造形象的媒介，来描绘人类的精神世界和心灵化的现实世界，达成审美享受和情感触动的艺术创作和阅读。

那么，文学翻译与一般翻译的不同就在于文学翻译具有文学性。那么，什么是文学性？文学性就是文学作品所特有的可以区别于其他作品的质性。它不同于具有可视影像的电影艺术，不同于依靠色彩线条的绘画艺术，也不同于依靠听觉来欣赏节奏旋律的音乐艺术。文学的魅力全靠语言文字来彰显，所以说，"文学是语言的艺术"是句很朴实的真理，也因此，文学翻译就是"怎么译"的语言艺术，需要在语言上下功夫。译者需

---

[1] 参见孟昭毅、李载道《中国翻译文学史》，北京：北京大学出版社，2005年，第6页。
[2] 杜书瀛《文学是什么：文学原理简易读本》，北京：中国社会科学出版社，2018年，第272页。
[3] 方维规《西方"文学"概念考略及订误》，《读书》2014年第5期，第14–15页。

要通过彰显文字的表现力来调动读者的艺术想象力；通过彰显文字的抒情性来感染译语读者；通过彰显文字的感性力量来触动译语读者的艺术直觉。从这样的认识出发，我们来看茅盾对文学翻译的定义："文学的翻译是用另一种语言，把原作的艺术意境传达出来，使读者在读译文的时候能够像读原作时一样得到启发、感动和美的感受"。[1]这样的定义可能因为见仁见智的问题而让人觉得并不十分完美，但明显不同于前面关于"翻译"的定义。一般的翻译或非文学的翻译只需要译意，谈不上"感动和美的感受"。总之，这个定义还是把"翻译"和"文学翻译"区别开了。许渊冲的文学翻译"不但要译意，还要译味"，也与一般翻译的定义拉开了距离。在此，我们也可以给出我们的认知：文学翻译是通过创造性的"换言之"来实现原作的思想内容和艺术形式的传递，达成与原作等效的审美享受和情感触动的跨文化交流活动。

二、文学翻译的基本矛盾探析

文学翻译实践中的基本矛盾，也是翻译研究领域绕不过去的基础话题，主要包括以下三对矛盾。

一是直译与意译。直译与意译是翻译实践中可能首先遇到的一对矛盾，涉及表达方式、表达习惯、句法结构、修辞手法等形式与内容的关系。

出发语和目的语之间的距离，有时因人类共处地球村，具有一致的人性心理结构和知识体系而相近；有时因地域之间的文化差异和生活方式、表达方式不同而相远。翻译中的直译，是指出发语所表达的内容和形式在目的语中有表达层面的对应，原文的词汇和结构、比喻和修辞、形象和色彩与译入语表达的规范性不冲突，而可以直接进行的翻译；简单说，就是原文内容和形式在译文中均可兼顾和保留的翻译方法。意译是指出发语所表达的内容和形式在目的语中无表达层面的对应，为了保留原文的意义，而选择符合译入语读者阅读习惯的翻译方法；简单说，就是两种语言因表意形态不同，只保留原文之"意"而放弃原文之"形"的翻译方法，意译也可以用得意忘言、不落言筌来解释。

20世纪初，直译与意译的问题随着文学翻译活动的广泛展开而突显出来。1922年，茅盾就写过《"直译"与"死译"》，"相信直译在理论上是根本不错的"；[2] 1934年，又发表了《直译·顺译·歪译》，指出直译"在五四以后方成为权威"。[3] 茅盾、傅斯年、郑振铎、周建人等都主张直译。鲁迅更是"宁信而不顺"，欲借直译来创造我们新的现代语言。20世纪20至30年代，以鲁迅为代表的直译派与以梁实秋为代表的意译派曾发生

---

1 茅盾《为发展文学翻译事业和提高翻译质量而奋斗》，罗新璋《翻译论集》，北京：商务印书馆，1984年，第511页。
2 茅盾《"直译"与"死译"》，罗新璋《翻译论集》，北京：商务印书馆，1984年，第344页。
3 茅盾《直译·顺译·歪译》，罗新璋《翻译论集》，北京：商务印书馆，1984年，第351页。

激烈的论战。几乎每位从事翻译研究的人都关注过这对矛盾，名家更不例外。许渊冲最初对直译、意译与忠实的关系有过前后不尽相同的认识，但后来调整了观点："总而言之，无论直译还是意译，都要把忠实于原文的内容放在第一位，把通顺的译文形式放在第二位，把忠实于原文的形式放在第三位……；如果通顺和忠实于原文的形式之间有矛盾，那就不必拘泥于原文的形式"。[1]

自五四以来，围绕直译与意译展开的论争一波又一波，其中也有一个原因，就是坚持意译者把"死译""硬译""呆译"等洋泾浜式的翻译当作直译加以批驳；坚持直译者把随意增减、越矩离谱的"胡译""乱译"和自由过度的阐释视为意译加以反击，这种理解上的分歧使得双方很难针对问题的实质展开交锋。也有不少学者认为，直译与意译不应当彼此对立，相互排斥，而应当相互补充，相互协调。朱光潜就认为"直译与意译的分别根本不应存在"。[2] 王佐良认为"一部好的译作总是既有直译又有意译的：凡能直译处坚持直译，必须意译处则放手意译"。[3] 徐永煐则认为"意译的极端是自由，直译的极端是机械"，但"双方各有合理的成分"。[4] 在我们看来，直译与意译作为两种最基本的翻译方法，都是翻译工具仓库里的工具，都有发挥自己功能的时候，偏废一方都不可取。直译似应包括意译，意译的地方可以随着时间的推移而改成直译的方法，如He met his waterloo，曾意译为"他吃了大败仗"，但现在直译为"他遭遇了滑铁卢"也能被读者接受了。直译的一个功能就是可以引进新的语言形式，保留原文的语言风格标记，传递出异域风情。正如Kill two birds with one stone，"一石二鸟"的直译在"一箭双雕"外又丰富了我们的表达形式。但a black sheep如果直译为"黑羊"能否具有"害群之马"的本意，还有待时间的验证。鲁迅说翻译"必须兼顾着两面，一当然力求其易解，一则保存着原作的丰姿"。[5] "求其易解"要兼顾意译，"保存着原作的丰姿"要兼顾直译。优秀的译者应当在翻译实践过程中，既注意到直译与意译二者的矛盾对立，又能发现二者的辩证统一，只有二者的相辅相成才能生成优秀的译作。

二是归化与异化。归化与异化可以说源于直译与意译，但又超越直译与意译。直译与意译主要在语言层面，也触及文学层面，探讨翻译实践中的具体问题；而归化与异化则延伸到广泛的诗学层面、文化层面乃至政治层面，探讨翻译实践活动的策略、方针等问题。20世纪20至30年代的直译派与意译派论战时期，我们也听到了关于归化与异化的声音。1934年，鲁迅针对刘半农反对"欧化"的言论，两次指出："欧化文法的侵入中国白话中的大原因，并非因为好奇，乃是为了必要"；"我主张中国语法有加些欧化的必

---

[1] 许渊冲《翻译的艺术》，北京：中国对外翻译出版公司，1984年，第5—6页，第51页。
[2] 朱光潜《谈文学》，上海：东方出版中心，2016年，第154页。
[3] 王佐良《词义·文体·翻译》，《翻译通讯》1979年第1期，第8页。
[4] 徐永煐《论翻译的矛盾统一》，罗新璋《翻译论集》，北京：商务印书馆，1984年，第681页。
[5] 鲁迅《"题未定"草》，罗新璋《翻译论集》，北京：商务印书馆，1984年，第301页。

要。这主张,是由事实而来的"。[1] 1935年,鲁迅又指出:"动笔之前,就先得解决一个问题:竭力使它归化,还是尽量保存洋气呢?……如果还是翻译……,它必须有异国情调,就是所谓洋气。"[2] 鲁迅当时所说的"欧化""洋气"就是我们今天所说的"异化"。

关于归化和异化,刘艳丽和杨自俭做过这样的界定:"归化和异化是译者针对两种语言及文化的差异,面对翻译目的、文本类型、作者意图和译入语读者等方面的不同而采取的两种不同的翻译策略,其目的是指导具体翻译方法和技巧的选择与运用。归化追求译文符合译入语语言及文化的规范,较好地满足译入语读者较少异味的阅读需求;异化追求保留原文语言及文化的特色,以丰富译入语语言及文化,较好地满足译入语读者对译文'陌生感'的需求。这两种策略的选择有时还要参照社会文化以及政治和意识形态方面的规约。不论选择何种策略,都应着眼于读者和社会的需要。"[3] 归化与异化属于战略问题,直译与意译属于战术问题。有学者从实践角度认为"异化大致相当于直译,归化大致相当于意译";[4] 也有学者从理论角度认为"这两对术语虽然有一定的相似之处,但却存在着显著的差别"。[5]

2002年,《中国翻译》发表了多篇关于归化与异化的文章,尤其集中在当年第5期上。一些学者认为,这是西方译论在中国引起的反响,尤其与美国学者韦努蒂1995年出版的《译者的隐身》有关。不过,在此之前的1987年,刘英凯就发表了《归化——翻译的歧路》这样观点鲜明的文章。[6] 韦努蒂书中"归化"与"异化"的命名,受启发于施莱尔马赫在1813年发表的《论翻译的方法》。钱锺书就说过:"就文体或风格而论,也许会有希莱尔马诃(注:施莱尔马赫)区分的两种翻译法,譬如说:一种尽量'欧化',尽可能让外国作家安居不动,而引导我国读者走向他们那里去,另一种尽量'汉化',尽可能让我国读者安居不动,而引导外国作家走向咱们这儿来。"[7] 我们认为,我国的归化与异化问题也是我国翻译实践和翻译研究过程中自然生出的问题,韦努蒂的归化异化论只是这场大讨论的助燃剂。韦努蒂从英语世界的归化式翻译看到了强势文化对弱势文化的再次掠夺和侵吞行径,这种后殖民视域下的新发现完全可以理解,但与中国的归化翻译主张并不存在相同的政治语境。不过归化翻译揭示出的我族中心主义和文化交流的不平等问题,应当具有共性。

关于归化与异化的探讨,国内外大体有四种观点:第一,明确主张"归化"。如奈

---

[1] 参见陈福康《中国译学理论史稿》,上海:上海外语教育出版社,1996年,第300页。
[2] 鲁迅《"题未定"草》,罗新璋《翻译论集》,北京:商务印书馆,1984年,第301页。
[3] 刘艳丽、杨自俭《也谈"归化"与"异化"》,《中国翻译》2002年第6期,第22页。
[4] 孙致礼《中国的文学翻译:从归化趋向异化》,《中国翻译》2002年第1期,第40页。
[5] 刘艳丽、杨自俭《也谈"归化"与"异化"》,《中国翻译》2002年第6期,第23页。
[6] 刘英凯《归化——翻译的歧路》,《现代外语》1987年第2期,第58–64页。
[7] 参见陈福康《中国译学理论史稿》,上海:上海外语教育出版社,1996年,第424页。

达，他要用"最切近的自然对等"替换外域的素材，或者说，把外域的素材归化到"最切近的自然对等"里面去。据孙致礼考证，从19世纪70年代到20世纪70年代，我国的文学翻译除五四后十余年异化译法一度占上风外，大部分时间还是以归化为主调。[1] 近年来，国内也有学者明确提出"翻译方法应以归化为主"。[2] 第二，明确主张"异化"。如韦努蒂，他提出"抵抗式翻译"，不但要"保留原文的语言和文化差异"，更要阻止主流价值观"对某一文化他者进行帝国主义的归化"。[3] 韦努蒂自己也承认异化的翻译是一种偏颇的做法，但它要昭示偏颇，而非隐藏偏颇。[4] 我国在五四后十余年里，以鲁迅为代表的"欧化"派旗帜鲜明地反对"归化"，主张通过"保存洋气"来改造我们的文学。而《归化——翻译的歧路》一文中有些观点也近偏激。第三，二者并存的折中论。郭建中就认为：归化与异化"两种方法都能在目的语文化中完成各自的使命，因而也都有其存在价值"；二者"不仅是不矛盾的，而且是互为补充的。……缺一就不成其为翻译"。[5] 第四，倾向异化。持这一立场的学者应当占较大比例。孙致礼就相信，"21世纪的中国文学翻译，将以异化为主导"。[6] 刘重德认为翻译中出现欧化现象"理所当然"，"文化交流是平等的……，取人之长，补己之短，乃文化交流之正轨"。[7] 刘艳丽和杨自俭在谈到"归化与异化的发展走势"时，认为从"译入语文化的需求"和读者"要更多了解异域风情"两个条件看，21世纪异化翻译将成为主流。[8]

我们认为，矛盾总是在对立统一中促进事物的发展的。翻译的目的，就是要把外国文学归化到中国的文学宝库中来，可以作为中国文学的一个特殊组成部分，服务于中国读者。如果我们用自身民族语言的优势和特长代替外国语言的优势和特长，交流的意义就不大了。归化就应该把我们称之为"异"的元素，如不同的语言表达形式和修辞方式、不同的艺术风格和表现手法，以及它们所反映的不同的文化色彩和文化风貌、不同的思维方式和审美方式等，归入我们的宝库，化入我们的系统，丰富和发展我们的文学和文化。从这个意义上说，归化和异化在对立中又是统一的。僵硬地理解归化与异化，只能使我们身陷困扰。翻译是个归化于我的过程，归化应当是对"异"，即不同的元素及价值的引进、移植。要实现真正归化的目的，不一定非要归化的手段，可能异化的手段更适宜。其实，归化派并不是绝对不能接受"异"，而是反对异化派对"异"的表现

---

[1] 孙致礼《中国的文学翻译：从归化趋向异化》，《中国翻译》2002年第1期，第40页。
[2] 蔡平《翻译方法应以归化为主》，《中国翻译》2002年第5期，第39–41页。
[3] 参见王东风《归化与异化：矛与盾的交锋？》，《中国翻译》2002年第5期，第24–26页。
[4] 参见葛校琴《当前归化/异化策略讨论的后殖民视阈：对国内归化/异化论者的一个提醒》，《中国翻译》2002年第5期，第32–35页。
[5] 郭建中《翻译中的文化因素：异化与归化》，《外国语》1998年第2期，第12–19页。
[6] 孙致礼《中国的文学翻译：从归化趋向异化》，《中国翻译》2002年第1期，第40页。
[7] 刘重德《"欧化"辨析——兼评"归化"现象》，《外语与外语教学》1998年第5期，第47–51页。
[8] 刘艳丽、杨自俭《也谈"归化"与"异化"》，《中国翻译》2002年第6期，第24页。

不伦不类，给人格格不入的感觉；异化派也不是绝对反对归化，而是反对归化派的翻译"削鼻剜眼"，给人面目全非的感觉。所以，无论归化派还是异化派，在"异"的表现和译介上面一定要把握好"异"的接受度问题。正如面对西方的牛排，是烤六七成熟，还是八九成熟，译者这位文化大厨要运用好自己文化方面的学识和见识，对读者的接受情况，做出准确的判断，把握好读者可能的不适反应的临界线。

三是形似与神似。"形似"与"神似"是我国文学翻译领域一对重要的范畴。长期以来，围绕它们的论争不断，分歧也不断。这是因为，一方面，这对概念牵涉"直译"与"意译"、"归化"与"异化"、"异"与"同"几对矛盾；另一方面，在其发展演变的历史上，与"形""神""似"相承或交织，因而概念之间"时俗有易"，并延续至今。

翻译界谈"形"与"神"，一般都会追溯至东晋画家顾恺之的"以形写神"论。在顾氏那里，最初的形与神并不是一对矛盾关系。神是绘画的最终目的，形是达到这一目的的重要手段。然而，到了晚唐，司空图论诗时提出了"离形得似"。清代孙联奎对"离形得似"有过一段妙评："《卫风》之咏硕人也，曰：'手如柔荑'云云，犹是以物比物，未见其神。至曰：'巧笑倩兮，美目盼兮'，则传神写照，正在阿堵，直把个绝世美人，活活的请出来在书本上滉漾。千载而下，犹如亲其笑貌。此可谓离形得似者矣。似，神似，非形似也。"[1] 这段点评里有一点很重要："似"就是"神似"，所以古人言说的"似"不能简单地等于今人之"像"，那么，离形得"似"就等于得"神"。从孙联奎的举例来看，有形不一定有神，正如"手如柔荑"；无形不一定无神，正如"巧笑倩兮，美目盼兮"。但"离形得似"应当不是对"以形写神"的否定，而应是对后者的补充。

到了五四运动前后，我国的文学翻译活动繁荣开来。1921年，茅盾在《译文学书方法的讨论》中指出：文学翻译"采用直译时，常常因为中西文字不同的缘故，发生最大的困难，就是原作的'形貌'与'神韵'不能同时保留。……就我的私见下个判断，觉得与其失'神韵'而留'形貌'，还不如'形貌'上有些差异而保留了'神韵'"。"无论'神似''形似'的不同，翻译文学书大概可以先注意下列的两个要件：（一）单字的翻译正确，（二）句调的精神相仿"。[2] 据目前发现的研究资料，这是"形似""神似"与翻译领域直接相关的最早的文章，因为二者"不能同时保留""未能两全""相反而相成"，茅盾也是把这两个概念作为一对矛盾引入了翻译领域，[3] 突破了以往形与神的关系。

形似与神似作为一对矛盾，曾在译界引起两次讨论。1929年下半年，陈西滢与曾虚白前后发表了《论翻译》和《翻译中的神韵与达》，进行交流和探讨，但并没有在译界引起大的共鸣。第二次发生在本世纪初。2000年，许渊冲发表了《新世纪的新译论》；

---

1 孙联奎等《司空图〈诗品〉解说二种》，济南：齐鲁书社，1980年，第40页。
2 茅盾《译文学书方法的讨论》，罗新璋《翻译论集》，北京：商务印书馆，1984年，第337-338页。
3 郑庆珠《文学翻译中的"形似""神似"说的解构与重释》，《解放军外国语学院学报》2011年第2期，第80-83页。

2001年，江枫发表了《"新世纪的新译论"点评》。前者主张翻译"但求神似，不求形似"，后者主张"形似而后神似"。因为两人在文学翻译领域的卓越成就，论争引起较大反响。之后有关形似与神似的探讨间有发表，持续至今。

文学原著中原本凝结在一起的形式与内容（包括形与神），因翻译活动的解构环节而分开，再用译入语重新构成翻译文学作品的环节；因两种语言的种种差异而不时出现形与神顾此失彼的情况，于是出现了形似派与神似派两种对立的翻译主张。形与神在文学翻译活动中形成的矛盾对立关系，是文学作品之所以为文学作品的根本性问题，因此尤为重要。翻译活动如何突破两种语言表现形式和表达方式上的种种差异和隔阂，如何理想地再现原作中形与神的关系，是形似派和神似派的争论焦点。

神似派认为：形似派为了保存原文的形式导致了硬译、死译，追求的是机械、僵化的对等，结果以辞害意，最后是两败俱伤，这样如何传递原作之神？形似派认为：神以形存；神似派的追求离开了原文之形，怎得原文之神？我们与其关注双方的相互批评，不如关注双方各自主张的合理所在。神似派认为：语言的形似是为了表现神似的，神似才是目的。因此，形与神不仅是平行的对立关系，还是上下的等级关系。在形与神出现冲突的情况下，与其去求低标准的形似，不如去求高标准的神似。中国古典文论中的"超以象外，得其环中"应也支持这样的倾向。而形似派认为：语言的形似本身就是一种艺术，对于诗歌来说，更是一种形式美。文学作品的价值不仅仅在于说了什么，更在于怎么说。保存原文怎么说的形式，可以使译入语读者了解和感受到异域民族的情感表达方式、文学审美范式以及异域的文化习俗和文明样态。

我们注意到，形似派和神似派都是倾向派，而不是偏执派。因为形似派也承认，追求形似应符合目的语的语言规范，在目的语的语习惯下求得原文形似的再现。神似派也承认，所谓"重神似不重形似"不是说"原文的句法绝对可以不管，在最大限度内我们是要保持原文句法的"。[1] 由此我们看出，真正的文学翻译家，无论形似派还是神似派，绝不是单一的语言翻译家，他们对作品的文学性都有过思考，都把尽量兼顾形与神两个方面视为翻译活动的重要任务。

文学翻译除了上述三对矛盾外，还有"异"与"同"、"文"与"质"、可译与不可译等矛盾，限于篇幅，不再展开。

三、文学翻译的理论思考与探索

随着人类文学翻译实践活动的兴盛，在翻译研究层面，无论中外，也不断涌现出有关文学翻译的理论思考与探索，主要有以下几类。

---

[1] 怒安《傅雷谈翻译》，沈阳：辽宁教育出版社，2005年，第30页。

（一）"信达雅"说

"信达雅"是严复于1898年提出来的，在至今120多年的时间里，褒者多，贬者也不缺。它是中国翻译思想发展史上的一个里程碑，对后世的影响恐怕连严复自己也未曾料到。今天，仍有不少翻译工作者、翻译研究者以及翻译界外的人士对其津津乐道，着实值得我们关注。1898年，严复在《天演论》的《译例言》开篇表达了自己的翻译思想："译事三难：信、达、雅。求其信已大难矣！顾信矣不达，虽译犹不译也，则达尚焉。……为达，即所以为信也。……信达而外，求其尔雅……"。[1] "信达雅"作为"译事楷模"提出后，郁达夫称其为"翻译界的金科玉律"；[2] 贺麟说"严复既首先提出三个标准，后来译书的人，总难免不受他这三个标准支配"；[3] 当然也有不同的声音，瞿秋白就曾毫不客气地指出，严复是"译须信雅达，文必夏殷周。……这简直是拿中国的民众和青年来开玩笑。古文的文言怎么能够译得'信'，对于现在的将来的大众读者，怎么能够'达'"！[4]

"信达雅"问世后引发的大讨论，主要分两个方面：一方面是围绕"信达雅"三字的理解与争议。关于"信"，解为"忠实"应无人反对，但忠实于形式、内容，还是风格？这应是后来人的追问，但按严复"达旨"说，应倾向于对内容主旨的关注。关于"达"，主要有三种解释："通顺、流畅"；"达意、达旨"；二者兼有。严复在1899年给张元济的信中有这么一句"仆下笔时，求浅、求显、求明、求顺……"，[5] 这可让我们理解严复之"达"的含义。关于"雅"，质疑声最大，争议也最多。陈西滢、赵元任、艾思奇等均不认同。在严复看来，"雅"就是"用汉以前字法、句法"，因为他的翻译是面向当时的士大夫阶层的，不能"用近世利俗文字"。梁启超虽是《天演论》出版的推动者，但也遗憾其"文笔太务渊雅"；对此严复回应，"吾译正以待多读中国古书之人""仆之于文，非务渊雅也，务其是耳"。[6]

"信达雅"引发大讨论的另一个方面，是这"三字经"能不能作为翻译标准或原则的问题，概括为两方面：其一，认为一个"信"字足够了；持此观点者有陈西滢、唐人、卞之琳、常谢枫、江枫等，甚至也包括钱锺书，他认为"译事之信，当包达雅"。[7] 其二，"信达雅"作为标准的整体性和逻辑性问题；认为逻辑不严密、束缚思想的有程镇球、黄雨石、钱育才等；赞同者如郭沫若，"原则上说来，严复的'信达雅'……三

---

[1] 严复《〈天演论〉译例言》，罗新璋《翻译论集》，北京：商务印书馆，1984年，第136页。
[2] 郁达夫《读了珰生的译诗而论及于翻译》，罗新璋《翻译论集》，北京：商务印书馆，1984年，第390页。
[3] 贺麟《严复的翻译》，罗新璋《翻译论集》，北京：商务印书馆，1984年，第151页。
[4] 瞿秋白《鲁迅和瞿秋白关于翻译的通信》，罗新璋《翻译论集》，北京：商务印书馆，1984年，第267页。
[5] 参见王宏志《重释"信达雅"：二十世纪中国翻译研究》，上海：东方出版中心，1999年，第84页。
[6] 同上，第94—96页。
[7] 参见陈福康《中国译学理论史稿》，上海：上海外语教育出版社，1996年，第422页。

条件……缺一不可",[1] 曹明伦认为"信达雅""是一个标准之三维坐标",不可分割。[2]

"信达雅"在褒多贬少的交锋中经历了120多年,其内涵随着人们不断的探讨和阐释,渐渐超出严复当初的"意旨",表现出一种推陈出新的发展态势。内涵发展最明显的应是"雅"字,可以归纳为以下几点:1)"雅"指译文的文字水平高。持此观点者如沈苏儒、郑海凌等。最突出的是郭宏安,把"雅"解为"文学性","雅亦有文学性,俗亦有文学性"。[3] 2)"雅"即风格。持此观点者有屠岸和刘重德等。3)"雅"即"得体、恰当"。持此观点者如杨绛、周煦良等。4)"雅"即"正确、规范"。沈苏儒、曹明伦等均有表达。

"信达雅"问世以来,在20世纪20至30年代、50年代、70年代末至80年代,均引发过较大讨论。无数的见解评说,无论赞之或攻之,均给其注入发展的动力。所以,今天的"信达雅"已不像严复当年的"三难说"那样单薄了,正如沈苏儒所说,它"饱含着百年来无数学者的辛勤贡献,包括对它的驳难和批评"。[4] 无数学人用自己的观点识见丰富了"信达雅"的内涵,发展了"信达雅"的思想。近年来,也不断有探讨的力作出现在权威期刊上,把"信达雅"作为"理论的创新与实践的支点"加以研究,[5] 或探讨"达":认为它是"严复翻译思想体系的灵魂",[6] 或解读严复"信达雅"与"非正法"翻译的社会历史统一,[7] 均以现代学理意识和严谨方法,扩充了"信达雅"的学术空间。

"信达雅""一言而天下法"(罗新璋语)后,确实不少翻译家把它作为翻译实践的座右铭。从影响角度看,主要有以下几点:其一,"信达雅"的派生。可举三例:1932年,林语堂在《论翻译》一文中提出了"忠实、通顺、美"的翻译标准,并认为这三重标准"与严氏的'译事三难'大体上是正相比符的"。1979年,刘重德对"信达雅三原则""批判地予以继承",提出了"信、达、切"。他之所以改用"切",是因为"'雅'实际上只不过是风格中的一种",而"'切'是个中性词,适用于各种不同的风格"。[8] 1999年,许渊冲在《译学要敢为天下先》中表明,"'切'不如'雅'。如果要改,我认为'雅'可以改为'优'。'信'是翻译的本体论,'达'是方法论,'雅'或'优'是目的论"。[9] 其二,研究专著的出版。1998年,沈苏儒出版了《论信达雅——严复翻译

---

1 郭沫若《关于翻译标准问题》,罗新璋《翻译论集》,北京:商务印书馆,1984年,第500页。
2 曹明伦《论以忠实为取向的翻译标准——兼论严复的"信达雅"》,《中国翻译》2006年第7期,第16页。
3 郭宏安、许钧《自设藩篱,循迹而去》,许钧《文学翻译的理论与实践》,南京:译林出版社,2001年,第110页。
4 沈苏儒《论信达雅——严复翻译理论研究》,北京:商务印书馆,1998年,第260页。
5 刘云虹、许钧《理论的创新与实践的支点——翻译标准"信达雅"的实践再审视》,《中国翻译》2010年第5期,第13-18页。
6 黄忠廉《达:严复翻译思想体系的灵魂——严复变译思想考之一》,《中国翻译》2016年第1期,第34-39页。
7 吕世生《严复"信达雅"与"非正法"翻译的社会历史统一性解读》,《外国语》2017年第3期,第72-77页。
8 刘重德《试论翻译的原则》,罗新璋《翻译论集》,北京:商务印书馆,1984年,第816页,第824页。
9 许渊冲《文学与翻译》,北京:北京大学出版社,2003年,第231页。

理论研究》。罗新璋称此研究是"我国第一部研究信达雅的综合性总结式专著";许钧认为,此研究"有着明确的指导思想,那就是重继承、倡融合、贵创立、求发展"。[1] 其三,在《天演论·译例言》刊行一百周年之际,许钧专门撰文,就严复翻译思想与学说影响的深远性,谈了三点认识:"从直觉到自觉到自律""从译技到译艺到译道""从经验到理性到科学";最后指出严复"对中国传统译论的继承与发展的精神",正是我们要发扬的精神。[2]

"信达雅"在中国翻译思想史上的地位得到广泛肯定:它开创了近代意义上的"译学";"开创了中国近代翻译学说之先河";[3] "是我国近代翻译理论的奠基石"。[4] 就连不看好其前景甚至否定其有前景的人,也承认它曾经的积极意义和作用。[5] 那么,这样的翻译思想现在是否已经过时?

我们认为:从渊源说,"信达雅"三个字"是吸收了他(严复)之前的翻译各家,特别是佛经译家对翻译思考的积极成果"。[6] 从生命力看,"'信达雅'说在翻译研究不断取得进展的今天并没有过时、被取代,反而继续焕发出强大的生命力"。[7] 从实践层面,"就其可操作性来看,很少有'信达雅'这样可触可摸、可施可行的"。[8] 从翻译本质看,"信达雅"在某种程度上概括了翻译工作的主要特点,说出了某些规律性的东西;"'信达雅'三难确是搔着了文学翻译的痒处"。[9] 最后,"信达雅"百年不衰,"或许因其高度概括,妙在含糊",[10] 并且"与中国人的……一字修辞格吻合贴切,符合中国人的思维特征和表现法"。[11]

"信达雅"是严复对中国古代译论、文论的继承,对前人和自己的翻译经验的总结,在此基础上概括而成的翻译思想结晶。刘云虹、许钧认为:"'信达雅'说对当代译学理论建设具有十分重要的意义,它不仅是现代翻译理论赖以构建的珍贵资源,也是推动现代翻译理论不断创新的动力"。在继承与发展的过程中,我们"既要强调西方译论的本

---

[1] 许钧《译学探索的百年回顾与展望——评〈论信达雅——严复翻译理论研究〉》,《中国翻译》1999年第4期,第49页。

[2] 许钧《在继承中发展》,《中国翻译》1998年第2期,第4—5页。

[3] 同上,第5页。

[4] 郑海凌《文学翻译学》,郑州:文心出版社,2000年,第123页。

[5] 参见沈苏儒《论信达雅——严复翻译理论研究》,北京:商务印书馆,1998年,第98页。

[6] 许钧《在继承中发展》,《中国翻译》1998年第2期,第5页。

[7] 刘云虹、许钧《理论的创新与实践的支点——翻译标准"信达雅"的实践再审视》,《中国翻译》2010年第5期,第17页。

[8] 郭宏安、许钧《自设藩篱,循迹而去》,许钧《文学翻译的理论与实践》,南京:译林出版社,2001年,第109页。

[9] 同上,第110页。

[10] 罗新璋《序沈苏儒著〈论信达雅——严复翻译理论研究〉》,《中国翻译》1998年第2期,第3页。

[11] 刘宓庆《中国现代翻译理论的任务——为杨自俭编著之〈翻译新论〉而作》,《外国语》1993年第2期,第4页。

土化，更要注意吸取传统译论的精髓，实现中国传统译论的现代化"。[1]

（二）"神似"与"化境"说

"神似"与"化境"是我国现代翻译理论体系中的两个核心概念，前者以傅雷为主要代表，后者为钱锺书所提出。译界似乎已普遍接受了这种各领风骚的认识定势，而多少有些疏于探讨二者之间的内在联系。这里，我们通过揭示"神似"与"化境"的关系，试图突破傅雷的"神似"说与钱锺书的"化境"论之间的表象之"隔"。

"神似"与"化境"是否同源互补？罗新璋认为，"'神似'与'化境'，一方面固然可说是对信达雅的一个突破，从另一角度看，亦未尝不是承'译事三难'余绪的一种发展"。[2] 他也曾指出，"'神似'与'化境'，可说都是承'似'之余绪生发开来的译论"。[3] 他在《钱锺书的译艺谈》中又指出："'出'神'入'化，是文学翻译的一种前进方向"。[4] 可以说，在罗新璋看来，"神似"与"化境"具有来源与归宿的一致性。

"神似"与"化境"是否前后递进？"化境"比"神似"更高一个层次？其实，一种较为妥当的办法，就是看一看"化境"和"神似"的代表钱锺书与傅雷二人是怎么说的。钱锺书1964年发表的《林纾的翻译》中，有一段常被引用的文字，不妨再录于此：

> 文学翻译的最高标准是"化"。把作品从一国文字转变成另一国文字，既不能因语文习惯的差异露出生硬牵强的痕迹，又能完全保存原有的风味，那就算得入于"化境"。十七世纪有人赞美这种造诣的翻译，比为原作的"投胎转世"（the transmigration of souls），躯壳换了一个，而精神姿致依然故我。换句话说，译本对原作应该忠实得以至于读起来不像译本，因为作品在原文里决不会读起来像经过翻译似的。[5]

按钱氏解，所谓"化境"：一方面，"不能因语文习惯的差异露出生硬牵强的痕迹"，另一方面，"又能完全保存原有的风味"；或者，一方面，"躯壳换了一个"，另一方面，"精神姿致依然故我"。即便钱氏"换句话说"，也是一方面"读起来不像译本"，另一方面"对原作应该忠实"。钱锺书的"化境"可归纳为两个指标：一是关于译文语言形式，即便换了一个躯壳，也要符合译入语的表达方式、行文范式；二是关于原作内容，要求

---

[1] 刘云虹、许钧《理论的创新与实践的支点——翻译标准"信达雅"的实践再审视》，《中国翻译》2010年第5期，第17页。
[2] 罗新璋《我国自成体系的翻译理论》，罗新璋《翻译论集》，北京：商务印书馆，1984年，第15页。
[3] 罗新璋《中外翻译观之"似"与"等"》，杨自俭、刘学云《翻译新论》，武汉：湖北教育出版社，2009年，第361页。
[4] 罗新璋《钱锺书的译艺谈》，《中国翻译》1990年第6期，第10页。
[5] 钱锺书《林纾的翻译》，罗新璋《翻译论集》，北京：商务印书馆，1984年，第696页。

译文保存"原有的风味",保存依然故我的精神姿致。

再看傅雷在1951年的《〈高老头〉重译本序》中所说:"假如破坏本国文字的结构与特性,就能传达异国文字的特性而获致原作的精神",等于"两败俱伤",所以,如果"假定理想的译文仿佛是原作者的中文写作","那么原文的意义与精神,译文的流畅与完整,都可以兼筹并顾"。[1] 傅雷在1951年致宋淇的信中也曾说过:"要把原作神味与中文的流利漂亮结合,决不是一蹴即成的事",建议宋淇翻译过程中,"处处假定你是原作者,用中文写作",以此思考"某种意义当用何种字汇"。[2]

傅雷两处所论,也可以归为两类:一类仍是译文语言形式,包括"本国文字的结构与特性""译文的流畅与完整""中文的流利漂亮";一类还是原作内容,是通过译文展现的原作内容,包括"原作的精神""原文的意义与精神""原作神味"。进一步归纳,是译文语言形式的规范性和对原作精神风貌的再现这两项要求,与钱锺书的"化境"的两个指标本质相同。

从钱锺书与傅雷对具体的翻译实践活动的认识上,尤其从钱锺书对"化境"的阐释与傅雷对"神似"的具体追求上看,"神似"与"化境"似乎不能算作我国译论发展进程中前后两个阶段的产物。二者虽有前后之区别,但不存在质的飞跃,而应属于同一发展阶段中如影相随的连带关系。二者之间"本无高低优劣之分"。[3]

当然,文学创作的"化境"与文学翻译的"化境",两者的实现过程不完全相同。译者想做到出神入化,须先明察作者的心迹,了解其背后的写作意图,辨识其暗藏的艺术逻辑,否则,即便"读起来不像译本",也离题背旨,不入化境。另一方面,在地道的译入语中保存原作的精神风貌,不露翻译腔,化掉译者的"手迹",因两种语言和文化上面的种种差异,比作者实现化境的难度更大。所以,钱锺书说,"彻底和全部的'化'是不可实现的理想"。[4] 但执着的傅雷在翻译实践中并没有放弃追求。许渊冲这样说过:"傅雷译法高人一着的地方,正是得力于这个'化'字,……难道不应该这样把作者、连同书中人物的思想、感情,都化为译者所有吗?"[5] 柳鸣九在谈到傅雷翻译的业绩时说:傅雷"不是搬,更不是硬搬,而是化,将原作的文字语言转化为有文学性与艺术性的汉语。要作这样的转化……有时要有所简练、弱化,有时则又要有所增补与强化。"[6]

上文可以让我们得出:傅雷的"神似"与钱锺书的"化境"在内涵上具有一致性,

---

[1] 傅雷《傅雷文集·文艺卷》,北京:当代世界出版社,2006年,第215-216页。
[2] 傅雷《傅雷文集·书信卷》,北京:当代世界出版社,2006年,第579-583页。
[3] 于德英《"隔"与"不隔"的循环:钱锺书"化境"论的再阐释》,上海:上海译文出版社,2009年,第53页。
[4] 钱锺书《林纾的翻译》,罗新璋《翻译论集》,北京:商务印书馆,1984年,第698页。
[5] 参见宋学智《傅雷翻译研究中的几次论争及思考——纪念傅雷逝世五十周年》,《外国语》2016年第6期,第91页。
[6] 柳鸣九《傅雷翻译业绩的启示》,宋学智《傅雷的人生境界》,上海:中西书局,2011年,第112页。

在本质上具有相通性。钱锺书的"化境"主要是从翻译结果、翻译标准乃至站在翻译的理想境界，回头审视翻译过程的；傅雷则立足翻译实践，面向"客观存在的艺术高峰"——化境，提出"神似"作为目标和美学原则，更是作为翻译策略和手段。傅雷的"神似"与钱锺书的"化境"是中国现代译论发展进程中的双子星座，而且，"是中国译论中值得进行现代转换的重要命题"。二者"虽然只是一种翻译理念，还谈不上翻译理论，但它们是理论的'内核''酵母'，其中蕴含着可以释放和转化的现代性因素"。[1]

（三）译介学理论

自20世纪80年代中期起，谢天振开始探索并倡导"译介学理论"，这"也许是国内最早把翻译研究的视角转到翻译作为人类文化的交际行为层面上予以审视和研究的中国大陆学者首创的翻译理论"。[2] 谢天振对译介学的"关键术语和核心理念"如创造性叛逆、翻译文学和文学翻译、翻译文学史等做过阐释。他突破了埃斯卡皮（Robert Escarpit）"创造性叛逆"的语言层面的参照系，扩大到文化语境，"把我们的目光引向翻译以外的因素，让我们看到决定翻译效果、决定翻译行为的成功与否，不仅依赖于译者个人的主观努力与追求，而且还要受到语言、读者、接受环境等诸多因素的制约"，指出"创造性叛逆"是"译介学研究的理论基石"。[3] 谢天振认为，"文学翻译是文学创作的一种形式，也是文学作品的一种存在形式。文学翻译和翻译文学正是在这个意义上具有它相对独立的艺术价值"；通过提出"翻译文学是国别文学的一个组成部分"这一观点，"确立翻译家和翻译作品在国别文学中的地位"。[4] 依据翻译文学"是中国文学内相对独立的一部分"，他引出"翻译文学史"这一话题，指出"文学翻译史以翻译事件为核心……；而翻译文学史……更关注翻译事件发生的文化空间、译者翻译行为的文学文化目的以及进入译入国文学视野的外国作家作品的接受、传播和影响等问题"，"为中外文学关系研究展现一个新的研究领域"。[5]

从1999年的《译介学》到2007年的《译介学导论》再到2019年的《译介学概论》，谢天振的译介学理论思想从"酝酿、探索、形成"走向"确立、完善和拓展"，这个过程"还见证了译介学理论作为中国翻译学学者的原创性理论正在逐渐地走出国门，为国际译学界所接受"。[6] 廖七一认为，"谢天振从跨学科的视角介入翻译研究，创立了独到的译介学理论体系，将翻译文学置于特定时代的文化时空进行考察，使翻译研究超越了

---

[1] 宋学智《对傅雷翻译活动的再认识》，《光明日报》2019年1月16日。
[2] 谢天振《译介学：理念创新与学术前景》，《外语学刊》2019年第4期，第95页。
[3] 同上，第96页。
[4] 同上，第97页。
[5] 同上，第99页。
[6] 谢天振《从〈译介学〉到〈译介学概论〉——对我的译介学研究之路的回顾》，《东方翻译》2019年第4期，第11页。

'术'的层面而上升为一门显学。谢天振教授的学术思想中体现出的问题意识、'学'的意识和理论创新和建构意识，不仅拓展了翻译研究的学术空间，同时也影响和改变了中国译学的进程和走向"。[1]另一方面，译介学中有一些观点也有待商榷，比如将接受环境作为创造性叛逆的主体。[2]许钧认为："接受环境自然是一个应该考虑的因素，但……它并不构成'主体'，而是对'主体'构成制约作用的一个因素"。[3]译介学理论的拓创性值得肯定，但真正的完善和推广还有待后人的接力，对它进行更深入、更缜密的探索和拓展。

（四）泰特勒的"翻译三原则"

谈起外国的文学翻译理论，国内学者一般首先会想到英国近代翻译理论家泰特勒。泰特勒曾是大学教授，后做律师，但爱好翻译。1790年，他出版了《论翻译的原则》，其中，"翻译三原则"广为流传：1）译作应完全复写出原作的思想；2）译作的风格和手法应和原作属于同一性质；3）译作应具备原创作品所具有的通顺。早在1921年，郑振铎就在《译文学书的三个问题》一文中，介绍了泰特勒的翻译原则。谭载喜曾对泰氏三原则做了较为详细的介绍：关于第一原则，译者以"精通原作的语言并十分熟悉所译题材"为"必不可少"的条件；"在翻译过程中，译者对原文有略加增减的自由，但'增补的内容必须与原作思想有必不可少的联系'，而减少的内容则应是那些'明显多余而又有损于原作思想的东西'"。关于第二原则，"译者必须具有很快辨认原作风格特色的本领"；"译者要模仿原作的风格和手法，就应当常常这样想象：假使原作是用译语写作，他会以怎样的风格和手法表现自己"。在第三原则中，"泰特勒把译者比作画家，两者都从事模仿，但各自的程度却不尽相同"。"泰特勒在提出上述三大原则后，紧接着阐明了它们的相对重要性。……要忠实于原作思想，往往需要偏离原作的笔调，但……也不能只顾译作文笔的流畅和优雅而牺牲原作的思想和笔调"。"总之，泰特勒的翻译理论比较全面、系统。它不仅是英国翻译理论史上，而且也是整个西方翻译理论史上一座非常重要的里程碑。"[4]

国内学者之所以对泰特勒的"翻译三原则"耳熟能详，主要是它与严复的"信达雅"说实质相通，都在翻译研究和翻译实践中，被一大批人奉为圭臬。罗新璋就曾指出，"其实，一、三两条，相当于严复的'信''达'，第二条约略可说是广义的'雅'"。[5]严复于1877至1879年曾留学英国，有没有可能阅读到80多年前的泰特勒的作品？伍蠡甫

---

[1] 廖七一《论谢天振教授的翻译研究观》，《渤海大学学报》（哲学社会科学版）2008年第2期，第47页。
[2] 谢天振《译介学：理念创新与学术前景》，《外语学刊》2019年第4期，第95–102页。
[3] 许钧《翻译概论》，北京：外语教学与研究出版社，2009年，第108页。
[4] 谭载喜《西方翻译简史》（增订版），北京：商务印书馆，2004年，第129–132页。
[5] 罗新璋《我国自成体系的翻译理论》，罗新璋《翻译论集》，北京：商务印书馆，1984年，第16页。

曾在谈及其父伍光建的翻译时说，"信达雅""这个标准，来自西方，并非严复所创"。[1] 但罗新璋认为其说法"语焉不详，似未足据。……这是中国翻译史上一大公案"。[2] 说来也巧，泰特勒提出"翻译三原则"时也曾被同时代的翻译理论家坎贝尔指控剽窃。后者的"翻译三原则"是：准确地再现原作的意思；在符合译作语言特征的前提下，尽可能地移植原作者的精神与风格；使译作像原作那样自然、流畅。泰特勒当时这样写信回复坎贝尔："我认为两个相当精通批评理论的人，着手研究翻译艺术的原则，得到了相同的原则，这是不足为奇的。"[3] 其中是非曲直，依然是悬案。在此，想引傅雷给友人宋淇信中的一段话，"《泰德勒》一书，我只能读其三分之一，即英法文对照部分，其余只有锺书、吴兴华二人能读。但他的理论大致还是不错的。有许多，在我没有读他的书以前都早已想到而坚信的。可见只要真正下过苦功的人，眼光都差不多"。[4] 我们或许只能用"英雄所见略同"来解释了，在翻译艺术上"下过苦功的人"想到一块儿了。但就严复的"信达雅"而言，邹振环的论断应当还是被普遍接受的，"严复在创造性地提出这一标准时，可能受到泰特勒的启示，但这一标准的根还是扎植在中国传统的翻译理论的土壤中"。[5] 就像泰特勒在《论翻译的原则》中首先给"好的翻译"所下的定义："原作的优点能完全转移到译文里，使译文的读者能够清楚明白地感觉到原作的这些优点，其效果正如使用原作语言的读者阅读原作一样。"[6] 这样的观点在我国翻译工作者中，一定会找到不少异曲同工的表达。

（五）加切奇拉泽的现实主义艺术再现论[7]

吉维·加切奇拉泽（Givi Gachechiladze）是苏联翻译理论界文艺学派的重要代表，著有《文艺翻译理论问题》《文艺翻译理论研究》《文艺翻译与文学交流》《文学翻译理论引论》等。他认为，文学翻译应坚持现实主义的艺术再现翻译原则，主要观点包括：

1）文学翻译应坚持创造性原则。文学翻译的定义就是：把用一种语言写成的作品用另一种语言的表达手段再创作出来。文学翻译是文艺创作的一种形式，它同原作在创作中要表现生活现实这一功能相似。理想的翻译是准确地再现原作并在艺术上与原作等值。"译者如果拘泥于原文，不在自己的想象中重视作者当时所看到的东西，他就不是一个有创造性的人"。同时，翻译需要一种辩证法，这种辩证法就是放弃语言学派主张

---

[1] 伍蠡甫《伍光建的翻译》，罗新璋《翻译论集》，北京：商务印书馆，1984年，第461页。
[2] 罗新璋《钱锺书的译艺谈》，《中国翻译》1990年第3期，第6页。
[3] 参见谭载喜《西方翻译简史》（增订版），北京：商务印书馆，2004年，第128-129页。
[4] 傅雷《傅雷文集·书信卷》，合肥：安徽文艺出版社，1998年，第147页。
[5] 参见沈苏儒《论信达雅——严复翻译理论研究》，北京：商务印书馆，1998年，第119页。
[6] 参见郑海凌《文学翻译学》，郑州：文心出版社，2000年，第127页。
[7] 本部分主要根据郑海凌《文学翻译学》（郑州文心出版社2000年版）第134-137页的内容和刘军平《西方翻译理论通史》（武汉大学出版社2019年版）第240-245页内容编写。

的逐字对应的"忠实"观，为了文学艺术的效果完整，翻译需要再创作，在自由翻译与逐词翻译之间，找到一种辩证的平衡。2）译者应立足现实主义文学翻译观，应真实地反映原作的艺术现实。译者应当在艺术现实的背后看到原作所反映的活生生的生活。原作本身是对现实的反映，即程式化的艺术现实。所以，翻译艺术家所要做的就是要创造一个程式化的第二次艺术现实，这就是文艺学的艺术再现。所谓现实主义的翻译方法，就是遵循现实主义艺术规律，反映原作的艺术真实；与原作在修辞上一致有助于达到忠实，但不应让这一点来左右自己的意志。另外，现实主义翻译指的并不是现实主义风格，而是指传递原文风格的一种方法，即运用现实主义方法忠实传递原作风格，再现原文的内容和形式的总体效果。3）翻译"是原作的近似反映，而不是复制"。现实主义的反映论认为，现实主义翻译就是译者对原文永无止境地接近，正如原作不可能详尽无遗地反映客观现实一样，译文也不可能与原文完全对应，所求的只是近似对应。作为"二度创作"，翻译要比"原作的准确写照"多一些或者少一些，这个"多"与"少"属于译者的创作个性。4）文学翻译必须重视审美问题。文学翻译作为一种再创作活动，它的任务不是寻求语言上的一致，而是寻求艺术上的一致，所以审美问题是文学翻译不可忽视的问题。

总之，加切奇拉泽提出的现实主义创造性再现翻译原则是苏联文学翻译思想的一大发展，也从一定程度上提高了译者的主体地位。他的研究在继承和发扬苏联文艺学传统的基础上，系统而深刻地论述了苏联翻译学派的基本理论，缜密地阐述了这个学派的见解，将苏联文艺学派的现实主义翻译理论发展到了一个新的阶段。

（六）奈达的对等论

奈达通常被归入语言学派。之所以选择他，是因为他的研究涉猎很广，除语言学外，他还在信息学、人类学、宗教学、文化学、交际学、接受美学、符号学等领域做过研究，是世界公认的现代翻译理论的奠基人。中国改革开放后翻译研究的兴盛，就包含了对他的翻译理论的热烈探讨。他的翻译理论曾引发了我国从关乎翻译性质的"科学"与"艺术"之争到建立翻译学的基础构建与学科定位问题的讨论，"为我国的翻译理论研究发挥了有益的促进作用"。[1] 奈达曾先后十多次应邀来华讲学，也增加了他的翻译理论的热度，尽管也有不同的声音，但认同与质疑两种声音在相当长时期内，也使奈达研究成为我国译学界的常驻话题。

奈达的翻译理论主要来自对《圣经》翻译校订工作实践及《圣经》译员培训工作的思考。《圣经》之于西方文学如同佛教经典之于中国文学。奈达的翻译理论大致分为三个阶段：描写语言学阶段、交际学说阶段和社会符号学阶段。他的研究涉及翻译的定

---

[1] 沈苏儒《论信达雅——严复翻译理论研究》，北京：商务印书馆，1998年，第138页。

义、翻译的本质、翻译的标准和翻译的评价等翻译学核心问题，对于文学翻译都是绕不过去的重要问题。奈达翻译理论中的一个关键词是"对等"。1964年，奈达在具有里程碑意义的《翻译科学探索》中，提出了"动态对等"概念，即从语义到风格，在接受语中用最贴切、自然的对等语，再现源语的信息。[1]奈达的"'动态'强调的是不拘泥于形式"，"翻译着眼的是原文的精神，而不是语言结构"。[2]翻译要做到"最贴切、自然的对等"，需要达到四个标准：达意、传神、措辞通顺自然、读者反应相似。[3] 1986年，奈达在《从一种语言到另一种语言》中，用"功能对等"代替了"动态对等"。"动态对等"侧重语义，"功能对等"更注重语用及语境。奈达从符号学出发，认为翻译是一种交际活动，语言作为一种社会符号，不能脱离其社会语境与功能。"翻译要想达到预期的交际目的，必须使译文从信息内容、说话方式、文章风格、语言文化到社会因素等方面尽可能多地反映出原文的面貌"。语言交际功能包括：表达功能、认知功能、人际功能、信息功能、祈使功能、司事功能、情感功能、美学功能等。当然，奈达立足社会符号学，后来也强调"文本的一切都具有意义，其中包括言语形式，因此不可轻易牺牲形式"，"不可随意打破原文的表达形式"。[4]奈达提出可以改变形式的五种情况：直译会导致意义上的错误时；引入外来语形成语义空白，读者有可能自己填入错误的意义时；形式对等引起严重的意义晦涩时；形式对等引起作者原意所没有的歧义时；形式对等违反译入语的语法或文体规范时。[5]

另一方面，奈达对意义进行了不断探索。前期，他把意义区分为语法意义、所指意义和内涵意义。语法意义"是指词与词、词组与词组、句子与句子之间存在的关系"；所指意义"是指用词语来指某一客观事物、某一思想概念时语言所获得的意义"；内涵意义"是人们在使用语言时所附加给语言的或由语言使用而产生的感情色彩意义"。后期，奈达把意义区分为修辞意义、语法意义和词汇意义，各类意义又各分为所指意义和联想意义两个层次。[6]"'所指意义'和'联想意义'的定义基本等同于奈达前期翻译理论中对'所指意义'和'内涵意义'的定义。由此可见，奈达的翻译理论发展到后期时，他对意义的理解更为深入，对其分类更为系统、合理。……这样的意义分类法对翻译实践具有直接的指导意义，且具有很强的可操作性"。[7]

奈达翻译理论能在中国引起较大反响，从接受者看，因其与中国传统翻译思想有异

---

[1] 参见刘军平《西方翻译理论通史》，武汉：武汉大学出版社，2019年，第165页。

[2] 同上，第174页。

[3] 参见谭载喜《西方翻译简史》（增订版），北京：商务印书馆，2004年，第234页。

[4] 同上，第235-236页，第239-240页。

[5] 劳陇《从奈达翻译理论的发展谈直译和意译问题》，《中国翻译》1989年第3期，第3-6页。

[6] 参见谭载喜《西方翻译简史》（增订版），北京：商务印书馆，2004年，第237页，第239页。

[7] 许钧《翻译概论》，北京：外语教学与研究出版社，2009年，第88页。

曲同工之处。罗新璋曾指出，"对等论与中国翻译传统理论的'似'颇有相通之处"。[1]劳陇、金隄、沈苏儒等也认为，奈达的对等论标准与"信达雅""几乎完全一致"。[2]这可能也是奈达的对等论在中国很快打开局面的一个原因。当然，奈达的对等论在中国也遇到质疑，主要观点是：功能对等否认或无视了两种文化间的差异性；[3]或丢失了原作"陌生化"的诗学价值；[4]或"容易造成过分地归化效果"。[5]这可以从正反两方面让我们更好地认识奈达这位当代西方杰出的翻译理论家和翻译探索者。

（七）其他研究与探索

在文学翻译理论探索层面，国内值得关注的还有刘重德，他在翻译原则、翻译风格和诗歌翻译方面均有研究。他结合个人翻译工作经验，把翻译原则修订为"信达切"："信——保全原文意义；达——译文通顺易懂；切——切合原文风格"。[6]而再现原作风格，"必须具备两个观点：首先是宏观的观点，即文学的观点"；"其次是微观的观点，即语言学的观点"。[7]诗歌翻译的境界在他看来："第一，原诗是一件形神兼备的艺术品，译诗也必须是一件形神兼备的艺术品……形音意三美均须追求；第二，既然是译诗，不是创作，'忠于原作'，理所当然"。[8]另一位值得关注的是许渊冲，他在中外互译实践中成就突出，涉及英汉互译、法汉互译，是首位获得国际译联最高奖"北极光"奖的亚洲翻译家。他在翻译理论探索方面也独树一帜，倡导"译学要敢为天下先"，坚持自己的"中国学派译论"，概括为"美化之艺术"，即"'三美'（意美、音美、形美）是本体论，'三化'（等化、浅化、深化）是方法论，'三之'（知之、好之、乐之）是目的论，'艺术'是认识论"。此外，郭沫若创作论中的"创"、傅雷神似说中的"似"以及他本人优势竞赛论中的"优"与"竞赛"也构成了许渊冲的"创优似竞赛"。[9]

国外一般还会提到德莱顿。他既有大量的翻译佳作，又有深入系统的理论认识。他的翻译观主要包括：翻译是艺术，必须传达原作特征；必须绝对遵从原作；必须考虑读

---

1 参见杨柳《20世纪西方翻译理论在中国的接受史》，上海：上海外语教育出版社，2009年，第13页。
2 沈苏儒《论信达雅——严复翻译理论研究》，北京：商务印书馆，1998年，第138-139页。
3 参见刘英凯《归化——翻译的歧路》，《现代外语》1987年第2期，第58-64页；吴义诚《对翻译等值问题的思考》，《中国翻译》1994年第1期，第2-4页。
4 参见王东风《译家与作家的意识冲突：文学翻译中的一个值得深思的现象》，《中国翻译》2001年第5期，第43-47页。
5 刘军平《西方翻译理论通史》，武汉：武汉大学出版社，2019年，第180页。
6 刘重德《试论翻译的原则》，罗新璋《翻译论集》，北京：商务印书馆，1984年，第823页。
7 刘重德《文学风格翻译问题商榷》，《中国翻译》1988年第2期，第6页。
8 参见蒋洪新《刘重德翻译理论与实践研究》，《外国语》2005年第4期，第65页。
9 许渊冲《文学与翻译》，北京：北京大学出版社，2003年，第241-242页。

者，等等。他的理论"深深影响了十八、十九世纪以至二十世纪英国的翻译研究"。[1]丘科夫斯基（Korney Chukovsky）是苏联翻译界文艺学派的主要创始人。他的翻译理论主要包括：文学翻译必须具有艺术性；衡量译作的成败要看它的艺术价值；译者须从原作的角度理解原作；译作要尽量避免外国腔调等。[2]他的《翻译的艺术》（1930），后更名为《崇高的艺术》，曾多次再版。以《翻译的艺术》为名出版翻译理论著作的，还有美国学者赫伯特·托尔曼（Herbert Tolman）、英国翻译理论家西奥多·萨瓦里、布拉格学派的代表性人物吉里·列维等。梅肖尼克（Henri Meschonnic）一如其论著《翻译诗学》题名，旗帜鲜明地将翻译研究引向诗学领域，批评翻译研究中把科学与艺术、形式与内容对立起来的二元论倾向。巴斯奈特和勒菲弗尔开拓了比较文学和比较文化的翻译研究视角，用一系列重要论著"操控"了翻译研究的文化转向，拓展了传统文学翻译研究的空间。贝尔曼则把翻译与文化传播结合起来，探讨了文本生命在"异"的文化空间遭遇的重重考验。克里斯蒂娃（Julia Kristeva）的"互文性"理论不仅在西方翻译理论界影响巨大，也给传统的中国文学翻译研究打开了一个新的维度。由于"互文性"理论的开放性和联想性，无论在广度和深度上，都还会进一步拓展文学翻译研究。斯坦纳因其《通天塔之后：语言与翻译面面观》而享誉世界译坛，他的"翻译即理解"的阐释学论点以及翻译四步骤"信任、侵入、吸收、补偿"，在中国也被文学翻译研究者引用和探讨。另外，一些大家虽没有明显的文学翻译理论家的头衔，但文学翻译研究中不时会出现他们的"身影"：本雅明的《论译者的任务》引发翻译研究者通过翻译活动对"纯语言"的关注。雅各布森虽然是布拉格语言学派的代表人物，但他的翻译分类法及其对词义、信息、语言表达能力等方面的观点，以及对文学翻译的文学性的强调，都给文学翻译研究带来参考。

第三节　文学翻译研究的未来发展

一、语言层面的研究

翻译是在语言层面展开的，所以文学翻译研究自然离不开语言层面的研究。然而，诚如许钧所说："当下的翻译研究对语言层面的关注越来越少""翻译之于语言创造的价值似乎也很少有人去追求了"。纵览翻译历史，"无论古今中外，翻译始终是促进语

---

[1] 谭载喜《西方翻译简史》（增订版），北京：商务印书馆，2004年，第124页。
[2] 郑海凌《文学翻译学》，郑州：文心出版社，2000年，第131–132页。

言生长的重要途径。促成语言的革新与创新是翻译的一大价值"。这不仅仅是为了"打开母语的封闭状态""在异语的考验中激发母语的活力"及"拓展接受国的语言创造力",它还关乎所译语言的文学特质,关乎如何"让语言信息变成艺术品"。如果用所谓"流畅"和"可接受性"把具有"抗译性"的"异"抹平或改造,实质上,就"违背了翻译为异而生的本质使命"。[1] 在这一方面,傅雷的翻译思想值得我们揣摩。他虽然认为译文须"为纯粹之中文",但也强调,文学翻译中语言的"规范化是文艺的大敌"。[2] 在翻译实践中,他"维护了汉语语言的传统,又展示了汉语语言的优美;既守住了自己的文化根性,又激活了汉语表达的灵性",[3] 值得我们研究。王小波在谈到杜拉斯的《情人》等译作时,很有感触地说,"现代小说的精品,再不是可以一目十行往下看的了"。[4] 文学作品的精妙需要我们从语言上去品味,优美的译文应该让读者欣赏译者的遣词造句,陶醉在译文的字里行间。所以许钧指出,"文学翻译的语言问题,关乎作家的思维、作家审视世界的方式和作家的风格,需要我们加以重视,予以研究";作为译者,应"处理好'翻译腔'与'外语性'的关系,努力保留原作在词语、句式、叙事等多层面的异质性,担负起传达差异、开拓语言空间、再现原作文学性、丰富文化的使命"。[5]

二、文学性、审美性研究

文学作品的价值就在于文学性,雅各布森强调:"文学的科学研究对象不是文学,而是文学性。"[6] 文学翻译的价值也同样在文学性上。"文学之审美、艺术之自律才是文学翻译和翻译文学更值得探讨的地方。"[7] 我们在上面谈到的语言层面的翻译研究,其实也有关乎文学性的问题,因为文学性是通过语言的运用表现出来的。当文学翻译失掉了原作里的文学性,译文势必苍白平淡。那么文学性是什么?就是文学作品的审美属性,包括作品语言的种种特性如形象性、想象性、联想性、情感性、蕴藉性等,也包括作品的修辞与句式、描写与叙事等风格。托尔斯泰(Lev Tolstoy)说:"文学是情感的传染。"[8] 译者能否把原作的审美属性传达给译文读者,决定了翻译实践的成败。过去我们

---

[1] 许钧《关于文学翻译的语言问题》,《外国语》2021年第1期,第91-98页。
[2] 怒安《傅雷谈翻译》,沈阳:辽宁教育出版社,2005年,第11页,第84页。
[3] 宋学智《傅雷与翻译文学经典研究》,杭州:浙江大学出版社,2020年,第151-152页。
[4] 王小波《我对小说的看法》,《王小波文集》第2卷,昆明:云南人民出版社,2006年,第58页。
[5] 许钧《关于文学翻译的语言问题》,《外国语》2021年第1期,第91-98页。
[6] 参见孔帕尼翁《理论的幽灵——文学与常识》,吴泓缈等译,南京:南京大学出版社,2011年,第33页。
[7] 宋学智《翻译文学经典的影响与接受》,上海:上海译文出版社,2006年,第285页。
[8] 杜书瀛《文学是什么:文学原理简易读本》,北京:中国社会科学出版社,2018年,第4页。

通常说的翻译的过程即理解与表达两个阶段，对文学翻译是不够的。文学作品语言的诗性、感性就不是用"理解"可以包含的。所以，傅雷在谈翻译的书信和文章中，在"理解"的环节，还常常使用"感受、体会、领悟"等词语。在"表达"环节，也不仅仅是表达清楚与否的问题，而是如何表达才能抓住读者，直抵读者心灵深处，感动读者的问题。有人用"阐释"来代替"表达"，这并不适合文学翻译，因为文学语言是带有情感的，而"阐释"是偏向理性的。"阐释"可用于对翻译活动乃至翻译的言语进行诠释、解说，但似乎不宜说文学翻译的表达阶段就等于阐释阶段。借用傅雷的比喻，文学翻译绝不能把一杯清新隽永的新龙井变成了一杯淡而无味的清水。[1]文学语言的韵味、蕴藉需要传递。刘云虹也认为："近年来，中国文学外译就整体而言缺乏必要的审美批评意识，从审美维度展开的讨论与批评还比较少见。""翻译界与批评界应进一步重视中国文学外译批评的审美维度。"在目前西方"对中国文学的功利性误读与曲解仍明显存在的背景下，如何促使文学回归文学，如何推动中国文学更真实、更有效地走向世界，理应成为译学界尤其是翻译批评界深切关注的现实问题"。[2]我们也希望以此为突破口，带动中国文学文化外译的全面深入的反思和研究，因为中国文学文化"走出去"的活动是我国翻译史上从未有过的新的规模巨大的翻译活动，值得我们更多的、更进一步的关注和探讨。

三、翻译的生成性研究

文学翻译的生成性研究离不开文学翻译的过程性研究。现代翻译的过程早已突破了传统的译者动笔开译到译本完成这个阶段，而扩大到动笔之前对原作的选择与研究，以及译本出版后在目的语民族的传播与接受的过程。如果把翻译比作桥梁，还应从原作生命的诞生出发，考察它如何"投胎转世"，在新的文化生态空间里获得"来世的生命"，并如何在不断的复译和重译中，展示了同源不同一的新生命。这种贯通式的研究视角可以让我们站在更高的层面认识翻译活动的功能和意义，进一步把握翻译活动的特质和内在规律。通过翻译的生成性研究，可以见证翻译活动的建构性力量：从外国文学经由文学翻译实践而变成翻译文学，再形成世界文学，既拓展了原作的艺术生命，也从中绽放出新的生命元素。当然，在生成性研究中，我们要借描述性研究方法，对译作新生命在异域的种种考验进行客观性、实然性的考察与分析。这样做是为了让译者更好地发挥主体性，从应然性角度探索如何更好地实现翻译的再创造性，给文学翻译实践一个具有借鉴性和指导性的方向。翻译是一种历史行为，从某个时间点说，译作的诞生是完成时；

---

[1] 怒安《傅雷谈翻译》，沈阳：辽宁教育出版社，2005年，第26页。
[2] 刘云虹《中国文学外译批评的审美维度》，《外语教学》2021年第4期，第76-82页。

从艺术生命的延续与传承说，它可能永远是正在进行时，因为不断的深入理解和重新阐发就是在不断地给它注入新的生命活力。这既取决于原作者的创造功力，也取决于译者的重构功力，这是翻译研究应该关注的文本内部因素。还有文本的外部因素同样值得关注。文本的内部因素与外部因素构成翻译生成性研究的两个维度。而从文学翻译实践到翻译文学文本的生成是翻译的生成性研究的基础环节。总之，"从翻译生成的角度来认识翻译、把握翻译，将有助于我们丰富对翻译本质的理解，探寻翻译活动之所以具有创造性、历史性等特征的内在机制，也将有助于我们在深入理解翻译的动态性、系统性与成长性的基础上，用历史的目光去看待翻译理论研究与当下翻译实践中遭遇的一些问题与困惑"。[1]

四、翻译家研究

人类文明的交流与互鉴，人类文化的交流与传播，不但离不开翻译，而且可以说，翻译起了举足轻重的作用，甚至一个民族自身的文化发展，在很大程度上得益于翻译活动。"翻译作为一项人类的实践活动，它首先是人的活动……译者的态度和主观因素更是直接影响着整个（翻译）活动。"[2] 所以，翻译家从幕后走到前台，引起关注，既自然又必要。随着翻译研究的文化转向，文学翻译过程中译者的创造性受到关注，译者主体性渐渐彰显，首先成为我国的译者研究的一个主题词。在过去的相关研究中，从主体性到主体间性都得到相当讨论，但关于主体性，似乎更多侧重研究译者作为翻译主体的精神属性，即如何调动其主观能动性，在翻译原则与策略、方法与手段上，或在种种选择取舍以及审美创造力上，更出色地完成翻译任务，而没太关注译者的主观能动性与受动性之间的关联，似乎译者的主体性仅仅是其主观能动性，对其社会属性未予足够的关联性研究。然而，我们"不能割断历史，不能不考察他所处的那个时代的各种因素"。[3] 未来，如果把制约译者创造性发挥的社会、历史、文化、政治等外部生态制约因素纳入主体性研究，从能动性与受动性二者的对立统一出发，似可以更为公正地揭示译者主体性的内涵。

1995年，贝尔曼在《翻译批评论：约翰·多恩》中就曾指出：无论翻译研究还是翻译批评研究，"都不能不去回答这样一个问题：译者是谁？都必须以译者为主体作为基本出发点"。为此，他提出了"走向译者"这一响亮的口号。[4] 许钧的《文学翻译的

---

[1] 刘云虹《试论文学翻译的生成性》，《外语教学与研究》2017年第4期，第617页。
[2] 许钧《对翻译的历史思考——读〈从西塞罗到本雅明〉》，《上海科技翻译》1999年第3期，第3页。
[3] 同上。
[4] 参见许钧《"创造性叛逆"和翻译主体性的确立》，《中国翻译》2003年第1期，第9页。

理论与实践——翻译对话录》是打开我国当代翻译名家的翻译世界，了解他们的翻译主张、翻译审美观和价值观的一把钥匙。近年来，周领顺从理论框架和路径探索两个维度，探讨了译者行为批评，取得较大突破，打开了一个中国式译者行为研究的新空间。这个新空间有待更多的学者去进一步拓宽和完善。2017年，方梦之、庄智象主编的《中国翻译家研究》[1]三卷本面世，体现了当下学者对翻译史发展到今天的应有的积极担当。两位编者在前言中也清楚表明，翻译家研究不应仅仅是史料的钩沉与梳理，也不仅仅是对众译家的翻译主张、翻译活动及实践成果做出价值判断，"分析其在当时背景下的作用和价值，及其对当今学界的启发和意义"，还应当把他们的翻译活动与我国的"社会进步、文化昌盛、经济繁荣、科学发展"等联系起来。总之，翻译家研究既要考虑不同的历史剖面，又要考虑不同的空间维度；既不能肤浅指点，也不能过度拔高。翻译家在文学翻译史、文化交流史、民族文学和文化发展史上的地位和作用，在某种意义上，也取决于翻译研究者自己所立足的高度和面向未来的开放视野。

五、翻译文学和世界文学研究

文学翻译的目的是创造翻译文学，立足于中国来说，文学翻译活动就是要使外国文学变成用汉语重构的翻译文学。翻译文学是原文本作者和目的语译者跨越时空共同完成的作品，这是翻译文学与原语外国文学的不同之处。文学翻译活动也是世界文学的重要源头。当一个民族的文学超越了自身疆域，通过目的语民族的译者融入目的语民族的"译读（interpretants）"，[2]使其在目的语民族传播，它就具有了世界文学的特性——"文学性间性（interliterariness）"[3]和"文化性间性"，简单说，就是融合了两个民族的文学性和文化性，因而构成世界文学。

当我们谈论翻译文学和世界文学时，一般总会以翻译文学经典和世界文学经典为例，因为它们具有代表性。"翻译文学经典是在文本内部译者不遗余力的再创作实践和文本外部风调雨顺的译入语文化政治气候中确立，同文学经典一样是纯诗学和政治诗学协调下的产物"。[4]研究优秀的翻译文学或翻译文学经典有两个意图：一是可以反观翻译主体再创作活动中的选择、取舍、变通等处理原则与手法，为文学翻译活动树立典范，提高翻译质量；二是从翻译文学与外国文学的不同之处加以研究。我们要揭示翻译文学被外国文学遮蔽的现象，认识到外国文学研究可以忽略译者，而翻译文学研究不可

---

1 方梦之、庄智象《中国翻译家研究》，上海：上海外语教育出版社，2017年。
2 韦努蒂《翻译研究与世界文学》，达姆罗什等《世界文学理论读本》，北京：北京大学出版社，2013年，第210页。
3 参见查明建《论世界文学与比较文学的关系》，《中国比较文学》2011年第1期，第8页。
4 宋学智《何谓翻译文学经典》，《中国翻译》2015年第1期，第24页。

以忽略译者，还需要关注其在目的语文化中的转译情况和传播情况。而在归属性上，即便认为翻译文学既属于外国文学也属于中国文学，这种认识也只是"摆脱了二元对立，却没有摆脱二元论"，[1] 并没有满足翻译文学独立存在的合法性诉求。在"翻译文本构成世界文学"，[2] 世界文学继经典热之后成为国际学界的热点话题之时，我们立足世界文学，可以借助丰富的话语资源深入思考文学翻译，更客观地兼顾出发语和目的语两个民族的文学文化元素。站在跨民族的层面理解和感受人类人文精神中的共性与个性问题和现象，可以让译者在人类的精神家园里探索表达普遍性和特色性的得当的言语形式，揭示什么样的翻译才能在目的语世界更广泛地传播开来、更深远地传播下去。

思考题

1. 文学翻译与非文学翻译的根本区别在哪里？
2. 怎样认识文学翻译中的意义再生与文学性传递问题？
3. 本章所谈文学翻译的三对矛盾之外，还有什么矛盾需要我们去认识？
4. 结合自己的翻译认知和翻译实践，谈谈如何处理翻译中遇到的种种"异"。
5. 结合本章内容，谈谈文学翻译理论的主要功能。
6. 结合本章内容和自己的补充阅读，谈谈文学翻译对译入语文化和文明所起的作用。
7. 什么是狭义的翻译主体和广义的翻译主体？怎样理解主体间性？
8. 怎样认识文学翻译与外国文学、翻译文学和世界文学的关系？
9. 你认为中国文学如何才能更好地走出去？
10. 怎样认识众多的非文学翻译理论？

推荐阅读书目

Kristeva, I. 2009. *Pour comprendre la traduction*. Paris: L'Harmattan.

Nida, E. A. 2004. *Toward a Science of Translating*. Shanghai: Shanghai Foreign Language Education Press.

Tytler, A. F. 2007. *Essay on the Principles of Translation*. Beijing: Foreign Language Teaching and Research Press.

---

[1] 宋学智《傅雷与翻译文学经典研究》，杭州：浙江大学出版社，2020年，第23页。
[2] 韦努蒂《翻译研究与世界文学》，达姆罗什等《世界文学理论读本》，北京：北京大学出版社，2013年，第211页。

陈大亮，《文学翻译的境界：译意·译味·译境》，北京：商务印书馆，2017。
陈福康，《中国译学理论史稿》，上海：上海外语教育出版社，1996。
傅敏，《傅雷谈翻译》，北京：当代世界出版社，2006。
罗新璋，《翻译论集》，北京：商务印书馆，1984。
沈苏儒，《论信达雅——严复翻译理论研究》，北京：商务印书馆，1998。
谭载喜，《西方翻译简史》（增订版），北京：商务印书馆，2004。
谢天振，《当代国外翻译理论导读》，天津：南开大学出版社，2008。
谢天振，《译介学概论》，北京：商务印书馆，2019。
许钧等，《文学翻译的理论与实践：翻译对话录》，南京：译林出版社，2001。
许钧等，《傅雷翻译研究》，南京：译林出版社，2016。
许渊冲，《文学与翻译》，北京：北京大学出版社，2003。
郑海凌，《文学翻译学》，郑州：文心出版社，2000。

第六章
翻译与文化

传统上，人们一直想当然地把翻译视为两种语言之间的语码转换。但事实上，任何语言都不单纯是字、词、句的组合，而是使用该语言的民族在历史、社会、哲学、艺术、心理等各方面的文化沉积。因此，从一种语言到另一种语言的翻译过程，不只是语言之间的机械转换。翻译貌似语码转换活动，本质上却是文化交流活动。换句话说，翻译是一种"以语言符号转换为形式，以意义再生为任务的跨文化交流活动",[1] 翻译与文化密切相关。首先，翻译之所以必要，是因为不同文化之间存在差异，语言、思维、风俗等各个层面的文化差异产生交流的需求，产生翻译的需求；其次，文化之间的差异给翻译活动带来诸多挑战，翻译的过程是两种文化之间沟通与协商的过程；再次，把外国文化中的文本翻译到目的语文化中，有助于目的语文化的进步与提升；最后，翻译是维护文化多样性的必要手段。由于翻译跟文化水乳交融，古今中外对于翻译的思考与研究都离不开文化因素的考量。翻译研究领域出现"文化转向"之后，文化研究路径的翻译研究更是成为主流，并因为与文化研究以及其他学科的交叉融合而得到进一步的拓展。

第一节 翻译与文化的关系

翻译与文化密切相关，翻译过程中如何对待和处理外来文化，无论在理论上还是实践上都是一个重大课题。[2]

何谓"文化"？根据王克非的梳理，文化在中国古代是"文治教化"之意，引进西学后，文化接受了新的近代含义，关于文化的定义超过200种。王克非的定义是这样的："文化是理性人类创造的物质、精神价值总和，具有时间、空间意义……"。[3] 在刘宓

---

[1] 许钧《翻译论》，武汉：湖北教育出版社，2003年，第196页。
[2] 王克非《论翻译文化史研究》，《外语教学与研究》1994年第4期，第57-61页。
[3] 同上，第57-61页。

庆看来，每一门学科都从本学科的视角出发来考察与之休戚相关的文化问题。文化概念在哲学、历史学和社会学等不同领域中被关注的方面各不相同，翻译研究视域下的文化概念也有本学科的侧重点："语言是翻译学视角中的文化的"主体或主干"（main stay or main-stem）。离开语言，翻译学将无从谈论也无以谈论文化。……语言是文化的主要体现者和依据，撇开语言来谈文化，对翻译学而言，无异于缘木求鱼，那是不可思议的。其所以如此，道理很简单：翻译的操作对象是语言。"[1] 文化差异不仅体现为语言之间的差异，而且体现在语言所反映的物质文化、精神文化等方面。翻译是"以语言符号转换为形式，以意义再生为任务的跨文化交流活动"。[2]

一、翻译起源于文化差异

翻译之所以必要，归根结底是因为不同文化之间存在着文化差异，差异产生交流的需求、翻译的需求。金圣华的一段话，形象地道出了翻译的起源：

翻译就像一座桥，桥两端，气候悬殊，风光迥异。两端之间，原隔着险峻的山谷，湍急的溪流。两旁的人，各忙各的，世代相传，分别发展出一套不同的习俗风尚以及语言文化来。

有一天，这不同文化习俗的人，忽然想起要跟对岸打个招呼。怎么办？要渡过峡谷，不得不架起一座桥。[3]

许钧在他的《翻译论》中也谈到翻译起源问题，并概括了翻译的目的和意义："从翻译历史看，翻译是人类的一项文化交流活动，它试图跨越不同话语传统，使各民族的思想与文化得以沟通与交流。从某种角度看，翻译这项实践活动，是应人类思想与文化交流需要而生的，它一开始就有着明确的目的性，为着满足某种意愿或需要而存在。"[4] 翻译可以加强外国文化在目的语读者心目中的可理解性，在增进不同文化相互理解的同时，还有利于加强沟通，消除隔阂，缩短文化与文化之间的距离。

二、文化差异给翻译带来的挑战

要架设文化之间沟通的桥梁，译者责无旁贷，译者就是"架桥者"。文化之间的巨

---

[1] 刘宓庆《文化翻译论纲》，武汉：湖北教育出版社，1999年，第4页。
[2] 许钧《翻译论》，武汉：湖北教育出版社，2003年，第196页。
[3] 金圣华《桥畔译谈——翻译散论八十篇》，北京：中国对外翻译出版公司，1997年，第3页。
[4] 许钧《翻译论》，武汉：湖北教育出版社，2003年，第7页。

大差异，使译者在"架桥"的过程中面临很多挑战。

人们根据世界上种族的不同，把整个世界大致划分成若干个文化区域。即使同属于一个文化区域的人们，彼此之间也存在着文化上的差异。分属于日耳曼语族和罗曼语族的英语和法语使用者之间，文化差异较大；同属日耳曼语族的英语和德语使用者之间，文化差异也不小；爱尔兰人和英格兰人虽同处英伦，但两者在文化上大异其趣。西方这样，东方呢？中国文化与印度文化、日本文化、韩国文化、越南文化、马来文化之间虽然有相通、类似之处，但其实彼此之间存在很多差异。同一文化分区的人们有时尚不能相互理解，不同文化分区之间的交流难度就更加可想而知。生活环境、生活经验的差异，风俗习惯、宗教信仰以及对客观世界认识角度的不同，形成了迥异的文化传统和截然不同的文化景观，这些都给交流带来困难，给翻译带来挑战。比如，生活在赤道附近的人们，在与外界接触之前，其词汇中根本没有"雪"的概念，而对因纽特人而言，"雪花"可以有很多不同的种类，因而语言中有很多相应的词汇表达。把因纽特人的各种"雪花"翻译到赤道地区的语言中几乎是不可能完成的任务。

翻译的过程，是突破语言囚笼、挣脱文化囹圄的过程。文化背景的不同，导致思维方式的不同，任何一个译者都不是独立于特定的文化背景而存在的，每一个译者的头脑中都深深地打着所属文化的烙印，反映出所属文化对其思维方式的影响。

首先，译者与原作者由于分属不同的文化，都按照自己的兴趣重点对现实世界进行切分，兴趣重点的不同导致两种语言之间词汇意义的不对应。比如中国文化中相对于西方而言更加复杂的亲属称谓，就反映出宗亲文化在中国文化中更加重要的影响。在汉译英过程中，舅舅、叔叔、姑父、姨父等概念如果不对情节的发展产生影响，一般可以统一简单处理为uncle，只是意义有些损失；但是英译汉的时候，英语原文中的uncle如何处理可能是让译者头疼的事情，历史文本的翻译尤其如此，译者往往需要大量的历史文本阅读才能够确定uncle的身份，然后在译文中具体落实为舅舅、叔叔、姑父或者姨父，否则就可能造成史实方面的错误。

再者，不同民族由于思维方式的不同在遣词造句时也表现出不同倾向。就英汉两种语言文化而言，英美人重形合而中国人重意合，英美人重结果而中国人重过程。形合和意合这两个概念王力很早就有所提及。[1] "形合"（hypotaxis），指借助语言形式，主要是词汇手段和形态手段，实现词语或句子的衔接；"意合"（parataxis），指不借助语言形式，而借助词语或句子所含意义的逻辑联系来实现语篇内部的衔接。汉语和英语最重要的一个区别，就是意合和形合的对比。汉语的句子主要靠意思来连贯，以神驭形，因此更多的情况下是"意合"的，而英文则要求结构上的完整，往往借助语言形式手段（包括词汇和形态手段）实现词语和句子的连接，常常以"形合"为主。雪莱的诗句："If

---

[1] 王力《王力文集》第一卷，济南：山东教育出版社，1984年，第468页。

winter comes, can spring be far behind?",其对应的汉语翻译是"如果冬天来了,春天还会远吗?",但是广为接受的译法却是"冬天来了,春天还会远吗?"

思维方式的不同还体现在遣词造句时英语的结果取向与汉语的过程取向这一差异上。所谓"过程取向",是指说话人在感知事件时,关注事件中的程序,虽然在表述该事件时,可能表述结果,也可能不表述结果;即使表述结果,也往往需要先表述过程。所谓"结果取向",就是说话人在感知事件时,关注事件的结果,虽然表述该事件时,可能表述过程,也可能不表述过程;但过程往往会被隐含或者与结果相比,往往通过次要语言结构表现出来,即话语的焦点会落在结果上,而非过程上。[1]姜戎小说《狼图腾》中"草原狼不可牵"的翻译曾经引起过大家的关注:美国翻译家葛浩文(Howard Goldblatt)没有将"牵"直译为pull,而是处理为tame,表现出明显的结果取向,与汉语的过程取向形成鲜明的对照。这样的处理看似在词汇的层面偏离了原文,但是译文更加符合英语读者的思维方式,也更加容易为英语读者所接受。

思维方式的不同还表现在谋篇布局方面。以英语、法语等为母语的人,在语篇的安排上一般先说出结论或事情的结局,而汉语使用者更喜欢介绍来龙去脉,按照时间的顺序娓娓道来。

此外,人类对信息的形式和内容的理解相当程度上依赖于本民族的文化预设。原文作者是根据自己的语言和文化背景来传达信息、表达感情的。在同一文化中,读者与作者一般具有共同的文化预设,因此读者既能按作者所期望的那样,透过词汇的表面形式去理解原文的全部内容,同时又能领会到原文特有的风格。然而,在跨语言跨文化的翻译活动中,译文读者并不熟悉原语读者的文化预设,往往按照自己的文化预设去理解译文。不同的生存环境及其认识世界的特殊角度,往往使他们形成其独特的文化预设,因此不同民族的人们在遇到同样的事物时,其所产生的联想可能大相径庭,不同的文化赋予它们截然不同的含义。有些东西在一种语言中是正面的,能让人产生美的联想,而到了另外一种语言中就可能变成反面的东西,使人产生不好的联想。比如英国文化中"西风"的概念,与中国文化中"西风"的概念就大相径庭:在中国文化中,"西风"是冷风、寒风,而到了英国诗人那里却成为被讴歌的对象。西风之所以能够激发雪莱无尽的想象与灵感,使他写出千古名篇《西风颂》(Ode to the West Wind),在于英国人感受到的西风是来自大西洋的暖风,带给人们的是温暖、生机和希望。那么英译汉时,到底是替换成"东风",还是在翻译成"西风"的同时加注进行解释,是译者躲不开的问题。还有一些语言表达,在一种语言中是中性的,本没有什么感情色彩,可是到了另外一种语言中,就变成了褒义的或是贬义的了,带上了浓厚的感情色彩。比如汉语中的颜色词"黄色",其英语的对应表达是yellow,但是yellow没有汉语中"黄色"一词的"色情"内涵。迥然

---

[1] 王建国《汉英翻译学:基础理论与实践》,北京:中译出版社,2019年,第78页。

不同的文化在发生接触时,不能排除它们之间在价值观念方面有许多契合的情况,这是由人类的共通性决定的。比如,世界上很多民族都倡导舍己为人、忠诚可靠、忠实朋友等价值观念,但是价值观念和思维惯性方面的差异还是存在的,有时不同民族之间在价值观念方面的倾向性是有所不同的。当译者、译文读者的价值观念与原作者的价值观念发生冲突或是不太契合时,译者往往需要反复斟酌,正所谓"一词之立,旬月踯躅"。[1]

三、翻译有助于目的语文化的进步提升

翻译虽然因为文化差异充满挑战,但也正是因为如此,才具有无穷的魅力。在跨越文化藩篱的过程中,人们有机会领略异域的风景,了解和学习异域文化,并通过异域文化审视自身,丰富自身文化。正如许钧所言:"作为人类社会历史最悠久的活动之一,翻译对文化交流与社会发展具有强大的推动作用。"[2] "翻译给人类社会带来的,既有精神之光芒,又有物质之果实。借助翻译,人类社会不断交流其创造的文明成果,互通有无,彼此促进。应该说,没有旨在沟通人类心灵的跨文化交际活动,即我们所说的翻译活动,人类社会便不可能有今天的发展。"[3] 王克非的话也一语中的:"人类的进步、文化的繁荣皆与翻译密不可分,怎么估量它的意义也不为过。"[4] 纵观世界文明史,字母表的发明与普及、民族语言的发展与形成、民族文学的出现与繁荣、科学知识、宗教信仰以及文化价值观的传播、辞书的编纂、权力的博弈乃至历史的创造都离不开翻译。[5] 如果没有对希腊典籍的翻译与学习,古罗马文明和罗马帝国的历史就不是现在的样子;如果没有翻译家将古罗马的作品翻译成欧洲各民族的语言,欧洲的文艺复兴也会有所不同。中华文化能够走到今天,在很大程度上也依赖翻译。比如佛经翻译,就对中国文化产生了重要影响,不仅传播了佛教,还促进了中国文学的发展。借用王克非的观点来说:佛典的翻译有裨于中国文学极多。佛教文学文采动人,气势壮阔,想象奇诡,体大构精,给中国文学以新意境,输以新材料,又开辟了唐以降格律诗词新体裁,催生六朝志怪小说,激发浪漫主义文学,使古代文学获得一种解放。[6] 清末民初以来的翻译也对中国的社会进步产生了重要影响,严复的西方社会文献翻译和林纾的外国文学翻译,以及后来李大钊、陈独秀、李汉俊、郭大力、陈望道等人对马克思主义的翻译与介绍,都

---

[1] 许钧《译学并重促进文化交流》,《中国社会科学报》2019年5月21日第1版。
[2] 许钧《当下翻译研究中值得思考的几个问题》,《当代外语研究》2017年第3期,第1-5页。
[3] 许钧《翻译论》,武汉:湖北教育出版社,2003年,第381页。
[4] 王克非《翻译学核心话题系列丛书总序》,胡开宝、李翼编《基于语料库的文学翻译研究》,北京:外语教学与研究出版社,2021年。
[5] J. Delisle & J. Woodsworth, *Translators through History*, Amsterdam/Philadelphia: John Benjamins, 1995.
[6] 王克非《翻译文化史论》,上海:上海外语教育出版社,1997年,第15页。

推动了近现代中国社会的变革和发展。季羡林为《中国翻译词典》所作序言里，探讨了翻译对中华文明的重要意义，他的表述堪称经典：

倘若拿河流来作比，中华文化这一条长河，有水满的时候，也有水少的时候；但却从未枯竭。原因就是有新水注入。注入的次数大大小小是颇多的。最大的有两次，一次是从印度来的水，一次是从西方来的水。而这两次的大注入依靠的都是翻译。中华文化之所以能长葆青春，万应灵药就是翻译。翻译之为用大矣哉！[1]

翻译不仅给译入语文化带来物质文化和精神文化的滋养，还使译入语文化的民族拥有一种难能可贵的开放心态。"翻译是一种精神——它永远是面对他者，因而内在地蕴含着对外的、开放的、解放的精神，导向的是与他者之间的交流，同时又不断丰富自身。"[2] 有容乃大，不同的文化都创造了璀璨的文明成果，在外来文化面前，能够保持虚心学习的态度，并积极通过翻译取其精华、丰富自身的文化的民族，注定是最有未来、最有发展前景的民族。

四、翻译有助于发展文化多样性

翻译还是维护语言多元与文化多样性的重要途径。在经济全球化、一体化进程不断加快的情况下，作为全球通用语言的英语，随着其在全球的普及，已经占据一家独大的地位，而越来越多的语言被逐渐边缘化，很多语言在这个世界上消亡。伴随着一种语言的消亡，这种语言所负载的文化也随风而逝。根据联合国教科文组织大会第三十一届会议上通过的《世界文化多样性宣言》，文化多样性是人类共同的遗产："文化在不同的时代和不同的地方具有各种不同的表现形式。这种多样性的具体表现是构成人类的各群体和各社会的特征所具有的独特性和多样化。文化多样性是交流、革新和创造的源泉，对人类来讲就像生物多样性对维持生态平衡那样必不可少。从这个意义上讲，文化多样性是人类的共同遗产，应当从当代人和子孙后代的利益考虑予以承认和肯定。"[3]

许钧对于翻译的使命——维护文化多样性——有过如下的论述：

"英语"的日益国际化看似为交流提供了某种便利，但实际上是在削弱着处在弱势地位的一些民族文化。在全球化的进程中，我们不能以牺牲民族语言为代价，仅仅"用

---

1 季羡林《〈中国翻译词典〉序》，《中国翻译》1995年第6期，第3页。
2 许钧《译学并重促进文化交流》，《中国社会科学报》2019年5月21日第1版。
3 参见许钧《文化多样性与翻译的使命》，《中国翻译》2005年第1期，第41页。

英语"去谋求与外部世界的交流。相反,在对外文化交流中,我们要坚持使用与发扬中国语言,同时,培养更多的翻译人才来满足日益频繁的国际交往。在这一方面,欧盟的做法有借鉴意义,经济可以一体化,货币也可以一体化,但为了维护文化的多样性,在各种交流中,欧盟鼓励各国使用自己的民族语言,其意义是深远的。多年来一直呼吁维护多元文化价值的欧盟诸国的翻译界,特别强调要充分发挥翻译在维护文化多样性方面所起的作用,是非常值得我们重视的。

警惕语言的单一化,维护语言的多元和文化的多样性,这对国际关系的民主化与世界和平无疑是至关重要的。[1]

后殖民语境下,脱离殖民统治的文化常常为了突显独立的文化身份,尝试用自己文化的语言来翻译世界文学名著,从而证明民族语言的存在价值,让自身的语言焕发出文化生命力。翻译既可以维护语言的多元,也可以保持世界文化的多样性。破坏了语言多元性,也就切断了人类各群体和各社会交流、革新和创造的动力和源泉。丧失了文化的多样性,世界就会变得千篇一律、单一乏味,同时也将丧失生命力。没有多种文化的接触、碰撞和沟通,没有使接触、碰撞和沟通成为可能的翻译,世界各民族文化的共存、交融与发展就会成为一句空话。最后,我们引用前联合国秘书长布特罗斯–加利(Boutros Boutros-Ghali)的一句话来总结翻译的重要意义:"翻译有助于发展文化多样性,而文化多样性则有助于加强世界和平和文化建设。"[2] 世界的和平与发展离不开翻译,人类社会彼此的理解和沟通离不开翻译,人类文明的提升及代表生机与活力的多样性也离不开翻译。"文明因多样而交流,因交流而互鉴,因互鉴而发展。"[3] 不同的文化之间通过翻译这个交流的途径,让人类的精神世界更加多彩,物质生活更加丰富,世界更加多元,文明更加进步。在未来的岁月中,翻译还将在促进文明多样性以及构建人类命运共同体方面做出新的贡献。

第二节　翻译的文化思考与理论探索

翻译注定是文化的,跟文化之间有着血肉相连的关系。翻译起源于不同文化之间相互交流的渴求,因为文化差异而发生,因为文化差异而富有魅力,而人类文明和整个世

---

[1] 许钧《文化多样性与翻译的使命》,《中国翻译》2005年第1期,第43页。
[2] 参见许钧《翻译论》,武汉:湖北教育出版社,2003年,扉页。
[3] 习近平在亚洲文明对话大会开幕式上的主旨演讲,参见https://www.gov.cn/xinwen/2019-05/15/content_5391787.htm。

界则因为翻译而更加多元、繁荣。在历史上，文化与翻译之间的关系一直是中外学者思考的主题。

一、中外翻译史上的文化思考

由于翻译与文化之间关系密切，古今中外关于翻译的研究与思考，大多离不开文化方面的考量。早在三国时期，佛经翻译家支谦就在《法句经序》中，探讨了翻译中的文化问题，聚焦文化差异给佛经汉译造成的困难："又诸佛兴，皆在天竺。天竺言语，与汉异音……名物不同，传实不易……"[1] "天竺言语，与汉异音"涉及语言之间的差异，而"名物不同"指的是物质文化的差异。语言和物质文化的差异，使译者在翻译过程中面临"传实不易"的困境。译者该何去何从？

佛教传入中国之初，"格义"是译者经常使用的佛经翻译方法。佛教中的概念、思想相对于汉文化来说，是全新的、陌生的，翻译起来往往找不到对应的汉语表达，为了便于人们理解，译者用本土文化中的类似概念去比附佛经中的概念，比如用道家的"无"去比附佛家的"空"，用儒家的"五常"去比附佛家的"五禁"等。[2] 早期的佛经翻译中，"格义"的翻译方法，客观上拉近了佛教与中国本土文化的距离。但是，随着人们对佛教义理理解的不断深入，"格义"的翻译方法已经不能满足人们的需要。东晋时期高僧、翻译家道安提到"格义"方法的弊端，认为"先旧格义，与理多违"。考虑到语言之间的差异以及诗学传统的不同，道安坚决反对削胡适秦，饰文灭质，求巧而失旨，主张翻译力求合乎原文原意，"惟惧失实"。他认为只有这样，才能忠实地再现佛理的义旨，将佛典经文原原本本地传译给中国的读者。[3]

另外一位深入探讨佛经翻译中文化问题的是唐代佛经翻译家玄奘。玄奘法师为了保证翻译的质量，在翻译中倡导"五不翻"。所谓"不翻"，并非跳过原文省略不翻，而是采用音译的方法进行处理，是"不翻之翻"。在目的语与源语文化间没有完全吻合的对应表达时，采用"格义"的方法往往过于牵强，反倒误导读者，因此玄奘建议在下面五种情况下采用"不翻之翻"的音译策略：秘密故不翻；多含故不翻；此无故不翻；顺古故不翻；生善故不翻。[4]

有秘密的含义的咒语，采用音译的处理方式。多义词或多义的表达方式也音译。比

---

1 支谦《法句经序》，罗新璋《翻译论集》，北京：商务印书馆，1984年，第22页。
2 潘文国《从"格义"到"正名"——翻译传播中华文化的必要一环》，《华东师范大学学报》（哲学社会科学版）2017年第5期，第141–147页。
3 祝朝伟《传事以尽，尚质而无斫凿；委本从圣，求真勿令有失——道安"五失本、三不易"说源流考及现代诠释》，《四川外语学院学报》2006年第6期，第112–116页。
4 周敦义《翻译名义序》，罗新璋《翻译论集》，北京：商务印书馆，1984年，第50页。

如梵语bhagavat——薄伽梵，一词具有六种意义，在汉语中找不到等同的对等词，如果翻译出来，落实为某一种意义，往往会把原文的多义简单化、单一化，造成意义的损失，因此音译会更好。何为"此无故不翻"？如阎浮树，只产于印度，中国根本没有，如果用中国译者、读者熟悉的当地树木取而代之，只会造成误解，因此也采用音译的办法。顺古故不翻，已有约定俗成的音译就沿用音译。生善故不翻，指佛经中一些说法若采用音译更能使人生敬重之心。

文化差异给翻译带来的困难及其引发的思考，贯穿文化交流史。鲁迅在他的《"题未定"草》中曾经谈到他翻译《死魂灵》的经历：

> 躲在书房里，是只有这类事情的。动笔之前，就先得解决一个问题：竭力使它归化，还是尽量保存洋气呢？日本文的译者上田进君，是主张用前一法的。他以为讽刺作品的翻译，第一当求其易懂，愈易懂，效力也愈广大。所以他的译文，有时就化一句为数句，很近于解释。我的意见却两样的。只求易懂，不如创作，或者改作，将事改为中国事，人也化为中国人。如果还是翻译，那么，首先的目的，就在博览外国的作品，不但移情，也要益智，至少是知道何地何时，有这等事，和旅行外国，是很相像的：它必须有异国情调，就是所谓洋气。其实世界上也不会有完全归化的译文，倘有，就是貌合神离，从严辨别起来，它算不得翻译。凡是翻译，必须兼顾着两面，一当然力求其易解，一则保存着原作的丰姿，但这保存，却又常常和易懂相矛盾：看不惯了。不过它原是洋鬼子，当然谁也看不惯，为比较的顺眼起见，只能改换他的衣裳，却不该削低他的鼻子，剜掉他的眼睛。我是不主张削鼻剜眼的，所以有些地方，仍然宁可译得不顺口。只是文句的组织，无须科学理论似的精密了，就随随便便，但副词的"地"字，却还是使用的，因为我觉得现在看惯了这字的读者已经很不少。[1]

当代中国学者对于翻译中如何处理文化差异问题也有很多讨论，比如许崇信1991年发表的观点：

> 翻译工作在某种意义上象外交工作，要善于"存异求同"，既尊重别人，又尊重自己。这应该成为处理文化翻译的一条基本原则。不尊重别人的人，往往也不相信自己，不尊重自己；妄自尊大总是和奴隶心理同在并存、互为表里的。在文化翻译中采取"入乡随俗"的原则，也无助于达到互相交流、互相理解的目的——在不少情况下客观上起了相反的障碍作用。
>
> ……对外来文化的理解，应争取象镜子那样反映自然；而对外来文化的移译，则应

---

[1] 鲁迅《"题未定"草》，罗新璋《翻译论集》，北京：商务印书馆，1984年，第301页。

力求创造出达·芬奇所说的"第二自然"。创造"第二自然"——靠"舍异求同"是无法得到的。人们知道，每一种文化都同特定民族有着特殊的历史"血缘"关系，不是外来的东西所能随意改变或代替的。翻译中以此代彼，以我代人，在不少情况下既不合适，也"代"不了，而且如上所述，有碍于交流和互相了解。……也许有人会认为，拿自己的东西代替别人的东西，容易在读者中取得"喜闻乐见"的效果。这种看法未必全面。"喜闻乐见"不同于因循守旧，不要把读者看成不能接受新事物、缺乏理解力与想象力的人。[1]

提到翻译与文化，刘宓庆的《文化翻译论纲》不可不提。他对翻译学视角下的文化概念进行了界定，认为语言是文化主体性的基本表现手段，语言中所蕴含的文化信息由表及里、由简到繁、由有形到无形可以分为四个层次：物质形态层、行为习俗层、典章制度层和心理活动层。在此基础之上，他提出文化翻译的观念："我们必须重视文化翻译，包括文化层面上的许多问题，如：意义的文化诠释、文本的文化解读和文化表现法以及如何最大限度地限制文化的可译性限度，既充分发挥主体（译者）的能动性、主导性，又充分重视客体（文本）的可容性（文化上、语义上、审美上、逻辑上），做到梁启超说的'洽洽调和'。"[2] 刘宓庆还提出，我们必须将语言整体植入文化矩阵中加以审视，只有这样才能确保译者全面把握原文的文化信息，原汁原味地将原作的文化信息翻译出来；再者，文化适应性的观念非常重要。所谓"文化适应"既不意味着让源语文化去适应译语文化，也不意味着让译语文化去适应源语文化，[3] 而是采用歌德式的翻译方法，"融外域文化于本土中，而不失外域文化的原汁原味（all the essence of the original），于是，翻译者就似乎'硬把'我们'拽进'了（We are led, yes, compelled as it were）在原文文本中遨游的圆圈……"。[4]

翻译与文化之间的关系在西方也很早就引起人们的关注。翻译过程中，到底以源语文化为依归，还是以目的语文化为圭臬？哲罗姆在写给帕玛丘（Pammachius）的一封信中，反对字字对译的做法，提倡"意译"，更倾向于让译文服从于目的语文化的接受习惯。在信中，他提到一位采用意译方法的译者，不难看出哲罗姆很认可那位译者的做法：

> 他（那位译者）在把一些关于约伯的布道书和几篇赞美诗从希腊语翻译成拉丁语时，没有拘泥于枯燥无味的直译，或是受制于一个有待完善的文化在字面上的表达方

---

[1] 许崇信《文化交流与翻译》，《外国语》1991年第1期，第29-32页。
[2] 刘宓庆《文化翻译论纲》，武汉：湖北教育出版社，1999年，第66-67页。
[3] 同上，第73页。
[4] 同上，第77页。

式，而是像某个征服者一样，把源语文本——一个俘虏——戴上枷锁押送到自己的母语中去。[1]

这位译者的做法与鲁迅所批评的"削鼻剜眼"颇为类似。无独有偶，法国新古典主义者在翻译希腊文化典籍时也表现出这样的取向。对于法国人的态度，德国的赫尔德颇不以为然：

荷马一定要作为一个俘虏、身穿法国风格的服装进入法国，否则他会让法国人看了不顺眼；一定得剃掉他那令人尊敬的胡须，脱掉他那简朴的装束；他一定得学会法国人的举手投足的方式，而当他那农民的自尊显露出来时，他们就把他当作一个野人来嘲笑。[2]

歌德在1813年纪念维兰德（Christoph Martin Wieland）发表的演说中，谈到过翻译的两个原则，这两个原则都是以翻译中的文化取向为着眼点：一个原则是把外国的作者带到我们身边来，使我们能够把他看成我们当中的一员；另一个原则是我们到外国去，置身于国外的环境、言语模式和域外的特性中。[3] 同一年，施莱尔马赫受到歌德的影响，发表了著名的《论翻译的方法》。在他看来，翻译的途径"只有两种：一种是尽可能让作者安居不动，而引导读者去接近作者；另一种是尽可能让读者安居不动，而引导作者去接近读者"，并明确指出，他本人更加倾向于第一种方法。[4] 施莱尔马赫对这两种途径作了描述和区分，但并未对它们冠以什么名称。进入20世纪之后，韦努蒂在施莱尔马赫区分的两种翻译方法的基础上进行了阐发，将第一种方法称为"异化法"，而将第二种方法称作"归化法"。以"巧妇难为无米之炊"为例，归化法就是在翻译时让英语读者安居不动，把中国作者带到英语文化中去，将"巧妇难为无米之炊"翻译为Even the cleverest housewife cannot bake bread without flour（"没有面粉，巧妇也烤不出面包"），而异化法则是让作者安居不动，通过直译带领英语读者到中国文化中来，引导其领略原汁原味的中国文化。

历史上，翻译理论研究长期寄人篱下，前语言学阶段，人们对于翻译的思考隶属于语文学派的研究范畴，随着语言学、文学研究的发展，又一度依附于语言学、文学研究，成为其副产品。奈达受到乔姆斯基（Avram Noam Chomsky）的影响，发现在语言的表层结构，言语可能各不相同，但是在语言的深层结构却可能存在共同之处，这为

---

[1] D. Robinson, *Translation and Empire*, Manchester: St. Jerome Publishing, 1997, P. 76.
[2] Ibid., P. 26.
[3] Ibid., P. 222.
[4] Ibid., PP. 225–238.

其提出动态对等的翻译原则奠定了基础。在他看来，由于文化之间存在着巨大差异，在《圣经》翻译过程中，译文要充分考虑目的语文化，考虑译文读者的接受，读者的接受是第一位的，评判译文质量的标准是看译文读者读到译文之后的感受，是否与原文读者阅读原文之后的感受大致相同。奈达讨论过这样一个例子：《新约·罗马人》中保罗对罗马信徒们说了一句话，原文是希腊文，"钦定本"的译法是Greet one another with a holy kiss（请你们以圣吻互相致意）。什么是"圣吻"？现代人可能不太清楚。故奈达建议将该句翻译成Give one another a hearty handshake all around（请你们亲切地相互握手致意）。[1]在奈达看来，这是典型的动态对等的翻译。后来奈达又把动态对等的概念改为功能对等，把译文在目的语文化中所发挥的功能考虑进来，提出只要译文在目的语文化中达到了预期的功能，达到了功能上的对等，就达到了翻译的目的。

德国学者也很重视翻译的社会文化功能，德国功能主义的翻译目的论在20世纪的后半叶应运而生。进入70年代之后，以色列学者佐哈尔（Itamar Even-Zohar）受到俄国形式主义和捷克结构主义理论的影响，创建了多元系统翻译理论。目的论和多元系统理论都是把文化语境纳入对于翻译问题的思考。

翻译目的论影响很大，是莱斯和弗米尔两位德国学者在他们的专著《翻译行为概论》中提出的。在他们看来，明了具体的翻译目的，弄清译文在目的语文化中要实现的功能，对于译者来说至关重要。目的论的主要观点如下：翻译行为取决于翻译目的；译文是在目的语文化中提供关于源语语言和文化的信息；译文文本不会以一种反向的方式为原文文本提供信息；译文要前后连贯；译文与原文之间要连贯；前面五条的重要性由高到低递减，翻译目的具有决定性作用。[2]对于翻译成功与否的判断，不是取决于译文在多大程度上与原文对等，而是看译作进入目的语文化后在多大程度上实现预定的翻译目的。

翻译目的多种多样。对同样一部作品，译者的目的可能千差万别。有些译者以对原作进行研究为目的，致力于向目的语输入来自源语文化的新的文学形式或是表达方式，力图让译文读者了解源语的文化、文学传统。这些译者一般采取直译、异化的处理方法，原文中的修辞方法和形式一般得以保留，鲁迅就是典型代表。有些译者强调再现原作的主旨和精髓，主张用目的语中的习惯表达进行翻译，避免生硬牵强，如傅东华翻译的《飘》，人名和地名听上去很像是中国的人名和地名，完全是归化的手法。傅先生这样做，目的是忠实于全书的趣味精神，不在求忠实于一枝一节。还有一些译者以原作的模子为依托，借翻译实现自己的创作欲望。目的不同，采用的手段也就不同，所起到的

---

[1] Eugen A. Nida, *Toward a Science of Translating*, Leiden: Brill, 1964, P. 60.

[2] K. Reiss & H. J. Vermeer, *Towards a General Theory of Translation Action: Skopos Theory Explained*, London & New York: Routledge, 2014, P. 94.

效果也不尽相同。简而言之，目的论开始挑战传统观念中原作地位的至高无上，将目光聚焦于译文在目的语文化中能够实现的社会功能。

除了目的论，多元系统翻译理论的影响也很大。这一理论流派不再孤立地关注翻译文学作品是否忠实于原作，而是将翻译文学作品视为目的语文化中社会、文化、文学和历史诸系统的组成部分，翻译由多种社会文化因素决定，原文只是其中之一，原文至高无上的地位被解构。根据多元系统理论，翻译文学本身也是一个系统。翻译文学在目的语文化中的地位不是固定不变的，可能处于主要地位，也可能处于次要地位，很大程度上取决于源语文化和目的语文化之间的相对地位。根据佐哈尔的归纳，在下面三种情况下，翻译文学在目的语文学系统中处于中心地位：新生文学刚刚开始建立时；目的语文学相对于源语文学处于边缘地位时；目的语文化中出现文学真空时。[1]

目的语文化与源语文化之间的相对地位往往对翻译活动产生重要影响。政治、经济和文化相对发达的强势文化一般处于中心地位，供处于边缘地位的弱势文化学习与借鉴。所以，强势文化的典籍和作品大多被译介到弱势文化中去，而弱势文化中的典籍和作品则很少被译介到强势文化中去。王克非的研究发现印证了佐哈尔的理论：甲午中日战争以前，中国的文化处于中心地位，而日本的文化则处于边缘地位，日本人翻译的中国书有129种，而中国人翻译的日本书仅有12种；而在甲午战争以后至1911年的十多年间，日本书的中译本达到了958本，而中国书的日译本则降到了16种。[2]

另外，文化之间的相对地位对于译者在翻译中所采用的翻译策略也有着重要的影响。译者在把强势文化的作品译介到弱势文化中时，往往对强势文化采取全盘接受的态度，尽量保留原作中的异国情调和表达方式，采用异化的翻译策略；而当译者把弱势文化中的典籍或作品翻译到强势文化中时，则往往追求译文的通顺，采用归化的策略。

多元系统翻译理论是翻译理论建构中的重要发展，因为在此之前，翻译文学被视为原作的派生物，比原文地位低，一直在原作的阴影里徘徊。多元系统理论使研究者将目光投向目的语文化中的社会、文学、历史等系统，这些系统相互影响、相互作用，对翻译结果产生重要影响。与此同时，该理论的提出为图里的描述翻译研究奠定了基础，翻译研究的范式也从规定性研究转为描述性研究。

描述翻译学尝试通过对原文和译文的对比，找出两者之间的转移（shifts），然后在众多此类观察的基础上，概括出目的语文化中运行的翻译规范和翻译法则。描述翻译学认为，在翻译过程的每个阶段以及译文的每个层次上，翻译规范都在发生作用。图里将规范分成初始规范、预备规范和操作规范。初始规范决定了译者到底是以原文为依归——遵守原文的语篇关系和规范，还是以译文为依归——遵守译语及译语文学多元系

---

[1] Even-Zohar, Polysystem Studies, *Poetics Today*, 1990(1), PP. 9–26.
[2] 王克非《翻译文化史论》，上海：上海外语教育出版社，1997年，第137–138页。

统的语言和文学规范。预备规范主要涉及翻译政策和翻译的直接性问题，即到底是直接翻译过来，还是通过一个中介间接翻译过来。而操作规范又具体分成结构规范和语篇规范。图里的目的，是在规范的基础上再进一步概括出翻译的普遍规律、翻译法则。切斯特曼对图里的翻译规范又有所发展，在图里提出的规范的基础上又增添了期待规范和职业规范。

多元系统翻译理论以及描述翻译学使翻译研究得以从纯粹的译文和原文之间的语言对比和一对一的对等理念中脱离出来，将学者的眼光投射到目的语文化中的历史、文学诸系统，审视翻译文学在其中的位置。这在翻译研究中具有革命性的意义。

二、翻译研究中的"文化转向"

玛丽·斯内尔-霍恩比是维也纳大学翻译传译学系教授，1988年发表了《翻译研究：综合法》（*Translation Studies: An Integrated Approach*）。她书中的核心思想是：翻译研究既不从属于语言学，也不从属于比较文学研究，而属于跨学科的范畴。她建议从事翻译理论研究的学者们抛弃"唯科学主义"的态度，把文化而不是文本作为翻译单位，把文化研究纳入翻译理论研究中来。[1] 巴斯奈特和勒菲弗尔都是比较文学背景的学者，在他们看来，霍恩比的这一提法具有"划时代"的意义，标志着翻译研究领域出现了一场变革，他们把这场变革称为翻译研究领域的"文化转向"。[2] 两位学者先后在翻译研究论文集 *Translation, History and Culture*（1990）和 *Constructing Cultures*（1998）以及勒菲弗尔的专著 *Translation, Rewriting and the Manipulation of Literary Fame*（1992）中阐发了他们的观点：已往的翻译研究局限于文本，文本之外的社会、文化语境却没有被纳入考虑范围。只有将翻译研究置于一个更为广阔的文化研究语境之下，才能抓住问题的实质，解决翻译中的难题。脱离文化研究的翻译理论研究不可能是全面可靠的翻译理论研究。巴斯奈特指出，如果我们把文化比作一个人的身体，那么语言就是这个人的心脏……就像一名正在给心脏做手术的外科医生不能对心脏周围的肌体熟视无睹一样，从事翻译工作的译者和从事翻译研究工作的翻译理论工作者，不能只满足于语言的分析和文本之间的对照与转换，却忽视了文化因素的存在。[3] 两位学者积极倡导突破语言对比的翻译研究，将研究视角拓展到语篇之外，关注翻译和文化之间的互动，关注文化如何影响翻译，而翻译又如何受到文化的制约。

勒菲弗尔主要关注目的语文化规范，探讨译者受到哪些因素的制约。在他看来，无

1　E. Gentzler, *Contemporary Translation Theories*, London & New York: Routledge, 1993, P. 188.

2　Ibid., P. 188.

3　S. Bassnett, *Translation Studies*, London & New York: Methuen, 1980, P. 14.

论是翻译选题还是翻译过程本身，都受制于目的语文化意识形态、诗学传统、赞助人的立场等因素。目的语文化中的这些因素就像一只看不见的手，一直在影响、操控着译者的翻译选择，无论是翻译选材，还是充满选择的翻译过程都是如此。

以严复翻译的《天演论》为例。《天演论》中曾经提及哈姆雷特，在西方文化尚未传入中国的情况下，严复害怕国人看不明白，采用了增译的方法，处理为："罕木勒特，孝子也。乃以父仇之故，不得不杀其继父，辱其亲母……"。[1] 严复在这里添加了关于罕木勒特（哈姆雷特）的介绍，是为了补充文化背景知识，方便汉语读者理解。但是将哈姆雷特描述为"孝子"，不能不说是中国传统礼教留下的痕迹，毕竟中西方的意识形态略有不同，"孝子"一词似乎给人一种不伦不类的感觉。中国人心目中的"孝子"与西方人心目中的a child who loves one's parents毕竟还是有所不同的，目的语文化中的意识形态在译作中留下了痕迹，客观上改写了原文。

在《罗密欧与朱丽叶》第三幕第二场中，朱丽叶提到罗密欧要借软梯做捷径，登上她的床，但是这样的话却似乎不适合直白地翻译成中文，如方平所言，"男女幽会欢合的场面也会出现在我国才子佳人的戏曲中，像《西厢记》的'酬简'，《牡丹亭》的'惊梦'；羞羞答答的大家闺秀，只宜半推半就，自始至终是一个哑角，哪能无所忌讳地说出'登上我的床'呢"。[2] 中国人在表达思想感情的时候往往化实为虚，讲求含蓄，过于直白就似乎失去了美感，所以朱生豪翻译时，就把"登上我的床"变成了"他要借你做牵引相思的桥梁"。[3] 译文读者读到这里，所产生的联想与原作读者所产生的联想是有出入的，这说明文化差异是东西方文化交流的一个"阻滞点"。更具体地说，译文读者的审美取向和意识形态对译者选择的影响和制约，是译入语文化与原语文化之间的差异决定了译文与原文之间的偏差，造成了译者对于原作的改写。

赞助人对译者的翻译也有重要影响。以梁实秋翻译莎士比亚戏剧为例，赞助人的作用发挥在三个方面："赞助人"首先会对译者在意识形态上施加影响，从而使译者协调自己所认同的意识形态与赞助人所施加的影响；其次，翻译"赞助人"……给予译者经济上的保证；第三，在地位问题上，译者接受"赞助"往往也意味着融入"赞助人"的团体及其生活方式之中。[4] 梁实秋是第一个完整翻译莎士比亚戏剧的译者。根据已有的研究，胡适是梁实秋翻译莎剧的赞助人。1930年7月，胡适担任了中华教育文化基金董事会编译委员会的主任委员，在他的倡导下，梁实秋开始了莎剧翻译。胡适对于梁实秋的莎剧翻译过程进行了详细的安排，他"在1931年2月25日给梁实秋等人的信里，对翻译的具体步骤、分工、稿酬、翻译文体、翻译方法，以及如何对待新的译本等等，做了

---

[1] 王克非《翻译文化史论》，上海：上海外语教育出版社，1997年，第122页。
[2] 方平《序二》，谢天振《译介学》，上海：上海外语教育出版社，1999年，第7页。
[3] 莎士比亚《莎士比亚全集》第五卷，朱生豪译，南京：译林出版社，2016年，第146页。
[4] 白立平《翻译家梁实秋》，北京：商务印书馆，2016年，第274页。

更详细的安排"。[1] 在具体的翻译过程中，胡适还转达给梁实秋一封关于《奥赛罗》审查意见的信件，信中提出了"三四点小疑问"。[2] 根据白立平的研究，远东版梁实秋译《莎士比亚全集》的"例言"——涉及翻译的底本、无韵诗、原文的版本困难之处和晦涩之处的处理、双关语、猥亵语以及标点符号的处理，都与胡适等人起草的莎士比亚翻译计划有很多共同之处。[3]

苏曼殊是与严复、林纾同时代的翻译家，赞同"师夷长技以制夷"的主张，翻译了雪莱、拜伦等英国浪漫派诗人的诗歌以及雨果的《悲惨世界》(*Les Miserables*)，在中国近代文学史上有着举足轻重的作用。他为了达到唤醒民众、反清反封建的目的，积极投身于西方优秀著作的翻译。在翻译选材方面，在英国浪漫派诗人的诗作中，苏曼殊唯独偏爱拜伦的诗，"这并非译者的随机选择，而是与当时的社会文化背景，译者的个人经历和文学审美有关。苏曼殊是位革命家，拜伦投身于希腊解放事业并创作的诗歌，势必与苏曼殊的革命意志不谋而合。此外，苏曼殊和拜伦还在人生经历和文学审美方面相契合"。[4] 在具体的翻译实践中，胡适等人倡导使用白话文的五四运动还没有发生，翻译受到当时主流诗学的束缚，于是他用五言律诗翻译拜伦的自由体诗。拜伦的《哀希腊》(*The Isles of Greece*)是八步抑扬格，含四个韵脚，共十六节，每个诗节包含六行诗句。苏曼殊将《哀希腊》翻译成五言律诗，但是保留了原诗的十六个诗节，每个诗节包含四副对句共八行。

勒菲弗尔的"意识形态""赞助人"和"诗学"三因说影响很大，受其影响，很多学者聚焦目的语文化对于翻译过程的操纵，有了很多发现，对于我们了解翻译活动的本质规律具有重要意义。

三、文化路径的翻译理论研究

从20世纪80年代后期开始，随着文化批评和文化研究在西方学术理论界崛起并逐步上升到主导地位，越来越多的学者开始从文化研究角度切入翻译问题。女性主义翻译研究、后殖民主义翻译研究应运而生。文化研究的勃兴把翻译理论研究从语言学研究的阵营中解救出来，使其有可能作为一门相对独立的学科跻身学界的殿堂。

文化研究学者对翻译研究发生兴趣，其主要关注的对象不是译文是否和原文对等，而是从跨学科的视角出发审视翻译现象，结合翻译现象进行深入的文化批评。女性主义翻译研究就是这样一个跨学科研究的产物。加拿大学者雪莉·西蒙（Sherry Simon）1996年发表了专著《翻译中的性别：文化身份和转换中的政治》(*Gender in Translation:*

---

[1] 白立平《翻译家梁实秋》，北京：商务印书馆，2016年，第283-284页。
[2] 同上，第289页。
[3] 同上，第292页。
[4] 钟慧《改写理论视域下的苏曼殊翻译作品诗学研究》，《今古文创》2020年第37期，第81-82页。

Cultural Identity and Politics of Transmission）。西蒙从性别研究的角度审视翻译现象，主要关注翻译研究中语言所表现出来的男性沙文主义，探讨统治、忠诚、忠实和背叛所传递的形象问题。她注意到17世纪翻译成法语的文学作品，存在信言不美、美言不信的现象，翻译因此被比喻成"不忠的美人"；她同时注意到斯坦纳在他的专著《通天塔之后》中讨论翻译的时候，使用了penetration这个男性中心主义的意象；她还注意到，翻译和女性一样，屈居次要地位，如同女性是男性的附庸，翻译作为原作的附庸而存在。在西蒙看来，女性主义翻译实践是一种政治活动，目的是通过语言让女性发声。女性主义翻译者千方百计，使用各种翻译策略来突显女性的地位。还有学者从性别研究的角度出发，探讨同性恋内容在翻译过程中的抹除或突显。总的来说，性别研究学者介入翻译研究，突显性别和文化之间的复杂关系，以及翻译在这一过程中的角色。

后殖民主义翻译研究作为后殖民主义文化研究与翻译研究结合的产物，是另外一个具有重要影响的文化翻译理论。该理论以福柯的权力话语为理论基础，以后殖民批评中的东方主义、民族理论以及杂合理论为研究视角，考察源语文化和目的语文化之间的权力差异对于翻译实践的影响。后殖民主义翻译研究的主要代表有霍米·巴巴、尼兰贾纳和韦努蒂，他们都通过对翻译现象的考察进行文化批评。韦努蒂在翻译研究领域影响更大，作为意大利裔美国人，他在将意大利语文本翻译到英语时注意到美国文化的自我中心主义。因为美国在国际上占据中心地位，其他文化相对美国文化只能扮演次要、附属的角色，处于边缘的地位，其他文化的文本因此要么没有机会被翻译到美国文化中，要么在被翻译成英文的过程中，经过"归化"处理，文化特质往往遭遇被抹除的命运，译文读起来自然流畅，因为只有可读性强的通顺译文，才更有机会被美国文化的读者所接受。根据卡萨诺瓦（Pascale Casanova）的观点，美国文化由于其在国际舞台上的重要地位，其他文化被翻译成英文的过程，就是被所谓"神圣化"的过程。[1] 以文学作品为例，一旦翻译成英文，就有机会被更多的读者所阅读，就在一定程度上被赋予"世界文学"的地位。权力与差异、中心与边缘以及归化与异化是后殖民主义翻译理论中的核心概念。文化研究不仅赋予翻译研究存在的合法性，而且可以给翻译研究提供有力的理论武器和明晰的观察视角。

综上所述，从文化的角度来切入翻译问题，以探讨翻译之名，进行文化批评之实，客观上使翻译研究能够突破以往只关注语言分析和文本转换的一孔之见，从历时和共时的角度以及文化政治的角度对影响译者翻译策略的各种因素进行动态的研究与把握，丰富了人们对翻译活动的认识，对最终揭示翻译活动的规律、丰富翻译理论的研究大有助益，但是不可避免也引起了一些学者的质疑。

1　P. Casanova, *The World Republic of Letters*, trans. M. B. DeBevoise, Cambridge, MA: Harvard University Press, 2007, P. 115.

第三节　文化路径翻译研究展望

就翻译研究而言，"文化转向"以来，翻译研究成果卓著，人们对于翻译本质的认识取得了前所未有的突破。但是，文化路径的翻译研究也引起了一些质疑。之所以如此，是因为翻译研究中越来越表现出一种泛文化研究的倾向。应该指出，理论中的"文化转向"与哲学意义上的"语言转向"不是一个层次上的概念，把翻译理论研究中的文化途径说成是"文化转向"容易给人们造成一种错觉，仿佛继哲学中的"语言转向"之后又出现了一个新的哲学变革，这就夸大了文化途径在学界的地位和影响。过分强调文化的无所不在，容易走极端，模糊翻译研究和文化研究的分野，客观上导致一些学者非常抵制文化路径的翻译研究，认为语言和语言之间的转换规律才是翻译研究的本体，文化路径的翻译研究聚焦影响翻译的制约因素，不属于翻译研究的范畴，只有回归语言层面才能回归翻译研究的本体，这无疑使翻译研究又走向了另一个极端。

必须承认，文化路径的翻译研究不是翻译研究的全部，也不是翻译理论研究的唯一途径，但它是翻译研究的重要组成部分；文化路径的翻译研究加深了我们对翻译活动本质规律的认识，没有文化路径的翻译研究，翻译研究可能还局限于语言转换的窠臼。文化路径的翻译研究不仅不应该放弃，而且在研究主题和研究路径方面还有进一步拓展的空间。

一、翻译的文化交流史研究

就研究主题而言，在全球化背景下，未来文化路径的翻译研究，在"文化转向"的基础上还应该有多语言、多文化转向。[1] 历史上多语言和多文化的交流与互动值得进一步挖掘。以转译为切入点，对历史上的多语言、多文化翻译实践和翻译行为进行研究，可以产生关于翻译研究的新发现。佛教在中国的翻译与传播过程中，很多汉、藏、蒙文的佛经译本不是从梵语直接翻译而成，要么从"胡文"转译而来，要么是汉、藏、蒙文彼此转译的结果。清末民初，中国学者的英美文学翻译有很多是通过日语译本转译到汉语中来的，翻译的过程涉及那个特定历史时期英美文化、日本文化和中国本土文化之间的互动与交流。另外，中国的一些典籍也是借由日语的版本翻译介绍到西方世界的。以《菜根谭》为例，《菜根谭》在中国一直没有受到应有的重视，研究发现，英文初译极有可能是以日文版《菜根谭》为底本的，而不是直接由中文翻译成英文；《菜根谭》的英

---

[1] 赵春雨《翻译研究：从"文化转向"到"多文化转向"——埃德温·根茨勒访谈录（英文）》，《外国文学研究》2016年第3期，第1–7页。

译始于1926年，日本人矶边弥一郎作为《菜根谭》一书的首译者，对其在英语世界的传播功不可没。[1] 在当今的全球化背景下，多语言、多文化翻译现象更是普遍，更是翻译研究者避不开的研究选题。

就研究路径而言，翻译研究与史学研究之间的关系越来越紧密。许钧在讨论翻译活动的基本特征时，特别强调翻译的社会性和文化性。他虽然也提到翻译的符号转换性，但是这一点没有放到首要的位置上。翻译还具有历史性，对历史性问题的揭示，在吕俊看来，使人们把习惯了的关于翻译活动的静态性观念变成了一种动态性的观念，而以往翻译研究中的历史维度很大程度是被忽略的，人们对于历史维度的理解也流于表面，这一问题的提出，让人们更加清楚地看到了以往翻译研究的空白点：

我们说它被忽视是指结构主义的研究方法，这是一种排斥时间性的静止与封闭式的研究。一切动态与流变的东西都被予以排除，所以"历史性"在那里是不存在的。而我们说被表面化的理解是指把史料看成史学的认识。史料只是史实的罗列。它们是给定的，不变的，但是对它们的理解却是根据每个人的不同思想而呈现多样性的，而每个人在提出看法与解说时又不可避免地依据一些理论或假设前提。只有把翻译的历史性问题提出来认真讨论才能开辟翻译学中的历史研究，而不是局限于流水账一样的与翻译理论无关的史实记忆。[2]

梁启超、胡适在佛经翻译如何影响中国文化和中国文学方面发表过相关研究成果，王克非的《翻译文化史论》也在翻译文化史方面进行了全面的梳理和深入的探索，在他看来，"文化及其交流是翻译发生的本源，翻译是文化交流的产物，翻译活动离不开文化。翻译文化史就是从历史发展上研究这两者的关系。……翻译文化史重在研究翻译对于文化（尤其是译入文化）的意义和影响，它在文化史上的作用，以及文化对于翻译的制约，特别是在通过翻译摄取外域文化精华时，翻译起到什么样的作用，达到什么样的目的，发生什么样的变异。翻译文化史实质上是翻译史与思想史、文化史的结合，通过对历史上翻译活动的考察，研究不同文化接触中的种种现象，包括政治、经济、思想、社会、语言、文学的变化，并探究它们在思想文化发展上的意义。"[3] 秦洪武也在翻译对语言的影响方面进行了一些研究，至于翻译如何影响目的语文化的其他文化领域，也有不少尝试。这一路径的翻译研究正在变得更加系统、深入，融入了"文化转向"之后国际翻译研究的大潮，文学关系史、文化交流史、思想观念史等领域都因为纳入翻译问题

1　王永真、顾怡燕《〈菜根谭〉译史初探》，《上海翻译》2017年第3期，第62–68页。
2　吕俊《一部值得认真研读的译学力作——读许钧教授新作〈翻译论〉》，《外语与外语教学》2004年第4期，第62页。
3　王克非《论翻译文化史研究》，《外语教学与研究》1994年第4期，第57–61页。

而将得到进一步的拓展,而翻译研究则通过纳入史学研究方法而得以进一步深入。翻译文化史研究在未来文化路径的翻译研究中还将越来越突显其重要性,在中国实施文化"走出去"战略的背景下,得到进一步突显。

二、文化"走出去"战略下中国文化外译研究

每种文明都有其独特魅力和深厚底蕴,都是人类的文化遗产和精神瑰宝。每一种文明都有值得我们翻译、借鉴的地方。有容乃大,中国文化之所以长盛不衰,主要是因为中国在漫长的历史长河中,一直注重通过翻译向海外学习,向其他文化学习。中国翻译历史悠久,历史上的佛经翻译、科技翻译,包括马克思主义在内的社会文献翻译、文学翻译以及改革开放以来的一系列翻译活动都推动了中国的社会进步、科技发展和文艺繁荣。但是,只是满足于不断地引进还不够,我们还要主动把中国文化介绍、推广出去,增进海外读者对中国文化的了解,消除彼此之间的误解和矛盾,促进与其他文化的交流与互鉴,为促进世界文明的进步与提升做出我们的贡献。2006年,《国家"十一五"时期文化发展规划纲要》中提出中国文化"走出去"重大工程项目,希望在广泛翻译、借鉴国外文明成果的同时,通过对外翻译,助力中国文化"走出去",加强与世界上的其他文化的沟通和交流,通过翻译,化解误解与矛盾,增进理解与包容,让中国文化为世界所了解,让中华文化之花在世界文明百花园中绚烂绽放。文化和学术交流本来就应该是双向的、互动的,而且也应该是平等的。对于中国来说,一方面要把西方优秀的思想文化介绍进来,这是中华民族善于学习、勇于学习、具有充分文化自信的表现,也深刻体现了我们开放、包容的胸怀;另一方面,作为一个历史悠久的文化大国,中国也有责任向世界传播中华优秀传统文化。从这个意义上说,中华文化"走出去",表达了中华民族推进世界各种文明交流交融的美好愿望,也顺应了丰富世界文化、维护文化多样性的时代要求。

就翻译研究而言,随着从"翻译世界"到"翻译中国"这一翻译工作重心的改变,翻译研究学者的研究重心也应相应调整,从对外国文化汉译的研究,过渡到对中国文化外译的研究,特别关注在中国文化"走出去"过程中,如何通过翻译将中国文化推介出去,实现与海外文化的交流与互动。

总的来说,在中国文化"走出去"的大背景下,文化路径的翻译研究无论是在研究主题上,还是在研究路径上,都将有所拓展,翻译的本体研究与跨学科的翻译研究齐头并进、相互融合,帮助我们在翻译研究领域取得更加重要的研究发现,让我们有机会进一步领略丰富多元的文化现象、文化差异和文化视域带给我们的独特的风景。

思考题

1. 如何理解翻译与文化的关系？
2. 请举例说明翻译对于目的语文化的影响。
3. 文化差异给翻译带来哪些方面的挑战？
4. 对于翻译文本中的文化因素，译者一般采取哪些翻译策略？译者选择特定翻译策略的决定性因素是什么？
5. 举例说明保持文化多样性的意义以及翻译在这一过程中扮演的角色。
6. 翻译中消除文化隔阂和保留文化异质性是否矛盾？为什么？
7. "文化转向"对于翻译研究的影响和意义何在？
8. 文化翻译理论是否就是关于翻译中如何处理文化问题的理论？为什么？
9. 文化翻译研究和语言学翻译研究是相互冲突的吗？为什么？
10. 请谈谈文化路径翻译研究存在的问题以及发展前景。

推荐阅读书目

Bassnett, S. & A. Lefevere. 1990. *Translation, History and Culture*. London & New York: Pinter Publishers.

Berman, A. 1992. *The Experience of the Foreign*. Albany: State University of New York Press.

Bianchi, D. 2022. Cultural Studies, *The Routledge Handbook of Translation and Methodology*, Federico Zanettin & Christopher Rundle (eds.). London & New York: Routledge.

Lefevere, A. 1992. *Translation/History/Culture: A Sourcebook*. London & New York: Routledge.

Munday, J. 2016. *Introducing Translation Studies: Theories and Applications* (4th edition). London & New York: Routledge.

Robinson, D. 1997. *Translation and Empire*. Manchester: St. Jerome Publishing.

Simon, S. 1996. *Gender in Translation: Cultural Identity and the Politics of Transmission*. London & New York: Routledge.

Venuti, L. 1994. *The Translator's Invisibility: A History of Translation*. London & New York: Routledge.

金圣华，《桥畔译谈——翻译散论八十篇》，北京：中国对外翻译出版公司，1997。

刘宓庆，《文化翻译论纲》，武汉：湖北教育出版社，1999。

罗新璋，《翻译论集》，北京：商务印书馆，1984。

王克非，《文化翻译史论》，上海：上海外语教育出版社，1997。

谢天振，《译介学》，上海：上海外语教育出版社，1999。

许钧,《文字·文学·文化——〈红与黑〉汉译研究》,南京:南京大学出版社,1996。
杨仕章,《文化翻译学》,北京:商务印书馆,2020。
张柏然、许钧,《译学论集》,南京:译林出版社,1997。

第七章
翻译与社会

　　翻译不仅是一种语言转换和文化交流活动，也是一种社会活动。翻译消除了不同语言和文化之间的壁垒，增进了不同社会群体之间的理解与沟通。同时，翻译的生产、传播和消费活动又不可避免地受到各种社会因素的影响和制约。开展社会学视角的翻译研究有其合理性、有效性和科学性。首先，翻译是一种发生在社会语境之中并受社会调节的实践活动，具有鲜明的社会属性，从社会学角度开展翻译研究的合理性不言自明。其次，社会学为翻译研究提供了新的理论工具和研究方法，可以有效实现对翻译活动社会属性的创新性认识。再者，不同学科的交叉与融合符合科学研究的发展规律，而从社会学角度开展翻译研究也符合翻译学自身的跨学科属性。目前，社会学视角的翻译研究方兴未艾，有望在不久的将来发展成为翻译学又一个名副其实的分支学科——社会翻译学。

　　本章将剖析翻译与社会之间的共变关系，诠释社会学视角翻译研究的基础理论与主要方法，进而探讨社会学视角翻译研究的未来发展趋势，以期厘清翻译与社会之间的互动原理，阐明社会学视角翻译研究的理论思想、基本方法与应用价值，并对社会翻译学的发展前景进行展望。

第一节　翻译与社会的关系

一、翻译的社会属性

　　翻译是人类历史上一项古老而复杂的社会活动，自其诞生之日起就具有鲜明的社会属性。无论是原始部落之间的来往，还是诸侯邦国之间的外交，抑或佛经、《圣经》、古兰经等宗教经典的传播，都需通过翻译才能实现。诚如许钧所言："翻译活动之所以存在，或者之所以有必要存在，是因为操不同语言的人之间需要交流。而人与人之间的交流所形成的一种关系，必定具有社会性。"[1] 作为人类交往和社会发展的产物，翻译在不同民族之间的往来、国家社会文化的建构，以及人类文明之间的交流与互鉴过程中扮演着重要的角色。

任何翻译活动都不是在真空环境中发生的，翻译活动离不开人作为行动者的交际需求，离不开特定的社会语境，同时也必然受到特定时空中各种社会因素的制约和影响。人的社会性体现在人作为社会成员参与社会活动所表现出来的特性，而翻译的社会性则集中体现在翻译活动中的人类行动者在翻译过程中所表现出来的彼此联动及其与各种非人类行动者、社会因素之间的相互联系。广义的翻译过程除语言转换之外，还包含翻译选材、译者征召、翻译决策、翻译出版及翻译作品的流通、消费与接受等环节，而翻译活动中的人类行动者除译者之外，还包括作者、赞助人、编辑、审校、代理人、出版商、读者等，这些行动者之间彼此联动，相互影响，其行为受制于社会思潮、意识形态、翻译政策、翻译规范、翻译伦理、消费心理等各种社会因素及非人类行动者的制约和影响，而最终生产出来的翻译作品也将进入目的语文化，被消费、阅读和传播，并在这一过程中不同程度地实现翻译的信息传递、语言服务、文化交流、教育滋养、国家形象塑造等社会功能。因此可以说，正是翻译的过程赋予了翻译鲜明的社会属性。

二、翻译与社会的共变关系

翻译与社会之间存在着一种共变关系，即二者之间存在一种双向、互动的作用与影响。[2] 傅敬民、张开植认为："任何翻译都发生于特定的社会，受制于特定社会，服务于特定社会，因而，翻译必然具有社会性。然而，翻译并非单向地依赖于社会、受制于社会，社会的存在与发展也不同程度地有赖于翻译，即社会也具有翻译性。"[3] 具体而言，翻译是发生在特定社会语境中的一种特殊的社会活动，必然受到各种社会因素的调节与制约，同时又对社会产生着不容忽视的作用和影响。需要指出的是，翻译与社会之间并非是单一、线性的影响与被影响的关系，而是复杂多样、双向互动的共变关系。

（一）社会对翻译的作用与影响

社会对翻译的作用和影响，是指整个社会及其某些方面（主要是指某些社会因素和社会变量）对译者及其翻译活动以及作为翻译活动载体的翻译产品所施加的作用和影

---

[1] 许钧《翻译论》，武汉：湖北教育出版，2003年，第69页。
[2] 王洪涛《建构"社会翻译学"：名与实的辨析》，《中国翻译》2011年第1期，第16页。
[3] 傅敬民、张开植《翻译的社会性与社会的翻译性》，《解放军外国语学院学报》2022年第1期，第120页。

响。具体而言，社会中的政治、经济、法律、宗教、伦理等因素对译者的翻译活动，例如源语文本的选择、读者群体的确定、翻译策略的形成等，形成制约和影响；而社会及某些方面对翻译产品的作用和影响主要体现在社会中的政治纲领、宗教信仰、经济利益、道德观念、出版政策、消费心理等因素会对翻译产品的生产、流通与接受等形成积极推动或消极阻碍的作用。

翻译作为一种社会活动，毫无疑问会受到政治环境、权力关系和意识形态的约束。中华人民共和国成立初期，国内政治环境与对外国际关系对当时的翻译选材、翻译模式、翻译策略以及译作的出版发行方式产生了重要的影响。以1949至1958年间苏联文学在中国的译介为例，当时中国积极学习苏联经验，主张"多译俄文书"，注重对苏联现实主义作品、马克思主义文艺理论作品的引入。据沈志远统计，1950年译自苏联的作品占全部翻译作品的77.5%，比前30年的苏联翻译作品占比高68%。[1] 在此期间，苏联文学获得比以往更多的关注，苏联文学作品基本上从俄文直接翻译，且得到了较为系统的译介；不仅对此前已有译本的作品进行了重印、修订或重译、补译，也较为全面地新译了各种体裁的作品，并开始对单个作家的作品进行系统介绍，因此出现了一批有影响力的苏联文学翻译家。[2] 随着60年代中苏关系破裂，中国对苏联文学的译介几乎停滞。这些足以体现政治环境、意识形态对翻译活动产生的重大影响力。"文革"时期的翻译活动也极为特殊，意识形态对翻译活动的影响很大，"黄皮书""内部发行"成为这一时期翻译活动的特色，读者的阅读和接受经常受到译本"前言""后记"的规约，翻译中的删改也是较为常见的现象。

在当今经济全球化和信息技术时代，不同国家、地区之间经济往来日益频繁，商务翻译、旅游翻译、金融翻译等应用型文本的笔译和口译需求与日俱增，翻译不再简单地被仅仅视为一种忠实于原文的语言转换或跨文化交际活动，而是越来越被当作一种可以推动社会经济发展和国际商业贸易的语言服务活动，翻译的商品属性及产业化倾向得到彰显。翻译活动除了关注语言的对等转换，更加注重市场需求和翻译效率，翻译成本、翻译收益、翻译绩效、翻译质量与翻译质量管理、翻译客户服务等成为翻译生产的重要考量因素。翻译分工更加精细化，语言服务招聘中涉及项目经理、语言专员、文字编辑、译后编辑、初级审校、高级审校、质量管理专员等多种岗位。此外，随着翻译需求量激增，翻译与技术的结合也愈加紧密，出现了机器翻译、计算机辅助翻译、网络众包翻译、译后编辑、远程口译、字幕组翻译等新兴的翻译现象。翻译教学重点也逐渐向语言能力和专业知识兼备的复合型翻译人才培养倾斜，越来越多高校纷纷设立应用性的翻译专业学位，为职业型翻译人才供给提供保障。由此可见，经济全球化和信息技术发展

---

[1] 参见邹振环《20世纪中国翻译史学史》，上海：中西书局，2017年，第77页。
[2] 曾思艺《俄苏文学及翻译研究》，北京：中国社会科学出版社，2011年，第148–153页。

对翻译组织形式、翻译模式、翻译质量标准、译者能力、翻译教学模式等方面的影响是深刻而巨大的。

（二）翻译对社会的作用与影响

翻译对社会的作用与影响，主要体现在译者及其翻译活动以及作为翻译活动载体的翻译产品对整个社会及其某些方面的作用与影响。自有翻译活动以来，翻译就推动着信息的传递和跨文化的交流。随着人类社会的发展、民族国家的形成和全球一体化进程的推进，翻译的需求大大增加，翻译活动的形式也日益丰富，翻译逐渐成为一种建构性的力量，在促进民族语言革新、世界文学发展、国际贸易交往、法律法规完善、科学知识传播、国家形象塑造、人类命运共同体形成等多个方面发挥着愈发重要的作用。

鸦片战争后，晚清政府为救亡图存，通过建立京师同文馆、江南制造局翻译馆等翻译机构，大量翻译西方科学著作以求"师夷长技以制夷"，包括傅兰雅（John Fryer）、伟烈亚力（Alexander Wylie）、丁韪良（William Alexander Parsons Martin）、林乐知（Young John Allen）等在内的许多西方传教士也主动参与了西学的译介，由此促进了中国现代物理、化学、生物、天文学、地理学等多个学科的萌生与发展。翻译不仅是引进科学技术的载体，还是唤醒民众、实现思想启蒙的工具与武器。五四新文化运动提倡科学民主，反对封建愚昧，提倡新文学，反对旧文学，提倡新道德，反对旧道德，而翻译则是实现这些"提倡"的工具与武器。在语言革新上，先进的知识分子以《新青年》为阵营，通过翻译掀起了白话文运动，提倡创造新的语言形式。瞿秋白在和鲁迅的通信中，就指出翻译之于语言革新的重要意义："翻译，的确可以帮助我们造出许多新的字眼，新的句法，丰富的字汇和细腻的精密的正确的表现。因此，我们既然进行着创造中国现代的新的言语的斗争，我们对于翻译，就不能够不要求：绝对的正确和绝对的中国白话文。这是要把新的文化的言语介绍给大众。"[1] 而从中国现代文学体裁的形成来看，由于五四时期短篇小说、散文等新的文学体裁经由翻译的引入，中国传统文学创作形式得到了丰富，其文学叙事形式、叙事语言等相较于传统模式有了很大的变化，并由此逐步形成了中国现代文学的新格局。因此，无论是就汉语语言的革新而言，还是就中国现代文学格局的形成而言，翻译都功不可没。

翻译同时也是一种国家治理的手段。在西方，著名的罗塞塔石碑（Rosetta Stone）用古埃及象形文字、埃及草书（当时的通俗体文字）和古希腊文三种不同级别的语言文字记录了埃及国王托勒密五世的一道诏令，叙述了托勒密时期的时局变化，以及托勒密五世施行减税、尊神等善举。由于古希腊文本是当时统治者的语言，"来自希腊的统治

---

[1] 瞿秋白《鲁迅和瞿秋白关于翻译的通信》，罗新璋《翻译论集》，北京：商务印书馆，1984年，第266页。

者要求全境内所有此类文书都须配有希腊文的翻译版本",[1] 这就充分体现了翻译与国家治理之间的密切关系。正如任东升与高玉霞所指出的,"在实践上,最高统治者历来注重把翻译作为思想统治和文化交流的工具,以国家或以国家名义进行规划性或规模性的翻译实践,甚至把翻译当作'国家事业'加以实施"。[2] 这种事例在中国翻译史上并不鲜见。无论周代以及两汉的译官制度,唐朝佛经翻译的译场制度,还是明清时期设立的四夷馆、京师同文馆以及中华人民共和国成立之后设立的中国外文出版发行事业局、中共中央编译局和中国民族语文翻译局,都体现了以国家为主体的翻译活动在国家治理、国家形象塑造和对外话语体系建构中的重要作用。

第二节 翻译研究的社会学视角

翻译研究发展至今,从早期的语文学模式和语言学模式,到20世纪中后期的文化研究热潮,再到20世纪与21世纪之交以来的社会学转向,历经了不同研究范式的更迭。20世纪中期前后,随着结构主义语言学的兴起,翻译研究从直觉感悟式的点评转向了对语际转换规律的探讨,并逐渐形成了翻译研究的语言学派。但"长期以来,人们对翻译的研究是建立在一种天真的假设基础上进行的,这个假设就是翻译活动是在真空中从事的;文本创作也是在没有任何外界因素干扰下进行的;语言是透明的、工具性的(而不是主体性的);译者也是价值中立的、是公允的",[3] 由此忽略了现实翻译过程中的诸多社会文化因素,制约了翻译研究的进一步发展。20世纪70至80年代,佐哈尔多元系统论、德国功能主义翻译理论和图里翻译规范理论的提出和发展,促使翻译研究超越语言对等和以原文本为中心的语言学研究模式,把关注点放在了译本对目的语文化的作用与影响以及其所受到的制约因素上。90年代,巴斯奈特和勒菲弗尔提出的翻译研究"文化转向",使得长期以来被忽视的目的语文化和翻译文本开始受到学界关注,翻译被视为意识形态、诗学、赞助人等因素干涉和控制下的"改写"和"操纵",由此极大地拓展了翻译研究的外部空间。然而文化研究的路径难以摆脱非此即彼、二律背反的运作框架,翻译研究从源语走向目的语、从原文走向译本的同时,又容易掉进"泛文化主义""文化决定论"的陷阱。20世纪末以来,不少西方学者,如斯密奥尼(Daniel Simeoni)、赫曼斯(Theo Hermans)、萨皮罗(Gisèle Sapiro)、普兰克(Erich Prunc)、

---

[1] 任东升《主持人语:民族翻译与国家治理》,《民族翻译》2020年第2期,第6页。
[2] 任东升、高玉霞《国家翻译实践初探》,《中国外语》2015年第3期,第92页。
[3] 吕俊《跨越文化障碍——巴比塔的重建》,南京:东南大学出版社,2001年,第190页。

梅赖埃兹（Reine Meylaerts）等敏锐地意识到翻译研究与社会学研究之间的内在关联，纷纷从社会学角度开展翻译研究。事实上，无论是对翻译实践的细节处理，还是对译学理论的系统反思，社会学观点都起到了一定的作用。[1] 当前，中西方许多学者积极地运用社会学理论与方法考察翻译活动的整个过程，分析影响或制约译本生产、传播与接受的各种社会因素，探讨翻译与社会的共变关系，取得了丰硕的成果，并逐渐形成了非常系统的社会学视角翻译研究模式。

一、社会学视角翻译研究的基础理论

目前，翻译学界主要借鉴、应用三种西方社会学理论开展翻译研究：布迪厄（Pierre Bourdieu）的反思性社会学理论（Reflexive Sociology）、拉图尔（Bruno Latour）的行动者网络理论（Actor-network Theory）和卢曼（Niklas Luhmann）的社会系统理论（Social Systems Theory）。

（一）反思性社会学理论及其在翻译研究中的应用

1．布迪厄的反思性社会学理论

布迪厄是法国当代著名的社会学家、哲学家和思想家，其社会学理论在人文社会科学界得到广泛应用，并在文学、语言学、政治学、哲学、史学等诸多领域产生了重要影响，被誉为近几十年来最具影响力和成果最为丰富的思想家。[2] 为了超越传统社会科学领域中个体主义与整体主义、主观主义与客观主义之间的二元对立，布迪厄提出了著名的反思性社会学理论和"关系主义"方法论原则，并总结出一套社会分析模式：［（惯习）（资本）］+场域=实践，[3] 其中涉及几个重要的理论概念。

场域（field）是布迪厄反思性社会学理论中的核心概念之一，是指一种具有自己运作规则的独立的社会空间，其运作规则独立于政治及经济规则之外。[4] 它是由"不同位置之间存在的客观关系所构成的网络或构型（configuration）"。[5] "场域"概念实际上是

---

[1] 许钧等《当代法国翻译理论》，武汉：湖北教育出版社，2001年，第247页。

[2] M. Wolf, The Location of the "Translation Field": Negotiating Borderlines between Pierre Bourdieu and Homi Bhabha, in *Constructing a Sociology of Translation*, eds. M. Wolf & A. Fukari, Amsterdam/Philadelphia: John Benjamins, 2007, P. 109.

[3] P. Bourdieu, *Distinction: A Social Critique of the Judgement of Taste*, trans. R. Nice, Cambridge, MA: Harvard University Press, 1984, P. 101.

[4] P. Bourdieu, *The Field of Cultural Production: Essays on Art and Literature*, New York: Columbia University Press, 1993, P. 162.

[5] P. Bourdieu & L. J. D. Wacquant, *An Invitation to Reflexive Sociology*, Chicago: The University of Chicago Press, 1992, P. 97.

一种空间隐喻，布迪厄将物理学中的"场域"概念投射到客观社会中，聚焦处于"引力"和"斥力"作用下的"粒子"，而非"粒子"本身。也就是说，社会科学领域的研究对象应是作为斗争发生场所的社会空间中的关系网络，而非存在于社会空间中的"个体"。但这并不意味着"个体"的存在是一种幻象，它以"行动者"的形式存在，体现其在场域中的主观能动性。布迪厄所强调的"行动者"不是指生物学意义上的个体、行动者或主体，而是社会学意义上的个体，是在场域中拥有一定的有效资本，并能产生特定效果的活跃的行动者。[1]

在所有的场域之中，有一种场域被称为"元场域"，即"权力场域"。权力场域是一个包含许多力量的场域，受各种权力形式或不同资本类型之间诸力量的现存均衡结构的制约。权力场域既是斗争的发生场所，也是游戏和竞争的空间。[2] 作为元场域，权力场域所处层次不同于其他场域（如文学、经济、科学、国家官方机构等场域），和后者在某种程度上是一种包含与被包含的关系，[3] 而其他场域之间既相互联系又具有相对独立性，各自拥有一套独立的运作规则。

场域概念的引入帮助我们以关系主义的方式，而非狭隘的结构主义方式进行思考。[4] 根据布迪厄的建议，运用"场域"概念开展研究应遵循以下三个步骤：[5]

1) 必须分析所考察场域与权力场域之间的位置关系，例如就艺术家和作家而言，其所处的文学场域是否受权力场域支配。

2) 必须厘清行动者或机构在谋求特定权威合法化时所占据的不同位置之间的客观关系结构。

3) 必须分析行动者的惯习（关于"惯习"的解释见下文），即行动者在内化某一特定社会经济条件过程中所获得的不同的性格倾向系统，而这些性格倾向系统在所考察场域的某一特定轨迹中也或多或少拥有得到施动的有利机会。

布迪厄的社会学理论既关注社会空间，也关注社会空间中个体的行为表现。惯习（habitus）指"积淀"于个体内的一系列历史关系，表现为知觉、评判和行动的各种行为或心理图式。[6] 惯习是一种"可持续的、可转换的倾向系统，倾向于把被结构的结构（structured structures）变成具有结构功能的结构（structuring structures）"。[7] 也就是说，

---

[1] P. Bourdieu & L. J. D. Wacquant, *An Invitation to Reflexive Sociology*, Chicago: The University of Chicago Press, 1992, P. 107.

[2] 布迪厄、华康德《实践与反思：反思社会学导引》，李猛、李康译，北京：中央编译出版社，1998年，第285页。

[3] 同上，第71页。

[4] P. Bourdieu & L. J. D. Wacquant, *An Invitation to Reflexive Sociology*, Chicago: The University of Chicago Press, 1992, P. 96.

[5] Ibid., PP. 104–105.

[6] Ibid., P. 16.

[7] P. Bourdieu, *The Logic of Practice*, trans. R. Nice, Redwood City, CA: Stanford University Press, 1992, P. 53.

社会空间中的个体倾向于将社会规约内化为自身性格倾向和思维方式,而这种性格倾向和思维方式又转而表现为个体的行为习惯。个体所拥有的性格倾向、思维方式、行为习惯等,既在社会规约中形成,又能顺应并反作用于其所处的社会环境。值得注意的是,惯习是历史的产物,是一个开放的性格倾向系统,随着经验不断变化,并在这些经验的影响下不断强化或是调整自身结构。它是稳定持久的,但不是永久不变的。[1]

资本(capital)是一个经济学概念,布迪厄将其引入社会学研究以探讨社会空间中的个体位置的差异及变化。资本不同,位置即不同,而在特定场域中,资本可以通过相互竞争得到转化和积累,从而影响个体所处位置的变化。

布迪厄将资本分为三种基本形式:经济资本、文化资本和社会资本。[2] 经济资本可直接转化为货币,也可以以产权的形式存在。文化资本指在社会生活中获得的文化资源,可表现为教育文凭等,且在一定条件下可转化为经济资本。社会资本由个人社会职责和社会关系构成,经常表现为各种头衔爵位,且在某些情况下可以转化为经济资本。可见,三种资本形式并非固定不变,而是可以相互转化。例如具有良好教育背景和文化修养的个体可以借此进入某一社会阶层,获得一定的社会地位,实现文化资本到社会资本的转化,而具有一定社会地位的个体能凭借其社会影响力获得经济资本。布迪厄以文化资本为例,[3] 介绍了文化资本存在的三种形式:具身化形式(embodied state)、物质化形式(objectified state)和制度化形式(institutionalized state)。具身化形式指体现在身体和心理上的长久定势,物质化形式指文化产品的形式,如图画、书籍、字典、工具、机器等,而制度化形式则是一种特殊的物质化形式,应与文化产品形式的物质化形式区别开来,它可以赋予文化资本一种原始资产,主要表现为教育文凭等。

2. 反思性社会学理论在翻译研究中的应用

早在20世纪90年代,西方学者如斯密奥尼、杰罗德·帕克斯(Gerald Parks)和让-马克·古安维克(Jean-Marc Gouanvic)就开始借鉴布迪厄的反思性社会学理论开展翻译研究。斯密奥尼是较早将布迪厄的社会学理论引入翻译研究的学者,他在《译者惯习的核心位置》(The Pivotal Role of Translator's Habitus)一文中,将翻译惯习和翻译规范联系起来,运用惯习理论对翻译规范中的译者进行理论探讨,论述了影响译者翻译决策的可能因素、如何形成译者惯习等重要问题,并试图重构当前的描述翻译学模式。[4] 但

---

1 P. Bourdieu & L. J. D. Wacquant, *An Invitation to Reflexive Sociology*, Chicago: The University of Chicago Press, 1992, P. 133.

2 P. Bourdieu, The Forms of Capital, in *Handbook of Theory and Research for the Sociology of Education*, ed. J. Richardson, New York: Greenwood, 1986, P. 243.

3 Ibid., P. 243.

4 D. Simeoni, The Pivotal Role of Translator's Habitus, *Target*, 1998(1), PP. 1–39.

遗憾的是，斯密奥尼对惯习概念的理解和应用脱离了布迪厄的社会学理论框架。[1]古安维克借鉴场域概念分析了影响法国文学场域和美国文学场域形成的社会因素，并以数位作家为例，探讨了19世纪和20世纪美国科幻小说如何通过翻译进入法国文学空间。[2]此外，古安维克还详细探讨了代理人与文学机构、立法机制等之间的权力斗争关系，揭示了代理人与场域中的象征权力、经济权力和政治权力之间的碰撞。[3]因基莱里（Moira Inghilleri）分析了法庭口译中的场域、话语和译者惯习。她以"政治庇护申请听证会"为例，分析了口译员、律师、法官等角色的作用以及不同角色对口译过程的影响，[4]并进一步指出口译员所在的翻译场域是一个充满不确定性的空间，其翻译行为受制于场域中不同政治、法律机构等权力斗争关系。[5]除了案例分析，因基莱里也探索了布迪厄的反思性社会学理论对翻译研究的理论贡献。[6]海尔布隆（Johan Heilbron）和萨皮罗则探讨了布迪厄的社会学理论对翻译研究的潜在应用价值。[7]沃尔夫（Michaela Wolf）通过引进"第三空间"概念进一步完善了布迪厄的场域理论，为理解不同场域之间的互动机制及翻译程序的特点带来了有益的启发。[8]西方翻译学界借鉴布迪厄反思性社会学理论所开展的翻译研究可谓方兴未艾，不一而足。

中国学者在探讨布迪厄社会学理论对翻译研究的认识论价值的同时，也尝试运用相关理论概念从多种视角、多重维度对历史上的翻译活动和翻译现象开展个案研究。在理论探索层面，王悦晨通过梳理布迪厄社会学的理论框架和主要概念，指出这些理论概念有助于分析翻译与其他领域的互动和影响以及翻译活动中译者和其他参与者的相互关系。[9]徐敏慧通过分析有限生产场域及大规模生产场域的特性及运作模式，对中国现当代文学翻译应该译什么、由谁译问题进行审视。[10]刘晓峰、马会娟聚焦译者能力和译者

1　See Hermans, *Translation in Systems: Descriptive and Systemic Approaches Explained*, Manchester: St. Jerome Publishing, 1999, P. 134.

2　J. Gouanvic, A Bourdieusian Theory of Translation, or the Coincidence of Practical Instances, *The Translator*, 2005(2), PP. 148–149.

3　Ibid., PP. 147–166.

4　M. Inghilleri, Habitus, Field and Discourse: Interpreting as a Socially Situated Activity, *Target*, 2003(2), PP. 243–268.

5　M. Inghilleri, Mediating Zones of Uncertainty: Interpreter Agency, the Interpreting Habitus and Political Asylum Adjudication, *The Translator*, 2005(1), PP. 69–85.

6　M. Inghilleri, The Sociology of Bourdieu and the Construction of the "Object" in Translation and Interpreting Studies, *The Translator*, 2005(2), PP. 125–145.

7　J. Heilbron & G. Sapiro, Outline for a Sociology of Translation: Current Issues and Future Prospects, in *Constructing a Sociology of Translation*, eds. M. Wolf & A. Fukari, Amsterdam/Philadelphia: John Benjamins, 2007, PP. 93–107.

8　M. Wolf, The Location of the "Translation Field": Negotiating Borderlines between Pierre Bourdieu and Homi Bhabha, in *Constructing a Sociology of Translation*, eds. M. Wolf & A. Fukari, Amsterdam/Philadelphia: John Benjamins, 2007, PP. 109–119.

9　王悦晨《从社会学角度看翻译现象：布迪厄社会学理论关键词解读》，《中国翻译》2011年第1期，第5–13页。

10　徐敏慧《文化生产场域与文学译介模式》，《中国翻译》2016年第3期，第41–45页。

能力结构,讨论了译者规范、译者场域、译者资本和译者惯习与译者能力之间的关系。[1]在应用研究层面,任东升、裴继涛借助布迪厄社会学理论的"场域"概念探讨了佛经翻译和《圣经》翻译在组织体制上的异同,并指出两种译经体制差异的根源,是佛教文化场域、基督教文化场域分别同中华儒家文化元场域之间的不同博弈关系,由此解释机构性翻译的场域特征和社会学性质。[2]陆志国运用惯习理论考察了五四运动前后茅盾在翻译选择和翻译策略上发生的转变和文学翻译场域中的张力关系。[3]王洪涛遵循布迪厄考察知识及艺术产品生产实践的分析步骤,对《诗大序》的两个英译本进行集译者分析、译策分析和译本分析于一体的社会学分析。[4]

(二)行动者网络理论及其在翻译研究中的应用

1. 拉图尔的行动者网络理论

拉图尔是法国当代著名社会学家、人类学家和哲学家,是科学社会学巴黎学派的代表人物之一。20世纪80年代中期,拉图尔综合了人类学方法、社会学的联系原则和符号学方法,在卡龙(Michel Callon)和劳(John Law)的理论基础上,进一步补充、完善了行动者网络理论(Actor-network Theory,以下使用其简称ANT)。ANT旨在考察科学知识生产和科学现象形成的动态过程,即那些正在形成的而非已经形成的科学和技术。尽管翻译生产实践研究不属于科学技术研究的范畴,但它与拉图尔的ANT对客体地位及转译过程的关注,以及消解主客二元对立的努力不谋而合,翻译研究同样关注除译者、作者等人类因素之外的非人类力量和翻译过程本身。ANT将社会空间隐喻为一个"无缝结构",自然/文化、文本/语境、主体/结构或者人类/非人类之间通过不断的转译因而存在着连续性,[5]恰好体现了拉图尔的理论主张和思想旨趣。其中"转译""行动者"和"网络"三个核心概念需要特别关注。

ANT也被称为"转译社会学"(Sociology of Translation),但其中的translation(转译)和翻译学中的translation(翻译)并非同一概念。"转译"是指"某社会实体从一个行动者范畴转换到另一个行动者范畴的过程中所发生的转换或转化",[6]即行动者通过将其他行动者的利益、目的和问题等通过自己的语言表达出来,使两者兴趣与利益相关联。

---

[1] 刘晓峰、马会娟《社会翻译学视域下的译者能力及其结构探微》,《外语教学》2020年第4期,第92-96页。

[2] 任东升、裴继涛《机构性翻译的"场域"视点——佛经译场与圣经译委会比较》,《解放军外国语学院学报》2012年第6期,第76-82页。

[3] 陆志国《茅盾五四伊始的翻译转向:布迪厄的视角》,《解放军外国语学院学报》2013年第2期,第89-94页。

[4] 王洪涛《基于布尔迪厄反思性社会学理论的〈诗大序〉两种英译对比研究》,《解放军外国语学院学报》2020年第2期,第43-50页。

[5] H. Buzelin, Sociology and Translation Studies, in *The Routledge Handbook of Translation Studies*, eds. C. Millán & F. Bartrina, London & New York: Routledge, 2013, P. 189.

[6] Ibid., P. 189.

"转译"强调社会网络节点之间的动态联系，以及社会实体（包括观念、技术）的迁移、杂合和创新，"旨在隐喻地说明网络的联结方式，并进而揭示'社会'的本体意义"。[1] 卡龙将转译的具体过程分为四个步骤，包括问题呈现（problematisation）、赋予利益（interestement）、招募成员（enrolment）和动员（mobilisation）。

相比传统社会学，ANT中的"行动者"具有更广泛的内涵，主要体现在其异质性、能动性和不确定性三个层面。行动者既包括人类行动者，也包括物体、程序、观念、技术、生物等非人类行动者。非人类行动者通过人类行动者在行动中产生影响，两者处于平等位置，彼此连接，相互作用，形成网络。"行动者"的基本特征还体现在其能通过制造差别改变事物状态，如果行动者不能造成任何差异、产生任何转换、留下任何痕迹或记录，那就不能称之为行动者。[2] 其次，行动者具有能动性，但"能动性"不等同于"主动性"，而是指行动者在其他行动者的驱使下开展行动。因此，对行动者的界定应放在人类与非人类、行动者与其他行动者之间的"对称性"互动关系中理解。此外，行动者具有不确定性。行动者不是行动的来源，而是大量实体蜂拥而至的处于移动状态的目标。[3] 行动者"必须到行动的过程中去寻找"，[4] 在行动中去确定谁或者什么是行动者。

在翻译活动中，"行动者"除了原作者、译者、读者、评论家、赞助人、经纪人、翻译项目管理者等人类行动者，还包括译本、文献资料（包括信件、手稿、访谈录、回忆录、翻译出版合同等）、出版社、翻译机构、翻译软件、互联网等非人类行动者。ANT的"行动者"概念赋予我们更全面、更清晰的视角来观察翻译活动中人与人或者人与非人类行动者之间的互动关系以及译本的生产过程，以管窥翻译的"黑箱"。

ANT中"网络"是指由成熟的"转义者"（mediator）做出的一系列行动所留下的痕迹。[5] "网络"是一个具有方法论意义的理论概念，是一种用来描述行动者之间动态联系，强调相互之间的工作、互动、流动和变化过程的工具或方法，而非被描述的静态的客观事物。由于"网络"所描述的行动者具有异质性、能动性和不确定性，行动者之间的连接也不是静态的、固定的，因此"网络"也具有流动性，没有固定的节点和路径。"网络"这一概念平等地看待人类行动者和非人类行动者，有利于我们走出自然与社会、主体与客体二元对立的窠臼。

---

[1] 王岫庐《行动者网络翻译研究》，《上海翻译》2019年第2期，第15页。

[2] B. Latour, *Reassembling the Social: An Introduction to Actor-network Theory*, Oxford: Oxford University Press, 2005, P. 53.

[3] Ibid., P. 46.

[4] 郭明哲《行动者网络理论（ANT）：布鲁诺·拉图尔科学哲学研究》，复旦大学博士论文，2008年，第82页。

[5] B. Latour, *Reassembling the Social: An Introduction to Actor-network Theory*, Oxford: Oxford University Press, 2005, P. 128.

2. 行动者网络理论在翻译研究中的应用

拉图尔通过重新界定行动者、网络等基本概念，进一步发展完善了巴黎学派的行动者网络理论。他以行动者之间的连接为社会学研究焦点，通过追踪行动者活动轨迹来考察行动中的科学和形成中的社会。拉图尔试图消解传统社会学中主体与客体、科学与社会的二元对立，其理论的应用范围也逐渐从科技领域扩展到管理学、教育学、新闻学、媒介学等人文社会科学领域。ANT将科学研究视野从输入和输出两端转移到中间的黑箱，探讨发生的过程而非结果，对翻译研究（尤其是翻译过程研究）而言同样具有独特的认识论价值和方法论意义。

布泽林（Hélène Buzelin）是较早将ANT引入翻译研究的学者，也是翻译学界运用ANT开展理论探索和应用研究成果最为丰硕的西方学者之一。她认为ANT与布迪厄的社会学理论是一对互补的盟友。[1] 布迪厄的社会学理论主张通过分析行动者的社会实践及其在社会空间的位置与行动轨迹的关系来解释社会，强调场域对社会个体的规约作用；而拉图尔则认为要了解一个社会，首先必须分析人类和非人类行动者之间的互动方式，进而考察在社会中流通的人工制品（如科学技术）的生产过程。布泽林指出，在翻译研究中，ANT将视野聚焦于正在形成的译本，即翻译生产与传播过程中行动者之间的连接及网络的具体运作机制，弥补了布迪厄对复杂多变的翻译过程中非人类行动者的存在及行动者的能动性和不确定性的忽视；而反过来布迪厄的场域理论也能弥补ANT对社会阶层关注得不够这一缺陷，两者相互补充，得以共同克服多元系统分析模式的不足，进一步推动"行动者导向"和"过程导向"翻译研究的深入发展。除了理论探讨，布泽林也多次应用ANT进行翻译项目的个案研究，如分析加拿大蒙特利尔市独立出版社的文学翻译生产过程，通过访谈法、参与观察法、文献研究法等具体方法获取研究数据（包括访谈记录、翻译合同、翻译许可证、宣传手册、信件、译者初稿，以及与译作接受相关的数据如文章、评论等），从而剖析译者、编辑、审校、出版商等行动者之间的联系与互动。[2] 值得注意的是，在这两项研究中，民族志方法的应用为布泽林提供了更客观、丰富、深入的研究材料。

目前国内外ANT翻译研究成果主要集中在理论探讨和应用研究两个方面。理论探讨主要围绕ANT核心概念的引介、ANT与翻译研究结合的合理性和有效性、翻译网络的形成等问题展开。继布泽林论证了ANT与布迪厄社会学理论的互补性以及在翻译研究中的认识论价值之后，国内学者黄德先对"行动者""网络""翻译"（即"转译"）和"黑箱"四个核心概念进行了讨论。他认为ANT不仅突破人们惯常的"原文和译文的对立、译者

---

[1] H. Buzelin, Unexpected Allies: How Latour's Network Theory Could Complement Bourdieusian Analyses in Translation Studies, *The Translator*, 2005(2), PP. 193–218.

[2] H. Buzelin, Translations "in the Making", in *Constructing a Sociology of Translation*, eds. M. Wolf & A. Fukari, Amsterdam/Philadelphia: John Benjamins, 2007, PP. 135–169.

和作者的分离等二元的划分",也丰富了翻译的内涵,"翻译并非用目的语再现原文,而是和各种社会行动者创造新的关系,征召新的行动者,形成新的网络,是一个转化知识、社会、事件与操作形构的过程"。[1] 此外,他对翻译网络的流动性特征和确认网络形成的三个要点做出了较为清晰的论述,为翻译网络研究提供了启发。王岫庐对ANT翻译研究现状进行了反思,她指出目前相关研究大多关注翻译的生产、传播过程,而忽略了ANT在翻译文本的语际转换过程、译者翻译策略的选择过程等微观层面的解释潜力。与此同时,她提出了一种以文献学研究方法为基础,活态史料采集及分析为辅助,以翻译过程的行动者追踪及网络建构为导向的"行动者网络翻译研究"模式。[2]

ANT在翻译研究中的应用主要以特定翻译项目为分析对象,聚焦特定行动者在翻译生产过程中所扮演的角色。博奇克(Anna Bogic)通过整理阅读《第二性》首个英译本译者与编辑、出版社之间的来往信件,重现了当时各方在翻译生产中的协商与沟通过程,揭示了出版商所扮演的重要角色。[3] 索勒姆(Kristina Solum)关注文稿编辑对译本质量的影响。[4] 汪宝荣基于ANT理论和布迪厄的"资本"与"惯习"概念框架,以西方商业出版社为考察中心,尝试构建了分别以西方译者、中国作家和西方商业出版社为发起者的中国当代文学翻译与传播模式,认为这三个相对自足的子网络交互联结成一个系统性的"中国文学译介与传播行动者网络"。[5] 骆雯雁深度描述并探讨了《西游记》亚瑟·韦利(Arthur Waley)译本生产的各个阶段,以及相关翻译行动者如何在现实社会条件下行动并建立联系的过程。[6] 随着信息技术的发展,ANT翻译研究涉及的文本类别也逐渐丰富,除了文学译本和学术译本,视听翻译和网络翻译也开始进入ANT翻译研究学者的视野。阿卜杜拉(Kristiina Abdallah)以一家芬兰翻译公司的视听翻译分包项目为个案,运用ANT探讨了翻译质量、译者身份和译者职业伦理问题。阿卜杜拉指出分包翻译项目失败(以及公司破产)的原因在于"翻译质量"概念不明确。[7] 厄德利-韦弗(Sarah Eardley-Weaver)探讨了歌剧翻译中针对视听障碍群体采用音频描述和触摸游览过程中

---

[1] 黄德先《翻译的网络化存在》,《上海翻译》2006年第4期,第9页。

[2] 王岫庐《行动者网络翻译研究》,《上海翻译》2019年第2期,第14–20页。

[3] A. Bogic, Uncovering the Hidden Actors with the Help of Latour: The "Making" of the Second Sex, *Mon-TI*, 2010(2), PP. 173–192.

[4] K. Solum, The Tacit Influence of the Copy-editor in Literary Translation, *Perspectives*, 2018(4), PP. 543–559.

[5] 汪宝荣《中国文学译介与传播行动者网络模式——以西方商业出版社为中心》,《解放军外国语学院学报》2020年第2期,第34–42页。

[6] Wenyan Luo, Translation as Actor-networking—Actors, Agencies, and Networks in the Making of Arthur Waley's English Translation of the Chinese Journey to the West, London & New York: Routledge, 2020.

[7] K. Abdallah, Quality Problems in AVT Production Networks: Reconstructing an Actor-network in the Subtitling Industry, in *Audiovisual Translation in Close-up: Practical and Theoretical Approaches*, eds. A. Serban et al., Bern: Peter Lang, 2011, PP. 173–186.

听众、舞台布景、音频描述者等行动者之间的互动，以及受众反馈对翻译过程的影响。[1]翁塞立（Thandao Wongseree）基于ANT概念框架对泰国字幕组成员、数字技术和字幕组团队之间的复杂关系进行了探讨，突显了数字技术这一非人类行动者在字幕翻译中的重要作用。[2]

（三）社会系统理论及其在翻译研究中的应用

1. 卢曼的社会系统理论

卢曼是20世纪德国著名社会学家和思想家，他基于对帕森斯（Talcott Parsons）结构功能主义的继承和修正，以及对生物学、物理学、化学等自然科学领域研究成果的借鉴与吸收，创建了新的社会系统理论。卢曼的社会系统理论将社会视为一个具有高度自律性、独立性和自我再生能力的系统，对揭示社会运作的高度复杂性，社会系统内部的功能分化、协调与自我参照有着重要意义。

"系统"与"环境"是一对相互依存的概念，也是卢曼社会系统理论中的"核心范式"。[3]卢曼以"系统/环境"的理论视角取代了传统社会学所倡导的"整体/部分"二元思维模式来描述社会，尤其注重系统与环境之间的差异与复杂关系。一个系统的结构和过程只有在与环境的关联中才有可能存在，而且只有在这样的关联中进行考虑才有可能被理解，[4]因此与环境的关系构成系统的关键要素。只有在环境以及系统与环境的关系中，系统才得以存在和被区分。系统进行自我区分和自我组织主要通过一组二元对立的符码实现，如"真实/虚假"构成科学系统进行自我区分的方式。

总体系统可分为机器、有机体、社会系统和心理系统四种类型。社会系统作为总体系统的一部分，其下还包括政治系统、法律系统、经济系统、文化系统、教育系统、宗教系统等多个子功能系统。各个系统彼此独立，有其特有的内在结构和运作规则，其中沟通是构成系统的基本要素，同时各子系统之间也可任意联系，互为系统与环境，系统可通过自我调节、组织对来自环境的刺激做出反应。

"自我创生"（autopoiesis）与"自我指涉"（self-reference）同样是一对联系紧密的概念。"自我创生"原是智利生物学家温贝托·马图拉纳（Humberto Maturana）和弗朗西斯科·瓦雷拉（Francisco Varela）提出的一个神经生物学概念，后来被卢曼借用于社会学

---

[1] S. Eardley-Weaver, Opening Eyes to Opera: The Process of Translation for Blind and Partially-sighted Audiences, *Translation and Interpreting Studies*, 2013(2), PP. 272–292.

[2] T. Wongseree, Understanding Thai Fansubbing Practices in the Digital Era: A Network of Fans and Online Technologies in Fansubbing Communities, *Perspectives*, 2020(4), PP. 539–553.

[3] N. Luhmann, *Social Systems*, trans. John Bednarz & D. Baecker, Redwood City, CA: Stanford University Press, 1995, P. 176.

[4] 杜健荣《卢曼法社会学理论研究——以法律与社会的关系问题为中心》，吉林大学博士论文，2009年，第30页。

领域。卢曼用自我创生系统指代要素生产网络的统一体,网络中的要素可以通过它们之间的互动,循环生产出能生产这些要素的网络,并在它们存在的空间内,形成网络的边界,同时网络的边界也可以作为要素参与网络的生产。[1] 简言之,社会系统能够通过生产构成其自身的要素(包括网络边界),并凭借要素之间的互动联系实现自我再生。"自我指涉"则是指系统内的各要素在与同一系统内的其他要素,以及与环境的联系中进行自我区分和相互区分。"自我指涉"不仅是要素之间的"相互比较和相互关联",还是"一种区分过程、辨认过程、变动过程和生产过程"。[2] 卢曼将生物学的"自我创生"借用到非生命体中时强调,"自我创生"是通过"自我指涉闭环"进行系统构建的一种一般形式,[3] 即只要形成自我指涉闭环,任何系统都可以视为是自我创生的。系统的自我指涉性是维持系统自我生产与运作的真正动力。

2. 社会系统理论在翻译研究中的应用

也许是卢曼的理论思想比较抽象,将其社会系统论直接应用于翻译研究领域的成果并不多见。较早的成果可追溯至20世纪90年代德国学者波特曼(Andreas Poltermann)所做的探索。波特曼在其文学理论研究中,将文学翻译视为一种文学子系统,以考察文学翻译与目标社会、文化之间的动态关系。他明确指出,仅从文学审美角度不能充分解释翻译的演变,而应在更广泛的背景下考虑文学系统与其他社会系统之间的系统/环境差异的变化。[4] 此外,波特曼还借用"文类期待"(genre expectation)的概念来诠释文学与翻译规范,[5] 为社会系统论与翻译研究的进一步结合奠定了基础。

继波特曼之后,赫曼斯对卢曼社会系统理论的阐释及应用在翻译学界产生了很大影响。赫曼斯从社会系统论的建构主义本质出发,强调可以将翻译视为一个社会系统。[6] 赫曼斯认为,卢曼的社会系统论对理解"什么使翻译成为一项专门的活动""翻译的他律性""翻译概念和实践的连续性、多样性和变化"等问题具有一定的启发意义。[7] 在社会系统论视角下,翻译是一种兼具自律性和他律性的社会活动,同时这一视角也能让

---

1 N. Luhmann, *Essays on Self-reference*, New York: Columbia University Press, 1990, P. 3.

2 高宣扬《鲁曼社会系统理论与现代性》(第2版),北京:中国人民大学出版社,2016年,第37页。

3 N. Luhmann, The Autopoiesis of Social Systems, in *Sociocybernetic Paradoxes: Observation, Control and Evolution of Self-steering Systems*, eds. F. Geyer & J. van der Zouwen, London and Beverly Hills: Sage Publications, 1986, P. 171.

4 S. Tyulenev, *Applying Luhmann to Translation Studies: Translation in Society*, London & New York: Routledge, 2012, PP. 46–47.

5 T. Hermans, *Translation in Systems: Descriptive and System-oriented Approaches Explained*, London & New York: Routledge, 1999, PP. 139–140.

6 T. Hermans, Translation, Irritation and Resonance, in *Constructing a Sociology of Translation*, eds. M. Wolf & A. Fukari, Amsterdam/Philadelphia: John Benjamins, 2007, P. 66.

7 T. Hermans, *Translation in Systems: Descriptive and System-oriented Approaches Explained*, London & New York: Routledge, 1999, PP. 137–138.

我们看到翻译的内部组织和翻译在社会领域和知识领域的发展。[1] 赫曼斯指出，可以将社会系统论中的"期待"与"翻译规范"结合起来，将翻译视为一个受"认知期待"和"规范期待"约束的机制，反过来这两种期待也不断受到翻译实践者和研究者的共同协商、确认、调整和修改。[2] 其次，社会系统论视角下，翻译系统的功能在于拓展社会通过自然语言进行沟通的边界，而（对原文的）有效表征和无效表征作为一组二值符码，[3] 是翻译系统进行自我区分和自我组织的重要方式。此外，翻译系统的"自我指涉"（self-reference）体现在翻译会为自身选择特定的表现方式，在指向他者的同时指向自身，而"异己指涉"（external reference）体现在翻译与他者（其他系统，如政治、法律、历史、经济等）之间的关系上。可以说，赫曼斯有关卢曼社会系统论在翻译研究中应用价值的论述极具启发意义。

切斯特曼在"沟通"概念的基础上区分了翻译"事件"（event）和翻译"行为"（act），并指出翻译事件作为一种沟通行为，构成翻译系统的基本要素，[4] 但这一观点受到图列涅夫（Sergey Tyulenev）的质疑与批评。[5] 图列涅夫在其《卢曼在翻译研究中的应用：社会中的翻译》（*Applying Luhmann to Translation Studies: Translation in Society*）一书中指出，当前翻译研究对卢曼社会系统论的应用不够全面，有必要深入探讨社会系统论的复杂性，进而借助该理论对翻译进行阐释分析。[6] 图列涅夫围绕五大问题对翻译的内在结构和本质，以及翻译在总体社会系统中的功能进行探讨，这五大问题分别是：1）翻译如何从不可能变成可能？即翻译是如何将两种或多个截然不同的现象联系起来的？2）翻译是如何成为一种独特的社会活动的？3）翻译成为可能的内部机制是什么？4）不同的社会活动被划分为翻译活动并被认为是同一类型的活动，其理据何在？5）在社会秩序从不可能变成可能的过程中，翻译做出了怎样的贡献？图列涅夫认为翻译是一种自我创生系统，能够"自我界定""自我生成"和"自我延续"。他从不同层级对翻译系统进行描述，包括翻译系统/环境、翻译系统/其他社会系统（系统/系统）、翻译作为子系统/总体社会系统（子系统/系统），指出翻译本质上是一种"翻译沟通事件"（translational

---

[1] T. Hermans, *Translation in Systems: Descriptive and System-oriented Approaches Explained*, London & New York: Routledge, 1999, P. 138.

[2] Ibid., P. 142.

[3] 赫曼斯将源语视为一级话语，将翻译视为表征一级话语的二级话语，即将翻译视为一种话语表征（representation）。参见Hermans, T. Translation, Irritation and Resonance, in *Constructing a Sociology of Translation*, P. 67 以及 Hermans, T. *Translation in Systems: Descriptive and System-oriented Approaches Explained*, PP. 142-143。

[4] A. Chesterman, Questions in the Sociology of Translation, in *Translation Studies at the Interface of Disciplines*, eds. J. F. Duarte et al., Amsterdam/Philadelphia: John Benjamins, 2006, PP. 13-14.

[5] S. Tyulenev, *Applying Luhmann to Translation Studies: Translation in Society*, London & New York: Routledge, 2012, P. 48.

[6] Ibid., P. 48.

communication event），对理解翻译何以可能，理解翻译在社会各方互动过程中的协调机制具有重要作用。

相比西方，中国翻译学界对卢曼社会系统论的专题论述与应用研究比较有限。杨晓华在卢曼的社会系统理论框架下，以语言服务系统为例，分析了翻译系统的自律与他律。[1] 杨晓华提出，可以将语言服务产业视作一个系统，该系统是激发翻译系统做出反应的主导因素；面对语言服务产业的飞速发展和环境的复杂性，翻译系统必须做出自我调整，以应对环境的偶然性因素，从而使翻译系统与环境的复杂关系加以简化。宋安妮对卢曼社会系统论的核心思想进行了较为系统的梳理和介绍，从三个方面对社会系统论与翻译研究的契合之处进行论述：1）翻译是"自我再生"的系统，具有"自我指涉"的特征；2）翻译是社会系统的子系统，"异己指涉"通过"自我指涉"来实现；3）"沟通"概念能为翻译研究提供有利的理论支撑。[2] 郝俊杰从卢曼社会系统理论中的复杂性化约、沟通/意义观、系统/环境观三个方面，来审视众包翻译的渊源与运作。[3] 他指出，众包翻译复杂性化约的途径是分层次、多类别的功能分化；沟通机制是在翻译沟通之外嵌入的一种为翻译各方寻找匹配关系的沟通机制；众包翻译本身是翻译系统在复杂社会环境中的一种演化，融合了翻译系统与互联网系统，是系统耦合的产物。邢杰和黄静怡从"系统"和"沟通"等核心概念出发，思考卢曼社会系统论对翻译研究的启示和意义。[4] 他们指出，社会系统论有助于研究者重新界定并评估翻译系统或翻译领域的本质，准确理解翻译系统要素的发展变化，重新审视翻译系统对其他系统开闭的制控作用，为定位并理解翻译系统提供了一个宏观视角。

二、社会学视角翻译研究的主要方法

社会学视角的翻译研究将翻译作为一种社会活动进行考察，所运用的主要方法很多来自社会研究方法。社会研究方法是人们认识社会、了解社会，分析社会问题和社会现象，解释和预测社会发展变化的重要手段。[5] 此处主要论述社会学视角翻译研究的方法论原则和一些具体的研究方法。[6]

---

[1] 杨晓华《翻译社会学的理论构架与研究——以中国语言服务产业为例》，《上海翻译》2011年第3期，第7–12页。
[2] 宋安妮《卢曼的社会系统理论与翻译研究探析——论翻译研究的社会学视角》，《外国语文》2014年第3期，第132–134页。
[3] 郝俊杰《社会系统理论视野下的众包翻译》，《西南科技大学学报》（哲学社会科学版）2017年第3期，第49–53页。
[4] 邢杰、黄静怡《卢曼社会系统论视阈下翻译系统定位再探》，《中国翻译》2021年第6期，第15–22页。
[5] 袁方《社会研究方法教程》，北京：北京大学出版社，1997年，第1页。
[6] 王洪涛《社会翻译学研究：理论、视角与方法》，天津：南开大学出版社，2017年，第34–36页。

(一）方法论原则

1. 定量研究与定性研究相结合的原则

实证主义方法论和人文主义方法论是社会科学研究中两种不同倾向的方法论主张，是定量研究和定性研究的哲学基础。自从孔德（Auguste Comte）将实证主义从自然科学引入社会科学，实证研究方法便开始广泛应用到社会学研究及其他人文社会科学研究中来。定量研究，是社会学常用的一种研究方法，代表了一种实证主义、科学主义的传统，该研究方法旨在对所考察对象的数量特征、数量关系和数量变化进行分析，在此基础上掌握其量的属性，进而形成对考察对象的具体认识。而定性研究代表了一种人文主义的传统，它主要是从所考察对象的属性出发对其进行归纳、分类、剖析，进而对所考察对象的性质和特征做出总结和判断。两者的结合符合社会学视角翻译研究的根本旨趣。

2. 共时研究与历时研究相结合的原则

共时研究又称横向研究，即对某一特定时间的某一社会现象或活动的原因、结果、意义、影响等静态因素进行描写与考察，属于静态研究。历时研究又称纵向研究，即对不同时间点或者某一时间段内的社会现象或活动的形成与发展过程进行探讨，属于动态研究。社会学视角的翻译研究以翻译与社会之间的共变关系为主要研究对象，既涉及两者之间的共变过程与规律，也包括两者之间静态的共变结果与影响。共时研究与历时研究相结合是全面考察社会翻译活动和现象的客观要求。

（二）具体研究方法

社会学视角的翻译研究常常借用社会学研究中具体的资料搜集方法、资料分析方法和其他技巧、手段开展翻译研究，其中比较典型的研究方法包括问卷调查法、访谈法、观察法等，其他研究方法还包括文本分析法、比较研究法、个案研究法、历史文献法等。

问卷调查法是社会学研究中常见的资料搜集方法，即通过问卷的形式从某一特定社会群体的样本人群中获取第一手数据和信息，是一种认识社会规律、探索社会现象的有效工具，"也为社会科学研究从定性走向定量，从思辨走向实证提供了十分关键的物质手段"。[1]

问卷可以分为多种类型。按照调查方式划分，可分为自填式问卷和访问式问卷，前者由被调查者本人根据问题填写，而后者则通过调查者向被调查者提出问题，根据被调查者的回答填写。按照问题设置方式划分，可以分为结构式、开放式和半结构式问卷：结构式问卷主要由封闭式问题组成，被调查者只需在所提供的固定选项中进行勾选即可，因此这类问卷所获取的数据信息具有高度结构化特点；开放式问卷不提供答案选

---

[1] 风笑天《社会调查中的问卷设计》，天津：天津人民出版社，2002年，第22页。

项，需被调查者自行发挥，因此后期的资料统计和分析更为复杂；半结构式问卷则结合了前面两种形式的优点，既有提供答案选项的问题，也有供被调查者自由发挥的问题，方便进一步数据统计和分析的同时也更好地考虑到了问题的复杂性和被调查个体的特殊性。

问卷设计是问卷调查过程中的关键环节，关乎问卷调查结果的信度和效度，直接影响材料的真实性和适用性。问卷结构一般包括封面信、指导语、问题、答案与编码五个部分。编码即赋予答案一个数字作为代码，为后续对数据资料进行量化统计与分析提供便利。

访谈法也是社会调查研究中资料搜集的重要方法。相比问卷调查法，访谈法更便于收集个人实践、感知、感受或生活故事等数据材料。[1]根据访问者对调查过程的控制程度，访谈法可以分为结构化访谈、无结构化访谈和半结构化访谈。结构化访谈通常按照预先设计的问题或者严格的操作程序进行，无结构化访谈无固定的访问程序，形式更具弹性，访谈者与被访谈者围绕特定主题展开自由访谈或深度访谈，而半结构化访谈兼具前两种方式的优点，按粗略的大纲围绕特定话题进行非正式访谈。

比如，阿里纳斯（Ana Guerberof Arenas）为探讨职业译者对机器翻译和译后编辑的态度，以在线问卷和访谈的形式对24名译员和3名审校进行了调查。[2]问卷包含11个封闭式问题，涉及译者对译后编辑过程的描述、译者译后编辑能力评价、薪酬满意度、译后编辑工具的使用情况等，并通过数据统计的方式对27名调查对象的回答进行量化分析。此外，该研究对27名调查对象进行了一对一访谈，参与者通过回顾问卷填写过程，为问卷分析提供更多信息。这一研究是运用问卷调查法、半结构化访谈法的典型案例。

观察法是田野研究（field research）的一种，主张通过直接感受和直接记录的方式搜集信息资料，并对所观察到的现象进行"实质性"和"规律性"的解释。[3]作为科学研究基本方法之一，观察法与问卷调查法和访谈法不同的是，它要求研究者参与观察过程。根据观察者的位置、角色以及观察的持续时间，观察法可以分为多种形式。[4]如根据观察者的角色划分，可以分为局外观察和参与观察。[5]局外观察中观察者以旁观者视角观察特定的社会活动和现象，而参与观察中的观察者则置身于所观察的社会活动或现象之中，以社会活动成员的角色进行观察。

---

[1] H. Buzelin, Sociology and Translation Studies, in *The Routledge Handbook of Translation Studies*, eds. C. Millán & F. Bartrina, London & New York: Routledge, 2013, PP. 190–191.

[2] A. G. Arenas, What Do Professional Translators Think about Post-editing? *The Journal of Specialised Translation*, 2013(19), PP. 75–95.

[3] 风笑天《社会学研究方法》，北京：中国人民大学出版社，2001年，第248页。

[4] H. Buzelin, Sociology and Translation Studies, in *The Routledge Handbook of Translation Studies*, eds. C. Millán & F. Bartrina, London & New York: Routledge, 2013, P. 191.

[5] 袁方《社会研究方法教程》，北京：北京大学出版社，1997年，第335页。

例如，布泽林在其2006年的一项研究中就运用观察法考察了出版商在翻译网络中所扮演的角色。[1] 她通过参与译稿交付后高级编辑和译者之间的会议，以及译本推介阶段原作者、出版商、记者和书商之间的会议，观察、了解不同行动者在翻译项目中的参与情况以及他们在项目中遇到的困难等，并以书面材料的形式记录下来。

除以上几种研究方法，社会学视角的翻译研究还常用到文本分析法、比较研究法、个案研究法、历史文献法等。

文本分析法被广泛运用于语言学、文学和计算机领域，广义上是指通过对文字、图像、视频、音频、数字、符号等信息进行描述与分析，解读文本结构和内容的深层含义。在翻译研究中，文本分析通常是对特定原文或译文中的字词、句子和篇章等进行语言修辞、叙事、符号表征等层面的细致分析。

比较研究法指根据一定的标准，对有一定关联的客观存在的翻译现象、翻译活动、翻译行为等研究对象加以对照，通过描述、解释、辨别、分析，寻求研究对象之间或研究对象内部不同结构形态或变量之间的共性和个性特征，进而把握客观事物质的规定性与量的规定性。[2]

个案研究法在社会学视角翻译研究中的应用是指将具体的翻译现象视为一个整体，在尽可能收集所有相关资料后，对这一翻译现象做全景式描绘和详尽的分析，以便从中揭示出这一翻译现象的特殊性以及各种因素之间的因果或互动关系。

历史文献法又可称为文献法，在翻译研究中指通过收集、整理和分析以文字、图像、视频、音频、符号等形式保存的数据材料，对某一历史性翻译活动发生的具体过程进行考察，从而理清、解释这一翻译活动发生的原因、时代背景、前后历程，并据此来预测类似翻译活动的未来走向。

第三节　社会学视角翻译研究的未来发展

社会学视角的翻译研究目前方兴未艾，未来有很大的发展空间。从理论研究的角度来看，社会学视角的翻译研究未来可发展成为翻译学的一门分支学科——社会翻译学。从应用研究的角度来看，社会学视角的翻译研究对于新时期的中国文学外译以及信息技术时代的翻译技术与应用翻译等翻译领域的新现象都能构成有效的观照与支撑。

---

[1] H. Buzelin, Independent Publisher in the Networks of Translation, *TTR*. 2006(1), PP. 135–173.
[2] 姜秋霞《文学翻译与社会文化的相互作用关系研究》，北京：外语教学与研究出版社，2009年，第31页。

一、理论研究：社会翻译学的理论建构

社会翻译学是社会学视角翻译研究向纵深发展的一种学科诉求。目前，社会学视角的翻译研究已渐成规模，整体而言，不仅具有较为明确的研究内容和研究方法，研究成果日渐丰硕，研究队伍也在不断发展壮大，将社会学视角的翻译研究建构成为翻译学的一门分支学科势在必行。但从社会翻译学理论建构的角度来看，仍然有必要从以下几个方面进行更为深入的探讨。

（一）学科称谓与学科归属

随着社会学视角的翻译研究日益发展为翻译学的一个分支学科，其具体的学科称谓也成为许多学者关注的话题。1972年，霍姆斯在哥本哈根第三届国际应用语言学大会上宣读了被奉为翻译学科独立宣言的《翻译学的名与实》一文。他在文章中提出了"社会翻译学"（socio-translation studies）与"翻译社会学"（translation sociology）两种说法，指代翻译学与社会学之间交叉形成的这一新的研究领域，但对于二者的差异，霍姆斯未做进一步区分。此后，两种名称被许多学者交替混用。从学科建设与未来发展的角度考虑，有必要对这一研究领域的学科称谓及其学科归属予以厘清。

社会翻译学与翻译社会学在理论视角、研究对象、研究目的和学科归属等方面存在明显分野。社会翻译学是从社会学的角度对翻译现象或翻译活动进行研究的学科，其切入角度主要是社会学，研究对象主要是翻译现象或翻译活动，研究目的主要是为了更好地认识翻译现象或翻译活动，因而其研究属性基本上是翻译学研究，换言之，可以将其视作翻译学的一个分支学科。对照而言，翻译社会学是从翻译学的角度对社会现象或社会活动进行研究的学科，其切入角度主要是翻译学，研究对象主要是社会现象或社会活动，研究目的主要是为了更好地认识社会现象或社会活动，因而其研究属性基本上是社会学研究，或者说可以将其视作社会学的一个分支学科。因此，如果站在翻译学的本位立场上来看，社会翻译学更适合作为翻译学一门分支学科的名称。[1]

学理分析固然如此，当前翻译学界对于社会翻译学与翻译社会学的普遍混用却是客观事实。现在比较务实的做法是一方面接受社会翻译学与翻译社会学在翻译学界同义互置的现状，另一方面仍需进一步明晰二者之间的差异，将二者的最终取舍留待该研究领域未来的深入发展，即像沃夫倡导的那样，将其称谓的确立寄托于"对翻译活动和翻译研究社会制约机制的深入探索"。[2]

---

[1] 王洪涛《"社会翻译学"研究：考辨与反思》，《中国翻译》2016年第4期，第6—13页。

[2] M. Wolf, Introduction: The Emergence of a Sociology of Translation, in *Constructing a Sociology of Translation*, eds. M. Wolf & A. Fukari, Amsterdam/Philadelphia: John Benjamins, 2007, P. 31.

（二）学科的理论体系

一个学科是否具有相对完善的理论体系是检验其是否成熟的关键指标之一。依据杨自俭的说法，考察一个学科的理论体系主要看该理论体系"是否有分级的范畴；范畴界定是否清楚并前后一致；范畴是否形成严密的逻辑体系；理论是否普遍有效等"。[1] 目前，社会翻译学研究主要基于布迪厄的反思性社会学、拉图尔的行动者网络理论和卢曼的社会系统论三大理论模式，虽然在理论借鉴上已取得较为丰硕的研究成果，但仍然存在理论概念误用、范畴界定不清晰、理论借鉴碎片化、理论解释力不强等问题。有鉴于此，未来可从以下几个方面入手加强社会翻译学理论体系的构建：

1）超越对几个核心理论概念的简单介绍和粗浅述评，将单个理论概念还原到其整体的理论学说中进行辨析和阐释。注重理论借鉴的系统性与整体性，提升社会学理论应用于翻译研究的适切度和有效性。

2）不同理论模式之间的关联性和差异性有待挖掘和阐明。既要加强理论之间的整合，也要厘清不同理论各自的边界，明确各个理论概念之间的区别与联系，比如：布迪厄的"场域"、拉图尔的"网络"和卢曼的"系统"之间有何异同？存在何种关系？

3）通过引介其他社会学理论，丰富社会翻译学的基础理论。除了上述三种理论模式，社会翻译学对社会学理论的借鉴还有很大的拓展空间，如吉登斯（Anthony Giddens）的结构化理论、米德（George Herbert Mead）的符号互动理论、鲍德里亚（Jean Baudrillard）的拟像理论等都可以用来考察翻译现象和翻译活动。

4）关注中国社会学理论发展，而不是一味借用西方话语来讨论中国问题。尽管社会学最早在西方建立，但并不意味着中国没有自己的社会学理论话语，在翻译研究中应密切关注本土社会学理论对中国当前翻译问题的启发意义。

5）应注重依托翻译实践和翻译活动对现有的理论模式进行修正和完善。理论是基于有限的实践、观察和认识进行的抽象化总结和提炼，而翻译实践活动日新月异，在翻译信息化和技术化时代，已经出现了许多新的翻译现象和翻译活动，现有理论模式需要在对新兴翻译实践活动的考察中得到不断验证和完善。

（三）学科的方法论体系

方法论体系是"学术共同体依据学科性质、目标和对象的特点，按照学科实践方法和认识方法的内在逻辑关系及其对应的问题，将其理论化和系统化而产生的结果"。[2] 作为一门新兴的翻译学分支学科，社会翻译学的方法论体系正在形成之中。社会翻译学

---

[1] 杨自俭《对译学建设中几个问题的新认识》，《中国翻译》2000年第5期，第5页。
[2] 蓝红军《译学方法论研究》，北京：外语教学与研究出版社，2019年，第89页。

提倡对社会翻译现象进行综合研究，因此在方法论上力主实现多种研究方法之间的互补。未来建构社会翻译学的方法论体系，除了上文提到的定量研究与定性研究、共时研究与历时研究的相结合，还需要实现实证研究与理论研究、宏观研究与微观研究、规范研究与描写研究之间的结合。

首先，实证研究和理论研究相结合。"实证性"是社会翻译学研究方法的重要特征，问卷调查、深度访谈、观察法、实地考察等社会学实证研究方法，可以帮助我们通过客观的研究数据对理论假设进行证实、证伪或者提出新的假设。但当前的社会翻译学研究多为个案描写研究，在理论反思方面稍显欠缺，且对于重要理论概念的考辨和厘清有待进一步深入。如果一门学科切入翻译研究，只能为翻译研究提供个案性的研究视角，并不具有其自身作为系统性学科对于翻译研究的助益，即使声称该学科的翻译研究视角也并不具有学科建设的现实性。[1] 有鉴于此，实证研究和理论研究作为翻译研究的两种基本形式，[2] 在社会翻译学的发展中不可偏废。

其次，宏观研究与微观研究相结合。社会翻译学在观照"制约和影响翻译文本选择、生产和接受"[3] 的宏观社会文化因素的同时，也关心翻译活动中的语际转换、翻译策略等微观问题。作为一种综合性研究模式，社会翻译学提倡将文本、译者等微观因素置于场域、系统、网络等宏观背景中讨论，以克服任何囿于语际转换规律的结构主义考察，以及任何脱离语言和文本的泛文化主义、泛社会语境论考察。

再次，描写研究与规范研究相结合。目前许多社会翻译学研究以个案分析为主要研究方法，侧重对译本生产的具体过程或者产业运作机制进行细致描写，但在案例的特性挖掘和普遍规律的揭示上稍显不足。社会翻译学主张在对翻译主体、翻译过程、翻译风格进行客观性描述的同时，也对具体译本的翻译质量、接受情况、影响效果等做出规范性的价值判断。换言之，社会翻译学认为，在对典型个案进行描写分析的同时，也应把握翻译活动的规律，以指导或预测未来翻译实践活动的发展。

当然，"法无定法，道有常道"是人文社会科学研究的方法论特征，[4] 也是未来建构社会翻译学学科方法论体系的一个基本前提。

---

[1] 傅敬民《社会学视角翻译研究的现实性》，《外语与外语教学》2018年第4期，第91–97页。

[2] 穆雷《翻译研究方法概论》，北京：外语教学与研究出版社，2010年，第131页。

[3] M. Wolf, Introduction: The Emergence of a Sociology of Translation, in *Constructing a Sociology of Translation*, eds. M. Wolf & A. Fukari, Amsterdam/Philadelphia: John Benjamins, 2007, P. 28.

[4] 劳凯声《人文社会科学研究的问题意识、学理意识和方法意识》，《北京师范大学学报》（社会科学版）2009年第1期，第15页。

二、应用研究：社会翻译学视阈中的文学翻译与应用翻译新问题

（一）社会翻译学视阈中的中国文学外译研究

新时期，随着中国文学"走出去"进程的不断推进，中外文学有了更多的交流与对话形式，许多中国文学作品通过翻译获得了更多海外读者的认可和接受。但整体而言，"中国读者对于本土文学的漠视，西方读者对中国文学的认知空白，英语世界对于翻译作品的先天歧视，以及翻译策略的决策偏失与本土传媒的制度缺陷"[1]使中国文学外译仍然面临着现实困境。如何推动中国文学走向世界？如何打破英美文学在世界文学中的霸权地位？如何改变世界文学空间中资本分配不平等的局面？如何应对和解决这一系列的问题，社会翻译学有比较成熟的思路和见解。

从社会翻译学的角度来看，中国文学外译涉及译者构成、原作遴选、翻译策略制定、译作在海外的传播与接受等方面，是一个在国际文学场域中进行，各种行动者、各类要素与各个环节相互协调、彼此关联的系统性活动。[2] 就译者构成而言，中国文学外译的译者构成主要有以海外汉学家、华裔学者为主体，以中国译者为主体和中外译者合作三种模式。其中第三种中外译者的合作模式，可将中外译者在各自场域中的位置优势与文化资本结合起来，显然是推动中国文学外译的理想选择，但如何促成中外译者之间的合作，选择哪种具体的合作模式（例如主译+辅译模式、翻译+审校模式）等问题值得继续探索。就原作遴选而言，中国文学外译的原作遴选须既从源语文学场域角度出发，优先遴选其作者在中国文学场域中拥有更多文化与象征资本或其本身已被"祝圣"的作品，又要从译语文学场域角度出发，优先遴选译语国家文学场域需要或感兴趣的中国文学作品，而二者之间的相互参照和结合则是更理性的选择。就翻译策略制定而言，社会翻译学认为，译者制定、选择、应用何种翻译策略，是基于其译者惯习对源语文本类型、翻译目的、翻译规范、传播媒介等因素进行全面分析，并在必要时与出版商、目标读者、经纪人等其他行动者沟通之后综合考量的结果。就译作在海外的传播而言，中国文学翻译作品在海外的传播是以译作的出版与发行为核心，同时涵盖译作在各种人类与非人类行动者构成的网络中流通的整个过程，其中的人类与非人类行动者包括译者、读者、评论家、出版社、销售商、宣传机构、销售平台、传播媒介等。为了提升中国文学外译作品的传播效果，应加强各个行动者之间的协调与沟通，比如建立译者与文化机构、出版社、代理商等之间的稳定合作关系，同时还要重视销售平台、传播媒介等非人类行动者在整个网络中的传播作用。就译作在海外的接受而言，从社会翻译学的角度来

---

[1] 许钧《改革开放以来中国翻译研究概论（1978—2018）》，武汉：湖北教育出版社，2018年，第307页。

[2] 参见王洪涛《中国古典文论在西方英译与传播的理论思考——社会翻译学的观察、主张与方略》，《中国翻译》2021年第6期，第38—45页。

看，中国文学外译作品的接受主要受制于译语国家文学系统外部与内部两种因素。就外部因素而言，中国文学外译主要受制于当前国际文学场域的结构和译语国家对译作的接受空间状况，包括其政治、文化政策等，尤其是其出版发行政策。就内部因素而言，中国文学外译主要受制于译语国家文学系统自身的运作规律及其文学系统下辖的原创文学及翻译文学等子系统的运作规律。[1] 中国文学外译作品在海外的具体接受情况可以结合对相关书评、评论的搜集和分析，同时通过对译作的海外出版、营销、读者反馈等方面的考察与调研来进行把握。

（二）社会翻译学视阈中的翻译技术与应用翻译研究

进入信息技术时代以来，信息化技术的应用对整个翻译行业和翻译研究的影响达到了一种前所未有的程度。[2] 翻译实践的对象域得到了极大的拓展，除了文学作品和文化典籍的翻译之外，经济、贸易、商业、科技、交通、卫生等领域的翻译需求大大增加了，翻译过程中技术参与程度愈加深入，参与方式也愈加多元，并催生了许多翻译工具（如机器翻译、在线翻译工具、翻译软件等）、翻译辅助工具（如语料库、翻译记忆库、语音识别和图像识别、语音转写、语料对齐、自动化校对等工具）以及新的翻译现象（如众包翻译、云翻译、字幕翻译、影视翻译、本地化翻译、译后编辑等），翻译文本的呈现方式、翻译模式、翻译流程、翻译策略、翻译标准、译者能力构成等也因技术的发展而发生了变化，整个翻译行业呈现出翻译项目复杂化和协作化、处理对象和题材多元化、语言信息技术突飞猛进、语言服务流程日益成熟、产业标准日益突显和完善的发展趋势。[3]

诚如傅敬民所指出的，面对机器翻译或者智能翻译技术的飞速发展，我们如何认识译者的角色和身份问题？如何应对云翻译及网络翻译？在我国外语普及程度越来越高之际，如何界定翻译的地位以及作用？再比如，随着翻译职业化进程的加速，翻译这一语言产业也必然出现分工的问题，如何解释并应对群译、众包等过去闻所未闻的翻译现象？这些问题是需要运用社会学的相关理论来解释的。[4] 社会翻译学在很大程度上以社会学理论为基础，关注现实的社会翻译现象，自然需对翻译技术与应用翻译领域涌现出来的各种新现象予以考察和阐释。以下将以翻译主体和翻译行业为切入点来讨论一下社会翻译学未来需要关注、研究的翻译技术与应用翻译新问题。

随着信息技术在翻译领域的普遍应用，译者是否会被机器翻译或人工智能翻译所取

---

1 参见王洪涛《中国古典文论在西方英译与传播的理论思考——社会翻译学的观察、主张与方略》，《中国翻译》2021年第6期，第38—45页。
2 许钧《改革开放以来中国翻译研究概论（1978—2018）》，武汉：湖北教育出版社，2018年，第18—19页。
3 王华树、冷冰冰、崔启亮《信息化时代应用翻译研究体系的再研究》，《上海翻译》2013年第1期，第7—13页。
4 傅敬民《社会学视角翻译研究的现实性》，《外语与外语教学》2018年第4期，第91—97页。

代的问题一直困扰着翻译从业者和翻译研究者。一方面机器翻译以其自动化、高效率、低成本的优势使人工译员的职业面临威胁，另一方面又因其严重的翻译质量问题遭受诟病。这一问题不仅关乎翻译的未来发展，关乎人类译者的生存境况，而且涉及技术与翻译主体的关系，或者说人工智能与人类社会之间的关系，因此是一个典型的社会翻译学问题。中国科学院院士谭铁牛指出，"为了确保人工智能的健康可持续发展并确保人工智能的发展成果造福于民，我们有必要从社会学的角度系统全面地研究人工智能对人类社会的影响"。[1] 切斯特曼也曾指出译者与技术的关系属于社会层面的问题，社会维度的译者研究涉及个体/群体/机构译者的翻译行为、社会网络、身份地位、工作过程，以及与其他团体和相关技术的关系。[2] 在信息技术时代，译者的身体技能优势被削减、"隐身"状态加剧和翻译行为主体关系更加复杂[3]等伦理问题频出，这些都毫无疑问地展现出技术对于译者主体性的影响与冲击。那么，人类译者如何应对技术提出的挑战？技术视域下翻译主体之间如何互动？如何认识各翻译主体在翻译网络中所扮演的社会角色与身份？如何改善翻译主体与技术之间的关系，提升人机互动效率和效益？译者如何实现身份认同？这些问题都是当前社会翻译学研究的重要课题。换言之，社会翻译学不仅需要关注译者及其他翻译技术行为主体（包括翻译技术的研发者和运维者、推广者和使用者等）的行为逻辑，还要研究机器翻译、AI翻译、人机耦合翻译等翻译行为，不同行为主体之间的互动关系，以及技术对社会中翻译主体行为的规范、引导或约束等相关问题。另外，翻译主体与技术之间的关系属于社会学与翻译学之间的交叉问题，如何运用社会学理论理解、阐释这些新的现象，如何运用实证方法获取并分析数据，进而参与问题的解决，也是信息技术时代社会翻译学的研究内容。

翻译的信息技术化趋势也促进了翻译职业化发展和翻译产业的形成。信息技术工具的出现极大提高了翻译速度，也改变了传统翻译的工作模式，在很多情况下翻译由译者的个人行为转变为一种规模化、程序化的团队协作活动。在众包翻译、字幕组翻译、视听翻译和本地化翻译等新的翻译模式中，如何进行翻译项目管理？如何进行工作流程设计、翻译任务分工和相关人员协调，并实现翻译资源的智能化配置？翻译行业如何制定与执行翻译政策和翻译规范？如何处理翻译技术带来的失业问题和伦理困境？如何开展译员培训，以提升译员翻译技术能力（包括技术知识、工具能力、技术思维、搜索能力、信息素养[4]）和责任意识？如何完善翻译行业相关的法律法规？如何保护翻译行业的

---

1 谭铁牛《从社会学角度研究人工智能的时候到了》，人民网2015年7月26日。参见http://scitech.people.com.cn/n/2015/0726/c1007-27362014.html。

2 A. Chesterman, The Name and Nature of Translator Studies, *HERMES—Journal of Language and Communication in Business,* 2009(42), P. 19.

3 蓝红军《关于翻译技术伦理性的思考》，《上海翻译》2019年第4期，第8-13页。

4 王少爽、覃江华《大数据背景下译者技术能力体系建构——〈翻译技术教程〉评析》，《外语电化教学》2018年第1期，第90-96页。

知识产权？如何界定技术时代翻译活动的法律权责？如何进行翻译市场营销和翻译风险管控？如何有效解决翻译服务柠檬市场的危害？这些都是信息技术时代社会翻译学亟需解决的问题。

思考题

1. 如何理解翻译与社会的关系？
2. 请举例说明社会对翻译的影响。
3. 请举例说明翻译对社会的影响。
4. 布迪厄反思性社会学理论在翻译研究中的适用性如何？
5. 如何理解本章涉及的三种社会学理论之间的区别与联系？
6. 社会学视角翻译研究的方法主要有哪些？
7. 从社会学视角进行翻译研究，有哪些积极意义？
8. 翻译研究中常用的社会学理论有哪些？还有哪些社会学理论可资借鉴？
9. 社会翻译学研究是否就是采用社会学研究方法开展的翻译研究？为什么？
10. 社会翻译学研究有哪些值得重点探索的现实与理论问题？

推荐阅读书目

Angelelli, C. V. 2014. *The Sociological Turn in Translation and Interpreting Studies*. Amsterdam/Philadelphia: John Benjamins.

Bourdieu, P. & L. J. D. Wacquant. 1992. *An Invitation to Reflexive Sociology*. Chicago: The University of Chicago Press.

Casanova, P. 2007. *The World Republic of Letters*. trans. M. B. DeBevoise. Cambridge, MA: Harvard University Press.

Hermans, T. 1999. *Translation in Systems: Descriptive and System-oriented Approaches Explained*. London & New York: Routledge.

Latour, B. 2005. *Reassembling the Social: An Introduction to Actor-network Theory*. Oxford: Oxford University Press.

Luhmann, N. 1982. *The Differentiation of Society*. New York: Columbia University Press.

Luhmann, N. 1995. *Social Systems*. trans. Jr. John Bednarz & D. Baecker. Redwood City, CA: Stanford University Press.

Millán, C. & F. Bartrina. 2013. *The Routledge Handbook of Translation Studies*. London & New

York: Routledge.

Pym, A. et al. 2006. *Sociocultural Aspects of Translating and Interpreting*. Amsterdam/Philadelphia: John Benjamins.

Pym, A. et al. 2008. *Beyond Descriptive Translation Studies*. Amsterdam/Philadelphia: John Benjamins.

Tyulenev, S. 2012. *Applying Luhmann to Translation Studies: Translation in Society*. London & New York: Routledge.

Tyulenev, S. 2014. *Translation and Society: An Introduction*. London & New York: Routledge.

Vermeer, H. J. 2006. *Luhmann's "Social Systems" Theory: Preliminary Fragments from a Theory of Translation*. Berlin: Frank & Timme.

Wolf, M. & A. Fukari. 2007. *Constructing a Sociology of Translation*. Amsterdam/Philadelphia: John Benjamins.

风笑天，《社会学研究方法》，北京：中国人民大学出版社，2001。

吕俊，《跨越文化障碍——巴比塔的重建》，南京：东南大学出版社，2001。

王洪涛，《社会翻译学研究：理论、视角与方法》，天津：南开大学出版社，2017。

袁方，《社会研究方法教程》，北京：北京大学出版社，1997。

第八章

翻译与历史

关于翻译在我国古代和近代的历史与价值，季羡林有过著名的论断："翻译之为用大矣哉！"[1] 他把中华翻译史上两次翻译高潮比作两股注入中华文化这条长河的大水。一次是从印度来的水，指的是汉唐宋时期经由佛教文献翻译带到中国的印度文化；一次是从西方来的水，指的是明末清初和清末民初经由西学翻译带来的技术、民主与科学。这段议论以水喻译，以译论史，意蕴丰富，耐人寻味，常为学界津津乐道。

历史地看，翻译是将异质的文明引入本土文明的文化行为。季羡林这一判断的经典之处在于，不但形象地表达出中国翻译史上佛教文献翻译和西学翻译等两次大规模翻译活动的重大历史价值，提出翻译对于中华文明演进所具有的独特意义，还引出了翻译与历史的关系问题。

翻译无处不在，但又悄无声息。这种状态让人对翻译的现状和未来充满忧思。法国著名理论家贝尔曼认为，就翻译本身的属性来说，翻译具有强烈的实践性特征，同时还带有明显的历史性、理论性和文化性。然而，文学在过去不断地拥有自己的宣言，翻译却一直处于一种"无宣言的状态"。[2] 事实上，翻译留下了丰厚的历史遗产，这足以让我们对翻译的历史充满自豪。翻译的未来虽然充满了不确定性，但悠久的翻译历史足以慰藉、激励我们——翻译在现代不会消失。但中国的翻译史研究应向何处去等基本问题，又同时提醒我们要认真对待翻译与历史之间的关系。

第一节 翻译与历史的关系

学界以往对文学与历史的关系讨论较多。譬如历史学家周振鹤曾讲，文史哲中

---

[1] 季羡林《季羡林谈翻译》，北京：当代中国出版社，2007年，第10页。
[2] 安托瓦纳·贝尔曼《异域的考验：德国浪漫主义时期的文化与翻译》，章文译，北京：生活·读书·新知三联书店，2021年，第305页。

的"历史",前进一步是哲学,后退一步就是文学:比方说汤因比(Arnold Joseph Toynbee)的《历史研究》近似哲学,《三国志》是历史,而《三国演义》就是文学。[1] 文学往往是虚构的,而史学追求真实,史学的合理性在于其非虚构性,即真实性。文学与历史之分类的立论原理,基本就在于真实与虚构的分野;但虚与实不是翻译与历史之间的疆界,翻译游走于虚实之间,翻译的对象本身也有虚有实。

对于翻译与历史的关系,学界过往的讨论是少之又少。显然,这是一个与翻译史和翻译史研究有关的话题,但又不是一回事。这既不是一个探讨文学与历史、文化与历史、语言与历史关系的问题,也不是一个关于翻译的历史和历史的翻译的问题。[2] 那么,翻译与历史究竟是什么关系?

一、翻译与历史之间的总体关联

翻译与历史之间的关联性最直观体现于二者间的某些本体相似性,即二者属性的近似。比如,翻译有"科学"和"艺术"之争;对于历史的性质,人们也有过历史学究竟是"科学"还是"艺术"的严肃辩论。[3] 翻译与历史都讲究"求真重信":历史学追求真实,须以原始史料为基础,如果被表象所迷惑,就会得出错误的判断;翻译也注重信,还有达和雅,翻译不求信,就会带来误译、漏译等错讹。翻译与历史之间的关联还在于解释、交流、对话。历史和翻译很大程度上都是解释,只不过翻译更注重交流;而历史意在对话,历史学家从事的是历史与现实的对话。历史学家与翻译家一样,必须熟悉两种语言,即过去与现在,坚持不懈地在两个完全不同的领域间来回游走。基于此,史学家雷颐遂有"史学家就是翻译家"[4] 的判断。

翻译与历史的真正关联,在于二者在很大程度上都是通过叙事来建构文本并与文本对话。因此,翻译与历史都发挥叙事、诠释建构与再现的功能。用许钧的话说,翻译是推动世界文化发展的一种重大力量,是与社会、经济、文化发展确立起互动关系的一种建构性力量。[5] 在中国传统译论史上,最早用来描述和概括跨语言交流与传达活动的词,是"译"与"传";所谓"译"或"传"是由"译人"来承担的,"译"有两个基本

---

[1] 周振鹤《知者不言》,北京:生活·读书·新知三联书店,2008年,第64页。
[2] 谈"翻译的历史"的论著较多,但谈"历史的翻译"的成果较少,重要者概有《近代史研究》1999年第5期载雷颐论文《50年来的海外中国近代史研究著作译介》;《兰州学刊》2014年第10期载雷颐、杜继东论文《60年来的海外中国近代史研究著作译介》等,以及上海社会科学院出版社2018年出版的马军著作《译史重镇:上海社会科学院历史研究所的翻译事业(1956—2017年)》等。
[3] 马克·布洛赫《历史学家的技艺》,张和声等译,北京:北京师范大学出版社,2014年,第39页。
[4] 雷颐《史学家就是翻译家》,柯文(Paul A. Cohen)《历史三调:作为事件、经历和神话的义和团》,杜继东译,北京:社会科学文献出版社,2015年,第i-iv页。
[5] 许钧《翻译是文化的建构性力量》,《中华读书报》2019年3月13日,第8版。

特点：一个是"口传"即口译，一个是"转音"即音译。[1] 不管是口译，还是笔译，翻译都可以被看作一种叙事性建构，发挥着诠释性建构功能可以发挥的作用。[2] 翻译常被理解为"再—现"（re-presentation），尽管这一看法饱受质疑与批判。在德里达看来，翻译不是"再—现"本原，而是再现那些已经得到"再—现"的东西。[3] 历史叙事也可理解为"再—现"；听者或看者将其听到或看到的，按照自己的理解，以"再再—现"（re-representation）的方式来建构其故事，历史就是如此被不断演绎下来的。[4]

二、翻译与历史之间的相互作用和相互影响

翻译与历史常处于中庸的状态。历史和文化一样，是个包罗万象的学科。在谈法律、政治、物理、化学、数学等等时，往往指向的是一个相对聚焦的领域。但当人们在谈及翻译、历史时，二者就像文化一样，指向了一个广袤的空间，一时难以驾驭。也正因为如此，比较文学领域杰出学者王宁认为，翻译研究实际上是文化研究的一部分。[5] 类似地，史家的语际翻译，在文化史研究的倡导者伯克（Peter Burke）看来，也是一种文化翻译。[6] 简言之，翻译和历史皆是以自身的逻辑、方法，组建或重构客观或主观存在的诸多对象。

中庸的状态，也是说翻译与历史常具有某种天然的适配性、调和性和包容性。二者都强调本位（即自身的主体性），但具备互相作用与互相影响的可能。翻译似乎很少是为翻译本身而展开，也就是说翻译的客体，几乎很少是翻译自身。贝尔曼认为从翻译中发生了所有的科学。[7] 翻译的客体大多可以归结为人文科学、社会科学、自然科学以及技术科学和工程技术的某一分支；当然，翻译的影响，又不独限于学术领域，而是与政治、经济、文化等社会生活的基本领域密不可分，与法律、科技、历史、军事及国际关系等也紧紧联系在一起。

历史地看，翻译是一种文化态度和战略意识，它反映出一国精英阶层的一种求知的

---

1 王向远《"翻"、"译"的思想——中国古代"翻译"概念的建构》，《中国社会科学》2016年第2期，第138-156页。

2 贝克《翻译与冲突：叙事性阐释》，赵文静主译，北京：北京大学出版社，2011年，第162-163页。

3 尼兰贾纳《为翻译定位》，袁伟译，许宝强、袁伟选编《语言与翻译的政治》，北京：中央编译出版社，2001年，第123页。

4 孙江《序言：语言学转变之后的中国新史学》，孙江主编《新史学（第二卷）：概念·文本·方法》，北京：中华书局，2008年，第1页。

5 王宁《比较文学、世界文学与翻译研究》，上海：复旦大学出版社，2014年，第17页。

6 P. Burke & R. Po-chia Hsia, *Cultural Translation in Early Modern Europe*, Cambridge: Cambridge University Press, 2007, P. 133.

7 安托瓦纳·贝尔曼《异域的考验：德国浪漫主义时期的文化与翻译》，章文译，北京：生活·读书·新知三联书店，2021年，第319页。

精神，一种包容的胸怀。[1] 翻译在历史上始终发挥极为重要的建构作用。中国历史上，不管是民主还是科学的引入，从未离开过翻译。正因为如此，"翻译与近代中国"[2] 才被认为是可以成立的命题。类似地，历史的书写也很少是为历史学本身而展开，史学只有一小部分是关于历史本身的研究（史学史），其余则是关于考古学或历史地理学、历史文献学以及一国、某一地区或世界的古代史、近代史、现代史和专门史上的人物、事件、行为和运动等的书写。翻译的主体特别是著名的翻译人物，如严复、林纾等，自然而然是历史书写的对象。翻译可被理解为一种事件，作为事件的翻译，也是历史的书写对象。[3] 翻译有时还被理解为一种行为，特别是政治行为；作为行为的翻译，也是历史的书写对象。[4] 可以说，翻译史和历史，在某一时期的某一接触地带，总有某段"共有的历史"。[5] 但由于历史学研究比较注重的是政治、经济、军事和文化之庞大的历史叙事，因此，中国翻译史属于边缘之边缘，一直没有受到史学界的充分重视。[6]

观察翻译与历史间相互作用和相互影响的最佳视角，或许在新历史主义和翻译主义这对理论工具之上；而其中一组重要的概念，是历史的文本性和翻译的历史性。

新历史主义（Neohistoricism或New Historicism）并不新，是20世纪80年代即已经兴起的一个学派，深受福柯影响，滥觞于对文艺复兴的研究。新历史主义学派的先锋人物是斯蒂芬·格林布拉特（Stephen Greenblatt）、海登·怀特（Hayden White）、乔纳森·多利莫尔（Jonathan Dollimore）等。新历史主义学派强调对话，有意打破学科界限和秩序；其所谓的"文本"不局限于传统的文学文本，认为文学文本与非文学文本存在不可割裂的"流通"。新历史主义与后殖民主义在批评理念和方法论上都有许多共通之处，[7] 被认为是一种跨学科研究。[8]

重要的是，新历史主义将文化建构视作"文本"或"话语"而非"事实"，从而将"文本"转变为"文献"；而文献与文学文本一样，具有叙事性甚至虚构性，是故，所谓的"客观历史"可能根本就不存在。文献没有固定的意义，是需要解读的，而解读取决于多种因素的影响。因为历史是对过去事件的描述，而这种描述无法做到纯粹的客观再

---

[1] 王东风《翻译与国运兴衰》，《中国翻译》2019年第1期，第30-41页。
[2] 这方面有王宏志著《翻译与近代中国》（上海：复旦大学出版社，2014年）和屈文生、万立著《不平等与不对等：晚清中外旧约章翻译史研究》（北京：商务印书馆，2021年）等代表性著作。
[3] 屈文生、万立《不平等与不对等：晚清中外旧约章翻译史研究》，北京：商务印书馆，2021年，第2-5页。
[4] 中国翻译史研究属于历史学门类（中国史、世界史及考古学一级学科）下设的专门史（专门史是21个二级学科之一）中的一科。
[5] "共有的历史"借自徐国琦著《中国人与美国人：一部共有的历史》（*Chinese and Americans: A Shared History*），尤为群译，成都：四川人民出版社，2019年。
[6] 邹振环《起承转合：〈20世纪中国翻译史学史〉导言》，《东方翻译》2017年第6期，第32-38页。
[7] 生安锋《论新历史主义及后殖民主义对世界文学的重写》，《中国比较文学》2019年第1期，第25-37页。
[8] 张京媛《新历史主义批评》，《外国文学》1992年第1期，第82-93页。

现，是通过语言、文字对事件的再度构成，其中必然渗透着叙事者对事件的解读。新历史主义由此将大历史（history）化为复数的历史（histories，也译为"小历史"），展示在人们面前的历史，就变成一种以文本形式存在的历史。

总之，新历史主义的要旨即"文本的历史性和历史的文本性"，[1] 这不啻为对以事实为对象的传统历史主义的颠覆。沿着"历史的文本性"和"文本的历史性"逻辑推演，当我们有意强调翻译的"历史性"和历史的"文本性"时，以文本为主要对象的翻译与历史对文本的聚焦，共同将文本与历史之间原先的疆界模糊化，二者之间的关系，变得更为密切。直观可见的，就是翻译的历史转向和历史的翻译转向研究，将会越来越多，翻译研究和历史研究的空间，将会向外拓展。

翻译主义对于中文读者来讲，是一例新词。[2] 英语世界里，关于"翻译主义"的讨论也不多，但有一些关于translationism或interpretationism的讨论。留日历史学家孙江在《新史学（第二卷）：概念、文本与方法》一书中，曾提到过源自日文的"翻译主义"。[3]

可以说，"翻译主义"是文本批评方式之一，其解释能力比较强。日本明治时期，对于西洋文献的概念，译者主张翻译主义。日本学者加藤周一认为，这种做法和中国当时采取的"彻底的翻译主义"态度如出一辙。日本平安时代以来，对于中国文献所采取的汉文训读译法，在日本人看来等于不翻译；二战以后迄今，日本对于洋文（主要是美国英语）采用的以片假名外来语进行书写置换的方式，也等于不翻译。只有明治时期采用汉字组合进行的翻译，是彻底的翻译主义。[4]

同是明治时期的思想家森有礼，则是极端的"反翻译主义"主张的代表。森氏甚至主张废除日语，直接采用英语作为日本的语言，直接使用英文阅读文献，完全不用翻译，所以称之为"反翻译主义"。[5] 在《翻译与日本的近代》一书中，丸山真男和加藤周一也对这对主义之争进行过评价。在翻译主义和反翻译主义的角逐中，日本明治时期最后走向了翻译主义——翻译主义最终占据了上风。他们暗自庆幸，日本幸亏采取了翻译主义，否则就像印度一样，只有精英阶层才能参与知识生产和国家建设。[6]

可以说，新历史主义接受了原本被视作边缘的翻译行为和翻译事件，将翻译视作历

---

[1] 朱安博《文本的历史性和历史的文本性——莎学研究的新历史主义视角》，《四川外语学院学报》2008年第5期，第39–43页。

[2] 王宏印《文学翻译批评论稿》，上海：上海外语教育出版社，2006年，第108页。但翻译腔用translationese或者translatorese来对应，似乎更好。

[3] 孙江《序言：语言学转变之后的中国新史学》，孙江主编《新史学（第二卷）：概念、文本与方法》，北京：中华书局，2008年，第4页。

[4] 加藤周一《翻訳の思想》，丸山真男校注，东京：岩波书店，1991年，第361页。

[5] 同上，第315页。

[6] 丸山真男、加藤周一《翻訳と日本の近代》，东京：岩波书店，1998年，第43–49页。以上译文由华东政法大学日语系朱芬博士提供，特此致谢。

史研究的重要对象；而翻译主义和反翻译主义（二者殊途同归，不啻为一种翻译至上论），一道将看似日常渺小的翻译行为、事件纳入了大历史的进程，确保了翻译在知识生产和文明交流互鉴中的地位。

第二节　翻译史与翻译史研究

不管是作为一种人类活动，还是作为一门职业，翻译都有着悠久的历史，在西方如此，在中国亦如此。可以说，在人类的历史上，语言的翻译几乎同语言本身一样古老。[1] 考古发现，约4500年前即有苏美尔语与埃勃拉语之间的翻译活动，大概可称得上最早的翻译史料。[2] 公元前1271年订立的《埃及—赫梯和平条约》（Egyptian-Hittite Peace Treaty），也是西方早期翻译活动已经开展的重要佐证。且不说更大规模的《圣经》翻译活动，也可追溯至公元前3世纪，单就以《圣经》翻译论，翻译的历史完全也可称得上是悠久了。[3]

中国最早的翻译活动可以追溯到公元前1100年的周朝。及至汉朝，翻译成为外来知识传入中国的媒介。那么3300多年的中国翻译史，究竟该如何铺开？

一、中国翻译史

中国翻译史的分期如以朝代来划分，未必恰当，这是因为翻译史并不按照朝代的历史分期发展，而是呈现出某种阶段性特征。从中西文化交流的角度看，如以翻译活动兴盛的时间跨度、兴盛程度和翻译活动所产生的影响等因素论，中国翻译史主要有三大时期：一是汉唐宋佛教文献翻译时期，二是明清至民国初期西学翻译时期，三是改革开放后的中外文化交流互鉴互译时期。如果不拘泥于中西关系这一逻辑，那么辽代至清代的民族翻译时期，也要列入。换言之，我国的翻译史主要可分为以下几大时期。

一是从东汉至宋代的佛教文献翻译[4]高潮时期，即翻译史上的"变梵成华"时期。这是中印文明、中印文化交流史上的一个重要时期，所涉外国语言主要为梵文等。这一时

---

[1] 谭载喜《西方翻译简史》，北京：商务印书馆，1991年，第3页
[2] 让·德利尔、朱迪斯·伍兹沃斯《历史上的译者》，管兴忠等译，北京：中译出版社，2018年，第3页。
[3] S. Sarcevic, *New Approach to Legal Translation*, The Hague: Kluwer Law International, 1997, P. 23.
[4] 本章有意使用"佛教文献翻译"而不用"佛经翻译"，理由是汉译佛教文献统称为"一切经"，常称为"三藏"，由经、律、论三个部分组成。参见陈明《梵汉本根本说一切有部律典词语研究》，北京：北京大学出版社，2018年，第1页。

期,常被代称为翻译史上汉唐宋兴盛时期。宋代以后,佛教文献翻译的高潮已过,元明清几代也有过佛教文献翻译活动,只是在规模上已经不可同汉唐宋时期同日而语。[1] 这一时期的"中西"关系的核心是中印。汉唐宋时期的"西方"主要指印度,"西学"主要指佛学。中国佛教史很大程度就是一部部佛典传入中国的历史,可以说,中国佛教史的早期史,就是一部翻译史。

发源于印度但长期不为他国所知的佛教,在公元1世纪中期开始传入中国。[2] 相传最早的译经活动始于汉明帝时期。下述这则传说古往今来十分著名,其中提到我国早期佛教文献翻译活动和译经人的由来。

逮汉永平中(东汉永平年间),明皇帝(即汉明帝)夜梦金人飞空而至,乃大集群臣,以占所梦。通人(学识渊博通晓古今的人)傅毅奉答:"臣闻西域有神,其名曰'佛'。陛下所梦,将必是乎。"帝以为然,即遣郎中蔡愔、博士弟子秦景等使往天竺,寻访佛法。愔等于彼遇见摩腾(即最早的佛教文献翻译家摄摩腾),乃要还汉地。腾誓志弘通,不惮疲苦,冒涉流沙,至乎洛邑。明帝甚加赏接,于城西门外立精舍以处之。汉地有沙门(即出家的佛教徒)之始也。[3]

据以上引文所述,天竺高僧摄摩腾怀道来化(抱佛道来化中国),携带经典,经过漫漫长征,终于抵达洛阳白马寺后,不久便译出《四十二章经》一卷。翻译《四十二章经》因此被视作有据可考的最早的佛经汉译活动。[4] 但胡适认为,严格来说,《四十二章经》系编纂此前译文而来的一部书籍,[5] 也就是说有比摄摩腾汉译《四十二章经》更早的佛教文献翻译活动和译者。

与摄摩腾一道东赴洛阳白马寺的,还有竺法兰。几乎在同一时期,竺法兰在洛阳译出《十地断结》《佛本生》《法海藏》《佛本行》《四十二章经》等五部经书,其中前四部在东汉末年董卓挟天子以令诸侯引发战乱时遗失。总之,志趣相投的两位天竺高僧摄摩腾和竺法兰,是《高僧传》中记载的最早从事佛教文献翻译的佛教经典翻译家,而有据可考的、现存最早的译为中文的佛典是《四十二章经》。

公元148年(汉桓帝建和二年),安清(字世高)开始译经。安世高出家前本为安息国太子,有着传奇的经历,共完成经论翻译三十九部;其翻译风格可总结为"不华不

---

[1] 曹仕邦《论中国佛教译场之译经方式与程序》,《新亚学报》1963年第2期,第239–321页。
[2] 让·德利尔、朱迪斯·伍兹沃斯《历史上的译者》,管兴忠等译,北京:中译出版社,2018年,第141页。
[3] 《高僧传》,汤用彤校注,北京:中华书局,1992年,第1–2页。括注为本章作者所加。
[4] 释慧皎《高僧传》,朱恒夫、王学钧、赵益注译,西安:陕西人民出版社,2010年,第194页。
[5] 胡适《佛教的翻译文学》(节录),黄嘉德编《翻译论集》(《民国丛书》第三编),上海:上海书店,1991年,第275–276页。

野"(即不浮华、不鄙陋)。再往后,汉代支娄迦谶(也称支谶)和竺佛朔、安玄、支曜、康巨、康孟祥等人则形成了"不加文饰"的翻译风气。往后有昙柯迦罗和康僧铠、昙帝、帛延等人翻译戒律方面的经典。自汉末至唐,是佛教传入中国以至发展达最高峰的时期,印度和西域不断有许多僧人前来弘法。我们耳熟能详的唐代高僧玄奘,也翻译了众多的佛经,如《般若波罗蜜多心经》等。《续高僧传》的《玄奘传》里,提到玄奘曾将《大乘起信论》回译成梵文(即"译唐为梵")。[1]

二是从明清到民国的两次西学翻译时期。明清之际,以耶稣会会士为主而开展的第一次西学翻译时期,即汉译科技著作(实学)翻译时期,所涉外国语言主要为拉丁文等。清末民初的以民主与科学为核心的第二次西学翻译时期或称西学东渐时期,所涉外国语言以英法等语言为主。这一时期的翻译活动也包括中学西传翻译等。明初,郑和下"西洋",指的还是印度洋至波斯湾、北非红海一带的国家和海域。欧洲传教士来华后,为了与中国人心目中指称印度等国的传统意义相区别,他们总爱自称为"泰西"(太西)"大西""远西""极西",以示其所在国度和地区,才是真正的"西方"。[2]

三是改革开放以降的全方位翻译兴盛时期。大规模的汉译和外译活动眼下正在发生,所涉外国语言多种多样,称得上是一个中西文化交流互鉴的黄金时期。

四是历史上的民族翻译时期。民族翻译因在中国境内各民族语言间开展,所以有别于上述历史上的佛教文献翻译时期和西学翻译时期。

书写翻译史的工作,就是翻译史研究。书写翻译史,就意味着要重新发现这些无限复杂、令人难以应付的文化网络,找出翻译在每个时代或特定空间下是如何被罗致其中的。[3]

二、中国翻译史研究

我国的翻译史研究历来重两头。一头是文学翻译史研究,另一头是非文学翻译史研究。非文学翻译史研究主要包括三大主题:一是两次西学翻译研究,二是佛教文献翻译研究,三是民族翻译研究。改革开放以来的翻译史,由于属于当代史,还有待沉淀,尽

---

[1] 慧皎、道宣、赞宁、如惺《四朝高僧传》(第二册,即《续高僧传》),北京:中国书店出版社,2018年,第64页。

[2] 黄兴涛、王国荣《明清之际西学文本:50种重要文献汇编》(第一册),北京:中华书局,2013年,第3页。"泰西""远西"等概念倒不是中国人率先使用的,所以并不能被理解为是以中国为中心的历史观或者以中国为中心的话语表达。1621年的《远西奇器图说》(德国耶稣会会士邓玉函(Johann Terrenz)口述,明末士人王徵笔受)是中国引入的第一部物理学著作,其中就运用了"远西"这一概念。但"远东"(far east)则明显是以西方为中心的历史观和话语表达,能够体现国际意识形态或国际格局的变化。

[3] 安托瓦纳·贝尔曼《异域的考验:德国浪漫主义时期的文化与翻译》,章文译,北京:生活·读书·新知三联书店,2021年,第4页。

管也有学者研究,[1] 但还称不上是翻译史研究的焦点。

翻译史研究（translation historiography）不同于翻译史（translation history or history of translation）。顾名思义，翻译史研究是关于翻译史的研究。翻译史研究不仅仅是对翻译活动的研究，还包括翻译家史或译者史、[2] 译论史和翻译事件史等各研究层次。一切翻译史研究离不开史料。要对绵延数千年的上述四大历史时期的翻译实践史、译者史、译论史和翻译事件史等各层次的翻译史展开研究，就一定要以史料为中心展开叙事。一切翻译史研究都应在扎实的史料整理、挖掘的基础上铺开。

（一）文学翻译史研究

与"文学翻译史"高度相关的，是"翻译文学史"。由于许多"翻译文学史研究"只叙述了外国文学是如何被翻译到国内的，却没有研究翻译文学在中国文学史上的地位、命运与影响等,[3] 因此这一领域的很多研究成果本质上与"文学翻译史"无异，也可被部分归入翻译史研究，虽然从应然意义上讲，其应被归于文学史研究的范畴。

翻译文学史，从本质上来说是一部文学史。[4] 翻译文学史不仅被认为是文学史，还被认为是中国文学史的一部分。已故著名学者谢天振在20世纪80年代末提出翻译文学不是外国文学，而是中国文学的一个部分这一判断,[5] 极大拓展了翻译研究的领地，使得翻译研究在文学学科（主要是比较文学学科）获得一席之地，并被纳入比较文学学科理论体系之中。文学翻译史研究自此得以在文学翻译与比较文学两大羽翼的护佑下成长。直观地说，除了《中国翻译》《上海翻译》等翻译类刊物刊载文学翻译史研究成果，《中国比较文学》等刊物也由此成为刊载文学翻译史研究成果的重要平台。

在中国文学翻译研究史上，谢天振提出的"译介学"理论十分重要，是绕不开的一大重要译论。这是因为谢天振持续对文学翻译与中国现代文学的关系进行思考，并从"创造性叛逆"这一理论基点出发，赋予文学翻译以创造性，为翻译文学定位,[6] "译介学"的本质也被视作文学研究或文化研究。[7] "翻译文学"和此后王向远提出的"译文学"都是在译介学的基础上成长或壮大的。王向远认为，由于"译介学"不能有效地观照和研

---

[1] 参见邹振环《20世纪中国翻译史学史》，上海：中西书局，2017年，第202-376页。

[2] 从本质上看，历史学的对象是人。马克·布洛赫《历史学家的技艺》，张和声等译，北京：北京师范大学出版社，2014年，第39页。

[3] 赵稀方《重写翻译史》，《中国比较文学》2021年第2期，第31-39页。

[4] 李东杰、蓝红军《翻译文学史书写的新探索——兼评〈20世纪下半叶中国翻译文学史：1949—1977〉》，《东方翻译》2018年第3期，第17页。

[5] 赵稀方《重写翻译史》，《中国比较文学》2021年第2期，第32页。

[6] 许钧《译介学的理论基点与学术贡献》，《中国比较文学》2021年第2期，第14-19页。

[7] 廖七一《译介学与当代中国翻译研究的新发展》，《外语学刊》2019年第4期，第108-114页。

究译文，难以处理"译文学"的文本问题，而有建构"译文学"的必要。[1]

中国的文学翻译史研究，主要包括中国文学外译史研究和外国文学汉译史研究。文学翻译实践的高难度性、不可替代性决定了文学翻译史研究的价值。[2]

最早由中文译成英文的著作，概为1719年译成但直至1761年才被出版的《好逑传》（*Hau Kiou Choaan, or The Pleasing History*），该书最早本由詹姆斯·威尔金森（James Wilkinson）翻译，只是40余年后才经托马斯·帕西（Thomas Percy）主编并由伦敦多兹利出版社出版。[3] 《好逑传》是明末清初的一部才子佳人小说，书名中的"好逑"，出自《诗经》第一篇《国风·周南·关雎》中"关关雎鸠，在河之洲。窈窕淑女，君子好逑"一句。《好逑传》在维多利亚女王统治时期，又由德庇时（Sir John Davis）重新翻译。《好逑传》的英译，是在18世纪一度风靡欧洲的"中国热"的大背景下，译者协同出版商为了满足英国普通读者对于东方文化一贯怀有的猎奇心理，而勾勒的一个"反东方的故事"。[4] 1762年，经帕西主编的《中国杂记》收录了译自耶稣会士马若瑟（Joseph de Prémare）法译本的英文版《赵氏孤儿》（*The Little Orphan of the House of Chao: A Chinese Tragedy*）。[5] 除《好逑传》《赵氏孤儿》外，1809年，另一本著作也由中文直接翻译至英文，它就是马什曼（Marshman）翻译并整理的《孔子全集》（*The Works of Confucius*）。[6] 这是最早几部翻译到国外的中国作品，此后三百余年里，被翻译到海外的诗歌、散文、小说与戏剧，很难精准统计。

一方面，我们可以通过从考狄（Henri Cordier）的《西人论中国书目》（*Cordier's Bibliotheca Sinica*）、袁同礼编《西人论中国书目续编》（*China in Western Literature*）以及王尔敏编《中国文献西译书目》等图书编目中寻找中国文学外译的线索；另一方面，我们还可以依照当代海外汉学和中国文化域外传播研究系列成果，按图索骥，找到我们关心的书目。其中，著名学者张西平教授出版的两卷本《20世纪中国古代文化经典在域外的传播与影响研究导论》是近几年问世的重要成果。张西平在书中提出，中国文化是全球性的文化，它不仅在东亚文化圈、欧美文化圈产生过重要影响，在东南亚、南亚、阿

---

[1] 王向远《"译介学"与"译文学"："译介学"的特色、可能性与不可能性及与"译文学"之关联》，《民族翻译》2016年第4期，第53-61页。

[2] 屈文生《翻译史研究的面向与方法》，《外语教学与研究》2018年第6期，第831页。

[3] 宋丽娟、孙逊《"中学西传"与中国古典小说的早期翻译（1735—1911）——以英语世界为中心》，《中国社会科学》2009年第6期，第185-200页。

[4] 卢静《〈好逑传〉英译史与中国形象的异域构建》，《外语学刊》2019年第6期，第122-126页。

[5] William Chambers, Of the Art of Laying Out Gardens Among the Chinese, in *Miscellaneous Pieces Relating to the Chinese*, ed. Thomas Percy, London: R. & J. Dodsley, 1762, PP. 101-214.

[6] James St. André, Travelling Toward True Translation: The First Generation of Sino-English Translators, *The Translator*, 2006(2), P. 189-210.

拉伯世界，也都产生过重要影响。[1] 此外，马祖毅、任荣珍合著《汉籍外译史》（1997）以及马祖毅著《中国翻译通史》（现当代部分第4卷）等书，也是带领我们进入中国文学外译的重要资料。当然，这些文献指向的不独是中国文学，也包括其他诸如历史、政治、语言、法律、外交、通商等各方面，对于研究佛教翻译、科学翻译等其他翻译分支，同样重要，下文不再重复。

关于中国文学的外译研究，还有一条重要的研究线索，那就是欧美汉学家的中国文学史研究成果。西方人编纂中国文学史是有历史传统的，比如最早的汉学家翟理斯（Herbert Allen Giles）的《中国文学史》（*A History of Chinese Literature*, 1901）。再往后如《剑桥中国文学史》（*Cambridge History of Chinese Literature*）、《哥伦比亚中国文学史》（*The Columbia History of Chinese Literature*）、《牛津中国现代文学手册》（*The Oxford Handbook of Modern Chinese Literatures*）、《哥伦比亚中国传统文学选集》（*The Columbia Anthology of Traditional Chinese Literature*）、《中国文学选集：从起源到1911年》（*An Anthology of Chinese Literature: Beginnings to 1911*）以及《中国文学选集》（*Anthology of Chinese Literature*）等几乎都是由西方人完成的。这类研究成果的作者主要包括宇文所安（Stephen Owen）、柯马丁（Martin Kern）、梅维恒（Victor H. Mair）、白之（Cyril Birch）和罗鹏（Carlos Rojas）等。最近杜甫被BBC誉为最伟大的中国诗人，但"最伟大的中国诗人"这个头衔是由西方人加封和定义的。[2]

海外出版的中国文学史中，也有华裔完成的，如1966年华裔学者、汉学家柳无忌（Liu Wu-chi）出版《中国文学概论》（*An Introduction to Chinese Literature*）；耶鲁大学出版社1961年出版的《中国现代小说史1917—1957》（*A History of Modern Chinese Fiction 1917—1957*）作者即为华裔学者夏志清（C. T. Hsia）。

文学翻译史研究的首要对象是译者，即以译者中心，以人为本。[3] 这与我们的直观感受相符。文学翻译史研究的重心经常就集中在少数精英译家（部分也是作家），如严复、林纾、鲁迅、傅雷、郑振铎、朱生豪、周作人等以文学翻译与创作为主的译者。受文学翻译史研究传统的影响，研究者最常关心的除译者外，还有翻译机构、赞助人、翻译助手、润色者等，有时还要顺便讨论原作者。

（二）佛教文献翻译史研究

整理、挖掘、研究佛教文献翻译史料，可围绕若干中心展开：一是佛经文本，既包括汉传佛教文本，也包括藏传佛教文本，以及同一经文经先后翻译而成的不同版本；二

---

[1] 张西平《20世纪中国古代文化经典在域外的传播与影响研究导论》，郑州：大象出版社，2018年，第3页。

[2] 参见张丹丹《他者视域下中国文学的谱系构建与翻译选择——20世纪英美五部中国文学史集考察》，《中国翻译》2020年第6期，第45–46页。

[3] 皮姆《翻译史研究方法》，北京：外语教学与研究出版社，2007年，第xxiii-xxiv页。

是译者，主要指梵客华僧（即梵僧或称胡僧）、通习梵文的中土学者，一般有四大译经家或译师一说，即鸠摩罗什、真谛、不空、玄奘（皆为唐代佛教文献翻译家），其他主体有提出"五失本、三不易"的道安，同时期参酌校正、删繁证义的译经信士聂承远、聂道真父子，以及支持译经的南朝梁开国皇帝梁武帝萧衍、后秦皇帝姚兴等帝王；三是译场经馆，也就是译经高僧主持翻译的场所和集体；四是佛教文献翻译的跨文化影响；五是汉译佛经字词校勘及佛教文献与相关辞书。

就佛教文献翻译史研究而言，目前为止，大概还没有哪部史料较"四朝高僧传"更为重要。据清代佛学家杨文会于光绪十年（1884）整理四部高僧传后所撰《高僧传初集序》，涉及翻译史的"高僧传凡有四部"。

其中，南朝梁会稽嘉祥寺沙门（释）慧皎撰《高僧传》初古本十四轴，后编为十六卷，所收人物至梁天监年间中期而止。唐代高僧、律宗初祖（释）道宣续之，所收人物至贞观年间，凡四十卷，名曰《续高僧传》。宋代释赞宁又续之，迄于宋太宗端拱初年，凡三十卷，名曰《宋高僧传》。明万历年间，天台山慈云禅寺释如惺续撰《明高僧传》，收录南宋元明大德（即高僧）事迹，凡六卷。

杨文会认为，宋明二传"命名未恰"，因为《宋高僧传》中，唐五代僧人居多，而《明高僧传》中，宋元人居多。于是杨文会将前述慧皎撰《高僧传》更名为《高僧传初集》，后三部依次改为《高僧传二集》《高僧传三集》《高僧传四集》。[1]

佛学界历来将从事译经的高僧视作"高僧中的高僧""沙门中的沙门"加以推崇。"四朝高僧传"中，《高僧传初集》《高僧传二集》《高僧传三集》不但都设"译经篇"，而且还都以"译经篇"开篇。译经之重要，从事译经事业之于佛教之重要，由此可见。佛教文献翻译之重要性，也由此可见一斑。

以高僧传重要史料为线索展开翻译史研究，首先要了解"四朝高僧传"收录的各译经篇。《高僧传初集》的译经篇又分译经上、译经中、译经下三卷。译经上正传是关于十五位以翻译佛典而著称的著名高僧，附见二十人；译经中，正传七人，附见六人；译经下，正传十三人，附见四人。《续高僧传》含译经篇四篇，卷第一本传六人，附见二十七人；卷第二本传四人，附见八人；卷第三本传三人；卷第四本传二人。《宋高僧传》含译经篇计三卷，卷一，正传三人，附见一人；卷二，正传十五人，附见八人；卷三，正传十四人，附见三人。《明高僧传》正传一人（即释沙啰巴），附见二人。

除可参考上述"四朝高僧传"外，还可参考明代释明河撰《补续高僧传》二十六卷，

---

[1] 杨文会《高僧传初集序》，《高僧传初集》，南京：金陵刻经处刻本，1884年（光绪十年），第4页。

民国喻昧菴居士（喻谦）撰《新续高僧传》六十五卷等。[1] 中华书局1992年出版有梁僧慧皎撰《高僧传》点校本；陕西人民出版社2010年出版有梁僧慧皎撰《高僧传》点校及白话文译本。上述各《高僧传》集大成者，主要有上海古籍出版社2011年编辑出版的《高僧传合集》和中国书店出版社2018年整理出版的《四朝高僧传》。

在现有的佛经翻译史中，影响力较大的几部著作分别是张曼涛主编的《佛典翻译史论》和《佛典译述及著录考略》(《现代佛教学术丛刊》，北京图书馆出版社2005年重印)；裴源著《佛经翻译史实研究：中国翻译史纲（上篇）》(1983年台湾大乘文化出版社)；曹仕邦著《中国佛教译经史论集》(1990年台湾东初出版社)；朱庆之著《佛典与中古汉语词汇研究》(1992年台湾文津出版社)；王铁钧著《中国佛典翻译史稿》(2006年中央编译出版社)；尚永琪著《胡僧东来——汉唐时期的佛经翻译家和传播人》(2012年兰州大学出版社)；侯传文等著《中印佛教文学比较研究》(2018年中华书局)；陈明著《梵汉本根本说一切有部律典词语研究》(2018年北京大学出版社)等。

既往的佛教文献翻译史注重翻译家研究，这是因为早期佛典翻译者大都是德行高深、学识渊博的胡僧（即所谓外来的和尚），传言胡僧竺法护为翻译好佛典，共学习了"外国异言三十六种"。[2] 这些译经高僧大都出身高贵，他们不固守细枝末节，不独善其身，而是选择周游四方，观察民风，弘扬道化，以普度众生为怀，弘扬正道，以度济世人。[3] 早期佛典译者（译主）同"笔受者"等译场众助手（证义、证文、度语、缀文、参译、刊定、润文、梵呗及监护大使等翻译各环节中的助理）合作"改梵为秦"，在梵汉两种语言和中印两种文化中穿梭，其中还有些译者是精通"胡语梵言"的汉人。对于这些佛经翻译家的功劳，慧皎的评价是"传译之功尚矣，固无德而称焉"，即他们翻译的功绩太伟大了，确实是没有办法来称赞它。[4] 限于语言障碍（由于我国精通梵语者人数稀少），加之其他原因，今日治翻译史研究者中，极少有人碰这个领域。佛教文献翻译史研究，要求研究成果以文献为中心，要求史料须扎实，容不得观点判断满天飞，其最大的难度在于，要得到佛学界的认可。这个道理可推及整个翻译史研究，即翻译史研究不一定是只写给从事翻译专业的人看的，翻译史的读者中往往还有某一特定领域的专业人士。

---

1 明释明河撰《补续高僧传》、民国喻昧菴撰《新续高僧传》，也均以"译经篇"冠首。这是否表示宋以后的译经工作仍占首要地位？对于这一问题，著名学者曹仕邦认为，释如惺撰《明高僧传》、释明河撰《补续高僧传》、民国喻昧菴撰《新续高僧传》等高僧传所载的翻译工作，都是一人自译或二人对译，绝非"译场"那种大规模的翻译工作。宋以后译事不振，及至《明高僧传》，如惺仅能找到沙啰巴一人曾于元代译经。明、清两代虽然也有译经沙门，但释明河仅搜得实际译经者10人，喻氏所收不过16人。因此，宋以后的历本《高僧传》将"译经篇"冠首，完全是"萧规曹随"的惰性作用，并非译经在宋以后的佛教史上仍占重要地位。参见曹仕邦《中国佛教译经史研究余沈之三》，《贝叶》1975年第9期，第24—25页。

2 释慧皎《高僧传》，朱恒夫、王学钧、赵益注译，西安：陕西人民出版社，2010年，第37页。

3 同上，第70页。

4 同上，第194页。

展望未来，佛教文献翻译史研究，除了加强佛经翻译家研究外，还应关注译场研究、佛教文献文本深描研究、中印文化交流研究、文化史研究、佛典翻译与汉语史等重点领域。但关键还是要有洞见。什么是洞见呢？胡适关于佛经翻译的一段研究论述，大概称得上是洞见。佛典翻译活动足经过一千年之久，也不知究竟翻了几千部、几万卷；现在保存着的，连中国人做的注疏讲述在内，还足足有三千多部、一万五千多卷。[1] 问题是，佛教文献翻译何以重要？什么是佛教文献翻译活动的贡献？胡适曾评价，佛教文献翻译文体，是对于魏晋以来形成的骈偶文体的叛逆。在胡适看来，骈文不但是文人们的陈词滥调，意义表达上也含糊不清，所以不是什么值得崇尚的语言风格，而佛教文献的翻译"结果便是给中国文学史上开了无穷新意境，创了不少新文体，添了无数新材料"。[2] 这就是佛教文献翻译的一大价值。

（三）西学翻译史研究

西学翻译是翻译史研究的一个重要组成部分。第一次西学翻译的高潮，主要发生在明末清初这一时期，即从明末耶稣会士来华开始至清雍正二年（1724）禁教止。第二次西学翻译的高潮，主要发生在清末民初这一时期，即从19世纪初新教传播到民国初期。两次西学翻译活动在历史上被称为"西学东渐"运动。

前文提及，"西"是一个演进变化中的概念。其最早是指西域、西土、西国。早期的"西学"因此主要是指印度学，特别是印度佛学，即"释氏之学"，而这与明末清初引入的"西学"几乎是风马牛不相及。[3] 明清之际的"西学"，则是指"远西之学"或"泰西之学"（即欧洲的自然科学与社会科学），而非"近西之学"，即印度的佛学。

明清之际的"西学"一词在晚明开始出现，概最早出现在耶稣会士艾儒略（Giulio Aleni）著《西学凡》一书（1623年在杭州刊刻）和意大利传教士高一志（Alfonso Vagnone）几乎在同一时期完成的《西学》一篇，本为其撰写的《童幼教育》中的一篇。[4] 高一志在《西学》中提到"吾西小童开蒙之后遂习于文……文学毕，则众学者分于三家而各行其志矣，或从法律之学，或从医学，或从格物穷理之学焉。三家者，乃西学之大端也。"高一志将"格物穷理之学"解释为"费罗所非亚"，即philosophy的音译。[5] 从中可知，高一志最初定义的"西学"几无宗教色彩，主要包括法学、医学和哲学。除《西

---

[1] 胡适《佛教的翻译文学》（节录），黄嘉德编《翻译论集》，《民国丛书》（第三编），上海：上海书店出版社，1991年，第274页。

[2] 同上，第274–275页。

[3] 邹振环《晚明汉文西学经典：编译、诠释、流传与影响》，上海：复旦大学出版社，2011年，第4页。

[4] 熊月之《译书与西学东渐》，王建朗、黄克武主编《两岸新编中国近代史》（晚清卷下），北京：社会科学文献出版社，2016年，第1034页。

[5] 黄兴涛、王国荣《明清之际西学文本：50种重要文献汇编》（第一册），北京：中华书局，2013年，第218–219页。

学》篇外，高一志还著有《修身西学》《齐家西学》《治平西学》等（大约完成于1630年前后）。

"新学"或"格致新学"一度是近似于"西学"的一种流行提法。例如，1853—1858年，王韬陆续与艾约瑟（Joseph Edkins）、伟烈亚力翻译完成《格致新学提纲》《华英通商事略》《西国天学源流》《重学浅说》等四部格致之学著作。1853年，由艾约瑟口译、王韬笔受，两人合作完成的《格致新学提纲（上）》首刊于《中西通书》(Chinese and Western Almanac)，后于1871年再版于《教会新报》；后三部连载于《六合丛谈》。内容上，《格致新学提纲》记载自1543至1848年欧洲近三百年来的科技发展史，汇集光学、力学、电学、数学、天文学大事件，介绍了约53位科学家，并引入天王星等诸多新名词（译名）。《格致新学提纲（下）》则刊登于1858年的《中西通书》，由上海墨海书馆（The London Mission Press）印行。[1] 再如傅兰雅、徐寿等人曾创办《格致汇编》(The Chinese Scientific Magazine，1876年创刊)，该刊前身为《中西闻见录》(The Peking Magazine，1872年创刊)。此外，表达"西学"的，还有诸如"实学"等近似概念，如"采中外人之作"的《西学大成》(1888年)，提到"西学皆实学"。[2]

但经历同治中兴后，特别是到光绪年间，"新学"或"格致新学"一词再度被"西学"取而代之。这种变化，直观体现在王韬上述书名的变化上。1890年，王韬基于《格致新学提纲》上下两篇，编辑出版《西学原始考》，对前述两篇做了大规模增补。换言之，以王韬为代表的知识分子，在这一时期倾向于使用的，已不再是"新学"或"格致新学"，而是"西学"一词。王韬后编译西学六种。这大概是受其合作者艾儒略新书影响的结果。

艾儒略于1885年出版《西学启蒙十六种》，十六种书中，第一部为《西学述略》，相当于总纲，是对西学的概要介绍。[3] 该书由李鸿章和曾纪泽作序，总税务署印行，1896年再版。各卷分别为：西学、格致、地志、地理学、地理、格致质、身理、动物、化学、植物、天文、富国养民、辨学、希腊志、罗马志、欧洲史等十六种。[4] 此外，1888年，王西清和卢梯青也合编《西学大成》（十二编第五十六种）。

前文提到"西学"一词肇始于艾儒略，但西学从内容至方法上的引入，则始于沙勿略（San Francisco Javier）、罗明坚（Michele Ruggieri）和利玛窦等人。利玛窦与徐光启

---

1 屈文生、万立《王韬的西学与中学翻译身份、认知与实践》，《北京行政学院学报》2021年第3期，第115–116页。由屈文生、万立主编的王韬译文中文点校本已在浙江大学出版社出版，收录于许钧教授总主编的《中华翻译家代表性译文库》。
2 王韬《序》，载王西清、卢梯青编《西学大成》，1888年刊印，第1页。
3 吴义雄《双重使命：传教士与晚清中国知识结构的演化》，载张先清编《史料与视界——中文文献与中国基督教史研究》，上海：上海人民出版社，2007年，第373–374页。
4 钟少华《人类知识的新工具：中日近代百科全书研究》，北京：北京图书馆出版社，1996年，第75页。

翻译《几何原本》《测量法义》等是翻译史上的一件大事。此外，利玛窦同李之藻翻译《同文算指》《浑盖通宪图说》《圜容较义》，他还译有《天主实义》（又名《天学实义》）《坤舆万国全图》《交友论》《西字奇迹》（又名《明末罗马字注音文章》）《乾坤体义》《西琴曲艺》等重要西学著作。

对西学翻译史做全面系统研究的第一步是熟悉相关文献。这方面的基础文献较多，皆是研究西学翻译史和中西文化交流史的重要工具书。重要者有张之洞编《书目问答》、傅兰雅编《江南制造总局翻译西书事略》、梁启超编《西学书目表》、徐维则编《东西学书录》、沈兆祎编《新学书目提要》、顾燮光编《增版东西学书录》和《译书经眼录》、徐宗泽编《明清间耶稣会士译著提要》、熊月之编《晚清西学书目提要》、上海图书馆编《上海图书馆西文珍本书目》和《文明互鉴：上海图书馆徐家汇藏书楼馆藏珍稀文献图录》。此外，日本学者矢泽利彦曾出版日译本《耶稣会士中国书简集》（六卷，即康熙编、雍正编、乾隆编、社会编、纪行编与信仰编），法国学者伯希和（Paul Pelliot）等人编写了《梵蒂冈图书馆所藏汉籍目录》（中华书局）等。

西学文献不限于我们经常所说的科学技术著作，还包括宗教类（《圣经》、神学等）、社会科学及人文科学类（哲学、文学、语言字典、地理舆图、政治、法律、伦理等）以及科学技术类（数学、格致学、天文、医学、火炮制造、矿学、军事学及铁路等），其中不乏一些有意提高欧洲地位的著作。邹振环给晚明的"西学"下过一个十分恰切的定义："由外来传教士和中国合作者编译的经过天主教改造过的希腊罗马时代的古典文化、中世纪文化，以及文艺复兴和宗教改革这两次意义重大的思想文化解放运动以后出现的部分学问。"[1]

西学翻译史研究，首重西学翻译的主体研究。主体即译者和编者，既包括西方在华传教士、商人、外交官及其他来华西人，也包括中国本土学者，主要为士大夫阶层知识分子。西学起初由西方人译介，后来，中国人也参与西学研究。但是，"中国人言西学之书，以游记为最多"[2]。不管怎样，"西学"一是指西方人在中国或东亚地区用中文介绍的西方学问，二是指中国或东亚学者所理解和认识的关于西方的学问。[3] 对于翻译主体的研究，可通过各教会机构展开，如1843年设立的墨海书馆中有一批翻译者，伟烈亚力、慕维廉（William Muirhead）、艾约瑟、李善兰、王韬、蒋敦复，等等。其他译者、翻译活动组织者或翻译赞助人的研究，也很重要，比如林则徐、魏源、冯桂芬、[4] 徐寿、华蘅芳、郑观应、郭嵩焘、曾纪泽、薛福成、小斯当东（Sir George

---

[1] 邹振环《晚明汉文西学经典：编译、诠释、流传与影响》，上海：复旦大学出版社，2011年，第5页。
[2] 麦仲华《皇朝经世文新编》（第21卷），近代中国史料丛刊（第78辑），台北：文海出版社，1972年，第7页。
[3] 邹振环《晚明汉文西学经典：编译、诠释、流传与影响》，上海：复旦大学出版社，2011年，第10页。
[4] 冯桂芬属于第一批针对西方威胁使用"自强"这一经典词语的作者，极力呼吁翻译西方书籍，在上海成立翻译局与外语学校。柯文《在中国发现历史》，林同奇译，北京：社会科学文献出版社，2017年，第139页。

Thomas Staunton)、马礼逊（Robert Morrison）、理雅各、威妥玛（Thomas Francis Wade）、赫德、丁韪良、林乐知、卫三畏（Samuel Wells Williams）、麦都思（Walter Henry Medhurst）、傅兰雅、蒲安臣（Anson Burlingame）、宝道（Georges Padoux）、哲美森（G. Jamieson）、李提摩太（Timothy Richard）、沈家本、伍廷芳、马建忠、薛福成、严复、林纾等。

西学翻译史研究中，翻译机构研究也十分重要。鸦片战争以前，外国人主要集中于南洋等地，例如1814年建立的英国东印度公司的澳门印刷所、1818年在马六甲设立的英华书院、1823年在巴达维亚（今雅加达）建立的布道站印刷所等场所。但鸦片战争后的翻译机构或与翻译有关的机构，形式多样。一是西方在华教会机构，如前述墨海书馆、1877年成立的益智书会（1902年更名为中国学塾会，1905年改称中国教育会）、1887年成立的广学会。二是晚清官办机构，如1861年清政府成立的总理各国事务衙门，1862年成立的京师同文馆，1863年成立的上海广方言馆，1864年成立的广州同文馆，闽浙总督左宗棠1866年在福州马尾设立的福州船政局，三口通商大臣崇厚1867年创办的天津机器制造局，1868年两江总督曾国藩奏请创办的江南制造局翻译馆，直隶总督兼北洋大臣李鸿章1885年创立的天津武备学堂；此外还有各地官办出版社和译书机构，如金陵官书局、浙江官书局、江楚编译局、学部图书编译局、修订法律馆、农工商部、海关总税务司署等。三是民间机构，例如商务印书馆、广智书局、文明书局、金粟斋译书处、南洋公学译书院等百余家机构。[1]

总之，西学在中国的传播发端自西方耶稣会会士在中国以传教为目的的翻译活动，后来经由在华新教传教士等群体发扬光大。再后来，西学在中国的翻译与传播有了中国本土知识分子的广泛参与。科学知识没有国界，西学东渐的最终功用有二：一是补益中学，二是救亡图存。但是，翻译永远是具有历史性的存在，翻译的最终目标往往只能暂时地、部分地实现。[2] 不管是"中学"的发达，还是中华民族的复兴，最终还是要依靠中国人自身的努力来实现。

（四）民族翻译研究

夏登山借助计量史学的方法，对《史记》至《清史稿》二十五部正史中的翻译类记载等史料的梳理研究表明，从翻译活动持续的时间、参与者的数量、译作的数量和传播情况，以及其影响来看，辽代至清代（907—1911）的一千多年中（除明以外，辽、西夏、吐蕃、金、元、清等都是少数民族建立的政权），民族翻译参与者不计其数，涉及

---

[1] 熊月之《译书与西学东渐》，载王建朗、黄克武主编《两岸新编中国近代史》（晚清卷下），北京：社会科学文献出版社，2016年，第1049页。

[2] 刘云虹、许钧《异的考验：关于翻译伦理的对谈》，《外国语》2016年第2期，第76页。

汉、蒙古、满、回等多个民族语言的互译，译作数量众多。这一历史时期，翻译在主流文化和正史中的地位也极大提高，这是明末清初的传教士翻译乃至佛教文献翻译都无法比拟的。[1] 但限于狭义的翻译研究和翻译史研究，并不以民族语言翻译研究的书写为要，本节也不拟详细展开。

三、外国翻译史研究

翻译的历史悠久，但翻译史研究很年轻。翻译史研究开始在西方兴起的历史，也称不上古老。1965年，乔治·穆南用意大利文出版了《翻译理论与历史》（*Teoria e Storia della Traduzione*）一书，被认为是西方最早的翻译史研究作品。乔治·斯坦纳于1975年出版《通天塔之后》，路易斯·凯利出版《翻译溯源：翻译理论与实践的历史》（*The True Interpreter: A History of Translation Theory and Practice*, 1979），莱纳（Frederick M. Rener）出版《阐释：从西塞罗到泰特勒的语言与翻译》（*Interpretatio: Language and Translation from Cicero to Tytler*, 1989）。此后，巴拉德（Michel Ballard）、德利尔、伍兹沃斯、皮姆、弗米尔、勒菲弗尔、巴斯奈特、范霍夫（Henri Van Hoof）以及拉法尔加（Francisco Lafarga）等知名翻译史学者，开始发表大量翻译史研究成果，比如我们耳熟能详的《历史上的译者》《翻译史研究方法》等。[2]

1992年，皮姆曾做出过翻译史缺乏历史（的参与）的判断。[3] 事实上，过去50年中，西方文学、科学及翻译领域学者对翻译史已有诸多展开，但翻译史研究的确是在近30年来才将文化、殖民主义、权力等理论作为研究核心，其中有尼兰贾纳《为翻译定位》等。桑托约（Julio-César Santoyo）所称西方"翻译活动约4500年的历史"[4] 更多是指向翻译实践而非翻译理论的历史。英语世界关于欧美翻译理论的历史研究，主要集中于对西塞罗、哲罗姆、路德、施莱尔马赫和20世纪研究者的翻译理论研究。2006年，中国香港学者张佩瑶等人出版了关于中国近代翻译实践和话语的翻译史研究英文著作 *An Anthology of Chinese Discourse on Translation*。

在很长一段时期中，西方文学史研究者大多以哲学、社会理论解释翻译实践和理论。例如，科普兰（Rita Copeland）、韦努蒂和贝尔（Marie-Alice Belle）等采用福柯的谱系学概念解释历史事实和对翻译的理解。西方翻译研究的社会转向也是如此。法国社

---

1 夏登山《中国翻译史上的三种翻译观》，《中南大学学报》（社会科学版）》2017年第6期，第182-191页。

2 P. Bandia, The Impact of Postmodern Discourse on the History of Translation, *Charting the Future of Translation History*, eds. Georges L. Bastin & Paul F. Bandia, Ottawa: University of Ottawa Press, 2006, P. 12.

3 A. Pym, Complaint Concerning the Lack of History in Translation Histories, *Livius: Revista de Estudios de Traducción*, 1992(1), PP. 1–11.

4 Julio-César Santoyo, Blank Spaces in the History of Translation, in *Charting the Future of Translation History*, eds. Georges L. Bastin & Paul F. Bandia, Ottawa: University of Ottawa Press, 2006, P. 12.

会学家布迪厄提出的惯习、社会资本和拉图尔的网络对翻译史研究产生了巨大影响。[1] 近10年中，英国、北美文学史研究者基于社会、商业变化等视角研究欧洲早期现代翻译活动，推动将译者置于文本生产等层面展开研究。

简言之，西方翻译史研究一般呈现为对特定区域、语言或时期关于翻译实践或理论的研究。与此同时，一些研究试图超越特定区域和特定时期，以呈现跨越数个世纪和跨区域的翻译史，主题则聚焦于方法论、旅行、性别、科学协作、信任与翻译的关系以及重译等。

西方翻译史研究呈现由零散到集聚、由随意到系统的发展过程，可以分为以下三类：最早期的西方翻译史研究，即古代西方历史资料中关于翻译活动的最早文字记载。这一类更多是对翻译实践的记录，如乌尔菲拉（Ulfila）翻译的"银圣经"（Codex Argenteus）记录。[2] 一般翻译话语中的西方翻译史研究，即涉及西方翻译史学的散论。专门译史话语体系中的西方翻译史研究，即以西方翻译史为主题的专门著述。[3] 第一类数量庞杂、种类繁多，并且更多是对西方翻译活动的记录、转述或介绍，这里主要介绍后两类。

（一）一般翻译话语中的西方翻译史研究

一般翻译话语中的西方翻译史研究可以大致分为一般翻译著述中的西方翻译史研究和翻译理论著述中的西方翻译史研究。一般翻译著述中，根据现有资料，《阿里斯狄亚书简》（*The Letter of Aristeas*）是最早的有关翻译史的作品。该"书简"提及古代西方《七十子希腊文本》（*The Septuagint*，又称《七十贤士译本》）[4] 的翻译项目组织者、赞助人、翻译工作展开等各方面，具备独特的翻译史学价值，但该书简并未论述翻译的概念、方法和理论等问题。

一般而言，有关西方翻译史研究的线索可以从古希腊、古罗马、中世纪、文艺复兴、近现代的诸多著述中寻找。西塞罗以后的早期西方翻译理论话语，往往关注先前的翻译思想、观点或理论，具有一定的思想性乃至理论性，但比较随意、零散而不成体系。例如，哲罗姆引用西塞罗翻译柏拉图的《普罗塔戈拉》（*Protagoras*）先例，论证改变原文表达形式（改写）的翻译策略。[5] 与之相反的是，政治家、哲学家、翻译家波伊

---

[1] M. Belle & B. M. Hosington, Translation, History, and Print: A Model for the Study of Printed Translations in Early Modern Britain, *Translation Studies*, 2017(1), PP. 2–21.

[2] J. Delisle & J. Woodsworth, *Translators through History*, Amsterdam/Philadelphia: John Benjamins, 2012, P. 6.

[3] 参见谭载喜《西方翻译史学研究》，北京：外语教学与研究出版社，2021年，第21页。

[4] 同上，第17页。

[5] Jerome, The Best Kind of Translator, trans. P. Carroll, Douglas Robinson, *Western Translation Theory from Herodotus to Nietzsche*, Manchester: St. Jerome Publishing, 1997, P. 25.

提乌（Manlius Boethius，也译为波爱修斯）提及西方文学先辈贺拉斯的翻译思想，坚持忠实翻译，倡导译作须还原原作的本意。[1]但这些涉及翻译史著述的翻译史研究专题性、体系性、理论性欠奉，毕竟不同于专门讨论翻译史学的翻译理论著述。

专门讨论翻译史学的代表性翻译理论著述有不少，这里暂讨论两部。一部是英国泰特勒的《论翻译的原则》。该书主要研究文学翻译，泰特勒借助英国翻译史上的翻译家的作品及翻译思想，结合翻译实例，提出三项翻译原则：其一，译作须完全复写原作的思想；其二，译作的风格和手法应和原作属于同一性质；其三，译作须与原作一般通顺。[2]另一部是美国斯坦纳的《通天塔之后：语言与翻译面面观》，该书广为学界熟知，理论性极高，其中第四章《（翻译）理论的种种主张》集中讨论了西方翻译史学的发展。斯坦纳提出翻译史发展四阶段，系统回溯了各阶段代表性翻译作品、翻译家、翻译思想，并指出西方翻译史上的理论资源并不丰厚，但这一观点有待商榷。

（二）专门译史话语体系中的西方翻译史研究

据我国著名翻译学者谭载喜的观点，西方翻译史学作品可分为下列几种类型。[3]

第一类是通史类作品。该类作品一般按照时间顺序编排，几乎无法从地域、国别等加以分类。这一类作品又可分为两类：一是以史为主的汇编性作品，二是以论为主的理论性作品。前者如勒菲弗尔的《翻译、历史与文化论集》（*Translation/History/Culture: A Sourcebook*）和罗德恪的《西方翻译史：从希罗多德到尼采》（*Western Translation Theory from Herodotus to Nietzsche*）等编纂性翻译史著作。勒菲弗尔围绕翻译学核心概念、理论，集中选编了自古罗马时期到19世纪的代表性西方传统译论。罗德恪广泛搜集约90位翻译史上代表人物的生平志业和代表性翻译文论，具有较高的参考价值。后者如巴恩斯通（Willis Barnstone）的《翻译诗学：历史·理论·实践》（*The Poetics of Translation: History, Theory, Practice*）和芒迪的《翻译学导论：理论与应用》（*Introducing Translation Studies: Theories and Applications*）等。巴恩斯通强调文学翻译是一种艺术，不同于科技、商业翻译的信息转换，进而提出文学翻译的诗性效果。在该书"翻译历史"的部分，巴恩斯通重点讨论了《圣经》的翻译史。芒迪主要介绍了西方翻译理论的发展，对20世纪中期以后的西方翻译理论发展有系统、全面的梳理，并突出介绍主要理论的贡献。

第二类是国别/区域类作品。从国别或地域角度书写的翻译史研究作品，主要关注的国家有英国、法国、德国、意大利、西班牙、俄罗斯等。如勒菲弗尔著《德国文学翻译传统：从路德到罗森茨维格》（*Translating Literature: The German Tradition from Luther*

---

[1] A. Lefevere, *Translation/History/Culture: A Sourcebook*, London & New York: Routledge, 2004, P. 15.

[2] Alexander F. Tytler, *Essay on the Principles of Translation*, London: Dent, 1790, PP. 1–2.

[3] 谭载喜《西方翻译史学研究》，北京：外语教学与研究出版社，2021年，第21–52页。

to Rosenzweig）等作品。在这部作品中，勒菲弗尔对文艺复兴时期至20世纪德国诸多翻译家的名篇和专论有详尽、细致的叙述，呈现出翻译领域德国传统的发展过程。

国别/地域类西方翻译史研究关注特定国家、地域的翻译理论发展，既有翻译实践回溯，也有翻译方法、原则乃至翻译理论的提炼、总结。许多著述关注的主要是翻译理论，兼及与翻译有关的政治、社会背景，以揭示影响翻译的外部因素，并从不同侧面分析翻译理论，展示翻译实践如何受翻译理论影响。

第三类是断代史类（阶段史）作品。该类作品主要以西方五个历史时期或阶段为线索展开。其一，古罗马时期，如麦克艾尔杜夫（Siobhán McElduff）著《罗马时期的翻译理论》（*Roman Theories of Translation: Surpassing the Source*）。其二，中世纪时期，如"中世纪译者"（The Medieval Translator）系列；该系列在2020年已出版第18辑。其三，文艺复兴时期，如波特里（Paul Botley）的《文艺复兴时期的拉丁文翻译：布鲁尼、马奈蒂、伊拉斯谟的翻译理论与实践》（*Latin Translation in the Renaissance: The Theory and Practice of Leonardo Bruni, Giannozzo Manetti and Desiderius Erasmus*）。其四，近现代时期，如维金（Bethany Wiggin）著《小说翻译：欧洲小说与德国书籍（1680—1730）》（*Novel Translations: The European Novel and the German Book, 1680—1730*）。其五，现当代时期，如伦德尔（Christopher Rundle）与斯特奇（Kate Sturge）编著的《法西斯统治时期的翻译》（*Translation Under Fascism*）。

断代史类西方翻译史研究大多围绕特定时期的翻译人物、实践、理论展开，研究主题十分广泛，关注点各不相同，涵盖不同地域、不同主题，故很难完全归入通史、国别/地域类翻译史研究中。

第四类是文学及文化翻译史类作品。尽管前述三个类型无不涉及文化，但以"文学翻译"或"文化翻译"为实质的翻译史研究将文化作为翻译史研究的核心，具有独立成类的意义。其中，具有代表性的是伯克的《早期欧洲的文化翻译》（*Cultural Translation in Early Modern Europe*）以及《牛津英语文学翻译史》（*The Oxford History of Literary Translation in English*）系列作品等。"牛津英语文学翻译史"计划出版五卷，现已出版四卷，旨在"以批判的、历史的眼光，首次展示翻译这门艺术或技术在英语世界的发展状况"。[1] 各卷主要围绕翻译人物、活动等展开，并根据不同时间段的特征，着重讨论翻译理论的内容与演变。

此外，《圣经》翻译史类成果在西方翻译史研究中占据独特地位。不少西方学者对两千多年的《圣经》翻译史进行回溯，关注《圣经》翻译的方法和效果。

综上，从古罗马时期、中世纪、文艺复兴到近现代当代，各类翻译史研究作品均对

---

1 P. France & K. Haynes, *The Oxford History of Literary Translation in English: Volume 4: 1790—1900*, Oxford: Oxford University Press, 2008, P. vii.

西方翻译理论有过重要贡献。随着欧洲民族国家兴起，各区域、各民族的翻译史学逐渐形成，许多研究成果透露出一定程度的民族中心主义，并对现当代的翻译史研究产生重要影响。[1]

对英语世界中各主要时期的翻译史研究进行大致回顾后可以发现，西方翻译史研究常关注翻译本质和概念、翻译原则和翻译方法、译者角色以及语言、翻译的外部环境的作用等。[2]西方翻译史研究将自古以来的各种西方翻译思想融入对翻译本质的理解中，对不同历史时期的不同翻译观念、原则、方法以及译者的定位展开讨论，并常将翻译学同语言学、诠释学、文化研究、政治学、外交学与宗教学建立起诸多结合与有效关联。

重要的是，了解西方翻译史研究的过去和现在，可以为我们当下的翻译研究、翻译史研究提供镜鉴。翻译研究本质上是跨学科的，但其当形成何种跨学科模式仍未有明确答案，即翻译与其他学科之间的关系尚未得到系统性检验。未来的跨学科翻译学的概念、理论、方法尚不清楚，翻译史研究或可以提供一种历史解答，并可能对文学史、哲学史、思想史、外交史、法律史等专门史做出贡献。可以肯定的是，翻译学者应具备"历史的意识"，而历史学者也应具备"翻译的意识"。[3]研究者穿梭在多语空间内，对影响翻译的各类因素进行富有想象力的思考。历史的语际书写要求研究者亲历遗留材料的现场，既挖掘其历史意义，又发现其现实意义。如此，跨学科的翻译史研究或能愈渐清晰并茁壮成长。

第三节 "新翻译史研究"展望

翻译史是翻译研究这棵大树上的一个嫩枝，[4]但却是翻译研究的希望，甚至将其称为翻译研究的根基也不过分。贝尔曼曾提出"现代翻译理论的首要任务是构建一门翻译史"这样恰切的判断。[5]

中国的翻译史研究，比西方的翻译史研究要早得多。早在19世纪70至80年代，张之洞就编有《书目问答》，傅兰雅就发表题为《江南制造总局翻译西书事略》（1880年）的

---

[1] 谭载喜《西方译史索隐》，《中国外语》2021年第1期，第98–107页。

[2] 谭载喜《西方翻译史学研究中的现实关联》，《外国语》2021年第1期，第99–105页。

[3] 屈文生、万立《全权、常驻公使与钦差——津约谈判前后的中英职衔对等与邦交平等翻译问题》，《学术月刊》2020年第6期，第177页。

[4] P. Bandia, The Impact of Postmodern Discourse on the History of Translation, in *Charting the Future of Translation History*, eds. Georges L. Bastin & Paul F. Bandia, Ottawa: University of Ottawa Press, 2006, P. 11.

[5] 安托瓦纳·贝尔曼《异域的考验：德国浪漫主义时期的文化与翻译》，章文译，北京：生活·读书·新知三联书店，2021年，第2页。

文章讨论翻译西书的源流、方法、成效及所译书目等。[1]然而，我们的翻译史研究力量还不强大。

从19世纪初开始，西方文化向中亚与东亚的古老传统社会全面扩张，学界将其统称为"西方之冲击"。在19世纪这段中国历史中，西方扮演着主动的角色，而中国扮演着所谓消极的或者回应的角色，由而形成"西方冲击"（the Western Impact）与"中国回应"（China's Response）两个概念。[2]对"冲击—回应"模式最典型的表述莫过于邓嗣禹与费正清合写的《中国对西方之回应》（China's Response to the West），此模式以"西方冲击—中国回应"这一公式来解释19世纪中国历史发展的主导因素。[3]

哈佛大学费正清东亚研究中心柯文（Paul A. Cohen）在他的《在中国发现历史》一书中，对美国研究中国近代史倡导以中国为出发点，深入精密地研究中国社会内部的变化动力与形态结构，提出了"中国中心观"的模式。由于该书提倡以中国为中心，在中国发现历史，批判"西方中心论"，在很大程度上满足了中国学者的渴望，所以在中国引起了巨大反响。

抛开其他暂且不论，柯文对"冲击—回应"模式的批判，是有洞见的。因为，该模式过于强调西方对近代中国种种努力的决定、主导作用，忽视了中国自身的特质及其产生的自我催动因素。事实上，我国的翻译学界，也常采取类似于"冲击—回应"模式的研究方法。

回顾近代以降的翻译史研究，我们发现既往的翻译史研究往往落入由谁译、译什么及翻译活动对后世发生了什么影响这一简单叙事的窠臼。现有不少成果惯于以西方概念理论为前提，对翻译活动与翻译事件展开研究、评判，史料基础常显薄弱，常举西方翻译理论的旗帜，呈现的是西方中心主义与现代化范式。部分学人在自觉不自觉地做着"以西格中"的价值判断。很多的翻译研究论文（不限于翻译史研究文章），甘愿为西方译家的各种翻译学理论做一个注脚，以论证其合理性。[4]由此，我们的翻译研究陷入了一波接一波的西方译论之中，继而成为翻译学"欧洲中心主义"的追寻者。[5]

当然，避免西方中心主义，在中国发现历史，需要我们避免以民族优越感为表征的民族主义。基于此，受"新史学"和"新法律史"等研究启发，"新翻译史研究"或是上述问题的出路。那么，新翻译史研究，该是一幅怎样的样貌呢？

---

[1] 邹振环《20世纪中国翻译史学史》，上海：中西书局，2017年，第19-20页。
[2] 柯文《在中国发现历史》，林同奇译，北京：社会科学文献出版社，2017年，第115-116页。
[3] 朱世达《中美文化冲击—回应片论》，《美国研究》1993年第2期，第76-93页。
[4] 许钧《改革开放以来中国翻译研究概论（1978—2018）》，武汉：湖北教育出版社，2018年，第195页。若要熟悉西方翻译学的核心术语，可参阅朱塞佩·帕伦博（Giuseppe Palumbo）《翻译学核心术语》，王东风注，北京：外语教学与研究出版社，2016年。
[5] 屈文生《翻译史研究的主要成就与未来之路》，《中国翻译》2018年第6期，第22页。

一、"新翻译史"研究是着眼于中外文化交流互鉴的研究，是转向文化交流史的研究

翻译史研究的本意，在于展示翻译在中西文化交流中究竟发生过何种作用。从这个意义上讲，将翻译史研究背景置于或汉唐或明清或现当代历史场域，将研究的重点紧紧扣在文学翻译、佛学翻译和两次西学翻译的主体、译书机构及书籍报刊等翻译史研究最核心的关切，从中可以揭示中国政府与民间对于"西力东来"[1]的理解。

从文明文化交流互鉴角度来看，翻译不是在两种语言间转换，而是在两种文化间交流。文明与文化的交流互鉴，要靠翻译来实现。从历史角度看，翻译的本质和价值在于文化交流互鉴；我们的文化交流史、中外关系史、中国历史上的主要文化交流活动，从未离开过翻译。近代欧洲的文化交流活动，也从未离开过翻译。[2]我们要充分认识翻译对于人类历史的发展所做的实际贡献。每一次重大的文化复兴，往往以翻译为先锋，都伴随着翻译的高潮。[3]翻译史研究，既可以是对中译外的研究，也可以是对外译中的研究，但如能在全球史视野下展开叙述，从中外文化交流互鉴的视角出发，关注两方在翻译发挥重要作用的接触地带（contact zone）的你来我往，披露对事实的"印象"与"真相"，则可摆脱"西方中心主义"或"中国中心主义"的束缚。

18至19世纪，来华西人对中国的评述多为正面，而未实际来华的西人则有着多元、多样和复杂的评价（例如以伏尔泰［Voltaire］为代表的褒华派和以孟德斯鸠［Montesquieu］为代表的贬华派）。这些评价不都旨在客观地呈现中国的风土人情、社会百态，而是选择性突出某些方面，以实现不同的目的。质言之，西人对中国的认识，大多不是如科学研究一般求诸真相，而多旨在形成一种印象，以为研究乃至决策提供借鉴。这一点清晰地体现在英国议会档案之中。

19世纪以来，中西交流日益深入，但中国的真相在很长一段时期内，并非西人首要关注的或承认的。事实上，不少国外学者只是将中国作为研究材料而非研究对象。真相往往秘而不宣，或基于自身利益加以改造，以呈现对中国的印象，从而将之纳入既有话语模式之中（如文明等级论）——将印象化的中国置入已拟定的（话语）公式之中，经由循环往复的论证，得出符合自身利益的结论，才是重要的。

尽管19世纪以后西方汉学研究有了进展，也有更多的新文献可供利用，西方汉学家

---

1 胡秋原《第一辑序言》，《近代中国对西方及列强认识资料汇编》（第一辑第一分册），台北："中研院"近代史研究所，1972年，第1页。

2 P. Burke & R. Po-Chia Hsia, *Cultural Translation in Early Modern Europe*, Cambridge: Cambridge University Press, 2007, PP. 1, 7.

3 许钧《翻译价值简论》，《外语与外语教学》2004年第1期，第35–39页。

却继续重复着19世纪关于中国的观点。[1] 这一现象如今依然存在，而这提醒我们要谨慎地看待"他者"的视角。我们或许不仅要传播真相，还在于挑战"他者的中国"，而形成"自我的中国"。同时，这也提醒我们在看待"泰西""远西"的社会、法律与文化时，不止将其作为材料（不管是理想型的材料，还是负面的材料），还要作为对象，以披露真实情况。

长期以来，中国作为一个"他者"出现，作为西方人反观自身的一个不可或缺的参照系。建构"东方主义"的理论基点或观察视角并非"东方"，而是其对立面"西方"。正是从西方这个"他者"的眼中，东方才被当作一个"他者"的"他者"建构了出来，并成为西方的对立物而出现。[2]

法律学者张泰苏评价络德睦（Teemu Ruskola）的《法律东方主义》（*Legal Orientalism*）一书时，评价称"'西方帝国主义'用一种'法律虚无'（legal nihilism）的意象，把中国塑造为静态的'他者'。[3] 东方进而迅速成为西方在自我认知中的主要批判性参照对象。对于美国来说，来自东方的'他者'突显了美国在法律上和政治上的主体性，并且持续强化着这样一种观念：法律和'法治'在某种程度上不仅独一无二，而且专属于以西方为中心的政治体系。"所以说，无论是东方主义的叙事视角还是"他者"的视角，都不可靠。正如德国思想家施米特（Carl Schmitt）所指出的，"全人类的法律和智识生活最重要的现象之一就是权力的真正所有者可以定义概念和语词"，[4] 中国被西方的概念、语词东方化后，很大程度上丧失了以自我、本我的面目出现在西方面前，并向西方阐述真相的可能。这不能不说是极其危险的。

络德睦的法律东方主义，将研究对象限定于中国。但是汤因比的"东方"、萨义德（Edward Wadie Said）的"东方"和19世纪上半叶欧洲人讨论的"东方问题"，多半是以奥斯曼帝国为中心的讨论，"东方"主要是指土耳其等近东国家，即主要指距离西欧较近的国家和地区等，远东则是中国、朝鲜、暹罗（今泰国）和日本等。"东方问题"则专指奥斯曼帝国及其属国的领土和权益所引起的一系列国际问题。按照萨义德的观点，西方汉学家（其中一部分是东方主义者）与东方人之间的关系本质上是一种权力关系，他们之间的差异是，前者书写后者，而后者则被前者书写。对后者来说，其假定的角色

---

[1] 尤陈俊《"新法律史"如何可能——美国的中国法律史研究新动向及其启示》，《开放时代》2008年第6期，第70-95页。

[2] 王宁、钱林森、马树德《中国文化对欧洲的影响》，石家庄：河北人民出版社，1999年，第2-5页。

[3] 张泰苏、高仰光《超越方法论的欧洲中心主义：比较中国和欧洲的法律传统》，《法律史译评》（第6卷），2018年，第261页。

[4] C. Schmitt, USA und die völkerrechtlichen Formen des modernen Imperialismus, in *United States Hegemony and the Foundations of International Law*, eds. Michael Byers & Georg Nolte, New York: Cambridge University Press, 2003, P. 144.

是被动接受；对前者而言，则是观察、研究等权力。[1] 东方无法按照西方的期待表述自己，于是就被西方表述了，而这肯定是我们要避免和警惕的。只有真正的"东方化东方"，[2] 而非西方的东方化东方，中国的译论史研究才有出路。否则，对中国而言，中国译论史仍旧太西方；对西方而言，中国译论史又太中国。[3]

二、"新翻译史"研究是基于文本和档案的研究

翻译史研究需要更大的视界和更为扎实的史料。自耶稣会士自西徂东开启中西跨语际、跨文明交流以来，西人对于中国研究成果保存至今的载体概有两种：一是游记、论著等文本，这一类的载体多为公开发行出版的译著、著作或报刊；二是档案，这一类则极少被公开，尤其是机要密件。关于第一类，诸如马可·波罗（Marco Polo）、利玛窦、马戛尔尼使团（Macartney Embassy）等来华西人留下了许多亲身见闻；此外，未亲往中国的伏尔泰、孟德斯鸠等人也对中国有诸多提述。但两种镜像均称不上是对于实际情况的真实还原。

翻译史研究可以通过个案研究铺开。例如1815年在翻译史上是极其重要的一年：一是马礼逊编纂的第一部中英对照词典《五车韵府》出版，二是在马六甲出版了《察世俗每月统记传》。如以印刷出版史为本位，可以将1815年视作是近代文献产生的开始。[4] 其他如近代报刊研究，也是翻译史研究的重要方向，因为近代报刊是翻译家发表译文的主阵地，其中主要有《察世俗每月统记传》《东西洋考每月统记传》《遐迩贯珍》《六合丛谈》《中西闻见录》《万国公报》等中文期刊，以及《广州周报》（The Canton Press）、《广州纪事报》（Canton Register）、《华人差报与广州钞报》（The Chinese Courier and Canton Gazette）、《中国丛报》（The Chinese Repository）、[5]《中国评论》（The China Review）、《北华捷报》（The North China Herald）、《字林西报》（The North-China Daily News）、《密勒氏评论报》（Millard's Review of The Far East/The Weekly Review of The Far East/The China Weekly Review）、《华西友报》（The Friend of China）等英文报刊，其中经常刊载中国典籍的译介文章或译文。《南京条约》《望厦条约》《天津条约》《烟台条约》《马关条约》《辛

---

1 萨义德《东方学》，王宇根译，北京：生活·读书·新知三联书店，2007年，第396页。
2 同上，第61页。
3 Chen Li, Traditionalising Chinese Law: Symbolic Epistemic Violence in the Discourse of Legal Reform and Modernity in Late Qing China, in *Chinese Legal Reform and the Global Legal Order: Adoption and Adaptation*, eds. Yun Zhao & Michael Ng, Cambridge: Cambridge University Press, 2017, P. 210.
4 周振鹤《印刷出版史上的近代文献述略》，关西大学文化交涉学教育研究中心、出版博物馆编《印刷出版与知识环流：十六世纪以后的东亚》，上海：上海人民出版社，2011年，第2页。
5 研究者可参阅张西平主编，顾钧、杨慧玲整理《〈中国丛报〉篇名目录及分类索引》及该书所附《二十卷中国丛报主题总索引》（桂林：广西师范大学出版社，2008年），二者是进入该《丛报》的便捷途径。

丑条约》等不平等条约也可作为研究对象。[1] 此外还有钟叔河主编的《走向未来丛书》（岳麓书社十卷本）、上海书店出版社出版的《民国丛书》（丛书共五编1126种）。以上文本中关于贸易、法律、地理、政府与政治、税收与军队、民族、历史、艺术、科学、游记、航运、鸦片、广州与十三行、中外关系、中英战争、日韩问题、暹罗与交趾支那、宗教、使团等重要内容的相关翻译问题，是重要的研究面向。

从档案出发，也可以利用美国国会解密档案，海关、领馆、中国台北故宫博物院的馆藏文献，《筹办夷务始末》等已经公开的档案等。过往的研究常以一种语言（或中文或英文）文献为主，即使有人同时参阅了中英文档案文献，也鲜有人对照档案，从翻译的视角出发，重视档案与档案间的抵牾和出入。笔者在这方面曾做过尝试，例如，我们曾对有关《南京条约》《望厦条约》《烟台条约》大量存世档案内不对等的地方做过研究。[2] 在数字人文时代，研究者可以很方便地利用上述档案史料。

三、"新翻译史"研究是着眼于翻译史未来的研究，是一种跨学科研究甚至是超学科的研究

翻译为文化传播服务，同时也受文化的制约。[3] 翻译史研究不是一个能够自给自足的学科，而是具有跨学科的比较特质。[4] 跨学科研究讲求的是异质人群的合作，翻译史研究采用的当是基于学科而超越学科的研究范式。翻译史研究要有从历史学和其他人文社会科学理论中汲取灵感的意识、能力。

孙江曾指出"一般所谓的中国近代知识是通过译出欧美的'近代知识'的移植——翻译而构建起来的"。[5] 正因如此，翻译史研究应广泛渗透于文学、历史学、哲学（含宗教学）、法学（含外交学）、经济学、教育学、军事学、管理学、艺术学、理学、工学、农学和医学的各个学科领域。翻译史研究对象的多元性和多样性，决定了翻译史研究的复杂性、丰富性和多学科依附性。翻译史研究应当成为最具跨学科迁移能力的一个学科分支。翻译史研究只有同时依附多个学科，才会有未来，才会有出路。[6]

---

[1] 屈文生、万立《不平等与不对等：晚清中外旧约章翻译史研究》，北京：商务印书馆，2021年。

[2] 同上。

[3] 彭萍《翻译研究的"历史转向"还是历史研究的"翻译转向"？——〈欧洲近代早期的文化翻译〉述评》，《语言文化研究辑刊》2016年第2期，第103–111页。

[4] 邹振环《20世纪中国翻译史学史》，上海：中西书局，2017年，第387页。

[5] 孙江《语言学转变之后的中国新史学》，孙江主编《新史学（第二卷）：概念、文本与方法》，北京：中华书局，2008年，第4页。

[6] 屈文生《翻译史研究的面向与方法》，《外语教学与研究》2018年第6期，第835页。

四、"新翻译史"研究是将翻译视作事件，将翻译事件看作历史事件的一种研究

翻译应被重新定义。翻译不只是不同语言间的转码活动；翻译可被视作历史事件本身，或者至少是历史事件的一个组成部分。从应然意义上说，翻译在突破观念冲突或樊篱的进程中，应是重要的沟通桥梁，翻译应是使交往双方通向理解之路。但从实然意义上说，翻译也可能造成某些误解甚至是冲突与纷争。在近代中西关系史上，翻译、理解与误解是伴生的。比如1860年签订的中法《北京条约》中，传教士为实现自己的利益，在该条约第6条中曾擅自加上"传教士在各省租买田地、建造房屋自便"等内容。中英双方延宕60年之久的"城口"之争，以及威妥玛先是在1858年《天津条约》汉约本第十六款内通过翻译添附"会同"两字，继而在1876年《烟台条约》中再次将此"会同"二字扩大解释为英国官员在华英交涉刑事案件中的"观审权"，都是很好的注解。[1] 对于翻译在类似殖民活动中被殖民者利用，转而在攫取特权过程中发挥的"作用"，许钧将其称作"翻译活动的历史局限性"，[2] 或者是"翻译所起的负面作用和所扮演的不光彩角色"。[3]

翻译在近代中西交流史上，远非简单的文字转码活动，而是一种政治行为、历史事件，深刻影响清季中国的外交、内政。比如早期中外旧约章中，国家名称的翻译是两方角力的重点所在，西方列强几乎都将其国名添以"大"字，与"大清国"形成"敌体平行"。例如，"葡萄牙"曾译"大西洋国"，"美国"曾译"亚美理驾联国""亚美理驾合众国""大合众国""大美国"，"法国"曾译"弗兰西国""大佛兰西国""大法民主国"，"俄罗斯"曾译"大俄罗斯国"，"日本"曾译"大日本国"。这些以"大"开头的"以中格西"的译名在如今的著述、报刊中几乎不再被提及。

但直至今天，我们似乎对"大英（国）"这个译名尤为"迷恋"。事实上，书刊、报章上习以为常的"大英（国）"，并非自始即是Great Britain/The United Kingdom的恰切译名，[4] 对二者对应的认识图式的确立，有着一个鲜为人知的诞生背景、书写实践。庄钦永对这一认识图式的历史渊源及其在中英两国政治外交中所扮演的不可忽视的角色，有扎实的研究。[5] 翻译借助不平等的现实政治空间（条约交涉），经由译者的深思熟虑、

---

[1] 屈文生、万立《不平等条约内的不对等翻译问题——〈烟台条约〉译事三题》，《探索与争鸣》2019年第6期，第111-120页。

[2] 许钧《翻译价值简论》，《外语与外语教学》2004年第1期，第39页。

[3] 刘云虹、许钧《翻译的定位与翻译价值的把握：关于翻译价值的对谈》，《中国翻译》2017年第6期，第57页。

[4] 庄钦永《"无上"文明古国：郭实猎笔下的大英》，新加坡：新跃社科大学新跃中华学术中心，2015年，第68-73页。

[5] 庄钦永《四不像"大英（国）"及其它：新教传教士译笔下的新词》，新加坡：新跃社科大学新跃中华学术中心，2022年。

精斟细酌后,将"大英国"注入政治意涵,成为富含政治战略的译名。翻译在话语体系的构建中发挥的作用,值得细究。词语并非完全软弱无力,它可以关闭其作为符号的本性,拥有全新的力量。陈力卫认为,亚洲的近代化进程,是通过词语的交流得以实现的。[1] 勒菲弗尔说过,翻译并不是一种中性的、远离政治及意识形态斗争和利益冲突的纯粹的文字转换活动。

类似例子还有许多。历史事实可以说是一种"语言学存在"(linguistic existence),是一种"语言学实体"(linguistic entity)。[2] 对于某一史实,如果人们对于它所"传递"的信息并无异议,似乎就能够形成确定的呈现和解释。[3] 但语言往往具有不确定性,以两种或多种语言呈现的同一史实则具有另一重不确定性,而翻译史研究往往可以是进入并解决这种不确定性的着眼点。可以发现的是,近代中英交涉中,两国常就"大英""钦差"等"小词"展开多番较量,翻译往往是两方交锋的第一战场。其中,我们不仅能看到词与词的争夺,更能清楚看到文化对文化、体制对体制的角力。一场场看不见硝烟的"笔尖上的战争"中,攸关国格、事关体制的"小词"的失败足以撼动其依赖的"体系"。

将翻译视作历史事件,就是要将翻译与变局联系起来,在大变局的背景下,思考翻译在中国近代史中的作用。

思考题

1. 翻译学界有不少学者一直都在提"重写翻译史"。为什么要重写翻译史?
2. 新翻译史应该呈现怎样的样貌?
3. 多学科介入的跨学科语境下,翻译史研究应如何保持自身体系的相对独立性?
4. 翻译与历史的关系是什么?
5. 佛教文献翻译史研究如何推进?
6. 两次西学翻译史研究如何推进?
7. 民族翻译史研究如何推进?
8. 翻译史研究的文化转向何以重要?
9. 我国的翻译史研究经历了怎样的历时发展?目前存在什么问题?
10. 为什么说从事翻译史研究必须掌握史学理论和方法?

---

1 陈力卫《东往东来:近代中日之间的语词概念》,北京:社会科学文献出版社,2019年,第13页。
2 海登·怀特《答亚瑟·马维克》,彭刚编《后现代史学理论读本》,北京:北京大学出版社,2016年,第85页。
3 参见彭刚《事实与解释:历史知识的限度》,《中国社会科学评价》2017第3期,第47页。

推荐阅读书目

Niranjana T. 1992. *Siting Translation: History, Post-Structuralism, and the Colonial Context*. Berkeley: University of California Press.

安托瓦纳·贝尔曼,《异域的考验:德国浪漫主义时期的文化与翻译》,章文译,北京:生活·读书·新知三联书店,2021。

黄兴涛、王国荣,《明清之际西学文本:50种重要文献汇编》(第一册)。北京:中华书局,2013。

加藤周一,《翻訳の思想》,丸山真男校注,东京:岩波书店,1991。

刘军平,《西方翻译理论通史》,武汉:武汉大学出版社,2009。

屈文生、万立,《不平等与不对等:晚清中外旧约章翻译史研究》,北京:商务印书馆,2021。

孙江,《新史学(第二卷):概念、文本与方法》,北京:中华书局,2008。

谭载喜,《西方翻译史学研究》,北京:外语教学与研究出版社,2021。

王宏志,《翻译与近代中国》,上海:复旦大学出版社,2014。

王建朗、黄克武,《两岸新编中国近代史》(晚清卷·下),北京:社会科学文献出版社,2016。

王克非,《翻译文化史论》,上海:上海外语教育出版社,1997。

王宁、钱林森、马树德,《中国文化对欧洲的影响》,石家庄:河北人民出版社,1999。

许宝强、袁伟(选编),《语言与翻译的政治》,北京:中央编译出版社,2001。

张西平,《20世纪中国古代文化经典在域外的传播与影响研究导论》,郑州:大象出版社,2018。

邹振环,《晚明汉文西学经典:编译、诠释、流传与影响》,上海:复旦大学出版社,2011。

邹振环,《20世纪中国翻译史学史》,上海:中西书局,2017。

第九章

翻译与传播

　　传播是人类运用不同符号和媒介进行信息交流的活动，而翻译是人们开展的跨语言、跨文化和跨区域的信息和思想传播活动。因此，在一定程度上，翻译活动可以被看作一种传播行为。随着跨越国家、跨越民族的交流活动日益频繁，经由翻译的传播活动不断增多，翻译与传播也在不断走向融合。

　　但是，翻译活动作为一种传播行为，与传播实践存在着差异。这是因为翻译传播的场域为异语环境，其实践过程不仅受到源语与目的语文化差异的影响，还受到双方意识形态、社会制度、民众情感、传播工具等因素的限制，它们在很大程度上干预了翻译传播的效果。成功的翻译活动能够跨越语言障碍、传播文化信息、促成不同文化背景的国家和民族进行交流。同时，还往往会启迪新感悟、新智慧、新视角的生发，成为人类社会进步不可或缺的助推器。

　　正因如此，翻译与传播之间的交叉和互动一直是学界较为关注的重点话题之一。翻译与传播有何异同？对外译介与翻译传播有何关联？翻译传播研究的未来趋势如何？对于这些问题，学界需要追本溯源，厘清翻译与传播的重要概念和关系脉络。本章拟从翻译与传播的关系、对外译介与翻译传播研究、翻译传播研究的未来发展三个方面展开探讨，以期厘清、归纳与总结翻译与传播研究之间的深层关联、互动与发展趋势。

第一节　翻译与传播的关系

　　传播是一种动态的实践行为，与翻译有着深厚的现实连接与互动。翻译传播现象贯穿于人类发展的各个时期，存在于社会生活的方方面面。繁华的都市街头、景区名胜的角落，常有多种语言书写的标识或介绍；大型会议、机场港口和展览会场中，操持不同语言的人们在译员的帮助下进行有效的沟通交流；不精通外语的人可以阅读各类外国名著译本、观赏配有汉语字幕的影视大片、浏览外国热门网站，吸纳来自异域的元素。这一切借助翻译进行的信息交流活动都是翻译传播活动。那么，翻译与传播的关系究竟如何？翻译是否等同于传播？翻译与传播是否存在不可割裂性？这些问题的梳理与解决是廓清翻译与传播基本属性和特征、区别与联系，进一步开展翻译传播研究的基础。具体来看，我们从以下几方面来探讨翻译与传播的关系。

一、翻译与传播具有密切的关联性

翻译与传播都是具有较强目的性与导向性的信息交流活动。传播是信息发送者与信息接收者之间沟通与交流的过程，是信源操纵可选的符号系统，实现对信宿的影响，[1]即传播者根据意图目的，在信息海洋中选择相关内容，再根据不同媒介特点，将内容信息转换成不同的符号，发送给受传者。这一目的导向的交流过程与翻译较为相似。翻译作为不同文化之间信息交流的桥梁，其目的性显而易见。学术界关于翻译目的性的探讨也由来已久，如在功能学派看来，任何翻译都是目的导向的，或者说翻译最终是要实现一定功能的。也就是说，翻译是根据一定目的，将原文本信息转换为目标语受众能够理解的符号，最后到达目标语受众的过程，其本质是为实现某种诉求或目的而开展的跨文化信息交流与传播活动。例如，中国外文局为讲好中国故事，传播好中国声音，对外翻译出版了《红楼梦》《三国演义》等四大名著，《本草纲目》《论语》等传统文化典籍以及"学术中国"丛书、"中国儿童文学走向世界"丛书等多语种图书，这些图书翻译实践为中国文化国际传播以及不同文化体系的互动与联通发挥了重要作用。

翻译研究与传播研究在借鉴与融合中发展。传播学的相关理论已成为翻译研究不容忽视的解释框架与理论基础。翻译学的相关概念亦在传播过程研究中发挥着重要作用。一方面，回顾翻译学的发展历程，翻译研究借用传播学理论来描述翻译过程历有痕迹。例如，在翻译研究中，"受众"一词与翻译过程研究密不可分，成为解释翻译可接受性的重要方面。该概念起源于传播学，是社会信息传播的接受者群体的总称，而随着该术语在翻译研究中的广泛应用，其内涵与外延有所变化，渐与"受传者"即传播过程中的信息接受者这一概念的含义趋同。除了相关概念以外，大众传播模式、传播效果研究、议程设置、框架理论等传播学理论也为翻译研究开辟了新的研究视角。另一方面，翻译研究的理论知识在传播研究过程中应用广泛，为传播研究夯实了基础。例如，勒菲弗尔提出了赞助人的概念，认为赞助人主要指促进或阻碍文学阅读、写作或改写的各种权力，如出版社、大众传媒、政党、社会阶层与宗教组织等，且被认为是除诗学观念、意识形态外，影响与操纵翻译实践的又一大因素。[2]这一概念被传播研究广泛借用，成为

---

[1] 吕俊《翻译学——传播学的一个特殊领域》，《外国语》1997年第2期，第39–44页。
[2] A. Lefevere, *Translation, Rewriting and the Manipulation of Literary Fame*, London & New York: Routledge, 1992, PP. 14–15.

对传播主体、传播过程、接受效果等研究中不容忽视的一环。

翻译学与传播学跨学科色彩鲜明,且所跨学科具有高度相似性。从学科分类来看,传播学属于社会科学,但自然科学对传播学的渗透和影响十分深刻;传播学的基本理论如第三者效果理论、群体动力学理论、场论理论,以及研究方法如问卷调查法、控制实验法、舆论调查法等均体现出与其他学科鲜明的交叉性。具体而言,与传播学关系紧密,直接构成其学术渊源的学科主要有符号学、语言学、人类学、心理学、社会学、数学、统计学、控制论等,这些学科都在一定程度上为传播学的诞生和发展提供了多元且丰富的理论基础,不同学科之间的交叉与互补也在推动传播学开拓新的发展空间。上述与传播学关系密切的学科与翻译学亦是相互交叉融合,为翻译学发展提供了坚实的学科养分与理论根基。翻译学正是汲取了语言学、符号学、社会学、文学、历史学、哲学、伦理学、计算机科学等学科的理论、方法与模式等方面的养分,才得以发展成一门独立的学科。相通的学科理论基础与跨学科交叉体系使得翻译学与传播学的联系更加密切。

二、翻译与传播虽关联紧密,但两者之间不能画上等号

翻译与传播的实践活动机制各有不同。从本质意义看,传播是社会信息的传递与社会信息系统的运行,涉及传播主体、传播内容、传播渠道、传播受众、传播效果等要素。传播过程的实现需要传播主体依托传播渠道,将相关信息内容传播至目标受众,再通过相关手段获取传播反馈与效果。人们以符号为介质从事信息传播,是为了达到意义的交流和互动,传播者通过成功传递信息引发接收者的预期行为。这种信息交流互动,包含了传受双方对语言符号意义的建构与解构过程。虽然翻译同样涵盖原文本与译本(传播内容),译者(传播主体)以及接受者(受众)等诸多要素,且包含传播主体与受众对于原文本与译本的建构与解构过程;但两者的差别在于,在一般传播过程中,信息直接由传播者发出,经过媒介的解码、译码和编码,传达给受众,而在翻译过程中,译者不仅是源语讯息的第一接受和反馈者,还是整个翻译中译语讯息的发出者。由于译者的存在,信息在传递与转换过程中会经历两次解码,译者对源语信息进行第一次解码、译码和编码,再将译语信息转化为目标语受众可接受的信息。此外,译者作为一种社会存在以及翻译实践的参与者,译者自身的主体性以及诗学观念、意识形态、赞助人等因素也会影响翻译过程。译作若想取得预期的接受效果,需要或多或少迎合目标语社会的主流诗学风格与规范等;意识形态因素主要从政治、道德以及伦理等方面限制或引导译者,进而影响翻译活动的开始与结束、高潮与低落以及转折与突破;赞助人所拥有的各种资本往往相互重叠、转化,并通过其在意识形态、经济利益以及权势地位方面的优势影响译者翻译策略的选取与更改。这些因素共同作用,使得翻译行为的实践机制呈现出

不同于传播行为的特征与内涵。

相比于传播，翻译更具有创造性。翻译本身既与传播密切关联，又具有迥异于一般传播行为的独特性，更准确地说，翻译是一项具有创造性的传播实践行为。这种创造性主要体现在三个方面：第一，读者即受众阅读层面的创造性。谢天振指出："文学翻译中的创造性叛逆还来自接受者——读者"，"脱离了读者接受的文学翻译就是一堆废纸，毫无价值可言，因为只有在读者的接受中文学翻译才能实现其文学交流的目的"。[1] 例如由于受众的误读，《格列佛游记》《鲁滨孙漂流记》等政治讽刺小说被当作儿童读物在世界范围内广泛传播。第二，译者策略层面的创造性。跨文化传播过程中，译者所采取的个性化翻译策略就足以说明其创造性。例如，中国古典诗歌在对外传播过程中，庞德对其展开了创造性重构与翻译，其译著《华夏集》既包含了中国诗歌本身的意义、风格与文化内涵，亦展现出受西方现代主义艺术浸染与影响下的新风貌，较大程度赋予译作现代诗性的诸多特征。这种创造性的翻译手段虽使得原文本信息遭遇了稀释、增添、失落甚至是扭曲，却较大程度上影响了庞德诗歌的创作过程。随着译著的广泛传播，中国古典诗歌的影响力日益加深，进而引发了美国现代诗歌的革命，促进了美国意象理论与意象派诗歌的发展。第三，客观语言障碍引发的创造性。如法国唯美主义诗人戈蒂耶（Théophile Gautier）在翻译小说《享有长子继承权的先生们》时，把原文"Ich kann unterscheiden was Ich mit dem Ausehen muss oder was Ich mir gestalt（我能够准确地识别哪些是我必须用眼睛观察的真实，哪些是我自己形成的想法）"译成了"我觉得难于区别我用眼睛看到的现实和用想象看到的东西"。虽然译文与作者的本意完全相反，但恰恰是这段错误的译文在出版传播过程中引起超现实主义诗人布勒东（André Breton）的关注，他在自己的著述中引用了这句被译反的话，成全了该小说作者被尊崇为超现实主义先驱的地位。[2]

三、新媒体的发展给翻译带来持续而深刻的影响

互联网、信息新技术和机器翻译的出现，大大改变了翻译场中译者、媒介、权力与市场的复杂关系，对翻译活动和翻译研究产生了持续而深远的影响。随着微博、微信、抖音等社交媒体的普及，翻译的影响力已扩大至整个社会，[3] 成为促进世界文化交流的基本形式和渠道。剑桥词典对"新媒体"的定义是，使用计算机或互联网（而不是通过电视和报纸等传统方法）提供信息或娱乐的产品和服务的媒介。[4] 在此定义下，新媒

---

[1] 谢天振《论文学翻译的创造性叛逆》，《外国语》1992年第1期，第35页。
[2] 谢天振《创造性叛逆——翻译中文化信息的失落与变形》，《世界文化》2016年第4期，第8页。
[3] 蒋好书《新媒体时代，什么值得翻译》，《人民日报》2014年7月29日。
[4] 参见https://dictionary.cambridge.org/dictionary/english/new-media。

体包括网站、博客、社交媒体、视频共享平台、流媒体、社群、播客等。这些新兴媒体不仅快捷、实时、便捷、交互性强，更具有纸质媒体所没有的覆盖受众广、渠道多等特点。

媒介变革，特别是新媒体对翻译过程及效果的影响，已经引起了诸多国外学者的关注。芒迪在《翻译学导论：理论与应用》一书中专辟一章讨论新媒介带来的翻译研究新方向。[1] 他认为，新媒体已然改变了翻译实践，并从视听翻译、翻译的本地化与全球化、基于语料库的翻译研究三方面讨论了媒介对翻译的影响。视觉文化时代，视听翻译已成为当代翻译研究的一个重要分支；现代媒介环境将大众、机器和读者带入了"译者"的领地，改变了翻译研究中曾经占据主导地位的"对等"及"权力"概念；语料库及其驱动的研究已成为研究翻译的主要方法之一。利陶（Karin Littau）认为，物质、媒介和技术的视角，为人文学科提供了新的理论坐标。[2] 传统的人文学科历来重"精神"轻"物质"，将物质视为精神、思想和灵魂等"形而上"的对立面。事实上，每次媒介和技术的变革都推动了文化的蓬勃发展与扩张。没有印刷术和互联网的技术创新，就没有知识的存储记录和大众化，没有羊皮纸、广播、网络等媒介实体，就没有精神世界的记录存储和延续散播。因此，利陶提出了译学的"媒介转向"，认为媒介包含了"介质性"和"物质性"双重属性。介质性可以更快传导信息，物质性本身就承载着信息。由物质、技术和媒介构成的生态，共同塑造、影响着译者的思想。德雅尔丹（Renée Desjardins）认为，现代媒介的"瞬时性"使所有信息索引、事实认定都近在咫尺。[3] 因此"媒介"不仅是信息传播的渠道，同时也提供了"思维食物"：社交媒介中的图文并茂，将符际翻译重新带入翻译前沿；表情包正在成为新的世界性语言；阅读模式也发生了质变，从传统、线性的纸质阅读模式转向网络化的电子阅读模式，读者可以点击跳转至前后或任意相关链接或网页。随着阅读模式的变化，译者的阅读模式和翻译文本也会随之变化。因此，媒介不仅是"意义生产"的工具，也搭建了"意义"的框架——也就是麦克卢汉（Marshall McLuhan）的"媒介即讯息"。[4]

新媒体的发展改变了人们的阅读、写作、交流和处理信息的方式，也使得翻译与传播媒介的互动日益频繁，翻译过程涉及的诸多方面在不断发生变化。传播媒介与翻译的互动融合发展主要表现在：其一，新媒体使翻译内容与形式更加丰富。新媒体拓展了跨文化交流的可能性，人们的视野、听觉、感知及旅行距离，都得到极大延伸。翻译的对

---

[1] J. Munday, *Introducing Translation Studies: Theories and Applications* (4th edition), London & New York: Routledge, 2016.

[2] K. Littau, Translation and the Materialities of Communication, *Translation Studies*, 2016(1), 9, PP. 82–96.

[3] R. Desjardins, *Translation and Social Media: In Theory, in Training and in Professional Practice*, London: Palgrave, 2017.

[4] M. McLuhan, *Understanding the Media: Extensions of Man*, New York: McGraw-Hill, 1964.

象也不再限于传统的字词或篇章，而是更广义的"语篇"，语篇构成可以是文字，可以是图像，也可以是社交媒体上广为使用的图文结合、视听语篇。翻译渠道和场所不再局限于纸媒，而包括了剧场、影院、社交媒体等多种媒介载体。物理距离的缩短和翻译对象的丰富化，使中外文化交流空前频繁。其二，新媒体扩大了译者的构成格局，也影响了译者的决策过程。皮姆认为，互联网使众包翻译成为可能，丰富的语料库使专业译者在文字处理上有更广泛的选择，同时也改变了译员的认知活动、社会关系和职业的本质。[1] 译者主体不再局限于学界或专业人士，借助机器辅助翻译的业余人士、熟悉原作或者游戏的粉丝，都通过网络平台涌入了翻译场域，他们既参与翻译，也参与翻译批评和改写，改变了翻译原有的线性模式和权力架构。第三，新媒介使翻译效度空前提升。社交媒体的螺旋式复制模式可以使译文瞬间传达至各地，不仅影响了翻译的速度，也影响了翻译的形态；读图时代，人们的注意力模式、耐心和想象力，都发生了根本的变化，表情包、网络缩略语等，已引发了一些学者对"语言堕落"及"媒介创造人工语言"可能性的讨论。[2] 语言的简化与信息的碎片化看似使传播更容易，实际上却是对传统语言文字、文学和文化译者的全新挑战。从跨符号、跨媒介的多模态翻译入手，通过移动化、可视化、社交化的翻译生产，增强译作的亲和力和感染力，是新媒介时代增强翻译效度和文化魅力的可能性之一。

第二节　对外译介与翻译传播研究

在跨文化传播中，翻译活动可以根据方向划分为对内译介和对外译介。"对内译介"指将域外的语言与信息译入本国，用本土语言进行传播。纵观中国翻译史的发展，自宗教典籍翻译始，翻译多为"拿来"，即对内翻译传播，为本国学习国外先进理念、文化思想和科学技术服务，成为吸收其他国家与地域优秀文化成果最直接且有效的方式。"对外译介"则是以国外民众作为主要目标，把具有地域和国家特色的话语和思想体系，经由话语主体的翻译阐释，再通过文字、图像、音乐、影视等全方位融合的多模态形式，传播至世界其他国家和地区，展开跨语际、跨地域乃至跨文化的交流。在话语博弈的复杂世界格局中，"对外译介"在自塑国家形象、确立文化身份、提升文化软实力与国际话语权、参与全球治理等方面发挥了重要作用。对外译介已成为中国国家发展的重要战略手段之一，通过翻译阐释中国概念、思想与表述，对外传播中国声音，以积极影响国外受

---

[1] A. Pym, What Technology Does to Translating, *Translation and Interpreting*, 2011(1), PP. 1-9.

[2] N. Reeves, Translation, International English, and the Planet of Babel, *English Today*, 2002(4), PP. 21-28.

众在对华事务上的情感、态度与行动。由于对外译介具有不同于对内译介的内涵、属性与战略意义，相关研究受到越来越多的关注与重视，成为翻译研究的一大重要面向。本节将从国际关系、语言政策与规划以及传播学三个理论视角分析对外译介研究。

一、国际关系视角下的对外译介研究

对外译介，从本质而言，是塑造身份、展示形象的建构性行为。由于对外译介大多由国家驱动，将国际交往中的民族国家视为主体，因此与国际关系研究产生了深刻的互动与关联。在跨语际的建构过程中，一国的文化、价值观、思想观念等多重维度的形象，借由主动对外译出的方式和路径被诠释，通过传播被普及，构成国际话语权的内容和国家软实力的重要表现。因此对外译介传播为国家战略和国家利益服务，始终蕴含着强大的意识形态功能。

有关话语译介传播与国家地位、区域共同体和身份认同等国际关系问题，各国学者著述颇丰。马奎尔（Lori Maguire）关注英美两国在多次世界秩序重塑时的外交话语使用问题，认为借助对外译介传播，一个国家能够通过语言符号向外部世界系统化陈述其思想理论体系和文化知识体系，成功参与并影响全球治理。[1] 利斯（Murray S. Leith）和索尔（Daniel P. J. Soule）聚焦政治话语与苏格兰民族身份的建构，认为自身语言输出可以全面折射出苏格兰民族文化传统和时代精神气象。[2] 卡尔塔（Caterina Carta）通过分析欧盟对外译介传播文本中代词的使用情况，探究不同国家职员的身份归属意识。[3] 洛乔基（Timo Lochocki）通过失败的外交话语案例，考察民粹主义在西欧盛行的问题。[4] 日本学者一条敦子（Atsuko Ichijo）分析20世纪西方政治话语在对亚译介传播的过程中，对东亚国家身份塑造的影响以及民众尊西学西观念的认同建构。[5] 韩国学者姜志延（Jin-Yeon Kang）则用类似范式分析了日本民族主义话语在殖民期间对朝鲜半岛的影响。[6] 还有学者已关注到新兴大国在对外交往中话语权较弱的问题，丹麦学者克里斯滕

---

[1] L. Maguire, *The Foreign Policy Discourse in the United Kingdom and the United States in the New World Order*, Newcastle upon Tyne: Cambridge Scholars Publishing, 2009.

[2] M. Leith & D. Soule, *Political Discourse and National Identity in Scotland*, Edinburgh: Edinburgh University Press, 2011.

[3] C. Carta, The Swinging "We": Framing the European Union International Discourse, *Journal of Language and Politics*, 2015(1), PP. 65–86.

[4] T. Lochocki, *The Rise of Populism in Western Europe: A Media Analysis on Failed Political Messaging*, Cham: Springer, 2017.

[5] A. Ichijo, The Articulation of National Identity in Early 20th Century East Asia: The Intertwining of Discourses of Modernity and Civilization, *Asian Studies Review*, 2018(2), PP. 342–355.

[6] Jin-Yeon Kang, The Dynamics of Nation, State and People: Japanese Colonialism and Nationalist Discourses in Korea, *Interventions*, 2016(3), PP. 379–403.

森（Peter M. Kristensen）指出，现在国际关系话语仍由西方所主导，鲜有新兴大国的"理论学说"为主流学界所接受，其远未形成"学派"或"理念"，这种困境在国家对外译介研究中同样存在。尽管中国、印度和巴西等新兴国家的学者已提出一些"本土"对外话语译介与传播理论，但其话语对象通常只从本国立场出发，有相当的"本国本位"色彩，而非切实关注整体意义上的"国际"。[1]

在国际秩序革故鼎新的宏观变局中，如何对外有效传播本国价值观和思想文化理念是话语与权力之间关系的基本出发点和主要映照。随着经济全球化的全方位演进，国家间互相依赖与制约的情况愈加复杂。在这种格局下，利用单一军事或政治力量获取话语权已越来越困难，国际政治议程的形成变得更加微妙和多样化。多个国家开始通过以文化为代表的软实力与传统政治力量展开博弈并发展对外关系。文化外交与对外译介传播的联动研究也越来越受到关注。

文化外交指的是国家运用文化软实力去影响并推动与他国之间的关系。现今国际交往中，通过文化、语言等软性工具来建构身份、塑造形象，最终实现国际身份认同是常见策略。所以文化外交逐渐成为国家获得认同并提升国际话语权的重要外交模式。对外译介是文化外交的一种手段，一国的文化、价值观、制度在翻译中被诠释，在传播中被普及，实现"自我"与"他者"之间有效的跨语际对话。对外翻译传播的政策、机制与实践反映输出国的文化身份、价值取向与战略规划，而如何输出国家理念和政策，改变固有偏见和促进人文交流，让他国产生共鸣，获得他国理解并积极影响输入国，最终塑造国际形象成为各个国家对外译介的主要职责与使命。

以加拿大学者弗洛托为代表的翻译研究学者明确将对外译介视为文化输出和文化外交的手段。弗洛托以加拿大文学在德国的译介、传播与接受为个案，界定文学话语译介之于文化外交的意义，强调对外译介对于国家形象塑造的重要性。她在《为公共外交翻译高雅文学》一文中分析了对外译介与文化外交的关系，认为文化外交通过译介传播等方式，把文化产品当作外交的内容和路径，影响别国公众对本国的看法与态度，最终服务于本国对外战略。[2] 弗洛托还在《用德语说加拿大"故事"：以文化外交来实现软实力》一文中厘清了对外译介传播的三重要素：原文本本身的叙述、叙述在译介过程中的重构以及在对象国传播基础上的接受。[3] 这三大要素相辅相成，共同决定了通过文化产品进行外交实践是否成功。弗洛托认为，文化外交不仅仅限于文化活动，经济贸易领域的各

---

[1] P. Kristensen, How Can Emerging Powers Speak? On Theorists, Native Informants and Quasi-officials in International Relations Discourse, *Third World Quartly*, 2015(4), PP. 637–653.

[2] L. Flotow, Translation and Cultural Diplomacy, in *The Routledge Handbook of Translation and Politics*, eds. F. Fernandez & J. Evans, London & New York: Routledge, 2018, PP. 193–203.

[3] L. Flotow, Telling Canada's Story in German: Using Cultural Diplomacy to Achieve Soft Power, in *Charting the Institutions and Influences of Cultural Transfer: Canadian Writing in Germany*, eds. L. Flotow & N. Reingard, Ottawa: University of Ottawa Press, 2007, PP. 9–26.

种跨国商业联系也属于文化外交。外交主体在对原文本进行翻译重构时，以外交意图为依归。外交主体在决定输出文化产品或信息时，既要考虑文学价值、审美情趣等文化因素，也要充分认识到经济赞助与意识形态的影响。如20世纪80、90年代加拿大对德译出的作品向德国读者塑造了加拿大作为旅游胜地的形象。众多外译作品没有落入当代德国文学反思二战的窠臼，译作运用不同的故事强化了加拿大的自然主义浪漫观念与绿色政治理念，激发德国读者对北美大陆的向往。

弗洛托也认为，传播手段与市场营销策略决定了对象国的接受程度。对外译介时，可通过电影改编、上榜畅销书排行榜、获得国际奖项等打造文化产品的独特卖点；利用不同国家知名学者、媒体评论员和出版商展开多元权威评价，可突出产品在本国文化中的地位进而将其塑造为世界文化符号；把握受众接受心理，既强调作品与受众的共通与共情，又留给受众想象空间，可激发受众购买与阅读的兴趣。

除了理论论述之外，不少研究聚焦世界范围内通过对外译介践行文化外交的个案，包括美国冷战时期的"对外图书计划"和布什政府的"全球文化计划"，以法语联盟为代表的法国对外文化合作网络，两次世界大战期间捷克对英的文学输出与国家文化外交以及日本和韩国依托流行文化开展国家品牌塑造等。这些研究从国际关系与文化外交的视角出发，审视对外译介中的文化机构等行为者的驱动作用以及国家形象建构问题。

二、语言政策与规划视角下的对外译介研究

对外译介活动中对相关政策、原则以及条件的规划与研究是有效开展对外译介的前提和保证。由国家机构驱动、合理科学的政策与规划能确保对外译介传播体系、机构与人事间有效互动与交流，满足国家文化产品对外供应的需求。因此，从语言政策与规划视角展开对外译介研究，也是推动翻译服务国家战略发展的重要维度。语言政策与规划研究几乎与文化外交研究同时兴起，指的是将语言视作整合知识、政治、经济、文化、社会和权力等的一种资源，依据社会发展需求，不断调适产生一系列可持续的规划方案和途径。[1] 早期语言规划主要探讨如何解决语言多样性带来的交际问题。进入全球化时代之后，语言政策与规划的学科研究重心已经转移到保护和改善人类语言多样性，以及整个语言生态系统的和谐发展问题上，主要包括语言功能政策规划、语言声誉政策规划、语言服务政策规划等。其中，语言功能政策规划旨在为各国各民族纷繁复杂的语言交流降低沟通成本，实现语言互联互通；语言声誉政策规划是指对语言符码在美学和智力以及语言形象层面的规划，以便更好地展现语言产品，使其顺利被语言受众接受；语

---

[1] J. Rubin & B. H. Jernudd, Introduction: Language Planning as an Element in Modernization, in *Can Language Be Planned?* eds. J. Rubin & B. H. Jernudd, Honolulu: University of Hawaii Press, 1971, PP. xiii-xxiv.

言服务政策规划涉及语言翻译、语言培训、语言技术支持以及语言咨询等众多行业领域。可见,诸多语言政策及规划活动与译介传播实践有着密切联系。翻译活动涉及不同文化系统的交流、交锋与交融,在某种意义上,就是一种文化传播规划。历史上有许多翻译活动反映出了语言政策规划的思想。古巴比伦时期,汉谟拉比国王借助巴比伦城的多语资源提供语言服务,为当时的贸易和商业发展起到重要作用。我国唐代专门设立译馆,招募居于长安的外国商人为丝绸之路的远方来客提供翻译服务。当今世界美国、新西兰、苏格兰等国家和地区纷纷制定语言政策与规划文件,以保障国家的语言战略取向,提升国家外语资源利用能力。

翻译政策规划这一概念自20世纪70年代起就已进入了翻译学的一些奠基性著述。霍姆斯在《翻译学的名与实》一文中绘制的译学版图上,给予翻译政策重要的地位。赫曼斯则认为规范指导、控制或改变个人或群体的翻译行为,在翻译过程中起着关键性的作用,他按照对翻译活动的影响程度,把翻译规范分为惯例、规范、规则和法令。其中惯例蕴含人们共有的期望,是一种相互的社会期待,可以视为隐性的规范;规范是规约性更强的社会惯例;规则的规约性与强制性更高,通常由权威认定,并由翻译机构(教会、政府、翻译公司)践行与推广;当规则所产生的约束成为决定翻译行为及方式的唯一必要性与动因时,就成了法令。21世纪以来,翻译政策研究的深度和广度不断扩展,产生了一批颇具启发意义的研究成果。其中具有代表性的是冈萨雷斯·努涅斯(Gabriel González-Núñez)从三维构成解读翻译政策,认为翻译政策涵盖翻译管理、翻译信仰和翻译实践三大层面。[1]

翻译管理是指由某一领域权威部门做出的有关翻译问题的决定。对外译介实践中,国家层面政策制定者推行的翻译政策具有权威性和强制性,对译介传播活动形成巨大的规约性和辐射力。国家政府机构作为权力中心,常被看作制定翻译政策的主体,组织协调国家级对外译介传播机构与人员(包括体制内编辑与定稿人、译员、官方指定出版方、评论员与媒体等层级),最终决定了对外输出哪些文化产品,以及如何译介传播这些产品。

翻译信仰(也称翻译伦理)受法国理论家贝尔曼提出的同名概念影响,指领域内成员所持的关于翻译及其价值的观点,比如他们对翻译的必要性和重要性的认识,以及对领域内正在实施的翻译政策和正在发生的翻译实践的看法。在国家对外译介实践中,对翻译必要性和重要性的认识涉及国家对翻译需求的认识,即国家实施翻译的动机与内涵是什么。一般来说,翻译目标国的需求驱动与译出国的供应驱动构成两种基本的翻译实践动机。目标国需求曾被广泛认为是译介传播的关键动力,如图里认为翻译之于目标国文化的意义即填补文化空白,目标文化中译介主体在输出国源文化中发现某一目标文化

---

[1] G. González-Núñez, On Translation Policy, *Target*, 2016 (1), PP. 87–109.

缺乏的作品，且该作品可能对目标文化有用，才会决定进行翻译。[1] 因此翻译动机受三个方面影响：目标文化相较源文化中的空白、目标文化的需求以及源文化作品对目标国的功用价值。然而目标国需求理论只能解释译入现象，对于对外译介缺乏解释力，影响翻译动机的因素并非上述三者能够概括。比如在对外译介中，源文化会持续向目标文化输出同一类型或题材的作品，即使目标文化在一段时间后已经不存在相应空白。另一种无法解释的情况是，输出国在选择对外文化产品时，会考量源文化民众对作品的评价，而作品对源文化的用处不一定同样适用于目标文化。捷克学者试图从供应驱动来解释翻译动机。[2] 在输出国自身供应驱动译介传播的情况下，译介传播实践对目标文化空白与读者兴趣的关注相对有限，其关键动力并非来自目标文化内部，而是基于对源文化必须提供什么以及目标文化可能需要什么的认识与反思。这些认识与反思构成对外译介与传播的信仰核心，最终指导对外译介政策的制定与项目的实施。在供给驱动的对外译介与传播中，输出国的政治、经济等非审美因素被纳入供给侧，构成文化产品国际流通的种种动机：如对外输出本国的意识形态和核心文化，对外构建政治形象或塑造其他领域内的国家形象，维系国际社会对本民族的认同与共情，提升本国文化软实力等。国家会挑选出符合供应驱动动机的作品，如我国对外输出的茅盾文学奖获奖作品《沉重的翅膀》描写了改革开放初期工业经济体制的状况，《都市风流》则以北方城市建设与改革为背景等。这些获奖作品从审美价值与国家政治价值层面反映了对外译介的信仰与驱动力。

对外译介的翻译实践是指国家机构在内的翻译主体，为实现一定的战略目标而自发实施的对外翻译传播活动，相关译介传播活动以原作和原作者为立场，以自身供应驱动为中心，服务于国家的文化利益、政治利益、安全利益或经济利益。换言之，自身供应驱动下国家对外译介传播高度的自利性要求其参与各方忠于其策动者、赞助人和主体——国家，译介与传播工作人员不论其国籍与文化背景都是输出国的雇员，在各方利益发生冲突时，始终代表该国家的立场，忠于该国的价值诉求。历史上，我国政府机构曾在供应驱动下多次主导对外译介与传播活动，翻译活动也纳入国家计划的轨道，设立专门机构，出版专门的翻译期刊与丛书。如1951年创刊的《中国文学》，1952年成立的外文出版社，1953年创刊、由时任文化部部长茅盾负责主编的翻译期刊《译文》，1980年代外文局推出的"熊猫丛书"等。不过，要注意的是，以原作和原作者为立场并不代表不兼顾目标读者的感受与接受效果。事实上，目标国的接受效果是检验对外译介实践有效性的标准，也常常反拨对外译介的政策与方法，使其进行适当调适和变革。

1　G. Toury, *Descriptive Translation Studies and Beyond* (Revised edition), Amsterdam/Philadelphia: John Benjamins, 2012.

2　O. Vimr, Supply-driven Translation: Compensating for Lack of Demand, in *Translating the Literatures of Small European Nations*, eds. R. Chitnis et al., Liverpool: Liverpool University Press, 2019, PP. 48–68.

三、传播学理论视角下的对外译介研究

传播学研究与翻译学研究之间的互动和联系素有渊源。伴随着对外译介研究的深入开展,各种传播学理论可以作为他山之石,与翻译学理论一起解释、描述并预测对外译介中的种种现象。大众传播模式、传播认知机制、传播效果等理论为对外译介开辟了新的研究视角。本节将着重介绍翻译学与传播学理论融合的过程及其在对外译介中的应用。

(一)传播要素及传播模式理论与对外译介研究。自20世纪40年代起,传播学通过吸纳信息论等其他学科的理论成果而迅速发展,有关传播要素和传播模式的理论得到不断发展与完善。哈罗德·拉斯韦尔(Harold Lasswell)在1948年提出的"5W"模式[1]明确了传播过程中的各个要素。"5W"指"传者或主体(= Who)""讯息或内容(= says What)""媒介或渠道(= in What channel)""受者或受众(= to Whom)"以及"效果(= with What effects)"等构成整个传播过程的五个环节。之后理查德·布雷多克(Richard Braddock)在5个"W"的基础上增加了两个"W",分别是"情境(under What circumstances)"和"动机(= for What purpose)"。[2] 从"5W"到"7W",传播学研究明确了主导以及影响传播过程的要素,并指出社会传播所承载的环境监控、社会协调和文化传承这三项功能。[3] 威尔伯·施拉姆(Wilbur Schramm)提出的"螺旋形模式"[4]关注到大众传播中传者与受者地位和发声的机会不对等的事实;每一个参与传播过程的个人或团体都是"传播单位",同时具备"传者""受者"这两种身份,不过从传者发出讯息或对内容的"编码",到受者对符号进行解读的"译码",都存在信息阐释和接受不一致的情况,因此构建了传播的螺旋形模式,以解释反馈讯息和输出讯息的不平衡性。赖利夫妇于1959年提出的大众传播模型把传播置于社会总系统中加以考察,强调了传者和受者受到的群体与社会影响。[5] 家庭和邻里等基础群体,工作单位和学校等社会结构以及民族和国家的社会总系统构成了影响传播的不同层级。之后德国学者马莱茨克(Maletzke)在此基础上引入了"个性结构(即个人的性格)""工作环境""社会环境""媒介内容的压力(即媒体对相关讯息是否可以公开传播的要求,以及电视等传播媒介的接收条件等)"等诸多影响传播过程的因素,[6] 更为缜密地解释大众传播中的各种现象。

---

1 H. Lasswell, The Structure and Function of Communication in Society, in *The Communication of Ideas*, ed. L. Bryson, New York: Harper & Bros., 1948, PP. 37–51.

2 R. Braddock, An Extension of the "Lasswell Formula", *Journal of Communication*, 1958(2), PP. 88–93.

3 H. Lasswell, The Structure and Function of Communication in Society, in *The Communication of Ideas*, ed. L. Bryson, New York: Harper & Bros., 1948, PP. 37–51.

4 W. Schramm, *The Process and Effects of Mass Communication*, Urbana: University of Illinois Press, 1954.

5 L. W. Riley & M. W. Riley, *Sociology Today*, New York: Basic Books, 1959, PP. 537–578.

6 G. Maletzke, *Psychologie der Massenkommunikation: Theorie und Systematik*, Hamburg: Verlag Hans Bredow-Institut, 1963.

20世纪60年代起，翻译学研究者开始借用传播模式理论来描述翻译过程。奥托·卡德（Otto Kade）、奈达、莱斯、罗杰·贝尔、斯坦纳等勾画出了翻译传播过程的基本图式，解析翻译中决策和问题解决的过程。奈达把翻译过程划分成分析、转换、重组、检验四个主要步骤。[1] 莱斯引入了信息论的理论，把翻译过程分为"分析阶段"和"再次语符化阶段",[2] 指出了译者能力和语言结构的差异都会在无意当中造成翻译传播过程中"信息走失"的问题。[3] 贝尔借用广播等通信系统的传播模式，构建了"分析—合成"翻译模式，描述翻译过程中"信息接收""识别""解码""获取""理解""选择""编码""传输""再接收"的九个环节。[4] 斯坦纳则充分考虑社会、文化和伦理等因素，提出翻译阐释活动的"信任、侵入、吸收、补偿"四步说。[5]

纵观中外有关翻译传播过程的研究，不难发现传播要素和传播模式理论给翻译学研究者带来的重要启发。传播学者在传播五环节（即传者、内容、媒介、受者、效果）基础上，不断完善传播过程和传播模式研究。与之相似，翻译研究视野在不断扩大，从只关注原文和译文的转换，到观察译者大脑内部转码的过程，再到审视译作在传播中的每一个环节，研究者对翻译传播过程的认识逐步加深，对翻译传播过程的描述越发丰富，对翻译传播的过程中出现的冲突和矛盾也有了把握。

就对外译介研究而言，传播要素和传播模式各理论可用来解析翻译传播各个环节的先后过程及其互相影响的机制。"5W"和"7W"的传播要素理论将对外译介中的翻译和传播环节有机整合，各个行动者参与并执行翻译、编辑、出版、流通、评论、接受等不同环节，相互呼应、相互促进，同时相互影响、相互制约，实现对外译介的目标。译者、编辑等行动者自身的主体性会左右他们对传播信息的选择和处理。马莱茨克等人的大众传播模式理论可解析各译介环节之间相互影响与制约的情况，并指出传播者和受众所在社会的主流意识形态的冲突，人员所属组织以及出版社、报社、网络平台等媒介的引导，受众个体的人格结构和自我形象都对翻译作品的传播产生的不同程度影响。中国对外译介传播工作以实践民心相通为基础，以推广中国理念、中国智慧与中国方案为内容，谋求更广范围的国际社会理解和接受与认同。其理论研究重点在于中国国家机构作为翻译传播主体在外译中的角色和作用，外译传播的机制如何提高传播效果，以及传播各要素和行动者之间如何互动影响，服务国家利益。要建立一整套与本国国情相适应的对外译介策略，有不少课题值得今后的研究者进一步研究。

1　E. A. Nida, *Language, Culture and Translating*, Shanghai: Shanghai Foreign Language Education Press, 1993.

2　K. Reiss, How to Teach Translation: Problems and Perspectives, *The Bible Translator*, 1976(3), PP. 329–341.

3　K. Reiss & H. J. Vermeer, *Towards a General Theory of Translational Action: Skopos Theory Explained*, London & New York: Routledge, 2014.

4　R. Bell, *Translation and Translating: Theory and Practice*, New York: Longman Inc, 1991.

5　G. Steiner, *After Babel: Aspects of Language and Translation*, Oxford: Oxford University Press, 1998.

（二）传播机制理论与对外译介研究。"议程设置理论"及"框架理论"分别由麦库姆斯（Maxwell McCombs）和戈夫曼（Erving Goffman）于20世纪70年代提出，这两个理论采用定量定性相结合的研究方法剖析大众传播与环境建构的辩证关系及受众信息接受的心理认知机制。议程设置理论认为"大众传播具有一种设定社会公共事务'议事日程'的功能，传媒的新闻报道和信息传达活动以赋予各种议题不同程度的显著性的方式，影响着人们对周围世界的大事及其重要性的判断。"[1]这一理论将传播研究置身于社会语境之下，探讨影响传播效果的媒介和受众等中介因素，明确了参与媒介议程设置的主体（包括政府、大通讯社、新闻编辑、其他压力团体或特别利益团体等）的重要地位，认为传播媒介通过对大众认知的导向、强化以及设定优先级，对现实环境进行再建构，从而对受众认知施加强有力的影响。议程设置理论可研究翻译活动中"译什么""谁在译"以及"是什么在影响翻译"的问题，探究译介过程中主体、原作、译者、译作、媒介等环节应以何种方式进行翻译选材、确立译者、展现译作，进而形成公众意识的聚焦点。如在译介的传播环节中，媒介是距受众最近的一环，直接影响其对译作蕴含议程的认知效果。出版社等媒体机构、电子媒介及网络新媒体对译作的倾向性评价、反复强调性报道及相关评论出现的版面及位置等都直接影响受众对译作的认知，引导着受众形成对译作蕴含"议程"不同程度的接受效果。

框架理论可以视为议程设置理论在认知心理学领域的延伸。戈夫曼将其定义为"个人将社会生活经验转变为主观认知时所依据的一套规则"[2]。框架亦是一种对真实环境的意义建构活动，与议程设置具有一定的相通之处。二者的主要区别在于议程设置更多地关注媒介对公众议程的影响，而框架理论则更多着眼于信息传递过程中，受众对信息接受的效果及在对事实环境"再建构"时公众的内在心理机制。媒介对同一事件的不同框架方式呈现出不同形式的要素和内容，以适应不同受众抽象的心理认知，随之呈现不同版本的新闻报道。加姆森（William A. Gamson）等传播学者采用框架理论解释新闻价值，认为框架是新闻报道的核心内容，是"将现实事件的某一部分挑选出来，在沟通文本中进行意义解释、归因推理、道德评估及处理的前提条件"[3]。框架理论可为翻译传播研究中译者的翻译策略选择提供理论阐释工具，即译者在翻译过程中是如何以自我或受众的心理机制为参照而采取相应的翻译方法。同时，传播媒介在信息传递过程中依据不同受众的认知特点和阅读诉求而设置不同类型的信息类别也是传播框架的关键表征。

---

[1] M. McCombs & D. Shaw, The Agenda-setting Function of Mass Media, *Public Opinion Quarterly*, 1972(2), PP. 176–187.

[2] E. Goffman, *Frame Analysis: An Essay on the Organization of Experience*, Cambridge, MA: Harvard University Press, 1974.

[3] W. A. Gamson, A Constructionist Approach to Mass Media and Public Opinion, *Symbolic Interaction*, 1988(2), PP. 161–174.

20世纪以来，议程设置理论及框架理论对翻译研究提供了有益的借鉴，帮助诸多翻译研究者推动了翻译研究的文化转向。代表人物有弗米尔、巴斯奈特、勒菲弗尔、韦努蒂及芒迪等。他们认为翻译不仅是简单的语言转换，更是在特定目的驱动下译者与翻译任务中的机构和委托人等互动协作的结果。他们关注语言之外的文化和翻译间的相互作用与影响及"语境、历史和习俗等更大方面的问题"，包括"追寻特定意识形态下出版业自身的权力及施加在出版业身上的权力，女性主义写作与翻译，翻译即'挪用'，翻译与殖民"等。翻译研究被置身于社会大环境中，着重探索翻译活动与社会环境间的交互式影响。在从客观环境向拟态环境转变的过程中，翻译活动通过对现实环境的再建构，对受众认知施加强大的影响。

对外译介研究可将政府等议程设置主体"自上而下"的决策与受众"自下而上"认知接受相结合。通过政府等翻译主体对重大议程的设置、译者对翻译策略的选择、媒介对信息传递方式的调整及传播参与者对受众认知框架的深入探究等，进一步优化提升翻译传播的模式和效力。就受众信息需求和心理接受而言，对外译介行动者可研究翻译议程设置主体（如政府部门、出版机构或译者个体等）在源语文本选择中的主导地位，并深入考察源语文本的选材对于读者受众在文化认知、价值观、态度和行为等多个层面的导向作用和强化程度等，同时可通过实地考察及量化研究等方式选定外译内容及确立翻译策略，通过阐释和解说、不断强化、渐次积累，实现对受众认知心理自下而上的再建构，以期跨越意识形态隔阂，切实提升外译传播效果。

（三）传播效果理论与对外译介研究。传播效果是传播活动的终点，是衡量传播行为是否有效的标尺，也是传播行为的实践目标。传播效果研究指对传播活动效果在质和量上的分析，包括对个人效果产生的微观过程分析和对社会效果产生的宏观过程分析。传播效果研究随时代与社会变革而不断修正并发展。传播效果的研究始于20世纪30年代末的"魔弹论"或"机械的刺激—反应论"，这一理论把研究重心置于传播媒介上，忽略受众个体的差异，认为传播媒介的巨大力量可以支配大众的态度与观点，而受众仅是消极被动地等待和接受媒介所灌输的思想、情感和知识。[1] 40年代起的"有限效果论"认识到受众是具备不同特点的个体，传播活动是传受互动的过程，而大众媒介对受众影响有限。"有限效果论"对传播效果的过程和机制进行实证调查，包括社会调查法和心理实验法在内的研究方法开始用于传播效果研究。其后的"适度效果论"修正了"有限效果论"的理论模式，注重对影响大众传播效果的多种变量的研究，认为大众传播效果因条件不同而呈现巨大差异和不同形态。70年代，德国学者诺伊曼（Elisabeth Noelle-Neumann）提出"强大效果论"，认为在正确的环境中使用正确的传播技巧就能产生强大

---

[1] W. Schramm, *The Process and Effects of Mass Communication*, Urbana: University of Illinois Press, 1954.

的预期效果。[1] 大众传播经由精准设计的传播方式，能左右受众的态度、情感和认知。强大效果论并非对"魔弹论"的简单回归，而是基于大众传播环境和技术的巨大变化，审视大众媒介带来的全新传播现象和社会影响。以上传播效果理论的发展概括了四个研究阶段的理论取向，可以看出每个阶段的理论都是对前一阶段的反驳或修正。进入21世纪之后，传播已演变成多媒体、多渠道、全方位、立体化的传播结构，受众群体也呈现出不同群块不同特征，传播效果研究开始关注新媒体对传统传播方式的干预以及其对个人、集体和社会的影响。

翻译传播活动的效果是指信息和产品经翻译和媒介传播到受众后，受众对其思想文化和价值观念的接受度以及引起的变化。不同时代的翻译传播效果研究因社会形态和传播现象与技术的不同而呈现不同特征与要求。目前的翻译传播效果研究因信息技术的发展以及媒介方式和渠道的多样化，也需要构建微观与宏观结合的多层面立体化的考察体系来展开分析。总体来说，可从作品销售量、馆藏量、读者评价、作品获奖情况、是否收入文集或教材等维度展开。[2] 销售量指作品发行后的销售总量，可通过图书销售网站或出版社获取。馆藏量指翻译作品被目标国家的图书馆、博物馆收藏的数量，包括纸质版、电子版和有声书三种形态，可从全球最大图书馆联机书目数据库OCLC WorldCat检索获取。读者评价指作品得到的读者反馈意见，包括专业书评与普通大众评价，专业书评比如《纽约客》(*New Yorker*)等颇具影响力的刊物上刊出的书评，普通大众评价可从Goodreads或Amazon等网站获取。获奖情况指作品或作家所获得的奖励和荣誉，如莫言获得诺贝尔文学奖，阎连科获卡夫卡文学奖等，这些都是作品得到肯定的最直接体现。收入文集或教材指作品是否被目标国收录入选集或者教材进行再度传播。目标国对于翻译选集的编撰往往由主流意识形态或诗学审美驱动，构成集体化印象之后，可加深某一类别文学或文化作品在目标国的文学记忆，经时间积淀，甚至可形成文学经典。例如寒山诗歌经加里·斯奈德（Gary Snyder）译入美国之后，多次被收录入中国文学教材或读本，即是其经典化的有力论证。需要指出的是，任何单一维度都不足以构成对作品译介效果的考量。作品销售量、馆藏量、读者评价、作品获奖情况、是否收入文集或教材共同构成立体化的效果考察体系。

开展对外译介的目的在于取得良好的翻译传播效果，以实现国际影响力与话语权的提升。因此，对传播效果的关注和研究成为对外译介活动的重要依归，并由此反拨对外译介传播的全系统，反思其中不同构成要素的作用、机制以及相互作用是否科学、合理、有效。总体而言，开展传播效果研究应以受众需求特征作为重要指标，分析对外译

---

[1] E. Noelle-Neumann, Return to the Concept of Powerful Mass Media, *Studies of Broadcasting*, 1973(1), PP. 67–112.
[2] 傅悦、吴赟《语料库辅助下余华小说在美国的译介效果研究》，《安徽大学学报》（哲学社会科学版）2021年第2期，第34–45页。

介与传播在目标群体中所取得的接受效果。对翻译传播效果的研究需要拓宽评价渠道，尽可能全面地探讨传播效果，以发展的眼光研究传播前景。在具体的研究过程中，对对外译介传播效果的检验与研究主要以实证手段为主，其中调查访谈法、案例分析法、基于计算传播学的大数据分析法等较为常用。调查访谈法通过面谈访问、电邮调查、电话调查、发放问卷、互联网调查等方式，帮助研究者聚焦研究个案中的关键主体，对所涉创办主体、编选主体、翻译主体、发行传播主体等进行资料采集，亦可适时还原和完整描述翻译传播背后的动因和影响决策的各种因素。案例分析法通常以对外译介与传播过程的典型个案作为案例，运用切题理论并与宏观描述相结合，剖析其中具体做法、特色、成效，总结反思其中的经验以及在实践中暴露出的局限与不足，得出充分翔实的质性或量性研究结论。基于计算传播学的大数据分析法，依托全球主要英语媒体在域外报道中涉及中国或影响中国的媒体事件，构成主流媒体舆情数据；以网络社交媒体数据为基础，通过不同媒体事件分类来开展涉华国际舆情案例分析，最后形成涉华国际舆情案例云端大数据库。信息技术平台与研究人员的人机互动亦可持续提升数据库的标准化运作和信息的精确度，为后续理论研究提供信息与技术保障。

需要强调的是，对外传播效果亦是研判各国对华舆情的重要来源。从互联网数据采集、相似文章自动聚类，到自动监测、按国别主题精准归类、实时索引，再到目标语文本情感的倾向性分析，可以还原几十年来全世界主要英语国家对中国社会发展变化的情感、态度与价值观念。此外，通过对他国多媒体动态舆情的分析，相关主体可深入研究对象国受众的偏好，探索对外译介传播的发展方向。

要想取得理想的传播与接受效果，在每个环节做决策时都需要考虑给其他环节可能带来的影响。翻译传播要素诸如传播主体、译者以及受众等互为补充、相互依存，共同推动传播效果的实现。翻译传播主体可以选择译者和传播内容，考察并确定传播媒介及目标受众。译者是关键要素，从事的翻译活动直接影响翻译效果。在互联网高速发展的今天，作为讯息载体的媒介，对讯息传播的效果更是影响巨大，决定着讯息的呈现方式和形态。受众是讯息的接受者，亦是传播效果反馈的主体。检验对外话语的传播是否有效最终依赖于受众。离开受众的理解和接受，对外译介传播也就丧失了基础和前提。

第三节　翻译传播研究的未来发展

本章前两节阐释了翻译与传播之间的深层关联，勾勒出对外翻译传播研究的现实图景，本节拟在此基础上，对翻译传播研究的未来发展趋势作展望，以期能够进一步推动翻译学与传播学研究之间的学科交叉与融合。

一、翻译传播研究的理论体系建构

翻译传播具有鲜明的跨学科属性，因此要进一步融合多学科理论资源，构建以学科交叉为基础的理论研究体系。随着翻译传播活动不断丰富，准确把握翻译传播研究的内涵、本质以及规律，形成科学性、系统性的理论研究体系是未来翻译传播研究的关键增长点。

过去较长的一段时期里，翻译与传播都被置于不同的学科体系内，翻译学归属外国语言文学，传播学则与媒体与新闻等专业挂钩。翻译学注重语言符号的跨地域、跨文化转换，即把一种文本写成另一种语言文本的过程及结果；传播学则关注信息在全球社会中迁移、扩散、变动的过程，及其对不同群体、文化、国家乃至人类共同体的影响。翻译学与传播学的分章别类导致各自发展、相互割裂的格局。事实上随着全球物质文明交流的演进，翻译与传播日益相互嵌入，翻译的质量影响着传播的效果，而传播的手段则决定了翻译的效度。翻译与传播共同构成了跨文化交流的主要路径。两个传统学科的交叉融合，在"媒介即讯息"的数字时代，具有强大的生命力和鲜明的时代感。

翻译与传播的结合，是媒介化社会高度发展的结果。媒体传播涵盖了从电影、电视到新闻广播、广告视频、网页和电子路牌的几乎所有领域，而翻译学的文化、社会和媒介转向，将翻译行为放置于更宏大的文化和社会语境中审视，研究者开始关注翻译中所包含的文艺学、社会学和心理学因素，以及译作作为一种语际和符际传递行为，在新语境中的传播与接受、目的和效果。如是观之，翻译传播已泛化至大众文化生活的各个领域。从文学与电影字幕的众包翻译，到大众参与的网络流行话语翻译，都体现了"人人都有麦克风"的时代，译者与受众的主体性意识显著提升，翻译场原有的权力关系因传播媒体的多样化而发生改变。

现行国际关系体系中，对外翻译传播是国家维护自身利益、阐述治国理念、参与全球治理的重要手段。翻译传播作为语言和非语言符号在另一种政治文化体系中的再现，具有强烈的意识形态功能和内在的价值取向。从话语翻译角度看，是通过适当的话语建构国家身份，塑造国家形象，实现国际身份认同；从传播力的角度看，是借助传统及新型媒介平台，对国际受众的认知产生影响，形成有利于本国国家利益的国际舆论。译语塑造与传播方式可以彼此促成，也可以彼此销蚀，因此必须作为一个整体来对待。译者所熟悉的不同文化圈的用词习惯和价值观，将直接影响到传播的质量和效果；而传播平台、方式及能力，则是话语在异国文化及国际舆论落地的保障。因此，翻译传播学的建设，对发展活跃本国语言、对外阐述本国理念，都具有重要意义。

关于翻译学与传播学研究的理论融通性建设，国内目前尚处于一种相对初级的探索阶段。尹飞舟、余承法对翻译传播的本质以及翻译传播学的定义进行了概述，[1] 认为

---

[1] 尹飞舟、余承法《翻译传播学论纲》，《湘潭大学学报》（哲学社会科学版）2020年第5期，第170–176页。

"'传播的一般属性'和'语言转换'的特殊性相结合构成了翻译传播的本质属性","翻译传播学是研究翻译传播现象及其规律的科学,是阐释人类使用不同语言符号进行信息传递与交流的知识体系"。张生祥认为,关注翻译的传播现象和问题、探寻译本的传播规律,是翻译传播学精细化的表现。[1] 谢柯、廖雪汝对翻译传播学存在的合理性、研究的有效性和该学科发展的科学性展开了深入探讨,认为"翻译传播学代表了翻译传播研究范式的理论升华和学科诉求"。[2] 上述文献围绕翻译学与传播学理论相互兼容交叉的合理性以及基本概念展开论述,也指出翻译传播研究的展开需要有独特的研究对象和研究方法等。

翻译传播研究的理论体系构建,是对外翻译理论与实践的内核,也是翻译学科发展的新探索。借鉴传播学的相关概念理论,在研究对象和路径上拓展视角,可以使翻译的学科图谱更为系统全面,增强在万物互联时代翻译新问题、新现象上的解释力。

传播学的核心理论大多集中在信息的形成与发展、意义的生成与解读、信息文本的结构与组织、传播中的权力和资源、社会分配关系,以及文化生产方式等。这与当代翻译研究的诸多关注点重合:如信息流的形成与发展落在翻译领域中,就是不同时期的翻译选材和翻译策略;意义的生成与解读,历来是翻译研究重点关注的对象;权力与资源分配与翻译传统中的诗学观、意识形态及赞助人等概念密切关联。此外,传播过程模式、社会互动与认同理论以及文化适应理论,都对于国际传播视域下的翻译活动具有较好的解释力和引导功能。如议程设置与框架理论,可以为翻译选本提供导向性议题,建构正面的国家形象话语。而在针对不同国别区域的对外翻译中,则可借鉴"分众理论""培养论""沉默的螺旋"等思维模式,根据不同属性的受众群体的需求与反应,选择多样化的翻译原本及翻译策略,从而最终实现翻译的目的。

但翻译与传播的融合,并不是要将翻译学泛化为传播研究,而是要突破语言符号转化的传统视野边界,把传播研究的内涵规律、媒介技术的变革纳入视野,追随历史现实的变化,扩大研究视域,拓展研究路径。首先可以在研究对象上更新观念。新媒体的发展使人们的感知及旅行距离都得到无限延伸,翻译的研究对象也因此得到拓展,阅读对象不再是纸面字词或篇章,而是包括文字、图像、视听结合的复合文本语篇。翻译研究对象的物理存在也不再局限于纸媒,而包括了剧场、影院、社交媒体等多种媒介载体。

其次,翻译与传播的融合,需要我们重新审视和拓展翻译的研究路径。一方面,技术的深度融入使翻译的生产方式与传播生态都发生了巨大变化(如前文提到的众包翻译、用户生成翻译、机器翻译等),原有的研究方法和考察路径不再普遍有效,翻译需要从新型传播理论及其他相关学科理论中借鉴和发展新路径;另一方面,多种语言和符

---

[1] 张生祥《翻译传播研究促知识转化效果》,《中国社会科学报》2020年6月16日。
[2] 谢柯、廖雪汝《"翻译传播学"的名与实》,《上海翻译》2016年第1期,第15页。

号模态共存已经成为翻译传播载体的新常态。除了芒迪提出的视听文本研究、语料库研究和翻译的全球化与本地化三大新媒体传播下的翻译方向，多模态路径、技术传播路径也是值得探索的新领域。

此外，符号学、社会学、心理学等传统学科的理论与方法，都曾为翻译传播研究提供过重要的认识与思想来源。例如，符号学关注的符号认知与传播功能、人类思维的符号化特征等问题都是与翻译研究（尤其是新兴的多模态翻译）联系紧密的议题；社会学的场域理论、冲突理论以及社会分层理论等，都可为翻译传播实践提供更为广阔的理论解释、分析与认知基础。翻译传播研究的理论体系构建，不仅需要"翻译"与"传播"两者互相借鉴，也需要从其他相关学科汲取灵感与养分，助推理论对现象及实践的解释力及指导力。

二、多模态翻译传播研究

在万物皆媒的视觉文化时代，大数据和云计算使得信息传播由单一的文字、声音与图像等文本向视频、漫画等多模态文本转变，绘本、电影等由文字、图像、声音和音乐组成的多模态语篇成为翻译的研究对象。[1] 多模态翻译传播研究逐渐成为翻译研究的新兴增长点。具体而言，未来多模态翻译传播研究可围绕如下方面展开。

（一）多模态翻译传播的类型研究。基于当前的媒介发展，多模态翻译传播可分为如下类型：由光和声在内的技术和/或电子媒介传输的多媒介语篇翻译传播，如电影或电视字幕的翻译；言语和非言语表达不同模式的多模态语篇翻译与传播，如戏剧中的声与光的翻译与传播；言语和非言语的不同图画符号系统的多符号语篇的翻译与传播，如漫画或广告；用于口头表达的声媒语篇，如政治演讲。[2] 多模态翻译传播还可分为模态内与模态间的翻译传播。[3] 前者指同一种模态形式的转换，如图像模态译为另一个图像模态，言语模态译为另一种言语模态。后者指不同模态形式间的转换，如言语模态译为视听模态，如话剧《茶馆》改编为同名电影，小说《霸王别姬》改编为同名电影等。此外，数字时代信息化的高速发展还催生了多重符号系统的多模态超文本，网站、软件、游戏等就属于复杂的多模态超文本。超文本以多线性为特征，文字、图像、音频、视频等多种模态相互嵌套，构成超文本多模态语篇的开放性、动态性、无中心等特点。这些特征也使得多模态超文本翻译的形式、过程、目标等发生了变化，同时文本、作者、译者、

---

[1] 吴赟《媒介转向下的多模态翻译研究》，《外国语》2021年第1期，第115–123页。

[2] M. Snell-Hornby, What's in a Turn? On Fits, Starts and Writings in Recent Translation Studies, *Translation Studies*, 2009(1), PP. 41–51.

[3] K. Kaindl, Multimodality and Translation, in *The Routledge Handbook of Translation Studies*, London & New York: Routledge, 2013, P. 261.

读者之间的关系也发生了本质改变,甚至颠覆了传统翻译活动的内涵、模式与标准。这些类型的多模态翻译传播亟待投入更多研究。

(二)多模态翻译传播的特性研究。多模态语篇的特性给翻译传播提出了新要求,也给翻译传播带来新的样态。多模态语篇的主要特征为:一是图像语篇的视觉主导性。传统翻译研究将图像视为辅助功能,为语篇的阐释提供辅助信息。然而,在图像丰富的多模态语篇中,视觉模态在意义建构中起主导性作用。翻译传播过程中,视觉图像与言语模态的互动会依据源语与目的语文化语境及社会习俗之间的协商而发生变化,如图像的颜色、大小的调整,言语的增删与改写等。例如,经典作品的新译可能通过选择具体的图像和插图以及不同版式,让经典文本包含当下的政治话语,并借此向公众传播译者诉求与意旨,把经典作品的焦点从审美品质转移到历史价值上。

二是视听语篇的可表演性。传统的影视及戏剧翻译多注重文字翻译,把非语言符号信息排除在外。事实上,表演作为意义的表达方式,也需要翻译。在书面文字翻译为表演性语篇过程中,意义通过视觉和听觉渠道传递给观众。视觉符号依赖于舞台背景、灯光、动作等非言语符号资源,听觉符号包括音质、节奏、音调等非言语听觉符号,这些都需要以适当的方式进行翻译传播。

三是超文本语篇的多线性、交互性与多维符号性。超文本语篇集文字、图像和声音等要素于一身。图片、声音、图标、超链接以及各种媒体元素构成了多种符号的翻译、转换与处理,从根本上改变了翻译传播中作者、译者、读者之间的关系,读者也可成为数字产品的译者乃至作者,"用户生成翻译"乃至"众包翻译"等协作化翻译成为超文本语篇翻译新模式。例如,当前大受欢迎的中国网络文学在外译过程中,不少平台就是译者、读者广泛参与的众包翻译场,读者也是译者甚至是再创作者,共同参与创作与翻译,多元资源的嵌套以及超链接的增加,使得作品成为更加符合目标语受众期待的超文本。

(三)多模态翻译传播的核心议题研究。译文的模态符号如何再现原文,不同模态在翻译传播中如何转码,如何实现意义构建是多模态翻译传播的核心问题。各个模态有各自的形态、功能与认知原则,通过不同的方式和路径来建构意义,如何通过多模态话语分析方法分析翻译转换过程中的模态特征与功能是关键性问题。

翻译传播过程中,各模态之间如何互动是另一关键议题。歌剧翻译传播中语言模态与音乐模态如何联系,影视翻译传播中言语符号与非言语符号之间的联系,不同模态在意义建构过程中相互组合,翻译传播过程中如何实现既定功能,以及模态之间如何变化与配合成为多模态翻译传播研究的主要关注点。

参与主体如何发挥文本中多模态元素的能动作用也是重要问题。译者、出版商、编辑、图画或视听设计师经常合作对原作进行增删甚至改写。这不仅涉及言语模态与非言语模态之间的互动,也涉及不同意识形态、译者惯习等因素,这些因素共同影响翻译主体的决策，也就形成了多模态翻译传播研究的又一维度。

（四）多模态翻译传播的基本方法研究。文本模态的变化使得常见的翻译传播研究方法难以适应需要，还需引入更具针对性的研究方法来解决诸如意义构建中言语符号与非言语符号模态互动等新问题。

系统功能多模态话语分析方法源自系统功能语言学与社会符号学理论，将概念功能、人际功能和语篇功能这三大元功能延伸到视觉层面，赋予多模态资源再现意义、互动意义和构图意义。概念功能适用于广告、儿童图书和杂志等图像语篇的翻译传播分析，用于描述不同图像如何在一定语境中再现意义和叙事。人际功能体现在图像符号的人际功能层面，通过信息接触、成像大小和观看视角等维度指明图像设计者、读者和图像中人物之间的关系和互动意义。语篇功能主要是在分析非言语符号层面时，用以关注图像的构成、颜色、显著性、参与者位置等构图意义。语料库技术可以把多模态语篇分解成可供分析的声画单位，这需要进一步研究不同模态文本的符号或语法构成，如对视听文本组成的电影库进行分段，将电影片段拆分成二维图像乃至更小的单位。此外，多模态语料标注系统的开发也是重点。如通过ELAN（EUDICO Linguistic Annotator）对手势进行词性标注，以及对具有语义关系的语音—手势对进行功能标注，分析具体模态间的交际实践。

上述方法在多模态语篇翻译与传播中的使用还不广泛，面临各种各样的适应性难题，也正是未来研究大有可为之处。

三、技术赋能引领下的翻译传播研究

当今时代是信息技术迅速发展的时代，信息技术成果不断在各个学科领域实现转化与应用，翻译传播研究也不例外。技术赋能将为翻译传播研究带来全新的发展空间，尤其是机器翻译、数据库、文本挖掘及情感分析等技术将在翻译传播实践与理论研究中发挥越来越重要的作用，引领翻译传播实证研究的新课题和新手段。

首先，在技术赋能之下，翻译传播的生产模式将会发生很大变化，因此催生更多崭新的研究课题。以机器翻译为例，其具有低成本、高效率的特点，而且随着译后编辑技术的进步，机器翻译的质量也越来越高。如今，许多国际组织、社会团体以及跨国企业"已经部署了定制化的机器翻译系统，将机器翻译+译后编辑模式引入到其产品国际化流程体系中"。[1] 例如，联合国全球传播部利用YiCAT在线辅助翻译平台和机器翻译技术完成部分项目的运作与译文输出；小说英译网站Anti-bait Novels的翻译模式也是以机器翻译为主，再由粉丝团队进行加工润色。随着互联网与信息技术的迅速发展，目标语文

---

[1] 罗慧芳、任才淇《本地化和机器翻译视角下的对外文化传播》，《中国科技翻译》2018年第2期，第24页。

本的生产与传播受翻译技术的影响将会更加明显,由此引发的译前与译后编辑、技术与规范、伦理与版权等都有可能成为未来翻译传播研究的重要课题。

其次,在技术赋能之下,翻译传播的受众研究将迎来全新的考察手段。作为评价翻译与传播效果、判断受众喜好以及调整译介策略的重要指标之一,受众研究一直以来都是翻译传播研究的重点,也是难点。现有受众及传播效果研究多是根据目标语国家的普通读者评价、图书销量以及馆藏量等因素调查、分析与评价文本的翻译与传播效果。事实上,这些维度并不足以全面呈现译介作品在目标语国家的真实传播效果与接受情况。技术赋能下的受众研究可在较大程度上缩短研究周期,尤其在面对数量庞大的传播受众时,可通过数据库、文本挖掘、情感分析等技术手段对数据进行整合、统计与分析,以全面考察目标受众的需求议题,了解他们对于某种翻译产品的情感认知、态度倾向与偏好选择等。尽管目前国内已有少量学者结合信息技术展开受众研究,如唐青叶、史晓云[1]等,但是数据挖掘、自然语言处理、情感倾向分析等技术手段在翻译传播研究领域依然具有很大的拓展空间,可革新翻译传播的研究方法。

第三,在技术赋能之下,实证研究将成为翻译传播研究的重要方向。实证研究是指研究者通过收集并观察一手资料,为进一步提出理论假设或检验已有的理论体系而展开的相关研究。实证研究具有较为鲜明的直接经验特征,在研究结论上往往更具科学性和说服力。翻译传播的实践性特征以及当前我国在国际交往活动中的丰富实践材料都为开展翻译传播的实证研究创造了充分条件。具体而言,翻译传播的实证研究可以通过数据或案例两个主要方法来实现。

一方面,翻译传播效果研究既是实施精准化、分众化传播战略的关键,也是国家相关政策制定的重要参考,直接决定了相关传播策略的制定。在信息技术的支持下,翻译传播的实证研究者可以通过问卷调查、线上线下访谈、实地调查等民族志的研究策略获得关于传播载体在受众当中传播和接受情况的一手数据资料,并在此基础上进一步通过文本细读、话语分析、主题提取等方式对获取的一手数据资料进行分析,以加强对目标语国家受众的类别、心理、伦理等方面的科学认知,最后据此对翻译传播效果进行论证,为翻译传播指向的翻译效果提供系统和科学的考察依据。

另一方面,当前我国翻译传播的案例十分丰富,无论是基于文学图书译介项目工程,还是借助外宣媒体的创设,以及通过社交媒介展开的翻译传播实践都为翻译传播研究提供了大量的实证案例。除了对这些案例进行历史梳理,研究者还可以将其他国家尤其是在外宣领域已经取得较好传播效果的他国实证案例作为研究的重点。例如,可以围绕俄罗斯、韩国、日本和美国等在翻译传播方面取得较好效果的外宣案例,对其在对外

---

[1] 唐青叶、史晓云《国外媒体"一带一路"话语表征对比研究——一项基于报刊语料库的话语政治分析》,《外语教学》2018年第5期,第31-35页。

话语体系建构方面的模式与特征进行全面考察，尤其是要分析案例中的翻译传播实践在译材选取、翻译原则、翻译策略、传播渠道和接受效果等诸多方面的成功经验；也可以将我国与他国的外宣案例结合起来开展对比研究，比较异同的同时分析造成不同传播效果的主要因素，以博采众长、助推实现我国翻译传播实践的根本目标。

四、翻译传播人才培养研究

未来的翻译传播研究除了需要进一步加强理论建构、突破传统的研究界面以及充分利用新技术手段之外，还应加强关于翻译传播人才的研究。众所周知，不同文化体系间的话语构成方式、文明文化特征、人际交往习惯等方面均存在较大差异，这就要求我们培养既精通语言知识又知晓国家舆情与传播策略的翻译传播人才。多位学者曾对翻译传播人才培养的重要性有过专门阐述。例如，闫国华认为非通用语种翻译人才短缺已成为制约中国文化对外传播的重要瓶颈；[1] 黄友义指出西方"对中国从舆论到经济和军事的围堵"以及发展中国家对中国的期待，需要我们加大讲好中国故事的力度，解疑释惑、打破围堵，也需要更多的人能够利用各种交流机会和交流形式面对面去向国际受众说明中国；[2] 吴赟认为培养对外翻译传播高端人才，要"注重人才的翻译和跨文化沟通能力、全媒体采写能力、国际关系分析与理解能力等综合素养培养"。[3] 显然，培养适应新时代国际翻译传播需要的专门人才已成为翻译传播研究的重要任务之一。具体来说，在翻译与传播两个学科交叉研究的整体范畴内，人才培养研究可以着力于以下几个方面。

其一，开展翻译学与传播学之间的融合型人才培养研究。翻译学与传播学的融合是培养高层次翻译传播人才的关键。从翻译学与传播学的学科框架来看，虽然两个学科的教学和研究对象在语境、主客体、载体、受体、效果以及目的等方面存在很多知识交集，但是从人才培养目标来看，两大学科的人才培养体系和课程设置方案依然存在较大差异。因此，如果在翻译学与传播学两大学科融合的背景下培养学科交叉型的国际传播人才，势必需要在两大学科之间实现融通与交叉。但是，这并非意味着在翻译专业的人才培养体系中简单地增加若干传播类课程，或者是在传播专业的教学内容中仅增加对学生翻译技能的培训。事实上，翻译传播教学融合应以培养在中外语言、跨文化交际、翻译、对外传播、新闻等多个层面综合发展的复合型人才为目标。这将是翻译传播研究中以人才培养为主题的重要研究维度之一。

---

[1] 闫国华《文化对外传播与非通用语种翻译人才培养》，《中国翻译》2014年第5期，第9页。
[2] 黄友义《抓好应用翻译人才培养机制建设 满足时代对应用型翻译人才需求》，《上海翻译》2019年第4期，第1页。
[3] 吴赟《中国特色对外话语体系译介与传播研究：概念、框架与实践》，《外语界》2020年第6期，第10页。

其二，开展关键语种翻译传播人才培养研究。随着"一带一路"倡议的推进，共建国家之间的文化交流、基建合作与商贸往来日益频繁。语言是实现融合通达的交流与对话的桥梁，有学者指出一些"'关键土著语言'在未来的'一带一路'建设中将发挥更为重要的作用"。[1] 由于意识形态分歧、社会制度差异以及地缘利益纷争的客观存在，长期、顺畅的战略伙伴关系的构建急需懂当地语言的翻译传播人才。为进一步深化"一带一路"共建国家的合作，打造新的增长点，增强语言资源意识，培养"一带一路"国家与地区的关键语种翻译传播人才十分必要。因此，翻译传播人才培养研究的重点之一应是聚焦与我国签署"一带一路"合作备忘录的多个国家，从中选择关键对象国，梳理与分析能够真诚沟通、携手发展的国家与地区，开展关键语种翻译传播人才培养研究，并开拓人才培养项目，着手培养高端翻译传播人才，为中国政治、经济与文化等领域的核心概念与表达在"一带一路"共建国家与地区的译介与传播打下智力基础。

其三，开展目标地区与国家的区域国别人才培养研究。在舆情错综复杂、瞬息万变的新时代语境下，只有充分了解目标语国家的意识形态、文化传统、价值观念以及审美趋向等基本情况以及他们对于中国各个方面的认知方式和解读风格，进而采取适当、有效的应对策略，翻译传播的效果才会更加符合或接近传播的既定目标。为此，我们应进一步加强目标地区与国家的区域国别人才培养研究。研究人员不仅应具备扎实的理论功底，还需要深入当地做好调研，对目的受众的文化习惯、需求喜好加以整合与分析，为对外翻译传播活动提供因"人"制宜的咨询建议。

思考题

1. 请结合本章内容，分析翻译与传播之间的区别与联系。
2. 结合具体案例，谈谈你对"翻译活动本质上是一种传播行为"这一论点的理解。
3. 请结合时代语境，具体分析影响对外译介的主要因素。
4. 你认为对外译介行为具有哪些基本属性和特征？
5. 请列举你所知道的国内外有关对外翻译与传播的大事件。
6. 翻译在我国对外话语体系建构中具有何种价值和意义？
7. 考察翻译传播效果的手段有哪些？

---

[1] 王雪梅、邓世平《"一带一路"沿线关键土著语言规划：内涵、原则与框架》，《外语界》2020年第6期，第63页。

8. 新媒体时代的翻译传播有哪些新的特点？
9. 在国际传播能力建设的要求下，我们的翻译研究可以往哪些方向拓展？
10. 谈谈你对翻译传播研究未来发展的看法。

推荐阅读书目

Abend-David, D. 2014. *Media and Translation: An Interdisciplinary Approach*. London and New York: Bloomsbury Academic.

Baker, M. 1988. *In Other Words: A Coursebook on Translation*. London & New York: Routledge.

Cronin, M. 2013. *Translation in the Digital Age*. London & New York: Routledge.

Diaz-Cintas, J. 2009. *New Trends in Audiovisual Translation*. Bristol: Multilingual Matters.

Gambier, Y & L. van Doorslaer. 2010. *Handbook of Translation Studies*. Amsterdam/Philadelphia: John Benjamins.

Gambier, Y. & G. Henrik. 2001. *(Multi) Media Translation: Concepts, Practices and Research*. Amsterdam/Philadelphia: John Benjamins.

Gambier, Y. & L. van Doorslaer. 2016. *Border Crossings: Translation Studies and Other Disciplines*, Amsterdam/philadelphia: John Benjamins.

Gentzler, E. & M. Tymoczko. 2002. *Translation and Power*. Amherst: University of Massachusetts Press.

Melvin, L. & D. F. S. Bale-Rokeach. 1989. *Theories of Mass Communication*. Boston: Allyn & Bacon.

Monica, B. 2019. *Translation and Multimodality: Beyond Words*. London & New York: Routledge.

O'Hagan, M. & D. Ashworth. 2002. *Translation-mediated Communication in a Digital World: Facing the Challenges of Globalization and Localization*. Clevedon: Multilingual Matters.

Schaffner, C. & S. Bassnett. 2010. *Political Discourse, Media and Translation*. Newcastle upon Tyne: Cambridge Scholars Publishing.

阿芒·马特拉、米歇尔·马特拉，《传播学简史》，孙五三译，北京：中国人民大学出版社，2008。

彼得斯，《交流的无奈：传播思想史》，何道宽译，北京：华夏出版社，2003。

郭庆光，《传播学教程》，北京：中国人民大学出版社，2011。

李智，《文化外交：一种传播学的解读》，北京：北京大学出版社，2005。

马克斯韦尔·麦库姆斯，《议程设置：大众媒介与舆论》，郭镇之、徐培喜译，北京：北京大学出版社，2008。

麦克卢汉，《理解媒介：论人的延伸》，何道宽译，上海：译林出版社，2011。

王东风，《跨学科的翻译研究》，上海：复旦大学出版社，2017。

文化部对外文化联络局等（编），《摆渡者：中外文化翻译与传播》，北京：中央编译出版社，2016。

沃尔特·李普曼，《公众舆论》，阎克文、江红译，上海：上海人民出版社，2006。

吴赟，《翻译构建影响：英国浪漫主义诗歌在中国》，北京：北京大学出版社，2012。

谢天振，《译介学概论》，北京：商务印书馆，2020。

尹飞舟、余承法等，《翻译传播学十讲》，长沙：湖南师范大学出版社，2021。

第十章

翻译与技术

自20世纪80年代以来，人类社会从工业时代进入了信息时代。以信息技术为代表的新技术对整个社会发展起到了重要推动作用，并对人们学习、掌握和运用知识提出了新的挑战。在这一历史语境之中，现代信息技术的飞速发展，尤其是计算机和网络技术的普及和应用，给翻译这一古老的行业带来了前所未有的冲击，使现代社会的翻译实践发生了深刻变革：翻译技术不断更新换代，翻译效率大幅度提高，翻译模式从传统的个体翻译转变为基于云端平台的多人协作翻译。这些变革给译员能力和翻译行业带来深刻变化，引发人们对翻译主体界定的讨论和相关伦理的思考。与此同时，以语料库技术、键盘记录技术和眼动追踪技术为代表的新技术进入翻译研究领域，使得翻译研究的研究领域、研究范式和研究方法发生重大变化。

第一节 新技术对翻译的影响

新技术是指包括信息技术、生物技术、新材料技术、新能源技术、空间技术和海洋技术等在内的高新技术。在当代，新技术尤其是信息技术愈来愈广泛地应用于日常生活和工作之中，不仅对翻译实践和翻译行业产生深远影响，而且使得翻译研究发生深刻变化。前者表现为翻译技术在翻译实践中的应用；后者主要表现为以语料库技术、键盘记录技术和眼动追踪技术为代表的新技术在翻译研究中的应用，不仅使翻译研究方法发生重大变化，还丰富了翻译研究的内涵。

一、翻译技术对翻译实践的影响

翻译技术是指"应用于人工翻译、机器翻译和计算机辅助翻译中不同类型的技术手段，包括文字处理软件和电子资源等计算机信息处理工具、语料库分析工具和术语管理系统等专用翻译工具"。[1] 翻译技术有广义和狭义之分。广义上是指和翻译有关的一切技术，如文本处理、术语提取、语音识别软件等，有些并非翻译专用，而是用于翻译项目、教学或研究。狭义上是指专门用于翻译的技术，如翻译记忆、计算机辅助翻译、机器翻译系统等。[2] 事实上，翻译技术主要分为机器翻译技术和计算机辅助翻译技术。机器翻译技术即机器翻译系统，计算机辅助翻译技术包括数据获取、语料库分析、术语管理、翻译记忆、本地化与网页翻译和诊断工具等。

近年来，翻译技术广泛应用于翻译实践之中，并对翻译效率、翻译方式和译员能力的要求产生重要影响。

首先，无论是机器翻译、计算机辅助翻译，还是融合机器翻译和计算机辅助翻译的方式，翻译技术最为明显的优势体现在大幅度提升翻译工作效率。与传统人工翻译相比，翻译技术的应用能够将翻译速度成倍提升，尤其是在较短时间内对大量文本进行翻译。翻译技术的应用不受时空限制。在当前"互联网+"的时代和通信技术不断发展的前提下，只要具备电源，在计算机、手机、平板电脑等各种类型终端都可以应用翻译软件和工具进行翻译。而且，有了翻译技术的支持，翻译工作流程中的各个环节不受时间、地点限制。人们可以随时随地承接或分派翻译任务，继续未完成的翻译任务或提交已完成的翻译任务。

其次，翻译技术的应用可以实现翻译项目流程管理的自动化和智能化。具体而言，在译前准备阶段，可以使用文件格式转换工具和项目文件分析工具，对翻译文件格式进行处理，并对项目文件的特征进行初步分析。在翻译过程中，可以使用项目管理工具、计算机辅助翻译工具、机器翻译工具、术语管理工具、平行语料库和搜索引擎等。在项目后期处理过程中，可以使用质量检查、译后编辑、排版、测试、发布等多种工具。应用这些翻译技术工具，我们可以将内容管理系统、翻译管理系统以及语言服务提供方的资源整合在一起。项目管理者只需要对工作流程进行定制和管理，系统会自动引导每个流程的进展，直至项目完成，从而实现翻译项目流程管理的自动化和智能化。此外，凭借云翻译平台的应用，来自不同地区甚至是全球范围的上百个部门和数千个成员可以协同完成同一项翻译任务，而且译员之间可以共享项目信息、翻译记忆库和术语库等语言资源。

最后，由于翻译技术的普遍应用，技术应用能力已成为译员顺利完成翻译任务所不可或缺的能力。译员的技术应用能力大致划分为信息技术、翻译技术和翻译项目管理技术的应用能力。信息技术的应用能力体现在译员的信息技术基本操作能力，包括计算机

---

[1] L. Bowker, *Computer-aided Translation Technology: A Practical Introduction*, Ottawa: University of Ottawa Press, 2002, P. 5.

[2] 侯强、侯瑞丽《翻译技术聚合云端——蒂娜·图奥米宁教授访谈录》，《中国翻译》2021年第3期，第111–116页。

操作系统、办公自动化和相关应用软件操作能力，还包括打印机、扫描仪等设备的操作能力。翻译技术的应用能力是指使用翻译技术进行翻译、提高翻译效率的能力，这一能力涉及使用计算机辅助翻译系统和机器翻译系统的能力。翻译项目管理技术应用能力的要素是工作量估算、工作任务分解、流程设计、资源配置等。尽管这些管理技术属于翻译项目经理需要掌握的能力，但是高水平的译员也应具备这些能力。只有理解、熟悉和掌握这些管理能力，才能理解翻译项目分工的依据和合作的重要性，从而有效地促进翻译项目的完成。

二、新技术对翻译研究的影响

自20世纪90年代以来，以语料库技术、数据挖掘技术和键盘记录仪为代表的信息技术以及以眼动追踪技术仪等为代表的脑科学技术相继应用于翻译研究之中，并对翻译研究的方法与内涵产生重要影响。

（一）新技术在翻译研究中的应用直接促使翻译研究方法发生重要变化。自古至今，传统翻译研究一直采用定性研究方法，即研究人员依据自己的直觉和经验，采用思辨和内省等方法，在分析少量翻译实例的基础之上对翻译事实或翻译现象进行归纳和价值判断，很少采用定量分析的方法，其结论往往失之于主观、片面。然而，语料库技术和文本数据挖掘技术等信息技术的应用，使得关于翻译文本特征的描写和翻译本质的探讨建立在大规模翻译语料或双语语料的观察以及相关数据的统计和分析基础之上，翻译研究因此实现了由定性研究向定性研究和定量分析相结合的转变。具体而言，采用以上信息技术和相关软件，我们可以获取翻译文本中典型词汇、词丛、语块、句式结构和篇章结构以及源语和目的语之间对应关系等方面的数据。这些数据为翻译研究提供了可靠的量化依据，翻译研究更趋客观、科学。[1]

此外，键盘记录技术和眼动追踪技术的应用将定量分析的方法引入翻译过程研究。一方面，键盘记录技术的应用可以为翻译过程的研究提供关于译者键盘输入活动的数据，如击键次数、停顿时间和单位时间的行为次数和修改次数等，分析译者翻译速度和效率，探讨译者认知加工的单位，从而将翻译过程研究建立在客观数据分析的基础之上。另一方面，应用眼动追踪技术，我们可以获取关于译者眼球运动的相关数据，以及译者注视次数、回视次数、平均注视时长、任务完成总时长和瞳孔大小等数据，并根据这些数据分析译者的隐性认知、翻译认知负荷和阅读模式。

尤为重要的是，应用语料库技术、键盘记录技术和眼动追踪技术对翻译语料或双语语料进行分析，可以帮助我们发现凭肉眼无法观察到的翻译现象或翻译事实。具体而

---

[1] 胡开宝、黑黟《数字人文视域下翻译研究：特征、领域与意义》，《中国翻译》2020年第2期，第5-15页。

言，如果没有语料库技术和文本数据挖掘技术的支持，我们无法对翻译作品进行多维度、多层次分析，从而获取关于某个译者翻译风格的全面认识，也无法对具体翻译作品对外传播的趋势与特征开展扎实的实证研究。同样，如果没有键盘记录技术和眼动追踪技术的应用，我们无法获取关于翻译认知过程的客观认识。

（二）新技术的应用拓展并深化了翻译研究。翻译语言特征研究是翻译研究的重要内容。无论是翻译文本研究，还是译者研究，均以翻译语言特征研究为基础。由于研究手段的局限，翻译语言特征一直未曾得到系统、深入的分析。长期以来，我们一直未能获得关于翻译语言特征尤其是翻译共性的客观、深刻的认识。然而，语料库技术和文本数据挖掘技术的应用使得翻译语言特征的多层次描写成为可能，而翻译策略和方法研究、翻译认知研究以及翻译文本比较研究等也因此拥有坚实的基础。

译者风格研究长期以来基本上是以一部翻译作品或少量翻译语料的分析为依据，而且由于技术条件的限制，学界往往很难深入研究具体翻译作品传播与接受的趋势及特征。不过，应用以上技术，我们不但能够分析翻译作品的传播和接受趋势与特征，还可以考察具体翻译作品传播的路线。

还应指出，由于缺乏必要的技术支持，我们一直无法对翻译过程的规律性特征开展系统、深入的研究，因而很难获得关于译者思维活动和认知神经机制的客观认识。然而，凭借键盘记录技术和眼动追踪技术的应用，我们可以在分析译者翻译行为相关数据的基础上，探讨译者翻译认知过程的特征与机制。利用语料库技术，我们可以分析文本中特殊类型词汇翻译模式，探索翻译过程中译者大脑的双语转换机制。

（三）新技术的应用催生了全新的翻译研究领域。有必要指出，新技术的应用使得翻译研究建立在大规模语料和翻译认知过程的考察和客观描写以及相关定量分析的基础之上。以这些描写和分析为基础，翻译语言特征、语料库批评翻译学以及翻译认知过程的实证研究等研究领域相继诞生。本质上，这些研究领域是新技术与翻译研究之间有机融合的结果。翻译语言特征是指翻译文本在词汇、句法和语篇等层面所呈现的区别于原创语言的特征，包括翻译共性即所有翻译文本共有的规律性语言特征，以及具体语言对翻译文本的语言特征。语料库批评翻译学以语料库的应用为基础，分析翻译文本语言特征以及翻译策略和技巧应用背后所蕴含的规范、信念和价值观等意识形态因素，阐明翻译与意识形态之间的互动关系。翻译认知过程的实证研究旨在利用键盘记录仪和眼动仪等技术分析翻译过程中译者思维活动的规律性特征和翻译认知加工机制。

第二节　新技术视域下翻译研究及其发展

新技术视域下翻译研究主要包括翻译技术应用和翻译理论研究。前者涵盖机器翻译和机器辅助翻译的应用，后者主要包括翻译文本研究和翻译过程研究等领域。

一、翻译技术应用

作为核心的翻译技术之一，机器翻译一直得到学界的充分关注。机器翻译旨在利用计算机自动地实现不同自然语言之间的转换。机器翻译最早出现于20世纪40年代。1946年，世界上第一台计算机问世，第二年，美国学者韦弗（Warren Weaver）等人提出使用计算机翻译自然语言的思想，并于1949年提出了机器翻译的可行性问题。1954年，美国乔治敦大学与国际商业机器公司（IBM）协作，用计算机首次完成了英俄机器翻译试验，向公众和科学界展示了机器翻译的可行性，从而拉开了机器翻译研究的序幕。自那时以来，学界先后从语言规则、语料匹配、概率统计和神经网络等视角开展机器翻译研究，研制不同类型的机器翻译系统，包括基于规则的机器翻译、基于实例的机器翻译、基于统计的机器翻译和基于深度学习的神经网络机器翻译。

基于规则的机器翻译依靠词典和语言规则进行推理或转换，并输出生成的目标语言翻译结果。语言规则包括源语言的分析规则，从源语言的内部表示到目标语言内部表示的转换规则，以及从目标语言的内部表示生成目标语言的生成规则。整个过程包括对源语言的解码，源语言到目标语言的转换，以及目标语言的编码。总体上，基于规则的机器翻译系统的性能比较稳定。但是，规则之间难免会发生冲突，规则描述的详细程度也使其维护和管理困难加大。

基于实例的机器翻译思想是由日本学者长尾真（Makoto Nagao）于20世纪80年代提出。这类机器翻译以收录原文及其对应译文实例的双语对齐语料库的应用为基础，参照存储的实例进行类比翻译。当输入源语言语句时，系统在语料库中找出与其最为相似的源语言实例及其译文，再对该译文进行调整从而产出相应的译文。应当指出，对于内容上与语料库实例较为相似的源语言，基于实例的机器翻译效果非常理想。但是，这种方法面临的主要问题是，如果语料库中源语言实例数量不够充分，则难以找到与待译的源语言匹配度高的实例，因此翻译的准确率不高。

基于统计的机器翻译早在1947年就由韦弗正式提出。但是，由于当时计算机性能和联机语料数量的限制，开发基于统计的机器翻译技术难以实现。直到20世纪90年代，计算机在速度和性能上都有了大幅度提高，大量的联机语料可以获得并供统计使用，基于统计的机器翻译便应运而生。基于统计的机器翻译通过概率计算，找出其中可能性最大的句子，也就是对所有可能的目标语言计算出概率最大的一个作为源语言的译文。[1]

神经机器翻译的思想最早在20世纪90年代被提出，随后逐步发展成为一种全新的机器翻译模式。神经机器翻译的核心在于，拥有海量节点的深度神经网络可直接从数据中学习翻译知识。在翻译时，神经网络会将源语句子向量化，经各层网络传递后，逐步转化为计算机可"理解"的表示形式，再经多层复杂传导运算生成译语。这种基于深度学习的神经网络技术由于使用的层级递进类似于人脑的神经网络，因而更善于处理复杂的语言现象。

计算机辅助翻译广义上指所有能够辅助翻译行为和过程的计算机工具，包括文字处理软件、文字识别软件、电子词典、电子百科全书、搜索引擎等。[2] 狭义的计算机辅助翻译主要指翻译记忆技术。翻译记忆最早由梅尔比（Alan Melby）和阿芬恩（Peter Arthern）于20世纪70年代提出。翻译记忆技术一般由翻译记忆库即平行语料库和术语库组成。"用户利用已有的原文和译文，建立起一个或多个翻译记忆库。翻译过程中，系统将自动搜索翻译记忆库中相同或相似的翻译资源（如句子、段落）并给出参考译文，使用户避免无谓的重复劳动，只需专注于新内容的翻译。翻译记忆库同时在后台不断学习和自动储存新的译文，扩大记忆量。"[3] 简单来讲，翻译记忆的工作原理是将待译片段与数据库中已有翻译片段进行比较，根据待译片段与已有片段的匹配程度，提供数据库中最接近的译文供译员采用、修改或参考，从而帮助译员做出翻译决策。修改后的译文又作为新的翻译单元存储于翻译记忆库中。依此循环往复，翻译记忆库的容量随着翻译实践的增加不断扩充，翻译记忆库的使用也会使翻译效率和质量随之大幅提高。翻译记忆库是一个存储原文和对应译文的数据库，属于双语或多语平行语料库。建立翻译记忆库后，还可将翻译过程中不断产生的平行语料，追加到现有的翻译记忆库中，使翻译记忆库不断更新和扩充。

术语库是为满足用户的术语翻译需求而设计的自动化的术语词典，具有将术语及其相关知识进行收集、存储、检索、编辑、整理、维护等功能。术语库不仅可用于确保术语翻译的准确性和一致性，提高术语翻译工作的质量和效率，还可以为翻译风格的统一提供辅助，即在翻译过程中还可以提取由多词表达式构成的特定表述（其长度介于句子和术语之间），以实现译文在特定表述方面的连贯性，从而保证翻译风格的统一。

---

[1] 冯志伟《机器翻译研究》，北京：中国对外翻译出版公司，2004年，第45页。

[2] L. Bowker, *Computer-aided Translation Technology: A Practical Introduction*, Ottawa: University of Ottawa Press, 2002, P. 6.

[3] 方梦之《译学辞典》，上海：上海外语教育出版社，2004年，第341页。

二、翻译理论研究

新技术视域下翻译理论研究是指采用语料库技术、数据挖掘技术、键盘记录技术和眼动追踪技术等新技术，对翻译文本和翻译过程等相关理论问题开展的研究。自莫娜·贝克发表《语料库语言学与翻译研究：意义与应用》（Corpus Linguistics and Translation Studies: Implications and Applications）一文讨论语料库技术在翻译研究中的应用以来，新技术视域下翻译理论研究逐步发展成为重要的翻译学分支学科，其特征主要表现为以技术的应用为基础，采用大规模语料考察和实验的方法，获取关于翻译文本和翻译过程的相关数据，并基于这些数据的分析探讨翻译本质和翻译过程的规律性特征。该领域研究大致可以划分为语言学分析、认知过程分析和多元分析等三大阶段。

（一）语言学分析

语言学分析始于20世纪90年代初，是新技术视域下翻译理论研究的初期阶段。在该阶段，该领域研究以语料库技术在翻译研究中的应用为主要特征，侧重于翻译文本的语言学分析，具体包括翻译语言特征或翻译共性研究、译者风格研究和口译特征研究等领域。

翻译共性最早是由布鲁姆-库尔卡（Shoshana Blum-Kulka）[1]提出，是指翻译语言作为一种客观存在的语言变体，相对于源语语言或目标语原创语言在整体上表现出来的一些规律性语言特征。该领域研究通常借助语料库文体学的相关参数来衡量翻译文本的共性特征。其中，文本总体层面的参数包括类符/形符比、标准类符/形符比、平均词长、平均句长、文本长度、高频词等，语法层面的操作参数则包括衔接词、虚词比率。

莫娜·贝克当属第一位使用语料库技术验证关于翻译共性假设的学者。她把翻译视为具有不同于原文的独特风格的具体交际行为，一种本身值得关注的语言行为。莫娜·贝克认为"翻译文本真实记录了真实的交际活动，因此并不弱于也不强于其他任何语言交际活动。"[2] 她受到所参与的英国伯明翰大学语料库词典编纂项目的启发，与曼彻斯特大学翻译与跨文化研究中心的同事合作研制了翻译英语语料库。该语料库是国际上第一个专门收录翻译语料的语料库。利用该语料库，莫娜·贝克及其团队成员从不同角度对翻译共性假设进行验证，如翻译英语中可选择的结构that的高频使用，to be、关系

---

[1] S. Blum-Kulka, Shifts of Cohesion and Coherence in Translation, in *The Translation Studies Reader*, ed. L. Venuti, London & New York: Routledge, 2000, PP. 298-313.

[2] M. Baker, Corpus-based Translation Studies: The Challenges That Lie Ahead, in *Terminology, LSP and Translation: Studies in Language Engineering*, ed. H. Somers, Amsterdam/Philadelphia: John Benjamins, 1996. PP. 175-186.

代词wh-/that、in order和情态动词should在翻译英语中的高频使用等。[1] 根据这些研究成果，莫娜·贝克提出翻译共性是翻译文本中而不是原创文本中出现的，且不受具体语言系统干扰的特征。[2] 这些特征包括显化、简化、规范化和齐整化等。显化是指翻译文本中明示原文隐而不表的信息的趋势，简化是指简化翻译文本所用语言的趋势，规范化是翻译文本遵循或夸大目的语典型特征的趋势，齐整化是指翻译文本朝着连续体中央倾斜的趋势。

之后，许多学者先后采用语料库方法对莫娜·贝克关于翻译共性的假设进行证实或证伪。拉维奥萨（Sara Laviosa）的研究发现翻译文本在词汇应用方面呈现三种模式，即实词的比例低于虚词，高频词的比例高于低频词，常用词的比例高。[3] 这些模式佐证了翻译文本简化趋势。胡显耀利用可比语料库，从词汇、高频词和实词等角度对汉译小说与汉语原创小说进行比较，发现汉译文本中高频词使用频率高于汉语原创文本，而词汇多样性和词汇密度要低于后者，佐证了翻译文本中简化和规范化趋势。[4] 王克非、胡显耀以北京外国语大学通用汉英对应语料库为研究平台对汉语翻译文学语料中人称代词的应用趋势进行分析，发现：1）汉语翻译文学语料中，各类人称代词的使用频率均高于原创文学；2）第三人称代词"他"的复现率明显提高；3）"他"在汉语翻译文学语料中的照应功能明显增强，出现了不同指"他"交替的偏离汉语语法常规的变异特征。[5] 人称代词语法显化和变异是汉语翻译文学的显著特征之一。这些特征可能反映了英语等形态比较丰富的语言对翻译汉语的干扰作用，体现了现代汉语翻译文学作品的陌生化规范。

然而，莫娜·贝克关于翻译共性的假设一直受到质疑，即使她后来不再使用这一术语。一些研究提出了反例否定翻译共性的假设。特科南–康迪特（Sonja Tirkkonen-Condit）关于翻译文本中文化专有项的研究表明翻译文本中目的语文化专有项的频率低于原创文本。[6] 这一研究结论与规范化这一翻译共性假设矛盾。普尔蒂宁（Tiina Puurtinen）的研究发现翻译文本中非限定结构应用的频率高于原创文本，但前者的信息载荷和词汇密度均高于后者。因而，翻译文本并未呈现任何显化的迹象。[7] 其他研究则

---

[1] M. Olohan & M. Baker, Reporting That in Translated English: Evidence for Subliminal Processes of Explicitation? *Across Language and Cultures*, 2000(2), PP. 141–158.

[2] M. Baker, Corpus-based Translation Studies: The Challenges That Lie Ahead, in *Terminology, LSP and Translation: Studies in Languages Engineering*, ed. H. Somers, Amsterdam/Philadelphia: John Benjamins, 1996, PP. 175–186.

[3] S. Laviosa, *The English Comparable Corpus (ECC): A Resource and a Methodology for the Empirical Study of Translation*, Manchester: University of Manchester, 1996.

[4] 胡显耀《基于语料库的汉语翻译小说词语特征研究》，《外语教学与研究》2007年第3期，第214–220页。

[5] 王克非、胡显耀《汉语文学翻译中人称代词的显化和变异》，《中国外语》2010年第4期，第16–21页。

[6] S. Tirkkonen-Condit, Translationese—A Myth or an Empirical Fact? A Study into the Linguistic Identifiability of Translated Language, *Target*, 2002(2), P. 207–220.

[7] T. Puurtinen, Explicitating and Implicitating Source Text Ideology, *Across Languages and Cultures*, 2003(1), PP. 53–62.

指出翻译共性研究方法只考虑翻译，而忽略源语文本的合理性。肯尼（Dorothy Kenny）主张翻译共性研究应将平行语料库与可比语料库结合起来使用，可以克服该领域研究局限于翻译文本分析的不足。[1] 汉森（Silvia Hansen-Schirra）和泰克（Elke Teich）持相同观点，认为翻译文本与原文的比较分析应同翻译文本与原创文本之间的比较分析结合起来。[2] 毕竟，翻译文本受原文影响。

译者风格是译者特有的翻译特征，具体表现为译者在语言应用或翻译策略和方法运用方面的偏好。莫娜·贝克认为译者风格是一种"指纹"，既包括语言特征，也包括非语言特征。[3] 语言特征是指译者偏爱的表达方式以及反复出现的、规律性的语言模式，而且这些特征还包括译者无意识的风格特征和语言习惯；而非语言特征则指译者对翻译文本的选择、运用的翻译策略，以及如何安排译作的前言、后记、脚注、注释等内容。

莫娜·贝克最先利用语料库技术分析译者风格。她以翻译英语语料库为研究平台，从类符/形符比、平均句长和叙事结构等角度分析了英国翻译家布什（Peter Bush）和克拉克（Peter Clark）的翻译风格及其成因。研究结果表明，克拉克译文的类符/形符比较低，平均句长较短，偏爱使用过去时态和直接引语，译文比布什译文更为简洁明了。[4] 自此以后，学界先后从词汇应用（包括助动词、系动词的缩略式和完整式以及情态助动词）、句法结构以及翻译策略和方法应用，如文化负载词、连词和元语言特征的翻译等角度分析译者风格。奥罗汉（Maeve Olohan）利用翻译英语语料库对布什和布莱尔（Dorothy S. Blair）翻译的文学作品中助动词和系动词省略式和完整式的使用情况进行比较分析，发现布什倾向于使用省略式，翻译风格呈现非正式特征，而布莱尔偏爱使用完整式，翻译风格较为正式。[5]

侯羽、胡开宝利用葛浩文英译小说汉英平行语料库，从中英文文字量比值、中英文主要句对类型比例、报道动词said出现位置以及强调斜体词使用等角度，对葛浩文夫妇合译的刘震云小说与葛浩文独自翻译的刘震云、莫言和苏童小说英译本进行比较分析，考察葛浩文夫妇合译风格特点。[6] 研究发现葛氏夫妇所译刘震云小说英译本的词汇丰富度和多样度较低，语言表达较为简洁，句子较为短小；对源语文本句子结构尊崇程度较高，侧重采用异化翻译策略。葛氏夫妇合译的刘震云小说英译本与葛浩文独译的莫言、

---

[1] D. Kenny, *Lexis and Creativity in Translation: A Corpus-based Study*, London & New York: Routledge, 2001.

[2] S. Hansen & E. Teich, The Creation and Exploitation of a Translation Reference Corpus, *The Proceedings of the First International Workshop on Language Resources for Translation Work and Research*, Las Palmas, 2002, PP. 1–4.

[3] M. Baker, Towards a Methodology for Investigating the Style of a Literary Translator, *Target*, 2000(2), PP. 241–266.

[4] Ibid, PP. 241–266.

[5] M. Olohan, How Frequent Are the Contractions? A Study of Contracted Forms in the Translation English Corpus, *Target*, 2003(1), PP. 59–89.

[6] 侯羽、胡开宝《基于语料库的葛浩文夫妇合译风格分析——以刘震云小说英译本为例》，《燕山大学学报》（哲学社会科学版）2019年第1期，第32-41页。

苏童小说英译本在词汇丰富性、多样性和强调斜体词使用上均存在显著差异。

不过，胡开宝、谢丽欣对现有基于语料库的译者风格研究提出质疑，认为这些研究所考察的译者风格只是具体翻译作品的风格，并非真正意义上的译者风格；许多研究满足于作为译者风格表象的翻译文本特征的描写，并未上升到译者风格层面。[1] 在他们看来，译者风格是指使某位译者作品区别于其他译者作品，并且表现于同一译者不同译作的翻译方式或语言模式，包括译者偏爱的目的语词汇或句法结构等语言形式和重复出现的语言形式，以及译者在翻译文本选择、翻译策略与方法应用以及译本前言、后记和译注等副文本信息方面所表现出的特征。该方式或模式是一种连贯的选择，不能仅仅依据作者或源语文本风格加以解释，也不能仅仅解释为语言制约因素形成的结果。为此，译者风格研究应当以同一译者的不同翻译作品特征的考察和分析为基础，而且应当对于译者风格的整体印象进行比较、提炼与归纳。

应当指出，20世纪90年代末之前，新技术视域下翻译理论研究一直局限于书面翻译文本的分析。1998年，谢莱森格（Miriam Shlesinger）讨论了采用语料库方法进行口译研究的意义和挑战。之后，学界以口译语料库的应用为基础，主要围绕口译特征和口译规范开展研究。[2] 有学者采用语料库方法分析了同声传译中的翻译偏移现象，发现同声传译中94%的显化偏移是译员下意识所为，显化程度与翻译方向相关。研究还表明40%的显化表现为添加连接词，20%的显化表现为代词的添加，6%的显化表现为将名词短语译作动词短语。[3] 日本有关学者的研究显示日英口译中时间间隔比英日口译长，填充词对听众产生负面影响，听众的印象很大程度上受到译员的口译节奏和停顿的影响。[4] 胡开宝、陶庆分析了记者招待会汉英口译中可选择性连接词that和不定式小品词to的应用，发现这些词汇在口译文本中应用的频率高于美国政府记者招待会英语原创文本和中国政府工作报告英译文本，从而验证了口译文本中显化趋势的存在。[5] 王斌华对记者招待会汉英口译中翻译偏移进行语料库分析，结果表明记者招待会汉英口译遵循四类规范，即充分规范、内容具体化规范、逻辑关系显化规范和意义显化规范。[6]

由此不难看出语料库技术在翻译研究中的应用范围愈来愈广泛。事实上，语料库技

---

[1] 胡开宝、谢丽欣《基于语料库的译者风格研究：内涵与路径》，《中国翻译》2017年第2期，第12-18页。

[2] N. Baumgarten, B. Meyer & D. Özçetin, Explicitness in Translation and Interpreting: A Review and Some Empirical Evidence (of an Elusive Concept), *Across Languages and Cultures*, 2008(2), PP. 177-203.

[3] E. Gumul, Explicitation in Simultaneous Interpreting: A Strategy or a Byproduct of Language Mediation? *Across Languages and Cultures*, 2006(2), PP. 171-190.

[4] H. Tohyama & S. Matsubara, Collection of Simultaneous Interpreting Patterns by Using Bilingual Spoken Monologue Corpus, in LREC-2006: Fifth International Conference on Language Resources and Evaluation, Genoa, Italy, 2006.

[5] 胡开宝、陶庆《汉英会议口译中语篇意义显化及其动因研究——一项基于平行语料库的研究》，《解放军外国语学院学报》2009年第4期，第67-73页。

[6] 王斌华《语料库口译研究——口译产品研究方法的突破》，《中国外语》2012年第3期，第94-100页。

术的应用范围已由最初的翻译共性研究扩展至译者风格、口译模式、翻译规范以及翻译教学与翻译实践等领域，最终形成了语料库翻译学这一全新的翻译学分支学科。"语料库翻译学"这一术语最早出现于莫娜·贝克1996年发表的文章中。她指出语料库翻译学研究旨在揭示翻译语言规律及其内在动因，探讨对翻译文本特征产生影响的各种因素。此后提莫志科提出了Corpus Translation Studies这一命名，并预言这一研究将成为翻译研究的重中之重。[1]

国内最先提出"语料库翻译学"这一术语并将其作为翻译学分支学科进行系统介绍的是王克非。他认为"语料库翻译学在研究方法上以语言学理论为指导，以概率和统计为手段，以双语真实语料为对象，对翻译进行历时或共时的研究，代表了一种新的研究范式"。在他看来，语料库翻译学在逐步发展成为连贯、综合、丰富的研究范式，应用于翻译理论以及翻译的描写和实践等一系列问题的探讨中，具体包括三大研究课题，即：1）大范围的翻译调查，包括翻译教学、翻译文体的考察以及对应词搭配频率等统计数据的检索与分析；2）自动翻译研究，将机器翻译与语料库翻译学结合起来；3）更广泛更有效的描写性翻译研究，包括翻译规范的研究和翻译普遍性或曰共性的研究。[2]

胡开宝则对语料库翻译学的内涵做了进一步阐述。他指出语料库翻译学是指"以语料库为基础，以真实的双语语料或翻译语料为研究对象，以数据统计和理论分析为研究方法，依据语言学、文学和文化理论及翻译学理论，系统分析翻译本质、翻译过程和翻译现象等内容的研究"。[3] 根据他的观点，语料库翻译学不仅仅意味着语料库方法在译学研究中的应用，还意味着该领域的研究者都接受翻译文本作为目的语文化事实并具有独特属性这一理论前提。此外，语料库翻译学具有自己特有的研究领域，如翻译语言特征和译者风格研究等，并拥有相对稳定的学术研究群体。有鉴于此，语料库翻译学具有研究范式的地位。胡开宝认为语料库翻译学的研究领域可以分为三类：第一类源自传统译学研究，包括基于语料库的文学翻译、翻译史、翻译教学、翻译实践、机器翻译和口译等领域的研究；第二类研究领域源自描述性翻译学研究，涵盖翻译共性、翻译规范等领域的研究；第三类研究则为语料库翻译学特有研究领域，包括译学研究语料库的建设、具体语言对翻译语言特征和译者风格等领域的研究。[4]

本质上，语料库翻译学实现了翻译学与语料库语言学之间的有机融合。前者为语料库翻译学研究提供理论基础，后者则为语料库翻译学研究提供方法论。早在20世纪60年

---

[1] M. Tymoczko, Computerized Corpora and the Future of Translation Studies, *Meta*, 1998(4), PP. 652-660.
[2] 王克非《语料库翻译学——新研究范式》，《中国外语》2006年第3期，第8-9页。
[3] 胡开宝《语料库翻译学概论》，上海：上海交通大学出版社，2011年。
[4] 胡开宝《语料库翻译学：内涵与意义》，《外国语》2012年第5期，第59-70页。

代，语料库便已广泛应用于语言研究之中，但直至30多年后，语料库才开始应用于翻译研究。究其原因，在于翻译文本一直被视为非自然的、偏离语言常规的语言变体，一直没有进入语料库语言学研究者的视线。不过，描述翻译学主张翻译文本是目的语文化事实，拥有与原创文本同等重要的地位，这使得翻译文本可以作为语料库研究的合法对象，从而在思想和理论两方面为学界利用语料库开展翻译研究提供了重要的依据。语料库语言学将大规模语料考察和定量分析首次引入翻译学研究领域，语料库翻译学因此具有坚实的数据依据，并走上数据化的发展道路。应用数据驱动的语料库研究方法，可以在对大规模翻译语料和双语语料进行观察和数据分析的基础之上，对实际存在的翻译现象或翻译事实进行描写，提出或验证关于翻译事实或翻译现象的假设，探索翻译的本质。

（二）认知过程分析

认知过程分析自20世纪90年代末兴起。在该阶段，学界利用键盘记录仪、眼动仪、核磁共振等设备，采用实证/实验的方法，获取关于翻译过程的数据，并在分析这些数据的基础之上，揭示译者大脑的思维过程和双语转换过程、译者的认知负荷以及认知神经机制。该阶段的翻译过程研究是20世纪70年代采用"有声思维法"的翻译过程研究的拓展与延伸。应当指出，应用键盘记录技术，我们可以记录译者翻译过程中的键盘行为，如停顿、添加、删除、修正等，并在对这些行为的相关数据进行分析的基础上，探讨译者翻译认知过程的特征。一般而言，人类的眼球运动与阅读、预测、推理和注意等认知活动密切相关，后者一般都通过眼球运动来体现。因而，我们可以利用眼动追踪技术考察眼球运动和眼动指标，在对眼球运动进行定量分析的基础之上，分析翻译过程中译者隐性的认知活动。

最先利用键盘记录仪分析翻译认知过程的是哥本哈根商学院的雅可布森（Arnt Lykke Jakobsen）。1999年，他利用键盘记录仪Translog软件，分析了翻译过程中译者在键盘上表现出的行为，据此分析译者的翻译认知过程，特别是双语转换过程。2006年，奥布莱恩（O'Brien）利用眼动追踪技术分析译者使用翻译记忆库工具时眼睛移动的方向、凝视时间的长短和瞳孔的大小，试图揭示译者大脑思维过程属性及其特征。冯佳运用眼动追踪技术，对20位学生译员在译入与译出过程中的瞳孔直径、任务时间、平均注视时间、总注视时间和注视频率，分析学生译员口译过程中的认知负荷。

此外，随着语料库技术的应用愈来愈普遍，学界开始关注语料库技术在翻译认知过程分析中的应用，采用语料库方法分析翻译文本中的翻译处理，揭示译者翻译认知过程的特征以及双语转换机制。刘晓东采用语料库技术，定性研究与定量分析相结合，依据双语加工理论和语言处理的认知加工原则，阐释同声传译的认知过程。胡开宝、李晓倩在介绍语料库翻译学和翻译认知研究共性的基础上，深入分析了语料库翻译学对于翻译认知研究的价值以及翻译认知研究对于语料库翻译学的意义，指出语料库翻译学与翻译认知研究你中有我、我中有你，两者融合并形成基于语料库的翻译认知研究这一全新的翻译研究领域。[1] 该领域研究旨在利用语料库的技术优势，在考察大量双语语料或翻译语料并进行数据分析的基础之上，系统研究翻译过程中译者的心理机制和思维规律，主要涵盖翻译与隐喻、翻译认知过程、译者审美心理和文化心理对译者的影响等领域。

然而，尽管以上技术的应用使得翻译认知过程研究成为可能且拥有数据支撑，我们必须看到这些技术的应用也存在一些缺陷。其一，键盘记录技术所记录的数据只与可观察到的译者行为相关，却不能直接说明译者思维中所发生的事情。毕竟，翻译过程中的停顿不一定是因为译者翻译过程中遇到翻译困难，有可能是因为译者疲劳、走神或者是由于外部干扰而出现的停顿。其二，眼睛注视等数据往往无法指向特定认知过程，且译者在实验中佩戴的设备常常会影响译者进行翻译时的自然性，对其翻译表现产生干扰。

（三）多元分析

综上所述，无论是语言学分析，还是认知过程分析，均关注翻译的语言特征或双语转换规律，所选取的理论视角与语言学密切相关。然而，翻译的特征不仅仅是语言的，也不仅仅是认知的，翻译还是文化的、政治的。因而，自2010年起，学界从意识形态或文化视角探讨翻译本质或翻译规律性特征，多元分析或综合分析方法开始应用于新技术视域下翻译理论研究之中。除先前采用的语言学分析和认知过程分析之外，该领域研究还采用包括批评话语分析和多模态分析等在内的研究路径。这使得研究人员跳出语言学分析或认知过程等微观描述，从宏观的社会文化语境或图像、符号等角度审视翻译现象或翻译事实。

最值得一提的尝试莫过于基于语料库的批评话语分析在翻译研究中的应用。两者之间的有机结合使得研究人员能够识别出翻译文本中与具体词汇应用相关的搭配模式，并从历史、政治和社会事件等角度加以解释。这一研究路径将翻译理解为一种社会文化和政治行为，探讨翻译如何以及在多大程度上参与权力话语构建，解释不断复现的口笔译模式，从而拓宽口笔译研究的疆域。目前，基于语料库的批评话语分析路径已广泛应用于分析新闻编译、政治话语翻译、译者风格、视听翻译和机构翻译中的意识形态因素。此外，该路径还常用于分析记者招待会汉英口译中模糊语应用的性别差异、自我指称词汇应用趋势和口译规范。胡开宝、孟令子利用汉英会议口译语料库，比较了男性译员和女性译员在低量值情态动词、认知态度动词和第一人称代词复数we应用以及翻译策略和

---

[1] 胡开宝、李晓倩《语料库翻译学与翻译认知研究：共性与融合》，《山东社会科学》2016年第10期，第39–44页。

方法应用等方面的差异,并将其归因为中国男性和女性性别角色和社会作用的差异。[1]

此外,有学者开始关注基于语料库的批评话语分析路径在社交媒体翻译、视听翻译以及概念翻译与传播中的应用,尽管相关成果为数不多。维西(Rachelle Vessey)利用自建语料库,分析了语言政治和意识形态对于不同社交媒体翻译的影响。[2] 莫娜·贝克及其团队以语料库为主要分析工具,分析了翻译如何影响当今社会政治生活中核心概念跨语际的传播与演变,如政治、民主、公民、国家、民族、自然法则和人权等,以及实验、观察、证据、认识、真理、谎言、病源学、起因、正当理由、事实、合理性和专门知识等。[3]

基于该领域研究的进展,胡开宝、李晓倩在对语料库翻译学和批评话语分析进行融合的基础之上,提出并构建了语料库批评翻译学的理论框架。[4] 语料库批评翻译学是指采用语料库方法,在观察和分析大量翻译文本的特征并进行相关数据统计的基础之上,系统分析翻译文本特征和翻译过程背后的意识形态。语料库批评翻译学的研究领域主要包括基于语料库的性别意识形态与翻译研究,基于语料库的政治意识形态与翻译研究,基于语料库的民族意识形态与翻译研究,基于语料库的译者个人意识形态与翻译研究以及基于语料库的翻译对意识形态的反作用研究。他们认为语料库批评翻译学不仅能够拓宽和深化批评翻译学研究,而且能够促进语料库翻译学研究由语言学视角向文化视角的转变。胡开宝认为语料库批评翻译学的诞生一方面使得翻译与意识形态之间互动关系研究的方法发生重要变革,另一方面拓展并深化了该领域的研究。开展语料库批评翻译学研究,使我们能够把握翻译文本所传递的隐形意识形态,所塑造的主流价值观以及所构建的民族、政党、政府和国家形象。[5]

第三节　新技术视域下翻译研究存在的问题与未来发展

近年来,机器翻译的质量越来越高,翻译技术的应用已经成为必然趋势。与此同时,新技术在翻译研究中的应用日益广泛而成熟,新技术视域下翻译理论研究取得令人

---

[1] Kaibao Hu & Lingzi Meng, Gender Differences in Chinese-English Press Conference Interpreting, *Perspectives*, 2018(1), PP. 117–134.

[2] R. Vessey, Food Fight: Conflicting Language Ideologies in English and French News and Social Media, *Journal of Multicultural Discourses*, 2015(2), PP. 253–271.

[3] M. Baker, Rehumanizing the Migrant: The Translated Past as a Resource for Refashioning the Contemporary Discourse of the (Radical) Left, *Palgrave Communications*, 2020(6), PP. 1–16.

[4] 胡开宝、李晓倩《语料库批评译学:内涵与意义》,《中国外语》2015年第1期,第90–100页。

[5] 胡开宝《语料库批评译学:翻译研究新领域》,《中国外语》2017年第6期,第1页,第11–12页。

可喜的进步。然而，不容否认的是，该领域的研究也面临一些问题与挑战。

一、翻译伦理关系受到冲击

随着翻译技术的快速发展，基于技术的翻译活动从机助人译发展到人助机译甚至是自动化的机器翻译。相应地，翻译主体之间的界限愈发模糊，翻译过程中译员在场的必要性被消解，译员主观价值和客观价值都会被不同程度的贬低。此外，多重主体之间的权责和利益关系也变得更加复杂。鉴于此，忠实原则、责任原则、公平公正原则和和谐伦理关系原则等受到前所未有的挑战。[1]

一方面，当待译文本已是"无作者文本"，或者无法追溯作者时，译员无法遵循对原文的忠实原则。而且，翻译记忆技术使我们能够将已有翻译成果迁移至待译文本中时，译员无法实现对待译文本意义的忠实。与之对应，当原文和原作者无法追溯，而机器翻译或翻译记忆系统导致译文出错时，译员应承担的责任很难界定。同样，众包翻译等开放式翻译的"集体作者"也难以为"免费翻译"中的错误承担责任。在无责任机制约束或责任分配不明确的情况下，翻译主体的行为无法得到约束和规范。[2]

另一方面，尽管翻译技术提高了翻译速度与效率，翻译的项目化和流程化操作却使得译员作为翻译主体的主观能动性和创造性等被低估。事实上，翻译技术的使用确实在某些方面无法对译员的经济价值、智力价值、职业价值给予保障。这一现象威胁到公平公正原则的实现。

因此，未来翻译技术研究应深入探讨翻译技术应用伦理、技术驱动下译员能力和伦理建设等，以揭示新形势下基于技术的翻译活动的伦理主体之间关系所发生的深刻变化。我们可以依据伦理学原理，从翻译技术的本质属性、新技术视域下翻译主体变异以及翻译技术所涉及的主体以及客体之间关系切入，分析翻译技术应用背景下如何构建翻译伦理体系，以推动翻译技术的健康发展。

二、翻译语言特征和译者风格研究有待深化

新技术视域下，我国的翻译语言特征研究一直以英汉语对为主要研究对象，很少涉及其他语对的翻译文本，而且局限于译自外语的汉语翻译文本语言特征的分析，很少讨论译自汉语的外语翻译语言特征。然而，翻译语言特征研究尤其是翻译共性研究如果仅以少数语系或少数语对的翻译文本为研究对象，研究结论往往会不够全面，不能令人信

---

[1] 任文《机器翻译伦理的挑战与导向》，《上海翻译》2019年第5期，第46–52页，第95页。
[2] 同上，第95页。

服，毕竟翻译共性是所有语对翻译文本的共有特征，译自汉语的外语翻译文本语言特征的研究是具体语言对翻译语言特征研究不可缺少的重要组成部分。如果不开展该领域的研究，我们对于具体语言对翻译文本语言特征的认识就较为片面，难以深入下去。还应指出，现有译者风格研究很少以词汇搭配和语义韵为切入点，也很少从意象和人物形象翻译角度进行探讨。然而，翻译语言的词汇搭配及其语义韵均是译者风格的载体，而意象和人物形象的翻译更是体现了译者的主体性及其翻译风格。而且，现有译者风格研究一直以共时分析为主，很少分析译者风格的历时演变，关于译者风格形成原因的分析比较肤浅、片面。鉴于此，翻译文本语言特征研究应以其他语系或其他语对作为研究对象，尤其要开展基于多语种、多语对的翻译语言特征研究，而译者风格研究应当选取翻译文本的词汇搭配和语义韵以及原文意象和人物形象的再现与重构等视角，分析译者风格的历时性变化及其背后的原因。我们可以选择不同时代出版的翻译作品，利用语料库技术和数据挖掘技术，分析这些翻译作品在翻译语言特征和翻译策略与方法应用等层面呈现的趋势和特征，揭示具体译者或译者群体的翻译风格演变。

必须指出，在电子化时代，许多全新的翻译形式先后产生，包括众筹翻译、游戏翻译、网站翻译和视听翻译。与传统的翻译相比，这些翻译有自己独特的语言特征。不过，这些翻译的语言特征是什么？这类电子介质的翻译规范与传统介质文本的翻译规范有何差异？其翻译策略和方法有哪些特征？为此，我们未来应当建设收录这些类型翻译文本的语料库，并采用语料库技术探讨这些全新翻译形式的语言特征、翻译规范和翻译策略与方法。

三、键盘记录技术和眼动追踪技术的应用研究亟需加强

众所周知，翻译过程研究通常依据心理语言学、认知心理学、神经科学和认知语言学等建立的相关概念模式。不过，这些模式只能解释翻译过程的部分现象，关于译者翻译行为认知机制的研究尚缺具体理论框架。国内键盘记录技术和眼动仪在翻译研究中的应用尚处于发展的初期阶段，而且上述技术和设备的应用往往使得受试者所处的环境不够真实。为此，我们应当着力推动键盘记录技术和眼动追踪技术在翻译过程研究中的应用。一方面，我们应当改进键盘记录设备和眼动追踪设备，最大限度地将实验置于真实的翻译环境中进行，给受试者创造真实环境，以获取真实有效的实验数据。另一方面，我们还应根据研究的目的和需要，运用并融合与翻译过程研究相关的理论，如心理语言学、认知心理学和神经科学等，构建翻译过程实验研究的理论模型和方法论体系，为翻译过程研究提供理论框架。

四、翻译对意识形态产生反作用的机制有待厘清

近年来，学界开始依据批评话语分析理论，采用语料库方法分析翻译与意识形态之间的关系。不过，这些研究主要考察意识形态对翻译的影响，而关于翻译对意识形态影响的实证研究则尚不多见。尽管一些学者分析了翻译文本在塑造外交形象、政府形象和企业形象方面发挥的作用，进而论证了翻译对意识形态的反作用，例如胡开宝等人开展的有关外交话语英译中的中国外交形象的研究。然而，迄今为止，我们尚不清楚翻译对意识形态产生反作用的具体路径和内在机制。毕竟，具体翻译文本本身不能直接对意识形态产生反作用，却只能通过对翻译文本的读者或听众施加影响这一途径对意识形态产生反作用，而翻译文本与受众之间的互动方式和机制有待探索。因而，我们应大力推进翻译对意识形态产生反作用的研究。我们可以依据认知心理学和传播学理论，通过语料库考察和实验手段等方法的应用，分析翻译文本所传播的意识形态如何为读者或听众所接受，进而影响到受众所处社会的意识形态。

纵观我国翻译活动的历史，翻译不仅推进了我国科学技术的发展，而且更为重要的是，翻译引进了西方先进文化、哲学思想和政治思想，对我国意识形态产生了深远的影响。可以认为，我国悠久的翻译历史为翻译对意识形态反作用研究提供了丰富的研究素材。凭借语料库技术、数据挖掘技术和脑电技术等新技术的应用，我们应开展翻译影响意识形态的实证研究，揭示翻译对意识形态产生反作用的路径和机制。

思考题
1. 新技术对翻译行业产生了哪些影响？
2. 你如何理解和定义翻译技术？
3. 机器翻译经历了哪些发展阶段？当下的机器翻译具有什么特点？
4. 翻译技术的发展将对传统翻译伦理关系产生哪些冲击？
5. 新技术对翻译研究产生哪些影响？
6. 为什么说语料库翻译学是一种研究范式？
7. 键盘记录技术应用于翻译过程研究具有哪些优势和缺陷？
8. 语料库技术在翻译过程研究中应用的价值体现在哪些方面？
9. 新技术视域下翻译研究的未来发展将会呈现哪些趋势？
10. 人工翻译是否最终会被机器翻译所取代？

推荐阅读书目

Kemble, I. 2004. *Using Corpora and Databases in Translation*. Portsmouth: University of Portsmouth Press.

Olohan, M. 2004. *Introducing Corpora in Translation Studies*. London & New York: Routledge.

胡开宝,《语料库翻译学概论》,上海:上海交通大学出版社,2011。

胡开宝、李涛、孟令子,《语料库批评翻译学概论》,北京:高等教育出版社,2018。

黄立波,《基于语料库的翻译文体研究》,上海:上海交通大学出版社,2014。

王克非,《语料库翻译学探索》,上海:上海交通大学出版社,2012。

肖忠华,《英汉翻译中的汉语译文语料库研究》,上海:上海交通大学出版社,2012。

第十一章
翻译与翻译批评

　　新的历史时期，翻译的价值日益突显，在服务国家战略、推动社会发展、促进中外文化交流等方面发挥着不可或缺的作用。有翻译就必须有翻译批评，翻译事业的健康发展离不开翻译批评的规范和引导。季羡林曾指出："翻译事业要发展，要健康地发展，真正起到促进中华文明发展的作用，就不能没有翻译批评。"[1] 翻译批评的重要性毋庸置疑，那么什么是翻译批评？从本质来看，翻译批评是一种评价活动。在这一点上，翻译批评和文学批评可以说具有一致性，都是从主体出发面对批评对象的阐释与评价，在评价者与文本之间以一种普遍的"对话—理解"模式出现。文学批评是理解文学和评价文学，翻译批评则是理解翻译与评价翻译，是一种建立在理解和对话基础上的评价行为。评价不同于科学认知活动，它是"一种主体性的精神活动"，"必然地包含着并表达着主体的'态度'、选择、情感、意志等"。[2] 而主体是具体的、历史的、不断变化的，评价"总是随着价值关系主体的变化和发展而变化和发展"。[3] 因此，翻译批评活动具有历史性和发展性，反对一切僵化的、绝对的、一成不变的价值判断。从对象来看，翻译批评不仅要关注静态的文本，即翻译作品，也要深入考察翻译的动态过程以及其中相互关联、相互作用的多重主客观因素。此外，对翻译现象、翻译事件的解读与评判也是翻译批评不应忽视的重要维度。从机制来看，翻译批评的开展依赖并取决于相关的理论和一定的标准。作为一种具有主体性的评价活动，翻译批评并不等同于任何仅凭主观感受而进行的鉴赏和阐释，其批评理性很大程度上在于某种翻译观念和伦理意志的体现。这个意义上，翻译批评应自觉地、有意识地完成从"本能的评价、情感心理的评价逐步上升为意志的和观念的、理论的评价的过程"，[4] 而这一过程的完成必须借助翻译及其他相关学科的理论并遵循合理的翻译批评标准。鉴于以上几方面，翻译批评的概念可被表述为：翻译批评是对翻译活动的理解与评价，即从特定的历史文化背景出发，以翻译理

---

[1] 季羡林、许钧《翻译之为用大矣哉》，许钧等著《文学翻译的理论与实践——翻译对话录》（增订本），南京：译林出版社，2021年，第4页。
[2] 李德顺《价值论》，北京：中国人民大学出版社，2007，第232页。
[3] 同上，第232页。
[4] 李德顺《价值论》，北京：中国人民大学出版社，2007年，第233页。

论及其他相关理论为基础，依据一定的标准，对翻译作品、翻译过程和翻译现象进行分析、阐释与评价。

立足对翻译批评的基本认识，本章将着重围绕翻译与批评的关系、翻译批评的理论途径与方法以及翻译批评的当下特征与未来发展等方面展开讨论，力求进一步对如何认识与开展翻译批评的相关问题予以回答。

第一节　翻译与批评的关系

批评是一种对象性活动，正如文学批评在实现文本价值这一实践活动中实现其自身价值，翻译批评的价值也必须通过实现其对象的价值而得以实现。这似乎意味着翻译批评的某种附属性。可倘若翻译批评仅仅是翻译的附属品，那么其自身的合法性与必要性又如何体现？因此，我们应首先厘清翻译与批评之间的关系。作为"翻译理论与翻译实践之间的基本纽带"，[1] 翻译批评兼具实践性与理论性，也就是说，它在实践和理论两个层面同翻译发生密切关联，无论实践批判还是理论探索，翻译批评都肩负着特别的使命。

一、实践层面

从实践层面来看，翻译实践呼吁翻译批评，这主要体现在以下方面：

首先，翻译实践的理性发展需要翻译批评的引导。当前的翻译界，在译事繁荣的表象背后潜藏着危机。许钧指出，翻译的严重问题主要体现在八个方面："一是翻译的价值观混乱；二是翻译批评缺乏标准；三是缺乏翻译的质量监督体系，翻译质量得不到保证；四是在中国文化'走出去'的战略实施过程中，存在着浮躁的心理；五是翻译文本的选择缺乏规划，表现出很大的盲目性；六是中国文化与文学对外译介有急功近利的倾向；七是翻译市场不规范，翻译从业人员资格制度缺乏法律保障；八是文学翻译中抄译、拼凑现象严重。"[2] 我们知道，翻译并非单纯的语言转换，而是一个在"差异"和"制约"中不断选择的过程，是自律与他律相结合的产物。从"译什么"到"怎么译"，包括对拟翻译文本的选择、对翻译形式的选择、对文本意义的选择、对文化立场的选择、对翻译策略与方法的选择等，既与翻译所赖以进行的时代语境密切关联，同时也具有强

1　P. Newmark, *A Textbook of Translation*, London: Prentice Hall, 1988, P. 184.
2　许钧《论翻译批评的介入性与导向性——兼评〈翻译批评研究〉》，《外语教学与研究》2016年第3期，第435页。

烈的主观色彩，取决于译者对翻译及其价值目标的认识与理解。因此，从根本上说，导致翻译问题出现的原因是翻译活动仍缺乏足够的理性，在价值导向、翻译选择和伦理意识等方面都或多或少表现出盲目性。这就迫切需要翻译批评积极介入翻译实践，把握翻译实践中的重大问题，揭示翻译活动中的不良倾向，反思翻译选择背后的翻译观与翻译价值观等深层次原因，进而充分发挥其引导功能，促使翻译活动走向理性。

以拟翻译文本的选择为例。相对于翻译策略与方法的运用而言，选择什么样的原文进行翻译是翻译价值得以实现的首要保证。在中国文学外译中，"翻译什么"的问题突出存在，它不仅关系到译本在异域文化中的生命力，更决定着中国文学、文化"走出去"的内涵与实质。从翻译史的角度来看，各国在文学对外译介与传播的进程中都首先将本民族最优秀的、最具代表性的经典作品介绍出去，我国在文化"走出去"战略的实施中首先依托的也是"大中华文库"等重大出版工程，力求系统地向世界推介中国文化典籍。部分论者对此却持不同看法。有文化工作者从新媒体时代"如何定义'什么值得翻译'"的角度提出质疑："传统对外译介的扶持目标，常常集中于成套的经典、长篇小说、大部头的作品，仿佛把中国文化变成世界级经典'送出去、供起来'就是文化译介的最佳出路"；[1] 也有汉学家以某些通俗作品的成功"走出去"为例，对严肃文学在文学译介中的地位发出责问："严肃文学是否为一个国家唯一应该向外传播的类型？是不是只有某一种类型的小说能够走出去？"[2] 应该"走出去"的，到底是似有曲高和寡之嫌的严肃文学、经典文学，还是更"好看"故而受众面更广的通俗文学？这已成为翻译在如何讲好中国故事的时代命题中面临的重要挑战之一。面对翻译实践中突显出的这一根本性问题，翻译批评的作用尤为重要。以"在场"的姿态，充分关注翻译现实，坚持翻译的科学定位与价值导向，引导翻译界真正做到"择当译之本"，这无疑是翻译批评的职责所在。

其次，翻译活动的可能性需要翻译批评的探索与开拓。翻译活动历史悠久，正是通过翻译，"人类社会从相互阻隔走向相互交往，从封闭走向开放，从狭隘走向开阔"。[3] 同样，翻译自身也始终处于不断成长的发展历程中。翻译沟通两种语言、两种文化，它应建立并实现的是自我与他者之间的双向交流与对话。布朗肖（Maurice Blanchot）认为，"语言是一个系统，由无比复杂的空间关系构成，无论寻常的地理空间，还是实际生活空间都无法像它那样独特"。[4] 基于语言又超乎语言的翻译更是如此，它以自我与他者的关系为中心，构建包含语言、文化、社会、历史、意识形态等文本内外多重要素的互动系统，翻译自身的存在、翻译行为的展开永远都指向系统内部各要素的关系范

---

[1] 蒋好书《新媒体时代，什么值得翻译》，《人民日报》2014年7月29日。
[2] 葛浩文《中国文学如何走出去》，《文学报》2014年7月7日。
[3] 许钧《翻译论》（修订本），南京：译林出版社，2014年，第264–265页。
[4] 布朗肖《未来之书》，赵苓岑译，南京：南京大学出版社，2015年，第322页。

围，并深受各种关系变化的关联与影响。因此，无论就文本新生命的诞生、文本意义的理解与生成，还是就译本生命的传承与翻译的成长而言，翻译都应被视为一个具有生成性本质特征的动态发展过程，以自身生命在时间上的延续、在空间上的拓展为根本诉求。在这个意义上，翻译研究的根本目标就在于，从理论与实践两个层面揭示翻译活动不断丰富的内涵，拓展翻译的可能性。对此，翻译批评责无旁贷。

批评的"评价性"本质决定，翻译批评就根本而言是一种对象化的活动。贝尔曼认为，翻译批评通过其对象化的批评实践，所要实现的根本任务正是不断探索并拓展翻译的可能性。在他看来，"否定"绝非翻译批评应有的姿态，任何纯粹否定的批评都不可能成为真正的批评，简单的摧毁性工作无法承载翻译批评的意义，也无益于翻译批评在实现翻译的价值中实现其自身的价值。翻译批评在有所"破"的同时必须有所"立"，即建构或曰开启"一个复译的空间"。[1] 这就意味着，翻译批评应以敏锐的理论意识和高度的历史责任感，关注翻译实践中出现的重大翻译问题与翻译现象，对翻译活动的动机、模式、方法、质量等加以检视，对翻译文本展开阐释与评价，推动翻译在其遭遇矛盾与解决冲突相交织的生命历程中不断克服语言文化异质性所导致的障碍，力求实现自身的成长、丰富与完善。

最后，翻译活动评价的科学性需要翻译批评的保障。在经济全球化与文化多元化的背景下，翻译扮演着越来越重要而独特的角色，翻译质量，尤其是文学翻译质量问题也越来越受到关注。翻译质量的提高可以说是翻译事业健康、繁荣发展的根本保证。而提高翻译质量，首先需要翻译批评对翻译活动进行科学评价，有针对性、有导向性地既"剪除恶草"又"灌溉佳花"，充分体现批评的评价、监督与引导功能。保障翻译活动评价的科学性，翻译批评至少在以下两方面肩负着重要责任。

一是深刻把握翻译的本质与价值。科学、有效的批评必须建立在实事求是的分析与全面客观的评判之上，这就需要翻译批评对翻译及其价值有深刻的认识和理解。随着社会的发展以及人类交流与沟通的深入，各领域对翻译的需求越来越突显，翻译活动在路径、形式、方法、内容、手段等方面也发生着前所未有的变化。特别是，近年来在新的时代语境下，翻译领域出现的各种新现象、新问题似乎让人应接不暇，如何透过日益丰富而复杂的翻译活动准确把握翻译的本质，从思想传承、文化交流、社会发展、语言创新与服务等多个层面全面认识翻译的价值，进而对翻译做出科学、理性的评价，就显得尤为重要。

二是建立多维的翻译评价标准。有批评，就要有一定的标准作为评判的依据和准绳。例如我国传统译论对翻译批评标准的探讨存在某种简单化倾向，往往局限于翻译的语言层面，局限于原文取向的忠实维度。随着翻译活动的日益繁荣及翻译研究的不断深

---

[1] A. Berman, *Pour une critique des traductions: John Donne*, Paris: Éditions Gallimard, 1995, P. 97.

化，我们越来越认识到翻译的丰富性与复杂性，传统的"信"的标准不能被片面或僵化地理解。因此，对翻译活动的评价，应突破语言或文本的单一向度，在综合考察翻译场域内各种要素与关系的基础上有机结合内部批评与外部批评，建立涵盖翻译本质、价值、历史、伦理等维度的多元评价标准。

二、理论层面

从理论层面来看，在推进翻译理论探索并促使翻译理论与翻译实践形成积极互动的过程中，翻译批评与翻译理论的关系，主要体现在以下几个方面。

首先，翻译理论研究的深化与发展离不开翻译批评。翻译在本质上是一种实践性活动，翻译理论的产生必须依赖于翻译实践，翻译实践是探寻翻译本质、把握翻译活动的客观规律、促进翻译理论深化的源泉与基础。翻译批评立足翻译实践活动，通过对翻译作品与翻译现象的考察、对整个翻译生产和传播过程的关注，及时总结翻译实践经验，同时突显出翻译实践中遭遇的困难、疑惑或危机，促使翻译界对诸如翻译的本质、方法、价值、伦理等翻译根本性问题以及翻译实践中具有普遍或典型意义的现象不断加深理解、认识并形成新的思考，从而推动翻译研究进一步拓展视野并在研究途径与方法上取得新的突破。正如有学者所言："我们很难想象如果不建立在翻译批评的基础之上，如果不对具体的翻译实践所显示出来的具有普遍意义的问题进行提取与剥离，如果不厘清构成翻译史的各翻译环境与翻译作品的关系，翻译理论如何能够成立。"[1] 毋庸置疑，如果没有翻译批评为基础，所谓翻译理论创新就只能是无源之水、无本之木。

以1995年的《红与黑》汉译大讨论为例。作为我国翻译批评史上最为重要的事件之一，这场讨论在深化对文学翻译和翻译批评的认识、反思文学名著复译热潮、丰富文学翻译批评形式、探索文学翻译批评途径等方面都对翻译事业的健康发展产生了积极的建设性作用。尤其是，在这次大讨论中，针对读者和批评者就翻译提出的质疑，译者通过对谈、通信、杂感等形式进行回应，或说明、解释、或商榷、反驳，阐述翻译观念，为译文辩护。在这样的互动中，译者的声音得到倾听，译者的主体地位得以彰显，译者的翻译观与主观能动性对译文的决定作用也受到了前所未有的关注。可以说，这场讨论引发了翻译界对"翻译主体"问题深入而全面的探索与反思，同时也"为中国翻译学界的译者研究提供了最直接也最丰富的第一手资料"。[2] 正是在《红与黑》汉译大讨论之后的几年间，翻译界逐渐认识到翻译虽然是对文本的具体实践，但在文本实践背后却隐藏

---

[1] 袁筱一、邹东来《文学翻译基本问题》，上海：上海人民出版社，2011年，第23页。
[2] 王东风《〈红与黑〉事件"的历史定位：读赵稀方"〈红与黑〉事件回顾——中国当代翻译文学史话之二"有感》，《外语教学理论与实践》2011年第2期，第22页。

着历史、文化、社会以及翻译价值观等更为深刻的问题，而所有这些问题无一不与翻译主体息息相关。应该说，在这一认识的推动下，翻译主体研究很快成为翻译理论探索中的热点论题，产生了不少在国内翻译界具有重要影响的成果。以《中国翻译》为例，该刊2003年第1期专门设立了"翻译主体研究"专栏，并在此后的两三年间先后刊登了多篇以"翻译主体"为关键词的学术论文，对翻译主体问题进行了多层次、多角度的深入探索，例如许钧的《"创造性叛逆"和翻译主体性的确立》、穆雷和诗怡的《翻译主体的"发现"与研究——兼评中国翻译家研究》、查明建和田雨的《论译者主体性——从译者文化地位的边缘化谈起》、屠国元和朱献珑的《译者主体性：阐释学的阐释》、陈大亮的《谁是翻译主体》等。无论翻译的定义如何被表述，翻译的性质如何被理解，在整个翻译过程中，译者作为翻译行为的主体，肩负着忠实原作、服务读者并促成两种文化间的沟通与交流等多重使命，其重要性不言而喻。因此，确立译者在翻译活动中的核心地位，探究译者在翻译过程中的主导作用，并由此对翻译动态过程加以系统描述和诠释，这是翻译研究走向理性与成熟的必由之路。翻译批评的反思与建构力量无疑在其间具有决定性意义，至少是关键的推动因素之一。

其次，开展科学的翻译批评离不开翻译理论。虽然翻译批评活动历史悠久，有学者认为最早的翻译批评文字可以追溯到三国时期，[1] 可以说，翻译批评在翻译理论走向系统化和科学化之前就已经出现，但直到20世纪50年代，它的发展相当缓慢，批评的范围、对象、形式和方法都非常局限，所发挥的作用因而也十分有限。此后，翻译理论研究的语言学转向和文化转向以及由此开启的从经验到科学、从规定到描述、从语言到文化的翻译研究之路促使人们对翻译活动有了更深入的理解和认识。在这一基础上，翻译批评也逐步得以脱离经验主义的窠臼，开始以理性的目光、从文本内外的不同角度来分析和评价翻译，翻译批评的对象也从单一的语言层面拓展到涉及翻译整个动态过程的诸多要素。不难看出，翻译理论研究的深化与发展为翻译批评开阔了视野、拓展了空间，促使翻译批评对自身的研究对象和研究内容有了更明确、更深入的认识，也使得翻译批评在坚实的翻译学科理论基础之上形成自身多元的方法论体系成为可能。

最后，翻译批评不仅是沟通翻译理论与翻译实践的桥梁，更是促使两者形成积极互动的推动力。在我国翻译界，长期以来理论与实践某种程度上的脱节是一个显著存在的问题，翻译研究与翻译实践往往各行其道，难以形成有效的沟通。鉴于此，对于兼具实践性和理论性的翻译批评而言，关注翻译实践、构建翻译理论并力求实现两者的互动与结合，是其义不容辞的职责与使命。在这一点上，《红与黑》汉译讨论同样为我们提供了可贵的经验与成功的范例。基于对译者主体性的深刻认识，这次大讨论并没有局限于

---

[1] 文军认为支谦的《法句经序》是我国历史上第一篇有关翻译批评的文章，参见文军《科学翻译批评导论》，北京：中国对外翻译出版公司，2006年，第19页。

单纯的语言层面，更没有孤立地看待翻译策略与方法的选择，而是力图深入到翻译过程中还原译者的翻译观，考察译者心目中对"忠实"概念的不同理解，以实践为基础、以理论为指向探索译本形成的深层机理，并据此进一步从理论层面明确翻译立场对翻译结果的决定作用。正如有学者所言，"《红与黑》的汉译之所以能够在十七年前构成翻译界的一个重大'问题式'，并且引起翻译界、文学界乃至整个文化界的关注，正是由于在翻译的'思考'和'经验'之间形成了一个有机的互动"。[1] 透过翻译批评史上的这一重要事件，我们看到了翻译批评的出发点和归宿：它在翻译理论的指引下对文本及其价值进行分析与评判，它既是对翻译理论的实际应用，又通过实践反作用于翻译理论，对翻译理论进行检验、促进和指导，积极推动了翻译理论与实践的有机结合。

第二节　翻译批评的理论途径与方法

考察翻译批评的发展历程，可以看到，翻译批评始终寻求自身的成长，朝着批评范围日益广泛、批评对象与内容不断丰富、批评路径与方法逐步多样的系统化与科学化方向迈进。与翻译理论研究一样，翻译批评也可以说经历了一条从经验到科学、从语言到文化、从规定到描述的发展之路，这在很大程度上依赖于其理论途径与实践方法的拓展。

一、翻译批评的理论途径

自20世纪50至60年代翻译理论产生科学化、系统化的诉求以来，翻译研究的理论途径在两次转向尤其是文化转向之后日益展现出其丰富性与多元性，涌现出语言学派、文艺学派、哲学学派、功能学派、多元系统及规范学派、目的论学派、文化学派、女性主义翻译观、后殖民翻译理论等多个研究范式或理论路径；[2] 具体到每一种范式或路径下又可再细分出诸多不同的研究进路，彼此之间相互丰富、互为补充，立足翻译活动在社会、文化、语言、创造和历史等方面的多重属性，共同构成翻译研究的多元维度。翻译批评以促进和保证翻译价值的实现为根本目标，上述种种翻译研究范式在很大程度上同样也是翻译批评在其实践开展与理论探索中不断借鉴、运用和建构的理论途径，这一方

---

[1] 邹东来、朱春雨《从〈红与黑〉汉译讨论到村上春树的林译之争——两场翻译评论事件的性质》，《外语教学理论与实践》2011年第2期，第24页。

[2] 参见刘军平《西方翻译理论通史》，武汉：武汉大学出版社，2009年，第I-III页。

面为实现翻译批评自身的理论诉求奠定了可靠的基础，另一方面也突显出翻译批评与翻译理论之间密切的互动关系。下面我们就语言学模式下的翻译质量评估、以"规范"概念为核心的描述性翻译批评、现代阐释学视角下的建构性翻译批评以及翻译社会学与描写译学框架内的译者行为批评进行简要论述。

（一）语言学模式下的翻译质量评估

翻译事业的繁荣发展以翻译质量为根本保证，因此，翻译质量评估无疑是翻译批评中一个极为重要的方面。从国内外译学界的相关研究来看，有多位学者从不同的理论视角对如何进行翻译质量评估加以探索，并力图构建具有科学性和可操作性的翻译质量评估模式，如豪斯基于语用学和功能语言学的评估模式，莱斯基于文本类型理论的评估模式，威廉姆斯（Malcolm Williams）基于论辩理论的评估模式，戈普费里希（Susanne Göpferich）基于目的论发展的卡尔斯鲁厄（Karlsruhe）可懂性模型以及司显柱基于功能语言学的评估模式等。其中，豪斯的翻译质量评估模式因具有较强的系统性和科学性，被誉为"国际翻译批评界第一个具有完整的理论和实证的翻译质量评估模式"。[1] 从1977年出版的《翻译质量评估模式》（*A Mode for Translation Quality Assessment*）到1997年的《翻译质量评估——修正模式》（*Translation Quality Assessment: A Model Revisited*），再到2015年的《翻译质量评估：过去与现在》，豪斯始终致力于翻译质量评估研究，不断拓展理论视野，通过一脉相承的三个模式的建构，力求推进并完善翻译质量评估的理论与实践。[2]

在探索翻译质量评估的过程中，豪斯始终坚持一个基本观点，即评价翻译质量的关键在于对翻译本质的认识，也就是说，不同的翻译观和理论立场必然导致对于翻译质量的不同见解与评判，因为任何关于翻译作品的价值或质量的陈述都包含着关于翻译的性质与目标的理解。在她看来，已有的各种翻译批评路径之所以不尽合理，是由于它们所依托的翻译理论往往片面地关注翻译方式、接受者或译文在目标文化中的接受状况，没有充分关注或明确揭示语境与文本的相互关联性，因而无法全部回答翻译批评的三个基本问题：原作与翻译之间的关系，文本特征与作者、译者和读者等行为人之间的关系，翻译与其他文本操作行为之间的区别。在这样的翻译批评观指引下，豪斯力图构建基于原文与译文、语境与文本双向关联的翻译观之上的翻译批评模式。

翻译观决定翻译质量评估。在豪斯那里，翻译被定义为：用语义和语用等值的目标文本置换原文的行为。这一定义中的核心概念是"等值"，事实上，她认为，等值也是

---

[1] 司显柱《朱莉安·豪斯的"翻译质量评估模式"批评》，刘云虹主编《批评之批评：翻译批评理论建构与反思》，南京：南京大学出版社，2020年，第383页。

[2] 除特别注明之外，本节关于豪斯的翻译质量评估模式的内容主要参见豪斯《翻译批评：分析与评价》，彭发胜译，史忠义、辜正坤主编《国际翻译学新探》，天津：百花文艺出版社，2006年，第250–265页。

翻译批评的基础，是评价翻译质量的根本标准。因此，豪斯将其翻译批评的语言学和功能语用模式明确而牢固地建立在"等值"概念之上。但这里的等值不是简单建立在句法和词语相似性基础上的纯粹的形式等值，不是片面强调译文与原文读者的反应行为对等的动态等值，也不是描述翻译学中的"功能—关系论"，而是着重于语言使用的功能与语用等值。这种等值关系到两种不同的语言和文化之间"意义"的持存，对于翻译，"意义"包含语义、语用和文本三方面的内容。故豪斯提出，恰当的翻译就是语用和语义等值的翻译，即译文要具有和原文等值的功能。同时，她强调，等值是一个相对概念，其相对性通常表现在以下几个方面：它决定于翻译行为所处的社会—历史条件，决定于一系列通常不可调和的语言和语境因素，其中包括原语言和目标语言的特定结构制约，两种语言"切割"超语言世界时的不同再现方式，原语言和文体的特殊规范，译者和目标语言文化的语言和文体规范，原文的结构特点，目标受众期待的规范，译者的理解、翻译和他的"创造性"，译者显性或隐性的翻译理论，目标文化的翻译传统，原文作者的解释。从翻译的社会历史条件到语言的结构、规范再到译者的理解、读者的期待，豪斯罗列出的这些导致等值关系的内在相对性的因素可谓林林总总。一言以蔽之，翻译中的等值永远是相对而非绝对的，它来自诸多不同因素相互作用的语境，离开了语境，等值也将因为失去存身之地而无从谈起。这意味着，豪斯没有把"功能"概念简单地等同于语言功能，而是将文本功能与语言功能并置为其翻译质量评估模式中考察功能对等的参数。

在语用学里，文本功能被定义为文本在特定语境中的使用或应用，其根本观点是"文本"和"语境"不应被看成彼此分离的实体。那么，如何判断译文与原文在文本功能上对等呢？为此，必须设法将宽泛的语境分解为一个个可操作的语境维度，豪斯借鉴、改造了英国系统功能语言学者克里斯特尔（David Crystal）和戴维（Derek Davy）的语境维度体系，从语言使用者和语言使用两个方面确立了原文和译文的八个语境维度，前者包括所处地域、社会阶层和所处时代，后者包括语言媒介、介入程度、社会职能、社会态度和话题范畴。[1] 操作中，通过对原文和译文进行一整套的语境维度分析展示出具体的文本特征，显示其功能，并作为单个的文本规范，成为检验翻译的依据。具体而言，豪斯对翻译等值中的功能对等的基本标准是："译文文本与原文文本不仅应该功能相符，并且要运用对等的语境维度方式去获得这些功能，分析原文文本和译文文本时，要看她所提出的那个模式的八个维度是否两两相符，是否用同样的方法获得同样的功能。"[2] 可以说，译文和原文的文本特征和功能相符合的程度越高，翻译的质量也就越

---

[1] 司显柱《朱莉安·豪斯的"翻译质量评估模式"批评》，刘云虹主编《批评之批评：翻译批评理论建构与反思》，南京：南京大学出版社，2020年，第374页。

[2] 同上，第374–375页。

高。在1997年提出的修正模式中，豪斯借用韩礼德的语域概念，将上述八个维度融合在语场、语旨和语式之中。同时，为了解决"语域概念依然局限在分析语言表层的个体特征"这一问题，豪斯在其翻译质量评估模式中引入"体裁"概念，以"描绘深层的文本结构"，她指出："如果说语域分析的是文本与文本'微观语境'的关系，那么体裁则将文本与文本所依附的语言文化'宏观语境相连接'"。[1] 在2015年的最新翻译质量评估模式中，豪斯结合相关的跨学科研究成果，在体裁范畴下又引入了语料库研究，力求通过增加量化研究，提升翻译质量评估的客观性和科学性。

豪斯在建立译文与原文功能对等的翻译评价标准时特别区分了显性翻译和隐性翻译两种不同的翻译类型或方法。因为，这两类翻译的功能各不相同，对翻译批评的要求也相应地有所差异。显性翻译和隐性翻译的提出可以追溯到施莱尔马赫对异化翻译和归化翻译的区分。显性翻译强调显性译文，突出翻译中对原文异质成分的保留，此类翻译中译者的任务是让目标文化的成员接触原文、感受原文对原文化成员的文化冲击。隐性翻译指"在译语中拥有与原文同等地位的翻译，使原文在译语中获得功能等值"，[2] 它不是原文的重现，而是译者通过"文化过滤"（cultural filter）进行的再创造。"文化过滤"概念由豪斯首次提出，意指"捕捉社会—文化差异的手段"，用以支持译者"操纵"原文的实际需要。在对两类翻译的评估中，显性翻译的评价难度较小，因为，显性翻译"更为直白"，原文被迁移至目标文化的过程中没有经过文化过滤。相比之下，隐性翻译的评价则必须从原语和译语的社会、文化差异出发，考察和评估译者通过文化过滤而对原文实施的操纵是否具有合理性，因为，为了达到隐性翻译的功能等值的目标，译者首先要仔细考察文化差异，才能改变原文。如果文化差异未被证实，译者就没有理由使用文化过滤，有意造成若干个语境参数上原文和译文的不对等。

此外，豪斯指出在翻译批评中应区分语言分析与社会评价之间的差异，也就是要区分我们通常所说的翻译的内部批评和外部批评，或者说翻译批评的微观视角与宏观视角。对此，豪斯立场鲜明地指出，她试图建立的翻译批评的语言—功能—语用模式反对把译文接受者的直觉、感受或信仰等复杂而难以把握的心理学范畴作为翻译评估的基础，而是要集中于文本分析，并把语言置于社会—文化语境之中。因此，翻译批评和语言本身一样应同时具有概念功能和人际功能，而这两种功能的实现依赖于相互关联、互为补充的两个批评步骤：首先是在知识和研究基础上的语言分析、描述和解释，其次是价值判断、社会和伦理道德问题以及个人趣味，两者缺一不可，判断而不分析是不负责任，分析而不判断则不得要领。很显然，这种内部批评与外部批评并重、微观视角与宏

---

[1] 于洋欢《翻译质量评估：继承、发展、创新和融合——朱莉安·豪斯新著〈翻译质量评估：过去与现在〉评介》，刘云虹主编《批评之批评：翻译批评理论建构与反思》，南京：南京大学出版社，2020年，第309页。

[2] 屠国元、王飞虹《跨文化交际与翻译评估——J. House〈翻译质量评估（修正）模式〉述介》，刘云虹主编《批评之批评：翻译批评理论建构与反思》，南京：南京大学出版社，2020年，第277页。

观视角兼有的翻译批评模式源于豪斯所秉持的建立在语言学模式之上的再度语境化的翻译观。豪斯清楚地认识到，翻译是受双重制约的文本操作行为，一方面受制于原文，另一方面受制于潜在接受者的语言交流条件。在对翻译质量的具体评估中，要通过文本特征的比较、描述和解释为评价提供基础，因为，相比通常不可测的选择和决策过程而言，文本是最易于分析和把握，也是产生歧义最少的。但仅有语言分析并不够，"正如原文是嵌于社会文化环境中的一样，在分析原文时当然应当考虑这种环境，那么翻译也必然是嵌于文化中的，是特定社会语言环境中文化/事物、谈判的结果"，[1] 所以对翻译最终的分析与评价仍然必须依赖语言和文本之外的诸多因素，进入社会的价值判断。例如，豪斯指出，选择显性或隐性翻译并不只取决于译者或待译的文本，也取决于翻译的理由、隐含的读者、出版和销售策略等许多和翻译本身无关的因素。这些社会因素与行为人、社会—文化、政治或意识形态的限制有关，比语言因素或译者本人的影响更大。

仍有一点必须明确：尽管我们可以笼统地认为豪斯采取了内部批评与外部批评并置、微观视角与宏观视角兼有的批评方法，但她明确强调在其翻译质量评估模式中，这两种途径或视角之间是有主次之分、先后之别的，翻译批评者首先要进行语言—文本分析比较，对文本特征加以描述和解释，其次才是考虑与之分离的社会—文化因素。因为，尽管存在上述种种"外在的"影响，翻译还是并且首先是语言—文本现象，翻译质量评价模式所提供的语言描述和解释不应混淆于社会、政治、道德伦理或个人基础上的价值判断。这样的区分不仅与豪斯对翻译本质的理解密切相关，也来自她对翻译批评的历史性的明确认识。她多次表明，相对于通过文字固定下来的文本而言，语言交流的规范以及社会接受度、政治正确性、模糊的情感投入或所谓的"时代精神"都是变动不居的，处于永无止境的变化发展之中。在这样的背景下，翻译批评应立足于语言—文本分析，兼顾社会—文化评价，而不是相反，更不能将翻译这一具有独立地位的语言—文本操作与其（应该、可能或必需的）目的相混淆。同时，她提出，翻译批评者应当充分意识到研究总是落后于现实，并努力保持与新发展同步，以保证对翻译质量做出合理的评价。

尽管豪斯的翻译质量评估模式仍然存在这样或那样的不足，但其理论性、系统性与科学性毋庸置疑，为翻译批评探索出一条具有开拓性的重要理论途径。

（二）现代阐释学视角下的建构性翻译批评

贝尔曼是法国当代著名翻译家和翻译理论家，在《翻译批评论：约翰·多恩》（*Pour*

---

[1] 屠国元、王飞虹《跨文化交际与翻译评估——J. House〈翻译质量评估（修正）模式〉述介》，刘云虹主编《批评之批评：翻译批评理论建构与反思》，南京：南京大学出版社，2020年，第282页。

une critique des traductions: John Donne）一书中，他从自己数十年的翻译实践出发，以现代阐释学为理论根基，意欲使长期处于非理性状态并缺少"一种象征性地位"的翻译批评得以合法化、理论化，从而探寻建构性的翻译批评模式。[1] 概括来说，贝尔曼在本书中主要致力于解决翻译批评的"名"与"实"两大问题，即为翻译批评正名并为其提供一个可操作的方案。

什么是翻译批评？在贝尔曼看来，这是迫切需要澄清的问题，因为，"翻译批评"这一表述本身就预示着双重危险：一是"批评"一词与生俱来的否定性；二是翻译活动无法摆脱的"附属性"和"缺陷性"，也就是说，翻译必然附属于原作，翻译中的谬误和缺陷总是在所难免。如此情形下，翻译批评往往被简约为"好"与"坏"的评判，被局限于"挑错式"、否定性甚至摧毁性的评价。对此，贝尔曼持有鲜明立场：批评在本质上是肯定性的，并且，这种肯定性正是批评的真理所在，任何纯粹否定的批评都不可能成为真正的批评。自从19世纪现代文本批评诞生以来，批评便明确、清晰地作为"某种必要的东西"而存在，它应作品的需要和召唤而生，它使作品得以交流、展现、完善和延续。这就是贝尔曼在施莱格尔（Karl Wilhelm Friedrich Schlegel）、本雅明、庞德、布朗肖、巴特、热奈特（Gérard Genette）、博尔赫斯（Jorge Luis Borges）、姚斯（Hans Robert Jauss）、雅各布森等不同时代、不同流派的伟大批评家那里看到的批评——"大写的批评"：批评绝不是作品的附庸，而是作品生命乃至人类存在的必需之物。在形式各异的文本批评中，有一种便是对翻译的批评。在此，贝尔曼强调，正如批评并不依附于作品，翻译也不是原作的附庸，不是原作"虚弱的回声"，它对于原作的重要性并不亚于批评，并且翻译活动在很大程度上具有批评的性质。贝尔曼因而十分明确地看到了翻译批评的归属：它是批评的批评，也理应成为"大写的批评"，与文本批评具有相同的地位。

"走向译者"是贝尔曼所选择的翻译阐释学视域下翻译批评的核心任务之一，在他看来，"译者是谁"是翻译批评者必然要面对的问题。对此，贝尔曼提出应从翻译立场、翻译方案、翻译视域三个方面来对翻译主体进行考察。

贝尔曼认为，任何译者都必然与他的翻译活动之间保持一种特别的联系，也就是说，对翻译及其意义、目的、形式与方法有个人的认识与理解。当然，其中的非个人因素也不可忽视，因为关于翻译的一整套历史、社会、文学和意识形态话语对译者的影响至关重要。在这个意义上，必然存在两种方式，一是译者作为受制于翻译冲动的主体对翻译任务的认知方式，二是他内化上述关于翻译的环境话语的方式，而这两种方式之间的"妥协"就构成了译者的翻译立场。概括而言，翻译立场是译者面对翻译的自我

---

[1] 本节关于贝尔曼的建构性翻译批评模式的内容主要参考Berman, *Pour une critique des traductions: John Donne*, Paris: Éditions Gallimard, 1995, PP. 13-43, 73-83, 91-97。

定位。贝尔曼强调，不存在没有翻译立场的译者，而且，有多少译者就会有多少翻译立场。此外，译者的翻译立场还与他的语言立场、文学立场密切相关，批评者对此应同时予以关注。

对"翻译方案"这一概念，贝尔曼指出，在成功的翻译中，自主性与非自主性的结合只能是我们所谓的翻译方案的结果，该方案无需理论化。译者可以在对原作文本进行前分析的基础上决定译文中自主或非自主的程度。任何翻译都是由方案支撑的，而翻译方案取决于翻译立场和不同原作的特别要求。翻译方案一方面决定译者将以何种方式完成文学移植，例如：翻译全集还是选集？出版时采用双语对照形式还是单纯的译本？译本中是否附加导言等副文本？另一方面也保证翻译本身的完成，即译者选择什么样的翻译策略和方法。贝尔曼认为，对于批评者而言，存在着一个"绝对循环"：他必须从翻译方案出发来阅读译文，然而，尽管译者可以在译序或译后记等副文本中阐述自己的翻译方案，真正的翻译方案却只能通过译文本身以及该译文所完成的文学移植的类型才能把握。译者在方案所指引的方向和所规定的范围内行动。因此，批评者不应就翻译方案本身进行好与坏的评价，而要看方案指引和限定下的翻译结果。方案决定着翻译的结果，如果译文存在缺陷，那么失误只能归咎于方案或方案的某一方面。在这样的条件下，批评者所要做的，就是进入这个循环并完成它。

在贝尔曼看来，无论是翻译立场还是翻译方案，都被包含于一种"视域"之中。"视域"是他借自现代阐释学的概念，翻译视域可以被概括为所有"决定"译者的所感、所为和所思的语言、文学、文化和历史因素。贝尔曼指出，"视域"的概念具有双重性质，它为译者开启了"所为"的空间，同时又将译者限定在一个"有限可能性"的范围内。借助视域的概念，贝尔曼力图避免像功能主义者或结构主义者那样将译者的行为完全置于社会—意识形态因素的制约下。在此，涉及的是视域、经验、世界、行为、去除语境化和再度语境化等等，这些相互紧密关联的现代阐释学基本概念（至少前四个）都呈现出相同的双重性：它们既是客观的也是主观的，既是肯定的也是否定的，既是有限的也是开放的。这些概念将有助于更好地在翻译的内在生命和它的各种辩证对立中把握翻译的维度。

最后，贝尔曼指出，考察翻译主体所涉及的这三个方面并非呈线性连接，如果说对视域的分析原则上是预备性的，那么，对翻译立场和方案的分析则难以截然分离。此外，由于上述"绝对循环"的存在，对翻译方案的分析本身也包含两个步骤：首先是分析，基础是阅读译文和译者的所有（关于或不关于翻译的）著述，例如译序、译后记、论文、访谈等；其次是比较，实际上，比较也是对译文、原文以及翻译方案的实现方式的分析。同时，贝尔曼再次强调：方案的真实性（和有效性）总是在它本身和它的结果中得以衡量。

真正意义上的批评必然走向一种对翻译的评价。贝尔曼不愿再落入类似源语/目的语、忠实/再创造等二元对立的窠臼中,而是以其现代阐释学视角下的翻译主体为支点,主张以翻译界普遍接受的翻译观为基础,建立翻译批评的双重标准:诗学标准和伦理标准。诗学标准在于衡量译者完成的是不是一项真正的文本工作,有没有在应和原作的文本性基础上奉献出真正的目的语作品。也就是说,考察译文是否能"立得住",是否具有诗学所要求的内在生命力,即统一的节奏、连贯的风格、和谐的体系等。基于这一批评标准,贝尔曼强调,译者应在"翻译—创造"中以"完成作品"为追求。诗学标准针对目的语和译作而言,伦理标准则指向出发语和原作。简言之,伦理标准在于对原作的某种尊重。贝尔曼指出,如果译者尊重原作,那么他能够甚至必须与原作进行对话,以平等的姿态昂首面对它。尊重并不意味着译者的消失或隐身,也不意味着译者将翻译行为单纯理解为尊重原作中不容于目的语的"异质",从而不可避免地臣服于原作及其文字,译文应当首先被视为"对原作的一种馈赠"。同时,贝尔曼以批评家独到的眼光指出,对翻译伦理的威胁其实更来自一个相反方向的危险:译者的不忠诚或欺骗。这种欺骗不仅是对原作的不尊重,更是对读者的不尊重。在贝尔曼那里,诗学和伦理的双重标准首先保证译文与原文及其语言之间的呼应、衔接、交流等,其次还保证译者在目的语里进行再创造,从而以一部真正的作品来实现对原作生命力的延续、扩大与丰富。通过构建这样的标准,贝尔曼力图消解翻译界长期存在的种种二元对立的矛盾和争论。

  贝尔曼最后要明确的是,一种"建构性"的翻译批评在实践中的任务究竟何在。如果译作是"好的""杰出的""伟大的",那么,建构性翻译批评的任务就在于向读者展现它的杰出与伟大之处。如果译作是"平庸的""不足的""笨拙的"乃至"错误的",那么,批评者不能仅仅满足于简单的摧毁性工作,而是要阐明导致翻译失败的原因。在此,批评者的任务并非提出一个新的翻译方案——这应是译者自己的工作,也不在于扮演"建议者"的角色,而是在外国作品向一种语言—文化空间移植这一更广阔的视野下为译本生命的更新构建新的可为空间。

(三)以"规范"概念为核心的描述性翻译批评

  作为学界公认的系统进行翻译规范研究的第一人,图里以多元系统论为主要理论框架,将文学翻译置于"翻译文学"的层面来考察,并把翻译文学视为一种文化或一个民族中"文学多元系统"的内在组成部分。在此基础上,图里论述了以"翻译规范"概念为核心、以目的语为导向的描述性翻译批评模式,反对从一个规定性的翻译观念出发评价翻译,主张对翻译文学进行中立、客观和科学的研究。多元系统理论的提出者埃文-佐哈尔曾就翻译的属性和地位表明自己的观点:"不仅是翻译文学的社会地位是由它在多元系统中的地位所决定的,翻译实践本身也从属于这一地位。甚至对于'什么是翻译作品'这一问题,我们也不能在非历史的、超越语境的理想状态下作答,答案必须根据多元系统的运作机制来决定。从这一观点看来，翻译现象的本质和边界并不是一经给出就永远适用的，而是依赖于特定文化系统内部关系的一种活动。"[1]佐哈尔认为，翻译和翻译作品不应再被传统地视为一种现象，如果说在本土文学中存在着某种文化和语言的关系网络，那么在看似任意的翻译文本群体之间同样存在着这样的关系网络，并借此构成翻译文学，进而成为文学多元系统中不可分割的甚至是最为活跃的一部分。这就意味着，对翻译的研究和评价应首先立足于考察翻译文学在目的语文学多元系统中的地位、功能以及翻译作品在其中的形成与被接受情况。

对此，图里的表述更为简单明了，他指出："任何对翻译进行的研究，无论它是局限在产品本身还是打算着手重构产出产品的过程，都应该从如下假设出发——翻译只是一个系统内的事实：目的语系统。"[2]所以，分析一个译本不是对它进行评判，也不仅仅是研究它所构成的转换体系，而首先应当对翻译赖以形成和生存的目的语语言、文化、社会—历史和意识形态条件加以考察。为此，图里在其著作《翻译理论探索》(*In Search of a Theory of Translation*)中探讨了"规范"的概念。他认为，如同任何一种行为活动，翻译必然受到诸多不同形态、不同程度的"限制"，而"规范"这一地位特殊的限制主要表现为被某一社会共同体普遍认同的价值或观念。对翻译而言，这些规范决定着选择什么样的原文本进行翻译以及译本最终以何种形式出现。图里将翻译中的规范分为三类：初始规范、预先规范和操作规范。初始规范是三类规范中最为重要的，表明译者在原文本及其文本关系、规范以及目的语语言、文学规范与目的语文学多元系统之间所做的选择；预先规范决定在特定时期译者对文本类型和翻译策略的选择；操作规范控制译者在实际翻译过程中对译本的整体结构和语言组织进行的选择。在图里那里，由于译者在翻译过程中的选择受到规范的制约，其翻译结果必然与某种正确观念和价值立场相符，而无论正确观念还是价值立场，均指向目的语文学多元系统，文学翻译的一切归宿就在于为目的语语言、社会、文化所接受。

翻译多元系统论的另一位主将赫曼斯以翻译是"一种社会和文化活动"[3]为主导，将翻译视为社会多元系统中的一个子系统，从而在社会文化的大背景下来研究和分析翻译，因为，"翻译不是完全自足的封闭体系，必须与现行的社会文化实践保持一致，为了得到目标系统的认可，翻译必须与该系统流行的各种话语形式和类型保持一致"[4]。同样，他也主张运用"翻译规范"的概念来描述对翻译活动产生影响和制约的各种权力

---

[1] 埃文-佐哈（尔）《翻译文学在文学多元系统中的地位》，江帆译，谢天振主编《当代国外翻译理论导读》，天津：南开大学出版社，2008年，第226页。

[2] 图里《描述性翻译研究的理论基础》，江帆译，谢天振主编《当代国外翻译理论导读》，天津：南开大学出版社，2008年，第231页。

[3] 廖七一等《当代英国翻译理论》，武汉：湖北教育出版社，2001年，第316页。

[4] 同上，第317页。

关系，解决翻译研究中有关译者的选择与动机等根本问题。他认为，"既然'翻译是社会实践'，是社会交际行为，那么发现、辨认和阐释那些支配译者做出选择和决定的规范就是翻译研究的主要任务之一。译者在具体的翻译实例中偏爱某些模式，摒弃另一些模式，这使我们了解译者在现存规范制约下进行翻译时的动机、策略、未来译文的文本类型、预定的翻译目标，以及试图避免的消极类型。"[1]

以"规范"概念为核心的描述性翻译批评模式对翻译实践的考察与评价超越了传统的语言转换和文本对等的观念，并开始关注有关语境、历史和系统这些更为广泛的问题，为一度陷入困境的翻译研究带来了持续发展的动力与活力，同时也在很大程度上开阔了翻译批评的视野，为翻译批评拓展了新的途径。

（四）翻译社会学与描写译学框架内的译者行为批评

翻译不仅是静态的结果，更意味着一个复杂、动态的生成过程。因此，翻译批评既要深入分析静态的翻译文本，也要全面考察翻译的动态过程，尤其应深切关注翻译过程中居于核心地位并发挥能动作用的译者。在其著作《译者行为批评：理论框架》中，翻译批评学者周领顺力求突破传统翻译批评中的二元对立式评判，将翻译批评推进到行为视域与文本视域相结合的翻译社会学研究阶段，探索并构建贯穿翻译过程、立足译者行为、结合翻译内外的批评新路径。他指出："看待翻译活动，光从静态的语言上讲忠实，自然是不够的，因为针对的对象是翻译文化活动和这一活动中的人，自然还要从译者的意志性、社会性和翻译的社会性、社会化等角度加以讨论，动态地看待动态中的问题。"[2] 基于这样的理念与追求，周领顺从翻译活动的过程及其能动主体出发，将翻译批评聚焦于译者行为，并将之定义为"社会视域下译者的语言性翻译行为和社会性非译行为的总和"，力图通过行为视域与文本视域的结合，"考察意志体译者的语言性和社会性角色行为之于译文质量的关系"[3]，从而经由过程—主体—行为—文本的批评进路最终实现科学的翻译批评。

与翻译研究的发展历程一样，翻译批评研究范式也呈现出阶段性特征。周领顺认为翻译批评以翻译研究的"文化转向"为标志经历了着重于翻译内的文本视域和着重于翻译外的文化视域这两个阶段。在他看来，由于缺乏对翻译内外应有关联的必要关注与探讨，这两种视域下的翻译评价"往往顾此失彼"，在维护"忠实"与强调历史的合理性之间难以顾全与平衡，"从而失却翻译批评的全面性和客观性"[4]。鉴于此，周领顺提出应将翻译批评推进到以翻译内外结合为根本特征的翻译社会学框架内，实现行为批评与文

---

[1] 廖七一等《当代英国翻译理论》，武汉：湖北教育出版社，2001年，第316页。

[2] 周领顺《译者行为批评：理论框架》，北京：商务印书馆，2014年，第76页。

[3] 同上，第2页。

[4] 同上，第2页。

本批评的紧密结合，从而真正立足于翻译的动态过程，对译者行为进行综合考察，以提高评价的合理性、有效性与全面性。具体而言，译者行为批评以对译者行为合理度的评价为核心，一方面从翻译内研究视域"审视译者的译内行为和译文的译内效果"，另一方面从翻译外研究视域"审视译者的译外行为与译文的译外效果"[1]。

为真正实现对翻译及其所涉及的各种要素的全面、综合考察，周领顺以翻译活动与翻译主体共同具有的语言性和社会性为基本理据，构建了"求真—务实"译者行为连续统评价模式。"求真"指"译者为实现务实目标而全部或部分求取原文语言所负载意义真相的行为"，"务实"指"译者在对原文语言所负载的意义全部或部分求真的基础上为满足务实性需要所采取的态度和方法"[2]。在这两个独立的概念之间加上连字符，使之成为一个整体，则指向译者行为和行为下译文的各种渐变状态以及"求真"与"务实"两端之间互相牵制的连续统一体[3]。进一步来看，就译者的实践而言，"求真—务实""是一个动态的自律过程，译者总是努力在'求真'和'务实'间保持理想中的平衡，既要保持翻译作为翻译的根本，又要努力实现翻译的社会功能"[4]。就翻译评论者而言，"求真—务实""是一个比较客观的描写系统，描写的是翻译的社会化过程，其中包括对译者在使翻译进行社会化过程背后的心理及其他一切社会因素的考察"[5]。因此，该模式"不固守某一个一元的标准或做二元对立式的判断"，而是通过将"一种动态的分类观"用于翻译的描写，力求"能够在'求真'和'务实'译者行为间、在'作者/原文'和'读者/社会'文本间、在'语言性'和'社会性'译者属性间、在'语言人'和'社会人'译者身份/角色间、在'文学型'和'应用型'文本类型间、在任何相互对立的翻译策略和具体方法间等，描写连续统上两级的和中间的状态，以期呈现较为客观的和全面的批评视角，借以对翻译性质和翻译活动性质有个正确的把握和认识"[6]。值得注意的是，周领顺对"求真"和传统翻译批评中的核心概念"忠实"进行了辨析，明确指出"求真"不同于"忠实"："'忠实'是对静态文本的比较，'求真'主要是对意志体人的行为的动态描写"；译者的求真行为不仅是"在翻译性质属性约束内译者的本能表现"，同时也是"以实现务实性目标为终极的务实性求真"[7]，即译者的语言性表现和社会性表现的结合。"求真"与"忠实""信"等在他看来"过于宽泛"的概念相比，根本性的差异在于"求真"突显出译者的能动选择性、真意的多义性以及翻译中无限逼近真理的过程的

---

[1] 周领顺《译者行为批评：理论框架》，北京：商务印书馆，2014年，第13页。
[2] 同上，第76–77页。
[3] 同上，第87页。
[4] 同上，第87页。
[5] 同上，第88页。
[6] 同上，第86页。
[7] 同上，第96页。

动态性。[1]

在"求真—务实"连续统评价模式中,"求真"与"务实"分布在译者行为连续统的两端,而两者之间是互为条件的辩证关系,即"求真"制约"务实","务实"总体上又高于"求真",并且在一定条件下,两者可以发生转换。周领顺提出,对译者行为的评价标准"就落实在评价译者行为的合理度上,也即落实在对求真度(译文和原文)和务实度(译文和社会)及其对二者之间平衡度的把握上"。[2] 以此为基础,他对具体评价指标进行了补充和细化,提出译文和行为双向评价的三要素:文本"求真度"、效果"务实度"和译者行为"合理度"。三者相互制约,共同对译者行为的合理性进行考察,并据此对译文质量进行合理的评价,对某些翻译现象做出科学的解释。这既体现了该翻译评价模式的批评理性,也使之具有较强的解释力与可操作性。

二、翻译批评的方法

开展翻译批评,不仅要因循一定的理论途径,还必须掌握客观、合理和科学的批评方法。[3] 随着翻译批评理论路径的拓展,翻译批评的方法和手段也逐渐丰富。在《文学翻译批评研究》一书中,许钧归纳了翻译批评的六种基本方法,即逻辑验证的方法、定量定性分析方法、语义分析的方法、抽样分析的方法、不同翻译版本的比较和佳译赏析的方法。[4] 杨晓荣在分析这六种批评方法的基础上,论述了三种主要的翻译批评方法:印象式批评方法、综合性批评方法(包括全面分析和要点分析两种)和文本分析批评方法(包括以等值翻译论为基础的译本检验方法和以"原则—参数"为框架的译本评析方法)。[5]

真正的翻译批评是内部批评与外部批评的有机结合,但从翻译的语言转换这一根本属性来看,以文本为归依无疑是翻译批评不可或缺的重要方法。在《翻译批评论:约翰·多恩》中,贝尔曼基于译文和原文的阅读、比较,以不同的关注对象和批评目的,提出了一个区别于传统翻译批评的新的操作方法和分析形式。[6] 阅读译文是贝尔曼的翻译批评方法中的第一步。在这项"预备性工作"中,批评者首先要做的是以一种既非多疑、挑剔的,也非纯粹中立、客观的,而是一种仅对译文给予"有限信任"的接受目光

---

1 周领顺《译者行为批评:理论框架》,北京:商务印书馆,2014年,第98页。
2 同上,第106页。
3 许钧《文学翻译批评研究》(增订本),南京:译林出版社,2012年,第31页。
4 同上,第37-39页。
5 杨晓荣《翻译批评导论》,北京:中国对外翻译出版公司,2005年,第86-92页。
6 本节关于贝尔曼的翻译批评方法的内容主要参考Berman, *Pour une critique des traductions: John Donne*, Paris: Éditions Gallimard, 1995, PP. 64-73, 83-91。

耐心地阅读译文。阅读中要完全将原文搁置一边，把译文当作一部真正的作品来读，并避免任何比较和匆忙的判断。贝尔曼认为，只有这样的阅读才能发现译文是否"立得住"。"立得住"在此有两层含义：一是，译文作为文本是否符合目的语的基本语言规范；二是，译文作为真正的作品是否在不涉及原文任何因素的情况下具有稳定的内在生命力。在阅读译文的过程中，批评者还要善于发现其中"可疑的文域"。"可疑"通常表现在以下方面：译文和谐的节奏突然被打破；译文的行文显得过于自如、过于流畅；译文中突兀地使用有碍整体协调的词汇和语句；译文中充斥着来自源语的表达习惯。当然，批评者还可以找到译文中"令人惊叹的文域"，尽管这种情况并不多见。贝尔曼指出，所谓"令人惊叹"并非意味着向目的语完美地归化，而是在于将一种"翻译的创作"、一种与目的语语言规范和谐相容的全新创作形式与文字形式带入目的语并在其中注入新的活力。总之，阅读译文能为批评者带来一些印象。虽然任何印象都可能具有欺骗性，但这些印象却是必不可少的，正是它们将指引此后的分析工作。阅读完译文，批评者就要开始阅读原文。同样，阅读中要完全将译文搁置一边，但适才发现的文域和产生的印象不能被遗忘。此时的阅读很快转变为一种"文本前分析"，批评者在原文中找出使其创作个性化的一切文体特征，即在原文中发现创作与语言之间的关系。从预分析起，批评者要凭借对作品的理解挑选能够代表原文个性特征的文体例证，下一步的比较将基于这些选出的例证。贝尔曼特别强调，任何一部优秀作品都是"必然因素"与"偶然因素"的辩证统一，如果偶然因素的比例过大，作品会显得矫揉造作，相反，如果必然因素的比例过大，作品则面临某种形式主义的危险。这种"必然因素"与"偶然因素"的辩证统一对批评者和译者而言都具有决定性。

以文本为对象的翻译批评最终必须落实到原文与译文之间的比较，贝尔曼提出，具体的比较工作原则上可以按照四个步骤进行：首先，批评者将阅读阶段挑选出的原文重要成分和段落与相对应的译文加以比较；其次，将阅读阶段发现的译文中可疑的或精美的文域与原文中相对应的文域进行比较；再次，如涉及复译，则在上述两个步骤中兼顾该译本与其他译本之间的比较；最后，将译文与译者的翻译方案做比较，进行这一比较时，批评者应明确，翻译方案的最终实现与译者的主体性和个人选择密切相关，也就是说，即便方案基本一致，产生出的译文也总是各不相同的。有必要指出，贝尔曼强调，在阅读和比较这两个程序之间应有一个进入翻译过程、"寻找译者"的必要环节，即从翻译立场、翻译方案、翻译视域三个方面对翻译主体进行考察。鉴于相关内容已在上文中论及，此处不再赘述。

值得关注的是，贝尔曼是为数不多的对翻译批评文体问题予以探讨的学者。他认为，作为一种写作，翻译批评必须要解决其交流性，即可读性问题。因为，翻译批评实践中一再突显出以下极易损害批评效果的倾向：一是术语性过强。我们知道，翻译理论向语言学、符号学等相关学科借用了大量术语，在贝尔曼看来，在批评文章中使用术语本身无可厚非，而且相当必要，但过多术语的堆砌却会导致批评不能向更广泛的读者群体开放，从而威胁到批评的根本目标。二是在评论中生硬地插入大量的原文片段。翻译批评总是为译文读者而作，大多数情况下译文读者不具备阅读原文的能力，因此，批评者在引用原文时应以简练为原则，同时加以必要的解释和说明。三是评论过于烦琐，过分拘泥于细节。四是评论只注重比较，缺少启发式的分析。在指明问题的基础上，贝尔曼提出了翻译批评应该具有的文体特征：首先是明晰性，避免使用过多的行话、夸张的句式和省略；其次是思辨性和评论性，也就是说，翻译批评必须与文本保持一定的距离，不是解释文本，而是真正地对翻译进行分析与评价。

第三节　翻译批评的当下特征与未来发展

回顾新中国成立以来翻译批评的历史，可以清晰地看到翻译批评逐步由稚嫩走向成熟的曲折历程。《中国翻译研究（1949—2009）》指出："从建国[1]之初的马列主义经典译著及苏联文学译作评析，到目前基于多元理论视角的批评模式探究，我国翻译批评的理论和实践经历了一个从单一到多元、从零散到系统的不断发展过程。"[2] 近十余年来，翻译批评总体上可以说有了长足进展。从实践层面来看，翻译批评尽管某种程度上仍"在场"不足，却持续不断地发挥着讨论、争鸣、揭示、反思与警示等多重作用；从理论层面来看，翻译批评不断探索与构建自身理论，在批评方法的丰富、批评视野的拓展与批评体系的建设等方面都迈向了新的高度。立足新的时代语境，对翻译批评当前所呈现出的特征适时加以总结，并在此基础上探索与把握翻译批评未来的发展方向，这将有助于进一步推动翻译批评的实践开展与理论建设，促进其更好地发挥应有的作用。

一、翻译批评的当下特征

从趋势性的走向来看，翻译批评呈现出多方面的变化，包括从主要集中于"外译中"的单向批评走向"中译外"与"外译中"并重的双向批评，从关注翻译的静态结果走向关注翻译的动态过程，从注重文本分析走向注重读者接受，从经验性的评判走向科学的批评等。这些走向、变化体现出一种发展趋势，而不是某种断裂或非此即彼的对立，大体上更应被理解为一种既有所侧重又互补共存的关系。聚焦当下，可以看到翻译

---

[1] 指新中国成立。（编者注）
[2] 许钧、穆雷主编《中国翻译研究（1949—2009）》，上海：上海外语教育出版社，2009年，第263页。

批评致力于理论探索与批判实践，力求不断有所开拓、有所创新，呈现出以下几个基本特征。

第一，结合国家战略需求考量翻译。翻译之所以是一项复杂的活动，原因不仅在于可谓充满艰难险阻的语言转换过程，更体现于文本之外，多重要素介入并深深影响翻译活动，使其成为自我与他者关系乃至世界秩序的一种表征。新的历史时期，翻译活动的复杂性尤为突显。翻译无法在简单意义上被理解为交流的手段或沟通的媒介，而是更深层次地与中外文明的交融互鉴、中外文化关系的发展、中国国家形象的建构、中国特色对外话语体系的建设等具有战略意义的重要方面紧密相连并作为一种积极力量在其中发挥作用。积极回应国家战略需求，是翻译面临的新挑战，也是翻译批评理应肩负起的时代使命。鉴于此，当下的翻译批评从主要关注翻译自身转为结合国家战略需求对翻译进行考量。翻译批评的主要任务和基本功能之一是理论研究，[1] 面对新的翻译思考语境，译学界就文明互鉴共生、民族文化与世界文化双向交流、国家形象自我建构与中国对外话语体系建设等进程中的翻译活动展开了深入的理论探索。许钧深刻把握文化多样性的价值并将维护文化多样性视作翻译的根本目标，以此为基本出发点，他密切关注新时期文化译介如何助推中华文化更真实有效地"走出去"，在《人民日报》发表署名文章《"忠实于原文"还是"连译带改"》《文化译介助推中华文化"走出去"》，在国内重要学术期刊发表《译入与译出：困惑、问题与思考》《中华文化典籍的对外译介与传播——关于〈大中华文库〉的评价与思考》《中国文化价值观与中华文化典籍外译》《关于中国文学对外译介的若干思考》等多篇研究论文，就中华文化译介这一重大命题进行了深具启发性的思考，尤其强调"中华文化的译介要以正确的价值观为引领"。[2] 吴赟明确认识到中国国家形象自我建构的重要意义，提出应通过国家翻译规划进行国家形象的自我建构，并从内容、语种、人才、传播等多个层面对规划路径加以探索。[3] 胡安江客观分析了中国特色对外话语体系的译介与传播中存在的问题，提出应充分树立"和而不同"的认识论理念和"话语历史研究法"的方法论意识，充分关注话语协调机制、效果反馈机制、人才培养机制的建设，力求在新时代背景下进一步提升中国特色对外话语体系的译介与传播效果。[4] 应该说，这些兼具探索与批判特征的理论思考体现出很强的代表性。新世纪以来，我国应用翻译领域展开了大规模实践活动，成为翻译顺应时代要求、回应国家发展战略的一个不容忽视的方面。方梦之、李亚舒、黄忠廉、傅敬民等多位学者积极倡导并实践应用翻译研究，不仅注重应用文体翻译研究，同时关注更具普遍意义的翻译理论的应用性研究，相关研究成果对推动翻译理论与实践之间的深刻互动，促进我国

---

[1] 杨晓荣《翻译批评导论》，北京：中国对外翻译出版公司，2005年，第21页。
[2] 许钧《文化译介助推中华文化"走出去"》，《人民日报》2017年8月9日。
[3] 参见吴赟《国家形象自我建构与国家翻译规划：概念与路径》，《外语研究》2019年第3期，第72–78页。
[4] 参见胡安江《中国特色对外话语体系的译介与传播研究》，《中国翻译》2020年第2期，第44–51页。

翻译事业健康发展并更好地服务国家战略需求具有重要的建设性意义。

第二，既有细致深入的文本分析与评价，又有对翻译生成过程的深刻剖析。翻译批评是一种对象性活动，其根本路径之一在于以文本为归依、以翻译方法为对象展开翻译分析并据此对翻译结果进行评价。考察当下的翻译批评，不难发现，立足翻译结果尤其是在文学译介层面就具有某种普遍意义的代表性译文所做的分析与评价仍是重要且非常必要的方面。如针对莫言作品译介和葛浩文的翻译的批评性研究中，译学界正是通过对译文进行细致深入的文本分析与探讨，力求避免一切印象式或标签化的评判，进而去伪存真，准确把握葛浩文翻译的价值与意义。随着对翻译生成性本质特征的认识加深，译学界在注重文本分析的同时更加关注对翻译生成过程的深入剖析。要评价翻译，首先要认识翻译。从不同的角度考察翻译活动，就可能对翻译的本质特征形成不同的理解，如翻译是一种转换、一种选择，或是一种沟通、一种建构等等。倘若"在综合考察翻译的形式与内容、过程与要素、内部机制与外部影响的基础上，将翻译作为一种文本生命的存在方式来看待，那么可以说，翻译最核心、最重要的本质特征在于其生成性"。[1] 因此，翻译是一个由生成性贯穿始终的复杂系统、一个具有生成性本质特征的动态发展过程，在永远面向自我与他者关系演进中，原作不断拓展新的生命。翻译的生成性既体现于翻译之"生"，也体现于翻译之"成"，译学界深入关注翻译生成过程，从"生"与"成"两个层面，就作品新生命的诞生、文本意义的理解与生成、文学译介的生成性接受、复译与文本生命空间的拓展以及翻译成长的多重影响因素等维度对翻译活动加以探讨与评价。翻译始终处于生成之中，但翻译的生成不可能自行实现，而必须依赖翻译场域内各主体的协同努力。作为翻译活动中居于核心地位的主体，译者对于促进翻译成长有着不言而喻的重要作用。基于这一认识，译学界在当下对翻译生成过程的探究中越来越意识到应充分重视翻译家的创造性工作并切实展开了相关研究。以许钧在《中国翻译》主持的"译家研究"专栏为例，近年来，该专栏陆续刊登了聚焦傅雷、许渊冲、宇文所安、雷威安、杜特莱、朴宰雨、井波律子、陈国坚等多位中外翻译家的研究文章。这些成果立足不同的历史文化语境，从翻译主体的选择、探索、创新、互动等多元视角，对贯穿文本译介与传播全过程的翻译家活动以及翻译家在思想传承、文化交流历程中的作用进行了全面、深刻的理解与评价。"在中华文明发展、中外文化交流的历程中，翻译家始终在场"，他们"就像是一个个重要的精神坐标，引发我们对中华文明的延续与发展、对中外文化的交流与互鉴做出更深刻的思考"。[2]

第三，不仅对翻译活动展开批评，也对翻译研究进行积极反思。有翻译，就有翻译批评。翻译批评应翻译实践的呼唤而生，其根本目标在于促进翻译事业的健康发展。翻

---

[1] 刘云虹《试论文学翻译的生成性》，《外语教学与研究》2017年第4期，第610页。
[2] 刘云虹、许钧《走进翻译家的精神世界——关于加强翻译家研究的对谈》，《外国语》2020年第1期，第77页。

译批评始终以此为己任，对翻译实践展开多维度的考察与批评，力求切实发挥对翻译活动的规范、监督和引导作用。翻译批评兼具实践性和理论性，在密切关注翻译活动的同时，也应充分彰显其理论构建的价值，而推动翻译理论的创新正是当前翻译批评面临的重要任务。不难看到，当下翻译批评彰显出较强的理论构建意识，对翻译研究展开了积极的反思，以期通过批评的质疑与反思力量，促进翻译理论探索取得新的进展。总体而言，以下两方面是翻译批评关注和探讨的重点：一是如何进行中国传统译论的现代转化，二是如何合理借鉴西方翻译理论。张柏然对此有深刻思考，他指出："建设具有中国特色的翻译理论体系，形成既具民族文化特点而又不隔绝于世界潮流的译论话语，是当前中国翻译理论研究面临的一个重要课题，也是21世纪中国翻译理论发展的方向。为此，我们在实事求是地研究中国当代翻译及理论批评现状的同时，既应充分重视中国传统译论资源的价值意义，创造性地吸收古代译论的理论精华，又必须正确地借鉴西方译论中有价值的观点和方法。"[1] 在他看来，前者尤为重要，从文化特质与学科自主性的获得等维度来看，对传统译学理论资源的继承与融合是推动我国当代翻译理论发展的必要条件。据此，他就如何做好传统译论范畴体系的现代阐释与现代转化进行了富有启发性的探讨。王宏印也非常重视对中国传统译论的现代转化，在为《改革开放以来中国翻译研究概论（1978—2018）》撰写的《中国传统译论的阐发与研究》一章中，他明确主张首先要注意解决三方面问题，即"在翻译理念上深入挖掘中国固有的文化资源"，"在翻译方法研究上全面吸收中国文学艺术各门类技法层面的营养"，"在翻译评论上更新或完善传统译论中的翻译原则和评判标准"。[2] 应该说，这样的导向性思考对推进翻译研究反省和完善自身是十分必要的。同时，译学界也深切关注如何合理借鉴西方翻译理论的问题，《改革开放以来中国翻译研究概论（1978—2018）》一书设立专章，对外国翻译理论的运用进行反思。该章作者刘军平有针对性地从"译介、述评及研究外国翻译理论中存在的问题""对外国翻译理论的误读及适应性问题的思考""对引进的异化与归化翻译策略的讨论与反思""对外国理论追风及套用问题的反思""对特色派与普世派之争的反思""对中国翻译理论迟滞性的反思""对将内部研究与外部研究对立起来的做法的反思"[3] 等多方面检视外国翻译理论接受中存在的问题。我们有理由相信，翻译批评的理性目光与反思力量能够为我国翻译研究真正走向成熟发挥重要作用。

---

[1] 张柏然、辛红娟《译学研究叩问录——对当下译论研究的新观察与新思考》，南京：南京大学出版社，2016年，第62页。

[2] 许钧主编《改革开放以来中国翻译研究概论（1978—2018）》，武汉：湖北教育出版社，2018年，第129-130页。

[3] 同上，第157-170页。

二、翻译批评的未来发展

翻译批评在新的历史时期取得了重要进展并呈现出良好的发展态势，但其自身的合法性危机并没有完全消除，仍然存在一些亟待译学界给予深切关注的问题。"在理论上，翻译批评的理论研究虽然已经取得了令人欣喜的进展，但研究的系统性、前瞻性和创新性在某种程度上仍迫切需要进一步提高；在实践上，对翻译重大的现实问题的关注度不够，对一些具有倾向性的热点问题的敏感度不足，对不良的翻译现象缺乏应有的批评勇气和批评力度，包括批评者、译者、读者、翻译出版者在内的系统的翻译批评机制没有得到有效建立"。[1] 直面现实，才有可能解决问题。面对翻译批评取得的成绩、出现的变化与存在的不足，译学界有必要深刻把握现状，充分利用目前好的发展势头，从实践介入与理论探索两方面推动翻译批评的未来发展。总体来看，以下几点尤为重要：1）以双向目光，积极介入"译出去"和"译进来"两个方向的翻译实践活动；2）注重对翻译生成全过程的考察与剖析，深入探讨文学译介的接受与影响；3）立足自身理论探索，加强对翻译研究的建构与反思，通过理论和实践的有效互动，促进翻译更好地回应时代需求，为国家建设与社会发展做出更大的贡献。在此基础上，翻译批评未来可特别关注两方面工作。

第一，以在场姿态，密切关注翻译现实。批评在翻译场域的有效在场不足，这是翻译批评始终存在的一个问题，也是导致其遭遇某种生存危机的根本原因。解决这一问题，必须依赖于两个基本条件：一是批评意识，二是理性目光。批评意识主要针对主体而言，也就是说翻译批评者应积极置身翻译实践活动的现场，密切关注翻译场域内发生的重大现实问题，并彰显出明确的批评意识。因为，"批评者只有真正成为有意识的在场者，才能对翻译实践中突显的各种复杂问题与现象有深入的认识，才能对引发译学界讨论甚至争议的问题有深刻的把握，在这样的基础上，翻译批评的价值才有可能得以展现，漠然和疏离绝对不是翻译批评者应有的姿态。"[2] 如果说翻译批评是一种目光，那么它应该是具有充分理论自觉与理论敏感的理性目光。这就意味着，翻译批评不仅要时时关注翻译活动，还必须体现出应有的理论敏感性，透过现象看到问题及其本质，并展开深刻思考。实际上，翻译批评之所以在翻译重大现实问题中缺席和失语，很大程度上正是由于对翻译现象的关注不足、对翻译问题的把握不足、对翻译的理性思考不足而导致的，究其根本原因，则在于批评理性的欠缺。在中国文化"走出去"的时代语境中，当前涉及翻译的一个重要现实问题就是中国文学的对外译介与传播。考察各界围绕中文

---

[1] 刘云虹、许钧《翻译批评与翻译理论建构——关于翻译批评的对谈》，《外语教学理论与实践》2014年第4期，第8页。

[2] 同上，第3页。

学外译问题展开的讨论，可以看到其中既有彼此对抗的观点，也有模糊不清的认识，争议因而不断出现。对此，翻译批评界已有所关注，但问题意识与理论敏感性仍不足够，往往没有对各方的争论和质疑予以及时、必要的回应，现象背后突显的翻译定位、价值、伦理等翻译根本性问题有待进一步深入剖析与反思。若要切实发挥建设性作用，翻译批评必须树立明确的批评意识，以高度的理论敏感性把握翻译现实问题，真正形成有效的在场。此外，有必要指出翻译批评在场的另一个意义，即通过对翻译现实的密切关注，抓住具有典型意义或普遍价值的个案，以问题为驱动，立足一定的立场、意图与策略，有意识地构建翻译批评事件，力求突显翻译批评的行动者姿态及其引导实践、建构理论的导向性和生成力。回顾我国的翻译批评史，可以看到，《红与黑》汉译讨论之所以产生深远的影响，正因为它以明确的批评意识、理论自觉以及显著的问题性特征构成了一个批评事件。这一代表性个案在翻译理论建构与创新、翻译理论与实践互动等方面提供了宝贵经验，对翻译批评的未来发展具有启迪意义。

第二，以问题为导向，坚持翻译的科学定位与价值引领。在我们这个以变革为主题的时代，翻译似乎正经历着某种"漂泊不定"。翻译质量屡屡遭受诟病，对所谓翻译乱象的责问不绝于耳，而新的历史语境又使翻译不断遭遇新挑战，诸多涉及翻译的重要问题仍悬而未决，远没有形成定论。翻译批评在未来发展中迫切需要直面现实，在积极介入翻译实践基础上深入探索翻译理论，坚持翻译的科学定位与价值引领，真正发挥批评赖以生存的导向性与建构性。而这一目标的实现，取决于翻译批评能否以明确的问题意识，真正发现并解决问题。针对我国当代文学批评，有学者曾对批评者存在的问题意识"钝化"表示担忧，并指出，"现在有许多批评之所以无足轻重、不关痛痒，很大程度上是他的批评缺少问题意识或者讨论的是伪问题"。[1] 有鉴于此，翻译批评必须始终以问题为导向，围绕翻译核心问题展开实践批判与理论探索。以如何定位翻译为例，近年来，针对翻译领域出现的一些变化、呈现的一些特点，尤其是中国文化"走出去"战略背景下中国文学外译重要性的突显，学界提出要重新定位翻译。聚焦这一问题，翻译批评应首先明确，定位翻译，主要包括辨识翻译的特征、把握翻译的本质与确立翻译的价值等方面，而"重新"意味着以历史的目光观照翻译，一方面超越变动不居的各种影响因素，探索翻译内在的最根本属性，另一方面则立足时代变迁，思考翻译在新的历史语境中应发挥的作用。基于此，从狭义翻译过程出发，应明确翻译最本质的特征在于符号转换性。对此有充分认识，才能深刻理解翻译所具有的开放精神与创造精神。在翻译界已出现某种工具性和功利性倾向的情况下，这一点应该说尤为重要。从广义翻译过程出发，应把握翻译的生成性本质特征。由翻译之"生"与翻译之"成"共同构成的生命时

---

[1] 许维萍《当下有没有真正的文学批评？》，丁宗皓主编《重估中国当代文学价值》，沈阳：春风文艺出版社，2011年，第204页。

空里，生成是译本生命从无到有的外在表征，更是译本生命不断丰富与拓展的内在驱动力。伴随着中国文学外译引发的种种困惑和争议，翻译自身的价值也遭到了一定程度的质疑。如何在中外文化双向交流中彰显翻译应有的价值，实现翻译所承载的历史使命，这是对翻译进行定位时需要特别关注的一个方面。翻译批评者应将翻译视为主导世界文化发展的一种重大力量，从跨文化交流的高度，以维护文化多样性为目标来思考翻译的价值，建立科学的翻译价值观。唯有如此，才能促使翻译真正成为推动民族间文化平等双向交流的使者。使者，不仅指涉信息的传递，更意味着某种先锋性。在五四运动中，翻译是先锋，在当前中华民族复兴与中外文明交流互鉴的时代诉求下，翻译理应同样发挥先锋的作用。

思考题

1. 如何理解翻译批评的本质？
2. 如何认识翻译批评的价值与功能？
3. 请结合本章内容，分析翻译与批评之间的关系。
4. 请结合实例谈谈对"翻译实践呼唤翻译批评"这一观点的认识。
5. 请结合本章内容谈谈对贝尔曼所提出的翻译批评"建构性"的认识。
6. 翻译批评是否应遵循一定的标准？如果是，应遵循什么标准？
7. 翻译质量评估与翻译批评有什么关系？
8. 当前我国的翻译批评具有哪些特征？
9. 当前我国的翻译批评研究现状如何？
10. 请谈谈对我国翻译批评发展前景的看法。

推荐阅读书目

Berman, A. 1995. *Pour une critique des traductions: John Donne*. Paris: Éditions Gallimard.
House, J. 2015. *Translation Quality Assessment: Past and Present*. London & New York: Routledge.
Toury, G. 1980. *In Search of a Theory of Translation*. Tel Aviv: Porter Institute for Poetics and Semiotics, Tel Aviv University.

刘军平，《西方翻译理论通史》，武汉：武汉大学出版社，2009。
刘云虹、许钧，《翻译批评研究之路：理论、方法与途径》，南京：南京大学出版社，2015。
刘云虹，《翻译批评研究》，南京：南京大学出版社，2015。

罗新璋、陈应年,《翻译论集》(修订本),北京:商务印书馆,2009。
王宏印,《文学翻译批评论稿》,上海:上海外语教育出版社,2006。
谢天振等,《中西翻译简史》,北京:外语教学与研究出版社,2009。
许钧,《文字·文学·文化——〈红与黑〉汉译研究》(增订本)。南京:译林出版社,2011。
许钧,《文学翻译批评研究》(增订本),南京:译林出版社,2012。
杨晓荣,《翻译批评导论》,北京:中国对外翻译出版公司,2005。
周领顺,《译者行为批评:理论框架》,北京:商务印书馆,2014。

第十二章
翻译与翻译伦理

作为一种人类活动，翻译往往不可避免地被置于人际关系之中，也因此与人际关系的规范——伦理发生关联。译什么？怎么译？此类问题不仅涉及文本选择与语言操作，还不同程度地受到各种伦理观念的影响。相应地，翻译伦理作为翻译学的一个关键议题，值得译者和相关研究者的充分重视。随着翻译学的不断发展，对于翻译伦理的认识也处于不断的发展之中。无论在西方还是在中国，翻译伦理研究都取得了显著的成果。研究者们从各自的视角，基于各自的重点绘制出相应的学术地图，为翻译伦理研究做出了重要的贡献，同时也存在着各自的理论局限。在此基础上，学界未来对于翻译伦理的思考还需进一步的拓展与深化，结合新的时代背景进一步探索元伦理学，规划人性化的伦理模式，思考人工智能翻译伦理，以及阐发人类命运共同体旗帜下的伦理机制。

第一节　翻译与伦理的关系

人类社会主要通过两种方式得以保障其有序性：一是强制性的条令，主要表现为法律、纪律、政策等；二是非强制性的价值观念，主要表现为伦理。伦理本意为事物之条理，后多被用来指代系统的道德规范。按照《现代汉语词典》的解释，伦理即"人与人相处的各种道德准则"；[1]《辞海》则将伦理定义为"人们相互关系所应遵循的行为准则"。[2] 英语的ethics（伦理）一词源自希腊语ethos，原指本质或人格，也可延伸为风俗或习惯之义。汉语的"伦理"一词亦是自古有之。最初"伦"与"理"两字各自单独使用，如《尚书·舜典》中的"八音克谐，无相夺伦"，《战国策》中的"玉之未理者为璞，剖而治之，乃得其鳃理"。至于"伦理"二字首次合用则可追溯至西汉《礼记》中的"乐者，通伦理者也"。在近代，日本学者借用"伦理"一词翻译英语的ethics，而中国知识界也普遍

---

[1] 中国社会科学院语言研究所词典编辑室《现代汉语词典》（第7版），北京：商务印书馆，2016年，第857页。
[2] 夏征农、陈至立《辞海》（第6版），上海：上海辞书出版社，2009年，第1473页。

借用该译名作为建构道德价值系统的旗帜。到了今天，中国的伦理和西方的ethics已包含基本等同的意义，即基于一定道德价值观的人际关系规范体系。

翻译中存在着广泛的伦理问题。其原因在于翻译为人际关系所约束，必然会相应地产生伦理关涉。自始至终，译者都有意识或无意识地与在场或不在场的行为主体展开对话，其中包括原文作者、译文读者、赞助商、出版社、审查机构、译评家等。从这个意义上讲，整个翻译活动的各种人际关系形成一张网络。在此网络中，行为主体之间相互的认知和态度不可避免地会涉及伦理问题。例如，译者是否尊重原文作者？是否考虑读者的阅读需要？是否服从赞助商的要求？是否遵循审查机构的规定？是否迎合译评家的口味？这些都能够在一定程度上反映译者的伦理观念。诸多行为主体在翻译这一平台上彼此相遇，呈现多方对话状态，使翻译成为人际关系的汇聚之地。在社会历史语境中，人们认识和处理这些关系，由此构筑起价值判断的依据，使翻译行为有了是非对错之分。所以翻译并非单纯的符码转换，而是充满人际交往考虑的伦理行为。应选择何种原文？该使用何种翻译策略和方法？这些问题往往能够突破语言文字行为的表面，触及更深层次的伦理思考。

事实上，伦理观念体现在人类翻译史的方方面面。例如"忠实"就是一个贯穿人类翻译史的伦理概念。译文对原文的忠实不仅关乎语言文字，还涉及背后的人际关系，体现了译者自身的价值观，代表了其对原文作者的态度。忠实反映在各种翻译理念之中，带来如直译意译之争、文质之辩等各种讨论。再如"责任"亦是翻译的重要伦理话题。译者的职业价值观和道德信条决定了其自身的责任感，直接关系到译者是否能够担负对于其他行为主体的各项义务，从而决定了翻译能否获得预期的结果。又如"信任"也是翻译主体之间必要的伦理操守。如果翻译主体不能彼此信任，而是心怀芥蒂，那么翻译的成功率将会受到极大的影响；反之如其充分信任对方，则更易产生理想的翻译成果，像莫言就给予其译者葛浩文极大的信任，而后者也不负前者期待，二人融洽协作，提升了莫言在国际文坛地位，一时传为佳话。

无论在西方还是在中国，翻译伦理都对翻译活动产生过影响。在西方，早在古罗马时期的斐洛就曾将翻译上升到宗教伦理的层面，认为《圣经》译者应以虔诚之心获得来自上帝的感应，"犹如被一位隐形的发起人在主导译者听写一般"，[1] 从而影响了当时宗教典籍翻译的风气；18至19世纪德国的歌德、施莱尔马赫、荷尔德林（Friedrich Hölderlin）等浪漫主义大师将忠实体现为对外来语言和文化的充分尊重态度，借此伦理观念发展出当时德国译坛的谦逊译风，因而极大丰富了本国的语言和文化，有力地推动了德意志民族身份的建构；20世纪后期西方世界兴起的后现代主义引发翻译界的震

---

[1] J. Philo, The Creation of the Septuagint, trans. F. Colson, in *Western Translation Theory from Herodotus to Nietzsche*, ed. D. Robinson, Beijing: Foreign Language Teaching and Research Press, 2006, P. 14.

动（如解构主义消融原文权威、后殖民主义控诉译本殖民话语、女性主义挑战翻译男权等），以质疑和颠覆的姿态呈现出新的翻译伦理思潮。在中国，早在古代佛经翻译时期就出现了"敬顺圣言，了不加饰"（道安）、"敢竭微诚，属当译任"（僧睿）、"八备"（彦琮）[1] 等伦理观念，为宗教典籍翻译起到规范作用；后来严复的"信达雅"之说又将"信"这一伦理概念推到翻译标准之巅峰；到了五四时期，翻译界针对之前的各种不准确的译文，总体呈现出对于"信"的推崇和重构，使得当时的中国人更为真切地接触到西方著作的全貌，为民族觉醒、思想解放做出了重要的贡献；当代中国进一步强化了翻译伦理意识，并将其系统地呈现于《翻译专业职务试行条例》《翻译服务规范》《翻译服务译文质量要求》等行业规范之中，促进了中国翻译事业的发展和翻译质量的改善。

由此可见，翻译与翻译伦理息息相连，不可分割。但值得注意的是，随着人类科技的不断发展，人工智能翻译技术占有越来越重要的地位，许多翻译任务已改由人工智能完成。这是否就意味着翻译可以摆脱人际关系，进而免于伦理关涉呢？无论人工智能达到何种高度，其运作依然被置于种种人际关系之中。确切说来，在人工智能翻译的背后，是赞助人、委托人、软件工程师、语料库开发者、校对员、承包商、客户等人的存在；哪怕是在看似完全无人参与的自动文字转换环节，其依赖对象也主要是由人所提供的译文语料库，背后还是不在场的人工译者。相应地，人工智能翻译便不能免除伦理关涉。其背后的各种行为主体之间应当遵循什么样的伦理规约？实现什么样的价值判断？此类问题依然是翻译学界不能回避的。

第二节 翻译伦理研究

据目前已掌握的文献，"翻译伦理"（the ethics of translation）[2] 一词最早于1895年由美国学者诺伦（John S. Nollen）提出，但现代意义上对翻译伦理的系统性研究则肇始于法国翻译理论家贝尔曼1984年出版的专著《异域的考验：德国浪漫主义时期的文化与翻译》。以后者为起点，翻译伦理研究至今已历时近四十载，并取得了一系列重要成果。

---

[1] 隋僧彦琮则对佛经译者提出了"八备"的要求，即"诚心爱法，志愿益人，不惮久时，其备一也。将践觉场，先牢戒足，不染讥恶，其备二也。筌晓三藏，义贯两乘，不苦暗滞，其备三也。旁涉坟史，工缀典词，不过鲁拙，其备四也。襟抱平恕，器量虚融，不好专执，其备五也。耽于道术，淡于名利，不欲高衔，其备六也。要识梵言，乃闲正译，不坠彼学，其备七也。薄阅《苍》《雅》，精谙篆隶，不昧此文，其备八也"。这可以称为古代一个系统的佛经翻译伦理守则。参见彦琮《辩正论》，罗新璋、陈应年《翻译论集》（修订本），北京：商务印书馆，2009年，第62–63页。

[2] J. S. Nollen, The Ethics of Translation, *Modern Language Notes*, 1895(2), P. 38.

一、西方的翻译伦理研究概况

就西方的翻译伦理研究而言,贝尔曼、韦努蒂、皮姆、切斯特曼是目前成果最为突出、影响最为广泛的学者。其具体学说分述如下。

(一)贝尔曼:迎向异质的翻译伦理

贝尔曼倡导迎向异质的翻译伦理,主张在翻译中欢迎外来异质成分,以丰富和发展本土语言和文化。

在贝尔曼看来,翻译不应使读者沉浸于已知的熟悉事物,而是应当带来语言和文化的异质。他回顾了18世纪新古典主义时期的法国译坛,认为在当时法兰西民族的骄傲情绪驱动下,法国译者对外来的语言和文化缺乏尊重,从而导致归化译风盛行。这让法国在很大程度错失了汲取外来养分的机会,使自身的语言和文化发展远逊于同一时期崇尚异化翻译的德国。基于这样的教训,贝尔曼主张重塑译者身份,打破传统观念中译者作为传声筒的刻板印象,转而将其视作推动语言和文化发展的重要责任人。他主张译者走出在两种语言间左右为难、饱受诟病的尴尬境地,将目光瞄向新的目标——开辟汲取他者的通道,以此丰富和发展本土语言和文化。为强化这一倡议,贝尔曼提出"翻译伦理"的概念,把翻译对异质的尊重上升到伦理的高度。基于对新古典主义时期法国译坛的反思,贝尔曼试图在伦理平台上批判我族中心主义,建构起彰显他者的翻译导向,最终实现各民族语言文化交流的良性互动。

贝尔曼把我族中心主义主导的翻译称作"坏的"翻译,同时将迎向异质的翻译作为其对立面,主张在翻译中体现出异于本土语言文化的他者。[1] 他继承了德国浪漫主义的"纯粹性"思想,发展出翻译的"纯目标"概念:

在理论层面,翻译伦理包括提出、确定和捍卫这种翻译的纯目标。它包含着对"忠实"的定义。翻译不能仅仅被定义为交际、传达信息或是文字重组。翻译也不是一种纯粹的文学或审美活动,尽管它与一定文化领域的文学实践有着内在联系。确切地说,翻译是书写和传播,但这种书写和传播只有从规约它们的伦理目标那里才能获得真正的意义。[2]

纯目标指向浪漫主义的纯粹性,而后者是一个形而上层面圆满具足的概念,与形而

---

[1] A. Berman, *The Experience of the Foreign: Culture and Translation in Romantic Germany*, trans. S. Heyvaert, Albany, NY: State University of New York Press, 1992, P. 4.

[2] Ibid., P. 5.

下层面残破支离的现实生活形成鲜明对比。在贝尔曼看来，人类的语言文化正处于破碎的格局，有待于通过翻译实现彼此的互补和融通，以趋向浪漫主义圆融具足的纯粹性。[1] 在这一过程中，翻译伦理目标（即纯目标）扮演着重要的角色：该目标能够约束我族中心主义的冲动，将译者导向对他者的欢迎态度，使其以开放平等的姿态实现语言文化之间的良性互动，成就通往纯粹性的顺遂旅途。由此可见，贝尔曼眼中的翻译是一种基于伦理目标的书写行为。它不仅需要重组词句传达意义，还需要担负起彰显差异的伦理使命，以此促成不同国家和民族在语言和文化方面平等开放的对话，使其彼此取长补短，共同进步。

基于这样的观点，贝尔曼将纯目标导向下的翻译伦理称作"积极伦理"，并试图以此拨正所谓的"消极伦理"。[2] 在消极伦理下，译者为我族中心主义所困，倾向于远离纯目标，进而在翻译中淡化甚至是隐藏差异，使读者陷入语言文化同质性的幻觉。贝尔曼认为研究者不仅要认识到消极伦理的危害，还需要分析消极伦理的成因。在他看来，译者易于偏离纯目标的直译要求，导致原文的十二类"变形"：1）合理化；2）清晰化；3）拓展；4）崇高化与流行化；5）质量降低；6）数量减少；7）节奏损坏；8）内在指称网络损坏；9）语言模式损坏；10）本国语言网络损坏或异化；11）表达方式及成语损坏；12）重叠语缺失。[3] 着眼于这十二种变形，研究者可以探讨译者心理状态如何影响翻译的决策过程，进而心生警惕，规避偏离纯目标的行为，落实贝尔曼所倡导的翻译伦理观念。

总体说来，贝尔曼翻译伦理的核心理念在于反对自恋、欢迎他者，以此推动译入语民族本土语言和文化的有效建构。他不仅鲜明地树立起翻译伦理的旗帜，还把译者提升到语言文化构建者的地位，推动了语言和文化之间的良性互动。

（二）韦努蒂：挑战文化霸权的差异伦理

美国翻译学者韦努蒂倡导旨在挑战文化霸权的差异伦理，主张翻译应彰显差异，以提升第三世界国家的语言和文化地位，改善欧美中心主义笼罩下国际文化政治的权力失衡格局。

在长期的翻译研究中，韦努蒂注意到欧美翻译界往往强化欧美中心主义，对第三世界国家形成文化霸权。与贝尔曼一样，韦努蒂反对将翻译视作一种自然无碍的交往行

---

[1] 本雅明亦有类似观点。纯粹性在本雅明那里表现为"纯语言"的形而上学存在，即超越世俗言说的完美和谐的语言。参见Benjamin, W. The Translator's Task, in *The Translation Studies Reader*, ed. L. Venuti, London & New York: Routledge, 2012, P. 81.

[2] A. Berman, *The Experience of the Foreign: Culture and Translation in Romantic Germany*, trans. S. Heyvaert, Albany, NY: State University of New York Press, 1992, P. 5.

[3] A. Berman, Translation and the Trials of the Foreign, in *The Translation Studies Reader* (3rd edition), ed. L. Venuti, London & New York: Routledge, 2012, P. 244.

为，期待译者突显语言和文化异质。但较之贝尔曼，他更加倾向于突显翻译中遭受压制的边缘民族话语。他揭穿了长期以来欧美译坛中翻译"透明"的神话，揭示出所谓透明翻译的背后实际上充斥着种种不平衡的权力关系，具体反映在翻译的著作权、版权、文化身份塑造、文学教育、哲学、畅销书等各个方面。这种权力关系在韦努蒂看来十分不合理，造成了所谓的"翻译之耻"。在他眼中，翻译的可耻之处在于，它明明在强烈的欧美中心主义倾向下排斥边缘民族话语，却还堂而皇之地自称透明，试图掩盖自己压迫与欺凌第三世界国家的行径；这种翻译是一种由文化霸权造就的幻觉，看似透明的信息传达，实则是强化欧美中心主义的帮凶。在"透明"的谎言背后，是悄然归化原文的"流畅"翻译——"流畅的翻译使用的是当代（'现代'）英语而不是古英语，是普遍使用的英语而不是专业英语（'术语化'），是标准英语而不是口语化英语（'俚语'）"。[1] 从这个意义上讲，翻译就是在单方面强化英语国家的文化霸权。

针对这一情况，韦努蒂提出了"差异伦理"的概念，声称："我支持的伦理立场是这样，它敦促翻译在阅读、写作和评估各方面对语言和文化的差异表现出更多的尊重"。[2] 与该伦理配套的是所谓少数族群化翻译（minoritizing translation）。少数族群化翻译专门挑选来自第三世界的冷门作品进行翻译，通过异化策略彰显其语言和文化的异质感，由此冲击美国英语的标准用法及英美主流文化，挑战英语在全球范围内的霸权地位。这样的翻译不寻求译坛主流话语的认同，也不试图建构新的翻译标准，而是旨在培育语言和文化的异质，以此搅动英语的内部结构，促进英语的发展和革新，使其表现出更多的包容性。在韦努蒂看来，好的翻译都符合差异伦理的要求，能够对次标准的、边缘化的语言和文化呈现出开放态度。为此他主张译者在翻译中显身，甚至不惜抬高以往备受诟病的翻译腔。他借用刘易斯（Philip Lewis）的"反常忠实"作为这一主张的策略基础。反常忠实不重视语言的正常使用，而是通过异化造就语言的"反常"使用，即所谓的翻译腔来彰显语言文化差异。换言之，译者完全可以忠实地传达原文（主要是来自第三世界国家的文本）全部的语言和文化异质，哪怕呈现出来的效果完全是反常的翻译腔表达。韦努蒂期待借用刘易斯的这一策略抵抗源语（主要是英语）背后的主流话语权力，达到破除欧美中心主义、挑战文化霸权的目的。

总体说来，韦努蒂翻译伦理的核心理念在于通过异化翻译来彰显差异，释放出以往饱受压制的第三世界国家的语言和文化话语，进而对欧美主导的文化霸权形成挑战，重构国际文化政治格局。较之贝尔曼，韦努蒂将翻译伦理上升到国际文化权力的高度，显现出更为广阔的眼界。他以斗士的姿态开辟出一条制衡文化霸权的途径，有利于增强翻译工作者的文化使命感。

1　L. Venuti, *The Translator's Invisibility: A History of Translation* (2nd edition), London & New York: Routledge, 2008, P. 4.
2　L. Venuti, *The Scandals of Translation*, London & New York: Routledge, 1998, P. 6.

（三）皮姆：文化间性中的译者伦理

澳大利亚翻译学者皮姆重点强化文化间性中的译者伦理。[1]他着眼于描述翻译学所回避的价值问题，将研究的重心置于规范译者的伦理原则。较之贝尔曼和韦努蒂，皮姆更加重视翻译伦理所需应对的复杂语境。对他而言，翻译语境在很多时候是个别性的存在，但译者却可以被纳入旨在改善文化间性的普遍性伦理原则之中。

许多人将翻译等同于一种单纯的语言活动，因而未能注意其伦理属性。但皮姆认为译者在从事翻译活动时不能脱离伦理，因为他是一个活生生的人，而非没有情感的机器，并不能如人们臆想的那样保持不偏不倚的价值中立。译者认同什么？不认同什么？这些问题往往被隐藏在看似客观意义传达的翻译活动背后，体现出译者长期的伦理观念。在这样的认识中，皮姆开始着手研究翻译伦理问题。自20世纪90年代初，翻译学的研究范式开始从规约转变为描述。研究者更多追求对于翻译现象的客观描述和分析。尽管摆脱了对规约问题无休止的追问，该范式也把价值观念推向边缘，导致翻译伦理问题一度受到冷落。皮姆认为翻译研究不应完全为描述所占据，而是应当为伦理议题留一席之地，特别是在全球化的背景下，翻译伦理扮演着十分重要的角色，理应引起学者的重视。为此他直接宣称："翻译研究已经回归到伦理问题。"[2]随后他进一步将翻译伦理问题总结为五个方面：1）研究不再局限于以往三十年的语言层面问题，而是上升到伦理层面的讨论；2）讨论范围大幅扩展，不再局限于词、句、篇等翻译单位和文本的讨论；3）人代替文本成为研究的重心，脱离文本的口译也进入研究视野；4）研究者作为社会活动参与者具有一定的价值观念，不可能完全中立客观；5）人们不再满足于解构主义的碎片化图景，而是致力于构建普遍性的价值和理论体系。[3]

皮姆更倾向于将翻译视作一种职业性服务，以此作为阐发翻译伦理的基点。他认为翻译是一种具有合作性质的集体行为，而且这种行为随着电子设备和互联网的流行涉及越来越广泛的合作对象，在伦理层面面临"超越个人主义信息增效模式"的社会主体性。[4]基于格莱斯（Paul Grice）的会话原则，皮姆将合作视作一定目的和导向下各参与方的交流结果。在他看来，格莱斯关于各方为实现共同目标而彼此交流协作的观点是一种"带有伦理意味的声明"。[5]因此皮姆倾向于认为翻译的合作者都需在伦理层面上坚持为集体服务，实现彼此互惠互利。在此合作行为中，译者对于原文作者、读者、客

---

1 关于文化间性具体定义是什么，皮姆一直语焉不详。据其著述所示，文化间性即文化间的关系状态，关系着文化之间能否良性互动。

2 A. Pym, Introduction: The Return to Ethics in Translation Studies, in *The Return to Ethics*, ed. A. Pym, London & New York: Routledge, 2001, PP. 129–130.

3 Ibid., P. 137.

4 参见https://usuaris.tinet.cat/apym/on-line/intercultures/cooperation.html，检索日期：2022-9-11。

5 同上。

户、源语文化和译入语文化都负有相应的责任，因而有必要在责任网络中协调各方面的人际关系。

秉承以上合作原则，译者需要尤其注意改善皮姆所谓的文化间性，即致力于达成文化之间的良性互动。为说明这一点，皮姆举了一个例子：一部西班牙语的儿童百科全书里有这样一句话："El hombre blanco ha marcado el avance progreso humano durante mas de dos mil anos（在两千多年的历史里，白人领导着人类前行）"；这句话尽管在其最初的英译本中得到完整翻译，但在被引进至中国台湾地区后，被大幅修改，因为编辑认为唐代的中国在文化上超越同时代的欧洲；当这一意见被反馈给西班牙语作者时，他宣称自己并不关心中国，反正他只知道"罗马艺术与哥特教堂无与伦比"；皮姆不认同上述辩解，不是因为他觉得唐代艺术确实高于哥特教堂，而是因为他认为这样做不太可能改进文化间的关系。[1]

总体说来，皮姆翻译伦理的核心理念在于以合作原则改善文化间的互动关系。这进一步强化了翻译的伦理意识，突显了主体间性，以多方共赢的态度丰富了翻译伦理在实践语境下的张力。

（四）切斯特曼：基于价值的翻译伦理模式

芬兰学者切斯特曼厘定了翻译的各种价值，发展出一套基于价值的伦理模式，这套模式呈现出系统性的价值指标与伦理要求，形成一定的翻译职业伦理框架。

对于切斯特曼来说，描述翻译学只能代表翻译研究的部分图景，而过于专注描述将导致忽略翻译的最初动机，产生"跛脚的理论"。[2] 如果说描述翻译学旨在解决"是"（事实）的问题，那么研究者还要在此之外解决"应该"（价值）的问题。确切说来，翻译行为是一种客观事实，但至于是否应采取这种行为，则要放到价值领域才能得以解决。为了实现这种从"是"到"应该"的转变，切斯特曼将目光移至翻译伦理，并将相应的伦理观念筑基于价值，"我倡导一种不同于他人的翻译伦理观点。这种观点并非基于责权概念，而是基于价值概念。责任和权利都是次要理念，它们都依赖于价值理念，因此后者才具有首要地位。"[3] 他厘定了翻译的四项基本价值，即"清晰""真实""信任""理解"，并发展出相应的四项翻译伦理规范：1）期待规范对应"清晰"，指译者应当使译文符合读者的预先期待；2）关系规范对应"真实"，指译者应当在原文和译文之间建立和维持一种适当的关系；3）交往规范对应"信任"，指译者应当根据实际情景兼顾各方诉求，

---

[1] 参见 https://usuaris.tinet.cat/apym/on-line/intercultures/cooperation.html，检索日期：2022-9-11。

[2] A. Chesterman, From "Is" to "Ought": Laws, Norms and Strategies in Translation Studies, *Target*, 1993(1), P. 3.

[3] A. Chesterman, Ethics of Translation, in *Translation as Intercultural Communication*, eds. M. Snell-Hornby et al. Amsterdam/Philadelphia: John Benjamins, 1995, P. 147.

优化交往效果；4）责任规范对应"理解"，指译者应当对翻译活动的参与各方负责。[1]

后来切斯特曼又修正了这一系统，将"清晰"价值项替换为"忠诚"，[2]并提出五个伦理模式：1）再现伦理对应"真实"，指翻译应当如明镜一般再现原文文本、原作者意图乃至原语文化；2）服务伦理对应"忠诚"，指翻译应体现对客户的服务，同时对原文作者和译入语读者负责；3）交往伦理对应"理解"，指翻译应着重考虑与他人的交往关系，而不是强调再现他者；4）规范伦理对应"信任"，指译者按公认的规范行事，以培养职业诚信；5）承诺伦理，指译者应承诺翻译的良好表现，并为实现该承诺灵活选择以上四种伦理模式。[3]承诺伦理脱离了教条思路，造就了他所谓的解放性翻译，即为了更高价值层面的考虑而打破已有的翻译规范。解放性翻译有三个原则：1）没有绝对意义上唯一、完美的译文；2）在翻译中，译者处于与多方参与者的平等对话之中；3）译者、原文作者、委托人需共同对翻译负起责任。[4]在此基础上，切斯特曼仿照医护人员的希波克拉底誓言（Hippocratic Oath），提出翻译行业的职业伦理誓言——哲罗姆誓言（Hieronymic Oath）。[5]在后续研究中，切斯特曼继续专注翻译伦理领域，与威廉姆斯（Jenny Williams）一起梳理翻译学的伦理议题，[6]与瓦格纳讨论关于译文的知识产权归属、译者的选题和操控等争议，[7]与赫曼斯、图里探究翻译中价值的含义，[8]回顾翻译伦理研究，指出其未来发展的种种问题等，[9]但此类研究并未超越他之前的理论框架。

总体说来，切斯特曼翻译伦理的核心理念在于价值导向下的伦理体系。这确立了翻译伦理规范的价值基础，反映了翻译在实践语境下的不同价值诉求，也在各种伦理规范与解放性翻译之间达成了责权平衡。

---

1 A. Chesterman, Ethics of Translation, in *Translation as Intercultural Communication*, eds. M. Snell-Hornby et al. Amsterdam/Philadelphia: John Benjamins, 1995, PP. 149–152.

2 切斯特曼在给笔者的电子邮件中称，他之所以用"忠诚"替代"清晰"，是因为他认为"清晰"并不是一项伦理价值。

3 A. Chesterman, Proposal for a Hieronymic Oath, in *The Return to Ethics*, ed. A Pym, London & New York: Routledge, 2001, PP. 142–143.

4 A. Chesterman, *Memes of Translation: The Spread of Ideas in Translation Theory*, Amsterdam/Philadelphia: John Benjamins 1997, PP. 192–193.

5 Ibid., PP. 152–153.

6 J. Williams & A. Chesterman. *The Map: A Beginner's Guide to Doing Research in Translation Studies*, Shanghai: Shanghai Foreign Language Education Press, 2004, PP. 18–20.

7 A. Chesterman & Emma Wagner, *Can Theory Help Translators? A Dialogue Between the Ivory Tower and the Wordface*, Beijing: Foreign Language Teaching and Research Press, 2006, PP. 105–106.

8 A. Chesterman, Description, Explanation, Prediction: A Response to Theo Hermans and Gideon Toury, in *Translation and Norms*, ed. C. Schäffner, Beijing: Foreign Language Teaching and Research Press, 2007, PP. 93–94.

9 A. Chesterman, Translation Ethics, in *A History of Modern Translation Knowledge: Sources, Concepts, Effects*, eds. L. D'hulst & Y. Gambier, Amsterdam/Philadelphia: John Benjamins, 2018, PP. 443–448.

（五）其他西方的翻译伦理研究成果

在以上四位学者之外，西方也有不少学者从各自不同的视角研究翻译伦理问题。一些学者着眼于对已有理论的批评，如诺德从传统忠实观中发展出"忠诚"的概念，着力于为译者构建一套旨在达成各种责任关系平衡的伦理总则，[1] 科斯基宁（Kaisa Koskinen）致力于反思和批评韦努蒂和皮姆的翻译伦理观念，[2] 怀克（Ben van Wyke）评价二十余年来翻译伦理的理念发展，从中梳理和总结出重要的学术意义。[3] 另一些学者从国际政治着眼展开研究，如提莫志科讨论翻译伦理在意识形态对话和争斗中扮演的角色，[4] 并进一步将翻译伦理与国际冲突联系起来，[5] 赫曼斯探究翻译伦理在政治和意识形态中的协调作用等，[6] 梅肖尼克将翻译伦理建构于政治与诗学的支点之上。[7] 还有一些学者从社会学角度入手进入讨论，如德拉根（Joanna Drugan）和提普顿（Rebecca Tipton）将翻译伦理与社会责任结合在一起，[8] 弗洛罗斯（Georgios Floros）揭示出塞浦路斯新闻翻译的种种伦理问题等。[9]

此外，一批以翻译伦理作为主题的论文集先后出版，如《民族、语言和翻译伦理》（*Nation, Language and Ethics of Translation*, 2005）、《反思中世纪的翻译：伦理、政治、理论》（*Rethinking Medieval Translation: Ethics, Politics, Theory*, 2012）、《翻译与伦理之劳特利奇手册》（*The Routledge Handbook of Translation and Ethics*, 2021）等。这些成果在一定程度上推动了翻译伦理研究的发展，使伦理议题在西方翻译学界得到进一步的关注和讨论。

---

[1] 前文切斯特曼的"忠诚"和此处诺德的"忠诚"有所不同。前者只是针对译者对服务对象的态度，而后者指译者对多方主体的综合责任考虑。参见Nord, *Translation as a Purposeful Activity: Functionalist Approaches Explained* (2nd edition), Routledge, 2018, P. 115。

[2] K. Koskinen, *Beyond Ambivalence: Postmodernity and the Ethics of Translation*, Tampere: University of Tampere Press, 2000.

[3] B. Wyke, Translation and Ethics, *The Routledge Handbook of Translation Studies*, London & New York: Routledge, 2013, PP. 566-578.

[4] M. Tymoczko, Translation: Ethics, Ideology, Action, *The Massachusetts Review*, 2006(3), PP. 442-461.

[5] M. Tymoczko, Translation, Ethics and Ideology in a Violent Globalizing World, in *Globalization, Political Violence and Translation*, eds. E. Bielsa & C. W. Hughes, Palgrave: Macmillan, 2009, PP. 171-194.

[6] T. Hermans, Translation, Ethics, Politics, in *The Routledge Companion to Translation Studies*, London & New York: Routledge, 2009, PP. 93-105.

[7] H. Meschonnic, *Ethics and Politics of Translating*, trans. P. Boulanger, Amsterdam/Philadelphia: John Benjamins, 2011, P. 36.

[8] J. Drugan & R. Tipton, Translation, Ethics and Social Responsibility, *The Translator*, 2017(2), PP. 119-125.

[9] G. Floros, News Translation and Translation Ethics in the Cypriot Context, *Meta*, 2012(4), PP. 924-942.

（六）西方的翻译伦理研究之总体贡献与局限

总体而言，西方的翻译伦理研究之主要贡献体现在以下两方面。

1. 强化翻译的人本主义关怀

20世纪90年代，描述翻译学开始在西方翻译学界盛行开来。此前长期以对等为核心的规约式研究并未为翻译研究带来预期的效果，研究者深陷各种烦琐的对等系统中，却难以给出更加令人满意的翻译规约机制。这导致一批学者转向描述研究的模式，即干脆放弃阐发翻译的价值诉求，不去研究怎样才能译得更好，不寻求翻译之善，而是致力于客观陈述翻译现象，并从中挖掘背后隐藏的规律。随着这一态势的兴盛，翻译学界的伦理话题曾一度被边缘化，甚至连"伦理"都成了不受欢迎的词语，其中有人认为翻译也许涉及形而上学与元科学，但根本不存在伦理问题。[1] 比如在1994年，法国学者拉德米拉尔（Jean-René Ladmiral）对皮姆说翻译伦理根本就不应该存在。[2] 这样的说法在很大程度上代表了当时翻译研究的一种主流观点，从侧面体现出伦理话题在翻译学界的边缘化窘境。如此局势十分不利于翻译伦理关怀的彰显。固然，描述研究能够以一种相对科学客观的目光切入翻译，得出作为规律的结论，但如果就此放弃主观性的价值观念，忽略翻译的伦理属性，实际上就是将翻译行为主体等同于没有温度、没有血肉的存在。贝尔曼、韦努蒂、皮姆、切斯特曼等学者通过努力突显了翻译伦理，在一定程度纠正了描述研究的过度化倾向，使翻译回到了人本主义的关怀之下。虽然伦理依托于人的主观价值观念，看上去并不那么科学、那么客观，却代表着人作为人所拥有的基本特征。从这个意义讲，西方的翻译伦理研究避免了翻译研究的唯科学主义窠臼，使其在一定程度回归人文属性。

2. 加强翻译伦理的理论建构

其实伦理在西方翻译史上并未缺席，而是以各种形式显现着自身。先不论其他，仅一个忠实观念就存在着各种变体，比如在波伊提乌那里是原文"未玷污的真实"，[3] 在斐洛那里是《圣经》译者对于上帝的虔诚，在施莱尔马赫等浪漫主义译者那里是原汁原味的语言文化跨国界融合。然而尽管如此，翻译伦理却一度缺乏理论建构，多流于一些零散的随感式言论之中。自贝尔曼起，西方的翻译学界开始逐渐改变上述状态，将翻译伦理认识推向理论化、系统化，发展出一系列的概念和体系，加强了翻译伦理的理论建构，使人们得以在更完善的理论视域下透视翻译伦理。这对于翻译学的学科建构有着十分积极的意义。

与此同时，西方的翻译伦理研究也从总体上暴露出一定的局限，主要体现在以下两方面。

---

[1] A. Pym, Introduction: The Return to Ethics in Translation Studies, in *The Return to Ethics*, ed. A. Pym, London & New York: Routledge, 2001, P. 129.

[2] Ibid., PP. 129.

[3] M. Boethius, Committing the Fault of the True Interpreter, trans. C. Burnett, in *Western Translation Theory from Herodotus to Nietzsche*, ed. D. Robinson, Beijing: Foreign Language Teaching and Research Press, 2006, P. 35.

1. 针对实践语境的弹性不足

在探究翻译伦理问题时，西方学者缺乏应对实践语境的弹性，主要表现为往往要么局限于"自我—他者"的简单二元对立窠臼，要么执着于有限个人经验划定的机械套路，因而不能充分适应复杂多变的实践语境。在第一种情况下，翻译伦理的对象显得僵化和刻板。比如贝尔曼和韦努蒂的伦理观在一定程度上，就呈现出自我和他者相互之间非此即彼的关系。其实贝尔曼强调的异质未必与本土的语言文化泾渭分明，而韦努蒂眼里的第三世界也未必与欧美国家只剩对抗。随着全球化的推进，所谓的自我和他者实际上多数时候处于交融状态，而非截然二分。在第二种情况下，基于个人经验的伦理模式有泛化的风险。比如皮姆和切斯特曼的伦理观就局限于自身的经验视野：皮姆所谓的普遍性合作伦理实际上基于自己的商业活动经验，没有注意到翻译在商业目的以外的广泛伦理诉求，而切斯特曼提出的价值指标体系也依赖于其个人经验，只能代表片面的伦理图景；更严重的是，二人并没有表现出对于经验主义的充分警惕，因而难以摆脱个人经验对于翻译伦理的绑架和框定。上述两种情况都源自西方学者应对实践语境的弹性局限，导致翻译伦理或是陷入僵化的二元对立思维，或是受制于经验主义划定的条条框框，终而在翻译伦理的理论话语与实际诉求之间形成裂缝。

2. 义利之辨未受到足够重视

西方学者对于翻译伦理思考的基点多在于功利的后果。像贝尔曼憧憬异质对于本土语言和文化的滋养，韦努蒂盼望国际文化政治格局的改善，皮姆追求合作各方的共赢结局，切斯特曼期待翻译价值的实现等。然而，当功利与义务发生冲突时，行为主体当如何取舍？如果没有翻译的义利之辨（不管涉及个人私利还是公共利益），那么便难以避开以利害义的情况，损害翻译伦理的道义根基。总体上这样的讨论在西方学者那里尚未充分展开，导致西方的翻译伦理研究对上述问题尚欠缺足够有效的准备和应对。

二、中国的翻译伦理研究概况

"翻译伦理"一词早在1998年就出现于中国翻译学界。[1] 截至2021年6月21日，中国知网上以"翻译伦理"为主题词的文献达到1115条。这些著述反映出中国翻译学人的不懈耕耘和重要成果，也代表着翻译伦理研究领域的中国话语。就研究的主要方向而言，中国学者的翻译伦理研究主要关注以下三方面。

1　魏时煜《国外翻译新书简介》，《中国翻译》1998年第1期，第59页。

（一）对伦理意识的强化

中国的翻译学界不断强化翻译伦理意识，提出应以人际关系中的价值观念来指导翻译行为。许钧针对新的历史条件下翻译活动的新特点，在历史观和价值观的高度探讨翻译的伦理原则，指出恪守伦理原则既是翻译的本质要求，也是思想文化传承的必要条件。[1] 朱志瑜厘清各种翻译学主要观念之间的关联，梳理和总结了贝尔曼、韦努蒂和切斯特曼等人的伦理观点，说明从文本语言考虑转向人际关系考虑的必要性，并由此提倡在后现代主义背景下加强对于翻译伦理的重视。[2] 还有一些学者则将伦理与政治议题相连，从国家的高度强调翻译的伦理属性，如任东升、张玉凌立足国家翻译学，将爱国伦理作为国家翻译行为的根本导向，将忠实、差异、合作等概念纳入国家层面的翻译实践，并探讨了名义主体国家、组织主体国家级翻译机构、行为主体制度化翻译群落之间伦理关系的层次性和特点。[3] 此类研究都体现出伦理意识在中国翻译学界逐渐升温的态势，反映出人们对于翻译伦理趋于重视。在不断强化的伦理意识下，越来越多的翻译从业人员突破语言文字的单纯考虑，开始从伦理层面寻求策略选择的依据，从而推动了中国翻译事业的发展和进步。

（二）对伦理模式的建构

中国的翻译学者没有止步于西方已有的相关理论，而是结合中国的翻译研究实际进一步建构各种翻译伦理模式。一些学者基于西方已有成果推陈出新，提出中国语境下的翻译伦理主张。任文进一步发展了切斯特曼的五种翻译伦理模式，强调道义论与目的论主导下的个人伦理与职业伦理，并融入约纳斯（Hans Jonas）责任伦理对该框架予以补充。[4] 蒋骁华基于切斯特曼的翻译伦理观念阐发译者的语言服务意识，强调翻译活动应在市场、赞助人等因素作用下提升语言服务意识，同时告诫译者不能牺牲对于原文的忠诚，以免滑入激进功能主义的风险。[5] 孙致礼基于切斯特曼的五种伦理模式，结合中国的翻译实际，发展出译者的五种职责，即再现原作、完成委托人的要求、符合目的语社会文化的规范、满足目的语读者的需求、恪守职业道德。[6] 张景华对韦努蒂的翻译理论和伦理诉求做了详尽的梳理和分析，并进一步反思其理论问题，特别就差异伦理的局限和伦理主张的悖论提出批评，从而较为全面地揭示出韦努蒂翻译伦理思想的内涵与实

---

[1] 许钧《当下翻译研究中值得思考的几个问题》，《当代外语研究》2017年第3期，第1–5页。
[2] 朱志瑜《翻译研究：规定、描写、伦理》，《中国翻译》2009年第3期，第5–12页。
[3] 任东升、张玉凌《国家翻译实践伦理探究》，《中国海洋大学学报》（社会科学版）2016年第1期，第105–110页。
[4] 任文《新时代语境下翻译伦理再思》，《山东外语教学》2020年第3期，第12–22页。
[5] 蒋骁华《翻译伦理与译者的语言服务意识》，《当代外语研究》2017年第3期，第20–23页。
[6] 孙致礼《译者的职责》，《中国翻译》2007年第4期，第14–18页。

质。[1] 这些研究将西方的翻译伦理理论应用于中国的翻译实践，使其在新的语境下焕发出新的生命力，进而丰富了中国翻译学的伦理话语。

还有一些学者立足现有西方翻译理论之外的基点发展伦理模式。例如，胡庚申从生态翻译学入手，指出译者应从整体视角审视自身与他人的关系，将翻译视作一种生态活动，以适应和选择为基本原则实现自身的价值观定位，最终从"译者中心"走向"译者责任"。[2] 陈志杰将翻译的"忠诚"价值上升为"真诚"，将翻译的"真"与"善"通融于伦理视域，把译者的责任落实到前瞻性的规划，构筑起翻译人才培养机制，以实现学生的自我反省、自我约束、自我监督，并促使翻译在与他者的互动中实现文化的自我重构、调节，以促成文化权力和利益格局的平衡。[3] 赵迎春梳理和分析了传统翻译伦理研究的特征，揭示文化转向后翻译学的伦理走向，在此基础上对翻译的跨文化伦理的几个重要问题做出分析和反思，并以尊重作为底线思维代替最高价值标准，扩展了翻译伦理的实践适应张力。[4] 申连云将翻译的伦理建构焦点从语言转移到了人性，把对原文的改写、操控、挪用、盗用视作自私心态的体现，甚至将此伦理态度其等同于攫取、掠夺、利用、占有、消费他人或他人财物，主张翻译克服和超越有限的自我格局，走向更高远的伦理思维。[5] 冯曼试图厘清翻译的本质和翻译伦理的概念，着重从社会学和应用伦理学的角度审视翻译活动的各种伦理维度和人际关系，并在此基础上强调译者应扮演人际关系协调者的角色，发展出译者角色理论，为翻译伦理研究带来一种有价值的思考角度。[6] 杨镇源系统深入地研究了翻译伦理，对已有的相关理论进行了梳理、提炼和批评，针对文化全球化背景下的翻译伦理问题做出一定的对策机制建构，提倡以"守经达权"的姿态实现各民族语言文化之间的良性互动，由此推动中国文化软实力的提升。[7] 葛林融入文化特性、文本特征、主体间合作、翻译理论研究、意识形态和赞助人等多种因素，探究跨文化的翻译怎样遵循伦理规约，以及如何通过得体的翻译实现相应的伦理观念。[8] 此类学者致力于在西方理论之外构建话语，以此阐发出种种翻译伦理模式，为翻译带来更多的伦理之思。

---

1 参见张景华《翻译伦理：韦努蒂翻译思想研究》，上海：上海交通大学出版社，2009年。
2 胡庚申《从"译者中心"到"译者责任"》，《中国翻译》2014年第1期，第29-35页。
3 陈志杰《翻译伦理学研究》，北京：科学出版社，2021年。
4 赵迎春《翻译伦理问题研究与反思》，北京：中国水利水电出版社，2021年。
5 申连云《全球化背景下翻译伦理模式研究》，杭州：浙江大学出版社，2018年。
6 冯曼《翻译伦理研究：译者角色伦理与翻译策略选择》，武汉：武汉大学出版社，2018年。
7 杨镇源《翻译伦理研究》，上海：上海译文出版社，2013年。
8 葛林《论跨文化伦理对翻译的规约》，厦门：厦门大学出版社，2008年。

（三）对翻译史的伦理再审视

一些中国学者致力于从伦理角度再现翻译史，秉承"以史为鉴"的原则来发展翻译伦理思想。例如，骆贤凤透过社会功用和政治视野研究了鲁迅的翻译活动及其相应的伦理观念，围绕真善美、平等意识和责任意识这三个重点探究鲁迅在翻译活动中体现的国家民族价值倾向，并着重阐释了鲁迅关于"中间物"的翻译伦理思想，揭示他在当时的社会历史环境下借由翻译改善中国语言和文学，进而唤醒民众、救国图强的愿望与抱负。[1] 涂兵兰集中对清末[2]和民初[3]中国翻译家的伦理观念展开研究，通过对当时社会环境和翻译家个人经历的分析，总结出两个历史时期里中国译坛的伦理价值模式，揭示出翻译在此期间对于中国社会变革、文学改良、文化进步的重要推动作用。彭萍研究了伦理规范对中国传统翻译活动的制约和影响，并借此提倡立足中国翻译实践，汲取西方翻译理论营养，发展出具有中国特色的翻译学。[4] 王大智集中于中国历史上两次大规模的翻译活动，从伦理学、语言学、历史学、社会学、哲学、政治学的视角切入中国传统的翻译伦理思想，在此基础上提倡一种开放、多元、互动的翻译伦理观念。[5] 许宏基于历史背景，梳理了"翻译伦理"概念的发展和演变，并就"存异"问题，结合文学翻译的各种例证分析了翻译伦理的意义和价值。[6] 此类学者主要瞄准中国翻译史中的一个或多个时期和人物，探寻其翻译伦理观念及相应译风译事，并从中挖掘借鉴意义，为当前的翻译伦理建构提供参考。

（四）中国的翻译伦理研究之总体特色

总体而言，中国学者在翻译伦理研究地图上拓展出新的疆域。通过对伦理意识的强化、对伦理模式的建构、对翻译史的伦理再视，中国学者走出了西方的翻译伦理研究疆界，从中国的翻译实践、历时语境、语言文化出发走出了自己的研究思路，彰显了自身的研究特色，对西方的翻译伦理研究形成重要的补充。其中，国家翻译学倡导的爱国伦理便有助于弥补西方个人主义伦理主导下的价值观缺陷。对于擅长宣扬国际文化政治价值却难以在国家层面突出民族凝聚力的西方学者，这种理念具有十分重要的启发意义。生态翻译学立足中国翻译事业，提倡"选择—适应"的价值观念，突显出在西方的翻译伦理研究中尚不明显的生态因素，增加了该领域的学术视角。如此种种的成就彰显着翻译伦理研究的中国话语、中国声音，体现出中国学者独立研究的精神和不懈探索的努力，不断

---

1 骆贤凤《鲁迅的翻译伦理思想研究》，北京：商务印书馆，2020年。
2 涂兵兰《清末译者的翻译伦理研究（1898—1911）》，长沙：湖南人民出版社，2013年。
3 涂兵兰《民初翻译家翻译伦理模式构建及其影响研究》，北京：知识产权出版社，2020年。
4 彭萍《伦理视角下的中国传统翻译活动研究》，北京：外语教学与研究出版社，2008年。
5 王大智《翻译与翻译伦理：基于中国传统翻译伦理思想的思考》，北京：北京大学出版社，2012年。
6 许宏《翻译存异伦理研究——以中国的文学翻译为背景》，上海：上海译文出版社，2012年。

向前推动着翻译伦理的学术边界，为学界带来更加多元、立体、多彩的伦理之思。

较之西方，中国人更加重视行为主体之间的和谐性，而这也体现在中国的翻译伦理研究之中。西方的翻译伦理研究很难克服人际疏离感：在贝尔曼和韦努蒂那里，"自我—他者"二元对立造成本土与异质之间、第三世界与欧美国家之间明确的分界线；在切斯特曼那里，翻译主体之间虽有对话，却多囿于局域化的人际关系，难以形成整体性的互动图景；即便在提倡合作的皮姆那里，以利益为导向的合作也难以保证其成员突破"以利相交"的格局，实现真诚的融洽协作。而在中国学者的翻译伦理话语中，各个行为主体通常被纳入整体性的和谐共生关系之中：比如蒋骁华协调赞助人要求、读者品味和作者原意，胡庚申勾勒伦理主体的生态布局，陈志杰平衡各参与方的文化权力，赵迎春以尊重作为底线思维包容人际关系的个别差异，如此种种的研究思路都强化了伦理主体之间的和谐关系，减轻了人际疏离感。在这里，人际关系之"和"体现了中国有别于西方的传统价值观，优化了伦理主体之间的相处模式，成就了翻译伦理研究的中国话语之"贵"。

第三节　翻译伦理研究的未来发展

经历了将近四十年的发展，翻译伦理研究目前已在翻译学研究中占据重要的位置，呈现出生机勃勃的发展态势。而在未来，有三个方面的发展值得特别关注。

一、深刻的元伦理学反思

所谓的元伦理学，即对于伦理学本身的研究。如果说伦理学主要解决"知其然"的问题，元伦理学则主要解决"知其所以然"的问题。研究者多能轻易地做出翻译伦理判断，却少能回答为何需要这样的判断。人们理所当然地认同某种价值观念，但往往忽略了这些观念一般都是自身成见的产物，也不明白自己为何要选择这样的观念。其实很多时候所谓翻译的是非对错，不过是评价者本人的是非对错而已，是一种固守于自我思维、自我意见的产物。如何跳出"自以为是"的价值观念陷阱，成就更加客观公正的翻译伦理判断？这个问题需要被纳入元伦理学的思考范围。在西方，元伦理学有着十分悠久的传统，能够从一个超然的角度为研究者提供深刻的自身价值观反思。在中国，源远流长的心性学说致力于探讨"心"（知觉和情感的运行状态）和"性"（知觉情感的终极本质）的关系，虽未被直接冠以元伦理学之名，亦可以元伦理学的姿态，促使研究者反思自身的研究思维，将其引入反身而诚的心性之域，助其摆脱成见束缚，进而破妄趋真，显现出翻译伦理的真谛。像老庄之说、宋明理学、禅宗经论等都蕴含着丰富的心性智慧，能够为研究者提供一条从私心走向道心的途径，使其清净自心，不昧于自身成见，从而上升到更加高远的伦理境界。此类元伦理学思路可将伦理思考引向行为主体的自我反思，使其从"知其然"（做出伦理判断）升华到"知其所以然"（知晓自己为何做出这样的判断），进而觉察自身认知问题，优化伦理思维。相应地，当前的翻译伦理研究有必要在此类思路下展开元理论反思，以获取更多的后劲和活力。

二、合理的人工智能翻译伦理建构

随着科技的迅猛发展，人工智能翻译已成为翻译学的重要话题。相应地，研究者也面临着"如何建构合理的人工智能翻译伦理"的新思考。尽管在技术上达到一定的自动化程度，人工智能翻译依然是一种人工行为机制——其语料库由人开发，系统由人研发，指令由人发出，因此它必然关涉相应的人际关系，产生伦理问题。在建构人工智能翻译伦理的过程中，有必要着眼相关的人际关系主体（赞助人、委托人、软件工程师、语料库开发者、校对员、承包商、客户等），形成合理的伦理机制。其中须着力探讨四个方面的问题。1）价值依据问题：由于机器参与了翻译活动，打破了传统的价值观模式，如此便需要考虑伦理的价值依据到底是机器还是人。目前人工智能翻译还主要采用人机协作的工作方式，那么随着技术的进步，机器越来越多地独立承担工作，这是否意味翻译价值越来越多依据机器而非人？2）伦理属性问题：在传统的翻译模式中，人是无可置疑的翻译主体，其背后的人际关系保证了翻译的伦理属性，然而在人工智能翻译模式中，原来由人掌控的工作越来越多地改由机器操作。那么这是否会压缩人际关系，导致人工智能翻译的伦理属性减弱甚至是消失？3）责权归属问题：随着人与机器工作量此消彼长，人工智能翻译不得不面对责权归属的问题——人工智能翻译应由谁承受责任？由谁获取收益？显然机器本身不具备担负责任或享受权利的能力，那么责任和权利到底应当归属于谁？是资助项目的赞助人或开发程序的工程师，还是操作系统的技术员、审核译文的校对员，又抑或是其他人？他们之间的责权又当如何划分？4）伦理监督问题：传统意义上的翻译伦理监督者由人充当，而人工智能翻译又该由谁监督？或者说，机器是否可以处理违背伦理的翻译活动，进而取代人的监督作用？总体而言，对于上述四方面问题的探讨关系到人工智能翻译伦理的建构，反映出新时代背景下、新技术平台上的翻译活动应有的伦理反思。

三、宏大的人类命运共同体思考

在当前时代，人类命运共同体已成为人类全球化发展的未来方向。这是一个共存共赢、和而不同的人类和谐生存状态。就如习近平指出的那样："人类已经成为你中有我、我中有你的命运共同体，利益高度融合，彼此相互依存。每个国家都有发展权利，同时都应该在更加广阔的层面考虑自身利益，不能以损害其他国家利益为代价。"[1] 翻译作为跨语言、跨文化的沟通桥梁，对于人类命运共同体的构建有着十分重要的意义。就翻译伦理研究而言，如何通过伦理促进积极的国际语言和文化互动，促进人类命运共同体的构建，则成为未来一个重要的发展方向。就中国翻译学者而言，需要重点思考怎样以中国理论、中国话语来推动健康的语言和文化互动，特别是要从伦理层面探索怎样才能保障中国文学和文化走出去、走进去，以推动良性的国际交流，突显其中的中国贡献。在此过程中，研究者不能局限于个别国家、个别地区，沉迷于洛可可式的精雕细琢，需要具备广阔的视野和大气的格局，将伦理思维升华到对整个人类命运的思考。

总而言之，伦理是人之为人的一个重要特征。只要翻译背后还存在着人际关系，对于翻译伦理的思考就不应停止。在当前时代，随着翻译事业的不断推进，翻译必然会面对越来越多、越来越复杂的伦理问题。对此，翻译伦理研究不能满足于已有成果，而是需要与时俱进，在未来的发展中不断深化、拓展、创新。

思考题
1. 什么是翻译伦理？
2. 如何理解"人类翻译问题的本质是一种伦理问题"这一说法？
3. 请谈谈翻译伦理问题的类型和特征。
4. 翻译活动应当置于什么样的伦理机制之下？
5. 如何才能判断翻译伦理观念是否合理？
6. 要规划人性化的翻译伦理模式，研究者应当考虑哪些相关因素？
7. 如果人工智能翻译出现事故，应当如何追究相关人员的责任？
8. 结合你的翻译实践经历谈谈曾遇到的伦理困境及解决方法。
9. 有关翻译伦理的理论有哪些？
10. 如何开展翻译伦理研究？

---

[1] 参见http://www.cnr.cn/scfw/sc/2014sc/20210118/t20210118_525393850.shtml，检索日期：2022-9-11。

推荐阅读书目

Berman, A. 1992. *The Experience of the Foreign: Culture and Translation in Romantic Germany*, trans. S. Heyvaert. Albany, NY: State University of New York Press.

Chesterman, A. 1997. *Memes of Translation: The Spread of Ideas in Translation Theory*. Amsterdam/Philadelphia: John Benjamins.

Koskinen, K. & N. K. Pokorn. 2021. *The Routledge Handbook of Translation and Ethics*. London & New York: Routledge.

Meschonnic, H. 2011. *Ethics and Politics of Translating*, Amsterdam/Philadelphia: John Benjamins.

Pym, A. 2001. *The Return to Ethics*. London & New York: Routledge.

Venuti, L. 1998. *The Scandals of Translation*. London & New York: Routledge.

Venuti, L. 1994. *The Translator's Invisibility: A History of Translation*. London & New York: Routledge.

Williams, J & A. Chesterman. 2004. *The Map: A Beginner's Guide to Doing Research in Translation Studies*. Shanghai: Shanghai Foreign Language Education Press.

陈志杰，《翻译伦理学研究》，北京：科学出版社，2021。

冯曼，《翻译伦理研究：译者角色伦理与翻译策略选择》，武汉：武汉大学出版社，2018。

骆贤凤，《鲁迅的翻译伦理思想研究》，北京：商务印书馆，2020。

彭萍，《伦理视角下的中国传统翻译活动研究》，北京：外语教学与研究出版社，2008。

申连云，《全球化背景下翻译伦理模式研究》，杭州：浙江大学出版社，2018。

涂兵兰，《民初翻译家翻译伦理模式构建及其影响研究》，北京：知识产权出版社，2020。

王大智，《翻译与翻译伦理：基于中国传统翻译伦理思想的思考》，北京：北京大学出版社，2012。

许宏，《翻译存异伦理研究——以中国的文学翻译为背景》，上海：上海译文出版社，2012。

杨镇源，《翻译伦理研究》，上海：上海译文出版社，2013。

张景华，《翻译伦理：韦努蒂翻译思想研究》，上海：上海交通大学出版社，2009。

赵迎春，《翻译伦理问题研究与反思》，北京：中国水利水电出版社，2021。

第十三章
翻译与翻译教育

翻译教育及其研究在翻译的职业化进程中扮演着非常重要的角色。译员或译者的成长，需要接受规范的培训和教育，以帮助他们提升翻译技能、提高职业素养，从而保证翻译质量；翻译行业及整个社会也需要通过政策、制度、标准和法规等手段规范对翻译服务的要求、评价和管理，切实保障翻译质量和翻译工作者的基本权益。

根据职业社会学的原理，一个新生的职业在其步入职业化的进程中需要多重因素助力。如在口译职业化的进程中，行业协会/职业团体、资格认证和高等教育/培训机构就是其中最为重要的三个因素。[1] 1947年联合国通过第152号决议，[2] 把即时传译（即同声传译）正式确立为联合国工作中的一项永久会议服务，标志着翻译职业地位在国际上的确立。国内翻译职业化的进程则始于20世纪80年代，新世纪以后进入发展的快车道。

在行业协会方面，中国翻译协会成立于1982年，是由翻译及与翻译工作相关的企事业单位、社会团体及个人自愿结成的全国性、行业性、非营利社会组织，是翻译领域唯一的全国性社会团体。中国译协下设民族语文翻译、文学艺术翻译、社会科学翻译、军事翻译、对外传播翻译、科技翻译、外事翻译、翻译理论与翻译教学、翻译服务、本地化服务、法律翻译、口译、对外话语体系研究、跨文化交流研究、人才测评、翻译技术、医学翻译、影视译制等18个专业委员会，[3] 负责组织协调各专业领域的翻译团体与个人开展相关活动。近40年来，协会协助政府有关部门加强对翻译行业的指导与管理，规范行业行为，为翻译走向职业化发挥了重要作用。

在资格认证方面，全国翻译专业资格（水平）考试（China Accreditation Test for Translators and Interpreters，简称CATTI）是受国家人力资源和社会保障部委托，由中国外文出版发行事业局负责实施与管理的一项国家级职业资格考试。2003年该考试开始实施，已纳入国家职业资格证书制度，是一项在全国实行的、统一的、面向国内和国际的翻译专业资格（水平）认证，是对考生双语口笔译能力和水平的评价与认定。CATTI考

1　陈瑞青、穆雷《论口译职业化过程中的口译资格认证考试》，《山东外语教学》2016年第4期，第91–100页。

2　参见https://www.un.org/zh/ga/2/res/。

3　参见http://www.tac-online.org.cn/index.php?m=content&c=index&a=show&catid=391&id=474。

试现已成为翻译职称评定的重要依据，但在行业的准入和管理方面的权威作用还有待进一步提升。

在高等教育方面，国内高等教育从1978年恢复招生制度以后就开始酝酿专业的翻译教育。1979年北京外国语学院主办联合国译员训练班，探索职业译员的培养。1995年后陆续有高校开始培养翻译学博士生，2006年翻译本科专业开始招生，2007年设置翻译硕士专业学位。到2011年，"翻译学"进入《学位授予和人才培养学科目录》；2012年，"翻译专业"进入《普通高等学校本科专业目录》。2022年9月，国务院学位委员会、教育部印发了《研究生教育学科专业目录（2022）》，翻译被列入文学学科门类专业学位类别。至此，学术型和专业型两种翻译人才的培养通道支撑起完整的翻译教育体系，翻译在我国的高等教育中成为正式的学科一员，也为翻译的职业化写下了浓墨重彩的一笔。无论是从体现了学科建设成果的教育架构而言，还是从参与翻译教育的师生人数来看，抑或是从对翻译教育研究的深入性和广泛性来说，中国的翻译教育走在了国际前列，这是不争的事实。

翻译教育与翻译的职业化发展关系密切。翻译职业化发展的三个要素之一就是翻译教育的发展，因为翻译教育的培养目标就是为翻译职业及其相关的语言服务行业培养后备人才，翻译教育的内容要针对职业与行业需求（如职业素养与专业能力等），翻译教育的方法也要随着职业与行业的发展而改变。翻译教育成功与否直接影响到翻译职业化发展顺利与否，翻译职业化的发展也为翻译教育提供了市场需求、人才标准、实践场所等，逐渐提高了民众对于翻译职业的了解和理解。

第一节　翻译的教育问题

很长一段时间里，人们都认为只要两种语言基础好就可以做翻译，从一种语言到另一种语言的转换是自然而然的过程，无需专门训练。然而，在长期的翻译实践中我们逐渐发现，双语熟练仅仅是翻译工作的必备基础，职业翻译需要专门训练，双语之间的转换有规律可循，长期的专业训练可以使人掌握规律并熟能生巧。翻译还需要有一定的文化教育做基础，宽广的知识面、特定领域的专业知识以及成熟的心智和对职业的认知，这些都是翻译职业必备的条件，不是掌握好两种语言就可以胜任翻译工作。本节首先厘清翻译培训、教学翻译、翻译教学、翻译教育等重要概念的内涵，再梳理中国翻译教育体系的发展历程。

西方的"教育（Education）"一词，源于古拉丁语Educare，分别由E（出）与ducare（引）构成，原义为"引出"。Educare这一"引出"含义不仅表示教育影响出自内发，还表示所引的方向，即使人向善；而教育之善具体又表现在道德人格之完善、健全人格之完善和社会性的人格之完善。[1] 这就意味着，翻译教育的任务不仅仅是提高学生的翻译技能，还要起到"使人向善"的作用，即让学生通过翻译教育，深刻理解翻译人和翻译工作在不同社会背景下的社会责任，对语言服务行业和翻译职业有正确的基本认识，愿意并立志为这个行业这个职业去奋斗去努力。纵观历史上数个翻译高潮时期，我们发现，翻译活动频繁时，人们对翻译的研究也相应活跃，同时对于翻译人才培养也关注较多。换言之，翻译教育的发展往往伴随着翻译高潮的出现，反之亦然。

翻译教育的发展过程就是人们对翻译职业认识的发展过程，也是翻译人才培养理念的变化过程。在社会发展早期，对翻译工作的需求量不大，对译员或译者的需求相对不多，人才培养处于自发和缓慢摸索的阶段。随着社会发展与生活节奏越来越快，对于翻译的需求越来越多，翻译研究越来越深入，对人才培养的关注及研究也越来越多。社会对翻译的要求和标准在不断提高，人才的质量及其标准也随之提高。对翻译人才的培养，除了双语水平和翻译技能的要求以外，逐渐增加了译员或译者知识结构的搭建，对职业伦理道德的关注，对职场和岗位职责的了解，对终身学习的规划以及对职业的忠诚度和荣誉感等内容。从单纯的翻译培训，到外语学习中的翻译方法，再到翻译系列课程教学，直到翻译教育体系建成，顺应了翻译职业的发展需求。从教学翻译到翻译教学，再到翻译教育，不是单纯的概念名称变化，而是理念内涵的丰富与深化。

翻译培训一般指在一段特定时间内就翻译的某一技能进行训练，如口译培训、笔译培训、翻译技术培训等。培训可以在语言服务企事业内部进行（如入职培训或岗前培训），也可以由相关的院校或培训机构举办（如师资培训或假期培训等），还可以是终身学习的一种途径，定期或不定期举行。培训可以是多个机构合办，也可以一个单位举办，可以线上也可以线下，培训时间可长可短，人数多少不定，培训目标相对单一，证书可有可无。培训证书往往只证明受训者参加了什么内容、多少时间的训练，极少针对个体译员或译者的翻译能力进行比较详细的描述，难以体现作为一名职业译员或译者的真实翻译水平或工作能力。

翻译教学一般在高校进行，是高等教育的一种形式，可以是翻译专业本科生和研究生的专业方向或相关系列课程，也可以是语言或非语言类专业学生的一门或几门课程。有一对相关的概念必须加以区分：教学翻译和翻译教学。教学翻译指通过翻译课程或者翻译练习来检验并提高学生的外语水平，是应用语言学的范畴；[2] 翻译教学则是通过翻译课程提高学生的翻译技能，属于应用翻译学的范畴。翻译教学的目的是要在双语良好

---

[1] 陈桂生《常用教育概念辨析》，上海：华东师范大学出版社，2009年。
[2] 区分教学翻译与翻译教学，并非意味着教学翻译不重要，而是说这两种不同的教学目的不同，教师应各司其职。大量从事教学翻译的教师应该对此有清醒的认识，并对教学翻译展开深入研究。

的基础上教授双语转换技能，让学生通过大量练习熟练掌握并使用这些技能。教学翻译的最终结果多数是学生获得外国语言文学或者其他专业的学位，而翻译教学的最终结果一般是学生获得翻译专业学位（或者双学位）以及相应的翻译能力或水平资格证书，这就意味着在高等教育的某一阶段，以翻译技能的提高为主要教学目标，翻译的课程与练习要达到一定的数量和质量要求。外语教师需要关注教学翻译的目标与结果，翻译教师则要深入钻研翻译教学的方方面面，同时自身具备丰富的翻译实践经验。二者之间不是谁取代谁的关系，而是两个概念各司其职，各为其主，让教学翻译在外语学习中充分发挥作用，也让翻译教学真正能够提升学生的翻译能力。

翻译教育在翻译教学的基础上有进一步要求，教育要有教育理念而非仅有教学手段，教育的目的是育人，立德树人。翻译教育不仅要开展翻译技能的教学，还要通过系列教育手段，培养学生的独立思考和独立判断的能力，培养学生正确的三观、家国情怀、社会责任感、职业道德以及职业荣誉感。翻译教育首先要通过教育手段，让学生树立强烈的翻译职业荣誉感和社会责任感，明确翻译职业在整个社会发展中的重要职能。其次要让学生理解语言服务行业与社会发展之间的互动关系，正确认识自身的生理和心理素质是否符合翻译工作的需要。学生获得翻译专业教育证书，仅能说明其接受过的专业教育达到合格水平，无法反映其具体的口笔译能力和职业素养，学生尚需大量的实践积累与理论研究。

翻译教育的实施需要有相应的环境和条件。首先是民众和教育主管部门对于翻译专业要有正确的认知。在很长一段时间内，外语界普遍以为翻译仅仅是外语水平的一种体现，是外语教学的一种方法，翻译课是用来检验学生外语理解能力和表达能力的工具，学生只要外语听说读写能力提高了，自然而然就应该会做翻译。20世纪90年代以前，外语专业的教学大纲明确表示，其培养目标是为社会培养"翻译人员"，很多外语教育专家和语言学家也认为外语好自然就可以做好翻译。然而，外语专业四年的本科课程里，仅有三年级一两个学期的笔译（有的甚至不区分外汉翻译和汉外翻译）课程，个别院校四年级有一个学期的口译课程。每门课程一般是2个学分，32至36个学时，笔译作业练习量最多只有几万字词，有的只有几千字词；理想一点的翻译教师有丰富的翻译实践经验，如当时北京外国语学院、北京第二外国语学院和上海外国语学院等学校，一些翻译教师或者从国际机构任职归来，或者长期为国际组织承担翻译工作。更多的翻译教师没有翻译实践经验尤其是口译实践经验，他们很多人继续照搬自己老师的翻译课程教学模式，没有经过规范的翻译能力训练，掌握的翻译理论也支离破碎，因此外语专业绝大部分毕业生需要经过很长一段时间的培训才能够承担正式的口笔译工作。

针对上述现象，一些翻译教师开始思考解决问题的办法。通过了解国际翻译教育的情况，他们发现国际上很多翻译研究生的课程虽然时间短，只有一两年，但课时安排较满，笔译口译一门课每周要上4到6小时，学分总量达到60左右；学生可以不学系统的翻译理论，可以不写学位论文，但是要做密集的课外翻译练习，并经过严格的翻译能力考核或者职业资格证书考试，毕业入职即可上岗。我国的专业学位设置恰好可以解决如何平衡理论学习与实践能力这一问题。专业学位研究生教育主要针对社会特定职业领域需要，培养具有较强专业能力和职业素养、能够创造性地从事实际工作的高层次应用型专门人才。

为培养社会急需的高水平翻译人才，本世纪初，北外、上外、广外先后成立了高级翻译学院。在积累了大量经验的基础上，有关学者与南京大学、对外经济贸易大学等一些院校的翻译教师经过酝酿、调研和讨论，于2005年向教育部学位办明确提出了设置翻译硕士专业学位的建议，得到了学位办领导的大力支持。翻译专业硕士学位教育的设置从2006年11月启动论证，设置方案于2007年1月经国务院学位委员会讨论通过。2007年5月，15所院校通过遴选成为首批翻译专业硕士试点培养单位，同年教育部批准成立了翻译硕士专业学位研究生教育指导委员会，15所院校也开始非全日制翻译专业硕士研究生的招生工作。2008年3月，首批学生入学，2009年开始招收全日制翻译专业硕士研究生。经过多年发展，如今已有三百多所培养院校，翻译硕士专业学位教育取得了初步成果。

翻译硕士专业学位教育是我国在借鉴国际办学经验的基础上，顺应国内的发展需求设立的，而翻译本科专业则是国内自主探索的成果。国际上很多翻译教学机构只要学校认为有师资有需求就可以办学，学制与课程都比较灵活。国外不少大学都开展翻译教学和培训，每个班级人数较少，涉及语种较多，语言转换中的规律和翻译教学的规律不容易突显并引起关注和研究，也很难在本科层面开展翻译教学。从国内的教育体制来看，一个学科的发展首先需要有体制内的认可，即在学科目录上有自己的一席之地，才能有招生的资格并获得一定的研究经费和其他资源作为发展的保障。中国由于人口众多，国家的发展策略和社会发展对翻译的需求量巨大，翻译硕士的招生数量多，不少学校每年都在100名以上，班级规模较大。从语言服务的需求来看，也有不同工种的区分，对翻译技能和水平的要求不能一刀切，这就给本科翻译教学留下了发展空间。再者，中国的教育规模体量庞大，资源分配非常重要，通过学科建设可以获得更多的资源保障。学科建设可以通过本—硕—博系列化的教学体系及其研究成果体现，因此，翻译本科专业便呼之欲出。2006年，教育部将翻译列入试办目录，复旦大学、广东外语外贸大学与河北师范大学三所不同类型的院校成为首批试点单位。经过十几年的发展，国内翻译本科专业的培养目标、课程设置、能力标准等都已初步形成，有待通过实践检验不断改进完善。

翻译本科与传统外语教学的差异在于，翻译本科教学通过课程让学生较早了解到翻译是怎么回事，重视学生的双语理解和表达，重视翻译课外练习，重视学生对两种文化和不同文明之间异同的了解，听说读写不仅仅被视为外语能力的体现，更是从事翻译活动的基础。《翻译本科专业教学质量国家标准要点解读》中指出："翻译本科专业培养德才兼备，具有国际视野，具备较强的双语能力、翻译能力、跨文化能力、思辨能力、创新能力和创业能力，能够从事国际交流、语言服务、文化教育等领域工作的应用型翻译人才。具体而言，毕业生应熟练掌握相关工作语言，树立良好的职业道德，了解中外社会文化，熟悉翻译基础理论，较好地掌握口笔译专业技能，初步掌握并运用翻译技术和工具，了解语言服务业的基本情况和翻译行业的运作流程，能够胜任外交、经贸、教育、文化、科技等领域中一般难度的翻译、跨文化交流、语言服务等方面的工作。"[1]国内的翻译本科教学，需要根据具体情况，通过学位管理机构和教指委与专家们的统一规划、严格管理、评估引导、师资培训、教材编写、优秀教学模式推广、优秀教学案例分享等中国特有的方式，尽力弥补学生语言能力不足等缺憾，走出一条有特色的发展道路。

20世纪90年代以后，北京大学和南京大学开始培养翻译研究方向的博士生，年招生数量逐步增加。2004年和2006年，上海外国语大学和广东外语外贸大学分别在外国语言文学一级学科下自设翻译学二级学位点，开始招收翻译学的博士生和硕士生。2010年以来，随着学科建设的发展，翻译学和翻译研究的博士生硕士生数量日益增多，完整的翻译教学体系逐渐形成。在翻译教学的体量规模和层次结构上，中国都是全球最大最完整的。

作为一个完整的翻译教学体系，除了本—硕—博这个纵向的培养链之外，还有横向的区分，即在研究生层面分为学术型和专业型。新时代背景下，国家对专业学位研究生教育的未来发展提出了新要求，将重点放在"提升专硕质量，加快专博发展"。2022年9月，国务院学位委员会与教育部印发了《研究生教育学科专业目录（2022年）》与《研究生教育学科专业目录管理办法》，文件规定翻译被列入文学学科门类专业学位类别，翻译专业学位包括翻译硕士和翻译博士两个层次。至此，完整的翻译教育体系形成了。

翻译博士专业学位旨在培养在国家发展战略实施中急需的高端翻译相关人才，他们不仅仅具有高超的翻译能力，还要对国家政策、军事外交、法律法规、经济文化等领域有深入的理解和把握，能够在对外传播和讲好中国故事中准确处理相关语言问题，乃至直接参与相关领域的国际治理。翻译博士专业学位的培养目标不是单纯的仅掌握翻译技能的译员或译者，而是要求他们具备高超的翻译能力，且能够深刻理解党和国家的各项方针政策，了解中国的政治、外交、军事、法律、传播、经济和技术体系，能更好地参与国际治理、讲好中国故事，助力创建中国对外话语体系，帮助中国制造和中国文化走向世界。

我国翻译专业学位教育不断探索与发展，形成了完整的体系，翻译人才培养的理念

---

[1] 仲伟合、赵军峰《翻译本科专业教学质量国家标准要点解读》，《外语教学与研究》2015年第2期，第292–293页。

更加明确,翻译人才的培养更加多元,能够进一步满足我国社会经济文化的发展,特别是国家战略实施对高水平翻译人才的需求。

第二节 翻译教育与翻译教学研究

总体而言,翻译教学研究由翻译教学过程的教、学、测三个方面构成(见图1)。该图仅展示目前翻译教学研究主要成果的大致分类,随着翻译教学的深入发展,必定会有更多新问题出现,可以不断补充到教、学、测三个分支里去,甚至可能会有新的分支。

参照桂诗春、宁春岩从研究领域、研究方法类型和数据类型整理发表论文的分析

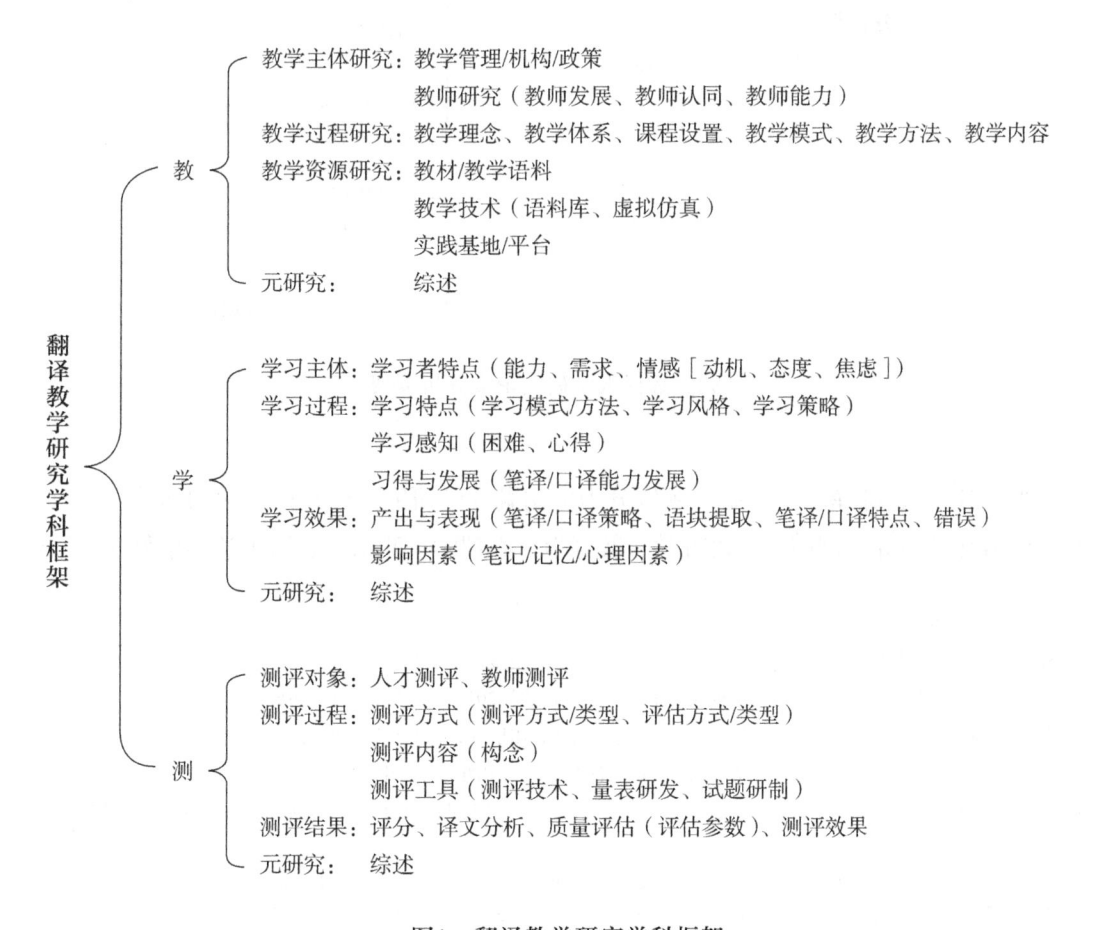

翻译教学研究学科框架：

教：
- 教学主体研究：教学管理/机构/政策
  教师研究（教师发展、教师认同、教师能力）
- 教学过程研究：教学理念、教学体系、课程设置、教学模式、教学方法、教学内容
- 教学资源研究：教材/教学语料
  教学技术（语料库、虚拟仿真）
  实践基地/平台
- 元研究：综述

学：
- 学习主体：学习者特点（能力、需求、情感[动机、态度、焦虑]）
- 学习过程：学习特点（学习模式/方法、学习风格、学习策略）
  学习感知（困难、心得）
  习得与发展（笔译/口译能力发展）
- 学习效果：产出与表现（笔译/口译策略、语块提取、笔译/口译特点、错误）
  影响因素（笔记/记忆/心理因素）
- 元研究：综述

测：
- 测评对象：人才测评、教师测评
- 测评过程：测评方式（测评方式/类型、评估方式/类型）
  测评内容（构念）
  测评工具（测评技术、量表研发、试题研制）
- 测评结果：评分、译文分析、质量评估（评估参数）、测评效果
- 元研究：综述

图1. 翻译教学研究学科框架

思路,[1] 穆雷、李希希提出的翻译教学研究学科框架的四类参数,[2] 以及穆雷等提出的翻译学研究方法论结构,[3] 我们通过统计分析[4]来对比《中国翻译》[5]（2006—2021年）和 The Interpreter and Translator Trainer[6]（以下简称ITT，2007—2021年）中的翻译教学研究论文，分析它们在研究领域、研究主题、研究方法类型和数据类型上呈现的特点，大致描绘国内外翻译教学研究的发展现状。[7]

```
                         ┌─ 应用翻译学研究
              ┌─ 研究领域 ┤
              │          └─ 跨学科交叉研究
              │
              │          ┌─ 教
              ├─ 研究主题 ┼─ 学
              │          └─ 测
              │
              │          ┌─ 基础/理论研究
   分析框架 ──┤          ├─ 描述性研究
              ├─ 研究类型 ┼─ 实证研究
              │          ├─ 思辨性研究
              │          └─ 介绍性研究
              │
              │          ┌─ 统计数据
              │          ├─ 计算机数据
              └─ 数据类型 ┼─ 不依赖数据
                         └─ 数据罗列及无统计数据
```

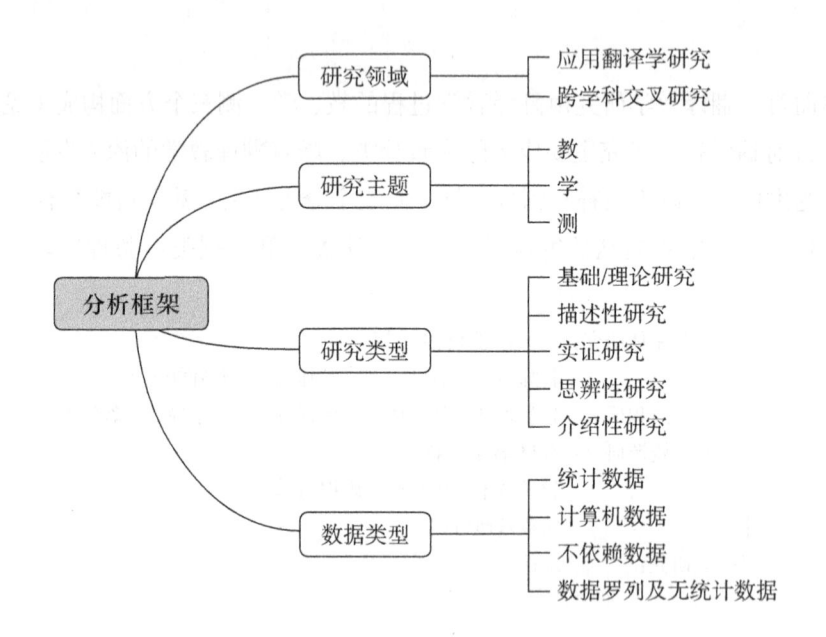

图2．翻译教学研究论文分析框架

如图2所示，翻译教学的研究领域分为应用翻译学研究（即翻译教学的本体研究）和跨学科交叉研究（例如结合语言学、教育学、心理学、测试学、历史学等学科途径的

1　桂诗春、宁春岩《语言学方法论》，北京：外语教学与研究出版社，1997年。
2　穆雷、李希希《中国翻译教育研究：现状与未来》，《外语界》2019年第2期，第25-26页。
3　穆雷等《翻译学研究的方法与途径》，上海：上海外语教育出版社，2021年，第82页。
4　此处统计分析主要包括描述统计和依赖Citespace软件制作的知识图谱可视化分析。
5　在中国知网数据库检索《中国翻译》翻译教学文章共250篇，用于可视化分析；剔除感言类文章4篇后，共246篇文章用于描述分析。
6　在WOS数据库能检索到的2010年至2021年ITT文章共226篇用于可视化分析，在Taylor & Francis Online数据库补充2007—2009年的33篇ITT文章。这33篇由于下载格式不一致，无法进入可视化分析。剔除不相关文章后，用于描述分析的ITT文章共243篇。
7　选择这两个期刊作为典型案例进行对比分析，是因为国内的翻译教学研究大多零散分布在各类期刊的"翻译教学"栏目中，此处的统计选择国内发表翻译教学研究文章数量最多的《中国翻译》。同理，ITT是明确定位为翻译教学研究的国际期刊，在其他国际期刊中同样也散落着少量翻译教学研究类文章。本章的统计分析只能有限地推测国内外翻译教学研究的整体情况，且分类判断带有一定主观性，仅供参考。

翻译教学研究）；研究主题分为有关翻译的"教""学"和测评研究，各主题下的具体内容划分参照"翻译教学研究学科框架"（见图1）的第二至四级参数；研究类型包括基础/理论研究、描述性研究、实证研究（包括依赖数据的定量研究、定性研究和混合法研究）、思辨性研究和介绍性研究；数据类型分为统计数据（即利用分析软件或统计学公式计算得出的推断性数据）、计算机数据（表示类别、数量或百分比的描述性数据）、不依赖数据、数据罗列及无统计数据（即未对收集到的数据进行分析处理）。

通过可视化分析，我们可以从整体上了解国内外翻译教学研究在研究主题方面的差异和共性。从《中国翻译》刊登的翻译教学研究论文关键词共现分析（图3）来看，2006—2021年论文（246篇）的关键词共现按照出现频次（count）和中心性（centrality）从高到低依次是翻译教学、口译教学、翻译硕士专业学位、MTI、翻译能力、翻译专业、口译研究、培养模式、信息技术和翻译技术，它们是自翻译专业进入学科体制以来的十个重要研究主题。从带"#"的短语来看，出现了十个关键词聚类，"口译教学"是首个聚类关键词（S=0.996），体现出国内学界对口译教学的讨论更加集中，这一聚类下包含的关键词最为丰富。2010年前后，有关翻译硕士专业学位和翻译能力的话题吸引了广泛而多元且延续至今的深入讨论。2016年前后，国内学者对"广外模式"展开了专题讨论。其中，翻译硕士专业学位进入国家学科名录后，就被纳入研究视野，这表明国

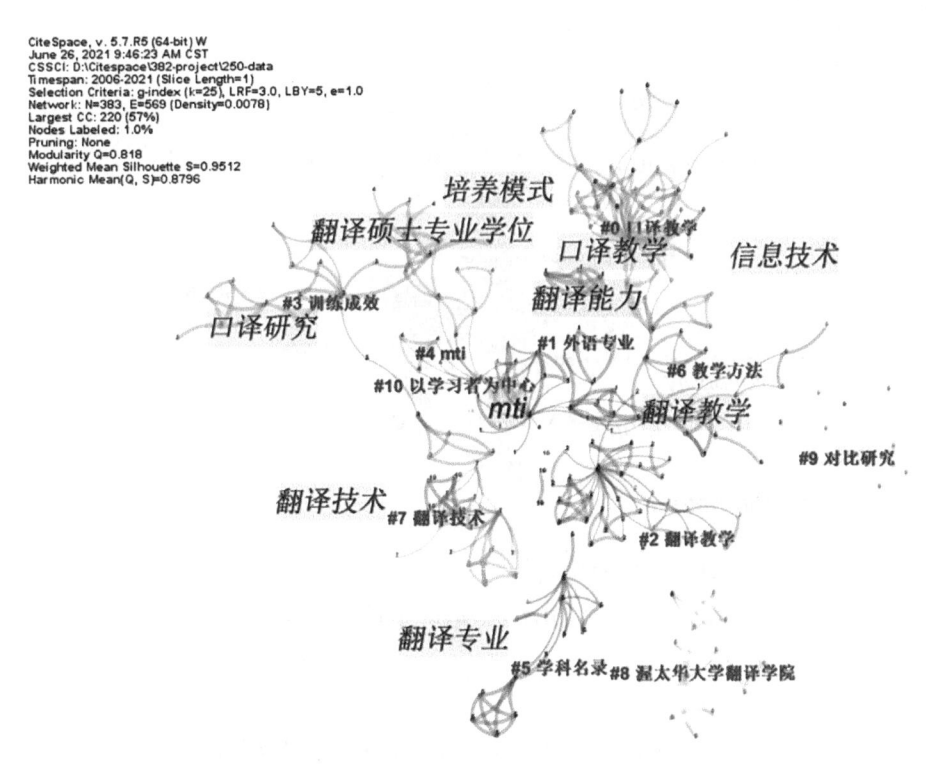

图3.《中国翻译》中翻译教学研究论文主题和关键词共现分析

内翻译专业的发展离不开学科体制的支持,国内学者在讨论翻译教学的相关问题时,都绕不开学科体制对翻译专业建设的重要影响,这一点跟国外的翻译专业教学研究具有显著差异。

从 *ITT* 刊登的翻译教学研究论文共现分析(图4)来看,2010—2021年论文(226篇)主要围绕"语言学"领域,共现关键词按照出现频次和中心性从高到低依次是translator training(笔译者培训)、interpreter training(口译员培训)、competence(能力)、ethics(伦理)、translation competence(笔译能力)、situated learning(情景教学)、communication(交流)、English(language[1] 语言)、employability(就业能力)和assessment(测评),它们是国外翻译教学研究比较关注的十个重点主题。可识别的突变词是translator training(2010年)和ethics(2010年)。*ITT*和《中国翻译》两本期刊体现出的关键词共现情况略有不同,这与期刊风格和对翻译教学研究的关注程度有关,但总体而言都比较重视翻译能力的探讨。translation competence acquisition(翻译能力习得)是2010—2021年*ITT*翻译教学研究论文中首个聚类关键词,翻译能力也是《中国翻译》2006—2021年翻译教学研究论文中出现的第三个突变词。其次,国外翻译教学研究论文中translator education(笔

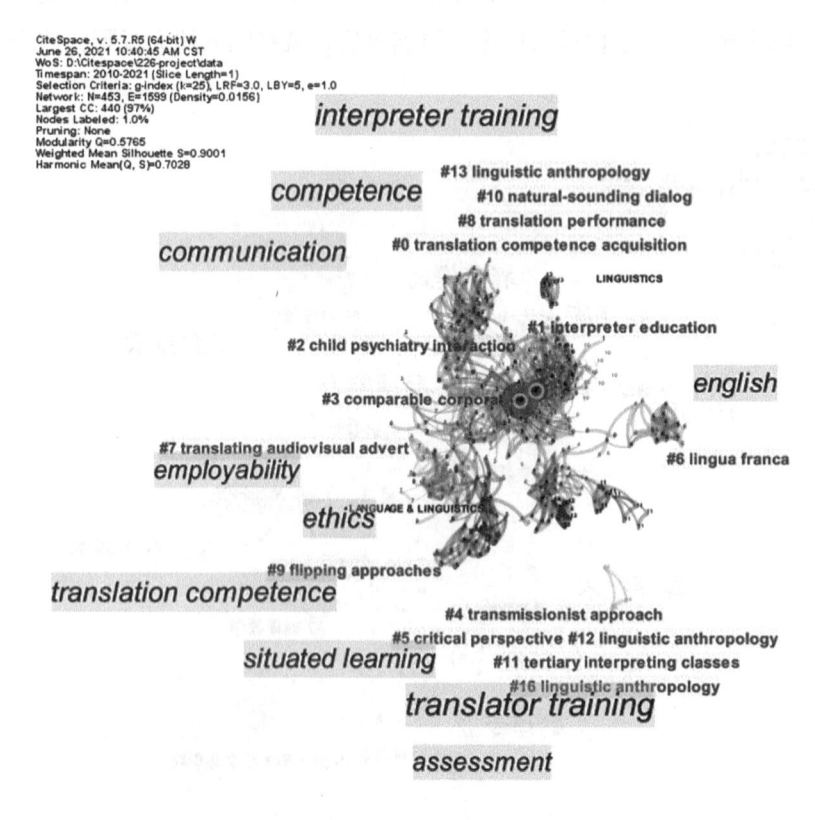

图4. *ITT*中翻译教学研究论文主题和关键词共现分析

---
[1] 此处将English和language归为一个主题。

译者教育）或interpreter education（口译员教育）虽然较早且时常出现在论文中，却并没有成为关键词标签，而translator training（笔译者培训）和interpreter training（口译员培训）都是关键词标签。类似地，《中国翻译》上的翻译教学研究论文虽然也有提及翻译教育或口笔译教育，但并没有深入探讨，口译教学或笔译教学仍旧是主要关键词。由此可以推测，翻译教学与翻译教育的关系较少被讨论，或者尚未得到重视，目前研究的关注重点还在翻译教学上。

对比《中国翻译》（2006—2021年，246篇）和ITT（2007—2021年，243篇）的翻译教学研究论文，可以发现国内外翻译教学研究论文在研究领域（图5）、研究主题（图6）、研究方法类型（图7）和数据类型（图8）方面均存在较大差异。首先，就研究领域来看，大多数教学研究论文都是翻译学学科内部研究，跨学科研究占比仍旧较小。ITT经历两次增刊调整，且经常围绕某一主题发表系列文章，例如2020年就专门安排特刊针对工效学（ergonomics）对翻译教学课程、政策等研究的启示展开讨论，鼓励跨学科研究。《中国翻译》上发表的跨学科视角下的翻译教学论文占比很小。

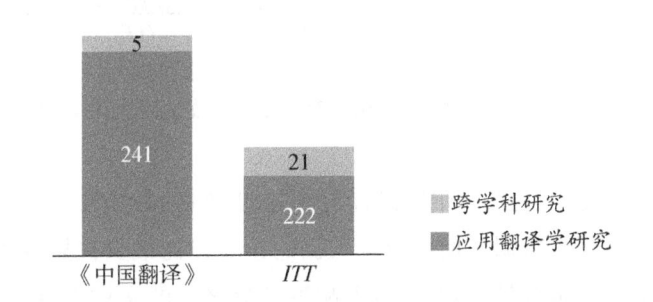

图5.《中国翻译》和ITT中的翻译教学研究论文研究领域对比

从研究主题来看，《中国翻译》上的翻译教学研究大多数是有关"教"的研究，"学"和"测"研究占比均较少。ITT发表的文章在主题上分布较为均匀，但"教"的研究占比超过一半，"测"的研究最少。由此可见，"教"的研究仍是翻译教学中备受关注的研究主题，围绕学习者的"学"的研究和评估教学效果的测评研究应引起国内学者重视。

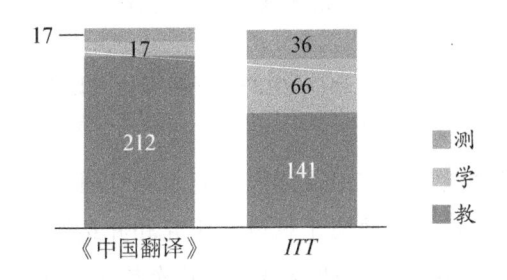

图6.《中国翻译》和ITT中的翻译教学研究论文研究主题对比

从研究方法类型上看，《中国翻译》中38%的翻译教学研究论文是思辨性研究，29%是介绍性研究，20%是描述性研究，实证研究占比较小，为11%。ITT的翻译教学研究中实证研究的占比最大，为49%，其次是介绍性研究，占比19%，基础/理论研究占比最小，为3%。由此可见，《中国翻译》和ITT翻译教学研究论文在研究方法类型上的差异较为显著，国外翻译教学研究在方法上更重视数据为证，即便是介绍性或描述性研究，也会附带数据加以佐证。不过，两本期刊也存在共性：当下国内外学者对翻译教育的基础研究或理论研究的重视不足，依赖基于教学经验的案例分析，或者对相关实验研究所推导出的理论假设讨论不够深入。

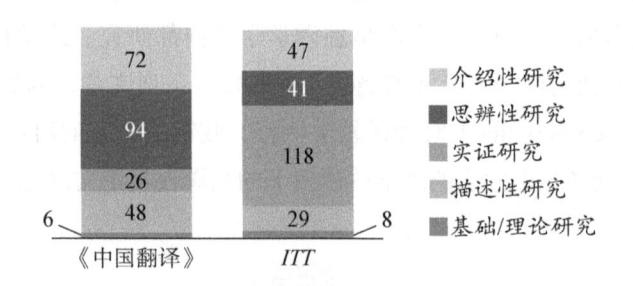

图7.《中国翻译》和ITT中的翻译教学研究论文研究方法类型对比

就数据类型而言，《中国翻译》刊登的67%的翻译教学研究论文不依赖数据，24%的论文使用计算机数据。使用统计数据的论文占比最少，只有4%，还有5%的论文只是罗列了数据，并未统计数据。ITT上超过三分之二的文章都有数据，使用统计数据的文章占15%，使用计算机数据的文章最多，占55%，只有2%的文章存在罗列数据的现象。

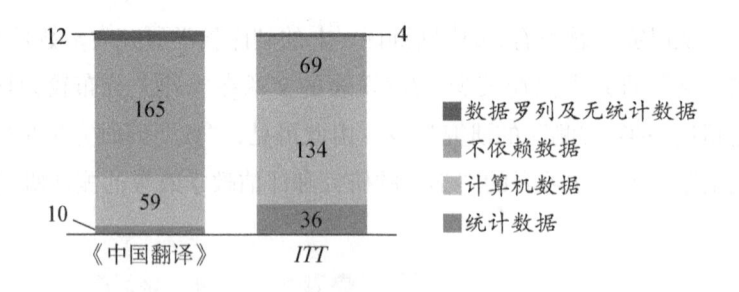

图8.《中国翻译》和ITT中的翻译教学研究论文数据类型对比

将两本期刊的翻译教学研究论文按照研究主题和研究方法进行对比后可见，《中国翻译》有关"教"的文章大多数属于思辨性研究和介绍性研究，"学"类文章主要是实证性研究，"测"类文章中思辨性研究最多，其次是实证研究和介绍性研究。三类主题的基础理论研究均占比最少。ITT"教"类文章中实证研究最多，其次是介绍性研究，基础/理论研究最少。有关"学"的文章中实证研究占比最大,"测"类文章中也主要是实证研究。

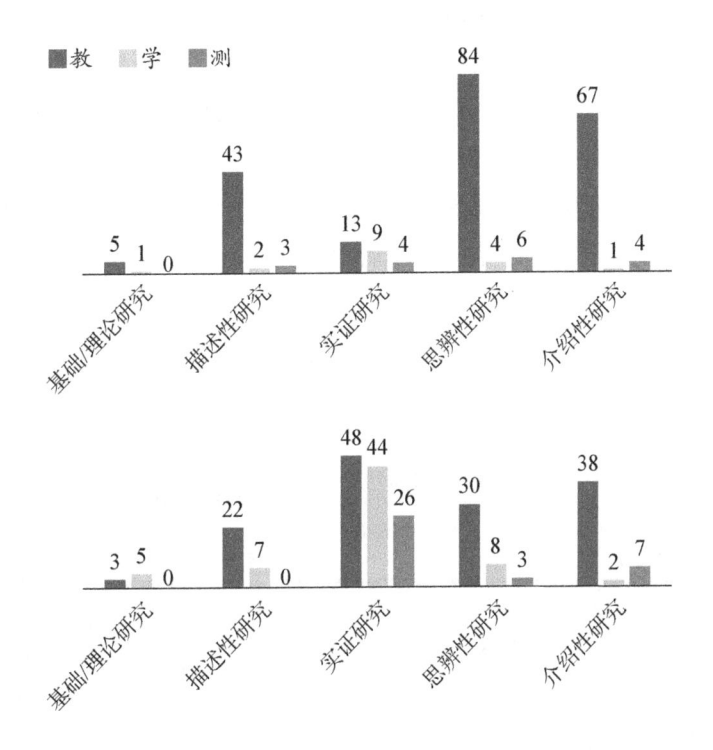

图9.《中国翻译》(上)与ITT(下)翻译教学研究论文的研究主题与研究方法分布

按照"教""学""测"三类研究主题下的参数细致划分具体研究内容,可以看出国内外翻译教学研究的关注点有共性的同时也存在较大差异:"教"类文章均较为重视过程研究,教师主体研究成果较少;"学"类研究都关注学习者主体中的能力习得与发展;"测"类有所不同,《中国翻译》上的文章大多围绕测评结果,ITT则是重在探究测评过程所使用的方式和工具。

"教"类研究中,国内学者讨论教学体系时大多数会联系学科体制中的翻译专业教育建设;教学模式和教学方法是"教"类论文关注的重点;对语料库及语料库技术在翻译教学的应用讨论是热点;通过分析翻译专业师资培训摸索教师发展的模式和路径也是国内教学主体研究的特色。[1] 突如其来的新冠肺炎疫情为翻译专业教育带来了全新的挑战和机遇,再次刺激了学界对教学管理的关注,[2] 远程教学管理成为较新的研究内容。

---

[1] 参见鲍川运(2009),罗慧芳、鲍川运(2018),梁伟玲、穆雷(2020)。
[2] 参见覃军、向云(2020),王斌华(2020),吴耀武(2020),刘和平(2020),任文(2020),张爱玲、丁宁(2021),胡安江(2021)等。

纵观所有"教"类研究，聚焦翻译教学政策与国家发展的研究还是空白。ITT论文很少讨论教学体系，这与上文所述的国外翻译教学实际相符。教学管理/机构/政策是国外译学界近年来新出现的讨论热点，体现出在市场需求变化中对学生就业能力的思考，探讨当下的课程设置是否能培养出市场需要的人才，这与《中国翻译》中有关教学管理的论文所体现出的刺激因素有所不同。有关教师发展和教师能力的教师研究则是近三年才出现的新的研究内容。另外有9篇暂时无法归入现有分析框架的文章，或谈及经济趋势、行业发展、市场需求、通用语、专业领域的跨文化交流特点等对翻译教学研究的影响，或专门讨论对博士、翻译学研究者的培养等问题。

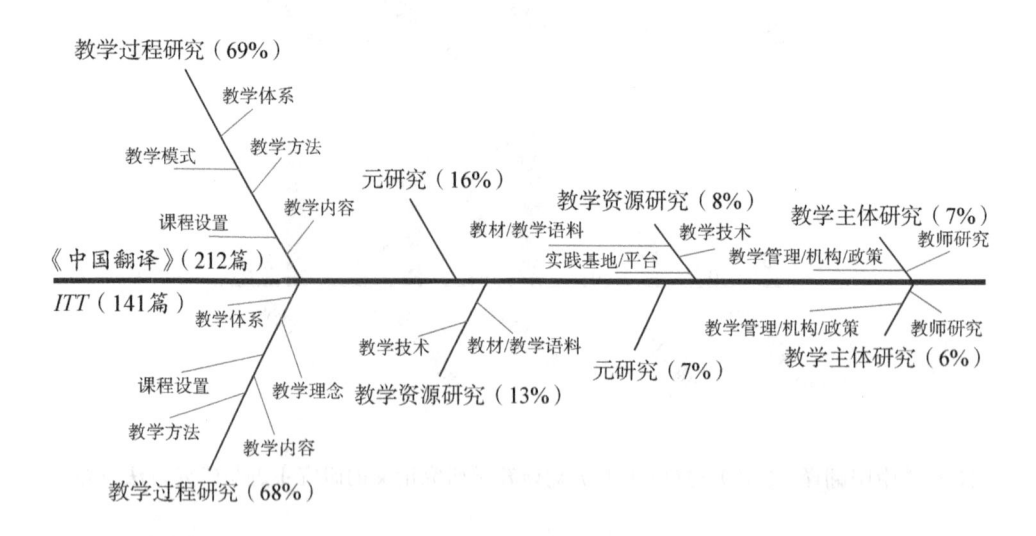

图10.《中国翻译》与ITT翻译教学研究"教"类论文的研究内容对比

"学"类研究中，国内学者主要关注认知能力、技术素养、查证能力等翻译子能力及口笔译能力发展路径等学习者特点，例如学习日志对笔译能力发展的帮助，[1] 其中教学案例分析居多。ITT论文中的学习主体研究对象更为丰富和细化，学者除了重点探讨学习者的能力特点，例如性别、动机、个人习惯等学习者因素与语言学习和口译学习的密切关系，[2] 元认知能力、文体能力与错误分析修改能力、语用能力、信息检索能力、母语理解能力与笔译能力的关系等，[3] 也颇为关注诸如自我效能、焦虑、态度、社会角

---

[1] 参见吴青（2016）和成思、吴青（2018）。

[2] Jackie Xiu Yan, Jun Pan & Honghua Wang, Learner Factors, Self-perceived Language Ability and Interpreting Learning, *The Interpreter and Translator Trainer*, 2010(2), PP. 173–196.

[3] 相关成果参见Duběda & Obdržálková（2021），Whyatt & Naranowicz（2019），Sycz-Opoń（2019），Robert et al.(2016)，Castagnoli（2016），Quezada & Westmacott（2019)等。

色认知、消极情绪等学习者情感特点。[1] 学习过程研究更关注学习者差异、学习工作环境、学习者信念等因素对能力习得与发展的影响，[2] 还探究了笔记、记忆、心理因素对认知过程、口译质量的影响。

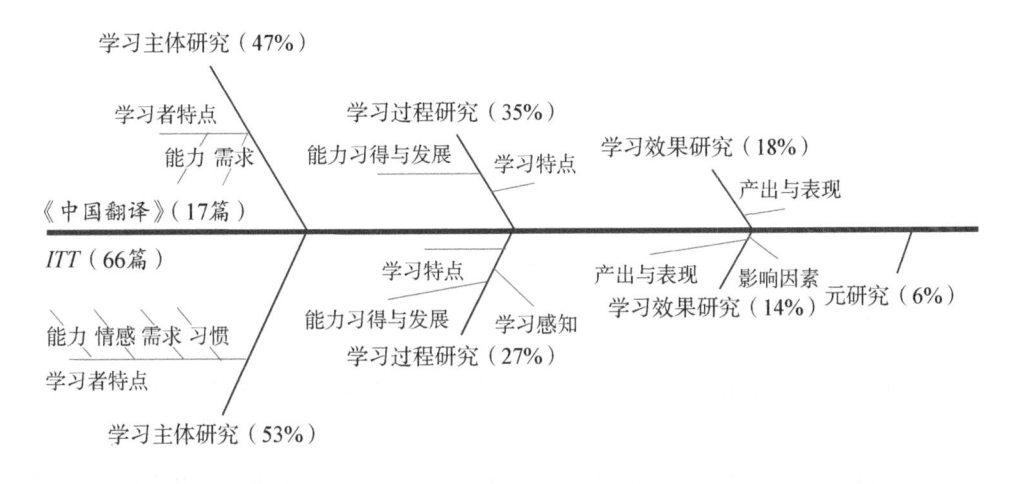

图11.《中国翻译》与 ITT 翻译教学研究"学"类论文的研究内容对比

《中国翻译》论文中"测"类研究较少，大多针对某类测试的评估参数和测评效果，例如全国英语专业八级口译考试、翻译专业资格（水平）考试和专业入学测试的测评结果质量，测评工具的使用效度和翻译技术认证考试开发等，人才是主要测评对象。在为数不多的研究成果中，借鉴统计学、测试学等科学研究方法开展的实证研究付之阙如，这是值得关注并需要改善的。ITT 的测评研究所涉及的主题多与测评过程研究中的测评工具和测评方式相关，例如量表研发、面向聋人及听障人士的字幕翻译评价标准、角色扮演、总结性评价、日志评价等较为多元的评价方式或类型。国外翻译教学研究者近年来也较为关注测评结果研究中的质量评估参数和测评效果，教师测评素养已进入研究者的视野，[3] 关注在全球化市场和跨文化交际者的双重需求背景下如何通过在教学模块中构建测评标准来提升教师和学生的测评素养。

---

[1] 参见 Ameri & Ghahari (2018)，Haro-Soler & Kiraly (2019)，Yan & Wang (2012)等。
[2] 参见 Nitzke et al. (2019)，Wu et al. (2019)，Prieto-Velasco & Fuentes-Luque (2016)，Cai (2015)等。
[3] E. Huertas Barros & J. Vine, Training the Trainers in Embedding Assessment Literacy into Module Design: A Case Study of a Collaborative Transcreation Project, *The Interpreter and Translator Trainer*, 2019(3), PP. 271–291.

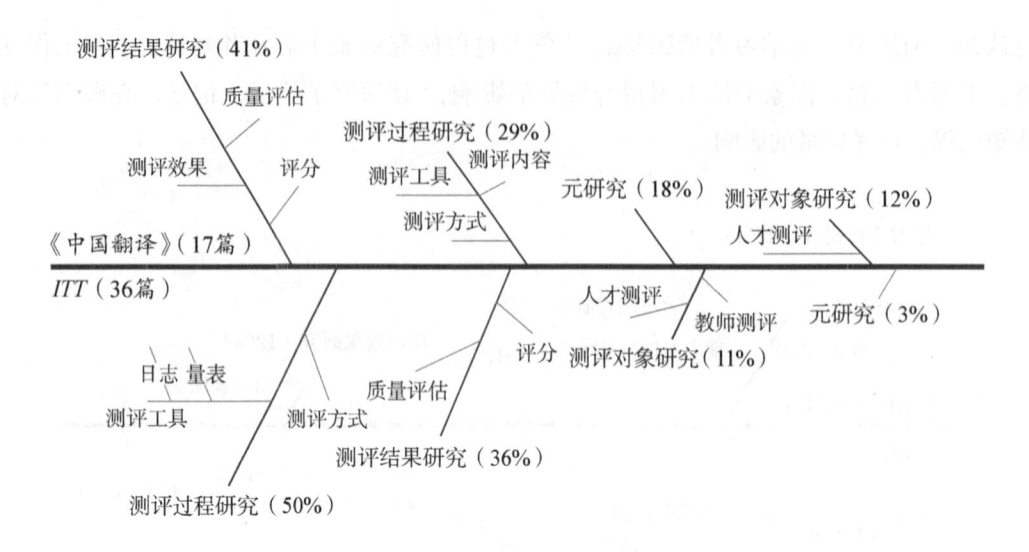

图12.《中国翻译》与ITT翻译教学研究"测"类论文的研究内容对比

　　综合上述对两本典型期刊的分析可以看到，中国翻译教学研究整体偏向宏观性思辨，关注学科建设对翻译教学的影响；关注学科体制内的翻译专业教育研究，强调建构翻译教学体系；关注教材编写和选用；关注教师发展等。据科研项目和期刊论文统计数据，[1] 国内翻译教学研究在翻译研究中的占比不及翻译理论、翻译史等分支领域研究，主要靠学科建设推进发展，虽然近年来已经开始采用实证研究探索解决实际的教学问题，但整体来看教学研究论文体现出的问题意识和方法意识较为薄弱。英文期刊上的翻译教学研究整体上关注较为具体的研究问题，偏向使用实证主义方法构建理论模型或进行验证假设；在教学研究、学习者研究和测评研究等方面成果均较为丰富，学者群体多样，大多集中在欧美国家及地区，少数来自中国、非洲、韩国和阿拉伯等国家和地区。

　　然而我们不无遗憾地看到，有关翻译教育的基础理论研究严重不足，对"翻译教育"概念及实施的探讨远远少于对"翻译教学"的讨论，且往往容易将二者混为一谈，随意混用概念。从已经出版的学术论著及两本典型期刊相关文章的分析来看，多数成果讨论的都是与翻译教学相关的概念和研究，翻译教学的培养目标、课程设置、教学内容、教学方法、教学评估等等，极少涉及翻译教育。各语种翻译教育及其研究发展严重失衡，翻译理论对翻译教育的关注及其影响不够深入，需要基于翻译实际和翻译教学中出现的问题灵活借鉴并运用教育学/管理学/心理学等相关领域的研究方法，从以英语成果为主向其他语种（尤其是关键语种）辐射，继续探索理论与教学的关系。

　　教育的理念通过教学去实现，教学的改革不断推动教育向新的高度发展。如果教育理念不清晰或者不到位，教学实践的成果难以达到预期目标。在厘清教育理念、实施教

---

[1] 穆雷、李希希《中国翻译教育研究：现状与未来》，《外语界》2019年第2期，第25–26页。

学改革的过程中，需要有持续不断的研究来解决不断出现的各种问题。回顾2006年以来翻译教学研究的论著可以发现，翻译教育理念的树立和转变是一个漫长的过程，需要不断深入研究，不断发现教育过程中的问题并设法解决，对于很多根深蒂固的错误认识需要长时间不断地研究发声，表述正确的理念，纠正错误的理解。学者们早期已对"教学翻译"和"翻译教学"这两个概念进行辨析，[1]力图转变传统的翻译教学理念，顺应翻译专业教育发展的新阶段。在翻译专业硕士学位设立之初，学界就对翻译专业教育不同层次人才的培养目标、培养对象、培养要求和方法等方面做了细致的区分，[2]辨析专业学位教育与学术型研究生教育的异同。翻译人才培养要根据国家文化发展战略提出的新要求，关注翻译事业的新走向，不断更新翻译教学的理念。[3]

要特别说明的是，翻译教育研究除了教学研究之外，还要在教、学、测三个方面分别研究育人的理念和方法，关注人的培养，注意培养学生对语言服务行业和翻译职业的正确认识，培养师生对翻译职业的认同感、荣誉感和社会责任感。翻译专业教育的主体，即翻译教师和翻译专业各层次的学生，都应该首先了解翻译在人类社会发展史上，特别是在中国近现代史和中国共产党百年发展史上发挥的历史作用和做出的巨大贡献，了解翻译职业的社会职责，培养职业翻译人的自豪感和奉献精神。新时期的翻译专业教育更要具有服务国家社会发展需求的理念和追求，培养学生的家国情怀和社会责任感。

第三节　翻译教育与师资发展

翻译教育要高质量发展，师资队伍建设是重中之重。翻译教师需要具有怎样的能力，口笔译专任教师和专职理论研究者在内的不同层次具体岗位要求有何异同，都值得探究。以中国部分高校近三年翻译学教学科研岗的招聘要求为例，[4]基本需要应聘者具备较强的翻译实践能力、科研能力、教学能力和工作能力，显而易见，能力需求愈加多样化，对"实践/教学/研究"都有较高的要求。

---

[1] 可参阅：Gile, D. *Basic Concepts and Models for Interpreter and Translator Training*, 1995; Delisle, J. *Translation: An Interpretive Approach*, 1988；穆雷《中国翻译教学研究》，上海外语教育出版社，1999年；鲍川运《关于翻译教学的几点看法》，《中国翻译》2003年第2期，第49-50页；穆雷《翻译教学：翻译学建设的重要组成部分——兼评刘宓庆〈翻译教学：实务与理论〉》，《中国翻译》2004年第4期，第61-65页；穆雷《翻译教学发展的途径》，《中国翻译》2004年第5期，第27-28页。

[2] 详见穆雷《中国翻译硕士教育研究》（2019）和穆雷、赵军峰主编的《中国翻译硕士教育探索与发展》（2021）中有关"转变（教育）理念"的相关文章。

[3] 许钧《从国家文化发展的角度谈谈翻译研究和学科建设问题》，《中国翻译》2012年第4期，第5-6页。

[4] 整理自部分高校人才招聘公告信息。

表1. 中国部分高校近几年翻译学教学科研岗的招聘要求

年份	教学科研岗
2018	翻译学科相关专业博士，政治素质过硬；热爱外语、热爱翻译、热爱教育事业；顾全大局、乐于奉献；服从学院工作安排；有较强的翻译能力、教学能力、科研潜力和协调能力；具有较丰富的口笔译实践和教学经验。
2019（1）	1. 海外一流大学应届博士毕业生，翻译技术、机器翻译、翻译与跨文化研究、口译研究等相关方向； 2. 有较强的翻译能力、教学能力、科研潜力和协调能力； 3. 具有较丰富的口笔译实践和教学经验。
2019（2）	1. 具有或即将获得国内外知名大学博士学位； 2. 能胜任硕士或博士层次口笔译实践或理论课程教学；有一定研究潜力； 3. 翻译技术、机器翻译、翻译认知、语料库翻译学、翻译与跨文化、翻译与国际传播、口译研究等方向。
2020	翻译或相关学科博士，且满足如下条件： 1. 有一定的研究能力，研究领域主要包括（但不限于）：翻译与跨文化研究、翻译与国际传播、口译研究、翻译技术、语料库等； 2. 具有一定的教学能力或较丰富的口笔译实践经验； 3. 身心健康，能够胜任相应岗位工作，具备较好的沟通能力和较强的服务意识。

在有关翻译教师发展的研究论文中，我们经常会看到一些新概念，例如口译教学的 Practeasearcher Model，[1] 即 Practitioner+Teacher+Researcher，翻译专业教师自身必须具备实践能力，成为实践、理论与教学三栖型教师。2020年新发布的《普通高等学校翻译专业教学指南》中的"教师队伍"就新增了翻译实践能力的发展要求，可见实践能力既是教师立身之本，也是实现教学目标之关键。同时教学能力也很重要，如果同时拥有学术和实践背景的教师能在高等教育中得到认可，能接受师资培训，他们将是未来理想的口、笔译教师。[2] 当然，对于想要或刚踏入工作岗位的青年教师而言，三栖型教师是非常理想的奋斗目标。人各有所长，精力有限，教书育人仍是核心。不论是翻译实践也好，翻译研究也罢，往往需要多年的沉淀和磨砺才能在某一领域做深做专。因此，对于翻译教师而言，即便是主攻理论研究，也会有指导实践方向学生的教学任务需求，实践能力是根本。而且，未来的翻译教学会更加重视专业学位研究生教育，翻译专业教育侧重实践能力培养，教师的翻译实践经验就更为重要，教师实践能力评估力度也会随之加强。翻译教师队伍短时间内还是会以语言学及翻译学博士以及从业者为主，未来也许还

---

[1] 卢信朝《中国口译教学4.0：Practeasearcher模式》，《上海翻译》2016年第4期，第60–67页。

[2] M. Orlando, Training and Educating Interpreter and Translator Trainers as Practitioners-researchers-teachers, *The Interpreter and Translator Trainer*, 2019(3), P. 216.

会有具备丰富实践经验和从业经验且拥有翻译博士学位的教师来丰富翻译专业师资队伍。因此，要成为积极能动、独立自主的三栖型教师，不仅要有紧迫感有长远规划，还需要不断夯实自己的实践基本功，提升职业素养。

对翻译教师发展的理论探索可以从内部和外部两大方向开展，[1]外部研究包括教师生存和发展的条件，如客观考察师资队伍发展的现状与需求、翻译教师的专业素养构成、翻译师资培训的模式和路径、教师共同体和跨地域教师发展交流机制等。内部研究包括教师素质、能力与知识、自我发展、教师角色、教师信念、教学效能等研究。2016年，习近平在全国高校思想政治工作会议上强调"要用好课堂教学这个主渠道，思想政治理论课要坚持在改进中加强，提升思想政治教育亲和力和针对性，满足学生成长发展需求和期待，其他各门课都要守好一段渠、种好责任田，使各类课程与思想政治理论课同向同行，形成协同效应"。推进翻译课程思政体系建设同样需要师资保障，[2]教师应树立正确的教育理念，具备思政素养，从而能在教学过程中有效遵循课程思政的总原则，即育德于无形，寓教于无声。[3]《中国翻译》2021年第5期特设"翻译教学·翻译专业课程思政教育校长论坛"专栏，分析在翻译教学实践中应该如何落实思政教育，[4]开展翻译教师思政培训就是其中一个重要环节。

科学化、规范化的翻译专业人员职称制度有助于改善翻译师资队伍和人才培养的质量，促进翻译教师终身学习，坚持自我发展。2019年10月16日，人力资源和社会保障部与中国外文出版发行事业局发布了110号文件《关于深化翻译专业人员职称制度改革的指导意见》，提出了健全制度体系的三个主要措施：一是统一职称名称，二是完善考试体系，三是事业单位翻译专业人员职称与专业技术岗位等级相对应，鼓励高校从事翻译教学与研究的教师参加翻译系列职称评审。一些翻译实践量大能力过硬的翻译教师积极参加翻译系列职称评审，已经获得博士生导师和硕士生导师资格的教授副教授们同时获得了译审或一级翻译职称，成为名副其实的双师型翻译人才。翻译教师发展离不开合理有效的教师评价体系，但有关翻译教师测评的实践及理论研究尚未真正起步。

不同背景的翻译教师从青涩到成熟会经历哪些发展阶段？不同阶段可能会面临哪些主要矛盾和困难，如何去解决？这些问题时常困扰着青年翻译教师。对于青年教师而言，内心要真正热爱教育，以教书育人为核心，以正确的教育理念引导学生培养良好学习习惯，激发学生成为职业译员的潜力。其次是要真正热爱翻译，有终身学习的观念。青年教师要善于把握学习机会，借助教师岗前培训迅速了解所在培养单位的教学理念、

---

[1] 穆雷、梁伟玲、刘馨媛《近三十年中国翻译教师发展研究综述》，《天津外国语大学学报》2022年第3期，第1–10页。
[2] 杨正军、李勇忠《翻译专业课程思政建设研究》，《中国外语》2021年第2期，第104–109页。
[3] 张敬源、王娜《外语"课程思政"建设——内涵、原则与路径探析》，《中国外语》2020年第5期，第15–20页。
[4] 祝朝伟《翻译专业思政教育的"道"与"术"》，《中国翻译》2021年第4期，第65–67页。

教学资源配置和生源情况。每年假期各类机构都会举办各式各样的翻译专业教师培训班和沙龙，还有各类出国访学计划。青年教师需要结合自己的实际情况做出有效的选择，达到自我提升的效果。最后，在平日的教学中也要时常反思。结合翻译研究与翻译教学，在教学中实践研究成果，在研究中深入探索如何提高教学质量。如果有教学或研究团队，则需要充分利用学习共同体的优势和机遇，实现个人和团队的共同成长，将所学所获反哺于教学。

第四节 翻译教育研究展望

根据前述国内外翻译教学研究成果，一些问题已有研究成果，例如对于翻译教学的课程设置、教学方法、教材讲义、译文评价等；有些问题是有人关注过但缺乏系统深入的研究，如教师发展、课程内容、口笔译能力发展、口笔译策略、量表研发与应用等；也有一些问题极少得到关注和研究，如教育政策、教学管理、教学机构、教师认同、教育理念、学习风格、测评技术、测评效果分析等。已有研究成果中，经验归纳、理论阐述、理论建构、课堂观察、个案研究、行动研究、问卷调查和师生访谈等是常用的研究方法，而对现有理论的质疑、证伪、修正和推进极少，存在满足于套用现有理论去"解释"存在的问题，或者不加论证直接搬用其他学科的概念、假说和理论，以及"创建"各种理论体系/框架而不去深耕细作地展开验证、修正和补充。

现有翻译理论多数出现在当代翻译高潮到来之前，那时的研究对象多以文学翻译为主，以外语译入母语为主，以人工翻译为主，当研究对象发生了变化，原有理论就需要进行重新审视、思考、验证或更新而非简单套用。借用其他学科领域的概念和理论道理相似，各个领域的研究对象、立场视角、工具方法等不同，翻译研究（含翻译教学研究）不能随意拿来就用，而需要进行调适。随着社会经济和人工智能的快速发展，各行各业对翻译人才的需求将发生结构性变化，垂直领域专业性增强对非文学翻译的要求日益提高，翻译教育研究将愈加面向语言服务需求。在未来的翻译教育研究中，一方面需要根据翻译教育"教、学、测"的总体架构去设计规划，另一方面要针对翻译教育和其他外语教育的不同之处和特点探索研究路径。另外还要关注研究方法的独特性和有效性，思考所借鉴交叉学科的理论和方法的来源和演变。[1] 学界需要在以下四个方面加强翻译教育研究。

（一）深入开展翻译能力及其测评研究。目前翻译能力测评研究的广度、深度与科

---

[1] 穆雷等《翻译学研究的方法与途径》，上海：上海外语教育出版社，2021年。

学性还较为欠缺。专业翻译教学的主要目的就是显著提升翻译能力,因此,翻译能力是翻译教学实践与研究的核心。教学层次和类型的区分依赖于翻译能力评估而非单纯地依据经验。教学目标、课程设置和教学方法的改进,教学效果的评估,乃至学生的遴选、教材的编写和师资的发展等,都需要以翻译能力测评为理论基础来展开。翻译教学与认知心理学、教育心理学、语言测评等学科领域的科研合作需要进一步深入。

谈到翻译能力,很多中国学者都会想到PACTE研究小组的成果及其框架图,却较少有人去对该图的研发、改进及其前因后果、科学性与适用性等进行系统深入的探究、验证、修改或质疑,多数人都是直接套用。该研究固然已经找出涉及翻译能力的一些要素,从理论上建立了各要素之间的关系,但若运用数据开展实证研究,可能会发现:一是理论模型中的部分要素需要调整;二是各要素之间的相互作用机制及关系可能与理论不符,需要调整各要素之间的作用方向及强度,可进一步利用实证数据标明各要素对译者能力的影响路径和路径系数。[1] 两种关系相对较近的语言之间和两种关系较远的语言之间,翻译方向是译入还是译出之间,小样本和大样本数据之间都有很大的差别。前者研究获得的结果放在后者去验证不一定完全吻合,这就需要我们以科学的态度重视翻译能力本身的系统研究。

要评测翻译能力,就离不开翻译能力等级量表[2]这把尺子。把口笔译能力进行分级描述,可以为不同等级翻译人才的入口和出口做出定位和规划,为翻译教学的培养目标、教学内容、教学效果、教材编写、师资培训等系列活动的开展树立起标尺。外语教学的成果检验可以根据英语能力等级量表去研发各类测试(潜能测试、形成性评估、水平测试、终结性评估等)去检验,翻译教学的成果检验一方面可以同样开展各类测试,同时也要开展口译能力、笔译能力和听说读写能力的对应等级研究并追寻其背后的成因,还要关注汉语能力等级量表的研发,[3] 去验证在口译和笔译的每一个能力等级上学习者的双语能力与口笔译能力之间的关联,逐步加深对语言能力与翻译能力之间关系的认识,以更加精准地定位各层次翻译人才所需的能力。在研究方法上,不仅需要理论思辨,更加需要深入细致的实证研究,用数据说话,观察教学效果。《中国英语能力等级量表》中的口译量表和笔译量表,在国际上第一次用量表的方式把翻译能力进行了细分、详细描述与分级。该量表的研发过程与质量已经得到国际同行认可,也与托福、雅思等考试做了对接。可是,国内翻译界并未充分重视并运用该量表,用这把尺子去设计、指导并衡量本科、硕士和博士翻译教学和学生学习质量,开展量表与翻译资格证书考试

---

[1] 赵护林《译者能力研究:结构方程模型》,北京:中国社会科学出版社,2019年。
[2] 《中国英语能力等级量表》于2018年面世,之后出现了很多英语教学方面的验证和应用研究,但在口译和笔译教学方面的应用研究为数不多。
[3] 据悉,适用于国际中文教育的学习、教学、测试与评估的《国际中文教育中文水平等级标准》已于2021年4月发布。参见http://www.moe.gov.cn/jyb_xwfb/gzdt_gzdt/s5987/202103/t20210329_523304.html。

的对接，用量表这个工具去设计课程、编写教材、培养师资、开发翻译能力考试，帮助翻译教学有效开展，帮助翻译职业科学化发展。这类研究的缺位需要尽快得到弥补。

（二）正确认识技术赋能翻译教育。"教育"和"教学"是2021年国内翻译界学术会议主题中的高频关键词，研究者们尤其关注人工智能时代与新文科背景下的翻译人才培养与评价问题以及翻译教育与翻译技术的关系问题。现代信息技术的快速发展，带来了翻译教育中的技术创新，促使技术在教学内容、教学方式、教学资源和评价手段中的分量越来越重。后疫情时代更是促使学界思考翻译人才培养体系建设的改革方向，如构建国际协同育人平台，[1] 树立分工合作、开放共享的翻译教育互联网思维，以国家和地方发展战略以及职业化和市场化对翻译人才培养的新需求为导向，不断深化技术赋能意识和学科融合理念，全面推进翻译专业在线数字教育，积极构建翻译人才的国际化培养体系[2]等。口号宣传、理念转变的阶段之后，应有脚踏实地的系统研究，给技术能力准确定位、分级，描绘出发展路径并运用于翻译教学。

（三）促进中外翻译教育研究成果的交流互鉴和比较研究。中外翻译教育研究有共性也各具独特性，应当加强比较研究，促进中西学术交流。近年来，中外翻译教育研究呈现出较为相似的关注点：重视"人"的培养（国内的立德树人理念，国外的世界公民、他者意识培养），呼吁跨学科研究，关注社会历史文化背景对人才培养理念的影响。关于中外翻译教育的差异，首先表现在教育体制方面，国内外对学科建设与资源分配的需求有所不同。专业发展的刺激因素也存在差别：国内翻译教育研究往往与国家战略需求密切相关。语言转换的同源或异质关系等特点导致中外翻译教育体系的发展和研究侧重点各有不同，不同文化背景也会带来学术话语方面的差异。中国翻译教育研究多宏观思辨，通常擅长搭建较为全面完整的框架体系，国外翻译教育研究则强调微观具体的实证探索，不同类型的研究呈现出鲜明的主题特色和焦点。国外已开始关注不同教育情景下翻译的角色和价值，[3] 思考翻译研究作为双语及多语教育实践及研究的工具属性和功能，即翻译作为单语—双语—多语教育的手段、策略、方式，通过翻译提升学生的语言能力、跨文化交际能力，通过翻译促进教师教育和发展等。

（四）加强翻译教育研究的学术共同体建设。目前国内翻译类期刊中以翻译教育为主要研究对象的数量不多，主要有四川外国语大学《翻译教学与研究》、中国翻译认知研究会《翻译研究与教学》，学术交流平台有世界翻译教育联盟、医学翻译与教学研究会、口译教育评价联盟等。为响应《关于推动学术期刊繁荣发展的意见》[4]的精神，我

---

[1] 黄晓玲、陆晓、赖安《协同育人与商务翻译人才培养》，《上海翻译》2021年第5期，第45–49页。

[2] 胡安江《翻译专业教学管理与人才培养：新趋势、新变局与新思路》，《中国翻译》2021年第1期，第68–74页。

[3] S. Laviosa & M. González-Davies, *The Routledge Handbook of Translation and Education*, London & New York: Routledge, 2020.

[4] 参见http://www.nppa.gov.cn/nppa/contents/312/76209.shtml。

们要重视通过组织高质量的国际学术会议、创办有国际影响力的学术期刊、构建多国籍背景的学术研究共同体等方式加强与国际同行的交流合作。前面对两本典型期刊的分析其实还揭示出现有翻译研究期刊在国际学术话语能力方面的薄弱点，以《中国翻译》为例，早期还会邀请个别外国学者发表英文论文，后来多散见中国学者对外国学者的访谈记录文章，这是远远不够的。我们需要主动创造交流机会，除了鼓励更多中国翻译教育研究者在国际翻译学期刊中发表学术观点，也要利用本土优质翻译研究学术期刊的优势，搭建便于国际学术交流的平台，将我们的翻译教育实践与研究经验真正有效地传递到国际学术治理领域中去。中国翻译教学师生的基数如此之大，我们很有可能也有必要在翻译教育及其研究上做出独特的贡献。

翻译教育往往肩负着历史任务，在不同历史阶段的翻译高潮时期都曾出现过对翻译人才培养的关注。新世纪以来，世界没有一个国家像中国那样对整个翻译教育体系进行科学有力的构建。[1] 当下我们更需要结合新时期国家战略需求，在新时代中华民族伟大复兴、哲学社会科学话语体系建设、"一带一路"倡议、人类命运共同体建设的大背景下，思考探讨国家、社会对各类翻译人才的真实需求，培养符合新时期国家发展所需要的翻译人才。

思考题

1. 近年来，我国大力加强国际传播能力建设，翻译专业人才培养应如何回应这一需求？
2. 请分析翻译教学与中国翻译史上几次翻译高潮的关系，结合史实谈谈翻译教学的重要性。
3. 国际上的翻译教育机构为什么很少开设翻译本科专业？中国为什么要办翻译本科？
4. 请谈谈翻译专业学习者了解翻译学科建设、培养学科意识的必要性和重要意义。
5. 谈谈你对翻译实践能力、翻译教学能力和翻译研究能力三者之间关系的认识。
6. 请结合文献，从研究方法应用方面谈谈中国翻译教学研究的特点和变化。

---

[1] 许钧在重庆翻译学会第十九届年会暨学术研讨会作题为"翻译人的担当与作为"的主旨报告的观点，2021年12月4日。

7. 我国的翻译教育研究经历了什么样的历时发展？目前现状如何？
8. 开展翻译教育和教学研究可以选择哪些研究主题？
9. 翻译教学研究与翻译理论研究之间有何关系？
10. 你认为未来翻译教育研究面临哪些机遇和挑战？

推荐阅读书目

Kearns, J. 2008. *Translator and Interpreter Training: Issues, Methods and Debates*. London: Continuum.

Kiraly, D. C. 1995. *Pathways to Translation: Pedagogy and Process Translation Studies*. Kent: Kent State University Press.

Kiraly, D. C. 2000. *A Social Constructivist Approach to Translator Education: Empowerment from Theory to Practice*. London & New York: Routledge.

Malmkjaer, K. 2004. *Translation in Undergraduate Degree Programmes*. Amsterdam/Philadelphia: John Benjamins.

Hubscher-Davidson, S. & M. Borodo. 2012. *Global Trends in Translator and Interpreter Training: Mediation and Culture*. London: Bloomsbury.

Laviosa, S. & M. González-Davis. 2019. *The Routledge Handbook of Translation and Education*. London & New York: Routledge.

蓝红军，《译学方法论研究》，北京：外语教学与研究出版社，2019。

刘和平，《翻译学：口译理论和口译教育》，上海：复旦大学出版社，2017。

刘宓庆，《翻译教学：理论与实务》，北京：高等教育出版社，2006。

穆雷、赵军峰，《中国翻译硕士教育研究探索与发展（上卷）》，杭州：浙江大学出版社，2021。

穆雷、赵军峰，《中国翻译硕士教育研究探索与发展（下卷）》，杭州：浙江大学出版社，2021。

陶友兰，《我国翻译专业教材建设：理论构建与对策研究》，上海：上海外语教育出版社，2013。

杨志红，《翻译测试与评估研究》，北京：外语教学与研究出版社，2020。

仲伟合等，《口译教学——广外模式的探索与实践》，北京：外语教学与研究出版社，2020。

庄智象，《我国翻译专业建设：问题与对策》，上海：上海外语教育出版社，2007。

第十四章

口译与口译研究

乔治·斯坦纳在讨论语言和翻译现象时曾指出：看似最为平常的由口译员进行的跨语传译行为实际上包含了翻译的全部本质和理论。[1] 那么，口译现象有何特质足以使其成为专门的研究对象？口译研究有哪些维度？口译研究的现状和趋势如何？本章拟扼要综述中国和国际口译研究的概况，结合代表性研究案例梳理口译研究的主题和视角，提出口译研究主要关注的维度，并对口译研究的当下特征和发展趋势进行总结。

第一节 中国和国际口译研究的概况

口译是一种译员作为中介进行的跨语言和跨文化交际活动。口译活动由来已久，自古以来，不同语言的社群、民族和国家之间进行交流时，多需要兼通双语的译员作为中介达成交际沟通。

在中国，正式的口译教学始于20世纪70年代末。1979年联合国在当时的北京外国语学院开办"联合国译员训练班"，为联合国培养口译和笔译人才，培养口笔译人才12批，总计200余人。同时，另外几所具备相关条件的专业外语院校（如上海外国语学院、广州外国语学院等）也开设了面向外语专业的口译课程。1997年广州外国语学院设立了国内第一个翻译系，其中设置了口译方向。2000年新修订的《高等学校英语专业英语教学大纲》把口译确定为英语专业本科的必修课程。2006年教育部首次批准广东外语外贸大学等三所高校试办翻译本科专业。2007年3月国务院学位委员会发布了"关于下达《翻译硕士专业学位设置方案》的通知"，首批试点教学单位共15所高校，其中9所院校设有国际会议传译方向。近十几年来，从翻译专业本科、翻译硕士专业学位、翻译学硕士到翻译学博士的系统翻译学科建制在数所高校中逐步完成。绝大多数设置翻译本科专业的院校开设了口译课程，部分具备条件的院校在硕士阶段开设了口译方向，也有部分翻译

---

[1] G. Steiner, *After Babel: Aspects of Language and Translation*, Oxford: Oxford University Press, 1998.

学硕士和博士点开设了口译研究方向。

随着口译教学的逐步发展和国家及社会对口译服务需求的迅速增加，中国的口译研究在过去几十年经历了从起步到初步发展再到蓬勃发展的时期。国内期刊上发表的第一篇口译论文是唐笙、周珏良刊载于《西方语文》[1]第二卷第三期上的《口译工作及口译工作者的培养》，与西方英语世界的第一篇公开发表的口译论文[2]几乎同时诞生。但在其后直至1980年以前，国内只有零星几篇口译论文发表。中国的口译研究在20世纪80年代真正起步，在90年代得到初步发展；进入21世纪后，尤其是随着近十几年来翻译专业在诸多高校的设立，中国的口译研究进入了蓬勃发展期，国内外语类核心期刊上每年发表的口译论文达到数十篇。近40年来，中国共出版口译教材300多部，口译学者陆续出版了一批口译著作和论文集，著作数量达30多部，论文集10多部。中国的口译著作已涵盖多方面主题，包括：口译教学研究、口译学科理论研究、口译理论探索、口译理论史和研究史研究、口译的认知处理机制研究、口译的信息处理过程、译员角色研究、口译规范研究、口译评估研究、语料库口译研究、社区口译研究、口译语体研究、口译史等。

在国外，口译的早期历史可追溯到约公元前3000年古埃及关于译员的记录。正式的专业会议口译则起源于20世纪早期，第一次世界大战后的"巴黎和会"通常被视为交替传译正式使用的开始，首批专业的交替传译工作者随之登场。第二次世界大战后的"纽伦堡审判"被认为是同声传译正式大规模使用的开端，并出现了首批专业的同声传译工作者。随着联合国等国际组织的建立，专业会议口译有了较大规模的发展。《联合国宪章》规定，联合国的官方工作语言为英语、法语、俄语、西班牙语、汉语和阿拉伯语。按宪章规定，所有官方语言都具有同等的法律效力，联合国的多语环境就此形成，这使得联合国及其机构成为国际上最大的会议口译用户之一。

在西方，20世纪40到60年代就陆续有高校成立正式的口译教学机构，如1941年成立的日内瓦大学高级翻译学院、1957年成立的巴黎高等翻译学院、1965年成立的蒙特雷国际研究学院高级翻译学院等。正式教学机构的成立不仅在高校确立了口译教学的专业化地位，也使得口译研究在之后几十年中逐步取得学科地位。

从国际范围来看，口译研究自20世纪50年代肇始以来，经历了五个发展阶段：[3] 20世纪50年代中期到70年代中期的"开拓阶段"，主要体现为几本口译教学手册的出版和一批实验心理学家对口译的研究；20世纪70年代中期到80年代中期的"奠基阶段"，主要标志是巴黎学派释意理论的形成；20世纪80年代中后期到90年代中期的"新兴和国际化阶段"，主要指新一代口译研究代表人物的出现以及口译研究在欧洲之外的其他地

---

1 即现在的《外语教学与研究》期刊。

2 R. Glémet, Conference Interpreting, in *Aspects of Translation (Studies in Communication 2)*, London: Secker & Warburg, 1958, PP. 105–122.

3 F. Pöchhacker, *Introducing Interpreting Studies* (2nd edition), London & New York: Routledge, 2016.

区包括在中国的兴起；20世纪90年代中后期到21世纪初的"整合及多元化阶段"，主要指这一时期学科基础著作出版，研究成果数量大增，形成若干研究主线；2005年至今的"巩固阶段"，口译研究在众多国家继续发展，成果数量持续增加。

虽然口译研究萌芽于20世纪50年代，但到20世纪90年代学界才开始真正讨论其学科定位。波赫哈克主张把口译研究置于"翻译学"之下，作为它的两个子学科（即翻译研究和口译研究）之一。[1] 波赫哈克认为口译研究学科地位的基本确立是在21世纪初。[2] 这一时期口译研究的学科整合意识加强，陆续出版了《口译研究读本》和《口译研究概论》等学科基础著作。2015年，劳特利奇出版社出版了《劳特利奇口译研究百科全书》（Routledge Encyclopedia of Interpreting Studies）。中国学者近年来亦对口译研究的学科定位和学科理论进行了较为系统的探索，如仲伟合、王斌华探讨了口译研究的学科框架和学科方法论。口译研究发展至今，学界基本认同其学科定位为"翻译学"的一个子学科，如芒迪指出，"鉴于口译的要求和活动内容均有很大不同，虽然口译（与笔译）有不少共通之处，或许最好是把其视为（与翻译研究）并列的领域或子学科，即'口译研究'"。[3]

第二节　口译研究的主题和视角

作为翻译学中一门研究领域相对独立的子学科，口译研究有其特有的研究对象，有诸多课题值得探索。我们可以把口译研究的对象和课题归纳为以下五个维度。

一是"何为口译？"，即如何认识口译现象，也就是对口译行为和口译活动[4]进行界定和分类，并厘清其相较于其他双语现象如笔译的区别性特征。

二是"如何口译？"，即研究口译行为和口译活动是怎样进行的，是对口译过程的描述、解读和解释，主要包括口译的双语加工过程、认知操作和认知处理过程、信息处理行为、口译话语的理解和产出过程、交际互动行为等研究。

三是"口译如何？"，即研究口译产品是怎样的，是对口译产品的描述、解读和解

---

[1] F. Pöchhacker, On the Science of Interpretation, *The Interpreters' Newsletter*, 1993(5), PP. 52-59.

[2] F. Pöchhacker, *Introducing Interpreting Studies* (2nd edition), London & New York: Routledge, 2016.

[3] J. Munday, *Introducing Translation Studies: Theories and Applications* (4th edition), London & New York: Routledge, 2016.

[4] 关于"口译行为"（behaviour）和"口译活动"（activity）这两个概念，通常在口译研究中，使用"口译行为"一词时，往往突显口译的过程，包括口译的认知操作过程、信息处理过程和交际互动过程，是一种微观视角；使用"口译活动"一词时，往往突显口译的结果及影响、译员角色、口译场合、社会—文化语境等等因素，是一种宏观视角。

释,主要包括口译话语的特点、口译产品的质量评估、口译策略和规范等研究。

四是"口译为何?",即研究口译活动起着怎样的作用,是对口译效果、影响和功能的描述、解读和解释,主要包括译员角色和口译的交际、社会和文化功能的研究。

五是"何为口译技能?",即研究口译是怎样的专业技能,是对口译技巧和能力的描述、解读和解释,主要包括口译技巧、口译能力及其发展、口译教学各个方面的研究。这也是口译教学理念和方法的理论基础。

本节以这五个维度为纲,系统梳理口译研究的各种课题,归纳口译研究的各种视角。限于篇幅,本章只扼要列举国内和国际上代表性的口译研究成果。

一、"何为口译"? 口译研究的概念基础、区别性特征和认识维度

什么是口译? 口译现象如何分门别类? 口译有何区别性特征使其足以成为专门的研究对象,并使得口译研究成为专门的研究领域? 可以从哪些视角和维度来认识口译现象? 这些都是进行口译研究必须厘清的基础问题。

(一) 口译现象的规范分类及其概念

口译的使用场合广泛、形式多样,在口译实践、教学和研究中容易存在分类不清晰、定位不明确的问题,因此,有必要对各种分类加以规范式归纳。

口译职业界通常以口译的基本工作方式来分类,包括:"交替传译"和"同声传译"。交替传译简称交传,又称连续传译或逐步口译。交替传译的方式是,在讲者讲几句或讲完一段比较完整的内容之后停顿下来,由译员进行传译,然后讲者再继续下一段发言。同声传译简称同传,在同声传译中,讲者连续发言,不会停顿下来等待译员进行口译,译员必须在听取讲者讲话的同时,同步进行口译。同声传译又可分为,"译员厢同传"和"耳语传译"。译员厢同传主要应用于大型的国际会议,译员坐在相对隔音的译员厢中,通过耳机接收源语,通过话筒传播目标语到听众耳机中;耳语同传则用于为一两位异语听众服务的场合,现场没有同传设备,译员坐在服务对象旁边,以耳语的方式为其进行同传。在译员厢同传中,有时需要使用"接力传译"的方式,多用于发言人讲非通用语种时,该语种译员厢把其传译为一个通用语种,其他译员厢则从该译员厢传译出的"中枢语"译往其他语种。

口译业界关于工作方式的提法还包括"联络口译"和"对话口译"这一对实际上指同一现象的概念。联络口译主要用于陪同联络的场合,译员为陪同联络的双方进行口译。在对话口译中,译员也是为对话的双方进行双向传译。两者的共同特征是话轮转换比较频密。就其工作方式而言,联络口译和对话口译实际上属于"短交传",即讲者所说的语段一般比较短;而会议口译中使用的交传通常都是"长交传",即讲者所说的语

段一般比较长。联络口译/对话口译是社区口译的典型工作方式。

在现代社会，口译广泛应用于多语言的国际会议，故称"会议口译"。在多语言和多民族的社会内部，口译也广泛应用于公共服务之中，故称"公共服务口译"，又称"社区口译"，是保障社区公民包括少数族裔、移民等政府公共服务对象充分享有公共服务的重要手段。

从狭义的口译典型场合来看，口译可以分为：外交场合的"外交口译"，商务场合的"商务口译"，法庭和警务场合的"法务口译"（包括法庭口译和警务口译），医疗服务场合的"医疗口译"以及广播电视媒体场合的"媒体口译"等。

从口译的媒介来看，口译可以分为"现场口译"和"远程口译"。[1] 远程口译又可以分为远程视频口译和远程电话口译。

另外，从口译的语言媒介来看，口译可分为："口语传译"和"手语传译"。顾名思义，前者以口语的方式发布传译内容，而后者以手语的方式发布传译内容。手语传译是保障聋哑人士享受社会服务的重要手段。

此外，从传译的语言方向来看，口译可以分为"单向传译"和"双向传译"。前者通常仅译入母语，译员的语言组合通常为A-C-C，即从C语译入A语；而后者则指同一位译员兼顾译入母语和译入外语两种传译方向，译员的语言组合为A/B，即既从B语译入A语也从A语译入B语。

（二）口译的定义和区别性特征

口译是现代社会的专门职业，也是高校翻译专业的专业方向，还是口译研究这一专门领域的研究对象。因此，我们有必要对口译的定义加以界定，并厘清其相较于笔译等其他双语处理现象的区别性特征。

口译的定义可以界定为："口译"是一种译员作为中介进行的跨语言和跨文化的交际行为和活动；在这种行为和活动中，译员听取讲话人的源语话语，并即时用目标语以口语或手语的方式向听众传达讲话人的意思；通过译员的传译，异语双方之间得以进行交际沟通。

口译和笔译有共通之处：二者都以双语加工和跨语言转换为基本特征；二者的操作过程也有相似之处，都需要理解源语，经过对信息和意义的分析综合和重新组织，用目标语表达出来；二者都要求译员/译者具备较高的双语水平及相关主题的背景知识。但有必要明确的是，口译有不同于笔译的鲜明特征，相较于笔译，口译有以下六大区别性特征。

---

[1] 关于远程口译的最新动态和技术平台，详见王小曼、王斌华《口译行业新动态：远程会议口译主流平台及其技术》，《中国翻译》2021年第5期，第105–112页。

1．认知处理的多重任务同时操作性

口译的认知操作和处理过程的突出特征是多重任务同时操作。在交替传译中，译员在听的阶段要同时进行听辨理解、短期记忆、口译笔记、目标话语重构等多重任务的协调操作，在说的阶段要同时进行记忆提取、笔记辨识、目标语话语重构、目标语表达等多重任务的协调操作。在同声传译中，由于听和说两个阶段同时进行，译员更是需要对听辨理解、短期记忆、目标语话语重构、目标语表达等多重任务进行同时的协调操作。

2．口译过程的即时性

口译是一种即时性的双语转换认知处理活动。为了保证交际双方信息的表达和接收能够连续、顺畅地进行，译员必须在短时间内顺畅、快速地完成源语理解、双语转换和目标语表达的任务。口译过程的即时性在同声传译中最为突出：在讲者发言连续发布并不留出时间供译员口译的条件下，译员必须即时完成源语理解、双语转换和目标语表达，做到几乎同步的传译。即使是在交替传译中，口译过程的即时性也是一个突出特征：源语语段发布结束之后，译员必须在几秒钟之内即开始目标语发布，而不像笔译中那样有较长的理解分析源语文本和组织修改目标语表达的时间，可以查阅资料帮助源语理解，甚至可以"旬月踟蹰"。与即时性相关的一个特征是口译的目标语发布也有其时间限制，其所用时间通常不宜超过源语发布的时间长度。

3．源语和目标语发布的单次性

在口译中，源语和目标语话语都只发布一次。除了少数情况下为了强调、澄清或纠正个别字词而进行的重复以外，讲者的发言只会讲一次，译员的传译也只能讲一次。源语发布的单次性要求译员有很强的听辨理解能力，源语发布稍纵即逝，译员无法像笔译中的译者那样可以反复阅读并分析原文。口译中目标语发布的单次性要求译员有很强的目标语重构和表达能力，译员无法像笔译中的译者那样可以反复斟酌以及修改译文。波赫哈克把源语及目标语发布的单次性作为界定口译的关键要素："口译是在源语一次性表达的基础上向另一种语言所做的一次性翻译。"[1]

4．信息处理的多模态性

在口译中，无论是对源语话语的理解，还是目标语话语的产出，都是整合了多个信道、多种模态的信息处理结果，包括：听觉式的言语信息，即讲者和译员的讲话；听觉式的副言语信息，即讲者和译员讲话中的停顿、重音和语调；视觉式的非言语信息，即讲者和译员讲话时的表情和体态；视觉式的辅助言语信息，即讲者常使用的幻灯片和有时使用的演讲底稿等；场合语境信息，即口译活动所在的交际场合语境所包含的信息等。

---

[1] F. Pöchhacker, *Introducing Interpreting Studies* (2nd edition), London & New York: Routledge, 2016, P. 10.

5．口译的交际在场性

在笔译中，译者往往与作者和读者处于不同的时空环境，译者只能通过源语文本（和副文本）分析作者的写作情境，并努力在翻译中预测读者的阅读情境。而口译的一个鲜明特征是，口译中的译员通常与讲者和听众处于同一交际现场，不存在交际的时空距离。[1] 译员可以利用与讲者和听众共享的交际语境理解和表达信息，译员口译的交际效果也即时显现。

6．源语和/或目标语的口语性

在笔译中，原文和译文都是书面语，都属于"计划性语篇"。书面语篇经过计划和组织，相较于口语话语而言通常组织更为严密、信息更加密集、句法和词汇也更加复杂。口译的源语和/或目标语是口头发布的话语，[2] 属于"未计划话语"。口译源语话语通常是即兴发布或有准备的但即兴发布的话语，口译目标语话语也是译员用目标语转述的即兴发布话语。

（三）口译研究的多维视角

根据认识口译现象的不同维度，口译研究可以从以下多种视角进行。

1．口译是双语转换加工过程。

这一研究视角把口译视为一种特殊的双语加工活动。在口译的双语加工过程中，译员听取讲话人的源语话语，经过即时的理解、短期记忆和目标语重构，用目标语向听众发布出来。从始发语（源语）到目标语，虽然加工时间很短，但中间经历了复杂的双语加工过程。因此口译现象不同于单语理解和产出的单语加工过程，而是与心理语言学通常关注的双语使用现象不同的一种特殊的双语加工过程。因为口译中进行的是双语转换过程，是基于源语的目标语重构过程，而且是即时转换的过程。在这一研究视角下，口译的源语理解、双语即时转换和目标语产出过程是重点的研究对象。

2．口译是认知操作和处理过程。

这一研究视角把口译视为一种复杂的认知操作和处理过程。在口译中，译员需要执行多项认知操作和处理任务，包括：语流听辨、听词取意、信息意义的分析和整合、短期记忆（和笔记）、目标语重构、目标语生成、目标语发布等。而且口译是一种要求一心多用的以"多重任务处理"为特征的复杂认知操作和处理过程。在这一研究视角下，口译中的任务单项的认知操作和多重任务认知处理过程成为关注重点。

---

[1] 随着相关声像传播技术和设备的发展，"远程口译"的形式已于近年开始出现；新冠疫情期间，多数口译活动都以远程方式进行。在电视和网络媒体对异地大型活动和突发新闻现场直播的口译中，译员往往不在活动或新闻事件的现场，而身处电视台和网络媒体的转播室中，在这种场合，译员与讲者之间存在时空距离。但即使是在远距离口译中，通过视像传递等方式确保译员看到交际现场和讲者是口译工作本身所要求的工作条件。

[2] 在手语传译中，通常目标语是手语。

3．口译是信息处理行为。

这一研究视角把口译视为一种特殊的信息处理行为。如前所述，口译中的信息处理是一种以即时性且源语与目标语一次性发布为特征的双语转换行为。为了达到这两个要求，译员在一次性听辨的条件下如何对源语信息进行分析和整合，如何在即时的双语转换过程中进行信息重构，在一次性发布的条件下使用哪些手段和策略来进行目标语组织并实现完整而流畅的产出，这些都是这一研究视角关注的重点。

4．口译是话语理解和产出行为。

这一研究视角把口译视为一种特殊的话语理解和产出行为，重点关注口译的产品。口译的话语产出有其特殊性，这首先是由口译的交际在场性决定的。在口译的交际现场，源语信息来源于多个通道，包括讲者的言语信息，副言语信息（如讲者的停顿、语调和重音等），非言语信息（如讲者的面部表情、手势和体态语等）以及交际现场的场合信息（如会议背景板上的会议主题、会议现场座位安排所体现出的现场交际参与者的地位和权力信息等）。由此可见，口译的源语话语是多模态的、立体式的。与此相应，口译的目标语话语也是多模态的、立体式的，译员亦可综合利用言语、副言语、非言语等多种手段发布目标语信息。这就决定了口译产出的话语与笔译产出的文本不同。另外，由于讲者和译员均以口头方式发布话语，口译源语/目标语的口语性也成为口译话语的典型特征。

5．口译是人际互动和跨文化交际行为。

口译是一种译员作为中介进行的人际互动和跨文化交际行为，通过译员的传译，异语双方得以进行人际和跨文化的交际沟通。口译活动以交际在场性为主要特征，即译员与讲者和听众同在交际现场。译员的中介协调作用以及讲者、译员和听众三方如何在这种特殊的人际和跨文化交际行为中进行互动是这一研究视角关注的重点。

6．口译是社会—文化活动。

这一研究视角把译员视为社会性的主体，把口译视为译员在讲者和听众不同的社会—文化语境之间进行沟通的活动。如上文所述，口译活动自古有之，在诸多跨语言、跨文化的社会—文化活动中均有口译的作用。这一研究视角往往采取宏观的社会视角或历史视角，对口译活动在社会和历史中的作用进行探究。

7．口译是专业技能。

对于口译职业界和口译教学界而言，口译是一种专业技能。从业者凭借这种专业技能，要求适当的工作条件，收取工作报酬，拥有职业地位。对口译专业技能的认识是口译教学的理论基础，对其不同的认识会产生不同的口译教学模式、口译教学内容和口译教学方法。因此，这一研究视角关注的重点是口译技能的构成、口译技能的发展规律和口译技能的教学方法。

总体来说，口译研究的多维视角可概括为：从微观视角来看，口译是双语加工过程、认知操作和处理过程、信息处理过程和话语理解产出过程，这也是构成口译专业技能的核心部分；从中观视角来看，口译是人际互动和跨文化交际行为；从宏观视角来看，口译是一种社会—文化活动。

上节所介绍的口译的定义、口译的区别性特征和本节讨论的口译研究多维认识论共同构成口译研究的认识论基础。口译过程的即时性特征与口译源语和目标语发布的单次性特征是口译的双语加工过程研究、认知操作处理过程研究的认识论基础；口译过程的即时性、源语/目标语发布的单次性和口语性，是口译的信息处理过程研究、话语理解产出过程研究以及口译产品研究的认识论基础；口译的交际在场性特征是口译中介交际行为研究的认识论基础。口译的区别性特征决定了口译过程不同于笔译过程，口译产品也不同于笔译产品，口译研究也因此不同于翻译研究（笔译研究）。

二、"如何口译？"：口译的认知处理研究

译员是如何口译的？这是口译现象让人最感兴趣的方面，口译的认知处理也因此成为口译研究近70年历程中的研究重心和焦点。口译的认知处理以多重任务的同时操作性和即时性为鲜明特征。那么，口译中的各项认知处理子任务，包括交传中的听辨理解、短期记忆、口译笔记、目标语重构、目标语产出和发布，以及同传中的同步听说、耳口差、发声抑制、目标语重构、目标语产出和发布、目标语产出监控等，如何在瞬时之内完成？口译中的多重认知同时操作如何协调完成？已有的相关研究或探索口译认知处理的分解任务和认知操作的协调管理，或探讨口译的复杂认知处理机制和口译过程建模，或分析口译认知处理活动的神经—生理基础。

（一）口译的认知操作和协调

在口译实践者看来，口译的程序步骤包括：听懂、记住、构思、表达。这是一个链条上的四个彼此不可分割的环节。但口译是极其紧张的脑力劳动，所以前后两个或几个环节有时几乎是同时的：听中有记，记中有思，思中有译，有时甚至译中还有听。[1]

20世纪60到70年代的实验心理学家对口译认知过程的某些方面有了初步的研究：有学者通过实验测量同声传译中讲者发言和译员口译之间的"耳口差"（ear-voice span），探索译员如何实现同步的传译。[2] 古德曼-艾斯勒（Goldman-Eisler）也通过实验探索了

---

[1] 李越然《谈谈口译工作》，《外语教学与研究》1980年第2期，第51–56页。

[2] P. Oléron & H. Nanpon, Recherches sur la traduction simultanée, *Journal de psychologie normale et pathologique*, 1965, P. 62, PP. 73–94.

同传中理解和产出如何做到同步进行。[1] 大卫·杰弗（David Gerver）则通过实验比较了同传和复述中不同输入语速的条件下的错误数量。[2]

在口译的认知操作中，多任务同时处理是一个鲜明特征。那么，译员如何进行听辨理解、短期记忆（包括笔记）和借助笔记进行回忆、目标语重构及产出等认知操作并实现多重任务之间的协调？在20世纪90年代，以丹尼尔·吉尔（Daniel Gile）为代表的口译研究者对此进行了探讨。吉尔在1995年出版的经典著作《口笔译教学的基本概念和模型》(Basic Concepts and Models for Interpreter and Translator Training) 中提出了口译认知操作过程的"认知负荷模型"（Effort Models），其要义如下：[3]

他把交替传译分解为两个阶段，即以听为主的第一阶段和以说为主的第二阶段，两个阶段的公式分别为：

1）交替传译的第一阶段

CI (Phase 1)=L+N+M+C (listening & analysis+note-taking+short-term memory+coordination)

即交替传译（第一阶段）=听辨理解+笔记+短期记忆+协同

2）交替传译的第二阶段

CI (Phase 2)=Rem.+Read+P (remembering+note-reading+production)

即交替传译（第二阶段）=回忆+解读笔记+口译产出

他还提出了同声传译的认知负荷公式：

SI=L+M+P+C (listening & analysis+short-term memory+production+coordination)

即同声传译=听辨理解+短期记忆+口译产出+协同

在上述公式的基础上，吉尔用下面这个公式来表示口译过程中的多重任务操作：

I (Interpreting)=L+M+P+C (listening & analysis+memory+production+coordination)

即口译=听辨理解+记忆+口译产出+协同

吉尔用以下一系列公式来表示口译认知负荷模型的内涵：1）TR=LR+MR+PR+CR；2）TR≤TA；3）LR≤LA；4）MR≤MA；5）PR≤PA；6）CR≤CA

在这一系列公式中，R是Requirement的缩写，表示口译认知操作对认知资源的需求；A是Availability的缩写，表示译员认知资源的可供量。TR即Total Requirement，表示口译过程对认知资源的总需求；LR即Listening & analysis Requirement，表示口译中源

---

[1] F. Goldman-Eisler, Segmentation of Input in Simultaneous Interpretation, *Journal of Psycholinguistic Research*, 1972, P. 1, PP. 127–140.

[2] D. Gerver, *Simultaneous Interpretation and Human Information Processing*, Unpublished doctoral dissertation, Oxford University, 1971.

[3] D. Gile, *Basic Concepts and Models for Interpreter and Translator Training*, Amsterdam/Philadelphia: John Benjamins. 1995, PP. 169–180.

语听辨理解的认知资源需求；MR即Memory Requirement，表示工作记忆的认知资源需求；PR即Production Requirement，表示目标语产出的认知资源需求；CR即Coordination Requirement，表示多重任务协调的认知资源需求；TA表示译员可供使用的认知资源总量；LA表示可供源语听辨理解的认知资源；MA表示可供工作记忆的认知资源；PA表示可供目标语产出的认知资源；CA表示可供任务协调的认知资源。

根据上述公式，译员要成功完成口译认知操作过程，必须满足两个基本条件：一是口译的认知资源总需求（TR）必须小于或等于译员可供使用的认知资源总量（TA）；二是每个单项任务的认知资源需求必须小于或等于可供单项任务使用的认知资源量。

在之后的一篇文章中，吉尔在口译"认知负荷模型"的基础上提出了"走钢丝假说"包含了三个理论假设：[1]

1）公式中的L、P、M即听辨理解、目标语产出和短期记忆，这三项任务的执行都包含了非自动化的成分，因而，三者都需要分配相应的认知资源；

2）L、P、M这三项任务之间至少存在部分的竞争，这就意味着三者对认知资源的分配会导致认知资源需求的上升；

3）在口译过程的多数时候，总体认知资源消耗往往会接近饱和的水平。

（二）口译的认知处理过程和机制

口译是一种非常复杂的认知处理过程，这一过程中的各项认知处理分解任务，无论是交传中的听辨理解、短期记忆、口译笔记、目标语重构，还是同传中的同步听说、耳口差、发声抑制、目标语产出监控等，均须在瞬时之内与其他子任务协调完成。那么，译员如何在瞬时之内完成这些认知处理任务？译员是如何完成口译的整个认知处理过程的？这些问题和上述的研究点始终是口译领域研究者和实验心理学、心理语言学以及认知心理学等跨学科口译研究者的主要关注点。

在早期研究中，大卫·杰弗和莫泽-梅瑟（Moser-Mercer）均对口译认知处理过程进行了建模。两个模型都以流程图的方式呈现了口译认知处理过程中的各个环节及其流程关系。结合当时的信息加工理论背景，杰弗的同声传译过程模型呈现了同传过程的输入、解码、编码、输出等环节，[2] 亦显示了"短期操作记忆"及输入缓冲、存储缓冲和输出缓冲等因素在各个环节的作用。莫泽-梅瑟的同声传译过程模型[3]则更为详尽。她结

---

[1] D. Gile, Testing the Effort Models' Tightrope Hypothesis in Simultaneous Interpreting—A Contribution, *Hermes*, 2017(23), PP. 153-172.

[2] D. Gerver, Empirical Studies of Simultaneous Interpretation: A Review and a Model, in *Translation: Applications and Research*, ed. R. W. Brislin, New York: Gardner Press, 1976, PP. 165-207.

[3] B. Moser-Mercer, Simultaneous Interpretation: A Hypothetical Model and Its Practical Application, in *Language Interpretation and Communication*, eds. D. Gerver & H. W. Sinaiko, New York: Plenum Press, 1978, PP. 353-368.

合心理语言学的言语理解理论和语言学的各个维度，详细呈现了同传的认知处理过程，主干流程依次包括：依据音位规则理解"感知单位串"，依据句法和语义规则理解"加工词语串"，识别"有意义的短语单位"，句子加工后形成"概念基础"，激活"概念关系"从而理解意义，激活"概念网络节点"的目标语成分，依据目标语句法和语义规则的"词串加工"，依据音位规则输出。

20世纪90年代末到本世纪初，工作记忆成为口译认知处理研究的一个重点，相关研究关注了译员的记忆容量、记忆时长、回忆效果以及记忆与口译专业技能的关系等。刘敏华等通过实验对三组汉语为母语的英汉语双语者（包括专业同传译员、高阶同传学生和初阶同传学生）进行比较。[1]他们采用"听力广度任务"进行了工作记忆测试。在测试中，要求被试记住每个句子的最后一个单词，并判断每个句子是否有意义。这样设计的目的是确保被试不仅储存每句的末尾单词，而且确保被试真正加工每个句子。听力广度测试的结果发现，三组被试之间不存在显著差异。另外还进行了同传实践测试，利用三篇讲话，通过评估被试对其中关键句包含的重要信息的捕捉能力来评判被试的同传水平，发现专业同传译员表现优于两组同传学生。基于上述实验结果，他们得出结论：专业同传译员的工作记忆与同传学生没有差异，专业译员的优势在于从言语输入中选择重要信息的分析能力。帕迪拉等（Padilla, Bajo & Macizo）检验了同传能力与工作记忆容量、子任务之间的协调能力和词汇知识三个变量的联系。[2]他们进行了多项不同条件下的译员和非译员对比实验，包括发声抑制与无发声抑制条件下的阅读广度实验，单一任务与双重任务实验和发声抑制与无发声抑制条件下的单词广度实验。该研究发现，同传译员听说同步的同传能力与长时记忆中的语言知识相关，而与工作记忆容量和子任务之间的协调能力无关。

近年来一些研究对口译的双语加工过程进行了心理语言学视角的探索。董燕萍、王斌华提出两个假设。[3]一个是源语理解假设：口译中源语理解以脱离言语外壳为主要途径，与一般语言理解的区别在于，口译中的源语理解伴随有目标语的并行加工；并行加工通过递增加工而得以与脱离言语外壳加工融合。另一个是目标语产出假设：口译中目标语产出以意义驱动为主，与一般语言产出的区别在于，口译目标语产出还可能被构式所驱动。董燕萍、林洁绚发现，口译目标语重构在源语理解的哪个时段发生取决于译员

---

[1] Minhua Liu, D. L. Schallert & P. J. Carroll, Working Memory and Expertise in Simultaneous Interpreting, *Interpreting*, 2004(1), PP. 19–42.

[2] F. Padilla, M. T. Bajo & P. Macizo, Articulatory Suppression in Language Interpretation: Working Memory Capacity, Dual Tasking and Word Knowledge, *Bilingualism: Language and Cognition*, 2005(3), PP. 207–219.

[3] 董燕萍、王斌华《口译过程的两阶段解读——以一般语言理解和产出为参照》，《中国翻译》2013年第1期，第19–24页。

当时可用于进行目标语并行加工的资源，资源越多，发生并行加工的可能性越大。[1] 林洁绚、董燕萍、蔡任栋通过实验方式验证了口译的源语理解和目标语重构在资源分配上存在层级关系：[2] 在口译输入阶段，双语者会首先将有限的工作记忆资源分配给源语理解，以保证源语理解质量进而保证整体的口译质量，当他还有多余的工作记忆资源时，才会用于目标语重构；这部分资源越多，目标语重构并行加工的可能性也越大。他们的研究发现，译语并行加工预示着语码的部分重构可能早在源语理解未结束即开始，而且译语并行加工会消耗译员有限的认知资源。

（三）口译认知处理活动的神经生理基础

早在20世纪90年代初，就有研究者对口译认知处理活动的神经生理基础进行了研究。法布罗（Fabbro）等基于双耳分听等神经生理实验提出假设，[3] 认为作为双语者的译员存在"大脑功能偏侧化"特征。兰伯特（Sylvie Lambert）通过实验发现，同声传译中译员对单耳输入的信息处理比双耳输入的更为有效，这与神经生理学中关于"右利手者"的左耳或"左利手者"的右耳在言语信息处理中不同优势的提法相吻合。[4]

或许是由于当时神经生理研究设备的条件所限，上述研究路径在后来一段时间未能得到充分发展。近年来，随着眼动仪、脑电图、功能性磁共振成像等相关研究设备的成熟以及使用便利性的提升，从神经生理视角探索口译认知处理活动的研究重新兴起。目前的大多数研究主要以视译为研究对象，例如苏雯超、李德凤使用眼动仪探索了英/汉视译的主要问题诱发因素。[5] 值得注意的是，少数研究者利用神经生理研究的新型设备直接扫描译员的大脑，对口译认知处理的神经生理基础有新的发现。如瑞士的研究团队利用功能性磁共振成像设备对同声传译中的译员进行了脑成像扫描，揭示了同传作为极端复杂的语言控制行为的神经生理基础。[6] 该研究发现：同传需要使用大脑的大幅区域，包括主干运动皮层、前运动皮层、辅助运动皮层和布洛卡区以及部分的基底神经节。也就是说，同传时大脑的活跃区域除了我们已知的言语感知、理解和产出区域以外，还有

---

1 Yanping Dong & Jiexuan Lin, Parallel Processing of the Target Language During Source Language Comprehension in Interpreting, *Bilingualism: Language and Cognition*, 2013(3), PP. 682–692.

2 林洁绚、董燕萍、蔡任栋《口译中源语理解和语码重构在资源分配上的层级关系》，《外语教学与研究》2015年第3期，第447–457页。

3 F. Fabbro, L. Gran, G. Basso & A. Bava, Cerebral Lateralization in Simultaneous Interpretation, *Brain and Language*, 1990(1), PP. 69–89.

4 S. Lambert, The Effect of Ear of Information Reception on the Proficiency of Simultaneous Interpretation, *Meta*, 1993(2), PP. 198–211.

5 Wenchao Su & Defeng Li, Identifying Translation Problems in English-Chinese Sight Translation: An Eye-tracking Experiment, *Translation and Interpreting Studies*, 2019(1), PP. 110–134.

6 Hervais-Adelman et al., fMRI of Simultaneous Interpretation Reveals the Neural Basis of Extreme Language Control, *Cerebral Cortex*, 2015(12), PP. 4727–4739.

负责选择、计划、学习和执行行动的大脑区域，即基底神经节，尤其活跃的是其中的尾状核部位。这一部位所负责的并非语言处理，而是负责控制各种技巧型行为以及抉择和信任行为，它的主要作用是像乐队指挥那样负责协调大脑诸多区域的活动，使其执行高度复杂的行为。该研究确认了同传要求极端快速的抉择行为，成功的同传要求对大脑词汇—语义系统进行极端复杂的控制，这样译员才能同步进行源语理解、信息提取、句法正确且语义恰当的目标语重构。该研究也确认了专业训练和有意识练习对于掌握同传技能的必要性。

三、"口译如何？"：口译的信息处理研究

作为一种快速高效的双语信息处理行为，口译的信息处理过程以即时性、源语和目标语发布的单次性和信道处理的多模态性为典型特征。那么，口译的产品是怎样的？是否是口头的笔译？口译话语有何特点？译员在一次性听辨的条件下如何从多种模态的信道快速获取源语的信息和意义并进行分析和整合？如何在即时的双语转换过程中进行信息和意义重构？在一次性发布的条件下使用哪些手段和策略来进行目标语组织并实现完整而流畅的产出？译员需要使用哪些口译策略？口译策略的使用是否存在规律？这些都是口译研究者们关注的问题。

（一）口译信息处理结果的评估

口译信息处理结果即口译产品的质量及其评估一直是口译职业、教学和研究界高度关注的课题。

早期的译员基于职业经验提出了理想的口译质量标准。如李越然提出：从实际工作的要求来看，口译的标准可归结为"准顺快"三个字。[1] 准是首要的，内容有实质上的错误，其他都谈不上。顺，是在准的前提下，注意选词、组句以至修辞；要尽量避免中文式的外语，或外文式的汉语，同时译文也应力求简练易懂。快，是指及时，而不是片面追求语流速度，就一般要求来说，口译应该做到立即把所谈的问题和事情表达清楚，避免不必要的停顿。

在国际上，一些研究者通过调查来确定口译评估的参数。布勒（Hildegund Bühler）率先就口译评估的参数在国际会议口译员中进行调查。[2] 其调查结果显示，以下六项评估参数被认定为有显著的重要性，依次为：与源语的语义一致性、译语的逻辑性、信息

---

[1] 李越然《谈谈口译工作》，《外语教学与研究》1980年第2期，第51–56页。

[2] H. Bühler, Linguistic (Semantic) and Extra-linguistic (Pragmatic) Criteria for the Evaluation of Conference Interpretation and Interpreters, *Multilingua*, 1986(4), PP. 231–236.

的完整度、语法的正确性、术语的准确性、表达的流畅性。还有三项非语言参数也被认定为有显著的重要性,依次为可靠性、会前准备的充分性和团队合作能力。库尔茨(Ingrid Kurz)对不同类别的几组口译用户做了有关口译质量的用户期望调查。[1] 调查结果显示,最重要的前六位质量参数依次为:与源语的语义一致性、译语的逻辑性、术语的准确性、信息的完整度、表达的流畅性、语法的正确性。1995年,国际会议口译员协会发布的面向会议口译用户调查的质量期望调查结果显示,口译用户认为在译语与源语的"内容匹配"方面,有三项参数最为重要:翻译的完整度、术语的准确性、意义的忠实度;在"形式匹配"方面,亦有三项参数最重要:(同声传译的)同步性、修辞技巧、声音的悦耳程度。

口译评估是教学中不可或缺的环节。一些国内和国际上代表性的口译教学院校都有专门的口译考试评分表。厦门大学的"口译评分表"[2] 把口译评分参数分为六个大项,包括信息的完整性、信息的准确程度、语言表达、流利程度、清晰程度、应变能力等。各个参数所占权重为:信息的完整性和信息的准确程度各占30%,其余四项各占10%。刘和平把"现场口译质量评估"的标准划分三个大项:[3] 1)讲话信息或内容传达准确,占80%;2)翻译表达的准确和流畅程度,占10%;3)满足听众的期待,占10%。蔡小红探讨了口译评估的信息单位,[4] 提出口译信息质量的评估既要考量信息数量(信息点),也要考量信息质量(信息结构)。杨承淑的"口译专业考试评分表"[5] 把评分标准划分为四个大项:忠实(准确、完整)、表达(流畅、明确)、语言(语法、选词)、时间控制。各项分数权重为:信息内容的忠实占50%,表达占30%,语言占20%,时间控制的权重为在前三项总值的基础上浮动2%。英国利兹大学口译硕士的"口译评分表"包括四个方面:信息完整度、信息准确度、目标语使用质量、口译发布质量(清晰度和流畅度),评估考量以前两个方面为重点,如有信息要点缺失或信息要点错误,口译即被判定为不合格。

随着口译评估研究的深入,研究的重心从厘定可操作的质量标准过渡到认识口译质量标准的动态性和角度的多元性。维耶齐(Maurizio Viezzi)[6] 认为,口译评估涉及多个角度:口译是一种跨语言的活动;口译是一种跨文化的活动;口译是一种语篇产出的活动;口译发生于一定的交际场景;口译还是一种服务。卡利娜(Sylvia Kalina)则更明

---

[1] I. Kurz, Conference Interpretation: Expectations of Different User Groups, *The Interpreters' Newsletter*, 1993(5), PP. 13–21.

[2] 高亮、林郁如《英汉/汉英口译教程》,福州:福建人民出版社,1996年。

[3] 刘和平《科技口译与质量评估》,《上海科技翻译》2002年第1期,第33–37页。

[4] 蔡小红《论口译质量评估的信息单位》,《外国语》2003年第5期,第75–80页。

[5] 杨承淑《口译教学研究:理论与实践》,北京:中国对外翻译出版公司,2005年,第240页。

[6] M. Viezzi, Interpretation Quality: A Model, in *La evaluación de la calidad en interpretación: investigación*, eds. Ángela C. Aís et al., Granada: Comares, 2003, PP. 147–157.

确地指出，口译质量与口译活动参与各方均有着密切关系。[1] 如果我们把口译看作以译员为中介的语言间的交际活动，在评估口译质量时应综合考虑参与这一交际活动的各方，包括会议组织者/雇主/客户、发言人、听众、译员等。由此看来，口译质量不仅是译员一人的行为和表现，还是译员综合考虑相关各方的结果。波赫哈克认为口译不仅应被看作口译过程的产品，还应被看作面向听众和客户的服务。[2] 从这两个视角来看，好的口译质量包括四个方面：对源语的准确翻译、恰当的目标语表达、对等的意图效果、成功的交际互动。他指出，从以上四个层面来考察口译质量，后三个层面（即恰当的表达、交际意图和交际效果）都要在具体的口译场合和社会文化语境中决定。从这个意义上说，口译评估应持一种相对而非绝对的质量观，要考察具体场合中的质量。

（二）口译信息处理的策略

口译不是仅仅听懂之后说出来那么简单，从源语理解到口译记忆和笔记以及目标语话语重构和目标语表达，都需要进行信息处理。口译的即时性、多重任务同时操作性和源语及目标语发布的一次性等本质特征决定了口译的认知处理和信息处理必须是一种策略性的行为。不仅口译过程需要采取口译策略来顺利完成，而且口译产品也是采取口译策略的结果。

口译策略是译员在口译过程中为顺利完成口译任务和达到口译的交际目的，为预防可能出现的问题而有目的有意识地采取的策略，或者应对口译中出现的问题而不得不采取的策略。口译策略可大致划分为两大类型：与信息理解有关的口译策略，包括推理、预测、切分、等待、拖延等；与信息重构和口译表达有关的口译策略，包括压缩、显化、增补、宽泛化表达、中性模糊表达、近似表达、解释说明、直接转码、直接复述、省略、修改等。

在早期的口译研究中，科奇霍夫（Kirchhoff）比较系统地探讨了同传中的口译策略，对切分策略有比较充分的讨论。[3] 吉尔探讨了口译的应对策略，包括理解和产出中的应对策略。[4] 卡利娜亦专门探讨了口译策略，主要关注的是口译理解和产出中的信息处理策略。[5] 波赫哈克把口译策略归纳为"过程导向的策略"和"产品导向的策略"两

---

[1] S. Kalina, Quality Assurance for Interpreting Processes, *Meta*, 2005(2), PP. 768-784.

[2] F. Pöchhacker, Quality Standards in Interpreting: Theory and Application,《中国翻译》2007年第2期，第10-16页。

[3] H. Kirchhoff, Simultaneous Interpreting: Interdependence of Variables in the Interpreting Process, Interpreting Models and Interpreting Strategies, in *The Interpreting Studies Reader*, eds. F. Pöchhacker & M. Shlesinger, London & New York: Routledge, 2001, PP. 111-119.

[4] D. Gile, *Basic Concepts and Models for Interpreter and Translator Training*, Amsterdam/Philadelphia: John Benjamins, 1995, PP. 191-201.

[5] S. Kalina, *Strategische Prozesse beim Dolmetschen: Theoretische Grundlagen, empirische Fallstudien, didaktische Konsequenzen*, Tübingen: Gunter Narr, 1998.

种类型，[1] 前者是应对口译过程中的认知处理压力而采取的策略，后者是考虑口译产品的交际效果而采取的策略。后来的学者则多是探讨具体某项口译策略，且以实证研究为主。关注较多的有省略和显化等，如纳皮尔（Jemina Napier）通过对手语口译中口译策略的实证分析，指出省略现象既有被动为之也有主动为之，主动为之的省略是译员根据口译的话语环境才采取的策略。[2] 唐芳对学生译员交替传译中的显化现象做了比较系统的实证研究，依据功能语言学框架对显化策略进行了归类和归因分析。[3]

（三）口译信息处理遵循的规范

译员在采取上述各种口译策略时，是否遵循某种规律？从口译职业的整体来看，口译策略的适用是否遵循一定的规范？

王斌华率先对口译规范进行了以现场口译语料库数据为基础的探讨。该研究以1998—2011年共14年的中华人民共和国国务院总理年度"两会"记者招待会现场交替传译为研究语料，借鉴描述翻译学的方法论，提出了口译规范描写的方法框架，系统描写了现场口译的源语—目标语关系规范、目标语交际规范和职业伦理规范，发现职业译员在口译现场倾向于遵循如下规范：[4] 1）口译目标语相对于源语的"意义一致性和信息完整性规范"；2）口译目标语相对于源语的"逻辑关系明晰化规范"，主要体现为采取"结构性增补"的策略；3）口译目标语相对于源语的"内容具体化规范"，主要体现为采取"信息性增补"的策略；4）目标语相对于源语的"意义显性化规范"，主要体现为采取"隐含义的显性化增补"的策略。

吉尔也从理念层面探讨了口译策略选择和适用的"法则"。他指出："译员并非随意选择策略，他们看来是遵循一些法则的，有时是有意识的，多数情况下是无意识的。"[5] 他总结了五条口译策略选择和适用的法则，包括：

1）信息复原最大化法则。译员将在目标语中完整地重构讲者的话语信息视为其职责，因此会以信息复原最大化为法则，优先选择"根据上下文重构片段""依靠同传伙伴的帮助"及"现场查阅文件资料"等策略，而"用上义词表达"和"省略"等策略因为存在目标语话语信息流失的高风险而处于次要选择的地位。

2）信息复原的干扰最小化法则。译员在最大程度地复原一个片段的信息时以不影

---

1 F. Pöchhacker, *Introducing Interpreting Studies*, London & New York: Routledge, 2003, PP. 132–134.

2 J. Napier, Interpreting Omissions: A New Perspective, *Interpreting*, 2004(2), PP. 117–142.

3 Fang Tang, *Explicitation in Consecutive Interpreting*, Amsterdam/Philadelphia: John Benjamins, 2018.

4 Binhua Wang, A Descriptive Study of Norms in Interpreting: Based on the Chinese-English Consecutive Interpreting Corpus of Chinese Premier Press Conferences, *Meta*, 2012(1), PP. 198–212.

5 D. Gile, *Basic Concepts and Models for Interpreter and Translator Training*, Amsterdam/Philadelphia: John Benjamins, 1995.

响另一个片段的信息传达为前提,因此,他们在选择相关策略时倾向于时间要求和认知负荷要求较小的策略,如"省略""直接复述所听到语词""近似表达"等,而不是"解释说明"策略。

3)交际效果最大化法则。在口译中,讲者发言的交际效果不仅与口译传递的信息内容有关,亦与信息的包装方式有关;译员目标语所传达的交际效果不仅与信息的忠实程度有关,而且与译员的可信度有关。因此当译员未能听清源语发言中的一个名字并认为用"近似表达"策略说出这个名字可能会导致听众不必要的误会时,会倾向于使用"省略"策略。

4)最省力法则。译员口译策略的选择和适用与其是否省力有关。

5)自我保护法则。译员采取何种口译策略也有自我保护的考虑。

口译规范亦与对用户期待的考虑有关。王巍巍、穆雷讨论了用户期待规范对口译产品的作用,指出口译有形产品和口译期待产品可能存在三种偏差:[1] 首先是用户期待与实际口译产品的偏差,即用户对口译产品的接受度和感知度;其次,译员根据其职业规范对自身口译表现的期待与实际达成的口译产品之间的偏差;再次,译员和用户之间的认知偏差,即译员不能总是正确地了解用户的全部需要。

四、"口译为何?":口译的中介协调和社会—文化作用研究

口译是一种跨语言跨文化的交际活动,也是社会活动的一种形式。那么,口译活动在异语双方交际中起到怎样的中介协调作用?口译活动在不同国家和社会之间以及异语的社会群体之间发挥怎样的社会—文化作用?这也是口译研究关注的核心课题。

(一)口译活动的中介协调作用

口译活动是一种异语双方之间以译员为中介的形式特殊的交际活动。在异语双方的交际互动中,作为中介的译员不仅要协调双方的话语互动和交际互动,还要处理双方之间的社会—文化差异、权力差异乃至情感冲突。

关于译员的中介角色,中国古代称口译员为"舌人",即会说异邦语言的巧舌者;中国近代称口译员为"通事",即能在异语双方沟通事情的人。在西方,较早的口译文献曾这样描述译员的角色:"译员总体上的作用可以比作一部机器,采取某种程度字面翻译的方式把A语言的话语译成B语言。"[2] 这种视译员为隐身"翻译机器"的观点的形

---

[1] 王巍巍、穆雷《"期待产品":口译产品研究中的一个模型》,《外语与外语教学》2013年第5期,第73–77页。

[2] A. Knapp-Potthoff & K. Knapp, Interweaving Two Discourses—The Difficult Task of the Non-professional Interpreter, in *Interlingual and Intercultural Communication*, eds. J. House & S. Blum-Kulka, New York: Mouton, 1986, PP. 151–168.

成，也许与二战后国际组织和国际会议中译员"躲在"同传厢中进行同传的工作方式有关。类似的说法还有：译员是"管道"和"传声筒"，是讲者的"回声"和"喉舌"。口译行业的文件往往规定，译员的角色应该是"中立的、客观的"。那么，在现场的口译活动中，译员只是一个语言转换的"管道"或只是一个忠实的"回声"吗？已有多位口译研究者经过调查发现，译员口译活动中的角色行为远不止如此。

虽然口译的交际中介作用在口译研究早期即为研究者所注意，如安德森（R. B. W. Anderson）提出的"三方互动口译模型"[1]即突显了译员在异语双方交际间的核心地位，但口译学界关于这方面的专门研究到20世纪90年代中期才真正兴起。这方面研究的兴起与社区口译（如法庭口译和医疗口译等）和手语传译进入口译研究的视野密切相关。社区口译界自1995年起开始举办名为"关键链接"（Critical Links）的社区口译研究大会，每三年举办一届。以此为标志，交际中介协调作用显性的社区口译得到了研究者的充分关注。在社区口译活跃的北欧国家瑞典，瓦登斯约（Cecilia Wadensjö）于1998年率先出版社区口译专著《口译即互动》（Interpreting as Interaction）；在美国，罗伊（Cynthia Roy）于2000年出版了《口译即话语过程》（Interpreting as a Discourse Process），安吉莱莉（Claudia Angelelli）于2004年出版了《重识口译员的角色：一项关于加拿大、墨西哥和美国会议、法庭和医疗口译员的研究》（Revisiting the Interpreter's Role: A Study of Conference, Court, and Medical Interpreters in Canada, Mexico, and the United States）；在社区口译盛行的澳大利亚，黑尔（Sandra Hale）于2004年出版了《法庭口译的话语》（The Discourse of Court Interpreting），2007年出版了《社区口译》（Community Interpreting）教材；在新西兰，克雷泽（Ineke Crezee）于2013年出版了《医疗口笔译入门》（Introduction to Healthcare for Interpreters and Translators）；在英国，纳皮尔与罗伊一道于2015年出版了《手语传译研究读本》（The Sign Language Interpreting Studies Reader）。

已有研究发现，口译员在口译协调的交际活动中发挥多方面的中介协调作用，包括：话语互动协调作用、交际互动协调作用、权力差异和文化差异协调作用等。王斌华把关于口译中介协调作用的研究归结为以下三种视角：[2]

1）话语互动协调的视角，即研究口译和译员在会话双方话语互动中的协调作用；

2）交际互动协调的视角，即研究口译和译员在会话双方交际互动中的协调作用；

3）权力和文化差异协调的视角，即研究口译和译员在会话双方的权力和文化差异中的协调作用。

在以译员为中介的交际活动中，译员通过其言语、副言语和非言语手段对会话双方

---

[1] R. B. W. Anderson, Perspectives on the Role of Interpreter, in *Translation: Applications and Research*, ed. R. W. Brislin, New York: Gardner Press, 1976, PP. 208-228.

[2] 王斌华《口译的交际协调论——兼论"口译只是认知处理技能吗？"》，《外语教学》2019年第1期，第78-83页。

的话语互动进行协调，通过传译和非传译行为对会话双方的交际互动过程进行协调。另外，对于会话双方之间存在权力和文化差异的情况，译员也可能进行权力和文化的协调。

在国外，根据谢莱森格的观察，译员不是只按源语传译的翻译机器，译员在口译活动中往往会发挥其在话语和信息处理中的"自由度"。瓦登斯约在其关于社区口译的研究中指出，译员的话语包含两类元素：一是传译信息的元素；二是协调交际的元素。[1] 安吉莱莉的研究也破除了译员"隐身"的神话，[2] 她指出，译员的"显身性"主要体现在以下几个方面：1) 译员往往认同于口译中异语双方的其中一方；2) 译员在口译活动的各方之间进行协调；3) 译员不仅传译信息，而且传递情感；4) 译员不仅翻译语言，而且释译文化。

在中国，任文、蒋莉华从话语分析的角度重识口译员的角色，指出译员具有一定的参与性和主观能动性，质疑将译员视为"传声筒""隐形人"的偏见。[3] 王斌华通过比较现场口译的实际规范和行业文件的规定规范后发现，译员在实际的口译活动中所扮演的角色与口译行业文件中所规定的角色定位有所不同，[4] 虽然口译现场的译员如行业文件中规定的那样"在履行其工作时尽可能地少介入，除履行口译行为外，不对任何一方有与之讨论、给予建议、表明观点或做出反应的行为，除口译中的提问澄清之外，不打断或干扰发言人的讲话"；但他们并非像行业文件中规定的那样"对其所传译的内容应持不加判断的态度，不对现场的交际进行过滤"。从源语—目标语语篇对比分析中发现的添加、删减和修正类"偏移"均说明，现场译员的角色在一定程度上是"显身"的。赵军峰、张锦分析了法庭口译员的角色，他们发现：法庭话语的目的性和权力性决定了法庭口译员角色的特殊性；法庭口译员不是单纯的"传声筒"，而是具有能动性的庭审交际活动的参与者和"协调者"；作为机构守门人，法庭口译员同时扮演着双重角色，即服务提供者和控制传递者。[5] 张威进行了会议口译员职业角色自我认定的调查研究，发现口译员的翻译立场与其自身条件与工作环境有着密切关系。[6]

（二）口译活动的社会—文化作用

波赫哈克于1992年和2006年两度提出，要关注口译活动在社会中的作用并拓展口译研究的视域。"在过去的口译研究中，我们的主要精力放在对口译行为的语言加工和认

---

[1] C. Wadensjö, *Interpreting as Interaction*, New York: Longman, 1998.

[2] C. Angelelli, *Revisiting the Interpreter's Role: A Study of Conference, Court, and Medical Interpreters in Canada, Mexico, and the United States*, Amsterdam/Philadelphia: John Benjamins, 2004.

[3] 任文、蒋莉华《从话语分析的角度重识口译人员的角色》，《中国翻译》2006年第2期，第61–65页。

[4] 王斌华《口译规范描写及其应用——一项基于中国总理"两会"记者招待会交传语料的研究》，广东外语外贸大学博士论文，2009年。

[5] 赵军峰、张锦《作为机构守门人的法庭口译员角色研究》，《中国翻译》2011年第1期，第24–28页。

[6] 张威《会议口译员职业角色自我认定的调查研究》，《中国翻译》2013年第2期，第17–25页。

知操作进行心理语言学和认知心理学的研究上。不可否认，这些研究对于口译理论的形成起了重大作用。但是，口译研究及其理论不应停留于此。如果我们把口译看作一种在跨文化互动的特定场合进行的以功能性目标语篇产出为目标的社会行为，这将会大大拓展我们研究视域，并有利于构建口译的学科理论。"[1] 波赫哈克提出口译研究的"社会转向"。[2] 虽然有上述呼声，但从宏观社会—文化视角关注口译活动作用的研究直到近年才逐步兴起。

英格莱莉等借鉴法国社会学家布迪厄社会实践理论的核心概念如场域、惯习、资本等分析了英国涉及移民和难民的公共服务口译。[3] 任文、徐寒在前人研究基础上，运用布迪厄的社会学视角，对社区口译中的场域、惯习和资本进行了分析。[4] 王斌华和冯德正分析自建的中国政治话语口译语料库，确定了口译决策的"关键之处"。[5] 通过语料库工具提取七位译员十五场口译的关键词及其翻译并进行分析，发现七位译员在不同场次中关键词的口译呈现有规律性的词汇选择；以系统功能语言学"评价理论"为分析框架的解读显示，政治话语口译在对带有评价意义的关键词翻译中有规律的词汇选择实际上反映了译员所代表的政府立场。顾宠龙对中国总理"两会"记者招待会口译语料的分析[6]和高非对达沃斯论坛口译语料的分析[7]也揭示了译员在口译话语中对价值和意识形态的表述进行了调控。

王斌华、高非指出，在口译行业经历了职业化发展和口译教学经历了专业化发展的背景之下，社会对口译的认识却愈加"工具化"，即视译员为熟练进行语言转换的专业工具。[8] 在口译教学中强调以口译技巧训练为中心在一定程度上导致了对口译单纯技巧化和去语境化的认识，这在译员群体中也强化了口译"工具化"的认识。尤其是在近几年神经机器翻译技术有了新突破的背景下，甚至有机器可以轻易取代人类译员的说

1　F. Pöchhacker, The Role of Theory in Simultaneous Interpreting, in *Teaching Translation and Interpreting: Training, Talent and Experience*, eds. C. Dollerup & A. Loddegaard, Amsterdam/Philadelphia: John Benjamins, 1992, PP. 211–220.

2　F. Pöchhacker, "Going Social?" On Pathways and Paradigms in Interpreting Studies, in *Sociocultural Aspects of Translating and Interpreting*, eds. A. Pym et al., Amsterdam/Philadelphia: John Benjamins, 2006, PP. 215–232.

3　M. Inghilleri, Mediating Zones of Uncertainty: Interpreter Agency, the Interpreting Habitus and Political Asylum Adjudication, *The Translator*, 2005(1), PP. 69–85.

4　任文、徐寒《社区口译中的场域、惯习和资本——口译研究的社会学视角》，《中国翻译》2013年第5期，第16-22页。

5　Binhua Wang & Dezheng Feng, A Corpus-based Study of Stance-taking as Seen from Critical Points in Interpreted Political Discourse, *Perspectives*, 2018(2), PP. 246–260.

6　Chonglong Gu, (Re)manufacturing Consent in English: A Corpus-based Critical Discourse Analysis of Government Interpreters' Mediation of China's Discourse on PEOPLE at Televised Political Press Conferences, *Target*, 2019(3), PP. 465–499.

7　Fei Gao, *Interpreters' Ideological Positioning through the Evaluative Language in Conference Interpreting*, PhD thesis, University of Leeds, 2020.

8　王斌华、高非《口译的意识形态研究——口译研究的拓展》，《外国语》2020年第3期，第89-101页。

法。上述认识把口译当作透明通道式的工具，抹杀了口译的复杂性，更遮蔽了口译活动的社会—文化属性和意识形态特质。这种认识把口译简单地视为语词置换与选择、语言解码和编码的语言转换过程，而忽视了口译的信息、意义和思想的传达功能，更忽视了口译活动在不同社会—文化和意识形态之间所起的交际沟通作用。在这种认识中，口译认知处理过程（尤其是释意过程）的复杂性、口译交际中介协调行为的复杂性、口译活动的社会—文化和意识形态的复杂性统统被遮蔽了。该文归纳了口译活动中的四类意识形态，包括：1）口译的职业意识形态，主要表征为译员的口译规范和口译行业的职业道德守则；2）口译的个体意识形态，主要表征为译员的惯习，包括译员的双语、双文化的知识与经验以及口译学习中形成的专业技能与规范；3）口译的人际意识形态，主要表现为在口译活动中译员的角色定位以及口译活动中各方的权力差异；4）口译的社会—文化意识形态，主要表现为口译活动中不同的社会—文化规约和政治意识形态对口译活动的制约和影响以及译员的立场。

近年来多项国际上发表的研究揭示了口译活动在一些重大历史事件中发挥了不可忽视的社会—文化作用。日本学者武田珂代子（Kayoko Takeda）考察了东京审判中的译员和口译活动，重点分析了译员行为如何受社会、政治、文化和意识形态的影响，从社会—政治视角探讨了东京审判口译活动所涉及的权力、伦理和译员与用户（法庭）之间形成的"协商式规范"。[1] 王斌华、唐芳通过对18世纪中期到19世纪中期中英两国之间早期接触史上重大历史事件中的口译活动的梳理，剖析了口译活动和译员在两国贸易、外交、军事等方面的接触、联系和冲突中不可忽视的作用；该研究发现，口译的不合格和不充分可能是导致中英首次正式外交接触失败的重要原因之一。[2] 王斌华等聚焦板门店停战谈判中的口译活动，通过分析中、美双方译员的回忆录，从"微历史"的视角分析了停战谈判中关于双方冲突的口译以及口译中的冲突，从过去历史研究中多被忽略的"小人物"参与者的角度对历史大事件的"大历史"形成补充。[3]

关于口译社会—文化作用的研究不仅有助于探讨译员的角色、口译活动中的权力关系及其他影响口译行为和活动的社会—文化因素，而且对于现实中的译员形象塑造、口译职业规范形成以及对口译活动价值的充分认识，均会起到积极作用。

---

[1] K. Takeda, *Interpreting the Tokyo War Crimes Tribunal: A Sociopolitical Analysis*, Ottawa: University of Ottawa Press, 2010.

[2] Binhua Wang & Fang Tang, Interpreting and Its Politics: Interpreters in the Early Sino-British Contacts in the 18th and 19th Century, in *Interpreting and the Politics of Recognition*, eds. Lorraine Leeson & Christopher Stone, London & New York: Routledge, 2017, PP. 3–19.

[3] Binhua Wang et al., Interpreting Conflicts and Conflicts in Interpreting: A Micro-historical Account of the Interpreting Activity in the Korean Armistice Negotiations, *Linguistica Antverpiensia, New Series—Themes in Translation Studies*, 2016, PP. 186–204.

五、"何为口译技能?":口译教学研究

口译是一种需要系统学习和训练的专业技能,在国内外的诸多高校中也是一门正式开设的专业。那么,口译技能是什么?口译能力如何发展?口译教学如何科学开展?这也是口译研究重点关注的课题。

(一)口译技能是什么?

早期的译员均认为,口译是一门需要专门技能的工作。如曾为新中国第一代领导人担任译员的唐笙认为,口译工作者有他业务上的条件,[1] 包括:对本国语和外国语的口头掌握;在发声和发音等方面也要有些训练,使听众能听得见、听得清;要能迅速而完美地把原来用一种语言表达的思想用另外一种语言表达出来;要有丰富的知识,对本部门业务有些专业知识;(精神)要能高度集中但又不过分紧张。

口译教学研究者对此也有共识。刘和平、鲍刚认为,职业口译技能训练的基本条件为:学生外语水平达到理解不存在问题,表达基本自如并具备译员的反应速度、分析综合能力、记忆能力和知识广度,以及相应时间内注意力高度集中的品质。[2] 仲伟合系统总结了要循序渐进介绍给学生的口译技能,包括以认知处理技能为中心的"连续传译技能"和"同声传译技能",以及英/汉同声传译的信息处理技巧。[3] 仲伟合提出了译员的知识结构模型:KI=KL+EK+S,即译员的知识结构=双语知识板块+百科知识板块+口译技巧板块。[4] 王斌华提出口译教学应以口译能力和译员能力培养为目标,明确提出"口译能力"和"译员能力"的概念,前者包括双语能力、言外知识和口译技巧,后者包括口译能力以及译员心理和身体素质、职业素质。[5] 仲伟合、穆雷提出,面向翻译硕士课程设置的翻译专业要求的知识与技能结构为:双语技能、翻译技能、相关专业知识和人文素养四个模块。[6]

(二)口译能力如何发展和培养?

口译能力是如何发展的?有何科学规律?这是构成口译教学理念基础的重要研究课题。

---

[1] 唐笙、周珏良《口译工作及口译工作者的培养》,《西方语文》1958年第3期,第321–327页。
[2] 刘和平、鲍刚《技能化口译教学法原则——兼论高校口译教学的问题》,《中国翻译》1994年第6期,第22–24页。
[3] 仲伟合《口译训练:模式、内容、方法》,《中国翻译》2001年第2期,第30–33页。
[4] 仲伟合《译员的知识结构与口译课程设置》,《中国翻译》2003年第4期,第63–65页。
[5] 王斌华《"口译能力"评估和"译员能力"评估——口译的客观评估模式初探》,《外语界》2007年第3期,第44–50页。
[6] 仲伟合、穆雷《翻译专业人才培养模式探索与实践》,《中国外语》2008年第6期,第4–8页。

关于口译教学的理念基础，刘和平探讨了翻译能力发展的阶段性及其教学法，系统分析了从翻译本科到翻译硕士的技能发展阶段及其相关的教学设计。[1] 王斌华在界定口译能力内涵和构成的基础上提出口译能力的发展包括三个阶段：一是口译教学前的"双语能力"提升和"言外知识"储备阶段，二是口译教学中的"口译技能"学习和掌握阶段，三是口译教学后的"职业技能"习得阶段。[2] 该研究厘清了一系列相关概念，包括口译技巧、口译能力和译员能力的关系、口译能力和译员能力的构成、口译能力的发展过程，并提出以口译能力发展作为口译教学的目标和教学理念基础，为专业口译教学的阶段划分和大纲制订及课程设计提供了理据。

在实证研究方面，董燕萍的研究团队近年来对学生口译能力的发展进行了研究。蔡任栋、董燕萍等探讨了英语专业本科学生交替传译能力发展的影响因素，通过对工作记忆、二语水平和词汇提取效率三个因素与交替传译成绩的相关分析，发现对于本科阶段的初级英/汉口译学习者而言，二语水平是显著的影响因素。[3] 董燕萍2018年发表的论文指出，学生的口译能力发展和口译表现是四个复杂动态系统共同作用的结果，包括：1）语言水平，如二语水平、词汇处理能力尤其是词汇提取效率；2）工作记忆，其对同声传译的表现有直接影响；3）认知执行控制能力，包括转移、更新、抑制和监控等；4）心理因素，包括焦虑和动机等。[4] 在上述因素中，实证研究发现：二语水平是口译入学测试和口译教学初始阶段应重点考量的因素，口译训练能带来明显的认知执行控制优势（尤其是转换能力和更新效率等）。因此，口译能力发展是双语语言能力和心理能力共同作用的结果。

第三节 口译研究的当下特征和趋势展望

一、口译研究的当下特征

从国际范围来看，口译研究经过70多年的发展，已取得了丰硕的成果：重要期刊上发表的口译论文已在上万之数，口译研究的博士论文已有数百部，国际上出版的口译研

---

[1] 刘和平《翻译能力发展的阶段性及其教学法研究》，《中国翻译》2011年第1期，第37–45页。

[2] 王斌华《从口译能力到译员能力：专业口译教学理念的拓展》，《外语与外语教学》2012年第6期，第75–78页。

[3] Rendong Cai et al., Factors Contributing to Individual Differences in the Development of Consecutive Interpreting Competence for Beginner Student Interpreters, *The Interpreter and Translator Trainer*, 2015(1), PP. 104–120.

[4] Yanping Dong, Complex Dynamic Systems in Students of Interpreting Training, *Translation and Interpreting Studies*, 2018(2), PP. 185–207.

究的专门著作和专题论集亦已过百。综观近十多年来尤其是当下口译研究的国际概况，口译研究在研究主题、研究内容、研究路径和研究方法几个方面呈现出以下特征。

在研究主题上呈现多元化特征。当下的口译研究已全面涵盖了各种口译类型，包括会议口译、社区口译以及手语传译等。口译研究的主题已由当初比较单一化发展到现在的多元化。无论是口译过程还是口译产品，无论是口译的中介协调和社会—文化作用，还是口译教学的理念、方法和活动，无论是会议口译还是社区口译和手语传译，各个主题的口译研究均有大批成果。

在研究内容上呈现具体深化的特征。口译研究的内容不止于一般的原则、标准和模式，更不止于口译的方法和策略。无论是博士研究选题还是期刊论文选题，大而笼统的选题很可能是重复劳动，缺乏创新性。以口译研究长期以来的关注重心即口译认知处理研究为例，在20世纪70年代实验心理学路径的首轮探索和90年代的围绕认知操作负荷的二度探索之后，当下由新研究工具和技术催化而复兴的口译认知处理研究较前两个研究周期而言，在选题内容方面更为具体深化。

在研究路径上继续呈现跨学科的特征。如前文所述，由于口译现象可以从双语处理、认知处理、信息处理、跨语言和跨文化交际、社会—文化活动等多维视角来认识，因此口译是与多种学科相关的研究对象。口译研究的路径一直注意跨学科的借鉴，当下的口译研究也继续呈现跨学科的特征，包括应用语言学、认知心理学、心理语言学、神经生理学、话语分析、语用学、交际学、社会学、史学等相邻学科的研究路径均在口译研究中有不同程度的应用。

在研究方法上继续以实证性为主要特征。综观国际口译研究的成果，多为实证性研究，无论是采用实验法、观察法、调查法或者语料和语料库分析法，口译研究成果多是基于数据的实证性论文。实证研究不仅有助于口译研究构建基于充分描写的学科基础，而且使得其理念、模式乃至理论能够得到充分的实证检验，有利于确保口译研究的科学性。因此，实证研究正是口译研究的特色，也是其优势所在。

二、口译研究的趋势展望

从国际范围来看，口译研究在20世纪90年代经历了奠定学科基础的"实证化"和"科学化"发展时期，形成了若干研究范式，包括释意理论研究范式、认知处理研究范式、话语互动研究范式、神经语言学研究范式、以目标语篇为导向的描述翻译学理论范式等。进入21世纪后，随着社区口译研究的兴盛和研究者对口译活动在社会—文化宏观语境中的作用的关注，国际口译研究从本世纪初开始出现了"社会转向"和"文化转向"。口译的社会—文化研究不仅仅考察口译活动发生的实时现场，更多将这一现场放到大的社会、文化、历史背景下进行考察，关注口译活动发生的社会、文化和历史语境。研者或关注口译活动的规律和背后的规范,探讨制约口译活动的客观因素,进行描述性的口译研究;或考察口译活动背后的权力关系、政治因素、意识形态等制约因素,进行解释性的口译研究。

总体来看,国际口译研究趋向于从两个方向并行发展:一个方向是"向内微观探索"的趋势,利用近年认知心理学和神经生理学方面发展较为成熟的新技术,如眼动仪、脑功能成像等,对口译的内部认知处理过程进行探索;另一个方向是"向外宏观拓展"的趋势,透过口译语篇考察口译行为在交际活动和社会、文化活动中的作用,或超越口译语篇,从宏观上考察口译活动在社会、文化和历史中的作用。这一转向与国际上翻译学"向外转向"的趋势是一致的。

综观其发展趋势,作为翻译学的一门子学科,口译研究的未来发展需要特别重视两个方面。

(一)口译研究要进一步关注口译行业的新动态和口译活动的社会—文化作用。口译活动的职业性和社会性特点都很突出,但目前的口译研究对口译行业的新动态和口译作为社会—文化活动的属性关注不够,尤其是与口译行业紧密结合的研究成果较为缺乏。关注口译行业、口译市场和口译教学中的新问题,促使学术研究与口译职业以及口译教学形成互动,是口译研究的重要使命。

(二)口译研究要继续加强理论建构。理论可以界定为由一组相互关联的概念、定义与命题所构成的系统化的阐释。从这一视角来看,口译研究有成系列的学科基础概念,对口译行为和活动的各种现象亦有描述和界定,在很多方面亦有基于实证研究形成的命题和模型。口译研究中形成的理论往往不是人们惯常印象中的那种思辨式和纯理式的理论,而多体现为通过实证研究提出的命题与模型。当然,从学科建构的角度来看,口译研究的理论意识有待加强,应在诸多实证研究成果的基础上加强理论的系统化构建和阐释,尤其是建立在系统描写和可重复实验以及大规模调查等实证研究基础上的理论建构。

思考题

1. 相对于笔译而言,口译有哪些特点?
2. 口译研究和笔译研究有何异同?两者之间存在范式的差异吗?
3. 目前中外口译理论有哪些?
4. 口译可被视为双语转换加工过程,从这一研究视角和维度来看,有哪些课题可以研究?如何研究?

5. 口译可被视为认知操作和处理过程，从这一研究视角和维度来看，有哪些课题可以研究？如何研究？
6. 口译可被视为信息处理及话语理解和产出过程，从这一研究视角和维度来看，有哪些课题可以研究？如何研究？
7. 口译可被视为人际互动和跨文化交际的中介协调行为，从这一研究视角和维度来看，有哪些课题可以研究？如何研究？
8. 口译可被视为一种社会—文化活动，从这一研究视角和维度来看，有哪些课题可以研究？如何研究？
9. 口译是一种专业技能，掌握这种专业技能需要科学系统的教学，从这一研究视角和维度来看，有哪些课题可以研究？如何研究？
10. 相对于笔译史研究而言，口译史研究存在哪些难点？有哪些解决办法？

推荐阅读书目

Albl-Mikasa, M. & E. Tiselius. 2021. *The Routledge Handbook of Conference Interpreting*. London & New York: Routledge.

Gile, D. 1995. *Basic Concepts and Models for Interpreter and Translator Training*. Amsterdam/Philadelphia: John Benjamins.

Pöchhacker, F. & M. Shlesinger. 2001. *The Interpreting Studies Reader*. London & New York: Routledge.

Pöchhacker, F. 2016. *Introducing Interpreting Studies* (2nd edition). London & New York: Routledge.

王斌华，《口译理论研究》，北京：外语教学与研究出版社，2019。

张威，《语料库口译研究》，北京：外语教学与研究出版社，2020。